民事上告審ハンドブック

憲法上の手続基本権に基づく上告審手続の構築に向けて

松本博之［著］

日本加除出版株式会社

は し が き

　1996年に制定された現行民事訴訟法は，民事事件（行政訴訟を含む）の上告審について，上告理由を憲法違反といわゆる絶対的上告理由とされている事由に限定した（民訴法312条1項・2項）。一般の法令違反（相対的上告理由）は，高等裁判所への上告においては依然として上告理由であるが（同条3項），最高裁判所への上告においては最高裁判所の負担軽減のため，上告理由でなくなった。最高裁判所への上告においては，上告受理申立ての制度が新設された。「原判決に……判例と相反する判断がある事件その他の法令の解釈に関する重要な事項を含むものと認められる事件」について最高裁判所が上告受理申立てに基づき上告受理決定をすることができ，最高裁判所が受理決定をすると，申立人の主張した上告受理申立て理由は，重要でないとして排斥されたものを除き，上告理由とみなされる（同318条4項）。申立人の主張する原判決の法令違反は，このように上告理由とみなされた限りでのみ，上告審手続において採り上げられ，上告審の判断を受ける。

　この上告受理申立制度に対しては，立法過程において弁護士会などが明確な反対意見を提出した。そこでは，判例違反が上告受理理由になっていないことは上告裁判所の判断を受ける機会を著しく制限すること，および，裁量上告制を採用しても上告受理についての審理を最高裁自身がしなければならない以上，最高裁の負担軽減はさほどのものでないと思われる反面，当事者の上告審の裁判を受ける機会を著しく制限するという犠牲はあまりにも大きいなどの指摘がなされた（大阪弁護士会『民事訴訟手続に関する改正要綱試案に対する意見書』〔1994年〕117頁以下；日本弁護士連合会「『民事訴訟手続に関する改正要綱試案』に対する意見書」〔1994年〕181頁以下）。判例違反を上告受理申立て理由とすべきとする主張は，「法令の解釈に関する重要な事項」の例示という形で受け入れられたが，受理上告は制度化された（改正要綱試案に対する種々の意見は，柳田幸三ほか「『民事訴訟手続に関する改正要綱試案』に対する各界意見の概要(9)」NBL569号（1995年）42頁,44頁に纏められている）。

　上告受理申立て制度の運用をみると，上告受理手続における受理率は平

成22年の2.44％（53件）から毎年低下し，平成28年には1.24％（31件）になっている。6年程度の間に控訴裁判所の訴訟手続が著しく充実し，裁判の瑕疵が大幅に減少したかといえば，そうではないであろう。周知のとおり，高等裁判所では，法律の定めのない「控訴審の事後審的運営」の方針のもとに，第一回口頭弁論期日にすでに控訴裁判所が審理を終結する事件が80％近くに及ぶ。この第一回結審は第一審判決の問題点を明らかにしないで強引に結審されることが多く，多くの重大な問題を抱えており，上告審において是正されなければならないにもかかわらず，上告受理申立てが殆ど不受理に終わっている。もちろん，最高裁判所が上告を受理し，経験則違反や釈明義務違反を理由に原判決を破棄している事件は，本書でも明らかにするように，年に若干数は存在する。しかし，このような破棄をもたらしている背景に，控訴審の事後審的運営と第一回結審の実務があることは問題にされていない。第一回結審は，事件が裁判に熟していない段階でも行われうるので，民事訴訟法に適合するかどうか，そもそも問題である。

　以上のことは，第1に，憲法違反の上告理由の再検討，すなわち憲法が求める民事訴訟手続の質は憲法上どうあるべきかについての検討を必要ならしめる。憲法は，裁判所が当事者の言い分を了知し，これを裁判において斟酌すること，その前提として手続の開始を当事者に知らせ，また重要な攻撃防御方法についての判断に理由を付することを裁判所に求めて，当事者にこれを保障していると考えられる（法的審問請求権の保障）。この見地からは，当事者は法的審問請求権の侵害，裁判所の法的審問義務の違反を指摘して民訴法312条1項により上告を提起することができなければならない。次に，上告受理申立て理由が検討されなければならない。圧倒的多数の見解によれば，上告受理申立て理由が存在するかどうかの判断において，最高裁判所の裁量が認められている。その結果，原裁判所の判断が法令解釈にとって重要な事項を含むと認められ，上告受理決定がなされるかどうかは，最高裁判所の裁量によって決まり，最高裁判所の受理・不受理の決定が出るまで申立人には全く明らかにならない。上告受理申立人は，不明確な基準のもとで最高裁判所の裁量により申立てが奏功するかどうかを全く予測できないという不安定な状態に置かれる。そして，理由の付されていない不受理決定が出ると，これに対して不服申立ての方法はない。

このような上告受理申立人に予見可能性を与えない手続が法的安定性を重視する法治国家の裁判手続として全くふさわしくないことは，明らかであろう。後にみるように，現実に費用と時間をかけて提出された上告受理申立ての97％以上が，不受理決定で終わっている。それにもかかわらず，このような状況に対して疑問を提起する著作は，殆ど存在しないのが実情である。本書においては，最高裁判所は，原判決に法令の解釈に関する重要な事項が含まれているかどうかの判断において，不確定概念へのあてはめにおいて認められる判断余地を除き，上告を受理するかの裁量は認められてはならず，最高裁判所は法令の解釈に関する重要な事項が含まれている場合には上告を受理すべき義務を負うと解するほか，当該事案を超えて広く適用される法令の解釈が問題になっているのでない場合にも，高裁への上告の場合には一般の法令違反が上告理由になることに鑑み，判決に影響を及ぼす法令違反の存在の見込みがある場合には，最高裁判所は上告受理決定をする義務を負うと主張するものである。また，控訴裁判所の手続法違反は当事者を含む国民の司法への信頼を失わせる事由であるので，本書は，所謂職権調査事項以外でも，責問権の放棄喪失の対象となる手続違反でない限り，最高裁判所は当事者の責問に基づき原審の手続違反を是正しなければならないと主張している。

　さらに，上告法にも重要な解釈問題が多数存在する。控訴と共通する問題が多いのであるが，上告裁判所の自判の要件や破棄判決の拘束力の範囲のように，上告審固有の問題も存在する。本書は，『民事控訴審ハンドブック』（2018年・日本加除出版）の続編として，上告審に照準を合わせ，従来からの諸問題にも新たな視点から光を当てることを目指している。

　本書の制作は，日本加除出版株式会社編集部の宮崎貴之氏が，『訴訟における裁判所手数料の算定』（2017年）および『民事控訴審ハンドブック』（2018年）に引き続いて担当された。本書刊行に当たり賜ったご配慮，ご厚情に深く感謝申し上げる次第である。

　2019年4月吉日

松　本　博　之

目　次

第 *1* 章　民事訴訟における上告制度―――――――――――*1*

第1節　上告制度の沿革 ……………………………………………… *2*
第1款　明治初期の上告制度 ………………………………………… *2*
1　大審院章程，控訴上告手続 ……………………………………… *2*
＊フランス法の破棄制度と1877年民事訴訟法（CPO）によるド
イツの上告制度 ……………………………………………… *3*
2　テヒョー草案 ……………………………………………………… *6*
第2款　条約改定交渉とテヒョー草案の再検討から明治23年民事訴
訟法へ ………………………………………………………… *7*
1　条約改定交渉 ……………………………………………………… *7*
2　裁判所構成法（明治23年）による上告制度 ………………… *9*
3　明治23年民事訴訟法 …………………………………………… *11*
第2款　大正15年改正民事訴訟法 ………………………………… *12*
第3款　昭和23年裁判所法 ………………………………………… *12*
第4款　民事訴訟法の戦後改正 …………………………………… *13*
1　「最高裁判所における民事上告事件の審判の特例に関する法律」
（昭和25年法律138号）…………………………………………… *13*
2　最高裁判所の機構改革問題 —— 司法制度調査会の設置 ……… *15*
(1)　司法制度改革論議 …………………………………………… *16*
(2)　司法制度改革論議の中の上告理由 ………………………… *17*
3　「民事訴訟法の一部を改正する法律案」の成立と国会審議 …… *18*
(1)　司法制度部会の審議結果 …………………………………… *18*
(2)　「民事訴訟法の一部を改正する法律案」………………… *20*
(3)　国会審議 ……………………………………………………… *21*
4　最高裁判所機構改革案とその後 ……………………………… *23*
(1)　司法制度審議会の最高裁判所機構改革案 ………………… *23*
(2)　改革案のその後 ……………………………………………… *25*
第5款　平成民事訴訟法 …………………………………………… *26*

第2節　上告の概念 ……………………………………………… *28*
第1款　上告の意義 ………………………………………………… *28*
第2款　上告と上告受理申立て …………………………………… *28*

vi 目 次

第**3**節　上告（制度）の目的 ··· *30*
　第1款　問題の所在 ··· *30*
　　1　上告の目的：原判決の破棄か，正しい裁判による権利保護か？ ······ *30*
　　2　上告制度の目的 ·· *33*
　第2款　学　説 ··· *34*
　第3款　学説の批判と私見 ·· *34*
　　1　学説の批判 ··· *34*
　　2　私　見 ··· *38*

第**4**節　他の上訴と上告の共通性と異別性 ······························· *40*
　第1款　控　訴 ··· *40*
　　1　控訴との共通性 ·· *40*
　　2　控訴との異別性 ·· *41*
　第2款　抗　告 ··· *41*

第**5**節　最高裁判所における上告事件および上告受理事件の推移 ··········· *41*
　第1款　最高裁判所における上告事件の推移 ······························ *42*
　第2款　最高裁判所における上告受理事件の推移 ·························· *42*
　第3款　最高裁判所の裁判による破棄率 ································· *43*
　第4款　統計は何をわれわれに示唆するか ······························ *44*

第**6**節　本書の課題 ··· *46*
　第1款　上告制度の存在意義 ·· *46*
　第2款　本書の課題 ·· *47*

第**2**章　上告裁判所 ──────────────────── *49*

第**1**節　2つの上告裁判所 ·· *50*
　第1款　概　要 ··· *50*
　第2款　高等裁判所が第二審としてした終局判決 ························· *51*
　　1　控訴審において訴えの変更があり，新請求についてなされた判
　　　決 ··· *51*
　　2　控訴裁判所の取消差戻判決 ·· *51*
　　3　高等裁判所が控訴審としてした判決に対する再審事件につき同
　　　裁判所が言い渡した判決 ·· *52*
　　4　控訴審判決後の受継決定等の破棄を求める上告 ····················· *52*
　第3款　高等裁判所の第一審判決 ·· *54*
　第4款　地方裁判所が第二審としてした終局判決 ························· *55*
　第5款　地方裁判所が第一審としてした終局判決に対する最高裁判所

目　次　*vii*

　　　　への上告……………………………………………………………*55*
　　1　公職選挙法…………………………………………………………*55*
　　2　人身保護法…………………………………………………………*56*

第**2**節　上告裁判所の構成……………………………………………………*57*
第**1**款　高等裁判所………………………………………………………*57*
第**2**款　最高裁判所………………………………………………………*58*
　　1　大法廷と小法廷……………………………………………………*58*
　　2　大法廷と小法廷の関係……………………………………………*58*
　　3　最高裁判所調査官…………………………………………………*59*

第 **3** 章　上告審手続の当事者と手続中の当事者の変動 ─── *61*

第**1**節　はじめに……………………………………………………………*62*

第**2**節　上告審手続の当事者………………………………………………*62*
第**1**款　上告を提起できる者……………………………………………*63*
　　1　控訴審の各当事者…………………………………………………*63*
　　2　第三関係人（Drittbeteiligten）…………………………………*66*
　　⑴　補助参加人……………………………………………………*66*
　　⑵　被告知者………………………………………………………*71*
　　⑶　独立当事者参加人……………………………………………*73*
　　⑷　人事訴訟における参加命令を受けた利害関係人…………*73*
第**2**款　上告の相手方……………………………………………………*74*
　　1　通常共同訴訟………………………………………………………*74*
　　2　必要的共同訴訟……………………………………………………*75*

第**3**節　手続中の当事者の変動……………………………………………*76*
第**1**款　当然承継があった場合…………………………………………*76*
第**2**款　特定承継があった場合…………………………………………*78*
　　1　訴訟係属中の係争物の譲渡………………………………………*78*
　　2　参加承継……………………………………………………………*78*
　　3　引受承継……………………………………………………………*79*

第**4**節　訴訟能力……………………………………………………………*79*

第**5**節　訴訟代理……………………………………………………………*80*

viii 目 次

第4章 上告の適法性 ————————————— 83

第1節 はじめに ……………………………………………………… 84

第2節 原判決が上告に適した裁判であること ………………… 84
第1款 控訴裁判所の終局判決 ………………………………………… 85
1 独立の上告の対象となる裁判 ………………………………… 85
2 独立の上告の対象とならない裁判 …………………………… 86
第2款 第一審の終局判決 ……………………………………………… 87
1 高等裁判所が第一審としてした終局判決 ………………… 87
2 飛越上告の場合 ……………………………………………… 87
3 人身保護事件の第一審判決 ………………………………… 87

第3節 不 服 ………………………………………………………… 88
第1款 上告の適法要件としての不服 ……………………………… 88
1 不 服 ………………………………………………………… 88
2 上告の適法要件としての不服 ……………………………… 88
3 不利益の除去の追及 ………………………………………… 89
第2款 形式的不服の原則 ……………………………………………… 89
1 はじめに ……………………………………………………… 89
2 控訴人の不服 ………………………………………………… 90
3 被控訴人の不服 ……………………………………………… 91
4 補助参加人の不服 …………………………………………… 92
5 附帯上告人の不服 …………………………………………… 92
6 第一審判決による不服 ……………………………………… 93
第3款 形式的不服原則の例外 ………………………………………… 93

第4節 方式と期間 …………………………………………………… 94
第1款 概 要 …………………………………………………………… 94
第2款 上告提起の方式と期間 ………………………………………… 94
第3款 上告理由の提出 ………………………………………………… 94
第4款 上告受理申立て理由の提出 …………………………………… 95
第5款 訴訟行為要件の具備 …………………………………………… 95

第5節 上告権の放棄または不上告の合意がないこと ………… 96
第1款 上告権とその放棄 ……………………………………………… 96
1 上告権 ………………………………………………………… 96
2 上告権の放棄 ………………………………………………… 97

3　上告権の一部放棄 ……………………………………………… *99*
　　4　上告権放棄の効力 ……………………………………………… *100*
　第2款　上告権放棄の方式 ………………………………………… *101*
　　1　裁判所に対する申述 …………………………………………… *101*
　　2　申述の方式 ……………………………………………………… *101*
　第3款　不上告の合意がないこと ………………………………… *101*
　　1　不上告の合意 …………………………………………………… *101*
　　2　合意に反する上告の提起 ……………………………………… *102*

第**6**節　飛越上告 ………………………………………………………… *102*
　第1款　意　義 ……………………………………………………… *102*
　第2款　要　件 ……………………………………………………… *102*
　第3款　効　力 ……………………………………………………… *103*
　第4款　飛越上告の手続 …………………………………………… *103*
　第5款　飛越上告についての裁判 ………………………………… *104*

第**7**節　二重上告・二重上告受理申立て ……………………………… *104*
　第1款　判例・通説による二重上告・二重上告受理申立ての規制 ……… *104*
　第2款　判例・通説の不合理 ……………………………………… *105*
　　1　双方上告等の場合 …………………………………………… *105*
　　2　必要的共同訴訟の場合 ……………………………………… *106*
　　3　補助参加の場合 ……………………………………………… *107*

第**8**節　上告権の濫用 …………………………………………………… *107*
　第1款　上告権の濫用と制裁 ……………………………………… *107*
　第2款　上告権の濫用を理由とする上告の却下？ ……………… *108*

第**5**章　上告理由 ———————————————— *111*

第**1**節　総　説――上告理由と破棄理由 ……………………………… *113*
　第1款　上告理由とは ……………………………………………… *113*
　第2款　上告理由と破棄理由の不一致 …………………………… *113*
　第3款　上告審へのアクセス権としての上告の理由 …………… *114*

第**2**節　憲法違反 ………………………………………………………… *115*
　第1款　意　義 ……………………………………………………… *115*
　　1　判断の違憲と手続の違憲 …………………………………… *115*
　　2　判決の結論に影響を及ぼした蓋然性の必要の有無 ……… *116*
　　3　憲法違反の主張の濫用のおそれ …………………………… *118*

第2款　適用法規についての違憲の主張·································118
第3款　手続基本権の侵害（法的審問請求権，公正手続請求権および
　　　　実効的権利保護請求権の侵害）·····························119
　　1　手続基本権···119
　　2　法的審問請求権（手続保障）·····································119
　　　(1)　法的審問請求権··119
　　　(2)　憲法上の法的審問請求権·····································121
　　　(3)　法的審問請求権の侵害に対する救済手段··················141
　　3　控訴審の事後審的運営と法的審問請求権·····················144
　　　(1)　控訴審の事後審的運営·······································144
　　　(2)　実　例···145
　　　(3)　弁論再開の申立てと上告の提起····························147
　　4　公正手続命令違反··149
　　　(1)　矛盾行為および権限の濫用の禁止違反····················149
　　　(2)　信頼保護の原則違反··152
　　5　実効的権利保護の拒否···153

第**3**節　絶対的上告理由···155
　第1款　絶対的上告理由の意義··155
　　1　絶対的上告理由の存在理由······································155
　　2　絶対的上告理由の存在理由についての異説···················156
　第2款　類推適用の可否···157
　　1　問題の所在···157
　　2　絶対的上告理由とされていない再審事由の絶対的上告理由性？····158
　　　(1)　旧法時の判例と学説の概略··································158
　　　(2)　現行法下の判例と学説·······································161
　　　(3)　検　討···163
　第3款　絶対的上告理由の基本的諸問題·····························168
　　1　上告の適法要件との関係··168
　　2　職権調査事項か··168
　　3　控訴審手続における手続違反···································170
　　4　上告裁判所の裁判···170
　第4款　各種の絶対的上告理由··171
　　1　判決裁判所の構成の違法··171
　　2　法律上判決に関与できない裁判官の関与·····················174
　　3　専属管轄違反···176
　　4　代理権等の欠缺··177
　　　(1)　意　義···177

(2)　代理権の欠缺等を主張して上告を提起することができる者……… *179*
　　(3)　職権調査……………………………………………………………… *180*
　5　口頭弁論の公開原則の違反……………………………………………… *181*
　6　理由不備および理由の食違い…………………………………………… *182*
　　(1)　理由不備………………………………………………………………… *183*
　　(2)　理由の食違い…………………………………………………………… *188*
　　(3)　法的審問請求権の侵害との関係…………………………………… *190*
　　(4)　署名押印の欠缺……………………………………………………… *190*
　　(5)　他の裁判の引用……………………………………………………… *190*
　　(6)　事実摘示の欠缺……………………………………………………… *191*
　　(7)　理由不備または理由の食違いの法的効果………………………… *191*

第4節　法令違反……………………………………………………………… *191*
第1款　法令違反の意義…………………………………………………… *191*
第2款　法令の意義………………………………………………………… *192*
　1　法　　令………………………………………………………………… *192*
　2　原判決後の法令の改廃………………………………………………… *192*
第3款　外国法……………………………………………………………… *194*
　1　問題の所在……………………………………………………………… *194*
　2　判　　例………………………………………………………………… *195*
　3　検　　討………………………………………………………………… *197*
第4款　経験則と論理則…………………………………………………… *198*
　1　経験則の法的性質……………………………………………………… *199*
　　(1)　法規範説……………………………………………………………… *199*
　　(2)　民訴法247条違反説………………………………………………… *199*
　　(3)　審理不尽の上告理由に位置づけるべきだとの見解……………… *200*
　2　判　　例………………………………………………………………… *200*
　　(1)　原審の事実認定が経験則上不可能または合理的な疑いを残し
　　　ている場合…………………………………………………………… *200*
　　(2)　原審の証拠および徴表の評価考量が十分尽くされていなかっ
　　　たと認められる場合（評価を尽くすべき義務の違反）…………… *202*
　　(3)　経験則の看過または誤認のため釈明権の適正な行使を怠った
　　　場合…………………………………………………………………… *203*
　　(4)　事実上の推定………………………………………………………… *204*
　3　検　　討………………………………………………………………… *205*
　　(1)　事実認定に当たり評価考量を尽くすべき裁判所の義務………… *205*
　　(2)　上告理由の範囲……………………………………………………… *206*
第5款　慣　　習…………………………………………………………… *207*

	1 判例と学説	207
	(1) 判 例	207
	(2) 学 説	208
	2 慣習の上告可能性	208
第6款	判 例	209

第5節 法令「違反」の意義 · 210

第1款 法令の存否 · 210
第2款 法令の解釈 · 210
第3款 裁量事項 · 210
第4款 法令適用の誤謬 · 211
  1 法律問題と事実問題の区別 · 211
  2 確定された事実の法規への当てはめ · 212
  3 意思表示の解釈 · 214
    (1) 表示内容の確定 · 214
    (2) 表示内容の法的評価，とくに法的性質決定 · 215
    (3) 個別契約における当事者の意思の解釈 · 216
  4 普通取引約款および法人の定款等の解釈 · 218
    (1) 普通取引約款 · 218
    (2) 定 款 · 219
    (3) 労働協約・就業規則 · 219
  5 当事者の訴訟行為の解釈 · 220
    (1) 上告裁判所による訴訟行為の解釈 · 220
    (2) 無制限な審査？ · 221
  6 訴訟上の和解または仲裁合意 · 222
  7 裁判所の裁判と行政行為の解釈 · 223
  8 訴訟要件 · 224
  9 証拠評価 · 225
第5款 判断の過誤と手続の過誤 · 225
  1 上告審における異なる取扱い · 225
  2 判断の過誤 · 226
  3 手続の過誤 · 226
  4 手続過誤についての2，3の問題 · 227
    (1) 釈明義務違反 · 227
    (2) 上告審における再審事由の顧慮 · 228
    (3) 審理不尽 · 230
第6款 法令違反と因果関係 · 235
  1 因果関係の蓋然性 · 235

(1) 法律による蓋然性の要求‥‥‥‥‥‥‥‥‥‥‥‥‥‥‥‥‥‥‥‥‥ *235*
　　(2) 実体違反と手続違反‥‥‥‥‥‥‥‥‥‥‥‥‥‥‥‥‥‥‥‥‥‥ *235*
　　(3) 検　討‥‥‥‥‥‥‥‥‥‥‥‥‥‥‥‥‥‥‥‥‥‥‥‥‥‥‥‥ *237*
　2 判　例‥‥‥‥‥‥‥‥‥‥‥‥‥‥‥‥‥‥‥‥‥‥‥‥‥‥‥‥‥‥ *239*

第 *6* 章　上告受理申立て理由————————— *243*

第 *1* 節　上告受理申立て理由と上告受理の推移 ‥‥‥‥‥‥‥‥‥‥ *245*
第 1 款　上告受理申立て理由‥‥‥‥‥‥‥‥‥‥‥‥‥‥‥‥‥‥‥‥‥ *245*
第 2 款　上告受理の実情‥‥‥‥‥‥‥‥‥‥‥‥‥‥‥‥‥‥‥‥‥‥‥ *245*

第 *2* 節　判例違反 ‥‥‥‥‥‥‥‥‥‥‥‥‥‥‥‥‥‥‥‥‥‥‥‥‥ *246*
第 1 款　判例の意義‥‥‥‥‥‥‥‥‥‥‥‥‥‥‥‥‥‥‥‥‥‥‥‥‥ *246*
第 2 款　判例違反を認めて上告受理決定をした裁判例‥‥‥‥‥‥‥‥‥ *246*

第 *3* 節　法令の解釈に関する重要な事項 ‥‥‥‥‥‥‥‥‥‥‥‥‥ *250*
第 1 款　問題の所在‥‥‥‥‥‥‥‥‥‥‥‥‥‥‥‥‥‥‥‥‥‥‥‥‥ *250*
第 2 款　受理上告制度の憲法上の問題点‥‥‥‥‥‥‥‥‥‥‥‥‥‥‥ *253*
　1　かつてのドイツの受理上告制度とその問題点‥‥‥‥‥‥‥‥‥‥ *253*
　　(1) 受理上告の導入‥‥‥‥‥‥‥‥‥‥‥‥‥‥‥‥‥‥‥‥‥‥‥‥ *253*
　　(2) 憲法上の疑念‥‥‥‥‥‥‥‥‥‥‥‥‥‥‥‥‥‥‥‥‥‥‥‥‥ *254*
　　(3) 連邦憲法裁判所によるZPO 554b条の解釈‥‥‥‥‥‥‥‥‥‥‥ *256*
　2　日本の上告受理申立て制度‥‥‥‥‥‥‥‥‥‥‥‥‥‥‥‥‥‥‥ *261*
第 3 款　事件が当該事件を超えて不特定多数の事件において現われ
　　　　う る法律問題または社会的な利益が著しく影響を受ける法律問題
　　　　を 提起している場合の上告受理義務‥‥‥‥‥‥‥‥‥‥‥‥‥‥‥ *263*
第 4 款　事案を超えた広い射程距離をもつ法令解釈ではないが，不服
　　　　申 立てが奏功する見込みがある場合の上告受理義務‥‥‥‥‥‥‥ *264*
第 5 款　手続違反‥‥‥‥‥‥‥‥‥‥‥‥‥‥‥‥‥‥‥‥‥‥‥‥‥‥ *265*
　1　問題の所在‥‥‥‥‥‥‥‥‥‥‥‥‥‥‥‥‥‥‥‥‥‥‥‥‥‥ *265*
　2　最高裁判所の手続違反の是正義務‥‥‥‥‥‥‥‥‥‥‥‥‥‥‥ *267*
　　(1) 原裁判所による手続基本権の侵害‥‥‥‥‥‥‥‥‥‥‥‥‥‥‥ *267*
　　(2) 手続基本権侵害以外の重大な手続違反‥‥‥‥‥‥‥‥‥‥‥‥‥ *268*
　　(3) 経験則違反‥‥‥‥‥‥‥‥‥‥‥‥‥‥‥‥‥‥‥‥‥‥‥‥‥‥ *270*
　　(4) 釈明義務違反‥‥‥‥‥‥‥‥‥‥‥‥‥‥‥‥‥‥‥‥‥‥‥‥‥ *279*
　　(5) その他の手続違反‥‥‥‥‥‥‥‥‥‥‥‥‥‥‥‥‥‥‥‥‥‥ *287*
第 6 款　受理決定，不受理決定の理由づけの必要性‥‥‥‥‥‥‥‥‥ *290*

xiv 目 次

第7章 上告および上告受理申立ての提起 ——————— 291

第1節 上告開始の手続 ··· 292
第1款 控訴裁判所への上告状の提出 ························ 292
第2款 上告の手数料 ····································· 292

第2節 上告の提起 ··· 293
第1款 上告状の提出 ····································· 293
1 上告の方式と期間 ····································· 293
　(1) 上告提起の方式 ····································· 293
　(2) 上告提起期間 ····································· 294
　(3) 上告期間と送達の瑕疵 ····························· 295
　(4) 各当事者についての上告期間の進行 ················· 297
2 上告状の提出 ··· 299
　(1) 原裁判所への提出 ································· 299
　(2) 数度の上告状の提出 ······························· 299
　(3) 上告状が上告裁判所に提出された場合の措置 ········· 300
第2款 上告状の内容 ····································· 301
1 当事者および法定代理人 ······························· 301
2 控訴審判決の表示およびこれに対して上告する旨の表示 ········· 303
第3款 上告状の副本の提出 ······························· 304
第4款 上告状の審査と上告状の送達 ························ 304
1 上告状の審査 ··· 304
2 上告の適法性審査 ····································· 305
　(1) 不適法で，その不備を補正できないことが明らかな上告の原
　　　 裁判所による却下決定 ······························· 305
　(2) 上告却下決定に対する不服申立て ··················· 306
3 上告提起通知書および上告状の送達 ··················· 306
4 原裁判所による付随的裁判 ··························· 306

第3節 上告理由書提出強制 ····························· 307
第1款 上告理由書 ····································· 307
第2款 上告理由書の提出期間 ····························· 308
1 期間の開始 ··· 308
2 期間の伸張 ··· 309
3 期間経過後の提出 ····································· 310
第3款 上告理由書の記載事項と謄本の提出 ··················· 311
1 上告の趣旨（上告申立て）····························· 311

目　次　*xv*

　　　⑴　上告の趣旨の記載···*311*
　　　⑵　上告の趣旨の欠缺···*313*
　　　⑶　上告申立ての変更···*314*
　　2　上告の理由の記載···*314*
　　　⑴　原　　則··*314*
　　　⑵　憲法違反··*315*
　　　⑶　絶対的上告理由···*315*
　　　⑷　法令違反··*315*
　　　⑸　判例違反の主張···*316*
　　3　手続違反の主張···*316*
　　　⑴　手続に関する法律違反···*316*
　　　⑵　手続規範の違反を根拠づける事実の表示·····························*317*
　　　⑶　職権で考慮すべき手続瑕疵···*318*
　　4　理由書提出強制の例外···*319*
　第4款　上告理由の記載についての補正命令と上告却下決定·············*320*
　第5款　上告裁判所への事件の送付···································*321*

第4節　上告受理申立て ··*321*
　第1款　意　義··*321*
　第2款　上告受理申立ての手続·······································*321*
　第3款　上告の提起と上告受理申立ての併存···························*323*
　第4款　上告受理決定··*324*
　　1　原裁判所の裁判長による上告受理申立書の審査，原裁判所によ
　　　る上告受理申立ての適法性の審査···*324*
　　2　最高裁による適法性の審査···*324*
　　3　受理・不受理の審査···*324*

第5節　上告提起の効力 ···*326*
　第1款　確定遮断効··*326*
　　1　原判決の確定阻止···*326*
　　2　仮執行宣言···*326*
　第2款　移審的効力··*327*
　第3款　仮執行宣言付き判決に対する上告等における執行停止の裁判····*328*

第*8*章　附帯上告と附帯上告受理申立て ──────── *333*

第1節　附帯上告と附帯上告受理申立て ······························*334*
　第1款　附帯上告··*334*

第2款　附帯上告受理申立て ………………………………………… 335

第2節　附帯上告の要件 ……………………………………………… 335

第1款　意　義 ………………………………………………………… 335
第2款　不　服 ………………………………………………………… 336
第3款　附帯上告が許されること ……………………………………… 336
第4款　附帯上告の提起期間 …………………………………………… 336
第5款　附帯上告の方式 ………………………………………………… 338
第6款　附帯上告の理由づけ …………………………………………… 339
第7款　附帯上告に関する裁判 ………………………………………… 339
第8款　附帯上告の費用 ………………………………………………… 339

第3節　附帯上告受理の申立て ……………………………………… 340

第1款　意　義 ………………………………………………………… 340
第2款　附帯上告受理申立て期間 ……………………………………… 340
第3款　上告，上告受理申立て，附帯上告および附帯上告受理申立て
　　　　の関係 ………………………………………………………… 342

第9章　上告審の調査範囲と訴訟資料 ——————— 343

第1節　上告審の調査範囲 …………………………………………… 344

第1款　移審の範囲 …………………………………………………… 344
　1　上告の移審的効力の範囲 ………………………………………… 344
　2　移審の範囲 ………………………………………………………… 345
　　(1)　概　要 …………………………………………………………… 345
　　(2)　仲裁合意の抗弁に基づく訴えの却下に対する上告 …………… 345
　　(3)　控訴審の口頭弁論終結後，判決正本の送達前に当事者が死亡
　　　　し，受継決定がある場合 …………………………………… 345
　　(4)　訴訟終了宣言判決に対する上告 ……………………………… 347
　　(5)　訴えの併合 …………………………………………………… 352
　3　申立てによる制限 ………………………………………………… 357
　4　不利益変更の禁止 ………………………………………………… 358
第2款　控訴裁判所の前提裁判の調査 ………………………………… 359
　1　原　則 ……………………………………………………………… 359
　2　例　外 ……………………………………………………………… 360
　　(1)　不服申立てができない先行する中間的裁判 ………………… 360
　　(2)　抗告により不服申立てができる裁判 ………………………… 361
第3款　上告審の調査の範囲 …………………………………………… 361

1　法律規定と新たな見解の登場……………………………………… *361*
　　(1)　旧法下の通説……………………………………………………… *361*
　　(2)　新たな見解（調査義務限定説）の登場……………………… *362*
　　(3)　批　　判…………………………………………………………… *362*
　　(4)　上告理由不拘束の原則と上告人の上告理由以外の実体的事由
　　　　の事後的主張…………………………………………………… *365*
　　2　職権で調査すべき手続瑕疵……………………………………… *366*
　　(1)　絶対的手続瑕疵………………………………………………… *366*
　　(2)　一般的訴訟要件………………………………………………… *366*
　　(3)　控訴，控訴審手続および控訴審判決の適法性……………… *367*
　　(4)　控訴審判決の内容上の瑕疵…………………………………… *367*
　　3　手続責問の調査…………………………………………………… *369*
　　(1)　原　　則…………………………………………………………… *369*
　　(2)　上告人の手続責問……………………………………………… *369*
　　(3)　被上告人の手続責問（反対責問）…………………………… *369*
　　4　実体瑕疵の調査…………………………………………………… *370*
　　(1)　原　　則…………………………………………………………… *370*
　　(2)　実体法の適用…………………………………………………… *370*
　　(3)　職権破棄事例…………………………………………………… *372*
　　(4)　訴訟法の適用…………………………………………………… *372*
　　(5)　結果として正しい裁判………………………………………… *372*

第**2**節　上告審の訴訟資料………………………………………………… *373*
　第1款　訴訟資料制限の原則……………………………………………… *373*
　　1　原　　則…………………………………………………………… *373*
　　2　原審の事実確定の拘束…………………………………………… *373*
　　(1)　原　　則…………………………………………………………… *373*
　　(2)　321条1項による拘束力の例外……………………………… *375*
　第2款　新事実の例外的顧慮……………………………………………… *375*
　　1　手続責問を理由づけるための事実……………………………… *376*
　　2　上告の適法性に関する事実または上告審において生じた手続事
　　　項に関わる事実…………………………………………………… *376*
　　3　職権で調査すべき手続瑕疵に関する事実……………………… *377*
　　4　経験則……………………………………………………………… *378*
　　5　適法な訴えの変更に係る事実…………………………………… *378*
　　(1)　原　　則…………………………………………………………… *378*
　　(2)　例　　外…………………………………………………………… *379*
　　6　控訴審終結後に生じた理由具備性に関する事実……………… *380*

xviii 目 次

　　　⑴　訴訟の続行にとって決定的な法律行為上のまたは官庁による
　　　　同意等……………………………………………………………………… *382*
　　　⑵　その間に出された裁判上重要な行政行為……………………………… *382*
　　　⑶　相殺禁止特約の失効，履行期の到来，消滅時効の要件および
　　　　相続人の限定責任の抗弁…………………………………………………… *383*
　　　⑷　再審事由……………………………………………………………………… *384*
　第3款　新たな事実の提出が制限的に適法であることの結果…………… *385*
　　1　上告裁判所の顧慮義務………………………………………………………… *385*
　　2　新たな事実主張に基づく証拠調べ…………………………………………… *385*
　　3　既判力の失権効の拡張………………………………………………………… *386*
　　　⑴　改正法律または新法令の適用の場合の失権効の拡張………………… *386*
　　　⑵　上告審において新事実が顧慮された場合の失権効の拡張………… *386*
　第4款　上告審手続の手続原則…………………………………………………… *388*
　　1　控訴審および第一審手続に関する規定の準用…………………………… *388*
　　2　上告審の審理・裁判の対象………………………………………………… *388*
　　3　訴訟費用の負担の裁判に対する上告の制限……………………………… *389*
　　4　当事者の欠席…………………………………………………………………… *389*
　　5　上告の取下げおよび上告受理申立ての取下げ…………………………… *390*
　　　⑴　意　義………………………………………………………………………… *390*
　　　⑵　上告の一部取下げ………………………………………………………… *390*
　　　⑶　上告の取下げの効果……………………………………………………… *390*
　　　⑷　上告取下げができる者…………………………………………………… *391*

第**10**章　上告裁判所の裁判 —————————— *395*

第**1**節　書面審理による裁判 ………………………………………………… *396*
　第1款　上告却下決定……………………………………………………………… *396*
　　1　上告裁判所による上告却下………………………………………………… *396*
　　2　上告理由書の謄本の送達…………………………………………………… *397*
　第2款　最高裁判所の上告棄却決定…………………………………………… *397*
　第3款　上告棄却判決……………………………………………………………… *399*
　　1　概　要………………………………………………………………………… *399*
　　2　書面審理による上告棄却判決……………………………………………… *399*

第**2**節　口頭弁論に基づく裁判 ……………………………………………… *400*
　第1款　はじめに…………………………………………………………………… *400*
　第2款　上告棄却判決……………………………………………………………… *404*
　　1　上告棄却の範囲……………………………………………………………… *404*

2　上告棄却の具体例··405
　　(1)　他の理由による判決結果の正しさ·······························405
　　(2)　新法の適用による上告棄却·······································406
　　(3)　上告人に不利益がない場合の上告の棄却·····················406
　　(4)　判決の更正···407
　　3　上告棄却の例外──結果として正しい裁判も破棄されなければ
　　　ならない場合··407
　　(1)　絶対的上告理由···407
　　(2)　不利益変更の禁止···407
　　(3)　法的審問の付与···409
第3款　原判決の破棄···410
　　1　原則と要件··410
　　(1)　原　則···410
　　(2)　要　件···410
　　2　一部破棄··411
　　(1)　制限的な上告···411
　　(2)　一部破棄とその要件···412
　　(3)　裁　判···414
第4款　差戻し··415
　　1　原則としての差戻しまたは移送·····································415
　　2　差し戻すべき裁判所···416
　　(1)　差し戻すべき裁判所···416
　　(2)　訴訟記録の送付···416
　　(3)　執行文付与権限の移動···417
　　(4)　原本の保管···417
　　3　再度の控訴審手続···417
　　(1)　訴訟代理権···417
　　(2)　第一次控訴審手続の再開・続行·································417
　　4　再度の控訴審が受ける拘束···419
　　(1)　不利益変更の禁止···419
　　(2)　破棄判決の拘束力···421
第5款　上告裁判所による自判···430
　　1　自判の目的··430
　　2　確定した事実に対する誤った憲法・法令の適用·················430
　　(1)　確定した事実と裁判成熟性·······································430
　　(2)　裁　判···432
　　3　裁判所の裁判権限の欠缺···438
第6款　差戻し後の控訴審判決に対する新たな上告························439

xx 目 次

    1 上告裁判所の自己拘束··439
    2 上告裁判所に対する拘束力··439

第11章 特別上告 ——————————————441

第1節 意 義 ··442

第2節 特別上告が許される裁判と特別上告の理由 ······························442
第1款 特別上告の対象となる判決··442
第2款 特別上告の理由··443

第3節 特別上告の手続 ··443
第1款 上告または上告審の訴訟手続に関する規定の準用················443
第2款 特別上告の提起··443
第3款 原裁判所による適法性審査···443
第4款 特別上告審の審査範囲 —— 職権調査事項についての適用除外
    規定の準用··445
    1 職権調査事項についての適用除外····································445
    2 職権破棄の適否··446

第4節 特別上告と強制執行の停止 ··448

事項索引···449
判例索引···457
著者紹介···469

凡 例

1 　民事訴訟法（平成8年法律109号）は民訴法または現行民訴法と表記する。条数のみで引用するものは，すべて民事訴訟法の条数である。民事訴訟規則（平成8年最高裁判所規則5号は民訴規と表記する。

2 　主要な法令名の略語は一般に用いられているものによった。判例集，雑誌，文献の略語は次に掲げる略語表による。

[判例集・雑誌の略語]

民集	最高裁判所民事判例集
裁判集民	最高裁判所裁判集民事
裁時	裁判所時報
高民集	高等裁判所民事判例集
下民集	下級裁判所民事判例集
行集	行政事件裁判例集
訟月	訟務月報
判時	判例時報
判タ	判例タイムズ
曹時	法曹時報
金判	金融商事判例
金法	金融法務事情
家月	家庭裁判所月報
ジュリ	ジュリスト
リマークス	私法判例リマークス
民商	民商法雑誌
法セミ	法学セミナー
法教	法学教室

[引用文献等略語表]

●体系書・研究書

一問一答　新民事訴訟法	法務省民事局参事官室編・一問一答　新民事訴訟法（1996年・商事法務研究会）
伊藤	伊藤眞・民事訴訟法〔第6版〕（2018年・有

xxii 凡 例

	斐閣)
上田	上田徹一郎・民事訴訟法〔第7版〕(2011年・法学書院)
右田・上訴制度	右田堯雄・上訴制度の実務と理論(1998年・信山社)
梅本	梅本吉彦・民事訴訟法〔第4版〕(2009年・信山社)
笠井/越山編〔第2版〕	笠井正俊/越山和広編・新コンメンタール民事訴訟法〔第2版〕(2013年・日本評論社)
兼子・体系	兼子一・新修民事訴訟法体系〔増訂版〕(1965年・酒井書店)
兼子・研究(1)・(2)	兼子一・民事法研究第Ⅰ巻,第2巻(1950年・酒井書店)
兼子・条解(上)	兼子一・条解民事訴訟法上(1955年・弘文堂)
兼子・判例民訴法	兼子一・判例民事訴訟法(1950年・弘文堂)
川嶋	川嶋四郎・民事訴訟法(2013年・日本評論)
河野	河野正憲・民事訴訟法(2009年・有斐閣)
菊井・(上)・(下)	菊井維大・民事訴訟法上,下〔補正版〕(1968年・弘文堂)
菊井／村松・全訂Ⅰ・Ⅲ	菊井維大／村松俊夫・全訂民事訴訟法Ⅰ〔補訂版〕・Ⅲ(1986年,1995年・日本評論社)
菊井／村松・新コンメⅠ・Ⅱ・Ⅵ	秋山幹男／伊藤眞／加藤新太郎/高田裕成/福田剛久/山本和彦〔菊井維大／村松俊夫原著〕・コンメンタール民事訴訟法Ⅰ〔第2版追補版〕,Ⅱ〔第2版〕,Ⅵ(2006年,2014年・日本評論社)
基本法コンメ民訴(3)	賀集唱/加藤新太郎/松本博之編・基本法コンメンタール民事訴訟法第3巻〔第3版追補版〕(2012年・日本評論社)
研究会・新民事訴訟法	竹下守夫ほか編・研究会 新民事訴訟法——立法・解釈・運用(ジュリスト増刊,1999年・有斐閣)
講座民事訴訟(7)	新堂幸司編集代表・講座民事訴訟第7巻(1985年・弘文堂)

講座新民訴法(1)〜(3)	竹下守夫編集代表・講座新民事訴訟法第1巻〜第3巻（1998年・弘文堂）
小島	小島武司・民事訴訟法（2013年・有斐閣）
小室・上訴制度	小室直人・上訴制度の研究（1961年・有斐閣）
小室・上訴再審	小室直人・上訴・再審〔民事訴訟法論集（中）〕（1999年・信山社）
小山・民訴法	小山昇・民事訴訟法〔5訂版〕（1989年・青林書院）
斎藤・概論〔新版〕	斎藤秀夫・民事訴訟法概論〔新版〕（1982年・有斐閣）
実務民訴講座〔第3期〕(6)	新堂幸司〔監修〕・実務民事訴訟講座〔第3期〕(6)（2013年・日本評論社）
条解民訴〔初版〕〔第2版〕	兼子一原著　松浦馨/新堂幸司/竹下守夫/高橋宏志/加藤新太郎/上原敏夫/高田裕成・条解民事訴訟法〔初版〕（1986年・弘文堂）・〔第2版〕（2011年・弘文堂）
新実務民訴講座(2)・(3)	鈴木忠一/三ケ月章監修・新実務民事訴訟講座2，3（1969年，1982年・日本評論社）
新堂	新堂幸司・新民事訴訟法〔第5版〕（2011年・弘文堂）
新堂・争点効（上）（下）	新堂幸司・訴訟物と争点効（上）（下）（1988年，1991年・有斐閣）
新民訴法大系(4)	三宅省三ほか編集代表・新民事訴訟法大系第4巻（19997年・青林書院）
鈴木／鈴木／福永／井上・注釈	鈴木正裕/鈴木重勝/福永有利/井上治典・注釈民事訴訟法（1985年・有斐閣）
瀬木	瀬木比呂志・民事訴訟法（2019年・日本評論社）
谷口	谷口安平・口述民事訴訟法（1987年・成文堂）
谷口・井上編・新判例コンメンタール(6)	谷口安平/井上治典編・新判例コンメンタール民事訴訟法(6)（1995年・三省堂）

xxiv 凡 例

注解民訴〔第2版〕(1)～(3)・(5)・(8)・(9)	斎藤秀夫/小室直人/西村宏一/林屋礼二編・注解民事訴訟法〔第2版〕(1)～(3), (5), (8), (9) (1991年，1993年，1996年・第一法規)
(旧) 注釈民訴(1)～(3)・(5)・(8)	新堂幸司/鈴木正裕/竹下守夫編集代表・注釈民事訴訟法第1～3，5，8巻 (1991年～1993年，1998年・有斐閣)
注釈民訴(5)	三木浩一/高田裕成/山本和彦/山本克己編・注釈民事訴訟法第5巻 (2015年・有斐閣)
徳田・複雑訴訟	徳田和幸・複雑訴訟の基礎理論 (2008年・信山社)
高橋・重点講義 (上) (下)	高橋宏志・重点講義民事訴訟法 (上〔第2版補訂版〕) (下〔第2版補訂版〕) (2013年，2014年・有斐閣)
中島・日本民訴法	中島弘道・日本民事訴訟法第二編乃至第五編 (1934年・松華堂)
中野・過失の推認	中野貞一郎・過失の推認 (1978年・弘文堂)
中野・現在問題	中野貞一郎・民事手続の現在問題 (1989年・判例タイムズ社)
中野ほか編・講義〔第3版〕	中野貞一郎/鈴木正裕/松浦馨編・新民事訴訟法講義〔第3版〕(2018年・有斐閣)
花村・民事上訴制度	花村治郎・民事上訴制度の研究 (1986年・成文堂)
花村・続民事上訴制度	花村治郎・続民事上訴制度の研究 (1997年・成文堂)
雛形/井上/佐村/松田・民事控訴審研究	雛形要松/井上繁規/佐村浩之/松田　亨・民事控訴審における審理の充実に関する研究 (司法研究報告書56輯Ⅰ号，2004年・法曹会)
細野・要義(2)・(4)	細野長良・民事訴訟法要義第2，4巻 (1920年，1934年・巌松堂)
松本・人訴法	松本博之・人事訴訟法〔第3版〕(2012年・弘文堂)
松本・民事控訴審ハンドブック	松本博之・民事控訴審ハンドブック (2018年・日本加除出版)
松本・立法史と解釈学	松本博之・民事訴訟法の立法史と解釈学 (2015年・信山社)

松本・証明軽減論	松本博之・証明軽減論と武器対等の原則（2017年・日本加除出版）
松本/上野	松本博之/上野泰男・民事訴訟法〔第8版〕（2014年・弘文堂）
三ケ月・全集	三ケ月章・民事訴訟法〔法律学全集〕（1959年・有斐閣）
三ケ月・双書	三ケ月章・民事訴訟法〔法律学双書，第3版〕（1992年・弘文堂）
三木/笠井/垣内/菱田〔第3版〕	三木浩一/笠井正俊/垣内秀介/菱田雄郷・民事訴訟法〔第3版〕（2015年・有斐閣）
三ケ月・判例民訴法	三ケ月章・判例民事訴訟法（1974年・弘文堂）
民訴講座(1)～(5)	民事訴訟法学会編・民事訴訟法講座1～5巻（1954～1956年・有斐閣）

●記念論文集等

青山古稀	伊藤眞ほか編・民事手続法学の新たな地平　青山善充先生古稀祝賀論文集（2009年・有斐閣）
石川古稀（上）（下）	青山善充ほか編・現代社会における民事手続法の展開　上巻，下巻　石川明先生古稀祝賀（2002年・商事法務）
伊藤古稀	高橋宏志ほか編・民事手続の現代的使命——伊藤眞先生古稀祝賀論文集（2015年・有斐閣）
井上追悼	河野正憲ほか編・民事紛争と手続理論の現在——井上治典先生追悼論文集（2008年・法律文化社）
上野古稀	加藤哲夫ほか編・現代民事手続の法理——上野泰男先生古稀祝賀論文集（2017年・弘文堂）
兼子還暦（下）	小山昇ほか編・兼子一博士還暦記念　裁判法の諸問題（下）（1970年・有斐閣）
小島古稀	伊藤眞ほか編・小島武司先生古稀祝賀　民事司法の法理と政策（上巻）（下巻）（2008

xxvi 凡 例

	年・商事法務)
小室＝小山還暦 (上) (中) (下)	『裁判と上訴』編集委員会編・裁判と上訴 (上) (中) (下) (1980年・有斐閣)
鈴木古稀	福永有利ほか編・鈴木正裕先生古稀祝賀論文集　民事訴訟法の史的展開 (2002年・有斐閣)
栂＝遠藤古稀	伊藤眞ほか編・民事手続における法と実践── 栂善夫先生＝遠藤賢治先生古稀祝賀 (2014年・成文堂)
徳田古稀	山本克己ほか編・民事手続法の現代的課題と理論的解明── 徳田和幸先生古稀祝賀論文集 (2017年・弘文堂)
中野古稀 (上) (下)	新堂幸司ほか編・判例民事訴訟法の理論 (上) (下) ── 中野貞一郎先生古稀祝賀 (1995年・有斐閣)
松本古稀	徳田和幸ほか編・民事手続法制の展開と手続原則── 松本博之先生古稀祝賀論文集 (2016年・弘文堂)
三ケ月古稀 (上) (中)	中野貞一郎ほか編・民事手続法学の革新── 三ケ月章先生古稀祝賀 (上), (中) (1991年・有斐閣)

〔判例百選その他〕

重判解説	重要判例解説 (ジュリスト)
争点〔旧版〕	三ケ月章／青山善充編・民事訴訟法の争点〔旧版〕 (1979年・有斐閣)
争点〔新版〕	三ケ月章／青山善充編・民事訴訟法の争点〔新版〕 (1988年・有斐閣)
争点〔3版〕	青山善充/伊藤眞編・民事訴訟法の争点〔第3版〕 (1998年・有斐閣)
争点 (2009年)	伊藤眞／山本和彦・新民事訴訟法の争点 (2009年・有斐閣)
判解民	最高裁判所判例解説:民事篇
百選	民事訴訟法判例百選 (1965年・有斐閣)
続百選	続民事訴訟法判例百選 (1972年・有斐閣)

百選〔2版〕	新堂幸司・青山善充編・民事訴訟法判例百選〔第2版〕(1982年・有斐閣)
百選Ⅰ・Ⅱ	新堂幸司/青山善充/高橋宏志編・民事訴訟法判例百選Ⅰ・Ⅱ〔新法対応補正版〕〔第2版〕(1998年・有斐閣)
百選〔3版〕	伊藤眞/高橋宏志/高田裕成編・民事訴訟法判例百選〔第3版〕(1983年・有斐閣)
百選〔4版〕	高橋宏志/高田裕成/畑瑞穂編・民事訴訟法判例百選〔第4版〕(2010年・有斐閣)
百選〔5版〕	高田裕成/畑瑞穂/編・民事訴訟法判例百選〔第5版〕(2017年・有斐閣)

●ドイツ法

雑誌略号

BGH	Bundesgerichtshof
BGHZ	Entscheidungen des Bundesgerichtshofes in Zivilsachen
BVerfG	Bundesverfassungsgericht
BVerwG	Bundesverwaltungsgericht
BVerfGE	Entscheidungen des Bundesverfassungsgerichts
FamRZ	Zeitschrift für das gesammte Familienrecht mit Betreuungsrecht, Erbrecht, Verfahrensrecht und Öffentlichem Recht
JZ	Juristenzeitung
LG	Landgericht
MDR	Monatsschrift für Deutsches Recht
NJW	Neue Jiristische Wochenschrift
NJW-RR	Rechtsprechungs-Report Zivilrecht
NVwZ	Neue Zeitschrift für Verwaltung
NZI	Neue Zeitschrift für lnsolvenzrecht und Sanierung
OLG	Oberlandesgericht
RGZ	Entscheidungssammulung der Entscheidungen des Reichsgerichts in Zivilsachen

xxviii 凡 例

VersR	Versicherungsrecht – Zeitschrift für Versicherungsrecht, Haftungs-und Schadensrecht
ZIP	Zeitschrift für Wirtschaftsrecht

ドイツ法文献

Baumbach/Lauterbach/*Hartmann*	Baumbach/Lauterbach/Hartmann, Zinilprozessorduung, 77. Aufl., 2019
Gottwald, Revisionsinstanz	Gottwald, Die Revisonsinstanz als Tatsacheninstanz, 1975
HK-ZPO/*Bearbeiter*	Sänger [Hrsg], Handkommentar zur Zivilprozessordnung, 7. Aufl., 2017
Musielak/Voit/*Bearbeiter*	Musilak/Voit, Kommentar zur Zivilprozessordnung, 15. Aufl., 2018
MünchKommZPO/*Bearbeiter*	Münchener Kommentar zur Zivilprozessordnung, 5. Aufl., Bd. 2, 2016
Rosenberg/Schwab/*Gottwald*	Rosenberg/Schwab/*Gottwald*, Zivilprozessrecht, 18. Aufl., München 2018
Schilken	Schilken, Zivilprozessrecht, 7. Aufl., 2014
Stein/Jonas/*Bearbeiter*	Stein/Jonas, Kommnentar zur Zivilprozessordnung, 23. Aufl., Bd. 6, 2018
Thomas/Putzo/*Bearbeiter*	Thomas/Putzo, Zivilprozessordnung, 37. Aufl., 2016
Wieczorek/Schütze/*Bearbeiter*	Wieczorek/Schütze, Zivilprozessordnung und Nebengesetze, 4. Aufl., 7. Bd., 2014
Zöller/*Bearbeiter*	Zöller, Zivilprozessordnung, 32. Aufl., 2018

第 1 章

民事訴訟における
上告制度

〔**文献**〕 伊東　乾「上訴制度の目的」新実務民訴講座(3)183頁以下；大須
賀　慶「民事上告制度目的論に関する若干の問題」成城法学 3 号
(1979年) 55頁以下；同「上訴制度の目的」講座民事訴訟(7)37頁以
下；笠井正俊「上告審の目的」実務民訴講座Ⅰ［第 3 期］(6)21頁以
下；兼子一「上告制度の目的」同・民事法研究(2)171頁以下；河野
正憲「上告審手続の審理構造──最高裁判所による法の統一と創
造」曹時48巻 9 号 (1996年) 13頁以下；菊井維大「上訴制度」民訴
講座(3)847頁以下；小室直人「民事上告の性格」同・上訴制度121頁
以下；同「民事上訴制度論序説」民訴雑誌35号 (1989年) 1 頁以
下；鈴木重勝「当事者救済としての上訴制度」講座民事訴訟(7) 1 頁
以下；鈴木正裕「上告理由としての訴訟法違反──史的考察」民訴
雑誌25号 (1979年) 29頁以下；同「上告の歴史」小室＝小山還暦
（下） 1 頁以下；徳田和幸「上告制度略史」鈴木古稀813頁以下；三
ケ月章「上訴制度の目的」小室＝小山還暦(上)198頁以下（同・民事
訴訟法研究(8)〔1981年・有斐閣〕85頁以下）；山田　文「上訴制度の目
的」争点252頁；山本和彦「上訴制度の目的」争点〔第 3 版〕286頁

第1節　上告制度の沿革

第1款　明治初期の上告制度

1　大審院章程，控訴上告手続

〔1〕　明治維新の後，徐々に裁判制度の整備が図られることになった。当初は，
民事訴訟に関する法典はなく，訴訟に関する個々の手続は，「訴答文例」，
「大審院諸裁判所職制章程」や「控訴上告手続」のような個別の法令に
よって規律されていた。

1875年（明治 8 年） 5 月に「大審院諸裁判所職制章程」（太政官布告第91
号）と「控訴上告手続」（太政官布告第93号）が布告された。これらの法律
の下での上告は，フランス法の破棄制度[*]に倣ったものであった。大審院
諸裁判所職制章程，大審院章程第 1 条は，「大審院ハ民事刑事ノ上告ヲ受
ケ上等裁判所以下ノ審判ノ不法ナル者ヲ破棄シテ法憲ノ統一ヲ主持スルノ
所トス」と定め，第 2 条は「審判ノ不法ナル者ヲ破棄スルノ後它ノ裁判所
ニ移シテ之ヲ判決セシム又便宜ニ大審院自ラ之ヲ判決スル事ヲ得」と定め，

法の統一を上告制度の目的として掲げた。

「控訴上告手続」第9条は，上告について，「各裁判所ノ終審ヲ不法ナリ 〔2〕
トシ大審院ニ向テ取消ヲ求ムル者之ヲ上告ト云フ」と定め，大審院を法令
適用のコントロールを任務とする裁判所としていた。第10条は，「上告ス
ル事ヲ得ルノ事件ハ　第一　裁判所管理ノ権限ヲ超ユ　第二　聴断ノ定規
ニ乖ク　第三　裁判ノ法律ニ違フ」と定めた。この法律によれば，民事訴
訟において上告をすることができる者は控訴審判を経たものに限られ（同
14条），上告期間は控訴審判の言渡しより2か月であり，上告状の提出先
は大審院であること（同15条），上告人は上告状に添えて金10円を大審院
に預けるべきこと，上告が取り上げられないときまたは被上告人との対審
ののち上告が退けられたときは，預り金は没収となること（同16条），上
告人は原審に上告をする旨の届出をし，原裁判所は書類を3日以内に大審
院に送達すべきこと（同17条），上告は執行停止の効力を有しないこと（同
18条），上告に理由があると決するときは「何々ノ理由ヲ以テ原裁判所ノ
裁判ヲ破棄スルニ付キ，更ニ其裁判所ニ於テ裁判ヲ受ク可キ旨，又ハ大審
院ニ於テ裁判スヘキ旨ヲ言渡スヘシ」（同24条）こと，上告に理由がない
と決するときは「何々ノ理由ヲ以テ上告ヲ斥クル旨ヲ言渡スヘシ」（同25
条）こと等が定められた。以上のように，これらの法律による上告制度は，
破棄後の措置として大審院の自判の権限を認めるようにフランスの破棄制
度と異なる規律もみられるが，基本的に破棄制度に倣ったものであった。[1]

＊フランス法の破棄制度と1877年民事訴訟法（CPO）によるドイツの上告 〔3〕
制度

フランスの破棄院は，通常裁判所（通常の上告裁判所）ではなく，国家
の上級監督権力の機関である。破棄審においては，裁判において特定の法
律違反があるという当事者の特定的に定式化された非難が理由を有するか
どうかだけが裁判されるのであり，事件自体について裁判することはない
(Stein/Jonas/*Pohle*, Kommentar zur Zivilprozessordnung, 18. Aufl., Vor §545

---

1) 三ケ月章「上訴制度の目的」同・民事訴訟法研究(8)84頁，120頁は，「控訴上告手続」に
よって承継されなかったフランスの制度（フランス破棄院において民事事件のスクリーニン
グを担当する審理部の制度，破棄院専属弁護士制度など）に注目し，「日本特有の上訴制度
の形成への決定的な礎石が据えられている」という。

4 第1章 民事訴訟における上告制度

I1）。破棄院は，フランス革命において司法行政機関として創設された。破棄院の任務は，司法に対する監督であり，法律に対する裁判官の反抗と立法権の領域への裁判官の干渉を防ごうとするものであった（*Schwinge*, Grundlagen des Revisionsrechts, 2. Aufl., 1960, S.43; *Arens*, Die Befugnis des Revisionsgerichts im Zivilprozeß zur Entscheidung in der Sache selbst, AcP 161（1962）, 177, 180）。このように当初は，破棄（Kassation）は上訴とは考えられていなかった。しかし本来の破棄のコンセプトは，19世紀の第一三半期には，別のコンセプトによってとって代わられた。すなわち今度は，法の一体性の確保が破棄院の任務とみられ，破棄院は司法機関とみられた（*Schwinge*, a.a.O., S.43 f.; *Arens*, a.a.O., S.180）。破棄は特別のものであれ，法的救済手段となったが，訴訟資料の全体が新たな裁判のために破棄院に提出されるのではなく，不服申立てに係る裁判について明示的に責問（非難）された法的瑕疵のみが審査された（*Arens*, a.a.O., S.180）。破棄の提起は，当事者に有利な確定遮断効をもたない。破棄は当事者だけの特権ではなく，（当事者がこれを放棄した場合にも）検察官が提起することができる（*Arens*, a.a.O., S.180）。破棄院は事件について自ら裁判してはならない。破棄院は，判決を取り消し，新たな裁判のために他の裁判所に差し戻さなければならない。破棄の裁判は，訴訟についてなされるのではなく，不服申立てに係る裁判について行われるものである（*Arens*, a.a.O., S.180）。したがって，差戻しを受けた裁判所は，破棄差戻しをもたらした破棄院の法的見解に拘束されない（フランスの破棄制度については，徳田和幸「上訴制度略史」鈴木古稀813頁，816頁以下も参照）。

〔4〕　以上のようなフランスの破棄制度は，ドイツ法に大きな影響を及ぼした。1833年のプロイセン法上の判決無効の申立て（Nichtigkeitsbeschwerde）の制度は，法解釈の統一のために第三審への上訴を，ベルリンにおかれていたプロイセンの最高裁判所であるGeheimes-Ober-Tribunalに集中したが，これはフランス法の破棄制度をモデルとしたものであった（これについては，鈴木正裕「上告理由としての訴訟法違反」民訴雑誌25号（1979年）1頁，37頁以下；同「上告の歴史」小室＝小山還暦（下）1頁，57頁以下；*Arens*, a.a.O., S.181参照）。

〔5〕　1877年のドイツ民訴法（CPO）の上告は，判例の統一により法統一が確保されるためにのみ付与されるものであり，それゆえ，上告は，控訴審の

裁判の法的側面を事後的に審査することに限られるが，法律の正しい適用は当事者の処分が許されない裁判所の排他的な任務であるという見解に立って，原判決の判断のすべてを上告裁判所の審査に服せしめた。これは，特定の法律の違反があるという当事者の特定的に定式化された責問が理由を有するかどうかだけを裁判対象とするフランスの破棄審やこれに倣ったかつてのプロイセン法の判決無効の申立て（Nichtigkeitsbeschwerde→〔4〕）とは異なるものであった。そのような上告制度の導入の理由として，CPOの理由書は，上告は最終審の上訴として当事者の利益ではなく，全法領域においてアクセスできる最上級の裁判所に裁判権限を集中することにより法の統一（Rechtseinheit）を確保することの必要性をあげた。他方において，民事訴訟法は，上告を通常の上訴として構成し，破棄制度におけるとは異なり，上告の提起に原判決の確定遮断効を与えた。実体法違反を理由とする上告については，裁判所は当事者の責問に拘束されずに自由に原判決を審査できるものとし，これに対し，手続違反を理由とする上告については，法の統一が事実審裁判所の裁判によって脅かされているのでない場合にも，したがって瑕疵が具体的な個別事案のみに意味を有する場合にも，上告を可能にしたが，手続法違反については，法統一の利益でなく，当事者の利益が重要であるので，上告裁判所は当事者の責問に拘束されるものとした。

　以上から明らかになることは，実体法違反による上告と手続違反による上告とは，ドイツ法において，異なる原理に基づいていたことである。この原理の違いは，金額上告，許可上告および相反上告（Divergenzrevision, 他の裁判との相反が存する場合の上告）のような，上告制限が導入されると，2つの原理の相克を超えて着地点を見出す可能性があるかどうかが問題となる。手続法違反による上告について「551条（絶対的上告理由——引用者）にあげられた法規範の違反以外の違反を理由に裁判に不服を申し立てることができるのは，その違反がその法規範の法的錯誤による解釈を基礎にする場合に限る」という規定を追加する提案（*Hamm*, Gutachten über die Frage: Empfiehlt sich eine Änderung des Rechtsmittels der Revisin in Zivilsachen? in: Verhandlungen des 29. Deutschen Juristentags, 3. Bd. 1908), S. 39 ff.) があったが，このような規定が設けられると，金額上告がない限り，手続違反を主張することができるのは，上告許可がなされる場合，な

〔6〕

いしは，相反が存在する場合に限られることになる。Schwingeによれば，手続責問においては当事者の利益のみでなく，手続規範の正確な遵守についての国家の利益も関係しているので，手続法上の理由による上告を制限することは受容できないということになる（*Schwinge*, a.a.O., S. 220）。この手続規範の正確な遵守という要求は，ドイツでは，今日では司法に対する信頼の確保の要請（→〔397〕）という観点から，判例統一という上告許可理由（現行ドイツ民訴法543条2項2号）のなかで手続基本権（法的審問請求権，公正手続請求権，実効的権利保護など→〔176〕）の侵害事案について上告許可を可能にする形で重要な機能を果たしている。ここでは，実体法の解釈の統一と手続違反により侵害される当事者の利益，および手続規範の正確な遵守についての国家の利益が，司法に対する信頼の確保の要請のなかでともに顧慮されていることを確認しておこう。

2　テヒョー草案

〔7〕　1884（明治17）年4月以来，日本の民訴法の起草に携ったドイツ人法律家Hermann Techow（ヘルマン・テヒョー）[2]は，それまで行われていた上告制度を「佛国制ニ模倣シタルモノニシテ独逸国ノ制ニモ甚タ相似タリ而シテ其主タル基礎ニ於テ復タ能ク日本ノ状況ニ適応セシメアレハ此ノ部内ニ付テハ其主義ヲ変更スヘキ必要ヲ見ス　故ニ此訴訟法草案ハ現行ノモノト相符号シ得且僅ニ其一小部分ヲ改良シテ止ムヲ得タリ」[3]と述べ，規定の整備を図った。すなわち，紆余曲折を経て1886（明治19）年に出来上がったいわゆるテヒョー草案は，「上告ハ治安裁判所始審裁判所及ヒ控訴裁判所ニ於テ為シタル終審判決ニ対シ之ヲ為スコトヲ得ルモノトス」と定めた（同489条）。上告裁判所は大審院のみとした（同6条）。すなわち，治安裁判所（区裁判所）の判決に対しては始審裁判所（地方裁判所）に控訴ができ，始審裁判所はこれにつき「終審」の判決をし（同4条），始審裁判所の初審判決に対しては控訴院に控訴ができ，控訴院はこれに対し「終審」の判決をするが（同5条），これらの「終審判決」に対しては大審院に上告ができるとされた。ただし，治安裁判所の管轄事件のうち訴額10円

---

2) テヒョーについては，松本・立法史と解釈学6頁注(3)参照。

3) 『哲慝氏　訴訟規則趣意書』（曲淵景章・宮島鈴吉訳，明治19年）2頁。

未満のものについては始審裁判所への控訴を許さず，これについては治安裁判所が「終審」の判決をするとされたが（同2条1項），この「終審」の判決に対しても大審院に上告ができることとしたのである。上告は，判決が法律に違反することを理由とする場合に限られ（同490条），「1. 法律ノ成文ナルト慣習ナルトヲ問ハス之ヲ適用スヘキニ適用セス又ハ適用ス可カラサルニ適用シタル時　2. 審判手続ノ緊要ナル規則ニ抵触シタル時」は法律違反があるとした（同491条）。上告の手続は，必要的記載事項を記載した上告状を大審院に提出して行う（同495条）。上告に対して，大審院は，報告裁判官を命じたうえ上告人を呼び出し，報告裁判官の演述と上告人の陳述を聴き上告の受理不受理につき判決をする（同498条1項）。大審院が上告を受理した場合，上告状の副本が被上告人に送達され，被上告人は14日内に答弁書を提出するよう命じられる（同499条）。

　テヒョー草案はドイツ民訴法にはない種々の独自の規定を含んでいたが，〔8〕テヒョーの期待に反して法律にならなった。テヒョー草案はその法律化に進む前に「法律取調委員会」の審議の対象にされ，原型をとどめないほどの修正を受けることになった。これは次に述べる不平等条約改定交渉のなかで，政府が近く日本が制定する諸法律の体系をばらばらにしないよう，法典起草を担当する外国人を委員とする委員会をつくるのが良策だとするフランス公使の山田顕義司法大臣への進言を受け入れたため，所定の手続を経て1886年に外務省に法律取調委員会が設置されたことによる。この委員会は，まず裁判所構成法の起草・審議を行った。後に，この法律取調委員会は司法省に移管されるが，すでに草案が確定されていたテヒョー草案も，司法省の法律取調委員会の審議の対象にされた。ところが，種々の事情によって1877年のドイツ民訴法に近い草案が作成され，最終的に明治23年民事訴訟法が制定された[4]。

第2款　条約改定交渉とテヒョー草案の再検討から明治23年民事訴訟法へ

1　条約改定交渉

　明治23年に制定された裁判所構成法は，大審院を司法裁判所として位置　〔9〕

---

4) この間の経過については，松本・立法史と解釈学30頁以下参照。

づけ，区裁判所事件については地方裁判所を控訴裁判所とし，控訴院を上告裁判所と定め。地方裁判所事件については控訴院を控訴裁判所とし，大審院を上告裁判所として定めた。すなわち，上告裁判所は大審院だけではなく，控訴院も上告裁判所として位置づけられた。このような規律が決るまで，1つの重大な政治的な出来事が存在した。

　明治政府は，いわゆる不平等条約の改定交渉のなかで，近代的な司法制度の確立の必要性に迫られた。井上馨外務大臣のもとで明治19年5月1日より明治20年7月18日まで行われた不平等条約の改正（裁判権条約）交渉のなかで，裁判権条約改正の日本案に対して，イギリス，ドイツ両公使が提出した修正案（「アングロ＝ジャーマンプロジェクト」と呼ばれる）は，次のような国家主権にとって極めて重大な問題を含む内容を有していた。①外国人と日本人の裁判官から構成される混合裁判所を設け，この裁判所は民事事件については，外国人が原告の場合にも被告の場合にも管轄権を有し，しかも訴額100円以上の事件については外国人は控訴院を始審裁判所とすることができること，②控訴院の判決に対しては大審院に控訴することができ，大審院の判決に法律違反があるときは，大審院裁判官により構成される特別の裁判所に「上告」をすることができること，③日本はこの条約（「裁判権に間する条約」）の批准後2年内に泰西法原則に従った「帝国諸裁判所の章程」を定め，かつ「(a)刑法，(b)治罪法，(c)民法，(d)商法，海上法および為替手形に関する法律，(e)訴訟法，(f)(d)の項に掲げる事件の訴訟法，(g)身代限法」の諸法典も編纂すること，④日本政府は，本条約の批准後18か月以内に「帝国諸裁判所の章程」および諸法典の官訳英文を締約国政府に送付すること，これらの諸法典の改正の際も，その6月以前に締約国に通知することである[5]。英独修正案は，他の国々の代表によって歓迎され，日本政府も当初の案を撤回し，これを交渉の基礎にすることに同意した。かくて，英独修正案は交渉の基礎とされた。交渉では，日本混合裁判所における英語公用語化の問題，日本混合裁判所の組織・権限の問題など重要問題および移行期間における日本裁判所と領事裁判所との裁判管轄権の分配問題が議論の主要な対象になった。条約改正会議は紆余曲折を経て，第26回会議に至って「裁判管轄条約案」を議定した。

---

5) 鈴木正裕・近代民事訴訟法史・日本（2004年・有斐閣）119頁。

上訴制度については，裁判管轄条約の交渉のなかで，上告裁判所を大審 〔10〕
院に限定するか，それとも大審院および控訴院とするかが争われた。日本
側は「帝国裁判所構成法案」に基づき控訴院をも上告裁判所とすることを
提案した。裁判所構成法案の起草を担当したのは，法律取調委員の１人で
あったドイツ人法律家Otto Rudorff（オット・ルドルフ）である。ドイツの
1877年の裁判所構成法は，刑事訴訟につき控訴裁判所としてのラント裁判
所の判決に対する上告は上級ラント裁判所にすべき旨を定めていた（ドイ
ツ裁判所構成法132条２項）。この規定をモデルに，Rudorffは，地方裁判所
が控訴裁判所としてした判決に対する上告は控訴院が管轄することにし，
さらに区裁判所の判決に対しても上告を可能にしようとした。ドイツの民
事訴訟では当時，区裁判所の判決に対してラント裁判所に控訴することが
できたが，金額制限のため，上級ラント裁判所へもライヒ裁判所へも上告
することができない事件があった。Rudorffは，日本法については，区裁
判所の判決にも上告ができるようにし，しかし大審院にすべての上告事件
を集中することは財政的に困難であるから，控訴院を区裁判所の判決につ
いての上告裁判所にしようとした。条約改定交渉の中で，フランス公使
Sienkiewitz（シンキヴィッツ）は，当初フランスの破棄院と同様，大審院
のみが上告裁判所であるべきことを強く要求し，その理由として，上告審
を１つの裁判所に限らないと裁判の統一を期することができないとの，
もっともな主張をした。ドイツ公使 v.Holleben（フォン・ホレーベン）も，
この要求に同調した。イタリア，オーストリア，ベルギーの公使も同じ意
見であったが，Sienkiewitzは，後に控訴院が大審院の判例に従うことを
条件に，日本において控訴院と大審院が上告裁判所になることを了解した。

2　裁判所構成法（明治23年）による上告制度

Otto Rudorffが控訴院を区裁判所の判決についての上告裁判所にするこ 〔11〕
とを提案した明治23年裁判所構成法第37条は，控訴院の裁判権として，
　「控訴院ハ左ノ事項ニ付裁判権ヲ有ス
　　第一　地方裁判所ノ第一審判決ニ對スル控訴
　　第二　區裁判所ノ判決ニ對スル控訴ニ付爲シタル地方裁判所ノ判決
　　　　ニ對スル上告
　　第三　大審院ノ権限ニ属スルモノヲ除ク外地方裁判所ノ第一審トシ

10 第1章　民事訴訟における上告制度

テ為シタル決定及命令ニ對スル法律ニ定メタル抗告」と定め，
同法第50条は大審院の裁判権限として，
「大審院ハ左ノ事項ニ付裁判權ヲ有ス
　　第一　終審トシテ
　　　㈑　第三十七條第二ニ依リ爲シタル判決及第三十八條ノ第一審ノ
　　　　判決ニ非サル控訴院ノ判決ニ對スル上告
　　　㈹　控訴院ノ決定及命令ニ對スル法律ニ定メタル抗告
　　第二　第一審ニシテ終審トシテ
　　　　刑法第二編第一章及第二章ニ掲ケタル重罪竝ニ皇族ノ犯シタル
　　　罪ニシテ禁錮又ハ更ニ重キ刑ニ處スヘキモノノ豫審及裁判」と定
　　　めた[6]。

[12]　もっとも，37条の規定は大正2年の司法大改革の一環として改正され
（37条第二の削除），次の規定になった。
　　第37条「控訴院ハ左ノ事項ニ付裁判權ヲ有ス
　　第一　地方裁判所ノ第一審判決ニ對スル控訴
　　第二　大審院ノ權限ニ屬スルモノヲ除ク外地方裁判所ノ第一審トシテ
　　　　爲シタル決定及命令ニ對スル法律ニ定メタル抗告」
　　同様に，50条の規定は改正され，次の規定になった。
　　第50条「大審院ハ左ノ事項ニ付裁判權ヲ有ス
　　第一　終審トシテ
　　　㈑　上告
　　　㈹　地方裁判所ノ第二審トシテ為シタル決定及命令並控訴院ノ決定
　　　　及命令ニ對スル法律ニ定メタル抗告
　　　㈧　地方裁判所又ハ区裁判所ノ為シタル上告棄却ノ決定ニ對スル抗
　　　　告
　　第二　第一審ニシテ終審トシテ
　　　　刑法第七十三條，第七十五條及第七十七條及至第七十九條ノ罪竝
　　　ニ皇族ノ犯シタル罪ニシテ禁錮以上ノ刑ニ處スヘキモノノ豫審及裁

---

6) ルドルフ・裁判所構成法註解竝裁判所構成法議事速記録（司法資料記念号（第二百五十九
号）（1939年・司法省調査部，復刻，日本立法資料全集95　裁判所構成法，2009年・信山社）
130頁，145頁）。*O.Rudorff,* Commentar zum Gerichtsverfassungsgesetze für Japan, S.156,
S.175f.

判」と定めた。

　これによって控訴院が区裁判所事件について上告裁判所として裁判するという権限配分（法律審の分散）はなくなり，上告事件は一元的に大審院が管轄するという上告法の本来の姿が実現した[7]。もっとも，それによって生ずると予想される大審院の負担の増大に伴い，大審院の各部の構成がそれまでの7人から5人の構成に変更された（裁判所構成法53条の改正）[8]。

3　明治23年民事訴訟法

　明治23年民訴法432条は，「上告ハ地方裁判所及ヒ控訴院ノ第二審ニ於テ　〔13〕為シタル終局判決ニ對シ之ヲ為ス」と定めた。この規定は，地方裁判所の第二審判決に対して上告ができることを明らかにしているが，上告裁判所を明確に定めていない。民事訴訟法の審議過程においては，村田保が「控訴院トヤツタ處ハ他ニアリマセン」と，文言の問題を指摘したが，説明役の小松済治は「アリマセンカ斯ウ云ハナケレハナラン此處ハ控訴院ノコトテアリマスカラ，構成法カラ来タノテ仕方ハアリマセン」[9]と答えている。すなわち，民訴法は他の箇所では控訴裁判所という用語を用いていたが，本条については裁判所構成法の用語に合わせて控訴院の用語を用いたのである。内容的には，地方裁判所と控訴院の第二審終局判決に対して上告を提起することができることを明らかにしたものである。大審院と控訴審が上告裁判所であることは，裁判所構成法に規定しているので，民訴法には改めて規定されなかった。また，前述のように（→〔12〕），大正期になり，地方裁判所が控訴審としてした終局判決に対する上告も，大審院が上告裁判所として管轄することに改正されたが，この点も民訴法を改正しなくても済むので，民訴法の改正は行われなかった。

7）明治23年裁判所構成法による上告審の分散から大正2年の司法大改革による大審院への上告事件の集中については，三ケ月・前掲注1）131頁（初出は1980年）参照。

8）大正2年法律第6号により改正された裁判所構成法53条の法文は，「大審院ニ於テ訴訟法ニ依リ法廷ニ於テ審問裁判スヘキ事件ハ5人ノ判事ヲ以テ組立テタル部ニ於テ之ヲ審問裁判ス其ノ5人ノ判事中1人ヲ裁判長トス其ノ他ノ事件ハ訴訟法ニ定ムル所ニ從ヒ判事之ヲ取扱フ」である。

9）松本博之/德田和幸編著・日本立法資料全集196　民事訴訟法〔明治23年〕(3)（2014年・信山社）28頁。

第2款　大正15年改正民事訴訟法

〔14〕　大正15年改正民訴法393条は「上告ハ控訴審ノ終局判決ニ對シテ之ヲ為スコトヲ得」と定めたが，これは控訴院が高等裁判所の名称に変わったことを受け，条文の表現の修正を図ったにとどまる。ここにいう控訴審の終局判決には，地方裁判所の控訴審としての終局判決も，高等裁判所の控訴審としての終局判決も含まれる。上告裁判所は，改正後の裁判所構成法と同じく，大審院のみである。すなわち，地方裁判所の控訴審判決に対しても，大審院に上告を提起することができた。この状態は，戦後の裁判所法の制定まで続いた。

第3款　昭和23年裁判所法

〔15〕　戦後の司法改革によって，区裁判所が廃止され，簡易裁判所が設置された。簡易裁判所が第一審としてした判決に対する地方裁判所の控訴審判決に対する上告は，明治23年の当初の裁判所構成法と同じく，再び高等裁判所に提起すべきものとされた（裁16条3号）。地方裁判所が第一審裁判所である場合は，最高裁判所が上告裁判所である。これによって，明治23年当初の裁判所構成法と同様，上告裁判所として，最高裁判所と高等裁判所が並存することとなった。このような規律の理由は，もっぱら裁判官数が激減した最高裁判所の負担軽減を図るためである。[10]このように高等裁判所も上告裁判所としての裁判権を与えられたが，上告理由として主張できる事由は，最高裁判所への上告の場合も高等裁判所への上告の場合にも，異なることはなかった。

　加えて，戦後の制度改革のなかで，高等裁判所が第一審として裁判する場合や，地方労働委員会のような準司法機能をもつ多数の行政委員会が設置され，その判断をめぐる争いは裁判所により行政訴訟として裁判されるが，そのさい法律が高等裁判所を第一審裁判所と定める事件が生じた。この場合には，高等裁判所の第一審判決に対して最高裁判所に上告することが許された（「日本国憲法の施行に伴う民事訴訟法の応急的措置に関する法律」〔昭和22年法律149号〕4条）。たとえば，公正取引委員会は，独占禁止法の施行を司るため1947年に設置されたが，公正取引委員会の審決に係る行政

---

10)　(旧) 注釈民訴(8)211頁 ［鈴木正裕]。

事件訴訟法3条1項に規定する抗告訴訟（同条5項から7項までに規定する訴訟を除く）および独禁法25条に規定する損害賠償請求訴訟の第一審裁判権は東京高等裁判所に属し（独占禁止85条），独禁法70条の6第1項，70条の7第1項（70条の14第2項において準用する場合を含む），70条の13第1項，97条および98条に規定する事件は東京高等裁判所の専属管轄とされている（同法86条）。

第4款　民事訴訟法の戦後改正

1　「最高裁判所における民事上告事件の審判の特例に関する法律」（昭和25年法律138号）

　　戦後の上告制度および上告理由の改正に関わる改革議論は，主として最高裁判所の負担軽減を軸に展開された。一方において日本国憲法の制定とともに，最高裁判所の任務が大幅に拡大したが，裁判官の数は逆に大審院と比べ大幅に減少した（大審院は，民事および刑事の事件だけを処理するのに，時期によって異なるが，30数名から47名ほどの，原則として裁判官出身の判事を有していた）。すなわち，最高裁判所は，違憲立法審査権を有する終審裁判所であるほか（憲81条），規則制定権（憲77条），および司法行政権をもつとともに，行政事件について最終審として裁判することとなったのに，最高裁判所の裁判官は法律により長官と14名の判事と定められ（裁5条3項），しかも法律専門家であることを要しないこととなった。他方，刑事事件については昭和24年1月1日施行の新刑事訴訟法が上訴制限を行ったのに対し，民事事件では上告制限が行われていなかったため，社会情勢を反映して最高裁判所に対する上告が年々増加していった。そのため，最高裁判所の負担を軽減するために最高裁判所の裁判権の範囲に関する調整が必要になったとされる。　〔16〕

　　この課題は，法制審議会民事訴訟法部会の審議の対象とされた。法制審議会は，昭和24年12月23日，①最高裁判所の扱う上訴の範囲を，憲法違反，判例抵触および法令の解釈に関する重要な事項に限ることとし，前2者は義務管轄，最後のものは裁量管轄とすること，②最高裁判所が扱わない法令違反については特別の上告審を設けること，③事実審の審級は従来どお　〔17〕

り二審級とすることを答申した[11]。この答申を法文化すべくなされた努力は，挫折した。連合国最高司令部の承認を得ることができなかったためである。このような事態を踏まえ，その後「民事訴訟法の一部を改正する法律案」が策定され，第7回国会に提出された。この改正案は，一般的上告理由に関する大正15年改正民訴法394条をそのままにして，最高裁判所への上告の場合について，上告審の調査範囲に関する402条に，次のただし書を加え，いわゆる裁量調査制を導入しようとした。

「但シ最高裁判所カ上告裁判所タル場合ニ於テハ上告理由ニシテ左ノ各号ニ該当スルモノノ外法令ノ解釈ニ関スル重要ナル主張ヲ含ムト認ムルモノニ基キ調査ヲ為スヲ以テ足ル
1 原判決カ憲法ノ解釈ヲ誤リタルコト其ノ他憲法ニ違反シタルコト
2 原判決カ最高裁判所ノ判例ト相反スル判断ヲ為シタルコト
3 最高裁判所ノ判例ナキ場合ニ於テ原判決カ大審院又ハ上告裁判所タル高等裁判所ノ判例ト相反スル判断ヲ為シタルコト」

この改正案は，国民の権利保護に対し重大な影響を及ぼすため，衆議院法務委員会での審議のさい厳しい反対意見に遭遇した。審議の過程で委員から「民事訴訟法の一部を改正する法律案」を修正し，上記の改正案の部分を「最高裁判所における民事上告事件の審判の特例に関する法律」として，2年間の時限立法とする次の修正案が提出され，これに対する連合国最高司令部のアプルーヴァルを得たうえで，この修正案が無修正で可決され，「最高裁判所における民事上告事件の審判の特例に関する法律」（昭和25年法律138号）が成立した。

「民事訴訟につき最高裁判所が上告裁判所である場合には，裁判所は，民事訴訟法（明治23年法律第29号）第402条の規定にかかわらず，上告理由で左の各号に該当するもののほか，法令の解釈に関する重要な主張を含むと認めるものに基いて調査すれば足りる。
1 原判決が憲法の解釈を誤ったこと，その他憲法に違反したこと。
2 原判決が最高裁判所の判例と相反する判断をしたこと。
3 最高裁判所の判例がない場合に，原判決が大審院又は上告裁判所

---

11) この民事訴訟法部会は，裁判所関係者6名，弁護士会関係者4名，学界関係者6名，法務府関係者6名の名22名であり，部会長は眞野毅最高裁判事であった。

である高等裁判所の判例と相反する判断をしたこと。」

　この民事上告特例法は，昭和26年6月1日から施行され，昭和27年6月1日に失効する予定であったが，民事訴訟法の改正要綱の諮問を受けた法制審議会において，これを審議した民事訴訟法部会は上告制度の改正について成案を得ることができず，そのため第13回国会にその施行期間の延長に関する法律案が提出され，2年間の延長が議決された。

2　最高裁判所の機構改革問題 ── 司法制度調査会の設置

　上告範囲の問題は，民事訴訟のみならず刑事訴訟にも関係し，最高裁判所の機構の在り方とも関わるため，これらを併せて検討する必要があるほか，1951（昭和26年）以降未済件数が急激に増加して7000件を突破したという事情から，昭和29年の民事訴訟法の一部改正をも見据えて，法務大臣は法制審議会に対し，1953（昭和28）年2月，諮問第9号をもって「裁判所の制度を改善する必要があるか，あるとすればその要綱を示されたい。」と諮問した。法制審議会は，司法制度調査部会を設け，検討を開始した[12]。最高裁判所の機構改革問題の審議の幕開けである。同部会は，1953（昭和28）年3月27日から翌年1月16日まで8回の会議を開いて審議し，1954年1月16日に中間報告を出した[13]。司法制度部会の審議は，1954（昭和29）年の民事訴訟法の改正後も続き，最高裁判所および上訴制度の部分に限って答申がなされたのは，ようやく1956（昭和31）年5月8日であった。

〔18〕

---

12)　委員はおよび幹事は次の各氏である。
　　委員：眞野　毅，井上　登，藤田八郎（以上最高裁判事），五鬼上堅盤（最高裁事務総長），垂水克己（東京高裁長官），佐藤藤佐（検事総長），岸本義広（次長検事），岡　弁良（東京弁護士会弁護士），山崎　佐（第一東京弁護士会弁護士），広井義臣（第二東京弁護士会弁護士），津田　勲（大阪弁護士会弁護士），島田武夫（（第一東京弁護士会弁護士），我妻　栄，宮沢俊義，兼子一（以上　東京大学教授），高柳賢三（成城大学学長），小野清一郎，坂野千里（以上，弁護士），佐藤達夫（法制局長官），清原邦一（法務事務次官）
　　幹事：石田和人（最高裁判所事務総局総務局長事務取扱），関根小郷（最高裁判所事務総局民事局長），江里口清夫（（最高裁判所事務総局刑事局長），佐藤利雄（日本弁護士連合会事務局長），平野龍一，三ケ月章（以上，東京大学助教授），野木新一（法制局第二部長），村上朝一（法務省民事局長），井本台吉（法務省刑事局長），浜本一夫（法務省訟務局長），位野木益男（法務大臣官房調査課長）
13)「第19回国会衆議院法務委員会議事録第30号」における村上政府委員の立案経過の説明（松本博之編著・日本立法資料全集63　民事訴訟法〔戦後改正編〕(3)-Ⅰ〔1997年・信山社〕66頁以下）および関根小郷「上告手続に関連する民事訴訟法の改正等について」曹時6巻6号（1954年）580頁，584頁を参照。

16 第1章 民事訴訟における上告制度

(1) 司法制度改革論議

〔19〕 司法制度部会では，次の6つの改革案について議論が闘わされた。[14] 大別すると，((1)「最高裁判所裁判官増員案」，「新機構設置案」および「現行機構維持案」が区別される。新機構設置案には，次の(2)上告部設置案と(3)上告審査部設置案があった。現行機構維持案には，(4)原裁判所に上告審査をさせる案，(5)原裁判所に再度の考案をさせる案，および，(6)現機構をそのまま維持する案があった。

〔20〕 **(a) 最高裁判所裁判官増員案** 最高裁判所裁判官の員数を2倍ないし2倍半程度に増員し，一般の法令違反についても最高裁判所への上告を許す案である。この案は，大法廷は一部の裁判官（認証官）のみによって構成すべきことを提案した。

〔21〕 **(b) 上告部設置案** 原判決の憲法違反，判例抵触および法令解釈に関する重要な事項を最高裁判所が取り扱うべき上告の範囲とし，前二者を義務管轄，最後のものを裁量管轄とすることとし，最高裁判所で扱わない上告事件は特別の法律審として上告裁判所を新設するか，東京高等裁判所に上告部を設ける案である。この案は，1949（昭和24）年12月の法制審議会の上告制度の改正に関する答申に近いものである。

〔22〕 **(c) 上告審査部設置案** これは，最高裁判所の取り扱う上告事件を，原判決の憲法違反，判例抵触および法令解釈に関する重要な事項に限ることとし，かつ高等裁判所に上告審査部を設けて，上告審査部に最高裁判所に対するすべての上告につき適法か否かの審査をさせ，上告適法の理由を具備しないことが明らかな上告を直ちに却下できるとする案である。

〔23〕 **(d) 原裁判所に上告審査をさせる案** これは，最高裁判所の取り扱う上告事件を，原判決の憲法違反，判例抵触および法令解釈に関する重要な事項に限ることは(3)の案と同じであるが，上告が適法の理由を具備するか否かの審査を原裁判所に担当させようとする案である。

〔24〕 **(e) 原裁判所に再度の考案をさせる案** 最高裁判所の取り扱う上告

---

14) 司法制度部会における議論を整理したものとして，「裁判所の制度の改善に関する意見の分類」（松本博之編・日本立法資料全集64 民事訴訟法〔戦後改正編〕(3)-Ⅱ〔1997年・信山社〕〔資料70〕および「上訴制度改正に関する意見の大要」（同〔資料69〕がある。前者においては，各案につき提案者および賛成者の名が付記されているほか，支持理由が詳細に整理されている。関根・前掲注13）580頁以下は，この資料に基づき各案の説明を行っている。本節もこれらの論述に依拠するものである。

事件を，原判決の憲法違反，判例抵触および法令解釈に関する重要な事項に限ることとし，最高裁判所に対する上告はすべて原裁判所を経由すべきこととし，原裁判所は上告の提起があると法令違反の有無につき再度の考案をし，法令違反を認めれば変更判決をするが，そうでなければ上告理由が法令解釈に関する重要な事項に該当するか否かについて意見を付して事件を最高裁判所に送致すべきこととする案である。

(f) **現機構維持案ないし民事上告特例法の恒久化案** これは，最高 [25]
裁判所の機構を原則として維持し，かつその権限は刑事訴訟法または民事上告特例法の定めるままとする案である。これらの案は，おのおのその細部につきヴァリエーションがあり，複雑な様相を呈していた。

(2) **司法制度改革論議の中の上告理由**

上告理由を制限すべきか否かという角度から見ると，上告理由の制限を [26]
完全に否定し，むしろ民事・刑事の上告の範囲を拡張すべしとするのは，最高裁判所裁判官増員案であった。この見解は，最高裁判所の任務範囲の拡大のなかで15名の裁判官によってその任務を全うすることは困難であり，それゆえ裁判官を増員して対処すべきだとするものである。弁護士委員の多くと小野清一郎によって主張された。この見解は，法令解釈の統一のみならず，一般の法令違反をも上告理由とすることによって裁判の適正を確保すべきであり，判例違反について上告を認めながら一般の法令違反につき上告を認めないことは合理的根拠を欠くし，憲法の予定する最高裁判所が憲法裁判所ではなく司法裁判所である以上は，一般の法令違反につき審判すべきは最高裁判所の当然の任務であるとした。[15]

最高裁判所裁判官増員案の対極にあるのは，(c)案ないし(f)案の見解であり，いずれも上告理由を憲法違反，判例抵触および法令解釈に関する重要な事項に限るべきだと主張した。これに対し，(b)の上告部設置案は，最高裁判所に対する上告の範囲については(c)案ないし(e)案と同じく制限するが，最高裁判所が関わらない上告事件は特別の上告審とくに上告裁判所を設置し，また東京高等裁判所に上告部を設けようとする案であり，折衷的見解である。最高裁判所判事増員案に強く反対した最高裁判事も上告理由の制

---

15) 松本編著・前掲注14)〔資料70〕。

18 第1章　民事訴訟における上告制度

限を要求したが，(c)案は眞野毅によって主張され，[16] (d)案は田中耕太郎に
よって支持され，[17] (f)案は中田淳一，藤田八郎が主張した。[18] (e)案は兼子一に
よって主張された。[19]

3 「民事訴訟法の一部を改正する法律案」の成立と国会審議

(1) 司法制度部会の審議結果

〔27〕　　(a)　最高裁判所の機構改革をめぐり，以上のように種々の案が提案さ
れ主張された法制審議会司法制度部会の審議においては，各案の主張者が
互いに譲らず，結局見解の一致を見出すことはできなかった。そのため，
1954（昭和29）年6月1日の民事上告特例法の失効を前にして，これに対
する対処が迫られた。法制審議会司法制度部会は，機構改革問題は継続し
て審議することとし，民事上告特例法の失効を睨み，1954（昭和29）年1
月16日に中間報告を法制審議会に提出した。

その内容は次のとおりである。最高裁判所の機構その他の裁判所の制度
の問題は引き続き司法制度部会において審議すること，民事上告特例法の
失効後の善後措置は民事訴訟法部会において検討すべきこと，司法制度部
会の考えとしては「判決に影響を及ぼすことが明らかな法令違反」をも上
告理由とし，上告に関する適法要件を原裁判所に審査させることとする等
上告手続を改正し，簡易裁判所の事物管轄の範囲を拡張する等の方法を考
慮し，最高裁判所の負担を軽減することを相当と考えること，刑事訴訟に
ついては，上告手続の改正の要否について刑事法部会において検討すべき
こと，であった。[20]

〔28〕　　民事上告特例法の失効後の善後措置について検討を求められた民事訴訟

---

16) 佐藤藤佐・眞野毅「最高裁判所の訴訟促進の問題」ジュリ3号（1952年）17頁＝最高裁判
所事務総局『上告制度関係資料』民事裁判資料36号・刑事裁判資料88号（1954年2月）174
頁。

17) 田中耕太郎「上訴権の濫用とその対策」曹時6巻1号（1954年）4頁＝前掲注16)『上告制
度関係資料』48頁。

18) 松本編著・前掲注14)〔資料51〕「民事訴訟法の改正に関する学識経験者の意見」における
中田淳一教授の意見；藤田八郎「最高裁判所の機構改革に関する諸説について(1)〜(5)」曹時
5巻1〜5号（1953年）；同「民事特例廃すべからず」ジュリ47号（1953年）2頁＝前掲注
16)『上告制度関係資料』155頁。

19) 兼子一「上告制度の目的」曹時5巻11号（1953年）374頁，381頁＝前掲注14)『上告制度関
係資料』41頁（後に，同・研究(2)171頁以下に収録）。

20) 松本編著・前掲注13)〔資料2〕。

法部会は，1954（昭和29）年1月21日から23日まで3回にわたってこの問題について審議を行った。同部会が審議の対象にした原案は，法務省の事務当局が準備していた「民事訴訟法等改正要綱案＝民事訴訟法部会幹事案」[21] であった。同部会は審議の結果，多数意見に基づき，5項目にわたる「民事訴訟法等改正要綱」[22] をまとめ，これを民事訴訟法部会長から法制審議会長に中間報告した。その第1項は，上告手続の改正に当てられ，「上告理由を判決に影響を及ぼすことが明らかな法令違背に限ること」，「上告に関する適法要件を欠くことが明らかな場合には，原裁判所において上告を却下できるものとすべきこと」とした。以後は，法制審議会司法制度部会と民事訴訟法部会の中間報告を受けて，民事訴訟法と裁判所法の改正案が作成された。

(b) 一般的上告理由を「判決に影響を及ぼすことが明らかな法令違背」とすることは，以上にみてきた上告制限をめぐる意見の対立を調整する妥協の産物として，司法制度部会中間報告および「民事訴訟法等改正要綱」の段階で現われたものでる。この一般的上告理由は，まず，司法制度部会の第7回会議と第8回会議の間に小委員会によって作成された（採決に入らない場合の措置についての案である）司法制度部会長から法制審議会会長に対する中間報告（案）」[23] という文書に現われている。この文書は，最高裁判所の機構改革問題についての各案の採決を行わず，引き続き司法制度部会で検討を続行する場合のために，民事上告特例法の失効に対処する中間報告の案として，幹事によって作成されたものに，小委員会の審議結果を織り込んだものとされる。[24]「判決に影響を及ぼすことが明らかな法令違背」は，「今までの民事上告特例法，或は刑事訴訟法できめられております上告の調査の範囲よりは範囲を拡張いたしております。ただ，現在の特例法のない状態における民事訴訟法で規定される上告理由よりは幾分ちぢめるというような考え方を表現したもの」[25] と説明されている。この 〔29〕

---

21) 松本編著・前掲注13)〔資料18〕「第19回国会衆議院法委員会議事録第30号」および〔資料30〕「第19回国会参議院法委員会議事録第17号」における村上政府委員の説明参照。

22) 松本編著・前掲注13)〔資料3〕。

23) 松本編著・前掲注14)〔資料72〕。

24) 松本編著・前掲注14)〔資料60〕)「法制審議会司法制度部会第8回会議議事速記録（昭和29年1月16日）」における冒頭の我妻部会長の説明参照。

25) 松本編著・前掲注14)〔資料60〕)「法制審議会司法制度部会第8回会議議事速記録（昭和29

上告理由の定めの当否について同部会では殆ど実質的な検討は行われず[26]，参考意見の形で中間報告に記載された。

(2) 「民事訴訟法の一部を改正する法律案」

〔30〕　　法制審議会民事訴訟法部会の中間報告を基礎に「民事訴訟法の一部を改正する法律案」が策定され，第19回国会に提出された。この改正案は，上告理由を憲法違背および判決に影響を及ぼすことが明らかな法令違背に限るとしたうえで，原審に，上告が適法の理由を具備するか否かの審査を行わせようとし，仮差押・仮処分に関してなされた判決に対しては，憲法違背を理由とする特別上告の外は上告を許さないこととし，仮執行宣言付き判決に対する上告提起の場合における執行停止の要件を加重した。また調書の形式・内容および判決の方式等について原則的事項のみを法律に規定し，細目を最高裁判所規則に規定することによって，裁判官の執務の能率を図ろうとした。

「民事訴訟法の一部を改正する法律案」1条は，上告手続に関して次のように規定した。

「第三百九十四条を次のように改める。

　第三百九十四条　上告ハ判決ニ憲法ノ解釈ノ誤アルコト其ノ他憲法ノ違背アルコト又ハ判決ニ影響ヲ及ボスコト明ナル法令ノ違背アルコトヲ理由トスルトキニ限リ之ヲ為スコトヲ得

　　第三百九十五条第一項中『判決ハ左ノ場合ニ於テハ常ニ法令ニ違背シタルモノトス』を『左ノ場合ニ於テハ常ニ上告ノ理由アルモノトス』に改める。

　　第三百九十七条から第三百九十九条までを次のように改める。

　第三百九十七条　上告ノ提起ハ上告状ヲ原裁判所ニ提出シテ之ヲ為スコトヲ要ス

年1月16日）」における位野木幹事の説明参照。

26)　兼子一は，「私は小委員として，この案の作成に参画したのでありますが，私の考えでも，民訴部会に任せる場合，これを拘束するような内容をもつては困ると考えます。……私自身としても，先程，藤田委員がいわれた『判決に影響を及ぼすことが明らかな法令違反』については，これは民訴部会にいってから考えてみようという程度の気持ちしかなかったのですから，そういう意味で，この部会としては考慮の対象にのぼったという程度のことを附記していただくというのが妥当ではないか。この部会ではこういう方針となつたのだということを民訴部会で考えたらどうだという意見のつけ方は，少し強すぎるのではないかという感じをもつ」と述べている。松本編著・前掲注14)〔資料60〕（890頁）。

前条ニ於テ準用スル第三百七十条ノ規定ニ依ル裁判長ノ職権ハ原裁判所ノ裁判長之ヲ行フ

第三百九十八条　上告状ニ上告ノ理由ヲ記載セザルトキハ最高裁判所規則の定ムル期間内ニ上告理由書ヲ原裁判所ニ提出スルコトヲ要ス

　　上告ノ理由ハ最高裁判所規則ノ定ムル方式ニ依リ之ヲ記載スルコトヲ要ス

第三百九十九条　左ノ各号ニ該当スルコト明ナル場合ニ於テハ原裁判所ハ決定ヲ以テ上告ヲ却下スルコトヲ要ス

　一　上告ガ不適法ニシテ其ノ欠欽ガ補正スルコト能ハザルモノナルトキ

　二　前条第一項ノ規定ニ違背シ上告理由書ヲ提出セズ又ハ上告ノ理由ノ記載ガ同条第二項ノ規定ニ違背スルトキ

　三　上告ガ法令ノ違背ヲ理由トスルモノニ非ザルトキ又ハ判決ニ影響ヲ及ボサザルコト明ナル法令ノ違背ヲ理由トスルモノナルトキ

　　前項ノ決定ニ対シテハ即時抗告ヲ為スコトヲ得

　　第三百九十九条の次に次の二条を加える。

第三百九十九条ノ二　原裁判所ハ上告状却下ノ命令又ハ上告却下ノ決定アリタル場合ヲ除クノ外事件ヲ上告裁判所ニ送付スルコトヲ要ス

第三百九十九条ノ三　第三百九十九条第一項ノ各号ノ場合ニ於テハ上告裁判所ハ口頭弁論ヲ経ズシテ判決ヲ以テ上告ヲ却下スルコトヲ得」

(3)　国会審議

　国会審議は，1964（昭和29）年3月9日の衆議院法務委員会における趣旨説明から始まった。この法案に対する批判は，上告が法令違反を理由としていないとき，または判決に影響を及ぼさないことが明らかな法令違背を理由としているときは399条1項3号によって，原裁判所が上告を却下することができるという点に生じた。これは，不服を申し立てられた判決をした原裁判所に，上告理由として適法な法令違背の主張があるか否かを審査させるものであって，国民の権利保護を軽んずるものであるという批判である。とくに，判決に影響を及ぼさないことが明らかな法令違背を理由とする上告か否かについて原裁判所が審査をすると，原裁判所は安易にこれを肯定してしまう虞があり，国民の上告権を不当に制限することにな

るという危惧が生じたのである。また，口頭弁論調書の記載事項や判決の方式に関する規定の詳細を最高裁判所規則に委ねる点についても，国民の権利擁護の点から疑問が出された。これらの点について激しい質疑の後，この法案は，口頭弁論調書や判決の方式に関する規定の部分，および，提案された399条1項3号などを削除する一部修正を行ったうえで成立した（昭和29年法律第127号）。このようにして，民事上告特例法によって導入された，一般の法令解釈の誤りについて最高裁判所の調査義務を制限する形での上告制限（裁量審査制）に終止符が打たれた。

　1954（昭和29）年の改正法は，憲法違反とその他の法令違反を区別し，後者については判決に影響を及ぼすことが明らかであることを要求するに至った。これは上告制限の全廃を意図せず，一般の法令違反について「判決ニ影響ヲ及スコト明ナ」ものに限定して上告理由として認める趣旨であった。しかし，一般の法令違反の上告理由と原審による上告の適法要件の審査とが一体のものとして構想された法案の趣旨[27]が，改正案399条1項3号の削除によって実現しなかったことは否めないであろう。

　なお，昭和29年の民訴法の改正のさい，最高裁判所の上告事件を減らすため，簡易裁判所の事物管轄が拡張されたほか（裁33条1項1号），仮差押え，仮処分判決に対する上告が廃止されたことも重要である。

　以上のような経過を経て，1998（平成10）年の現行民訴法の施行まで，民訴法394条は憲法違反と判決に影響を及ぼすこと明らかな法令違背を上告理由と定め，同法395条が判決への影響が擬制される，いわゆる絶対的上告理由を定めた。その結果，判決に対する因果関係の要求につき憲法違反とその他の法令違反を区別することが妥当か否か，また，判決の結論への影響が明らかにならない手続違反について因果関係の蓋然性の証明を要求することが妥当か否かという問題が生じた。[28]

---

27) 小室・上訴制度182頁参照。以上の沿革については，関根・前掲注13）580頁以下；斎藤秀夫「民事訴訟法等の改正について」法時26巻9号（1954年）82頁以下に詳しい。なお，注解民訴(9)〔第2版〕400頁以下〔斎藤/奈良〕；桜井孝一「上訴制度」講座民事訴訟(7)79頁，85頁以下；上野泰男「上訴制限について」関大法学論集43巻1・2号（1993年）745頁，755頁以下など参照。
28) この問題については，（旧）注釈民訴(9)の394条の注釈〔松本〕を参照。

4 最高裁判所機構改革案とその後

(1) 司法制度審議会の最高裁判所機構改革案

　1954（昭和29）年の民事訴訟法の改正後も，法制審議会は，司法制度部 [32]
会，刑事法部会および民事訴訟法部会から選ばれた小委員によって構成さ
れる合同委員会を設置し，最高裁判所の機構改革と民事事件・刑事事件の
上告の範囲について審議を続行した。合同小委員会の議論は，当初，裁判
所側と弁護士会側の意見の対立を引き継ぎ難航したようであるが，徐々に
歩み寄りがみられ，最高裁判所が機構改革に前向きの姿勢を示すことによ
り，[29] ついに合同小委員会の意見の一致をみるに至った。合同小委員会は，
各小委員会の同意を得た。ついに法制審議会は，1956（昭和31）年5月8
日，諮問第7号，第8号についてはなお審議中としながらも，最高裁判所

29）最高裁判所は，裁判官会議により機構改革および上告範囲・審判手続につき次のような多
　数意見を取りまとめた（法務大臣官房調査課『最高裁判所機構改革問題関係資料その二（法
　制審議会上告制度合同小委員会関係）』（司法制度調査資料第15巻，1957年6月）586頁によ
　る）。
　「上告制度改正に関する試案に対する最高裁判所における多数意見
　　上告制度改正に関する試案（乙案）について，次のように改めるほか，原案を可とする。
　第一　最高裁判所及び上告部の機構
　　一　最高裁判所は，長官及び最高裁判所判事八人で構成するものとし，全員の裁判官の
　　　合議体で審理及び裁判をすること
　　二　長官及び最高裁判所判事の任命については，裁判官，検察官，弁護士および学識経
　　　験者で構成する選考委員会の意見を聞くものとすること。
　　三　最高裁判所に上告部（下級裁判所）を附置すること。
　　　1　上告部法廷の数は六とし，上告部判事三名以上の合議体で審理及び裁判をするこ
　　　　と。
　　　2　上告部法廷は，原則として，民事法廷及び刑事法廷とすること。
　　　3　上告部判事の待遇については特に考慮することとし，そのうち法廷の長となるべ
　　　　き判事は認証官とすること。
　第二　上告の範囲及び上告事件の審判
　　一　上告の理由は，民事については現行法どおりとし，刑事については左の範囲まで拡
　　　張すること。
　　　　判決に影響を及ぼすことが明らかな法令違反があって原判決を破棄しなければ著し
　　　く正義に反すること。
　　　　第二の二及び三のうち「大法廷」を「最高裁判所」に，「小法廷」を「上告部」に，
　　「最高裁判所」を「最高裁判所又は上告部」に，「異議の申立」及び「異議」を「不服
　　の申立」に改める。
　　　　末尾に次の項を加える。
　附帯要望事項
　　第一　第一審の充実強化について立法上必要な措置を講ずること。
　　第二　刑事控訴審の構造を続審又は覆審としないこと。」

の機構改革および上訴制度の部分について答申をした。[30]

答申の内容は次のとおりである。

「第一　最高裁判所の機構

　　一　最高裁判所は，大法廷又は小法廷で審理及び裁判をすること。

　　二　大法廷は，長官及び大法廷判事八人で構成すること。

　　三　小法廷の数は六とし，小法廷においては，小法廷判事三人以上の合議体で審理及び裁判をするものとし，小法廷判事の総数は三十人とすること。

　　四　小法廷は，原則として，民事小法廷及び刑事小法廷とすること。

　　五　大法廷判事及び小法廷の長となるべき小法廷判事の任免は，天皇が認証すること。

　　六　長官及び大法廷判事に限り，その任命は国民審査に付するものとし，その任命については，裁判官，検察官，弁護士および学識経験者で構成する選考委員会の意見を聞くものとすること。

第二　上告の範囲及び上告事件の審判

　　一　上告の理由は，民事については現行法どおりとし，刑事については左の範囲まで拡張すること。

　　　判決に影響を及ぼすことが明らかな法令違反があって原判決を破棄しなければ著しく正義に反すること。

　　二　上告事件の審判は，左の場合は大法廷でするものとし，その他の場合には小法廷でするものとする。

　　　1　当事者の主張に基き，法律，命令，規則又は処分が憲法に適合するかどうかについて判断するとき。（小法廷の意見が，前に大法廷でした，その法律，命令，規則又は処分が憲法に適合するとの裁判と同じであるときを除く）。

　　　2　1の場合を除いて，法律，命令，規則又は処分が憲法に適合しないとの判断をするとき。

　　　3　憲法その他の法令の解釈適用について，前に最高裁判所のした判例を変更するとき。

30）その資料として，法務大臣官房調査課・前掲注29）最高裁判所機構改革問題関係資料その二（法制審議会上告制度合同小委員会関係）がある。

4　事件が法令の解釈適用で特に重要な事項を含むものと認めら
　　　　れるとき。
　　三　小法廷の裁判に対する憲法違反を理由とする異議の申立につい
　　　　ては，最高裁判所規則の定めるところによるものとすること。
　附帯要望事項
　　第一　第一審の充実強化について立法上必要な措置を講ずること。
　　第二　刑事控訴審の構造を続審又は覆審としないこと。」
　このように判決に影響を及ぼすことが明らかな法令違反を民事の一般的
上告理由とする昭和29年改正法の立場は，その後の法制審議会において終
局的に是認されたことを確認することができる。

⑵　改革案のその後

　以上の最高裁判所機構改革案は，法制審議会司法制度部会の白熱した議　〔33〕
論ののちようやく纏まったものであるが，その実現に向けての動きは，ど
ういうわけか，あまり活発ではなかった。この改革案は，最高裁判所の機
構改革を主眼とするものであり（大法廷判事８人，小法廷判事30人の区別，
大法廷と小法廷の管轄区分の定め），民事訴訟の上告理由の定めについては，
1954（昭和29）年の民事訴訟法の改正どおり，「判決ニ影響ヲ及ボスコト
明カナル法令違反」を一般的上告理由とすることとされた。したがって，
刑事訴訟上の上告理由はともかく，民事訴訟上の上告理由に関しては，法
制審議会の改革案は全く目新しいものを含んでいなかった。この改革案は，
結局，文字どおり案にとどまり，全く実現しなかった。[31]
　当時，最高裁判所の機構改革論議が続くなか，最高裁判所の関心は，機
構改革よりも，第一審訴訟手続の充実に向かったようである。先にみたよ
うに，最高裁判所の機構改革に関して最高裁判所が取り纏めた「上訴制度
の改正に関する最高裁判所における多数意見」[32]は，その附帯要望事項と
して，「第一審の充実強化について立法上必要な措置を講ずること」を求
めていた。大法廷判事８人，小法廷判事30人といった裁判官の増員を含む

---

31)「民事訴訟規則の解釈適用に関する民事裁判官会同——協議事項録（速記要旨）」松本博之
　編著『日本立法資料全集65　民事訴訟法〔戦後改正編〕⑷-Ⅰ』（1998年・信山社）〔資料
　15〕433頁，451頁注⑽は「諸般の事情から第24回国会には法律案は提出されなかった」との
　み注記されている。
32) 法務大臣官房調査課・前掲注29) 司法制度調査資料第15巻586頁（松本編著・前掲注13) 13
　頁注⑴。

26　第1章　民事訴訟における上告制度

機構改革は，立ち消えになった。その後は最高裁判所の機構改革の議論は全くみられないが，最高裁を充実したものにするために裁判官の増員を含む機構改革が熱心に論議されたことを確認しておこう。

第5款　平成民事訴訟法

〔34〕　平成8年6月に成立した現行民訴法は，最高裁判所の裁判官の増員などの組織改革は目指さず，最高裁判所の負担軽減を重要な課題として手続改革を推し進めた。すなわち，憲法判断と法令解釈の統一の職責を担う最高裁判所が訴訟引延しや事実認定を争う上告のために本来の職責に支障を来しているという点が，平成8年の民訴法改正において問題視された。[33]

　　そこで，現行民訴法は，最高裁判所に対する上告に関し，憲法違反と絶対的上告理由（→〔229〕）に限って権利上告を許すが（312条），一般の法令違反については「原判決に最高裁判所の判例（これがない場合にあっては，大審院又は上告裁判所若しくは控訴裁判所である高等裁判所の判例）と相反する判断がある事件その他の法令の解釈に関する重要な事項を含むものと認められる事件について，申立てにより，決定で，上告審として事件を受理することができる」と定め（318条1項），最高裁判所による上告受理決定があった場合にのみ上告があったものとみなす（同条4項前段）。また，最高裁判所は上告受理申立て理由のうち重要でないと認めるものを排除することができ，このようにして排除されなかった上告受理申立て理由が上告理由とみなされる（同項後段）。一般の法令違反については，最高裁判所の上告受理決定があってはじめてその事件および上告受理申立て理由について上告審の手続が開始されること，そして不受理決定に対して不服申立てができないことから，平成民事訴訟法はいわゆる「裁量上告制」を採用したものともいわれる。最高裁発足当初から負担過重に悩む最高裁にとって，上告受理制度は負担軽減のための手段として歓迎すべきものであったであろう。

〔35〕　上告受理申立て制度のもとで，以後は，「法令の解釈に関する重要な事項」の文言の適正な解釈が実際上重要な課題になると予想された。上告受

33）　中野貞一郎・解説新民事訴訟法（1997年・有斐閣）9頁，77頁；竹下守夫・最高裁判所に対する上告制度(上)NBL575号（1995年）39頁以下；一問一答・新民事訴訟法341頁など参照。

理申立て制度は，法令違反に籍口して原審の事実認定に対する単なる不満を述べる上告や，判決に影響を及ぼさないことが明らかな法令違反を主張する上告を簡易に排斥することにその主眼があるとみられるので，「法令の解釈に関する重要な事項を含む」事件かどうかの判断に当たっては，原判決の法令違反の主張に係る上告受理が不当に制限されることがあってはならないと考えられていたと思われる[34]。とりわけ不受理決定に対して不服を申し立てる手段がないので，この判断は法治国家として慎重になされるべきである。

　ところが，現行民訴法施行後，約20年経過した今日，上告受理申立てに対して受理決定がなされる事件数は，後述のとおり驚くほど僅かである。受理率は年々低下した。最高裁判所の「裁判の迅速化に係る検証に関する報告書（第7回）（平成29年7月21日）」によると，既済事件数2498件の上告受理申立てのうち，受理された件数は僅かに31件，率にして1.24％にとどまっている（→〔56〕）。不受理決定は理由を付する必要がないので，なぜ，これほど受理件数が少ないのか，その原因がどこにあるかも，最高裁の関係者以外には明らかでない。「法令の解釈に関する重要な事項」という要件が最高裁により余りにも厳格に解釈されているためであるのか，それとも，申立人の上告受理申立て理由書の記載が不十分であるため不受理決定がなされやすいのか，あるいは両者が原因として考えられるのか，明らかでない。「原判決に法令の解釈に関する重要な事項を含むものと認められる事件」の解釈に問題があるとすると，上告制度や上告受理申立て制度の目的を再検討する必要が生ずるし，上告受理申立て理由書の記載に問題があるのだとすると，上告受理申立て理由書の記載のあり方の詳しい検討が必要となる。いずれにせよ，破棄制度でなく真正の上訴である上告による当事者の権利利益の保護が不当に制限されてはならないのは当然であり，また法令解釈の統一の視点からも厳格すぎる上告受理の制限は法令解釈の統一および法発展の機会を無にするものであるので，上告審の役割を果たさないことになり，一般社会の利益に反することになるので，甚だ問題である。上告受理制度の問題点の検討は，本書では第6章で行う。

34）（旧）注釈民訴(8)224頁［松本］。

28 第1章 民事訴訟における上告制度

第2節 上告の概念

第1款 上告の意義

〔36〕 　上告は，原則として控訴裁判所の終局判決に対して，法令の解釈適用の誤りを主張して行われる第2の上訴である。どのような慎重な手続を実施しても，人が裁判する以上，裁判に誤判が生じうることは避け難いので，民訴法は第一審で手続を終了することをせず，不利な裁判を受けた当事者に上級裁判所による裁判是正の道を開いている。判決に対する上訴には，控訴と上告がある。

　控訴は，地方裁判所，家庭裁判所または簡易裁判所の第一審裁判所の終局判決に対する上訴であり（一部判決も終局判決とみなされる），控訴人の主張によれば正しくない判決を控訴人により有利な判決に変更するよう求める不服申立てである。

　上告は，原則として控訴裁判所の終局判決に対して法令の解釈適用の誤りを主張して行われる第2の上訴である。事実の確定の方法とその手続に違法がある場合を除き，上告裁判所は原裁判所が適法に確定した事実に拘束される（321条1項）。その結果，上告裁判所は，原則として事実審理をせず，原判決の法令違反に限って審査をすることができる。それゆえ，上告審は法律審と呼ばれる。[35]

第2款 上告と上告受理申立て

〔37〕 　現行民訴法は，高等裁判所への上告については従前と同様「判決に影響を及ぼすことが明らかな法令の違反」を上告理由として認めるのであるが（312条3項），最高裁判所への上告については「判決に影響を及ぼすことが明らかな法令違反」を上告理由として認めず，補完措置として最高裁判所への上告受理申立て制度（318条）を導入した。すなわち，上告裁判所が最高裁判所である場合には，「最高裁判所は，原判決に最高裁判所の判例（これがない場合にあっては，大審院又は上告裁判所若しくは控訴裁判所である高等裁判所の判例）と相反する判断がある事件その他の法令の解釈に

---

35) 日本の民訴法の母法であるドイツ民訴法において法律審という観念が生まれた経緯について，鈴木正裕「上告理由としての訴訟法違反」民訴雑誌25号（1979年）1頁，40頁以下が詳しい。

関する重要な事項を含むものと認められる事件について，申立てにより，決定で，上告審として事件を受理することができる」と定めた（318条1項）。

最高裁判所への上告受理申立ては，上告と同様，原判決の確定を阻止する（116条2項）。そして，最高裁判所が上告受理申立て理由があると判断して上告を受理する旨の決定をすると，法律上，上告があったものとみなされ，事件は上告審に移審し（318条4項），「判決に影響を及ぼすことが明らかな法令の違反があるときは」原判決を破棄することになるので（325条2項），上告受理申立ては上告に準ずる訴訟行為である。もっとも，上告受理申立てに対する最高裁の不受理決定に対して，不服申立ての道はない。高等裁判所への上告にあっては，判決との因果関係が明らかな法令違反が上告理由になるのに対し，最高裁判所への上告について──「原判決が法令解釈に関する重要な事項を含む」の解釈如何によるが──上告受理が著しく制限されるならば，しかも不受理決定に対する不服申立ての方法がない以上，後述のように（→〔374〕），法の下の平等の観点から問題が生じうる。それゆえ，この要件の解釈は憲法上の平等原則違反のおそれが生じないよう，かつ法治国家の上告制度にふさわしい内容になるように行われなければならないであろう（**憲法適合的解釈の必要性**）。

〔38〕

民訴法は，上告受理申立てにおいては，312条1項・2項の定める上告理由（憲法違反および絶対的上告理由）に当たる事由を理由とすることはできないと定めている（318条2項）。これは，上告と上告受理申立てをその理由において区別する以上，当事者の主張の面においても区別を設ける必要があるとするものである[36]。たしかに，上告理由と上告受理申立て理由は異なるのが基本であろう。ただし，訴訟手続の憲法違反の場合には，同時に訴訟法違反も問題になるから，ある手続法違反を憲法違反と主張しつつ，この手続違反が憲法違反と最高裁によって認められない場合のために予備的にその手続違反を「法令の解釈に関する重要な事項を含むもの」として主張することが許されてよいであろう。

---

36) 一問一答・新民事訴訟法358頁。

30 第1章　民事訴訟における上告制度

第3節　上告（制度）の目的

第1款　問題の所在

1　上告の目的：原判決の破棄か，正しい裁判による権利保護か？

〔39〕　　上訴一般の目的について，日本では，原裁判の取消しまたは取消し・変更であるとする理解（取消目的説）が支配的である。[37] この見解によれば，原裁判の取消しがなければ，上訴裁判所は訴訟上の請求について裁判をすることができない。これに対して，反対説は次のように主張する。すなわち，上訴の主たる目的は，上訴人に不利な，上訴人の主張によれば正しくない裁判を上訴人により有利な，より正しい裁判に取り替えることにある。上告裁判所も，訴訟上の請求が上告審の段階で上告審の審査範囲においていかに正しく裁判されるべきかという課題に対処することにあり，現行法上，純然たる破棄制度としてでなく，原審の手続および裁判の審査と並んで，新たなかつできるだけ終局的な事案自体の法的評価を可能にする「真正の上訴」として構成されているとの見解である。[38]

　　日本では，上訴の目的を原裁判を取り消すことを目的とするもので，原判決を取り消さなければ，上訴裁判所は訴訟上の請求について（不服申立ての範囲内において）裁判することができないという見解が通説となっているが，現行法上，この見解は支持し得ない。なぜなら，上訴審手続は，従来の訴訟物について不服申立ての範囲内での新たな審理・裁判と，不服申立てに係る判決の付随的な正当性コントロールを目的として行われる原審手続の続行のための手続であるからである。不服申立てに係る裁判がそれ自体正しいかどうかの審査は，上訴の主要な目的ではない。訴訟が新たに審理され，原裁判を是正する裁判が行われると，これにより原判決の結果に現れる上訴人の不服が同時に除去されることが重要である。[39]

〔40〕　　上告について，上告審の審理は，控訴と違って原判決の判断および手続

---

37) 中島・日本民訴法1533頁；細野・要義(4)279頁；兼子・条解(上)858頁・同・体系433頁；小山・民訴法540頁；注解民訴(9)〔第2版〕71頁〔小室／東〕；高橋・重点講義(下)594頁；菊井／村松・新コンメVI265頁；新堂880頁；伊藤713頁など。
38) 松本・民事控訴審ハンドブック〔70〕以下。
39) 以上につき，松本・民事控訴審ハンドブック〔70〕参照。

の法令違反の有無についてのみ審査を行う「事後審的なもの」であり，上告裁判所は，職権調査事項を除き，上告人が上告理由書において提出する不服申立ての限度で，原判決の当否につき，原審で確定された事実に基づき裁判すると説かれるのが普通である。[40] しかし，上告も，上訴の1つとして，訴訟の当事者が自己に不利な判決を有利な判決に変更しまたは取り替えるよう上告裁判所に求める申立て（訴訟行為）であると解すべきである。上告は，真正の上訴として原判決の確定を遮断する効力を有する。上告期間内に上告が提起されると，一方において，原判決の確定は遮断され，したがって既判力の発生も阻止される。他方，上告については，審級上上位の裁判所が裁判する。上告裁判所は，原裁判所が事実関係を適法に確定した限り，もちろん原審の事実認定に拘束されるので，上告裁判所の審査は原判決の法令違反の有無に限定されるけれども，このことは上告審が原審の手続を続行して訴訟上の請求を対象として裁判するという手続の基本構造に変更を生ぜしめるものではない。[41]

　上告裁判所が訴訟上の請求について（もちろん不服申立ての範囲内において）裁判することは，法律上，次の2点によって確認することができる。[41] まず，上告裁判所は，控訴審判決がその理由によれば不当である場合にも，他の理由により正当であると判断するときは上告を棄却しなければならないことである（313条による302条2項の準用）。この規定は，控訴の理解のみならず，上告の理解にとっても重要な意味を有する。これは，（高裁への上告の場合）法令違反が上告理由であることから生ずる帰結ではない。この場合には，法令違反と原判決の結果との間の因果関係が欠けているのでもない。法令違反と原判決との間に因果関係が存在する場合であっても，別の理由から原判決の結論が正当である場合には，上告裁判所は上告を棄却しなければならない。上告人が正しく不服申立てに係る原裁判について不服を述べることを上告と理解すると，不服申立てに係る判決に法令違反

---

40) 兼子・体系458頁。新堂906頁；高橋・重点講義(上)748頁注(125)は上告審の審判対象は不服申立てであり，訴訟上の請求は不服申立てという「外皮」に覆われるという。これに対し，基本法コンメ民訴(3)62頁［上田／松本］；武藤貴明「最高裁判所における民事上告審の手続について」判タ1399号50頁，63頁は，上告審は原判決の法令違反の有無のみを審査する事後審であるという。

41) Vgl. *Bettermann*, Anfechtung und Kassation, ZZP 88(1975), 365, 385ff.; Stein/Jonas/ *Althammer*, vor §511 Rn.6.

があると，上告に理由があるけれども，判決の結論は他の理由から正しい
ため上告が棄却されるときも，実際には上告に理由がある。原判決には法
令違反が存在し，それが原裁判所の判決をもたらしているからである。
302条2項の準用の場合であっても，上告理由としての法令違反が存在し
ないのではない。また，法令違反と不服申立てに係る判決との間に因果関
係がないのでもない。この場合には，上告に理由があるが，それにもかか
わらず，不服申立てに係る判決は他の理由により結果として正しいため，
上告は奏功しないのである（**「理由があるが，奏功しない上告」**と呼ぶことが
できる）[42] この場合には，民訴法は，上告裁判所が控訴裁判所に代わって
訴訟上の請求について終局的な裁判をするよう指示しているのである。す
なわち，上告裁判所は，原判決を維持するのではなく，326条による破棄
自判と同じように，自ら原判決と同じ内容の裁判を行う。事件を原審に差
し戻すことなく，上告裁判所が事件自体について，すなわち上告の理由具
備性のみならず，控訴申立てによって特定された形式において控訴審判決
の基礎となった訴訟物（したがって控訴申立ての範囲内での，訴えによって
主張された訴訟上の請求）について自ら裁判をするのである[43] 原判決を取り
消し，原判決と同じ内容の判決をするのでなく，上告棄却判決がなされる
のは，便宜的な措置にとどまる。したがって，上告審の訴訟物は，不服申
立ての限度における控訴審の訴訟物である。

　第2に，最高裁への上告においては，上告人の主張する上告理由（312
条1項および2項）は存在しないが，判決に影響を及ぼすことが明らかな
法令違反があるときは，最高裁判所は原判決を破棄することになる（325
条2項，職権破棄）。上告審の訴訟物が上告人の不服申立ての当否であれば，
不服申立ては不当なのであるから，上告裁判所は上告を棄却しなければな
らないはずである。しかし，上告が棄却されるのではなく，逆に，原判決
が破棄されるのであるが，これは上告人の不服主張の当否についての裁判
ではなく，次に述べる326条による自判と同じく，事件についての上告裁

---

42) *Bettermann*, a.a.O.（Fn.41），374. ドイツの行政裁判所法144条は，上告棄却につき「理由が
　ないことによる棄却」（2項）と「裁判理由から存在する法の違反が生ずるが，裁判自体は
　他の理由から正しいことが明らかである場合の棄却」（4項）を区別している。ドイツの財
　政裁判所法126条2項・4項および社会裁判所法170条1項も同様の規定を定めている。
43) *Bettermann*, a.a.O.（Fn.41），372 ff., 404 ff.; *Saueressig*, Das System der Rechtsmittel nach
　dem Zivilprozessordnung, 2008, S.215 f.

判所の自判であるから，上告審の訴訟物は不服申立ての限度における控訴審の訴訟物，したがって訴訟上の請求でなければならない。

　第3に，上告裁判所が上告に理由があると判断し，かつ他の理由から原判決が正しいことが明らかになるのでない場合（上告裁判所である最高裁が上告受理決定を経て原判決に「判決に影響を及ぼすことが明らかな法令違反」があると判断する場合を含む），上告裁判所の裁判は控訴審判決の破棄にとどまらないことがある。上告審に係属している訴訟がその時点で裁判に熟する場合には，上告裁判所は原判決を破棄するのみならず，原裁判所に代わって自ら事件（訴訟上の請求）について裁判しなければならない（326条1号）。このことは，上告審の審理・裁判の対象（訴訟物）は，通説のいうように，上告人の不服主張の当否などではなく，不服申立ての限度における控訴審の訴訟物（したがって不服申立ての範囲内での第一審の訴訟物）であることを示している。そうでなければ，上告裁判所による自判は不可能だからである。[44]

　このように上告審の訴訟物は，現行法上，不服申立ての限度における控訴審の訴訟物であり，上告審は原判決と原審手続の法的コントロールに限った控訴審の続行である。

2　上告制度の目的

　上告制度の存在理由は，一方において上告人に不利な裁判を上告人に有利な正しい裁判に取り替えることにより，原判決によって不利益を受けた上告人の権利を保護し，個別事案の正しい裁判（Einzelfallgerechtigkeit）を保障することにある。他方において，当事者の利益を超えた利益，すなわち判例（法例の解釈）を可能な限り統一し，それによって法秩序の統一性を確保するとともに，訴訟法違反に関しては，手続規定を良心的に遵守するよう下級裁判所を監視し教育するいう利益が上訴制度には存在する。そのため，上告の意義および上告制度の目的をめぐって，議論が尽きず，以前から種々の見解が存在する。当事者の権利救済を目的とするとの説，[45]

---

44) *Saueressig*, a.a.O. (Fn. 43), S. 215.
45) 青山善充「上告審における当事者救済機能」ジュリ591号（1975年）83頁以下；新堂833頁；高橋・重点講義(上)667頁以下；伊藤741頁；山本和彦「上訴制度の目的」争点〔3版〕286頁；山田文「上訴制度の目的」争点（2009年）252頁。

34 第1章　民事訴訟における上告制度

法令解釈の統一を目的とするとみる見解[46] および，上告はこれらの2つの目的をともに追求するとする見解（両目的並立論）[47] の対立がみられる。

第2款　学　説

〔44〕　従前は，具体的な事件の解決としての当事者の利益保護は事実審を二審級を重ねることで充分であるので，上告は「上告裁判所の裁判による法令の解釈適用を統一し，法律生活の安定を図る仕組としての一般的で重要な使命をもつ」が，「裁判所は具体的な事件の解決のために必要な限度で法令の解釈適用に当たるのであり，又上級裁判所と雖も職権で下級裁判所の裁判に干渉することはできないので，当事者の不服申立を利用して，この一般的な機能を果たそうというところに，上告制度の主たる目的がある」[48] とする見解が主流であった。

しかし，その後，上告制度の目的の理解として，誤った原判決から当事者を救済することであるとする見解が多くなっている[49]。そして，とくに最高裁判所が上告裁判所となるときは，法令解釈の統一も上告制度の目的と認められるが，これは上告の第二次的な目的だとされる[50]。

第3款　学説の批判と私見

1　学説の批判

〔45〕　前述のように，上告裁判所も，訴訟上の請求が上告審の段階において不服申立ての範囲内でいかに正しく裁判されるべきかという課題に対処するのであり，現行法上，純然たる破棄制度としてでなく，原審の手続および裁判の審査と並んで，新たなかつできるだけ終局的な事案自体の法的評価を可能にする真正の上訴として構成されていると解すべきであるから，上告が正しい裁判の確保による当事者の権利保護を目的としていることに疑

46）旧法についてであるが，細野・要義(4)346頁；中島・日本民訴法1663頁；兼子一「上告制度の目的」同・研究(2)175頁；同・体系457頁；中田淳一「上告制度の目的と民訴改正法案」法時26巻5号（1954年）5頁，9頁；小室・上訴制度141頁；斎藤・前掲注27）86頁；同・概論〔新版〕570頁；菊井維大「上訴制度」民訴講座(3)847頁。

47）上田579頁；梅本1058頁；谷口480頁；鈴木重勝「当事者救済としての上訴制度」講座民事訴訟(7)1頁，29頁以下；三ケ月・双書516頁；松本／上野（922）〔上野〕。

48）兼子・体系457頁；同・研究(2)171頁。細野・要義(4)356頁も参照。

49）新堂907頁；高橋・重点講義（下）677頁注(20)。

50）伊藤741頁。

いの余地はない。

　もっとも，上告が誤った原判決からの当事者の救済のみを目的とするの　〔46〕
であれば，原判決の誤りが多くの場合に事実認定の誤りに由来する以上，
事実認定に対する攻撃が許されなければならないであろう。しかし，上告
（または上告受理申立て）を提起することができるのは原判決に法令の解釈
適用の誤りがある場合に限られる。上告の目的を当事者救済のみにみる見
解はこの点ですでに行き詰るので，当事者の権利保護といっても法令の解
釈適用の誤りの是正の範囲内においてであり，それは限定的なものになら
ざるを得ない。また，上告人の権利保護だけが上告制度の目的だというの
であれば，最高裁判所への上告における現行法の上告理由の規律がこの権
利保護目的に適合しているかどうかが問題とならざるを得ない。現行民訴
法は，最高裁判所への上告を大幅に制限している。上告理由は憲法解釈の
誤りその他憲法の違反と，いわゆる絶対的上告理由に限られている（312
条1項・2項）。高等裁判所への上告においては原則として法律の解釈適用
の誤りを主張することができるが，ここでも，事実認定が適法になされて
いる限り，事実認定の誤りそれ自体は，問題とされ得ない。最高裁判所へ
の上告においては，法令解釈・適用の誤りは上告理由でなく，補完措置と
して，原判決が判例に違反する場合その他法令解釈に関する重要な事項を
含むと認められる場合に上告受理申立てに基づき上告を受理することがで
きるにとどまる（318条1項）。その他，現行法は許可抗告の制度を定め，
本来最高裁判所への再抗告ができない事件であっても，高等裁判所の決定
または命令に，最高裁判所の判例（これがない場合には大審院または上告裁
判所もしくは抗告裁判所である高等裁判所の判例）に反する判断がある場合
その他の法令の解釈に関する重要な事項を含むと認められる場合には，当
該高等裁判所は決定で抗告を許可しなければならないと定め，最高裁はこ
の高等裁判所の抗告の許可に拘束されるが，これは立法者がまさに最上級
裁判所による法令の解釈の統一の必要性・重要性を肯定したものであるこ
とを確認することができる。

　さらに，日本では上告裁判所は最高裁判所だけでなく，簡易裁判所が第
一審として裁判した事件については高等裁判所も上告裁判所であるが（→
〔64〕），上告裁判所である高等裁判所は最高裁規則で定める事由があると
きは決定で事件を最高裁判所に移送しなければならないと定められ（324

条)，民訴規則203条は本条に関し，移送すべき事由として，「憲法その他の法令の解釈について，その高等裁判所の意見が最高裁判所の判例（これがない場合にあっては，大審院又は上告裁判所若しくは控訴裁判所である高等裁判所の判例）と相反するとき」としているのは，1つの最高裁判所による法令の解釈の統一を重視したものであることは明らかである。

　また，権利救済を強調する見解は，上告裁判所は職権で上告審を開始することはできず，当事者が上告を提起した場合に限り審理することができること，法律は訴訟当事者にのみ上告権能を付与していること，上告が適法であるためには権利保護の利益，すなわち不服が必要なこと，上告は判決の確定を遮断する効力を有すること，上告審判決に個別事案のための是正効果を与えていること，さらに当事者が上告手続の費用を負担しなければならないことは上告が個人保護を目的とすることの証左だと主張する。とりわけ費用負担の規律は，上告が専らまたは圧倒的に法令解釈の統一を目的とするのであれば，公的租税法における平等原則に違反すると主張する[51]。そして，この見解は，法令解釈の統一が当事者の利益保護に優先するというのであれば，両者が衝突する場合には前者の達成を図るのでなければならないが，現行民訴法以前の民訴法において，そのような規律になっていないと主張した。前者の指摘には，しかし，上告手続の開始に当たって当事者のイニシアティブが必要なことは，上告の目的を法令の解釈の統一（判例統一）の確保と理解することの妨げとなるものではない。国家は不統一な判例を阻止するために当事者のイニシアティブ，すなわち当事者の自己利益の追求を利用するにすぎないからである[52]。

　後者の指摘の論証として，論者は，第1に，原判決に上告人の主張する法令違反があるけれども，判決の結論が他の理由から妥当である場合，原判決は破棄されず，上告棄却となるが，これは法令解釈の統一を当事者の利益保護に優先させていないこと，および，第2に，原判決に法令違反があり結論も不当であるが，その法令の解釈がすでに固まっているため，原判決を破棄することが法令解釈の統一の見地から重要でない場合，法令解釈の統一を当事者救済に優先させるとすれば上告を棄却するのでなければ

---

51) *Reuß*, Zur Neuordnung des Revisionsrechts, insbesondere im verwaltungsgerichtlichen Verfahren, DÖV 1959, 10 ff. 新堂907頁も同旨。

52) *Schwinge*, Grundlagen des Revisionsrechts, 2. Aufl., 1960, S.34；兼子・体系457頁。

徹底しないけれども，この場合にも原判決は破棄されることを（旧法について）指摘し，法令の解釈統一説を批判した[53]。

しかし，この批判には，現行民訴法以前の民訴法を前提にしても同意す　〔47〕
ることはできない。第1点については，原判決がその理由によれば不当である場合にも，他の理由により正当であると上告裁判所が判断するときは，上告を棄却しなければならないが，この場合にも原判決に法令違反があることは判決によって認定されるのであり（この場合の上告は「理由があるが奏功しない上告」であることにつき→〔41〕），その限りで法令解釈の統一の機能を果たすことが確認されなければならない[54]。第2点については，原判決に法令違反があり結論も不当である場合には，原判決は破棄されなければならない。しかし，判例による法令解釈が固まっている場合，この原判決の破棄が法令解釈の統一に全く無意味かというと決してそうではない。上告裁判所が判例に照らしても原審の法令解釈が不当であることを宣言して，放置できない原判決を破棄することにより判例を統一することができるからである[55]。それゆえ，論者のあげる例はいずれも，旧法について，当事者の権利救済が法令解釈の統一に優位する理由を論証するものであったとみることはできない。

上告理由の制限を行った現行法の下では，青山論文の当事者救済目的が脚光を浴びるという評価も登場した[56]。しかし，法令解釈の統一（判例の統一）を基準に上告受理制度を定めた現行法の下で当事者救済目的（のみ）

---

53) 青山・前掲注45) 89頁。
54) 同旨，大須賀　虔「上訴制度の目的」講座民事訴訟(7)37頁，46頁。この見解に対し，高橋宏志「上告目的論」青山古稀209頁，219頁注11) は，「原判決の法律論・法律解釈（の一部）がどうであろうと判決の結論は変わらないという場合はある」こと（たとえば返還約束や時効消滅についてどのような法律論を行おうとも金銭の授受がないという認定が妥当であれば，返還請求はできず，上告には理由がないということ）に青山論文は焦点を当てていると指摘する。しかし，このような問題設定は上告目的を論じるさい必ずしも適切でないであろう。この例での上告棄却判決は，当事者救済目的にも適しないからである。
55) 同旨，大須賀・前掲注54) 46頁以下。この点について，高橋・前掲注54) 219頁注(11)は，「従来の判例を踏襲するという判断によっても法令解釈の統一目的は達せられる」が，青山論文は「従来の判例を踏襲するまでもない事件が存在することを見据え」ているのだと評価する。しかし，原判決が誤った判断をしているが従来の判例を繰り返すまでもない事件であっても，誤った原判決が存在する以上，これを放置せず是正することは判例統一の見地から必要であろう。
56) 高橋・前掲54) は，青山論文の当事者救済目的説は一般的に法令違反が上告理由とされた旧法のもとでこそ支持を集めなかったのであり，現行法では事情が異なり，当事者救済目的の主張は輝きを放つという。

38 第1章　民事訴訟における上告制度

が上告制度の目的であるというのは，やはり理解が困難であろう。当事者
救済のみが上告制度の目的だとするのであれば，一般の法令違反を上告理
由から排除することは考えられないからである。法律は一般の法令違反を
上告理由から排除し，法令解釈の統一上重要な場合に限って申立により上
告受理ができるとしているのであるから，上告受理申立制度の理解如何に
もよるが，当事者救済は現行法において後退させられたかのような外観が
生じている。

2　私　見

〔48〕　　上告審の手続の開始のためには当事者の上告が必要であり，上告裁判所
が職権で手続を開始できるものではない。そうではあるけれども，個別事
案の適正な裁判の保障にとって重要な**事実認定の誤りの除去**が原則として
上告審の役割から除かれていることに鑑みて，〔4〕以下でみたドイツに
おける上告制度の誕生の歴史およびその後の展開からみて，法律は個別事
案の正しい解決の保障を法令の解釈の統一に対して優先させているとはい
えない。[57]さらに最高裁判所への上告において一般の法令違反を上告理由と
せず，原判決に法令の解釈に関する重要な事項が含まれていると認められ
ることを上告受理申立て理由とし，また決定および命令につき許可抗告の
制度を設け（337条1項），決定・命令をした高等裁判所は，それが判例に
反し，または法令の解釈に関する重要な事項を含むと認められる場合に申
立てにより抗告許可の決定をしなければならないと定め（同条2項），法
令解釈の統一を図っている現行法は，法令解釈の統一の観点を旧法より
前面に出していることも否定できないが，権利利益の保護というもうひと
つの上告目的を排除しているとはいえない。

〔49〕　　私見は，民訴法は上告の権利保護目的を法令解釈の統一と同程度に重視
していると解する。上告は，破棄制度ではなく，真正の上訴として民訴法
により構成されているからである。現行民訴法の立法者も，上告を当事者
の真正の上訴として形づくった旧法を受け継いだ。すなわち，上告により，
上告裁判所によって裁判されるのは，個々の法律問題ではなく，訴訟事件
自体である。上告人に不利な，法的瑕疵のある判決が是正される。上告の

57）（旧）注釈民訴(8)203頁以下〔鈴木正裕〕も参照。

提起は，期間の制限を伴う当事者の権限であり，破棄制度のように公益代表者には上告提起権は存しない。当事者であっても，原判決に不服（→〔125〕以下）がなければ，上告は不適法である。上告審の手続対象を決定するのは，当事者自身である。上告審の調査の範囲は，当事者の申立てによって限界づけられる（→〔544〕）。上告人には上告を理由づける義務があり（→〔456〕），原判決の瑕疵を具体的に指摘することが求められる。上告人（または上告受理申立人）は，上告（または上告受理申立て）を取り下げ，訴訟を終了させることができる（→〔624〕）。法律問題を解明することにいかに重大な公益が存しようが，当事者が上告審を続行しようとしなければ，それまでである。上告裁判所は不利益変更を禁止される（→〔505〕）。不服申立てに係る原判決の確定は，上告（または上告受理申立て）によって阻止される（→〔500〕）。上告審の判決は，原則として当事者間でのみ既判力を生ずる。上告費用は訴訟費用に含まれ，上告不奏功の場合，費用は上告を提起した当事者の負担となる。

　以上のように，上告は，現行法上，破棄制度でなく，当事者の上訴の構造を有する。上告は，民訴法の構造上，個別事件の正しい裁判の追求に奉仕する。他方，上告裁判所は，不服申立てに係る判決を法適用の面から審査することに限られ，原則として原審の事実確定に拘束される。上告審は法律審として構成されることは，個別事件の正しい裁判の実現という上告の目的を切り込むことになる。しかし，上告審の調査権能の制限にもかかわらず，上告審の調査権能が行使される限り，それは事件の裁判の法的な正しさを保障するという目的にも仕える。結局，上告審へのアクセスが開かれる場面では，個別事件の正しい裁判の実現と法令の解釈の統一という２つの上告目的は，対立関係や優先劣後の関係にあるのではなく，協力関係にあるということができる。正しい個別事案の裁判の要請をきっかけに，判例の統一が目指され，原審に対するコントロール機能が果たされる[58]。

　現行法上，上告制度の目的として，当事者の権利利益の保護と法令解釈　〔50〕の統一が対等の関係にあるということができるが，そのさい注意を要することは，上告受理申立て理由としての，「その他の法令の解釈に関する重

58）鈴木（重）・前掲注47）31頁；笠井正俊「上訴審の目的」実務民訴講座［第３期］(6)21頁，25頁以下参照。

40 第1章 民事訴訟における上告制度

要な事項を含むものと認められる事件」(318条1項)という要件の解釈は,相当問題であることである。最高裁の負担軽減のために一般の法令違反を上告理由から除き,法令の解釈の統一のために最高裁の判断が必要と最高裁自身が判断する場合に上告受理を限定することは,明確でない基準により(そこでは最高裁の裁量が働くため),受理か不受理かが決定され,それによって上告審の裁判を受ける当事者の権利(上告審へのアクセス)が個別事案についての最高裁の裁量により大幅に制限を受けうること,および,高等裁判所への上告では法令違反が上告理由となることから,最高裁への上告と高等裁判所への上告の間で法適用における平等が確保されない危険が生ずるからである。それゆえ,一方では,上告受理申立てについては,憲法違反の問題が生じないような解釈が必要であろう。原判決に法令違反があり,結論も不当である場合には,原判決は破棄されなければならない。しかし他方,判例による法令解釈が固まっている場合には判例に反する原判決を法令解釈の統一の観点からは破棄できないというのは不当であるという理由で,上告制度の目的を個別の権利救済と理解すべきだという見解に対しては,高等裁判所への上告事件においては原判決の法令違反が一般的に上告理由とされるが,最高裁への上告においては,法令違反が上告理由でないとされることの不均衡を改善するなかで,原判決に影響を及ぼすことが明らかな法令違反があると見込まれる場合には上告を受理しなければならないと解釈する方法で平等な上告審へのアクセスを確保することにより解決すべきであるということができる(詳しくは→〔391〕以下)。

第4節 他の上訴と上告の共通性と異別性

第1款 控 訴

1 控訴との共通性

〔51〕 控訴と同じく,上告は審級上下位の裁判所の終局判決に対する不服申立てであり,控訴も上告もこれについて権限を有する関係人の申立て(訴訟行為)を必要とする。これらの上訴は,確定遮断効を有する,すなわち不服申立てに係る判決の確定を阻止する。また,上告の提起は,控訴の提起と同様,事件を上訴審に移す効力,すなわち移審的効力を有する。もっと

も，上告裁判所の裁判の対象は上告人の不服申立ての範囲に限られる。

2　控訴との異別性

上告と控訴の本質的な違いは，上告は控訴裁判所の終局判決の法的側面 〔52〕
の審査に限られ，上告裁判所は適法に行われた原裁判所の事実認定に拘束
され，原則として自ら事実認定をしてはならないことである。その結
果，——原裁判所が認定しなかった——新たな事実は，原則として上告裁
判所によっては考慮されないことになる。もっとも，原裁判所の事実認定
の上告裁判所に対する拘束力は，適法で理由のある手続過誤の主張がなさ
れると消滅するので，相対的なものである。[59]

第2款　抗　告

抗告は，決定および命令に対する上訴であり，終局判決でなく他の種類 〔53〕
の裁判を対象とする。この点ですでに，控訴および上告との違いがある。

控訴の提起は，控訴状を第一審裁判所に提出して行い（286条1項），第
一審裁判所が控訴の適法性について審査する。第一審裁判所は，控訴が不
適法でその不備を補正することができないことが明らかであるときは，控
訴を却下しなければならない（287条1項）。控訴却下決定に対して，控訴
人は即時抗告をすることができるが（同条2項），この即時抗告は許容性
（Statthaftigkeit）の審査においては上告に対応するが，上告とは異なり，
当事者は原裁判の前に生じたものであるか，その後に生じたものであるか
を問わず，新たな事実および証拠方法を提出することができる。[60] 抗告およ
び抗告裁判所の訴訟手続には，その性質に反しない限り，控訴に関する規
定が準用されるからである（331条前段）。

第5節　最高裁判所における上告事件および上告受理事件の推移

〔文献〕　最高裁判所事務総局・裁判の迅速化に係る検証に関する報告書

---

59) *May*, Die Revison in den zivil-und verwaltungsgerichtlichen Verfahren（ZPO, ArbGG,
　　VwGO, SGG, FGO）: eine systematische Darstellung unter besonderer Berücksichtigung
　　der höchstrichterlichen Rechtsprechung, 1995, S.22.
60) 細野・要義(4)431頁；中島・日本民訴法1740頁；*May*, a.a.O.（Fn.59）, S.23.

42　第1章　民事訴訟における上告制度

（概況編）

〔54〕　最高裁判所事務総局は，裁判迅速化法に基づく「裁判の迅速化に係る検証に関する報告書」を平成16年以来2年に1回公表している。それによると，最高裁判所に対する民事訴訟事件（行政訴訟は含まない）の上告事件と上告受理申立て事件の推移および結果は次のとおりである。

第1款　最高裁判所における上告事件の推移

〔55〕　平成22年の既済事件数1859件のうち，3件が判決・棄却（0.16％），4件が判決・破棄（0.21％），決定は1835件（98.70％）であり，取下げが10件（0.53％），その他が7件（0.37％）である（第4回検証結果）。

　　平成24年の既済事件数2263件のうち，15件が判決・棄却（0.66％），2件が判決・破棄（0.088％），決定は2223件であり（98.23％），34件が取下げ（1.5％），その他が4件（0.19％）である（第5回検証報告）。

　　平成26年の既済事件数2055件のうち，2件が判決・棄却（0.09％），3件が判決・破棄（0.14％），2030件が決定（98.78％），15件が取下げ（0.72％），その他が5件（0.24％）である（第5回検証報告）。

　　平成28年の既済事件数1963件のうち，判決・棄却は0件，5件が判決・破棄（0.25％），決定は1942件（98.93％），15件が取下げ（0.76％），その他が1件（0.05％）である。

　　以上の統計数字をみると，既済事件数は約2000件前後であるが，破棄判決が下されている率は平成22年の0.21％，平成28年の0.25％が高い方であり，これを超えた年はないことが分かる。

第2款　最高裁判所における上告受理事件の推移

〔56〕　平成22年の既済事件数2247件のうち不受理決定は2166件であり（約96.39％），受理決定は合計55件（12件が判決・棄却，43件が判決・破棄）である（2.44％）（第4回検証報告）。平成24年の既済事件数2817件のうち不受理決定は2693件であり（約95.6％），受理決定は合計51件（15件が判決・棄却，36件が判決・破棄）である（1.8％）（第5回検証報告）。平成26年の既済事件数2688件のうち不受理決定は2594件であり（約96.50％），受理決定は合計37件（8件が判決・棄却，29件が判決・破棄）である（1.37％）である（第6

回検証報告）。

　平成28年の既済事件数2498件のうち不受理決定は2428件であり（約97.19％），受理決定は合計31件（9件が判決・棄却，22件が判決・破棄）である（1.24％）である（第7回検証報告）。

　以上の統計数字からは，上告受理手続における受理率は平成22年の2.44％から毎年低下し，平成28年には1.24％になっていることが分かる。6年程度の期間内に控訴裁判所の裁判の瑕疵が大幅に減少し，手続の質が改善するとは考えにくい。最高裁は負担軽減のために受理，不受理の判断において裁量権を有すると考え，この裁量によって受理数が調整されているとみるのが自然であろう。この受理率の低下は，高等裁判所の手続が完璧なものに近づいたというよりは，最高裁による何らかの人為的な要素が作用しているとみるべきであろう。

第3款　最高裁判所の裁判による破棄率

　最高裁判所調査官によって毎年報告されている「最高裁民事破棄判決等　　〔57〕の実情」によれば，各年の既済事件数（上告事件と上告受理申立ての並行申立て事件を1件として計算した事件数）とそのなかでの破棄判決の数（上告と上告受理申立てがあった事件，双方上告を含む複数当事者からなお上訴を併合した事件等を1通の判決書で裁判したものを1件として換算した判決書単位の数）は次のようになっている[61]。

平成13年	3028件	60件	2.04％
平成14年	3264件	92件	2.81％
平成15年	3142件	101件*	3.08％
平成16年	3598件	88件	2.44％
平成17年	3393件	75件	2.21％
平成18年	3476件	107件	3.07％
平成19年	3111件	50件	1.60％
平成20年	2952件	52件	1.76％
平成21年	3275件	68件	2.07％
平成22年	3196件	67件	2.09％

61）判時2009号3頁，2043号3頁，2082号3頁，2115号3頁，2161号11頁，2188号3頁，2224号3頁，2258号3頁，2306号14頁，2342号3頁，2374号3頁による。

平成23年	3120件	71件	2.27％
平成24年	3873件	60件	1.54％
平成25年	3858件	34件	0.88％
平成26年	3685件	42件	1.13％
平成27年	3491件	32件	0.91％
平成28年	2257件	39件	1.72％
平成29年	3111件	22件	0.07％

＊うち5件は民訴旧規定が適用された事件である。

　最高裁の裁判による破棄率は，1977年，1987年においても約2％であったが，現行法施行後の平成18（2006）年に3％ほどになったのを例外として，低下傾向にあり，平成29（2018）年は僅か0.07％である。現行民訴法は最高裁の負担軽減を通して，憲法裁判，法令解釈の統一，判例法の発展など最高裁にふさわしい任務を追求するものとされたが，現実はごく僅かな破棄判決が出されるだけである。70年ほどの間に法令の憲法違反を宣言した判例は，法令違憲が10件，適用違憲が10数件である。民訴法が改正されても，最高裁の重要な使命とされる領域の判例は増えないのである。

第4款　統計は何をわれわれに示唆するか

〔58〕　以上の近時の上告および上告受理事件ならびに最高裁判決の破棄率の推移は何を物語るのであろうか。実務関係者は，現行民訴法による上告規定の改正が最高裁判所の負担軽減に仕えてよい成果を挙げていると評価するのであろう[62]。しかし，それによって法の解釈の発展や判例の重要な役割の進展が期待されるほどでなく，上告制度が機能不全に陥ることは意に介されない。最高裁判所が重要な法律問題について実質的な裁判をすることがそもそも極めて少ないのであるから，期待される機能を果たし得なくなることは当然である。

〔59〕　最高裁判所の実質的な裁判が非常に少ないと思われるが，日本の下級裁

62）高橋宏志ほか「〈座談会〉民事訴訟法改正10年，そして新たな時代へ」ジュリ1317号（2006年）34頁以下における福田剛久の発言。この座談会は平成18年に行われており，受理決定数が50〜60件あった頃の評価であるが，今日のような受理決定数が30件程度になっても同じ評価が行われるのであろうか。

判所の裁判はそれほど充実して最上級裁判所の判断を必要としない事情が
あるのであろうか。筆者にはそうとは思えない。高等裁判所ではいわゆる
事後審的運営のもとに，第一回口頭弁論期日に弁論を終結する実務が約
78％の事件で行われている。これに対する弁護士の不満は大きい[63]。当事者
が高裁の判決に対して上告または上告受理申立てをして誤った判決の是正
を求めても，上記のように大多数は決定で上告が退けられ，上告受理申立
てに対して不受理決定がなされるという結果になっている。問題は現在の
高裁の実務が法的瑕疵の生じない適正なものなのか否かということである。
この点については，高裁の民事控訴審実務が当事者の手続基本権を保障し
ていないように思われる。それは第一審で取調べられた証人の供述につい
て第一審裁判所のした評価と異なる評価をする場合にも再尋問は必要でな
いとして再尋問の申出を却下し，また，控訴審の第一回口頭弁論期日に提
出された私鑑定（私的意見書）に対して相手方が意見を述べる機会を奪っ
て口頭弁論を終結することが行われ得る。これらは，当事者の法的審問請
求権を侵害し，裁判所の法的審問義務に違反する（詳しくは→〔177〕以下）。
このような実務に対して，最高裁判所がこれを是正することも行われない
のである。これで，どうして憲法に従った法治国家にふさわしい裁判手続
といえるのであろうか。

　因みに2002年上訴改正によって，すべての上告について許可上告制度と　〔60〕
不許可の場合の不許可抗告の制度を採用したドイツにおいて，受理上告制
が行われていた改正前の2001年の上告受理率は20.6％であり，改正後の
2004年において不許可抗告による上告許可率は15％であったと紹介されて
いる[64]。これは，2002年改正前の受理上告も極端な受理の拒絶が行われてい
なかったことを示している。これは，事件が原則的意義を有する場合の連

63）近畿弁護士連合会は，2018年8月3日付けで高裁の審理の充実を求め，「民事控訴審審理に
　　関する意見書」（同連合会のホームページhttp://www.kinbenren.jp/declare/index.phpに掲
　　載されている。）を公表した。そこでは，同連合会は控訴裁判所が適切に釈明権を行使する
　　などして裁判所が当事者とコミニュケーションを図り実質的審理を行うこと，換言すれば当
　　事者の法的審問請求権を保障するよう求めている。これは憲法違反の上告理由や上告受理申
　　立理由の意義を考察するさいにも見逃すことのできない重要な観点である。この意見書の
　　経過等について，岸本達司／今川忠／松森彬「民事控訴審の審理の充実を求める――事後審的
　　運用は見直されるべき――近弁連は意見書を発表」自由と正義70巻4号（2019年）44頁以下
　　がある。
64）*Seiler*, Die Erfolgsaussicht der Revision als Zulassungskriterium, NJW 2005, 1689 Fn.2.

邦通常裁判所の上告受理義務のほかに，上告が奏功する見込みのある場合には正しい裁判による個別の権利保護のために上告が受理されなければならないという連邦憲法裁判所の判例による実務が確立していたことによる（この連邦憲法裁判所の判例については→〔381〕以下）。

第6節　本書の課題

第1款　上告制度の存在意義

〔61〕　以上のように，1998年に施行された現行民訴法の下で上告理由は大幅に制限され，3000ないし4000件に上る民事上告事件の大部分は最高裁による書面却下や上告不受理で終わっている。費用をかけた上告や上告受理申立ては，殆ど無駄になっている。しかし，このような結果になることが当然だといえるほど下級審の裁判実務が充実しているのであろうか。答えは否である。高等裁判所の控訴審実務の審理において重大な問題が生じているのであり，決して高裁の実務が充実しているとはいえないであろう。

　現在の多くの高等裁判所において，控訴審の事後審的運営が行われ，これに伴い第一回口頭弁論期日にすでに弁論を終結するという第一回結審の実務が2013年には全控訴事件の78％に達している。控訴審の事後審的運営の提言は控訴裁判所の第一回口頭弁論前の入念な事前準備の実施を前提にしているけれども，現実には合議体による入念な準備なしに口頭弁論期日を開き，その期日に口頭弁論を終結するという実務になっていることが弁護士会が実施したアンケートによって明らかになっている[65]。現在，最高裁が経験則違反や釈明義務違反，弁論主義違反を理由に原判決を破棄している事案においては（→〔400〕以下），原審における当事者との争点の確認等についての不備がある事案が多いように思われる。控訴審の事後審的運営の実務が当事者の法的審問請求権を侵害するものであるならば，憲法違反を主張して上告をすることができなければならないであろう。

65）大阪弁護士会司法改革検証・推進本部高裁民事問題プロジェクトチーム「民事控訴審の審理の充実──実体調査を踏まえた提言（上）」判時2342号（2017年）139頁以下参照。

第2款　本書の課題

　本書の課題は，民事上告審の手続問題全般にわたる。とりわけ，上告理 〔62〕
由についての312条と上告受理申立て理由についての318条1項の規定の解
釈は重要である。そのさい，訴訟における当事者の法的審問請求権の保障
（裁判所の法的審問義務の履行）の実現は，民事訴訟，刑事訴訟，非訟事件
を問わず重要な課題であるが，法的審問請求権が裁判所により侵害された
場合，これを上訴とくに上告によって主張できることが重要である。そこ
からも憲法違反の上告の道を明瞭にすることが肝要である。控訴審の事後
審的運営の実務によって生じている当事者の法的審問請求権の侵害の問題
も，この枠内で解決が図られる。

　そのほか上告については，従来の判例・学説上様々な問題が生じている。〔63〕
たとえば上告提起によって上告裁判所に移審するのは事件全体であるのか，
そうでなく，移審の範囲は原審が裁判した訴訟物と上告人の不服申立ての
範囲によって限定されるのかという問題がある。日本の民訴法学において
は「上訴不可分の原則」なるものが存在するとされ，移審の範囲も事件全
体について生ずると主張されている。そのような見解を前提に，訴訟終了
判決という訴えの適否や訴訟物についての裁判でないものに対する上訴に
よって事件全体が上訴審に移審するというのが判例・通説である。この場
合，当事者の不服申立ての対象は，原裁判所の訴訟終了宣言判決である。
当事者の申立ては，訴訟終了宣言判決を取り消し，事件の審理を原裁判所
で行うことにある。このように当事者の意思と無関係に上訴審の手続対象
を定める判例や通説の主張には，当事者の意思を無視して，根拠の乏しい
上訴不可分の原則を妥当させようとするところに問題がある[66]

　上告裁判所の調査範囲について，実務では上告人（または附帯上告人）
の主張する上告理由に限って調査する義務があり，それ以上に原判決の法
令違反を職権で顧慮するのは裁判所の権限であって義務ではないという見
解が主張され，これを支持する文献もあるが，この見解も検討を要する。

　また，上訴裁判所は職権調査事項については原裁判所の事実確定に拘束
されないが，判例と通説は職権調査事項を訴訟要件に限っている。しかし，
上告裁判所が採り上げるべき職権調査事項は，訴訟要件に限られず，控訴

66）上訴不可分の原則の不合理については，松本・民事控訴審ハンドブック〔54〕以下参照。

裁判所の手続違反が上告裁判所の審査の基礎となり得ないような控訴審判決をもたらしているような場合には，上告裁判所は職権で審査しなければならないと解される。

第 2 章

上告裁判所

50 第2章 上告裁判所

第1節 2つの上告裁判所

第1款 概 要

〔64〕　上告裁判所には，高等裁判所と最高裁判所がある。これは，前述のように，昭和22年の裁判所法の制定のさい最高裁判所の負担軽減の観点から，簡易裁判所が第一審裁判所として管轄する事件については，高等裁判所を上告裁判所とする旨が定められたためである。

　第一審が簡易裁判所（裁16条3号参照）で，地方裁判所が控訴裁判所である事件（裁24条3号）の終局判決に対する上告，および簡易裁判所の第一審判決に対する飛越上告については高等裁判所が上告裁判所である（311条1項；裁7条1号・16条3号）。地方裁判所の第一審判決または人事訴訟における家庭裁判所の第一審判決に対して控訴がなされ，高等裁判所が控訴審としてした終局判決に対する上告，高等裁判所の第一審判決（たとえば特許178条1項；公職203条・204条・207条・208条・211条・217条）に対する上告および地方裁判所の第一審判決に対する飛越上告（→〔152〕）については，最高裁判所が上告裁判所である。また地方裁判所が人身保護法に基づき違法な拘束の救済請求についてした判決に対して，当事者は直接最高裁判所に上告を提起することができる（人保21条）。人身保護事件では，最高裁判所は，下級裁判所に係属する事件がいかなる程度にあるかを問わず，最高裁に送致させ自ら処理することができる（人保22条1項）。

　もっとも高等裁判所が上告裁判所である場合に，高等裁判所は，憲法その他の法令の解釈について，その高等裁判所の意見が最高裁判所の判例と相反するときは，最高裁判所の違憲法令審査権を確保または法令解釈の統一の必要上，決定をもって事件を最高裁判所に移送しなければならない（324条；民訴規203条）。

　以上のように，日本では1つの裁判所に上告事件を集中させておらず，第一審が簡易裁判所であるか，地方裁判所であるかによって上訴裁判所が異なり，したがって裁判を受ける権利にも影響を生ずるのであるが，高等裁判所が上告裁判所とされることは審級制度に関する立法の問題であり，憲法はこの点について何ら制限していないとして，311条は憲法32条，76

条，81条のいずれにも反しないとするのが判例である[1]。

第2款　高等裁判所が第二審としてした終局判決

　　高等裁判所が第二審としてした終局判決に対する上告の上告審を管轄す　〔65〕
る裁判所は，最高裁判所である。控訴審の終局判決に対する不服申立ては
上告または上告受理申立てによるべきであり，抗告を提起して原判決の取
消しと弁論の再開を求めることは許されない[2]。
　　高等裁判所が第二審となるのは，訴額が140万円を超える事件について
地方裁判所が第一審裁判所となる場合である。

1　控訴審において訴えの変更があり，新請求についてなされた判決

　　控訴審において適法に訴えの変更がなされ，新請求について控訴裁判所　〔66〕
が言い渡した判決は，第一審判決がないので，実質は初審の判決であるが，
控訴審判決である。したがって，これに対する不服申立ては上告である。
この不服申立てに対してなされる判決は上告審判決であるから，これに対
してはさらに法令違反を主張して上告や上告受理申立てをすることはでき
ない[3]。これに対しては，憲法違反を主張する特別上告（327条）のみが許さ
れる。

2　控訴裁判所の取消差戻判決

　　控訴裁判所が第一審判決を取り消し事件を第一審裁判所に差し戻す判決　〔67〕
によって，控訴審手続は終結し，事件は第一審裁判所に戻る。それゆえ，
この判決は中間判決ではなく，終局判決である[4]。この判決は上告できる判
決である。
　　もっとも，取消差戻判決を受けた控訴人は自己に有利な判決を受けたの

1）最〔大〕判昭和29・10・13民集8巻10号1846頁；注解民訴(9)〔第2版〕368頁〔斎藤／奈良〕。
2）最〔3小〕判昭和23・2・27裁判集民1号87頁；菊井／村松・全訂Ⅲ213頁；注解民訴(9)
　〔第2版〕370頁〔斎藤／奈良〕。
3）最〔2小〕判昭和44・9・26判時572号30頁；菊井／村松・全訂Ⅲ213頁；注解民訴(9)〔第2
　版〕370頁〔斎藤／奈良〕。
4）最〔3小〕判昭和26・10・16民集5巻11号583頁；最〔2小〕判昭和27・9・26民集6巻
　8号733頁；菊井／村松・全訂Ⅲ212頁；注解民訴(9)〔第2版〕370頁〔斎藤／奈良〕；条解民訴
　〔第2版〕1604頁〔松浦／加藤〕；(旧)注釈民訴(5)213頁〔鈴木正裕〕；基本法コンメ民訴(3)61
　頁〔上田／松本〕。

52 第2章 上告裁判所

であるから，控訴人にとって上告の利益がないのではないかが問題とされる。この場合，控訴人は控訴裁判所の本案判決を求めているのであるから，差戻判決を得た控訴人には不服があり，上告ができなければならない（→〔130〕）。加えて，取消差戻判決は，直接取消しの理由となった判断に差戻しを受けた第一審裁判所を拘束するので（破棄判決の拘束力），[5] この拘束力が不利に作用する当事者は，控訴人であった場合にも，控訴裁判所の判断の違法を主張する限り，上告の利益を認められなければならない。[6]

3 高等裁判所が控訴審としてした判決に対する再審事件につき同裁判所が言い渡した判決

〔68〕　この判決は控訴審判決であるので，上告ができる。なお，高等裁判所が上告裁判所としてした判決に対する再審請求について同裁判所が言い渡す判決は上告審判決である。この判決に対する通常の上告は許されず，特別上告（→〔717〕）ができるにとどまる。[7]

4 控訴審判決後の受継決定等の破棄を求める上告

〔69〕　控訴審の終局判決の言渡し後，判決正本の送達前に原審で受継を命ずる決定がなされたときは，受継決定のみの破棄を求めて終局判決に対して上告を申し立てることができる。[8] この受継決定は不服申立てのできない裁判ではなく，また抗告によって不服申立てのできる裁判ではないので，[9] 上告裁判所の判断を受ける裁判であるが（283条・313条），終局判決に対する上訴によってのみ上級審の裁判を受けることができるので，受継決定の違法を主張して上告を提起することができる。[10] 受継決定の破棄を求める上告を

---

5) 最判昭和27・3・18民集6巻3号358頁；最判昭和28・5・7民集7巻5号489頁；最判昭和30・9・2民集9巻10号1197頁；最判昭和43・3・19民集22巻3号648頁。

6) 最判昭和45・1・22民集24巻1号1頁＝判時584号62頁＝判タ244号161頁；菊井/村松・全訂Ⅲ213頁；注解民訴(9)〔第2版〕371頁〔斎藤/奈良〕；(旧) 注釈民訴(8)216頁〔鈴木正裕〕；菊井/村松・新コンメⅥ270頁；注釈民訴(5)226頁〔宮川〕。

7) 最判昭和30・9・9民集9巻10号1258頁；最判昭和42・7・21民集21巻6号1663頁；東京高判昭和31・3・26東高民時報7巻3号57頁；菊井/村松・全訂Ⅲ216頁；注解民訴(9)〔第2版〕372頁〔斎藤/奈良〕；(旧) 注釈民訴(8)379頁〔遠藤〕；条解民訴〔第2版〕1604頁〔松浦/加藤〕。

8) 最判昭和48・3・23民集27巻2号365頁。

9) 大決昭和9・7・31民集13巻1460頁。

10) 大判昭和13・7・22民集17巻1454頁。

第1節　2つの上告裁判所　*53*

許さないと，受継決定は終局判決の名宛人を新当事者に変更する効力を有するため，終局判決は新当事者に対する関係において確定することになり，新当事者が受継決定の違法を争う機会が失われるからである。上告裁判所は，受継決定が違法であると判断する場合，受継決定を取り消す。上告裁判所は，受継決定が正しいと判断する場合には，上告を棄却する。このような受継決定のみの破棄を求める上告（制限的上告）が許され，この部分のみ上告審に移審すると解すべきことにつき，→〔528〕

　上告人は，婚姻取消しの訴えまたは離婚の訴えにおいて請求を認容する 〔70〕控訴審判決における附帯処分である親権者指定の裁判に限定して，上告を提起することができる。親権者指定の処分はもともと家事審判事項であるが，判決の形式で処分がなされる以上，附帯処分の部分に対してのみ上告を提起することができる。判例は，「このような上告の申立ても，これを不適法として許されないものとすべき実質的，合理的な理由はないから，適法なものというべきである」[11] というが，従来の通説の上訴不可分の原則に問題があるのであり，処分権主義のもと，このような上告の範囲を制限することは，本来適法である（→〔544〕）。適法な制限的上告があれば，上告審に移審するのは，この部分のみである。[12] ところが，判例は，離婚の訴えにおいて請求を認容した第一審判決に対し被告が控訴を提起するとともに控訴審において離婚請求が棄却されることを解除条件として予備的に附帯処分の申立て（たとえば財産分与の裁判の申立て）をする場合には，附帯処分の申立てについては第一審判決がないにもかかわらず，同時解決を重視して，人事訴訟における控訴審での反訴提起と同様，相手方の同意を要しないとする。そして，判例は，控訴裁判所が控訴を棄却するとともに，相手方の同意の欠缺を理由に附帯処分の申立てを不適法として却下した場合に，この判決に対する上告審において，この判決部分を違法として原判

11）最判昭和61・1・21家月38巻8号48頁＝判時1184号67頁＝判タ590号45頁（離婚請求を認容し，親権者を被上告人とした第一審判決を支持した控訴審判決に対し，親権者指定の処分に限定して提起された上告を適法とし，この上告を棄却したケース）。親権者指定の付帯処分に限って提起された控訴を適法と判示するものに，東京高判昭和31・6・5下民集7巻6号1469頁；仙台高秋田支判昭和37・8・29高民集15巻6号452頁がある。

12）上訴不可分の原則を主張しながら，このような制限的上告を適法としつつ，上告によって離婚請求の部分も上告審に移審し，確定はしないが，上告審の裁判の対象とはならないと主張する見解がある。菊井／村松・新コンメⅥ34頁；高橋・重点講義（下）744頁。

54 第2章 上告裁判所

決を破棄し事件を原審に差し戻す上告裁判所は，離婚請求を認容した原審の判断に違法がない場合であっても，附帯処分の申立てに係る原判決部分のみならず，離婚請求の認容部分をも併せて破棄すべきだとする。[13] この判例に対しては，異論が提起されている。[14]

第3款　高等裁判所の第一審判決

〔71〕　戦後の司法改革の中で高等裁判所が第一審裁判所として裁判権を行使することを法律で定める場合が生じ，このような場合には最高裁は控訴事件を扱わないため，常に最高裁に対する上告および上告受理申立てのみが可能である。このようなことは，特殊な行政事件にみられる。たとえば，選挙の効力に関する訴訟（公選203条1項・204条），当選の効力に関する訴訟（同207条1項・208条・217条）では，裁判所に訴えが提起される前に市町村選挙管理委員会の決定，都道府県選挙管理委員会による訴願裁決を経ているので，裁判所で三審級を重ねると裁判の確定が遅れるため，高等裁判所を第一審とすることによって準司法手続を経ていることが考慮されている。

　同様に，知的財産権についての審決等に対する訴え（特許178条；新案47条；意匠59条；商標63条），公正取引委員会の審決に係る訴え（独禁85条・86条），海難審判庁の裁決に対する訴え（海難審判53条），日本弁護士連合会に対する弁護士懲戒処分の取消しを求める訴え（弁護62条），主務大臣が都道府県知事に対して職務執行を命ずる旨の裁判を求める訴訟（自治146条2項），総務大臣の処分に対する異議申立てについての決定に対してその取消しを求める訴え（電波97条）なども，高等裁判所が第一審として裁判する。

　高等裁判所が第一審の裁判権をもつ事件においては，東京高等裁判所の専属管轄が定めれているものがある。衆議院の比例代表選出議員の選挙についての訴訟（公選217条），公正取引委員会の審決に係る訴訟（独禁85条・86条），海難審判庁の裁決に対する訴え（海難審判53条），弁護士懲戒処分の取消しを求める訴え（弁護62条）などがそうである。

---

13) 最〔1小〕判平成16・6・3家月57巻1号123頁＝判時1869号33頁。
14) 松本・人訴法〔414〕参照。

第4款　地方裁判所が第二審としてした終局判決

　訴額が140万円を超えない請求（行政事件訴訟に係る請求を除く）についての第一審管轄は簡易裁判所に属し（裁33条1項1号），その控訴審は地方裁判所である（同24条2号）。この地方裁判所の控訴審判決に対する上告裁判所は，高等裁判所とされている（同16条3号）。　〔72〕

　このように高等裁判所が上告裁判所になると，1つの裁判所により法令の解釈統一を図るという上告審の役割を全うすることができなくなることがある。高等裁判所は全国に8つ設置されているからである。そのため，高等裁判所関係での判断の統一および各高等裁判所と最高裁判所の判断の統一を図る必要が生ずる。ここでは1つの裁判所による判断の統一を図るという上告制度の基本に立ち返る必要がある。324条は「上告裁判所である高等裁判所は，最高裁判所規則で定める事由があるときは，決定で，事件を最高裁判所に移送しなければならないと」と定め，民訴規則203条は最高裁判所への移送の事由として，「憲法その他の法令の解釈について，その高等裁判所の意見が最高裁判所の判例（これがない場合にあっては，大審院又は上告裁判所若しくは控訴裁判所である高等裁判所の判例）と相反するとき」と定めている。

第5款　地方裁判所が第一審としてした終局判決に対する最高裁判所への上告

　地方裁判所が第一審としてした終局判決に対して控訴することができないが，最高裁判所に上告できる旨定められている場合がある。　〔73〕

1　公職選挙法

　選挙人名簿の登録に関してなされた異議申出に対して市町村選挙管理委員会がした決定に対して不服のある異議申出人または関係人は，当該市町村選挙管理委員会を被告として，決定の通知を受けた日から7日以内に被告の所在地を管轄する地方裁判所に出訴することができる（公選25条1項）。この地方裁判所の管轄は，専属管轄である（同条2項）。地方裁判所の終局判決に不服のある者は控訴を提起することはできないが，最高裁判所に対して上告することはできる（同条3項）。　〔74〕

56　第2章　上告裁判所

2　人身保護法

〔75〕　法律上正当な手続によらないで，身体の自由を拘束されている者は，被拘束者，拘束者または請求者の所在地を管轄する高等裁判所，もしくは地方裁判所に救済を請求することができる（人身1条・4条）。地方裁判所に救済請求がなされ，判決がなされたときは3日以内に直接に最高裁判所に対して上告をすることができる（同法21条）。高等裁判所に救済請求がなされ，高等裁判所の判決がなされたときも，3日以内に最高裁判所に上告することができる（同法21条）。また，人身保護事件では，最高裁判所は，下級裁判所に係属する事件がいかなる程度にあるかを問わず，事件を最高裁に送致させ，自ら処理することができる（人身22条1項）。

　このように，人身保護法は法律上正当な手続によらないで拘束されている人身の自由を裁判所の裁判により迅速に回復することを目指している。ところが，原審が審問手続を経て判決によって請求を棄却すべき場合に，審問手続を実施せず人身保護法11条に基づき請求を棄却する決定をしたとき，最高裁判所は，この決定に対して提起された特別抗告について「特別抗告をすることが許されるのは，民訴法336条1項所定の場合に限られるところ，本件抗告理由は，違憲をいうが，その実質は原決定の法律違反を主張するものであって，同項に規定する事由に該当しない」[15]と判示し，また許可抗告については「人身保護法による釈放の請求を却下し又は棄却した地方裁判所の決定については，これに対する不服申立てについて人身保護法及び人身保護規則に特別の規定が置かれておらず，人身保護法による釈放の請求を却下又は棄却した高等裁判所の決定は，許可抗告の対象にならないというべきである」[16]と判示した。[17]この最高裁判所の決定は，法的審問請求権（→〔177〕以下）についての無理解を示す判例である。

〔76〕　法的審問請求権は，財産権上の請求，身分関係の訴訟のみならず，非訟事件を含めあらゆる裁判手続について妥当する当事者の手続基本権であり，これに対応して，裁判所は当事者に対し法的審問を付与する義務を負う。

15）最〔2小〕決平成22・8・4裁時1513号1頁＝判時2092号98頁＝判タ1332号58頁；家月63巻1号97頁。

16）前掲注15）最〔2小〕決平成22・8・4。

17）評釈として，松本博之・民商143巻6号（2011年）109頁以下，山田文・リマークス43号（2011年）130頁以下がある。

法的審問請求権について憲法に明文の規定はないものの，裁判手続にとって根源的な当事者・関係人の権利である。したがって，この手続基本権は平等原則と個人の尊重に基礎をおく憲法上の保障と解すべきであるが（詳しくは→〔180〕），この判例は理由を示すことなく，手続基本権が憲法上のものであることを否定する。裁判の前に裁判の基礎となる事実上および法律上の事項につき当事者が意見を述べ，それによって手続および裁判に影響を及ぼすことができ，これに応じて，裁判所が当事者の提出する攻撃防御方法を了知し，これについて考慮することはもっとも基本的な当事者（関係人）の手続上の権利であることが看過されてはならない（→〔181〕）。原審が審問手続を経て判決によって請求を棄却すべき場合に，審問手続を実施しないで人身保護法11条に基づき請求を棄却する決定をすることは法的審問請求権の侵害に当たるとみなければならないのであり，本件の特別抗告理由は単なる法律違反を主張するにすぎないものではない。なお，最近では，文書提出命令に対する即時抗告があった場合に即時抗告申立書の写しを即時抗告の相手方に送付するなどして相手方に攻撃防御方法を提出する機会を与えることなく，相手方の申し立てた文書提出命令を取り消し，その申立てを却下した抗告裁判所の審理手続を「手続的正義の要求に反する」として破棄した裁判例がある。[18] この裁判例はまさに裁判所による法的審問請求権の侵害を非難したものと評価することができる（この決定の問題点について，詳しくは→〔190〕）。

第2節　上告裁判所の構成

第1款　高等裁判所

　高等裁判所が上告裁判所である場合には，3人の裁判官から構成される　〔77〕
合議体が上告事件につき審理・裁判をする（裁18条1項本文・2項本文）。
これには例外はない。

18）最〔2小〕決平成23・4・13民集65巻3号1290頁。川嶋四郎「続・民事裁判における『手続的正義』・小考」上野古稀185頁以下。

58 第2章　上告裁判所

第2款　最高裁判所

〔**文献**〕　滝井繁男・最高裁判所は変わったか（2009年・岩波書店）

1　大法廷と小法廷

〔78〕　裁判機関としての最高裁判所には，小法廷と大法廷がある（裁9条）。小法廷は5人の判事で構成される。3人以上が出席すれば，審理・裁判をすることができる（裁9条2項・3項；最高裁判所裁判事務処理規則2条（以下では最事規と略称する）。大法廷は15名の最高裁裁判官全員で構成されるが，9人以上が出席すれば，審理・裁判をすることができる（裁9条2項・4項；最事規7条）。

2　大法廷と小法廷の関係

〔79〕　事件を大法廷と小法廷のいずれで取り扱うかについては，最高裁判所の定めるところによる（裁10条1号本文）。最高裁判所の定めによれば，上告事件はまず小法廷によって審理される（9条1項）。そして次の場合には，事件は小法廷から大法廷へ回付されなければならない（裁10条；最事規9条2項・3項）。

 ① 　当事者の主張に基いて，法律，命令，規則又は処分が憲法に適合するか否かを判断するとき（意見が前に大法廷でした，法律，命令，規則又は処分が憲法に適合するとの裁判と同じであるときを除く）（裁10条1号；最事規9条5項）

 ここにいう「同じ」であるとは，前に大法廷がした裁判が他の条項に関するものであっても，その趣旨とするところが同じであれば，裁判の対象となる法令等の条項および憲法の条項が同一である必要はないとされている[19]。

 ② 　①の場合を除いて，法律，命令，規則又は処分が憲法に適合しないと認めるとき（裁10条2号）

 ③ 　憲法その他の法令の解釈適用について，意見が前に最高裁判所のした裁判に反するとき（裁10条3号）

---

19) 最高裁判所事務総局総務局編・裁判所法逐条解説(上)(1967年・法曹会) 87頁；武藤貴明「最高裁判所における民事上告審の手続について」判タ1399号 (2014年) 50頁，66頁注(148)。

④ 小法廷において裁判官の意見が2対2になったとき（最事規9条2項2号）

⑤ 小法廷が大法廷で裁判することを相当と認めた場合（最事規9条2項3号）。

ただし裁判所法10条1号に該当する場合でも，小法廷は，先に合憲とした大法廷判決と同じ判断をする場合，法の解釈適用につき大審院の先例に反する場合にも，裁判することができる（裁事規9条4項〜6項）。

裁判は，出席裁判官の合議によりその過半数の意見をもって決するが，大法廷が法律，命令，規則または処分を違憲とするには，8名以上の裁判官の一致した意見によらなければならない（最事規12条）。

以上①〜⑤の場合でなければ，小法廷により審理裁判される。大審院の判例を小法廷限りで変更することも可能とされる（裁事規9条6項）。

小法廷は，大法廷による審理・裁判を相当と判断し，大法廷に送付する場合，事件の全部を大法廷に送付することも，一部のみを大法廷に送付することもできる。一部送付の場合には，一部の上告論旨のみが大法廷に送付され，その余の部分は当該小法廷がそのまま審理・裁判することになる。[20] 大法廷が上告論旨の一部について裁判する場合，その判決主文は「本件上告論旨は理由がない」という形式が用いられている。この主文の内容に応じて，小法廷は残部の上告論旨について判断し，上告棄却等の裁判をすることになる。[21]

3 最高裁判所調査官

裁判所法57条は，「①最高裁判所，各高等裁判所及び各地方裁判所に裁判所調査官を置く。②裁判所調査官は，裁判官の命を受けて，事件（地方裁判所においては，知的財産又は租税に関する事件に限る。）の審理及び裁判に関して必要な調査その他法律において定める事務をつかさどる」と定めている。これにより，最高裁判所においては，最高裁判所調査官が活動している。　〔80〕

最高裁判所では，最高裁判所調査官は最高裁裁判官の個別の命を待たず

---

20) もっとも，事件の全部が大法廷に送付された場合にも，大法廷は一部の上告論旨のみを審理・裁判することができると解されている（最事規9条3項後段）。

21) 注解民訴(9)〔第2版〕382頁〔斎藤/奈良〕。

に，最高裁判所に提起された事件のすべてについて予め調査することとされている。[22] 裁判官経験10年以上の者で，民事，行政，刑事の三調査官室に分かれて調査活動を行う。調査官室には，それぞれ裁判官歴20年を超える上席調査官が置かれ，その上にすべてを統括する裁判官歴30年以上の主席調査官が置かれる。[23]

　通常は，機械的に事件の配転を受けた1人の調査官が記録を精査したうえ論点を整理し，上告理由や上告受理申立て理由として主張された事項および事件の問題点と考える事項に関し調査し，その調査結果を裁判官に報告するが，調査室のメンバーが合同で議論する事件もあるとされる。[24]

　多数の上告事件および上告受理申立て事件について審理裁判しなければならない最高裁判所にとって，調査官の果たす役割が大きいことは当然であろう。1つの問題は，調査官の報告が裁判官に及ぼす影響である。滝井繁男元最高裁判事は，「調査結果が結論の方向性まで記載することには異論もあり得よう。私もそれに全く影響されなかったと言い切るまでの自信はない。しかし，少なくとも個々の裁判官がそれに納得し，自己の責任において判断を示している以上，調査官裁判という非難は当たらないと考える」[25] と，調査官裁判という批判に対する所感を述べている。もう1つの問題は，ベテランのキャリア裁判官が調査官になり，しかも大先輩の主席調査官，上席調査官が存在することにより，どうしても判例中心の調査になり，社会の移り変わりや新しい法律問題（手続法上の問題を含む）に対する感覚が新鮮でなくなるのではないかと思われる。最高裁判所の権限と役割を見据えて，調査官制度が運営される必要があるのではなかろうか。

---

22) 滝井繁男・最高裁判所は変わったか（2009年・岩波書店）31頁。
23) 滝井・前掲注22) 32頁。
24) 滝井・前掲注22) 32頁。
25) 滝井・前掲注22) 34頁。

第 3 章

上告審手続の当事者と
手続中の当事者の変動

62 第3章 上告審手続の当事者と手続中の当事者の変動

第1節 はじめに

〔81〕 　一般に，原審の当事者（関係人）は上告審においても当事者である。上告裁判所は原則として事実関係の確定をすることができないので，上告審では追加的共同訴訟やいわゆる参加承継や引受承継は不適法である。

　原審手続において当事者であった者は，上告審においても訴訟物に関してその手続地位を，したがって原告や被告として有していた役割を保持する。もちろん，上告による不服申立てに係る原判決の結果に応じて，その役割に変更が生じうる。すなわち，攻撃者（原告）が防御者になり，防御者（被告）が攻撃者になることがある。[1]上告審においても独立当事者参加を許す見解によれば，第三者が上告人になることもありうるが，これを否定する見解によれば，第三者が上告人になることはない。補助参加人は，上告を提起する場合にも，上告人にはならない。

　原審のすべての当事者が上告審の当事者になるとは限らない。通常共同訴訟においては，数人の当事者の1人だけが上告を提起し，数人の当事者の1人に対してのみ上告を提起することができる。この場合には，判決は他の当事者との関係では上告期間の経過とともに確定する。

第2節 上告審手続の当事者

〔82〕 　上告審の当事者は，通常，控訴審手続の当事者である。控訴人が被上告人になり，被控訴人が上告人になるというように，積極的当事者と消極的当事者の立場が入れ替わることがある。共同訴訟においては，上告も，個々の共同訴訟人から，個々の共同訴訟人に対して提起することができる。補助参加人は，上告を提起することができるが，上告人にはならない。補助参加人は，被上告人になることはできない。第三者は，補助参加の申出とともに上告を提起することができる。

---

1) *May*, Die Revision in den zivil-und verwaltungsgerichtlichen Verfahren（ZPO, ArbGG, VwGO, SGG, FGO): eine systematische Darstellung unter besonderer Berücksichtigung der höchstrichterlichen Rechtsprechung, 1995, C Rn.65;

第1款　上告を提起できる者

1　控訴審の各当事者

　上告人になることができる者は，通常，控訴審の各当事者と参加人であ　[83]
る。控訴審の当事者とは，控訴によってまたは控訴審における訴訟承継ま
たは独立当事者参加によって当事者となり，かつ判決の時点で当事者で
あった者である。

　(a)　**原　告**　　不服申立てに係る判決の結果いかんにかかわらず，原　[84]
告は一般的に上訴審においても当事者である。原告が控訴審において勝訴
し，敗訴した被告が上告を提起すると，原告は被上告人となる。この場合，
原告は，被上告人として自己に有利な判決を防御するのであるが，この原
判決の事実認定が判決の結果にとって消極的でありうる場合には，上告審
の終結に至るまで手続瑕疵の主張によってこの事実認定を攻撃することが
できる（→〔571〕）。[2]

　原告が控訴審で敗訴した場合には，控訴を提起した原告が上告人になる。
この場合には，原判決に対する不服が上告の適法要件として具備しなけれ
ばならない。

　(b)　**被　告**　　被告は，原告による訴え提起の相手方とされる者であ　[85]
り，通常の場合には原告の主張する権利を争う者である。弁論主義のもと，
被告は，通常，原告の事実主張について擬制自白が成立するのを避けるた
め，原告の事実主張を争い，また，被告に証明責任のある事実を主張し
（抗弁），争いのある場合にはこれについて証拠を提出して防御をする。

　被告が自己に不利な判決を受けた場合には，上訴によって不服を申し立
てることができる。したがって，被告は自分に不利な控訴審判決に対して
上告を提起することができる。

　(c)　**共同訴訟人**　**(aa)　共同訴訟**　　数人の者は，法定の要件のもと　[86]
で共同訴訟人として訴えまたは訴えられることができる。通常共同訴訟と
必要的共同訴訟が区別される。

　(bb)　通常共同訴訟は，数人の原告の各請求が，または数人の被　[87]
告に対する各請求が1つの訴えによって提起され，これによって最初から
共同訴訟が原始的に発生する場合と，訴訟係属中に当事者の一方の第三者

---

　2) *May*, a.a.O.（Fn.1），C Rn.65; BGHZ 69, 47(52); BAG NJW 1965, 2268.

に対する請求または第三者の当事者の一方に対する請求が追加的に提起され併合審理が求められる追加的共同訴訟によって事後的に成立する場合がある。控訴審においては，審級の利益を害することができないので，追加的共同訴訟は不適法である。上告審は原判決の法的コントロールのみを任務とする法律審であるので，請求の追加を伴う追加的共同訴訟の余地はない。

　通常共同訴訟については訴訟法律関係（共同訴訟人）独立の原則が妥当するので，共同訴訟人の1人がした訴訟行為，共同訴訟人の1人に対する相手方の訴訟行為，および共同訴訟人の1人に生じた訴訟手続の中断および中止の事由は，他の共同訴訟人に影響を及ぼさない（39条）。各共同訴訟人は自分のために，自分と相手方との訴訟についてのみ上告を提起することができる。上告期間は，各共同訴訟人ごとに別々に進行する。上告期間の開始時と終了時は，控訴審判決が各共同訴訟人に送達された時点が基準となる。上告の適法要件も，各共同訴訟ごとに別々に審査される。

[88]　　　　（cc）**必要的共同訴訟**　　訴訟の結果が共同訴訟人の全員に「合一に」，すなわち矛盾なく統一的に確定すべき場合には，訴訟資料の統一および手続進行の統一を図る必要上，訴訟法律関係独立の原則は大幅に修正される。必要的共同訴訟において，民訴法は，各共同訴訟人の訴訟行為は「全員の利益においてのみその効力を生ずる」と規定する（40条1項）。

　ところで，固有必要的共同訴訟人の1人が上訴を提起した場合に，自ら上訴を提起しなかった共同訴訟人は上訴人の地位を取得するか否かについて，見解の対立がある。日本の判例および通説は，上訴の提起は共同訴訟人全員に有利な訴訟行為であるという理由で，これを認める。本書は，自ら上訴を提起しない共同訴訟人は他の共同訴訟人の上訴の提起によって上訴人とはならないが，上訴審の当事者の地位を取得すると解する（→〔435〕）[3]。この共同訴訟人の訴訟上の地位は自ら上訴を提起した共同訴訟人の訴訟上の地位に従属するものであるので，不服対象の範囲を指定したり，自ら上訴を提起した共同訴訟人の上訴取下げに対してこれを阻止することができないほかは，控訴審において訴訟行為をすることができると解すべきである。そのため，裁判所の訴訟行為は，すべての控訴審の当事者に対しても

3）この点について，松本・民事控訴審ハンドブック〔250〕以下参照。

行われなければならない（たとえば期日の呼出し）。

　控訴審判決が共同訴訟人側に不利な判決であった場合，この「控訴審の　〔89〕
当事者」（従属的当事者）たる共同訴訟人は自ら控訴を提起した共同訴訟人
と同じように自ら上告を提起することが出来るかどうかが問題となる。こ
れを肯定する見解と，否定する見解が対立しうる。肯定説[4]は，自ら控訴
を提起しなかった共同訴訟人も控訴審判決の名宛人であり，この判決に対
して不服を有するのであり，控訴審判決が出されると控訴を提起しなかっ
た共同訴訟人の従属的当事者の地位は終了し，再び独立した当事者の地位
を取得するという理由で，独立して上告を提起することができるとみる。
否定説は，この者は控訴人でないので，控訴審判決によって不利益を受け
ておらず，それゆえ自ら上告を提起することはできないが，控訴人が上告
を提起したときに上告審の当事者になるとみる[5]。私見は否定説を支持する。
自ら控訴を提起しなかった共同訴訟人は，控訴審における訴訟上の地位以
上の地位を控訴審手続の終了によって取得するのは不合理だからである。
自ら控訴を提起しなかった共同訴訟人は，控訴人でなかったので，他の控
訴人が上告を提起した場合に再び上告審の当事者たる地位を取得すると解
する。なお，自ら控訴を提起しなかった共同訴訟人も，他の共同訴訟人が
提起した控訴によって控訴人の地位を取得するとする判例や多数説の見解
によれば，上告を提起することができることになるが，控訴を提起した共
同訴訟人が上告を提起しない場合にまで，自ら控訴を提起しなかった共同
訴訟人に上告の提起を許し，控訴を提起した共同訴訟人をなお上告人とし
て上告審に関与させる必要はないであろう。

　以上の規律は，類似必要的共同訴訟にも当てはまる。もっとも，判例は
自ら上訴を提起しなかった共同訴訟人も他の共同訴訟人の提起した上訴に
よって上訴人の地位を取得するが，類似必要的共同訴訟である地方自治法
上の住民訴訟について，見解の変遷の後，今日では，上訴を提起しなかっ
た共同訴訟人は上訴人にならないとしている[6]。複数の株主による株主代表

---

4) *Schumann*, Das Versäumen von Rechtsbehelsfristen durch einzelne notwendige Streit-
　genossen, ZZP 76(963), 381, 393, 399; *Gottwald*, Grundprobleme der Streitgenossenschaft
　im Zivilprozess, JA 1982, 64, 70; Rosenberg/Schwab/*Gottwald*, §49 Rn.50; Stein/Jonas/
　Bork, §62 Rn.42; Baumbach/Laterbach/*Hartmann*, §62 Rn.26.
5) BSG NJW 1972, 175; MünchKommZPO/*Schultes*, §62 Rn.52.
6) 最〔大〕判平成 9・4・2 民集51巻 4 号1673頁。

66 第3章　上告審手続の当事者と手続中の当事者の変動

訴訟についても，この考え方を妥当させている[7]。しかし，上訴人たる地位の否定は類似必要的共同訴訟，ことに住民訴訟や株主代表訴訟に特有の効果とみる必要はない。重要なことは，このように上訴人たる地位を否定された，自ら上訴を提起しない共同訴訟人は上訴審において従属的な当事者の地位を取得し，原則としてすべての訴訟行為をすることができると解すべきであるが，住民訴訟の原告が公益代表者であることはこのような従属的当事者地位の否定をもたらすものではないと解される。

2　第三関係人（Drittbeteiligten）

[90]　　当事者のほか，他の種類の関与者が存在するが，これは**第三関係人**と呼ぶことができる。たとえば，補助参加人，共同訴訟的補助参加人，独立当事者参加人および人事訴訟において参加命令を受けた利害関係人である。この関与形式によって，訴訟物と一定の関係を有する他の権利主体を，この者が自己の法的立場を主張できることを要件として，当事者間の訴訟の判決に何らかの方法でこの者を拘束する可能性が開かれる。もっとも，第三関係人は訴訟行為によって手続と裁判に影響を及ぼすことができるが，すべての訴訟行為ができるわけではない。とくに訴えの取下げ，訴訟上の和解，請求の認諾のような訴訟処分行為によって訴訟を終了させることはできない[8]。

(1)　補助参加人

[91]　　　(a)　**要　件**　　民訴法42条によれば，係属中の他人間の訴訟の結果に利害関係を有する第三者は，当事者の一方を補助するためにその訴訟に参加し，当事者（被参加人）とともに訴訟を追行することができる。

参加は，参加人の書面による訴訟上の意思表示を要件とする。この訴訟行為は，参加人が当事者能力と訴訟能力を有する場合に有効である。補助参加人は，被参加人（当事者）の勝訴に法律上利益を有するのでなければならず，経済的地益や事実上の利益を有するだけでは足りない。たとえば，当事者の一方と親友や親戚として感情的利害を有するだけでは足りない。

---

7)　最〔2小〕判平成12・7・7民集54巻6号1767頁＝判時1729号28頁。類似必要的共同訴訟における自ら上訴を提起しなかった共同訴訟人の地位についての最近の文献として，菱田雄郷「類似必要的共同訴訟と上訴」徳田古稀465頁以下がある。

8)　*May*, a.a.O.（Fn.1），C Rn.86.

訴訟の結果についての利害関係とは，被参加人に不利な判決が（その内容または執行により）補助参加人の私法上または公法上の地位に法律上不利な影響を及ぼすような法律関係が補助参加人と本訴の当事者の一方との間に存在することを意味する。

補助参加人は，参加の時点において存在する訴訟状態を所与のものとして甘受しなければならない。補助参加人は訴訟において独立して，攻撃防御方法の提出，異議の申立て，上訴の提起，再審の訴えの提起その他一切の訴訟行為をすることができるが（45条1項本文），参加の時点における訴訟の程度に従いすることができない訴訟行為は除かれる（同項ただし書）。また，被参加人の訴訟行為と抵触する補助参加人の訴訟行為は，その効力を有しない（45条2項）。このことは，被参加人が自ら上告を提起しない場合，被参加人が不上告の合意または上告権の放棄をしていない限り，補助参加人は被参加人のために被参加人の上告期間内に上告を提起することができることを意味する。この場合，補助参加人は補助参加の申立てとともに上告を提起することができる（43条2項）。補助参加人は，相手方の上告に対して附帯上告を提起することができる。補助参加人が先に上告を提起した場合，被参加人の上告提起を二重上告として不適法却下すべきだとみるのが判例[9]・通説[10]であるが，補助参加人の上告を独立の上告とみるべきでなく，被参加人の上告の支援行為（Unterstützungshandlung）であり，被参加人の上告提起と一体をなすものと評価すべきである[11]。→〔163〕

補助参加人が上告を提起しても，上告人になるのは被参加人だけであり，〔92〕上告の適法要件である不服の存在は，被参加人について判断される。通常共同訴訟人においては，1人の共同訴訟人は，他の共同訴訟人の補助参加人として上告を提起することができる。補助参加人は，相手方との間で自己の請求につき裁判を求めるものではなく，被参加人の勝訴を通して自己の法律上の利益を擁護しようとする者である。したがって，補助参加人は

---

9) 最〔3小〕判平成元・3・7判時1315号63頁（補助参加人の上告提起後の被参加人の上告を二重上告として却下）。

10) 菊井/村松・全訂Ⅲ121頁；小島786頁；注解民訴(9)〔第2版〕245頁〔小室/東〕；(旧) 注釈民訴(8)24頁〔鈴木重勝〕；菊井/村松・新コンメⅥ42頁；注釈民訴(5)157頁〔工藤〕。通説に対して疑問を述べるのは，右田・上訴制度102頁以下。

11) BGH NJW 1990, 190(191). 控訴についてであるが，松本・民事控訴審ハンドブック〔309〕も参照。

当事者にはならず，また当事者の法定代理人でもなく，第三者であり，被参加人の訴訟を追行する。それゆえ，補助参加人は証人や鑑定人になることができる。補助参加人に訴訟手続の中断事由に当たる事由が生じても，訴訟手続の中断は生じない。

この訴訟において裁判所がした裁判は一定の除外事由がある場合を除き，補助参加人にも効力を及ぼすので（46条），補助参加は，訴訟物と一定の関係にある他の権利主体を，当事者間で行われた訴訟の裁判に拘束する可能性をもたらす。もちろん，この者が訴訟において自己の法的立場を主張することができることが要件である（46条1～4号の定める事由がある場合には，裁判の効力は補助参加人に及ばない）。

係属中の訴訟で言い渡される判決の効力が及ぶ法律関係が補助参加人と（被参加人の）相手方との間に存在する場合には，この補助参加人が通常の補助参加人のように，被参加人の訴訟行為と抵触する訴訟行為をすることができないのは不都合である。このような補助参加人には，その訴訟上の地位は強化されなければならず，共同訴訟人に準じた訴訟上の地位を保障する必要があるとの見地から，**共同訴訟的補助参加人**の地位が付与される（40条1項の類推適用）。

[93]　　　（b）　共同訴訟の補助参加　　**共同訴訟的補助参加**については，民訴法に明文規定がないけれども，以前から判例・学説上認められてきた。[12] 2004年4月1に施行された人事訴訟法は，訴訟の結果により相続権を侵害される第三者が民訴法43条1項による参加申出または人訴法15条1項の決定（参加命令）によって，検察官を被告とする人事訴訟の被告側に補助参加をした場合には，民訴法45条2項の適用が排除され，この補助参加人は被参加人の訴訟行為に抵触する訴訟行為をすることができると定めた（人訴15条3項）。この場合には，必要的共同訴訟に関する民訴法40条1項から3項（ただし3項については訴訟手続の中止部分に限る）までの規定が準用される（人訴15条4項）。このように，人訴法は立法上初めて共同訴訟的補

---

12) 大判昭和13・12・28民集17巻2878頁；最判昭和45・1・22民集24巻1号1頁（4頁）＝判時584号62頁＝判タ244号161頁；最判昭和63・2・25民集42巻2号120頁＝判時1301号92頁＝判タ690号113頁；福岡高判平成6・3・16判タ860号250頁；兼子・体系407頁；三ケ月・全集242頁；新堂817頁以下；伊藤683頁以下；高橋・重点講義（下）470頁以下；注解民訴(2)〔第2版〕229頁以下〔小室／東〕；（旧）注釈民訴(2)152頁以下〔池尻〕；条解民訴〔第2版〕240頁以下〔新堂／高橋／高田〕。なお，（旧）注釈民訴(2)122頁以下〔井上治典〕も参照。

助参加を承認した。

　共同訴訟的補助参加人は，補助参加人の地位と共同訴訟人の地位を併有　〔94〕
すると解される。補助参加人は，被参加人の共同訴訟人とみなされるが，
当事者になるのでない。訴訟は，被参加人の権利のために追行される。共
同訴訟的補助参加人は，他人の訴訟を追行するのであるから，訴えの取下
げや訴えの変更をすることはできない。また当事者ではないから，判決の
名宛人になることもない。共同訴訟的補助参加人は，通常の補助参加人と
同じ範囲であらゆる訴訟行為をすることができ，相手方の訴訟行為を受領
することができる。したがって，参加の時点における訴訟状態に拘束され，
その時点ですることができない訴訟行為はもはやすることができない。共
同訴訟的補助参加人も，判決の参加的効力を受ける。

　次に，共同訴訟的補助参加人は，自分と（被参加人の）相手方との間の　〔95〕
法律関係につき判決の効力を受けるので，共同訴訟人とみなされ，訴訟物
の背後にある自己の個人的利益を守るために，被参加人に有利な訴訟行為
である限り，被参加人の訴訟行為と抵触しても訴訟行為をすることができ，
被参加人の異議があっても攻撃防御方法を提出することができる（民訴40
条1項の類推適用）。被参加人がした請求の認諾に対して異議を述べること
ができる。共同訴訟的補助参加人がある事実を自白し，被参加人がこれを
争う場合には，裁判所はこれを自由に評価しなければならない[13]　共同訴訟
的補助参加人は請求を認諾し，または請求を放棄することができるかどう
かが問題となる。これらの行為はできないという見解[14]と，請求の認諾や
放棄もすることができるが，被参加人の異議によって効力を失うという見
解[15]が対立する。

　判決は共同訴訟的補助参加人にも送達され，上訴期間も判決の送達から
独自に，被参加人の控訴期間と無関係に進行する[16]　共同訴訟的補助参加人
は，被参加人の異議があっても，上訴を提起することができる。被参加人
が上訴権を放棄しまたは上訴期間を徒過したため上訴を提起することがで

---

13) Wieczorek/*Mansel*, 3. Aufl. §69 Rn.66; MünchKommZPO/*Schultes*, §69 Rn.13; Musielak/
　Voit/*Weht*, §69 Rn.8.
14) Wieczorek/*Mansel*, Zivilprozessordnung und Nebengesetze, 3. Aufl., §69 Rn.47; Thomas/
　Puzto/*Hüstege*, §69 Rn.6.
15) Zöller/*Althammer*, §69 Rn.8; Musielak/Voit/*Weht*, §69 Rn.8.
16) 最〔2小〕判平成28・2・26判タ1422号66頁＝家庭の法と裁判5号98頁。

70 第3章　上告審手続の当事者と手続中の当事者の変動

きない場合にも，上訴を提起し，または相手方の上訴の却下または棄却を
申し立てることができる。当事者間の訴訟の判決効の及ぶ第三者が第一審
係属中に参加するのではなく，判決後に，この判決に対して共同訴訟的補
助参加の方法で控訴を提起しようとする場合には，他の連結点がないため，
控訴期間は被参加人への判決の送達時から進行を開始せざるを得ない。[17]こ
の場合，判決効が第三者にも及ぶ決議の効力や新株発行無効をめぐる会社
訴訟のような訴訟において共同訴訟的補助参加人となることが考慮される
ものの，まだ参加申出をしていない者に，裁判所は判決を送達しまたは判
決について通知する義務を負うかどうかが問題となる。この義務について，
これを否定する見解[18]と，個別事案において補助参加人になることが考慮
される者が判決によって実体法上影響を受けるかどうか，それは例外的に
本訴に関与することなく甘受されるべきでないかどうかが調査されなけれ
ばならないという見解[19]がある。当事者間の訴訟の係属および判決の言渡
しを自己の責めに帰することができない事情により知らなかった者には，
彼自身の原因により控訴の追完を申し立てることができる。第一審判決後
に初めて参加しようとする共同訴訟的補助参加人の上訴期間は被参加人へ
の判決の送達時から進行するけれども，控訴期間は被参加人から独立した
共同訴訟的補助参加人固有のものであるので，共同訴訟的補助参加人は，
この控訴期間を徒過した場合には，自己の権利に基づき控訴の追完を申し
立てることができると解すべきである。[20]この点に，被参加人の控訴期間の
徒過について控訴の追完を申し立てることができるが，参加人の控訴期間
の徒過に対する控訴の追完を申し立てることはできない単純な補助参加と
の違いがある。共同訴訟的補助参加人は，自己の提起した控訴を被参加人
の異議があっても取り下げることができる。[21]共同訴訟的補助参加人は，被
参加人の提起した控訴の取下げを妨げることはできない。[22]

17）BGH ZIP 2005, 45; BGH NJW-RR 1997, 865; NJW 2008, 1889.
18）BGH NJW-RR 1997, 865; BGH ZIP 2005, 45; BGH NJW 2008, 1889（第三者を呼び出す裁判
　　所の義務が存在する親子関係事件を除き，社員の会社に対する取消訴訟においては，法的審
　　問請求権も公正手続保障請求権も，裁判所に判決の送達や判決についての通知を義務付けな
　　いとする）.
19）Musielak/Voit/*Weht*, §69 Rn.8.
20）Vgl. BGH NJW 2008, 1889（1890）.
21）MünchKommZPO/*Rimmelspacher*, §516 Rn.20.
22）BGH NJW-RR 2011, 263.

共同訴訟的補助参加人に訴訟の中断または中止の事由が生じた場合，訴　〔96〕
訟手続の中断または中止を肯定する見解[23]（40条３項の類推適用）と，共同
訴訟的補助参加人も訴訟当事者ではないから，当然に中断・中止を認める
必要はなく，補助参加人を除外した手続がこの者の利益を害すると認めら
れるときに，裁判所が手続の中止を命ずることができるという見解[24]が対
立する。共同訴訟的補助参加人の法的審問請求権を保障するために，訴訟
の中断が必要であろう。訴訟が以前より迅速に進行する今日，裁判所の適
切な措置に期待するだけでは，法的審問請求権を保障することはできない
であろう。したがって，前説（中断・中止説）を支持すべきである。参加
の費用は，本訴の費用として扱われ，共同訴訟の場合と同じように負担さ
れる。

(2)　被告知者

　　補助参加人は自己のイニシアティブにより参加申出をして訴訟関係人に　〔97〕
なるのであるが，民訴法53条１項は係属中の訴訟の結果につき利害関係を
有する第三者に対し，当事者の一方が当事者間の訴訟の係属を法定の方式
により通知することにより第三者を訴訟に引き込む可能性を承認している。
もちろん，訴訟告知をすることは，当事者の義務ではない。民法新423条
の６，会社法849条３項，一般社団財団法人法280条３項，地方自治法242
条の２第７項などのように，訴訟告知が法律上義務づけられていることが
あるが，それは各々の固有の目的のために定められた例外である。告知者
が被告知者に参加を催告している場合にも，被告知者は訴訟に参加する義
務を負うものではない。被告知者が訴訟に参加するかどうかは，被告知者
が自ら決める問題である。

　　被告知者が民訴法42条の要件のもとで同法43条の方式に従って現実に告　〔98〕
知者側に補助参加をした場合には，被告知者と告知者との関係は，補助参
加に関する原則によって定まる。したがって，通常の補助参加のすべての
効力（共同訴訟的補助参加の要件を満たす場合には，共同訴訟的補助参加の効

---

23) 兼子・体系407頁；斎藤・概論〔新版〕495頁；注解民訴(2)〔第２版〕231頁〔小室/東〕。ド
　　イツ法では，共同訴訟的補助参加人の死亡またはその財産に対する破産手続の開始は訴訟の
　　中断をもたらすと解されている。Rosenberg/Schwab/Gottwald, §51 Rn.72; Zöller/
　　Vollkommer, §69 Rn.7; Musielak/Voit/Weth, §69 Rn.8.
24) 新堂749頁；伊藤684頁；条解民訴〔第２版〕242頁〔新堂/髙橋/高田〕；(旧) 注釈民訴(2)
　　154頁〔池尻〕；菊井/村松・新コンメ I 451頁。

力）が発生する。被告知者は，補助参加人の法的地位を取得し，それゆえ，係属中の訴訟に影響を与えるあらゆる可能性をもつとともに，補助参加人として当事者間の判決の効力（参加的効力）を受ける（この場合には，53条4項の適用はない）。参加的効力に対する抗弁事由である，被参加人の瑕疵のある訴訟追行は，現実に参加した時点ではなく，訴訟告知により参加が可能になった時点が基準になる点のみが通常の補助参加と異なる。参加申出の却下は，告知者の相手方の異議に基づいてのみ可能である。

　補助参加をすることができる被告知者が告知者側に補助参加をしない場合，または独立当事者参加をすべき場合にこれをしなかったときは，訴訟は被告知者の関与なしにそのまま続行され，その結果，訴訟告知は係属中の訴訟に対して全く影響を及ぼさない。被告知者に対する期日の呼出しは行われず，準備書面の送達や通知も行われない。しかし，被告知者は訴訟告知が適法になされている場合には，時効の完成猶予のような実体法上の効果を受けるほか，被告知者が全く訴訟に参加しない場合，および告知者の相手方の側に参加した場合にも，被告知者は参加できた時点において参加したものとみなされるので，当事者間の判決の効力（参加的効力）が告知者と被告知者間の後訴に及び，後訴裁判所はこれに反する事実の認定や法的判断をすることができなくなる[25]。

　もっとも，被告知者がいずれの当事者にも参加しなかった場合および相手方に参加した場合に，被告知者が告知者側に参加したと仮定した場合に審問請求権を保障されなかったような事項については，参加的効力を受けないと解される。このことは，民訴法50条4項による46条の例外規定の指示によって明らかにされている。

[99]　訴訟が確定判決によって終了していない限り，事件が上告審に係属中の

25）近時，訴訟告知の目的およびその主要機能を被告知者に対し訴訟係属を知らせ参加を促すことにあると解し，被告知者が現実に告知者側または告知者の相手方の側に（ただし相手方の側に参加する必要性がある場合に限る）補助参加をすれば，現実の補助参加の効力が生ずるだけであって，訴訟告知の効力を問題にする余地はないという見解が有力に主張されている。井上治典「訴訟告知論を考える」同・多数当事者の訴訟（1992年・信山社）135頁，143頁；（旧）注釈民訴(2)292頁［上原］；新堂幸司/井上治典/佐上善和/高田裕成・民事紛争過程の実態研究（1983年・弘文堂）158頁；新堂822頁；中野ほか編・講義608頁［井上［補訂］安西］；徳田和幸「補助参加と訴訟告知」新実務民訴講座(3)127頁，140頁など。この見解に対しては，松本博之「訴訟告知の効果の範囲」同・立法史と解釈学424頁，428頁以下，435頁以下参照。

ときも，訴訟告知をすることができる。もっとも，事実審理の終了後の訴
訟告知においては，被告知者が参加しても訴訟の結果に影響を及ぼす可能
性は大幅に制限されるが，上告審においても新たな事実を顧慮する可能性
は全くないわけではなく（→〔590〕以下），また上告理由や上告受理申立て
理由の主張はできるので，上告審における訴訟告知が全く無意味なわけで
はない。

(3) 独立当事者参加人

上告審でも独立当事者参加ができるかどうかについては，不適法説と適　〔100〕
法説の対立がある。不適法説は，上告審が法律審であり，上告裁判所は原
則として事実審理をすることができず，したがって参加人の請求の適否に
ついて裁判することはできないので，訴え提起の実質を有する独立当事者
参加は上告審では不違法であるとみる。[26] この説によれば，補助参加による
べきである。適法説[27] は，上告審で原判決が破棄され，原審への差戻しま
たは移送の可能性がある以上，上告審における独立当事者参加の申立てを
一応許し，上告却下または上告棄却のときは参加申立てを不適法として却
下すればよいと主張する。[28] 私見は，事実認定をすることができない上告審
の構造上，自己の請求について裁判を求める独立当事者参加は上告審では
不適法と解する。

(4) 人事訴訟における参加命令を受けた利害関係人

人事訴訟では，被告とすべき者がすでに死亡しているため被告とすべき　〔101〕
者がないときは，検察官を被告とする（人訴12条3項）。このような訴訟で

---

26) 大判昭和13・12・26民集17巻2585頁；最判昭和44・7・15民集23巻8号1532頁；細野・要
義(2)357頁；三ケ月・全集226頁；同・双書270頁；小山・民訴法498頁；花村治郎「上告審に
おける独立当事者参加」同・民事上訴制度169頁以下；伊藤694頁；菊井/村松・新コンメⅠ
475頁；奈良次郎「独立当事者参加について(2)」判時544号（1969年）100頁；(旧) 注釈民訴
(2)212頁［河野］（ただし，本訴が差戻しまたは移送になるときは，参加申立てが不適法とし
て却下されない限り，本訴と参加事件がともに事実審に移されるから参加申立てについての
瑕疵が治癒されるという折衷的な見解を示す）など。
27) 中島・日本民訴法313頁；兼子・体系412頁；斎藤・概論［新版］473頁；新堂831頁；上田
574頁；松本/上野［867］［上野］；菊井/村松・全訂Ⅰ451頁；注解民訴(2)［第2版］250頁
［小室/東］；注解民訴(9)［第2版］32頁［小室/東］；谷口/井上編・新判例コンメンタール(1)
483頁［池田］；条解民訴［第2版］251頁［新堂/高橋/高田］；高橋・重点講義(下)511頁；
三宅省三ほか編・注解民事訴訟法(1)（2002年・青林書院）466頁［間淵］など。
28) 適法説には，上告が理由なしとして棄却される場合には，参加人の請求について本案の審
理・裁判はできず，参加人の請求は別訴として審理するため第一審裁判所に移送されるとい
う見解もある（新堂832頁；高橋・重点講義(下)511頁）。

74　第3章　上告審手続の当事者と手続中の当事者の変動

は，検察官は通常，事件につき特別の情報を有していないし，その情報蒐集にも限界があるので，検察官の訴訟追行が不十分になることは避けがたい。このため充実した訴訟審理を可能にするよう，**参加命令**の制度が採用されている。

　裁判所は，訴訟の結果により相続権を侵害される第三者を訴訟に参加させる必要があると認めるときは，被告検察官を補助させるため，あらかじめ当事者および利害関係人の意見を聴いたうえで，職権により決定で，この利害関係人を訴訟に参加させることができる（人訴15条1項・2項）。利害関係人が補助参加の申出をしまたは参加命令により検察官を被告とする訴訟に参加した場合，参加人は共同訴訟的補助参加人の地位を取得する。この場合，参加人は被参加人の訴訟行為と抵触する訴訟行為をすることができ（同法15条3項による民訴45条2項の準用の排除），必要的共同訴訟に関する規定（民訴40条1～3項）が準用される（人訴15条4項）。通常の共同訴訟的補助参加人との違いは，補助参加をした利害関係人に生じた訴訟の中断事由が訴訟に影響を及ぼさないとされていることである（同条4項かっこ書）。裁判所は，利害関係人を人事訴訟に参加させる決定をした場合にも，利害関係の喪失など事情の変更により後にこの決定を取り消すことができる（同条5項）。

第2款　上告の相手方

〔102〕　上告は，原則として，控訴審判決言渡しの当時，相手方当事者として上告人に対峙し，その有利に判決が言い渡されている当事者に対して適法に提起することができる。

1　通常共同訴訟

〔103〕　通常共同訴訟における相手方は，共同訴訟人のうちの一部の者に対して上告を提起するか，全員に対して上告を提起するかを選択することができる。共同訴訟人の一部の者に対して上告期間内に上告の提起がある場合，その者との間の訴訟法律関係についてのみ，上告の効力，すなわち確定遮断効（→〔500〕）と移審的効力（→〔503〕）が生ずる。

2　必要的共同訴訟

　必要的共同訴訟においては，共同訴訟人の1人に対する相手方の訴訟行〔104〕
為は共同訴訟人の全員に対してその効力を生ずるので（40条2項），共同
訴訟人の1人に対して上告の提起があれば，他の共同訴訟人との関係でも
上告の効力（確定遮断効と移審的効力）が生ずる。

　土地の共有者が境界確定訴えを提起しようとするが，訴えの提起に同調
しない共有者がある場合，判例はこの共有者を隣地所有者とともに共同被
告にすることができるとし，隣地所有者が判決に対し上訴を提起する場合，
「共有者が原告と被告とに分かれることになった場合には，この共有者間
には公簿上特定の地番により表示されている共有地の範囲に関する対立が
あるというべきであるとともに，隣地の所有者は，相隣接する土地の境界
をめぐって，右共有者全員と対立関係にある」という理由で，「民訴法47
条4項を類推して，同法40条2項の準用により，この上訴の提起は，共有
者のうちの被告となっている者に対しても効力を生じ，その者は，被上訴
人としての地位に立つ」とする[29]。しかし，原告として共同訴訟を提起した
共有者と共同提訴に同調しなかった共有者とは必ずしも利害対立関係にあ
るのではないから，共同提訴に同調しなかった共有者が上訴について原告
共有者と同じく被上訴人になるというのは便宜的である。この場合も，自
ら上訴を提起しない共同訴訟人は，上訴審の当事者の地位を取得すると解
すべきであろう[30]。共同提訴に同調せず被告とされた共有者は隣地所有者の
控訴により控訴審の当事者の地位を取得するが，控訴審判決に対して自ら
上告を提起することはできず，他の者が上告を提起した場合に上告審の当
事者の地位を取得すると解すべきである。判例の立場では，共同提訴に同
調せず被告とされた共有者は隣地所有者の控訴により被控訴人の地位を取
得するので，上告を提起することができるけれども，この者は自ら控訴を
提起しなかった以上，独自に上告を提起できるとする必要はない。

---

29) 最〔3小〕判平成11・11・9民集53巻8号1421頁＝判時1699号79頁＝判タ1021号128頁。
30) 松本・民事控訴審ハンドブック〔263〕。

76　第3章　上告審手続の当事者と手続中の当事者の変動

第**3**節　手続中の当事者の変動

第1款　当然承継があった場合

〔105〕　控訴審において相続や法人の合併による当事者の消滅がある場合，訴訟は原則として中断する（124条1項1号・2号）。訴訟中に当事者が死亡すると，当事者の権利義務は相続人に承継され，法律上当然に当事者交替が生ずる。[31] 死亡した当事者に代わって，相続人が包括承継人として訴訟を受け継がなければならない。相続人がこのことを知らなくとも，そして相続人の関与なしに，民法896条本文により当事者の死亡の時点で，当事者の交替が生ずる。相続人は，相続の発生とともに訴訟の当事者になるが，相続人が訴訟について情報を取得し，訴訟を続行するかどうかを決め，その決定の結果に応じて必要となる措置を準備する時間と機会を与えるために，訴訟は中断する。また，訴訟の中断は，多くの場合に誰が相続人であるか，相続人が相続を承認するかどうかは直ぐには明らかでないという事情に考慮を払うものでもある。[32] 訴訟の中断は，法律によって生じ，132条の定める効果を有する。

〔106〕　相続人や法人の合併後の存続会社など当事者の権利義務の承継人（包括承継人）は，訴訟手続の中断後，受継手続を経て，控訴審判決に対して上

31）Vgl. MünchKommZPO/*Gehrlein*, §239 Rn.1.

32）八木良一「当事者の死亡による当然承継」民訴雑誌31号（1985年）32頁以下は，当事者の死亡による訴訟の承継の場合，実体法上は当事者の死亡はその当事者の権利の消滅事由であると同時に，新当事者の権利の取得事由であり，新当事者の権利は死亡した当事者の権利とは別の権利であり，それゆえ，当事者の交替があるのに訴訟上の請求が同一性を失わないと考えるのは誤りであると主張する。そこから，当事者の死亡による受継は，訴訟係属中の新訴提起の1つの場合として扱われなければならないと主張する（中野貞一郎・民事訴訟法の論点Ⅰ〔1994年・判例タイムズ社〕154頁は，この八木論文の主張が「一般の承認を得つつある」という。なお，伊藤704頁注(124)は「訴えの自動的変更」が生ずるという）。しかし，相続人の権利の承継は，法律によるものであり，相続開始と同時に生ずるものであるから，承継の時点では，被相続人の権利の消滅はないのである。訴訟を承継する相続人は係争権利の承継取得によって当然に訴訟当事者として訴訟を承継しなければならないので（124条1項柱書），訴訟中の新訴の提起の余地はない。また論者は，共同相続にあっては，相続人の権利取得は相続分に応じたものであるから，前主の地位と相続人の地位が同じであることはありえないと主張する。もちろん，相続人の権利取得は相続分に限定され，前主の請求の範囲をそのまま維持すると，請求は一部理由を欠くことになるので，取得した相続分の内容に訴えの申立てを適合させることが必要になるが，このことは，相続人の取得する権利が被相続人の権利の相続分に応じた承継であること，および前主の地位の承継であることの妨げとはならないし，訴えの変更の要件に服させることも不合理である。

告することができる。当事者に訴訟代理人がいて，訴訟の中断がない場合（58条1号・124条2項）には，包括承継人は直ちに当事者の地位を取得し，控訴審判決に対して上告することができる。前主による上告提起後に訴訟が中断した場合には，上告裁判所が職権により権利承継の有無について調査し，理由がある場合には受継を許可する決定をする。

　訴訟が控訴審判決の判決書または判決書に代わる調書の送達の後，判決の確定前に中断した場合（**審級間の中断**），上告提起前と上告提起後を区別すべきである。上告提起前は，訴訟は権利承継についての裁判のために原審にとどまり，その判決をした控訴裁判所が受継の申立てについて裁判をしなければならない（128条2項）。訴訟手続の受継の申立てがあり，権利承継が争われる場合，裁判所は，職権で調査し，理由がないと認めるときは，判決言渡前に中断し受継の申立てがあった場合と同様に，申立てを決定によって却下しなければならない（同条1項）。この決定に対しては，通常抗告により不服を申し立てることができる（328条1項）。権利承継が確認される場合には，裁判所は受継を許可する決定をする。この場合，言い渡された裁判が権利承継人に対して効力を生ずるよう，判決を補充し，判決をこの者に向け代える付加的な裁判をすべきであろう。[33] この決定に対しては，独立して不服申立てができず，終局判決に対する上訴によって不服を申し立てるべきものとされる。[34]

　128条2項は，受継申立ては判決をした裁判所にすべきものと定めるが，〔107〕上告とともに受継申立てをする場合の受継申立てをすべき裁判所について，旧法下で見解が対立した。多くの見解は，上告と受継申立てが同時にされる場合には，上訴は中断解消後の上訴として有効であり，またこれを認めないと訴訟遅延を招くという理由で，原裁判所と上訴裁判所のいずれにもすることができると主張したが，[35] 現行法上，上訴状は原裁判所に提出されなければならないので（286条1項・314条1項），上訴とともに受継申立てを原裁判所に提出すべきものとされている。[36]

33）条解民訴〔第2版〕670頁〔竹下／上原〕；Musielak/Voit/*Stadler*, §239 Rn.10; Thomas/Putzo/*Hüßtege*, §239 Rn.9.

34）大判昭和13・7・22民集17巻1454頁；兼子・体系200頁。

35）大判昭和7・12・24民集11巻2376頁；大判昭和9・10・26新聞3771号10頁＝民集11巻2376頁；大判昭和13・8・19民集17巻1638頁；大判昭和16・1・25評論30巻民訴235頁。

36）基本法コンメ民訴(3)320頁〔奥田／西岡〕。

78 第3章　上告審手続の当事者と手続中の当事者の変動

　また，口頭弁論の終結後，判決送達前に訴訟手続が中断した場合には，口頭弁論のなかで受継申立てに関する裁判をする機会がなかった点では判決（またはこれに代わる調書）の送達後の訴訟手続の中断の場合と異ならないという理由で，後者と同じ扱いをするのが妥当とされている。[37]

第2款　特定承継があった場合
1　訴訟係属中の係争物の譲渡
〔108〕　控訴審係属中に係争物や係争権利を譲り受けた者，係争債権の譲受人または係争債務を承継した者は，係争法律関係の主体たる地位（実体適格）の承継人として，係属中の訴訟に参加し，または訴訟引受けをすることができる。これにより，これらの者は控訴人または被控訴人の地位を取得する。

2　参加承継
〔109〕　参加承継は上告審係属中でもすることができるかという点については，見解の対立がある。事実審の口頭弁論終結後の承継人に対しては，前主の受けた判決の既判力が拡張されるので，この承継人に参加承継を許す利益も必要もないとする見解[38]と，原判決の破棄差戻しを求める機会を与える必要上，上告審係属中においても参加承継をすることができ，前主の上告を支持しまたは相手方の上告棄却を求めるため参加を許すべきだとする見解[39]が対立する。

　参加承継は参加人の請求について裁判を求めることを目的とするが，上告裁判所は参加人の請求に関して事実認定をすることができない。それゆえ，上告裁判所は新たな請求について裁判することができないから，上告審において訴えの変更が許されない（→〔597〕）のと同じ理由で，参加承継も許されない。なお，控訴審係属中に係争権利または係争物の譲渡を受

---

37)　通説である。注解民訴(5)〔第2版〕333頁〔遠藤／奈良／林屋〕；条解民訴〔第2版〕668頁〔竹下／上原〕；菊井／村松・新コンメⅡ571頁。

38)　大判昭和13・12・28民集17巻2585頁；三ケ月・全集226頁；注解民訴(2)〔第2版〕296頁〔小室／東〕。

39)　新堂862頁（上告に理由がない場合には，参加人の請求につき裁判する機会がないから，参加請求は第一審に移送されるという。）；条解民訴〔第2版〕268頁〔新堂／高橋／高田〕；上田590頁；松本／上野〔914〕〔上野〕；三宅ほか編・前掲注27) 507頁〔日比野〕。

けた者が事件が上告審に移審したのち参加承継を申し立てることができるかも問題になるが，同様に法律審である上告審においては参加承継はできないと解される。

3　引受承継

　引受承継は承継人に対する請求につき裁判を求めるものであり，上告裁 〔110〕
判所はこの請求につき事実認定をすることができない。それゆえ，引受承
継の申立ては事実審の口頭弁論の終結までにすべきであり，また，控訴審
の最終口頭弁論終結後の義務引受人には，確定判決の既判力が拡張される
ので，引受承継を許す必要性も存しない。[40]

第4節　訴訟能力

　以上により訴訟に関与することができる者は，訴訟能力者である場合に 〔111〕
のみ自ら有効に訴訟行為をすることができる。訴訟に関与することができ
る者が訴訟能力を欠く場合には，法定代理人が訴訟能力を欠く者に代わっ
て訴訟行為をしなければならない。

　被保佐人や，訴訟行為をするには補助人の同意を要する旨の審判を受け
た被補助人（民17条1項）は，訴訟行為をするにつきそれぞれ保佐人また
は補助人の同意を必要とするのが原則であるが（同13条1項4号），相手方
が提起した訴えまたは上訴に対して，これらの者が訴訟行為をするには保
佐人または補助人の同意を必要としない（32条1項）。そして，これらの
者は，訴えの提起に当たり保佐人または補助人から無留保の同意を受けた
場合には，上訴（控訴・上告）を提起するにつき改めて保佐人，補助人の
同意を受ける必要はない。[41]

　家庭裁判所が選任した不在者の財産管理人は，民法28条の定める家庭裁
判所の許可を受けることなく，不在者の財産の保存行為として時効の完成
猶予のため訴えを提起することができ，また，相手方の訴えに対して応訴

---

40) 最決昭和37・10・12民集16巻10号2128頁；兼子・体系427頁；三ケ月・全集233頁；小山・民訴法478頁；新堂862頁；上田590頁；注解民訴(2)〔第2版〕296頁〔小室/東〕；菊井/村松・新コンメⅠ496頁；松本/上野〔315〕〔上野〕；三宅ほか編・前掲注27）512頁〔日比野〕。

41) 最判昭和43・11・9判時539号43頁；注解民訴(9)〔第2版〕384頁〔斎藤/奈良〕参照。

80 第3章　上告審手続の当事者と手続中の当事者の変動

することができる。[42] 同様に，不在者の財産管理人は，不在者を被告とする訴訟において判決に対して控訴を提起し，その控訴を不適法として却下する判決に対して上告を提起することができ，[43] そのために訴訟代理人を選任することができる。不在者が相手方の提起した訴えにおいて敗訴した場合，上訴をしなければ不在者の財産喪失の危険が生ずるから，この危険を防止するための上訴の提起は不在者の財産の保存行為（民103条1号）に当たる。

　なお，訴訟能力の有無について争われている当事者も，この争いを除去するにつき訴訟能力を有すると解される。この当事者は，原判決がその者の訴訟能力を肯定したのであれ否定したのであれ，判決に対する上訴については訴訟能力を肯定されるべきである。上訴裁判所が訴訟能力を否定する場合にも，上訴は不適法として却下されてはならない。上訴裁判所が原判決と同様，訴訟能力を否定する場合には，上訴を理由なしとして棄却すべきである。[44]

第5節　訴訟代理

〔112〕　上告審においても，弁護士強制は行われていない。当事者は，事実審と同様，弁護士たる訴訟代理人による代理を受けることはできるが，これは強制されないので，自ら上告を提起し，訴訟行為をすることができる。

　大正15年改正のさい上告審における弁護士強制が提案されたが，在野法曹の反対に遭って実現しなかった。上告審における弁護士強制は，現行民訴法の制定のさいにも話題に上ったが，賛成が得られなかった。先進国の制度をみると，弁護士強制は当然のこととして，さらに最上級裁判所で訴訟代理をすることができる弁護士の資格が定められていることが多い。[45] これは，上告裁判所が法令の解釈の統一を任務の1つとし，その裁判は一般社会に影響するところが大きいので，専門的な角度から十分な審理によって，法令解釈の統一や法形成が行われなければならないからである。また，

42）応訴につき，大判昭和15・7・16民集19巻1185頁。

43）最判昭和47・9・1民集26巻7号1289頁。

44）松本／上野〔299〕〔松本〕。

45）Vgl. *Stürner*, Die Anwaltschaften bei den Obersten Gerichtshöfen in Europa und ihre Zukunft, Festschrift 200 Jahre Carl Heymanns Verlag, 2015, S.137 ff.

そのような制度によって，単に事実認定を争うような濫用的な上告を排除することが期待できるという利点もある。今後の制度改革のさい，上告弁護士制度の導入が検討されるべきであろう。

第 **4** 章

上告の適法性

84　第4章　上告の適法性

第1節　はじめに

〔113〕　上告によって訴訟上の請求についての上告裁判所の新たな裁判が求められるが，上告裁判所が上告の理由の有無を審査するためには，上告が適法でなければならない。この上告のための特別の訴訟要件は，**上告要件**と呼ばれる。上告要件を欠く場合，上告裁判所は，上告の理由の有無の審理に立ち入ることなく，上告を不適法として却下しなければならない。上告要件が具備している場合にのみ，上告裁判所は上告審の訴訟対象について審理し，その結果に応じて，上告棄却判決，原判決を取り消す破棄判決，そして破棄判決の場合には事件を原審に差し戻すか，例外的に事件につき自ら判決をする。上告要件は，

　　——原判決が上告に適した裁判であること
　　——上告人が上告につき利益を有すること
　　——上告期間内に適式な上告の提起があること
　　——所定の期間内に適式な上告理由書の提出があること，および
　　——上告権の放棄がないこと

である。

　なお，上告受理申立ては，上告と同様，原判決の確定を遮断する（116条2項）。そして，最高裁判所が上告受理申立て理由があると判断して上告受理決定をすれば，上告があったものとみなされるので，上告受理申立ては上告に準ずる訴訟行為である。上告受理申立ての適法要件は，上告の適法要件と同じである。以下において上告の適法要件について述べることがらは上告受理申立てにも当てはまる。

第2節　原判決が上告に適した裁判であること

〔114〕　上告が許容されるのは，高等裁判所が第二審または第一審としてした終局判決，および地方裁判所が第二審としてした終局判決に限られる（311条）。もっとも，当事者間に飛越上告の合意（→〔152〕，281条1項ただし書）がある場合には，直ちに上告（または上告受理申立て）をすることができる（同条2項）。

第1款　控訴裁判所の終局判決

1　独立の上告の対象となる裁判　〔115〕

　第一審判決を取り消し事件を第一審裁判所に差し戻しまたは移送する控訴審判決は，控訴審手続を完結し，事件を控訴審から離脱させる判決であるので，終局判決である。これに対して上告を提起することができる[1]。

　無効な判決，すなわち非判決と異なり判決として存在するが，重大な瑕〔116〕疵のため効力を有しない判決も，上告の対象となる判決である。たとえば裁判権に服しない者に対して言い渡された判決，実在しない当事者に対して言い渡された判決，現行法に知られていない法律効果を認める判決，訴え取下げ後の判決ように手続外でなされた判決，もはや存在しない法律関係を形成する判決（たとえば離婚した夫婦を離婚させる判決）または判決主文の矛盾または不特定性が解釈によって除去できない判決は，無効な判決である。

　このような判決は既判力，執行力，形成力のような判決本来の効力をもち得ないが，有効な判決の外観を呈し危険であるため，通常の上訴，したがって上告によっても排除することができる。

　原審において請求の認諾があり，認諾調書も作成されているところで，原裁判所が誤って控訴棄却の判決をした場合，このような判決は訴訟係属の消滅後になされた判決であるから，これに対する上告は不適法として許されないとした大審院の判例[2]がある。これは無効な判決に対する上告も適法であることを誤認した判例である。この場合，上告（または上告受理申立て）は適法であり，上告裁判所は原判決を取り消し，訴訟が請求の認諾によって終了したことを宣言する訴訟終了宣言判決をすることになる[3]。

　控訴裁判所が一部判決と結末判決をした場合，**一部判決**は終局判決とし〔117〕て，これに対して上告をすることができる。訴訟費用の裁判を含む**結末判決**に対しても，同様に上告することができる。これは費用の裁判を含ま

---

1) 最判昭和26・10・16民集5巻11号583頁；兼子・体系456頁；新堂676頁注(1)；(旧) 注釈民訴(8)213頁 [鈴木正裕]。古くは控訴裁判所の取消し差戻し判決は中間判決と解され独立した不服申立て（上告）は禁止されたが（大判昭和5・10・4民集9巻943頁など），その後，この判例は変更された。

2) 大判昭和18・11・30民集22巻1210頁。

3) (旧) 注釈民訴(8)214頁 [鈴木正裕]；条解民訴 [第2版] 1604頁 [松浦/加藤]；菊井/村松・新コンメⅥ269頁。

86 第4章　上告の適法性

い一部判決を補充し，これとともに一体的な不可分の全体をなすからである[4]。

〔118〕　**追加判決**も上告できる裁判である。控訴裁判所が判決主文で裁判すべき請求の一部について裁判をしていない場合，これを上告の理由とすることはできない[5]。この裁判の脱漏部分はなお控訴裁判所に係属しているので（313条・258条1項），控訴裁判所が裁判の脱漏に気づけば職権でその部分につき判決をしなければならない。当事者も控訴裁判所に職権の発動を促すことができる。この脱漏部分を補充する追加判決に対して，当事者は上告を提起することができる。

2　独立の上告の対象とならない裁判

〔119〕　**中間判決**およびその他の中間的裁判（たとえば訴訟引受け決定，訴訟指揮上の裁判，受継却下決定）に対しては，独立の不服申立ては許されず，これらの裁判に不服のある当事者は —— 抗告のできるもの（328条1項）や不服申立てが許されないもの（10条3項・25条4項，238条）を除き —— 終局判決に対する上告においてこれを主張することができるにとどまる（283条，→〔549〕以下）。これらの裁判の誤りが終局判決の結論に影響を及ぼしている場合には，上告裁判所が終局判決を破棄することになる（→〔550〕）。

　なお，最高裁判所が上告裁判所であるときは，原判決の一般の法令違反を主張して上告を提起することはできず，原判決が判例違反その他法令解釈に関する重要な事項を含むと認められる場合に最高裁判所に上告受理申立てをすることができるにとどまる。この場合に最高裁判所が，判例違反その他原判決が法令解釈に関する重要な事項（その意味については→〔389〕以下）を含むと認めて上告受理の決定をすれば，上告があったものとみなされる（318条4項1文）。

〔120〕　**訴訟費用の裁判**および**中間的裁判**は，独立の上告の対象とはならない（313条・282条）。ただし，訴訟費用の裁判に対しては，本案判決に対して上告が提起されるときは，同時に不服を申し立てることができる。中間的裁判のうち，控訴審の終局判決言渡し後，判決正本の送達前に当事者の死

---

4) BGHZ 35, 302(307)＝NJW 1961, 1811; MünchKommZPO/*Krüger*, §542 Rn.7.
5) 最判昭和30・7・5民集9巻9号1012頁。

亡による訴訟手続の中断と受継決定があった場合（128条2項），たとえば相続放棄により権利義務を承継していない者は，例外的に，不当に承継人として受継決定がなされたと主張して，この**受継決定のみの取消しを求めて上告**を提起することができる。上告裁判所は，受継決定が違法であると判断するときは，受継決定を破棄しなければならない（→〔69〕）。[6] 受継決定を受けた新当事者は，上告が許されなければ自分に及んでくる判決効を阻止する手段がほかにはないから，上告が許されるのであるが，実質的には決定に対して上告を許すことになる。

　控訴裁判所の違式の判決，すなわち決定で裁判すべき場合に誤ってなさ〔121〕れた控訴裁判所の終局判決は，上告を提起できる裁判である。[7]

第2款　第一審の終局判決

1　高等裁判所が第一審としてした終局判決

　高等裁判所が法律上第一審裁判所として管轄する場合（特許178条；独禁〔122〕85条・86条；海難審判53条；電波97条；公選203条・204条・207条・208条；210条・211条・217条；弁護士16条・61条など），控訴審は省略され，その終局判決に対して直ちに上告または上告受理申立てを提起することができる。

2　飛越上告の場合

　飛越上告の合意の効力として控訴はできず，直接上告または上告受理申〔123〕立てを提起することができる（→〔152〕）。この場合には，事実認定の違法を主張することができない。

3　人身保護事件の第一審判決

　人身保護請求についての第一審裁判所の終局判決に対しては，直接最高〔124〕裁判所に対して上告または上告受理申立てを提起することができる（人保21条；人保規41条，→〔75〕）。

---

6) 最判昭和48・3・23民集27巻2号365頁。
7) 違式の裁判に対する上訴の問題，ことに当事者があるべき形式の裁判に適合した上訴の方法を選択することを許すべきでないかという問題について，松本・民事控訴審ハンドブック〔117〕以下参照。

88 第4章 上告の適法性

第3節 不服

第1款 上告の適法要件としての不服

1 不服

〔125〕　すべての当事者（関係人）が上告を提起することができるのではなく，原則として，原判決によって不利益を受けた当事者だけが上告を提起することができる。国家は，第一審において権利保護の利益を有する者だけに裁判制度を利用させるのと同じように，原判決の変更に保護に値する法的利益を有する当事者にのみ次の審級への道を開き，新たな裁判を得ることを可能にする。

　　上告人が原判決により不利益を受けていること，すなわち原判決に不服を有することは，上訴の適法要件であり，したがって上告の適法要件の1つである。当事者が原判決によって不利益を受けた場合にのみ，訴訟上の請求について上告裁判所の新たな裁判を求めることに法律上の利益を有する。それゆえ，不服は上告人が原判決によって受けている不利益である。不服は，当事者の意思とは無関係であるから，主張されるだけでは足りず，実際に存在していることが必要である。不服申立てに係る判決が正しいかどうかは，不服とは関連性を有しない[8]

2 上告の適法要件としての不服

〔126〕　権利保護の必要の特別の現象形態としての不服は，上告の適法要件として要求される。この要件は法律上明示的に規定されていないけれども，原判決（多くは控訴審判決）が当事者に何らの不利益をももたらさない場合には上告により権利保護を与える必要性は存在しないから，原判決によって不利益を受けた当事者が上告によってこの原判決を自己の有利に変更するよう求め，上告がこの不服を除去するのに役立つ場合にのみ，権利保護の必要性を有するという考慮によって基礎づけられる。

〔127〕　全部勝訴の原判決を受けた当事者は，判決によって不利益を受けていない。それゆえ，たとえ判決の事実認定または判決理由がこの者に不利な部

---

8) *Ohndorf*, Die Beschwer und die Geltendmachung der Beschwer als Rechtsmittelvoraus-setzungen im deutschen Zivilprozeßrecht, 1972, S.60; Stein/Jonas/*Althammer*, Vor§511 Rn.71.

分を含んでいても，この者には不服はない。不服にとって決定的なのは，原判決の結果，すなわち判決主文である。判決主文に含まれる裁判所の判断に不服がない限り，既判力の生じない単なる判決理由に当事者が不満を有していても，不服の存在は否定される[9]。また，第一審で全部勝訴判決を受けた当事者が提起した控訴を，控訴人の不服の欠缺を理由に却下すべきであるにもかかわらず，控訴裁判所が誤って控訴を理由なしとして棄却した場合，この控訴審判決は違法であるが，控訴人は原判決によってなんらの不利益をも受けていないので，上告の利益を有しない[10]。この場合に，上告人が自ら控訴の不適法を主張することによっても，上告の利益は認められない[11]。上告人が不服を欠くにもかかわらず提起した上告は不適法であり，上告裁判所は，上告が理由を有するかどうかの審理をするまでもなく上告を却下しなければならない。

3　不利益の除去の追及

　上告が適法であるためには，控訴審判決が客観的に上告人に不利益を及〔128〕ぼしているだけでは足りず，上告人が上告によって不服を主張し，上告裁判所に対し，この不利益の除去を要求するのでなければならない。すなわち，上告人は自己に不利な控訴審判決に対する権利保護を求める場合にのみ上告審を利用することが正当化される。したがって，上告人は控訴審での本案の申立てを少なくともその一部はさらに追求するのでなければならない[12]。

第2款　形式的不服の原則

1　はじめに

　いかなる基準で上訴人の不服の有無を判断すべきかという点については，〔129〕

---

9) 最判昭和31・4・3民集10巻4号297頁＝判タ58号68頁（原告が所有権の移転登記を求めた不動産は譲渡担保に供せられたものであるが，被担保債権がまだ消滅していないという理由で請求棄却判決がされた場合に，被告が当該不動産は単純に買受けたものであり，譲渡担保によるものでないことを理由に上告する利益はない旨判示した）；(旧) 注釈民訴(8)216頁 ［鈴木正裕］；条解民訴〔第2版〕1602頁 ［松浦/加藤］；菊井/村松・新コンメ Ⅵ269頁。
10) 最判昭和32・11・1民集11巻12号1832頁；(旧) 注釈民訴(8)216頁 ［鈴木正裕］；条解民訴〔第2版〕1602頁 ［松浦/加藤］。
11) 最判昭和27・12・25民集6巻12号1255頁。
12) 松本・民事控訴審ハンドブック〔127〕参照。

90 第4章　上告の適法性

形式的不服説と実体的不服説の対立がある。

　通説によれば，原告側の不服は原告の申立てと原審の既判力をもちうる裁判の内容との比較により決まる。両者の間に差異がある場合，したがって原告の申立てが全部または一部排斥された場合に，原告に不服がある。このような不服の捉え方を**形式的不服説**と呼ぶ。被告についても，原則として形式的不服説が妥当すると解すべきであるが，被告が口頭弁論期日に欠席して何らの申立てをも提起しない場合，裁判所がした判決と申立てを比較することはできない。それゆえ，この場合には，形式的不服説によることはできないので，不服は実体的に判断されるべきである（実体的不服）[13]。

　上訴人が上訴提起の時点で不服を有していなければならないという見解が多い。判決の言渡しによって裁判所は自己の判決に拘束され，自ら自由にこれを変更することができない（羈束力）。上訴提起時と上訴審判決の間に不服の変動が生ずることはないという理由から，不服の基準時は上訴提起時と解されている。しかし，上訴提起時に存在した不服が上告審係属中に判決の更正によって消滅すること，逆に同様の事由により存在するに至ることが生じ得るので，厳密にいえば，不服は上訴審の手続終了時に存在しなければならない。

2　控訴人の不服

〔130〕　控訴人は，第一審では原告，被告または第三者であった。控訴人は，いずれの場合にも第一審判決の全部または一部の変更を求めて控訴を提起したはずである。控訴裁判所が控訴人の控訴申立てを認容しなかった限りで，控訴人には形式的不服がある。控訴申立てと既判力をもちうる控訴裁判所の裁判との間に差がある限り，控訴人には不服がある。

　控訴裁判所が不服申立てに係る第一審判決を取り消し，事件を原審に差し戻した場合，したがって控訴審の手続対象（不服申立ての範囲における第一審の訴訟上の請求）について裁判をしなかった場合にも，不服は存在する。たとえば，第一審で請求棄却判決を受けた原告（控訴人），控訴を提起して請求認容判決に変更するよう求めたところ，控訴裁判所は第一審判決を取り消したが事件を第一審裁判所に差し戻した場合，控訴人の申立てと控

---

13)　詳しくは，松本・民事控訴審ハンドブック〔128〕以下参照。

訴審判決との間には差があるので，控訴人には形式的不服がある。第一審
で訴え却下判決を受けた被告が請求の棄却を求めて控訴を提起したところ
原判決を取り消し事件を第一審に差し戻す判決を受けた場合も，同じであ
る。控訴審の訴訟物が，通説がいうように控訴人の不服主張の当否である
ならば，控訴人が第一審判決の取消しを得ている以上，控訴人には形式的
不服はないといえる。しかし，控訴審の訴訟物は控訴人の不服主張の当否
ではなく，不服申立ての限度における第一審の請求であるので,[14] 第一審裁
判所への差戻しによっては，この控訴審の訴訟物についての裁判がなされ
ておらず，申立てと控訴審判決との間に差があるので，控訴人には形式的
不服がある。[15]

　訴え却下判決に対して，被告が控訴を提起し請求棄却判決を求め，控訴
審において訴え却下判決に代えて請求棄却判決を取得した場合には，控訴
人には不服はない。訴え却下判決と請求棄却判決では既判力の範囲が異な
り，請求棄却判決の既判力が訴え却下判決の既判力よりも広く，請求棄却
判決の方が控訴人に有利であるからである。[16]

3　被控訴人の不服

　被控訴人は，控訴裁判所が控訴を認容し，被控訴人に有利な第一審判決 [131]
を変更しまたは取り消した場合，そしてその限りで常に不服を有する。被
控訴人が申立てを提起しなかった場合にも，同じである。これには，控訴
裁判所が請求について被控訴人の不利に裁判した場合も，原判決を取り消
し事件を第一審裁判所に差し戻した場合をも含む。

　控訴裁判所が控訴を却下した場合には，控訴が理由なしとして棄却され
た場合と同様，被控訴人には不服はない。いずれの場合にも，控訴人に不
利な第一審判決が維持されているからである。

---

14) この点につき，松本・民事控訴審ハンドブック〔74〕参照。
15) 通説の立場では，原判決の取消しの原因となった控訴裁判所の法的見解が差戻しを受けた
　　第一審裁判所を拘束するので（裁4条），この拘束力が自己に不利に作用する当事者はより
　　有利な正しい取消原因に変更するよう求めて上告を提起する利益があるとされる（菊井/村
　　松・全訂Ⅲ213頁；注解民訴(9)〔第2版〕371頁〔斉藤/奈良〕；(旧) 注釈民）(8)216頁〔鈴木
　　正裕〕；菊井/村松・新コンメⅥ270頁など）。しかし，このような点に不服を認めなければな
　　らないのは，通説が控訴を原判決の取消しを目的とするとみるためである。
16) 松本・民事控訴審ハンドブック〔142〕。

92　第4章　上告の適法性

これに対し，控訴裁判所が本案の審理をしないで訴えを却下した場合，または訴えを却下した第一審判決を維持した場合には，第一審において被告であった被控訴人は，請求棄却の本案判決を獲得することに利益を有するので，この判決に不服を有する。[17] これに対し，被控訴人は，控訴審において訴え却下判決でなく請求棄却判決を受けた場合には不服を有しない。[18]

4　補助参加人の不服

〔132〕　補助参加人は被参加人を勝訴に導くことによって自己の法律上の利益を擁護する者であり，当事者にならず，当事者の法定代理人でもなく，第三者である。被参加人が自ら上告を提起しない場合，被参加人が不上告の合意または上告権の放棄をしていない限り，補助参加人は被参加人のために被参加人の上告期間内に上告を提起することができる。補助参加人は，補助参加の申立てとともに上告を提起することもできる（43条2項）。しかし，補助参加人は被参加人を補助するために参加をするので，被参加人が原判決に不服を有していない場合には，補助参加人には不服はない。それゆえ，補助参加人の上告は，被参加人が控訴審において敗訴している場合に，そしてその限りでのみ，適法である。

5　附帯上告人の不服

〔133〕　附帯上告には，独立的附帯上告と非独立的附帯上告がある。前者は，上告が取り下げられまたは却下されても効力を失わず，通常の上告として審理裁判される。それゆえ，独立的附帯上告については，通常の上告の要件と同じ要件，とくに不服の要件が妥当する。非独立的附帯上告は，上告ではなく，相手方の上告の枠内での攻撃的申立てである。附帯控訴については全部勝訴当事者にも控訴審において訴えの変更や反訴の提起により控訴審の裁判対象を拡張することを許すため，不服の存在は要求されないが，上告審においては新たな事実判断は原則としてできないので，訴えの変更や反訴によって新たな請求を持ち出すことは許されない。それゆえ，訴え

---

17) *May*, Die Revision in den zivil-und verwaltungsgerichtlichen Verfahren (ZPO, ArbGG, VwGO, SGG, FGO): eine systematische Darstellung unter besonderer Berücksichtigung der höchstrichterlichen Rechtsprechung, 1995, IV Rn. 38.

18) BSGE 24, 134(135)。

の変更や反訴との関係で，附帯上告について不服を要求しないとする必要は存しない。非独立的附帯上告についても，適法要件として不服が要求されるので（→〔509〕），控訴審判決が原告の請求を全部棄却している場合には，原告の上告に附帯して被上告人が訴え却下判決を求めるにつき不服は存在せず，このような場合には，附帯上告は不適法として却下されなければならない。

6 第一審判決による不服

控訴審手続が実施された場合には，控訴審判決による不服だけが問題に〔134〕なる。ところが，高等裁判所が第一審裁判所として裁判を行う場合（→〔71〕）または**飛越上告**（→〔152〕）の場合のように，控訴審手続が行われず，第一審判決が直ちに上告によって攻撃される場合には，上告人は第一審判決に不服を有するのでなければならない。この場合，不服の有無の判定については，控訴審判決に対する不服の有無の判断基準に準じる。したがって，申立てと判決結果の差が重要である。すなわち，形式的不服の有無が重要であり，例外的に実体的不服による。[19)]

第3款 形式的不服原則の例外

形式的不服の原則に対して，一定の場合には例外的に実体的不服説によ〔135〕ることが必要である。

第1に，すでに述べたことであるが，被告が申立てを提起していない場合，当然形式的不服説によって不服の有無を判断することができないので，その限りで実体的不服説によることが必要である。被告が口頭弁論期日に欠席して何らの申立てをも提起しない場合，裁判所がした判決と申立てを比較することはできない。それゆえ，実体的不服説により，被告が何らかの不利益を受けている場合には，上告の利益が肯定される。

第2に，婚姻や養子縁組の解消を求める訴訟において原告が全面勝訴する場合，原告は婚姻または縁組を維持するために上訴を提起することができるかどうかが問題となる。判決後に原告が婚姻または縁組を維持したと

---

19) *May*, a.a.O. (Fn.17), IV Rn.38.

94 第4章 上告の適法性

思う場合，原告は上告または上告受理申立てを提起して，[20] 自己の請求を放棄し，または訴えを取り下げることによって判決の確定を避け，婚姻関係または養子縁組関係の維持を図ることができると解すべきである。[21] ただし，この場合，上告はまさにこの目的を追求しているのでなければならないので，上告人または上告受理申立人はこの意図を上告状または上告受理申立書において明らかにしなければならないと解される。そうでない場合には，上告は不適法である。

第4節 方式と期間

第1款 概　要

〔136〕　原判決が不服申立ての許される裁判である場合にも，上告が所定の方式により上告期間内に提起されない場合，または，上告状に上告理由の記載がなく，かつ，上告が上告理由書によって適式に理由づけられない場合には，上告は不適法である。詳しくは→〔456〕

第2款　上告提起の方式と期間

〔137〕　上告の提起は，上告状を原裁判所に提出してしなければならない。上告状は，当事者および法定代理人の表示のほかに，不服を申立てに係る原判決の表示および原判決に対して上告をする旨を記載しなければならない（313条・286条2項）。詳しくは→〔440〕以下。上告提起期間は，控訴の場合と同じく原判決の有効な送達から2週間である。詳しくは→〔427〕

第3款　上告理由の提出

〔138〕　民訴法によれば，上告人は上告を理由づけなければならない（315条1

---

20) 上告受理申立てについては，このような上告受理申立ては法令の解釈にとって重要な事項を含まないという理由で不受理決定がなされてはならないと解する。もともと，人事訴訟には受理上告制は親しまないからである。

21) 山木戸克己・人事訴訟手続法（1958年・有斐閣）146頁；松本・人訴法〔245〕。なお，控訴についてであるが，請求棄却判決を受けた被告は原審に反訴を提起するとができたはずであるから，離婚の反訴の提起のみを目的として控訴を提起することはできないという見解があるが（伊藤722頁），このような控訴も許されてよい。離婚請求を棄却する控訴審判決に対して，被告は上告を提起して上告審において請求を認諾することができるから，この場合にも上告を提起することができると解される。

項）。上告審においては上告理由書提出強制があるので，上告人が上告理由を上告状において記載するか，これをしない場合には最高裁規則の定める期間内に，最高裁規則の定める方式により記載した上告理由書を原裁判所に提出しなければならない（同条2項）。期間内に上告理由書の提出がない場合，または，上告理由の記載が最高裁規則の定める方式に従っていない場合には，原裁判所は決定により上告を却下しなければならない（316条1項。この上告却下決定に対しては，即時抗告をすることができるが（同条2項），原裁判所が高等裁判所であるときは最高裁に対して即時抗告はできず，特別抗告または許可抗告しかできない）。したがって，上告理由（書）の提出は上告の適法要件をなす。詳しくは→〔456〕

第4款　上告受理申立て理由の提出

　現行法においては，一般の法令違反は最高裁判所への上告については上告理由とならない。最高裁は，一般の法令違反については，原判決に「判例と相反する判断がある事件その他の法令の解釈に関する重要な事項を含むものと認められる事件」について上告受理申立てに基づき決定で上告審として事件を受理することができる（318条1項）。最高裁による上告受理があれば，上告受理申立て理由は，重要でないとして排除されたものを除き，上告の理由とみなされる（同条4項）。〔139〕

　上告受理申立ては，上告に準ずる訴訟行為である。上告受理申立てには，上告提起の方式および上告の理由の記載に関する規定（313条から315条）が準用されるので（318条5項），上告受理申立人は上告受理申立て理由を上告受理申立書において記載するか，これをしない場合には所定の期間内に上告受理申立て理由書を原裁判所に提出しなければならない。　期間内に上告受理申立て理由書の提出がない場合または上告受理申立て理由の記載が最高裁規則の定める方式に従っていない場合には，原裁判所は決定により上告受理申立てを却下しなければならない（318条5項による316条1項の準用）。詳しくは→〔490〕以下。

第5款　訴訟行為要件の具備

　上告および上告受理申立ての提起および各々の理由づけのさいは，訴訟行為要件，とくに当事者能力，訴訟能力，代理人の代理権が具備している〔140〕

96　第4章　上告の適法性

か，または追認が適法な場合に，その欠缺が，当事者能力を後に取得した
当事者または訴訟能力を回復した当事者または新たな代理権者による事後
的な追認によって治癒されていなければならない。訴訟行為要件の存在は，
上告審の口頭弁論の終結時または口頭弁論が開かれない場合には手続終結
時までにこれを主張する当事者によって証明されなければならない[22]。

　しかし，当事者間で当事者能力または訴訟能力が争われる場合，当事者
能力または訴訟能力の有無について争いのある当事者も，この争いが終局
的に解決するまでは当事者能力または訴訟能力を有するものとして扱われ
るべきである[23]。このことは，上訴（上告）の提起[24]やその取下げ[25]につい
ても妥当する。上訴（上告）裁判所は，訴訟能力を否定する場合にも，訴
訟能力の欠缺を理由に上訴（上告）を不適法として却下してはならない。
上訴裁判所は，原判決と同様に訴訟能力を否定する場合には上訴（上告）
を理由なしとして棄却すべきである。原裁判所が訴訟能力の欠缺を看過し
て本案判決をしていた場合には，訴訟能力を否定する上訴（上告）裁判所
は補正を命じ，法定代理人による訴訟行為の追認がなければ原判決を破棄
し，改めて訴えを不適法として却下しなければならない[26]。

第5節　上告権の放棄または不上告の合意がないこと

第1款　上告権とその放棄

1　上告権

〔141〕　上告の適法要件として，上告権の放棄がないことが必要である。上告権
は，自己に不利な控訴審判決（例外的に，高等裁判所の第一審判決および飛

22）Vgl. BGH NJW 2005, 3773; NJW-RR 2012, 1139 Rn.11.
23）松本/上野〔292〕〔299〕。当事者が上訴（上告）によって自己の訴訟能力の欠缺を理由に原
　　判決の取消しを求める場合にも，そうである（BGH MDR 1972, 220）。
24）Vgl. BGH NJW 1993, 2943.
25）Vgl. BGH LM §52 Nr.3.
26）中野貞一郎・民事訴訟法の論点Ⅰ（1994年・判例タイムズ社）85頁以下；（旧）注釈民訴(1)
　　472頁以下〔飯倉〕；（旧）注釈民訴(8)216頁〔鈴木正裕〕；松本/上野〔299〕。反対：新堂161
　　頁注(1)；伊藤136頁は，原判決を取り消し，審級の利益を確保するため事件を原審に差し戻
　　して，34条1項による補正を命じさせなければならないと主張する。しかし，34条1項によ
　　る補正は，過去の訴訟行為の追認を得るとともに，以後の欠缺のない訴訟追行を確保するこ
　　とを目的とするから，上告裁判所が補正を命ずるのが正しい。中野貞一郎ほか編・民事訴訟
　　法講義〔第3版〕（1995年・有斐閣）114頁注(10)〔福永〕。

越上告の合意のある場合の第一審判決）の審査および変更を上告裁判所に求める権利である。

　上告権の放棄には，控訴権の放棄に関する284条が準用される（331条・313条）。したがって，284条の解釈が上告権の放棄にも当てはまる。以下では，その要点のみ示しておく。[27]

2　上告権の放棄

　上告権の放棄は，控訴審判決の言渡し前にも可能であるか，それとも，具体的に上告権が発生した後に限ってすることができるかという点について見解の対立がある。私見によれば，控訴審判決の言渡し後にのみ可能である。[28] 上告の提起後も，上告人は上告権を放棄することができる。〔142〕

　通常共同訴訟においては訴訟法律関係独立の原則により，各共同訴訟人は，自由にその上告権を放棄することができる。共同訴訟人の1人が上告権を放棄した場合，放棄の効力は放棄をした共同訴訟人にのみ生じ，他の共同訴訟人の上告の提起を妨げない。同様に，共同訴訟人の1人に対してなされた上告権の放棄は，他の共同訴訟人に対する上告の提起を妨げない。〔143〕

　必要的共同訴訟においては，通説によれば，上告権の放棄は共同訴訟人全員に不利な訴訟行為であり，共同訴訟人の全員が上告権を放棄しない限り，上告権を放棄した共同訴訟人についても40条1項により上告権放棄の効力は生じない。[29] この見解によれば，共同訴訟人の1人が上訴（したがって上告）を提起すると，自ら上訴（上告）を提起しない共同訴訟人も上訴人（上告人）の地位を取得し，上告審において上訴（上告）人としてすべての訴訟行為をすることができるが，上訴人（上告人）として訴訟費用の負担義務を負う。しかし，自ら上訴（上告）を提起しなかった共同訴訟人に自ら上訴（上告）を提起した共同訴訟人と同じ権能を付与し，また同一の義務を負わせることは法律の命ずるところではない。40条1項は，共同訴訟人の1人の訴訟行為は全員の利益においてのみその効力を生ずると定めるが，そのような効力の内容について具体的に規定していないからであ〔144〕

---

27) 控訴権の放棄について，詳しくは，松本・民事控訴審ハンドブック〔169〕以下参照。

28) 松本・民事控訴審ハンドブック〔173〕参照。

29) 通説：兼子・体系394頁；三ケ月・全集220頁；新堂785頁；高橋・重点講義（下）320頁；上田543頁；伊藤666頁；松本／上野〔853〕〔上野〕；河野717頁など。

98 第4章 上告の適法性

る。それゆえ，自ら上訴（上告）を提起しない共同訴訟人は自ら上訴（上告）を提起した共同訴訟人と同じように上訴人（上告人）にならないが，自ら上訴（上告）を提起した共同訴訟人の上訴審の裁判を受ける権利を確保するために，上訴（上告）を提起しなかった共同訴訟人の請求も上訴審（上告審）に移審するため，この共同訴訟人も上訴審（上告審）において当事者の地位（ただし上訴人の地位ではない）を取得するという解釈も可能である。

〔145〕　私見によれば，必要的共同訴訟人の1人による上告権の放棄も有効であり，上告権を放棄した共同訴訟人は放棄により自己の上告権を失う。だが，これは他の必要的共同訴訟人の上告の適法性に影響を及ぼさず，他の必要的共同訴訟人は，上告を提起しまたは上告審手続を続行することができる。共同訴訟人の1部の者が上告を提起した場合には，自ら上告を提起しなかった共同訴訟人または上告権を放棄した共同訴訟人は，上告人となることはできないが，この者の請求についての判決も他の共同訴訟人の上告の提起によりその確定を遮断され，上訴審（上告審）に移審する以上，上訴審（上告審）の当事者（上訴人，上告人ではない）の地位を取得し，原則としてすべての訴訟行為をすることができる。そのため，裁判所の訴訟行為はこの上訴審（上告審）の当事者に対しても行われなければならず，したがって，この者も期日の呼出しを受けなければならない。相手方は，この上訴審（上告審）の当事者に対して附帯上訴（附帯上告）を提起することができる。

　　ただし，この者の上告審における当事者地位は，上告を提起した共同訴訟人の当事者地位に依存した地位，すなわち従属的地位であり，上告を提起した共同訴訟人がたとえば上告の取下げによって上告人の地位を事後的に失えば，自らは上告を提起しなかった共同訴訟人も上告審の当事者の地位を失うと解する[30]。40条1項は，自ら上告を提起しなかった共同訴訟人は他の共同訴訟人によって開始された上告審手続において上告審の当事者の地位を取得するけれども，上告人にはならないという解釈を排斥するものではない。このような規律によって，上訴（上告）を提起した共同訴訟人が上訴審（上告審）においてもはや訴訟を続行することを望まず上訴（上

30）控訴についての論述であるが，松本・民事控訴審ハンドブック〔252〕以下参照。

告）を取り下げたいと思っても，自ら上訴（上告）を提起しなかった共同訴訟人も上訴人（上告人）の地位を有するため，この者が異議を述べると，上訴（上告）の取下げによって上訴審（上告審）手続を終結させることができないという。通説がもたらす不当な結果を避け，あるいは上訴（上告）の提起を望まなかった共同訴訟人がそれにもかかわらず敗訴により訴訟費用の負担の裁判を受けることを防ぐことができる。

　なお，類似必要的共同訴訟についても，上述のことがらが当てはまる。もっとも，判例は，今日，地方自治法上の住民訴訟と株主代表訴訟について，類似必要的共同訴訟においては上訴を提起しない共同訴訟人を上訴人とする必然性はないという理由から，自ら上訴を提起しない共同訴訟人はそれによって訴訟から離脱し，他の共同訴訟人の1人が提起した上訴によって上訴人の地位を取得しないとしている[31]。

　補助参加人は，被参加人のために上告を提起することができるが，被参 〔146〕加人を補助するためにのみ訴訟行為をすることができるので，被参加人の利益に反する行為をすることを禁じられる。それゆえ，補助参加人は，被参加人に不利な控訴審判決につき上告権を放棄することはできない。補助参加人の上告は，被参加人が上告権を放棄した場合には不適法である。上告権の放棄は，上告それ自体に関係し，上告権を終局的に消滅させるからである。これに対し，**共同訴訟的補助参加人**（→〔93〕）の上告権は，共同訴訟的補助参加人は共同訴訟人の地位を与えられるので，被参加人の上告権の放棄により影響を受けない。

3　上告権の一部放棄

　上告人が上告を制限的に提起することが可能である限り，上告権の一部 〔147〕放棄も適法である。1つの訴訟上の請求または一部判決ができる訴訟物の可分な一部につき，上告権を放棄することができる。さらに一部判決をすることができる場合を超えて，上告権の一部放棄ができるかどうかは，どの範囲でそのような部分に限定して上告を提起することができるか否かに係っている。相殺の抗弁を理由ありとして請求を棄却した原判決に対し，

---

31) 住民訴訟について最〔大〕判平成9・4・2民集51巻4号1673頁，株主代表訴訟について，最〔2小〕判平成12・7・7民集54巻6号1767頁。

100 第4章　上告の適法性

相殺債権（反対債権）の認容に限定して上告を提起し，原判決を攻撃することができると解される。[32)]

　ところが，判例および通説は，上訴不可分の原則を理由に，このような制限的上告を不適法視する。[33)] それにもかかわらず，通説は，数量的に可分な請求の一部または1つの判決で裁判された数個の請求の1つ，または本訴請求と反訴請求のいずれかに上告を制限することを適法とし，いうところの上訴不可分の原則との抵触を問題視しないという首尾一貫しない態度を示す。しかし，上訴不可分の原則なるものは，上訴を原判決の取消しを目的とする訴訟行為と解し，原判決の取消しは原判決全体を対象としてしかできないという考え方を前提とするものであるが，上訴の目的は原判決をより正しい裁判に取り替えることにあるから，そのような意味での上訴不可分の原則なるものは初めから存在しないことを確認しなければならない。[34)]

4　上告権放棄の効力

[148]　裁判所に対してなされた上告権の放棄により，上告権は消滅する。上告権を放棄した当事者が提起した上告は，不適法である。上告の適法性審査に当たる原裁判所は，上告権が放棄されていないかどうかを調査しなければならない。原裁判所は上告の適法性審査のさい，上告権が有効に放棄されていると判断すれば，上告権の放棄に反して提起された上告を不適法として決定により却下しなければならない。原裁判所が地方裁判所の場合には，この決定に対して即時抗告ができるが，原裁判所が高等裁判所である場合には最高裁に対して即時抗告はできず（裁7条参照），特別抗告または許可抗告ができるにすぎない。

　なお，上告権を放棄しても，相手方の上告に対し附帯上告を提起することができる（313・293条1項）。双方とも上告を提起することができない状態になると，上告期間経過前であっても，判決は確定する（256条1項参照）。

---

32)　松本・民事控訴審ハンドブック〔367〕〔178〕参照。
33)　三ケ月・双書530頁；条解民訴〔第2版〕1543頁〔松浦/加藤〕；注釈民訴(5)18頁〔春日〕。
34)　松本・民事控訴審ハンドブック〔51〕以下参照。

第2款　上告権放棄の方式

1　裁判所に対する申述

　上告権の放棄には控訴権の放棄に関する規定が準用されるので，上告の〔149〕提起前であれば控訴裁判所に対する申述により，上告提起後にあってはその時点で訴訟記録の存する裁判所に対する申述によってしなければならない（民訴規186条，173条1項）。この申述があると，裁判所書記官は，相手方にその旨を通知しなければならない（同条3項）。

　相手方に対する意思表示によって上告権を放棄することができるかどうかが，控訴権の放棄の場合と同様問題になる。これを肯定する見解もある。民訴法は上訴権放棄の方式を定めていないので，相手方に対する意思表示による上訴権の放棄が全面的に排除されるとはいえないけれども，明確を期するうえで裁判所に対する申述の方が優れており，かつ当事者間でする場合には上訴権放棄の合意によることもできるので，相手方に対する一方的な意思表示による上訴権の放棄を適法としなければならないものではない。

2　申述の方式

　上告権の放棄は与効的訴訟行為として，裁判所の裁判を必要とせず直ち〔150〕に一定の訴訟上の効力を生ずる訴訟行為である。上告権の放棄によって，上告権が消滅する。上告権の放棄は書面または口頭ですることができるが（民訴規1条1項），口頭でする場合には，裁判所書記官の面前で陳述する。この場合には，裁判所書記官は調書を作成し，記名押印することを要する（同条2項）。

　上告提起後の上告権の放棄は，上告の取下げとともにしなければならないとされる（民訴規186条，173条2項）。上告の取下げを伴わなければ，裁判所は上告を却下しなければならないが，上告の取下げがあることによって，上告却下の裁判を避けることができ，裁判所の負担軽減になることが重視されている。

第3款　不上告の合意がないこと

1　不上告の合意

　当事者双方がともに上告を提起しない旨の合意を**不上告の合意**と呼ぶ。〔151〕

不控訴の合意を定める281条1項ただし書は，不上告の合意に準用される。当事者には上告しない自由があるので，当事者双方が控訴審の終局判決後に控訴審判決に服する場合には，上告の放棄と基本的に同一の法的効力の発生を目的とするものであり，合意の効力を適法と認めても弊害は生じないので，合意の効力を認めることができる。

2　合意に反する上告の提起

合意に反して上告が提起された場合，上告権のない者のした上告として不適法として却下されるべきである。当事者は不上告の合意を取り消す合意をして，上告権を復活させることができる。不上告の合意を取り消す合意は，上告の適法性に関するといっても，裁判所に対して申述される上告権の放棄と異なり，職権でなく，相手方の訴訟上の抗弁により調査すれば足りると解される。

第6節　飛越上告

第1款　意　義

〔152〕　第一審の終局判決に対して控訴審を省略して直接上告を提起できる旨の合意を**飛越上告の合意**という（281条1項ただし書・311条2項）。飛越上告は，当事者間に事実関係について争いがなく，法令の解釈適用について争いがある場合に，早期に法律問題について上告裁判所の判断を求める必要があるときに有用である。事実関係に争いがない場合には，飛越上告は3つの審級を実施するよりは迅速に事件を解決することができ，訴訟経済に合致し費用を節減することができる。

飛越上告の合意がある場合には，地方裁判所の第一審判決に対しは最高裁判所が上告裁判所であり，簡易裁判所の第一審判決に対しては高等裁判所が上告裁判所である。

第2款　要　件

〔153〕　当事者双方が上告または上告受理申立てをする権利を留保して控訴しない旨の合意が行われることが必要である。281条2項により管轄の合意に関する11条2項および3項の規定が準用されるので，合意は，特定の訴訟

または請求について書面によりまたは合意内容を電磁的に記録する方法により行われなければならない。もっとも，第一審の終局判決に対して一方の当事者にしか上告権が発生していない場合には，上告権を有する当事者が直ちに上告を提起することに相手方が書面により同意すれば，飛越上告の合意が成立すると解される。[35]

　不控訴の合意については，第一審の終局判決の言渡し前に適法に合意することができるかどうか見解の対立があるが，飛越上告の合意は第一審判決後にのみできることは法律の定めである（281条1項ただし書）。当事者が飛越上告の合意をすべきかどうかの判断を的確にするためには，第一審判決の事実確定を知る必要があるとみられたためである。

第3款　効　力

　合意が有効に成立すれば，当事者双方が控訴権を喪失し，上告権を有し〔154〕または上告受理申立てのできる当事者は直ちに上告を提起しまたは上告受理申立てをすることができる。上告または上告受理申立ての期間は，第一審判決の送達時から進行する。上告権がなくまたは上告受理申立てのできない当事者は，この合意をしても上告権または上告受理申立権を取得しない。

第4款　飛越上告の手続

　飛越上告の手続は，上告または上告受理申立て手続と同じ手続に従う。〔155〕ただし，飛越上告人は第一審の手続瑕疵を責問することはできないと解すべきである。[36] 第一審の手続瑕疵の是正は控訴裁判所の任務であり，この規律を飛越上告により回避することはできないからである。

　ただし，手続瑕疵の責問が実体法の瑕疵の前提である場合には，実体法違反の主張が問題なのであるから，手続瑕疵の審査も可能と解される。また職権で調査すべき手続瑕疵も，飛越上告が適法に提起されている限り考慮される。[37]

35）菊井/村松・全訂Ⅲ43頁；注解民訴(9)〔第2版〕82頁〔小室/東〕；(旧) 注釈民訴(8)56頁〔大須賀〕；条解民訴〔第2版〕1534頁〔松浦/加藤〕；基本法コンメ民訴(3)17頁〔松本〕など。
36）Stein/Jonas/*Jacobs*, §566 Rn. 16.
37）Stein/Jonas/*Jacobs*, §566 Rn. 16.

104 第4章 上告の適法性

第5款 飛越上告についての裁判

〔156〕 　飛越上告が適法要件を欠く場合には，飛越上告は不適法として却下される。この場合，控訴権放棄の合意の効力は残る。飛越上告が理由を有しない場合には，飛越上告は棄却される。

　　上告裁判所は，飛越上告に理由があり，訴訟が裁判に熟している場合には事件につき自ら裁判することができる（326条）。

　　訴訟がまだ裁判に塾していないときは，上告裁判所は不服申立てに係る判決を破棄し，さらに審理裁判をさせるために，事件を第一審裁判所に差し戻さなければならない。差戻しを受けた第一審裁判所は上告裁判所により差戻しの基礎とされた法的見解を自己の判決の基礎にしなければならないと解される（325条3項後段）。

　　差戻し後の第一審判決に対しては，当事者は一般原則に従い上訴を提起することができる。すなわち，控訴または，当事者が改めて合意をする場合には飛越上告を提起することができる。再度の合意がないと飛越上告を提起することができないのは，最初の第一審判決と第2の第一審判決の事実認定が異なる可能性があるため，最初の飛越上告の合意の効力は第2の第一審判決には及ばないからである。

第7節 二重上告・二重上告受理申立て

第1款 判例・通説による二重上告，二重上告受理申立ての規制

〔157〕 　裁判所に係属する事件については，当事者は更に訴えを提起することができないことを定める民訴法142条を上訴にも，したがって上告にも準用するのが判例・通説である。[38] 二重の上告または上告受理申立てであるかどうかの判断基準として，複数の原判決変更の申立ての範囲が同一であることが加わることが二重起訴と異なる点だとされている。たとえば1000万円の支払請求訴訟において，控訴審判決が700万円の支払を被告（被控訴人）に命じ，300万円の請求を棄却する判決をした場合，控訴人も被控訴人も，

---

38)　(旧) 注釈民訴(8)217頁［鈴木正裕］；武藤貴明「最高裁判所における民事上告審の手続について」判タ1399号（2014年）50頁，52頁参照。

ともに不服を有する。それぞれの敗訴部分について控訴人と被控訴人が請求の認容（控訴人の上告または上告受理申立ての場合）および請求の棄却（被控訴人の上告または上告受理申立ての場合）を求めて上告を提起しまたは上告受理を申し立てる場合，両者の申立ての範囲は同一ではなく，それゆえ両者は「同一の事件」ではないから，142条の準用はなく，二重上告または二重上告受理申立てではなく適法であるとされる。

二重上告または二重上告受理申立ての不適法却下は，必要的共同訴訟や〔158〕補助参加訴訟において，各共同訴訟人または補助参加人・被参加人がそれぞれ上告を提起しまたは上告受理を申し立てる場合にも妥当するとされている[39]。先に提起された1人の共同訴訟人または補助参加人の上告の効力が後れて上告を提起した共同訴訟人または被参加人に及ぶこと，すなわち，必要的共同訴訟の場合には，40条1項の適用により自ら上告を提起しない共同訴訟人も他の共同訴訟人の提起した上告によりすでに上告人になることから，通説は後に自ら提起した共同訴訟人の上告も二重上告になるとする。補助参加人の上告の提起が先行した場合については，通説は，補助参加人の上告の提起により，すでに被参加人は上告人になり，そのため，後れて提起された被参加人の上告は二重上告になるとするものである。

第2款 判例・通説の不合理

判例および通説に対しては，二重控訴を二重起訴に準じて不適法とする〔159〕判例・通説に対すると同じ疑問がある。

1 双方上告等の場合

まず，控訴審判決に対しそれぞれ不服を有する控訴人と被控訴人が上告〔160〕を提起する場合，不服申立ての範囲が異なるにせよ，異ならないにせよ，もともと二重上告の問題は生じない。

同一当事者が提起する同一の控訴審判決に対する複数の上告状の提出が

---

39) 必要的共同訴訟につき，最判昭和60・4・12裁判集民144号461頁＝金商729号38頁；最〔1小〕判平成23・2・17家月63巻9号57頁＝判時2120号6頁＝判タ1352号159頁＝裁判集民236号67頁；補助参加訴訟につき，最〔3小〕判平成元・3・7裁判集民156号295頁＝判時1315号63頁＝判タ699号183頁（養子縁組無効の訴え）。二重上告受理申立てについて，前掲最〔1小〕判平成23・2・17がある。

106 第4章 上告の適法性

考えられるが，これは二重上告として扱われるべきではなく，1つの統一的な上告をなす。第2の上告状によって実際に改めて上告が提起されているか，法的に無意味な繰返しであるかは，最初の上告提起行為の有効性に依存するからである。1つの上告提起行為によって上告審手続が適法に開始されていることが確かであれば，それで足りる。

2　必要的共同訴訟の場合

〔161〕　必要的共同訴訟において一部の共同訴訟人が上告を提起したのちに，他の共同訴訟人が提起した上告を，二重上告とみなすことは全く不合理である。必要的共同訴訟につき40条1項が適用されるのは，上訴（上告）を提起しない共同訴訟人がいることによって，他の共同訴訟人が上告審の裁判を受ける可能性が失われ，上訴裁判所（上告裁判所）の裁判を受ける権利が害されることを防止するためであるから，共同訴訟人が自ら上訴（上告）を提起する場合には，この規定を適用する必要性がそもそも存しない。それにもかかわらず，判例・通説のように，後から提起された共同訴訟人による上告も上告権に基づく上告の提起であるにもかかわらず，これを二重上告として不適法却下することは，根拠なく上告権を否定するに等しい。また，二重上告として却下しなければならない必要性もない。すなわち，重複起訴を不適法とする理由である審理の重複による不経済および矛盾した裁判が生ずる危険は，複数の共同訴訟人の提起する後行の上告には生じないからである。

〔162〕　**最〔1小〕判平成23・2・17家月63巻9号57頁＝判時2120号6頁**は，Aの子X₁がAを養母，Yを養子とするA・Y間の養子縁組無効確認の訴えを提起し，Aのもう1人の子であるX₂がこの訴訟に共同訴訟参加をした事案に関する。第一審がXらの請求を認容したが，控訴審は本件養子縁組はAの縁組意思と届出意思によるもので有効と判断し，第一審判決を取り消し請求を棄却した。これに対して，X₁が上告と上告受理申立てを提起し，次いでX₂も上告と上告受理申立てを提起した。最高裁は，この事件においてX₁の上告を棄却し，上告受理申立てに対して不受理の決定をし，X₂の上告を二重上告として却下し，上告受理申立てを二重上告受理申立てとして却下した。しかし，上述の理由により，この判決は不当である。X₂の上告および上告受理申立てについても同時に裁判されるべきである。

必要的共同訴訟人の一部の者と他の者の間では二重上告の成立は認められるべきではない。このように，2つの上告（または上告受理申立て）が生ずれば，統一的な上告（または上告受理申立て）が存在するものと扱うべきである。

3 補助参加の場合

補助参加人が上告を提起した後に提起された被参加人の上告を二重上告〔163〕として不適法却下することも誤りであり，両者の上告は1つの統一的な上告をなす。

補助参加人の上告は，補助参加人に帰属する権能に基づき補助参加人によって提起されたという意味で補助参加人のものとして現象するが，補助参加人の提起した上告によって被参加人が上告審において当事者となる効力を有するので，それは1つの上告であり，しかも被参加人の上告である。判例・通説はこの点を捉えて，被参加人が後に上告を提起すると，二重上告になるというのであるが，補助参加人は上告の提起によって差し当たり，上告審においても被参加人を補助する旨陳述するだけであり，補助参加人は被参加人の陳述と抵触することができない。補助参加人の上告は，その限りで独立した上告ではない。補助参加人の上告と被参加人の上告は1つの統一的な上告をなすのであり，被参加人の上告を二重上告とみる基礎を欠く。[40]

第8節 上告権の濫用

第1款 上告権の濫用と制裁

原判決が正当であることを認識しまたは認識し得るべきであるにもかか〔164〕わらず，上訴（上告）の確定遮断効によって判決の確定を引き延ばすためだけに上訴権（上告権）を行使することは上訴権（上告権）の濫用として制裁の対象となる。民訴法は控訴権の濫用につき，控訴裁判所は控訴棄却判決において控訴提起の手数料の10倍以下の金銭納付を命ずることができる旨定め，この規定は上告にも準用される（313条・303条1項）。

---

40) 松本・民事控訴審ハンドブック〔309〕。

108 第4章 上告の適法性

第2款　上告権の濫用を理由とする上告の却下？

〔165〕　民訴法の定める上訴権の濫用に対する制裁は金銭納付命令であり，従来は上訴権の濫用とみられる場合にも上訴を不適法として却下することはできないとみられているが，訴訟における信義則の一類型である権利濫用の禁止により上訴を却下した判例や，これを認める学説[41]がある。

〔166〕　**最判平成6・4・19判時1504号119頁＝判タ857号107頁**[42]の事案は次のようなものである。原告は，本件特許出願をしたが，拒絶査定を受け，これを不服として審判を請求したところ，審判請求は成り立たない旨の本件審判を受けたので，さらに本件審判の取消しを求めて本訴を提起した。原審は上告人の請求を棄却する判決を言い渡したところ，上告人は判決言渡後に本件特許出願を取り下げ，訴えの利益を失ったことを理由に自ら訴えの却下を求めて本件上告を提起した。最高裁は，審判の取消しを求める法律上の利益を失わせる特許出願の取下げにより自ら審決の取消しを求める法律上の利益を失わせた上で，「訴えの利益を失ったことを理由として，原判決を破棄して訴えを却下することを求めて本件上告をしたものであるが，このような上告は上訴制度の本来予定していないところであって，本件上告は，上告権の濫用に当たるものとして不適法であり，その欠缺を補正することができないものというべきである」と判示した。

　本件において，最高裁は上告権の濫用をいうが，本件上告は上告権の濫用なのであろうか。濫用と判断される基準は示されていない。判例によれば，特許出願の拒絶査定を是認する審決の取消しを求める訴訟において請求棄却判決がなされ，この判決に対して上告が提起され，上告審係属中に特許出願の取下げがある場合，上告裁判所は審決取消しの利益の喪失を理由に原判決を破棄し，訴えを却下すべきである。[43]この判例の事案と本件との違いは，本件では原判決言渡しの後に特許出願の取下げがあったことである。最高裁は，特許出願人が審決取消訴訟の係属中に審決の対象となった特許出願を取り下げてしまうと審判の対象となった特許出願が初めから存在しなくなり，取消しの訴えの利益を欠く状態になるが，この状態を自

---

41) 伊藤718頁。
42) 評釈として，上野泰男・平成6年度重判解説（1995年）130頁；同・判批，関大法学論集45巻4号（1995年）1116頁，1134頁以下；小橋馨・リマークス11号（1995年）138頁がある。
43) 最判平成3・3・28判時1381号115頁。

ら現出させておきながら上告を提起して原判決の破棄と訴えの却下を求め
るのは，上告制度の本来予定されていない利用だとして上告権の濫用とな
るというのである。しかし，訴訟係属中に特許出願の取下げはできるので
あるから，これを取り下げたうえで提起された上告を上告権の濫用という
のは，些か行きすぎではなかろうか[44]。上告人は，原審で敗訴しており，原
判決に対し形式的不服を有する。原判決の言渡し後に特許出願を取り下げ
た場合にも，上告人の不服は消滅しない。もっとも，本件上告人は原判決
を変更して審決を取り消すことをもはや求めていないため，すなわち不服
の除去を追及していないため，本件上告は上告の適法要件（不服の除去の
追及）を欠き，不適法であるとみられる。通説は不服の除去の追及（→
〔128〕）を上訴の適法要件とみないけれども，不服の存在のみならず不服
の除去の追及が上訴要件をなすと解すべきである。判例のように，本件に
おいて上告権の濫用を理由に上告を却下することは不当であろう。そのよ
うな権利濫用を援用しなくても，本件のような上告の提起に対して，上告
要件の枠内で対応することができることに注意すべきである。

44）上野・前掲注42）関大法学論集45巻4号1134頁以下（「本判決は，このような形で（原判決
の言渡し後に特許出願を取り下げて拒絶審決支持の原判決の破棄および訴え却下判決を求め
るという形──引用者）上告提起が続発することを予防するため，上告権濫用の理論を利用
したものといえよう。したがって，本件は，上告権の濫用の一場合を認めた判例としてでは
なく，権利濫用理論の濫用の一例として記憶されるべきである」という）。

第 **5** 章

上 告 理 由

〔**文献**〕　石川　明「新民事訴訟法における最高裁判所に対する裁量上告制の内容と問題点」判タ910号（1996年）4頁以下；上野泰男「上告——上告理由について」法教208号（1998年）36頁以下；宇野栄一郎「上告審の実務処理上の諸問題」実務民訴講座(2)303頁以下；宇野　聡「上告理由と上告受理申立ての理由」実務民訴講座〔第3期〕(6)91頁以下；加波眞一「絶対的上告理由についての一考察」民訴雑誌49号（2003年）1頁以下；同「上告理由としての再審事由に関する判例の動向」摂南法学35号（2006年）1頁以下；同「最高裁判所における再審事由の取扱い」民事手続法研究2号（2006年）97頁以下；河野正憲「不確定概念（一般条項）の上告可能性」小室＝小山還暦(中)308頁以下；近藤崇晴「上告と上告受理の申立て」自由と正義52巻3号（2001年）52頁以下；坂井芳雄「民事上告理由の実態」民訴雑誌10号（1963年）115頁以下；笹田栄司「統治構造において司法権が果たすべき役割〔第7回〕民事裁判における手続上の瑕疵の憲法的統制」判時2391号（2019年）118頁以下；新堂幸司「審理不尽の存在理由」小室＝小山還暦(中)272頁以下；鈴木重勝「当事者救済としての上訴制度」講座民事訴訟(7)1頁以下；鈴木正裕「上告理由としての訴訟法違反——史的考察」民訴雑誌25号（1979年）29頁以下；竹下守夫「最高裁判所に対する上訴制度(上)(下)」NBL575号39頁以下，576号44頁以下（いずれも1995年）；高部眞規子「上告審と要件事実」伊藤滋夫ほか編・民事要件事実講座(2)（2005年・青林書院）3頁以下；田原睦夫「弁護士からみた今後の上告制度の活用」新民訴法大系(4)85頁以下；中野貞一郎「民事裁判と憲法」講座民事訴訟(1)1頁以下（同・現在問題1頁以下所収）；同「公正な手続を求める権利」民訴雑誌31号（1985年）1頁以下（同・現在問題27頁以下所収）；福田剛久「上告理由としての理由不備，食違い」栂＝遠藤古稀749頁以下；藤原弘道「事実誤認と上告」民商120巻1号（1999年）1頁以下；福永有利「不特定概念（不確定概念）の上告可能性」小室＝小山還暦(中)1頁以下；本間靖規「上告理由と手続保障——ドイツ法の議論を参考にして」松嶋英機ほか編・門口正人判事退官記念　新しい時代の民事司法（2011年・商事法務）607頁以下（同・手続保障論集〔2015年・信山社〕613頁以下所収）；松

本博之「事実認定における『経験則違背の上告可能性』」小室＝小山還暦(中)224頁以下（同・証明軽減論〔2017年・日本加除出版〕91頁以下）；村上博巳「証明責任分配の法則違背と上告理由」小室＝小山還暦(中)294頁以下；山本克己「当事者権」鈴木古稀61頁以下；山本　弘「上訴審手続の現状と展望——再審事由を理由とする最高裁に対する上告の可否を中心として」ジュリ1317号（2006年）119頁以下

第1節　総　説——上告理由と破棄理由

第1款　上告理由とは

　上告理由は，上告裁判所が原判決を破棄すべき事由であると解するのが〔167〕一般的である[1]。そして，次のように説かれている。破棄理由としての上告理由は，現行民訴法においても，最高裁判所への上告，および高等裁判所への上告を通じて「判決に影響を及ぼすことが明らかな法令の違反」である[2]。ただし，高等裁判所への上告，最高裁判所への上告および最高裁判所への上告受理申立ての間では，上告権を基礎づけるために主張しなければならない上告理由の範囲に差異がある（312条・318条1項）。すなわち，高等裁判所への上告は，「判決に影響を及ぼすことが明らかな法令の違反」の主張で足りるのに対し，最高裁判所への上告の場合には，憲法違反または絶対的上告理由の主張を要するからだ，と。因みに，上告裁判所である高等裁判所は，憲法その他の法令の解釈について，高等裁判所の意見が最高裁判所の判例（最高裁判所の判例がないときは大審院または上告裁判所もしくは控訴裁判所である高等裁判所の判例）と相反するときは，決定で，事件を最高裁判所に移送しなければならない（324条・民訴規203条）。これは，最高裁判所の違憲法令審査権を確保するためである。

第2款　上告理由と破棄理由の不一致

　しかし，上告理由が存在すると判断される場合にも，原判決は常に破棄〔168〕

---

1) 小室・上訴再審85頁；上田592頁；上野泰男「上告——上告理由について」法教208号（1998年）36頁。
2) 上野・前掲注1）36頁；研究会・新民事訴訟法409頁参照。

114　第5章　上告理由

されるのではない。上告裁判所が原判決には判決の結果と因果関係にある
法令違反があるが，他の理由から原判決の結論は正しいと判断する場合に
は，原判決は破棄されず，逆に，上告は棄却されなければならない（313
条・302条2項）。それゆえ，上告人の主張する上告理由が正しく，した
がって，その限りでは，原判決が不当であっても，原判決の破棄には至ら
ない。

　他方，上告理由書において適法な上告理由の主張がなされることは，上
告の適法要件をなす（→〔456〕）。また，上告裁判所たる最高裁判所が上告
に理由がないと判断する場合にも，「判決に影響を及ぼすことが明らかな
法令の違反」があるときは原判決を破棄することができるとされている
（325条2項，職権破棄）。このように，上告に理由があるときは，原判決が
破棄されることが多いけれども，法律上は上告理由と破棄理由の関係は切
断されていることが確認されなければならない[3]。

第3款　上告審へのアクセス権としての上告の理由

〔169〕　現行法上，上告理由は，最高裁判所への上告にあっては，原判決の憲法
違反（312条1項）と絶対的上告理由（同条2項）に限られている。高等裁
判所への上告においては，これらの事由の他に，「判決に影響を及ぼすこ
とが明らかな法令の違反があること」（同条3項）が加わる。

　判決に影響を及ぼすことが明らかな法令違反が最高裁判所への上告の理
由とされていない現行法においては，原判決に不服を有する当事者は法令
違反を主張して上告受理申立てをすることができ，最高裁がこれに基づき
上告受理の決定をする場合に，上告受理申立て理由のうち最高裁が重要で
ないとして排除したものを除き，上告の理由とみなされる（318条1項・3
項・4項）。このような規律からは，上告理由は多くの場合に破棄を根拠
づけるにせよ，常にはそうではなく，また，上告理由として責問（主張）
される事由が実際には認定されない場合であっても，最高裁判所は判決に
影響を及ぼすことが明らかな法令違反を認定して原判決を破棄することが
できるのであるから（325条2項），上告理由は上告審の審理にアクセスす

　3）出口雅久「最高裁判所に対する上告」新民訴法大系(4)48頁，50頁；高橋宏志「上告受理と
　　当事者救済機能」井上追悼284頁，288頁；同・重点講義(下)685頁も参照。

るためにその存在が主張されなければならない事由ということになる。し
かも，最高裁へのアクセスを正当化する事由は大幅に制限され，一般の法
令違反にあっては最高裁の受理決定がなければアクセスすることができな
い。上告理由は，上告の適法性審査の段階では上告審の実体判断へのアク
セスを確保する事由として，その主張があることが重要であり，上告の理
由具備の審査との関係では責問された事由に基づき調査が行われることに
意味がある（もちろん上告理由不拘束の原則に示されるように，調査は常にこ
れに限られるのではない）。

　以下では，各々の上告理由を検討する。

第2節　憲法違反

第1款　意　義

　「判決に憲法の解釈の誤りがあることその他憲法の違反があること」と〔170〕
は，原判決中の裁判所の判断またはその判決の基礎になった訴訟手続に憲
法違反があることをいう。

1　判断の違憲と手続の違憲

　判断の違憲には，原判決が，法令または行政処分が違憲のために無効で〔171〕
あるにもかかわらず，これを有効として扱ったこと，また逆に合憲である
にもかかわらずこれを違憲無効として判断したことも含まれる[4]。

　民訴規則190条1項前段は，憲法違反を上告理由とする場合の上告理由
の記載につき憲法の条項と憲法に違反する事由を示すことを要求するが，
「その事由が訴訟手続に関するものであるときは，憲法に違反する事実を
掲記しなければならない」（同項後段）と定め，訴訟手続の憲法違反が上
告の理由となることを前提としている。もっとも従来は，裁判例で憲法違
反が問題になるのは圧倒的に実体法が多く，手続法に関して憲法違反が上

　4）　最近の判例では，嫡出でない子の相続分を嫡出子の相続分の2分の1と定めた民法900条4
　　　号ただし書について，「本件相続開始時においては，立法府の裁量権を考慮しても，嫡出子
　　　と嫡出でない子の相続分を区別する合理的な根拠は失われていたというべきであり，本条4
　　　号ただし書の規定のうち嫡出でない子の相続分を嫡出子の相続分の2分1とする部分は，遅
　　　くとも平成13年7月当時において，憲法14条1項に違反しているものというべきである」と
　　　判示した最〔大〕決平成25・9・4民集67巻6号1320頁がある。

116 第5章 上告理由

告理由として主張される実体は内容に乏しいものが少なくないという指摘[5]がなされている。しかし，これは当事者の法的審問請求権の侵害等，手続基本権の侵害を上告理由として位置づけ当事者の救済を図るという意識の乏しさの反映であり，本来訴訟手続の憲法違反の問題が存在しないわけはない。

2　判決の結論に影響を及ぼした蓋然性の必要の有無

〔172〕　憲法違反については，高等裁判所への上告の理由である法令違反（312条3項）と異なり，法文上，判決に影響を及ぼす蓋然性は要求されていない。そこから旧法時代に，憲法違反と判決の結果との関係について問題が生じた。1つの見解は，憲法違反がなければ異なる判断がなされた可能性があれば足り，憲法違反が判決の結論に影響を与えた蓋然性があることまでは要求されていないとみた。昭和29年の民事訴訟法改正法の立法担当者は，この見解に立っていた[6]。この見解は法体系に占めるめる憲法の優越性に鑑み，憲法違反が判決に影響を及ぼす可能性がある限り原判決を破棄して審判のやり直しをするのが適切であると解し，あわせて上告裁判所に違憲審査権行使の機会を十分に与えることを確保しようとするものである[7]。他の見解は，一方において，憲法の最高規範としての重要性にかかわらず上告理由との関係では，憲法違反でも判決に影響がなければ原判決を破棄すべき上告理由にならないという理由で憲法違反とその他の法令違反を区別せず，憲法違反も法令違反の一態様だとして判決の結論への影響が明らかであることを要求しつつ[8]，他方において，上告審としては事実問題に関し具体的な心証形成をしない建前である以上，蓋然性と可能性の区別を設

---

5) 注解民訴(9)〔第2版〕407頁〔斎藤/奈良〕。

6) 関根小郷「上告手続に関連する民事訴訟法の改正等について」曹時6巻6号（1954年）1頁，49頁，51頁。

7) 斎藤秀夫「民事訴訟法等の改正について」法時26巻9号（1954年）986頁，989頁；関根・前掲注6）50頁；小室・上訴制度165頁；菊井/村松・全訂Ⅲ221頁；斎藤・概論〔新版〕572頁；注解民訴(9)〔第2版〕404頁〔斎藤/奈良〕。結果同旨：鈴木/鈴木/福永/井上・注釈561頁〔鈴木正裕〕。現行法について，松本/上野〔966〕〔上野〕もこの説を主張する。

8) 兼子・条解(上)928頁；同・体系460頁；小山574頁；新堂幸司・民事訴訟法〔第2版補正版〕(1990年・弘文堂）563頁；上田徹一郎・民事訴訟法（1988年・法学書院）525頁；条解民訴〔初版〕1206頁〔松浦〕；中野貞一郎ほか編・民事訴訟法講義（第3版）663頁〔林屋〕；林屋礼二・民事訴訟法概要（1991年・有斐閣）468頁；同「上訴制度の目的」争点〔新版〕316頁，319頁など。

けることは「理論上」困難だと主張して，上告理由の全体について原判決の結論との因果関係を重視しない立場に立った。[9] 現行法下でも，憲法違反については判決への影響の可能性で足り，その他の法令違反についても判決への影響の可能性で足りるとする見解が有力に主張されている。[10] 旧法下では，上告裁判所による憲法判断の範囲を拡大することによって，違憲審査権を与えられた最高裁判所の機能を十分に発揮させようとする第1説が，立法趣旨に合致し，優先されるべきであると解された。

　憲法違反を他の法令違反と区別する根拠があるか否かは，高等裁判所が〔173〕上告審として裁判することとの関係においても問題とされた。一方において，憲法上特別の地位を有していない高等裁判所が上告裁判所である場合にも適用される上告理由として，憲法違反と他の法令違反を区別することは根拠に乏しいという批判[11] がなされた。他方において，憲法違反の是正の重要性は，高等裁判所が上告審としてする判決に対して特別上告を認め，これにより最高裁判所の判断の機会を保障しているから，その前提となる高等裁判所の上告審についても，判決に影響を及ぼす可能性がある憲法違反を上告理由とすることは，むしろ，論理が一貫しているとみる見解[12] があった。

　現行民訴法は，一般の法令違反を最高裁判所への上告の理由として承認していないので，憲法違反も法令違反の一態様であるという理由で，憲法違反が判決の結論に影響を及ぼした蓋然性があることを要求する見解の基礎は，失われている。かつ，憲法違反は高等裁判所への上告の上告理由でもあるところ，高等裁判所は憲法の解釈に関するその意見が最高裁判所等の判例と相反するときは，憲法違反の判決への影響の蓋然性の有無を問わず最高裁判所に事件を移送しなければならず（324条；民訴規203条），憲法違反の有無についての最高裁判所の判断権は確保されているので，現行法のもとでも，第1説が優先されるべきであろう。[13]

　9）兼子・体系459頁。
　10）新堂910頁；高橋・重点講義(下)686頁。
　11）中田淳一「上告制度の目的と民訴改正法案」法時26巻5号（1954）460頁，461頁；兼子・体系460頁。
　12）関根・前掲注6）50頁；注解民訴(9)〔第2版〕406頁〔斎藤/奈良〕。
　13）条解民訴〔第2版〕1608頁〔松浦/加藤〕；菊井/村松・新コンメⅥ280頁；伊藤742頁；注釈民訴(5)252頁〔勅使川原〕。瀬木〔626〕は，憲法違反については，これが判決に影響を及ぼ

118 第5章 上告理由

3 憲法違反の主張の濫用のおそれ

〔174〕　以上のように判決の結果への影響の可能性があれば憲法違反を理由に上
告を提起することができることは，憲法の解釈上何らの疑問もない法律問
題について憲法違反を主張して上告を提起する誘引となり得，憲法違反に
名を借りた上告の増加が危惧されている。しかし，この点については，日
本の民訴法学においては当事者の手続基本権の認識が十分でなく，手続基
本権の侵害をもたらしている裁判実務も存在するとみられる（→〔199〕）
ことを看過してはならない。手続基本権の侵害に対する救済方法として，
一般の法令違反が最高裁への上告を基礎づけない日本法において，憲法違
反による上告が重要な役割を果たすことが期待される。したがって，憲法
違反の主張の濫用論の濫用によって，このような手続基本権侵害の上告が
妨げられることがあってはならない。

　　上告人が上告の理由とした事由が明らかに憲法違反に該当しないときは，
最高裁判所は決定で上告を棄却することができる（317条2項，→〔637〕）。
憲法違反に名を借りた上告としかいいようのない上告については，この決
定による上告棄却によって対処することができる。このような上告に当た
るのは，たとえば，形の上では憲法違反を主張しているが，その実質は，
事実誤認の主張にすぎない場合，単純な法令違反の主張にすぎない場合，
原審の認定していない事実を前提とする場合，単に立法政策の不当を主張
しているにすぎない場合などである。[14]

第2款　適用法規についての違憲の主張

〔175〕　ある法規が適用される法律関係についての原判決の判断に憲法違反があ
ることを主張する場合，その法規の属する法律中の当該法律関係と直接関
係のない法規またはその法律全体の憲法違反が上告理由として主張される
ことがある。このような場合，判例は，そのような違憲の主張は上告理由

すことが明らかであることは法律上要求されていないとし，かつ，判決との因果関係の可能
性を要求することは「条文の文言にない要件を加えることになる」として，これを拒否する。
しかし，これでは判決と関係のない憲法違反も上告理由として提出できることになり，不都
合であろう。憲法裁判所でない真正の上告裁判所が，判決との因果関係の可能性のない憲法
違反により原判決を破棄することはないとしなければならない。

14）高部眞規子「上告審と要件事実」伊藤滋夫ほか編・民事要件事実講座(2)（2005年・青林書
院）3頁，10頁以下参照。

にならないことを明らかにしている。

判例[15]は，農地法20条の適用される法律関係（同条1項の知事の不許可処分）の違憲を主張するのに他の農地法の規定または農地法自体の違憲を理由とすることは「許されない」と判示した。[16]憲法違反を理由とする上告も特定の法規の合憲・違憲を問題とすべきことは当然である。また，事案との関係のない憲法の条項を援用し判決の違憲を主張することは，原判決が憲法違反であるとの主張の前提を欠くため，上告理由の主張とはならない。[17]

第3款　手続基本権の侵害（法的審問請求権，公正手続請求権および実効的権利保護請求権の侵害）

1　手続基本権

控訴裁判所の手続と判決が当事者の手続基本権を侵害している場合には，[176]訴訟手続に関する憲法違反の上告理由が存在すると解すべきである。考慮されるのは，とりわけ法的審問請求権，公正手続請求権および実効的な権利保護を求める権利の侵害である。

従来，日本の民訴法学において手続基本権の問題は，一部の研究者を除くと，残念ながら十分検討されてこなかった。ことに，手続基本権の侵害がある場合の救済方法の検討は十分ではなかった。以下では，手続基本権をなす法的審問請求権，公正手続手続請求権および実効的権利保護請求権とその侵害について，ドイツ法を参考に，上告理由を考えるうえで必要になる限りでのみ採り上げる。

2　法的審問請求権（手続保障）

(1)　法的審問請求権

ドイツの基本法（GG）103条1項は，「何人も裁判所の面前において法[177]的審問を求める権利（Anspruch auf rechtliches Gehör）を有する」と定めている。連邦憲法裁判所は，この法的審問請求権を「裁判上の権利保護の領域についての法治国家思考からの帰結」と性格づけるとともに，法的審

---

15) 最〔大〕判昭和35・2・10民集14巻2号137頁。
16) 注解民訴(9)〔第2版〕406頁〔斎藤/奈良〕参照。
17) 最〔2小〕判平成2・7・20裁判集民160号343頁（保育料を憲法84条にいう租税とみることを前提に，規則に基づく保育料賦課処分を憲法84条に違反すると主張する上告）。

120 第5章 上告理由

問が人の尊厳を守る意味を有することを際立たせ，法的審問と法治国家原
則および人間の尊厳との関係を強調した。[18)]

〔178〕　日本の憲法には，ドイツの基本法103条1項のような法的審問請求権を
直接定める規定は存在しない。しかし，このことは，日本法には法的審問
請求権が存在しないことを意味するとはいえない。

　この権利は，裁判所の裁判によって影響を受ける者がその裁判の前に裁
判の事実上および法的な基礎につき適時に意見を述べる権能を中核とする
様々な権利の複合体である。[19)] これは，事件につき事実主張をするのみなら
ず，法的見解を述べる権能をも含む。[20)] この権能は，手続基本権の1つとし
て，訴訟手続のみならず非訟事件手続においても，[21)] また，判決手続と決定
手続を問わず，口頭手続と書面手続を問わず，国家の裁判所の権限に属す
るすべての裁判手続において保障されなければならないし，[22)] 弁論主義の妥
当する通常の財産権上の民事訴訟のみならず，職権探知主義の妥当する訴
訟手続においても承認される。弁論主義のもとでは当事者が提出した訴訟
資料だけを裁判の基礎とすることができるが，弁論主義は，当事者の主張

18) BVerfGE 9, 89(95); 34, 1(7); 42, 64(73); 46, 325(333); 55, 72(93). 法的審問請求権について
　　の歴史的展開については，*Rüping*, Der Grundsatz des rechtlichen Gehörs und seine
　　Bedeutung im Strafverfahren, 1976, S. 12 ff.; *Knemeyer*, rechtliches Gehör im
　　Gerichtsverfahren, in: Isensee und Kirchhof〔Hrsg〕, Handbuch des Staatsrechts, Bd. 8,
　　3. Aufl., 2010, 555 ff. Rn. 7ff.; *Schulze-Fielitz*, in: Dreier, Grundgesetz Kommentar, 3. Aufl.,
　　2018, Art. 103 I Rn. 1 ff. ドイツの法的審問請求権についての日本における初期の意欲的な研
　　究として，紺谷浩司「民事手続における審問請求権（Anspruch auf rechtliches Gehör）に
　　ついて」(1)(2)」廣島大学政経論叢18巻1・2号（1968年）51頁以下，3・4号（1968年）91
　　頁以下：同「審問請求権（Anspruch auf rechtliches Gehör）の保障とその問題点」民訴雑
　　誌18号（1972年）143頁以下がある。
19) Rosenberg/Schwab/*Gottwald*, §82 Rn. 9 ff.; *Schilken*, Rn. 396.
20) 法的審問請求権が法律問題について意見を述べる権利をも含む固有の原因が，関係人が自
　　己の権利を訴訟において主張しまたは防御する権利であるという法的審問請求権の本質にあ
　　り（*F.O. Kopp*, Das rechtliche Gehör in der Rechtsprechung des Bundesverfassungsge-
　　richts, AöR 106(1981), 604, 623），事実と法律の区別が困難な場合があることにあるのでは
　　ない。法律問題について意見を述べる機会を保障すべき必要性は，事実問題についてのそれ
　　より小さいという評価は不当である。
21) 鈴木忠一「非訟事件における審問を求める権利」同・非訟・家事事件の研究（1971年・有
　　斐閣）291頁以下：新堂32頁；同「訴訟と非訟」同・民事訴訟法学の基礎（1998年・有斐閣）
　　209頁以下：竹下守夫「家事審判法改正の課題」家月61巻1号（2009年）43頁，75頁など参
　　照。
22) 中野貞一郎「民事裁判と憲法」同・現在問題1頁，15頁。笹田栄司「統治構造において司
　　法権が果たすべき役割〔第7回〕民事裁判における手続上の瑕疵の憲法的統制」判時2391号
　　（2019年）118頁以下も参照。

を了知すべき裁判所の義務とは直接関係を有しないし，相手方がそれにつき審問を与えられなかった当事者の主張を利用することを禁止しないが，正しい裁判のためには相手方の意見をも聴く必要がある。すなわち，両当事者が審問を与えられて，それによって真実が発見されて初めて，正当な判決というものを想定することができるのであるから，弁論主義と法的審問請求権とは相補い合う関係にある。[23] 他方，人事訴訟や非訟事件のように，職権探知主義が適用される訴訟においても，法的審問が保障されなければならない。当事者は手続の客体とされてはならないから，裁判所が職権で事実探知をしてよい場合であっても，裁判所の事実探知が当事者を無視してしまうことが避けられなければならないからである。法的審問請求権は，日本では以前から民事訴訟における手続保障として論じられたが，今日一般的な承認を受けている手続の基本原則であり，法律には部分的にこれを承認する規定が存在する（たとえば人訴20条後段；非訟52条；家事手続63条）。

法的審問請求権についての特別の問題は，訴訟当事者のような正式の手〔179〕続関係人を超えて，裁判によって直接その権利に影響を受ける第三者にも法的審問請求権が付与されなければならないことである。[24] 当事者間で下される判決の効力が第三者に及ぶ場合に，その第三者にどのような方法で法的審問請求権を保障すべきかが問題となる。[25]

(2) 憲法上の法的審問請求権

(a) 意義と内容　　日本法においても憲法レベルの法的審問請求権を，〔180〕個々の訴訟の訴訟関係人の裁判所の面前における平等のみならず，同様の訴訟状況にある他の訴訟の当事者との関係での平等をも保障する憲法上の平等原則（憲14条1項），および自己の言い分を裁判の前に裁判所に聴いてもらうことを内容とする個人の尊重の憲法上の保障（憲13条）から演繹することができる。[26] 憲法が保障する裁判を受ける権利は，法の下の平等原則

---

23) *Waldner*, Der Anspruch auf rechtliches Gehör, 1989, Rn. 12 f.
24) 最〔大〕判昭和37・11・28刑集16巻11号1593頁は，被告人の占有する第三者所有物の没収につき，「没収に関して当該所有者に対し，何等告知，弁解，防御の機会を与えることなく，その所有物を奪うことは，著しく不合理であって，憲法第31条，第29条に違反する」と判示しているが，これは法的審問請求権，しかも第三者の法的審問請求権を承認したものである。
25) 人事訴訟について，松本・人訴法〔320〕参照。なお，中野・前掲注22）22頁注㉖も参照。
26) この点について，*Waldner*, a.a.O.（Fn. 23），Rn. 17f. 参照。日本では，審問請求権が裁判を受ける権利に基づくかという形で問題設定が行われるが，個人の尊重（憲13条）や法の下の平等（憲14条1項）に基づく手続による裁判を受ける権利が保障されているかどうかという

122 第5章　上告理由

や個人の尊重に基づく手続による裁判を受ける権利であることに留意しなければならない。その他，憲法31条の適正手続の保障も，法的審問請求権と共通の基礎を有する。したがって，法的審問請求権についての直接の規定が憲法にないことは，法的審問請求権の原則が憲法上の原則として妥当する手続保障と解することの妨げとはならない。[27]

〔181〕　法的審問請求権は，事実審について次の内容を有する。裁判によって影響を受ける者が，①手続について裁判所から通知を受ける権利，②申立てを提起し，事実主張を行い，必要な場合に証拠方法を提出し，そして自己の法的見解を述べる権利，ならびに，事実および法状態についての相手方の主張を了知し，それについて意見を述べ，また証拠調べの結果について意見を述べる権利，さらに裁判所が探知または裁判所に顕著だとして考慮した事実と証拠方法につき予め意見を求められる権利，③裁判所が当事者の申立ておよび主張等を了知し，これを裁判において考慮に入れることを求める権利等がある。[28]法的審問は，裁判が行われる前に付与されるのが原則である。手続の迅速性がとくに要求される場合には，事後的な法的審問が正当化される場合もある（民事保全手続）。[29]

〔182〕　法的審問請求権は，手続の開始や手続資料について関係人が知る権利である情報を求める権利，手続および裁判の基礎をなす事実上および法律上の諸点について意見を述べる権利（das Recht auf Äußerung）および，事実主張や証拠申出につき考慮を求める権利（Recht auf Berücksichtigung）を内容とする。法的審問請求権は，第一段階において裁判所の通知＝情報義務を基礎づけ，第二段階において手続資料について意見を述べる関係人

　　形で問題を設定する必要がなる。

27)　*Waldner*, a.a.O.（Fn.23），Rn.18は，審問を求める権利が憲法において明文規定により定められていないスイスにおいて「ある訴訟の関係人相互間の平等扱いのみならず，同様の訴訟状況にある他の訴訟当事者との関係での平等扱いをも保障する」という意味での平等原則から，法的審問請求権が演繹されたことを指摘している。鈴木（忠）・前掲注20）304頁は，［個人の尊厳を基本とする民主主義的法治主義の原則を採用したわが憲法がこれを理論的に認めない筈はなく，憲法第13条，第31条，第32条，第76条3項，第82条等は，多かれ少かれ，これを認容するための理由づけとして採用することが出来るであろう。」と主張した。

28)　Vgl. Rosenberg/Schwab/*Gottwald*, §82 Rn.9; *Schilken*, Rn.396.

29)　Vgl. *Schilken*, Rn.396. 民事保全手続においては，密行性の必要上差当たり相手方の審問をしないで仮差押え命令や仮処分命令が発せられ，相手方の保全異議がある場合に異議審において相手方に事後的に法的審問が与えられる。松本博之・民事執行保全法（2011年・弘文堂）〔807〕も参照。

の権能を承認し，最後に，当事者の申立ておよび主張を了知し，適切に顧慮する裁判所の義務を根拠づける。裁判所の顧慮義務から必要な範囲において裁判を十分に理由づけるべき裁判所の義務（理由づけ義務）が生ずる。[30]このように，法的審問請求権は，段階的な実現を内容とする手続基本権である。[31]

(b) **情報を求める権利**（Recht auf Informationen）　(aa)　**意義と内容**〔183〕
法的審問請求権の行使は，関係人が裁判手続について一定の情報を得ることを前提とする。[32]この情報がなければ，訴訟資料につき適切に意見を述べることができなくなるからである。**情報を求める権利**は，裁判上重要な諸点について関係人が情報を取得し，これについて意見を表明する可能性を確保する目的を有する。当事者の情報を求める権利に対応して，裁判所は当事者に情報を提供する義務を負う。

手続開始の申立て，裁判官の回避，相手方の提出書面と添付書類，裁判〔184〕上重要なメモ（Vermerken），裁判所が公知または裁判所に顕著として証明なしに利用しようとする事情につき，裁判所は当事者に知らせるべきである。裁判所が以前に当事者に与えた示唆から突然離れて反対の裁判をしようとする場合にも，この点の指摘が必要である。[33]原審において争いがなかった事実を控訴審判決において争いのあるものとして扱う場合，[34]控訴裁判所がある裁判上重要な点において原審の判断に従わず，自己の異なる見解に基づき主張の補充または証拠申出を必要とみる場合，[35]この点の指摘が必要である。

(bb) **期日の呼出しと送達**　期日の呼出しと送達による通知に〔185〕

---

30) 日本では法的審問請求権の内容として，第二段階および第三段階の権利と捉え（紺谷・前掲注18）民訴雑誌18号149頁）または第二段階を基本に理解されている（中野・前掲注22）13頁）。弁論権（山木戸克己「弁論主義の法構造」同・民事訴訟法論集〔1990年・有斐閣〕1頁以下）の概念も，第二段階についての議論である。法的審問請求権は，第一段階の情報請求権や，第三段階の権利（判決を理由づける裁判所の義務も含む）を含めて理解されるべきである。

31) *Degenhart*, in: Sachs, Grundgesetz, 3. Aufl., Art. 103 Abs. 1 Rn. 8f.；*Knemeyer*, a.a.O. (Fn. 18), Rn. 28.

32) *Waldner*, a.a.O. (Fn. 23), Rn. 34; *G.Nolte/H.P.Aust*, in: Huber/Voßkuhle, Grundgesetz, 7. Aufl., 2018, Art. 103 Abs. 1 Rn. 29.

33) BVerfG NJW 2003, 3687; BGH GRUR 2003, 901.

34) BVerfG NJW 2003, 2524.

35) BGH-RR NJW 2006, 937.

124 第5章 上告理由

関する訴訟法の規定も，以上の関係人の情報を求める権利および裁判所の
情報義務を具体化するのに役立つ。被告の呼出しが適正でなかった場合に
は，被告の欠席のまま行われた口頭弁論は，法的審問請求権を侵害する[36]。

　期日の指定や呼び出しが適正でなかったことを理由に原裁判を破棄した
上告審の判決もある。

〔186〕　それは，大判昭和16・5・16民集20巻619頁である。事件は次のような
ものであった。すなわち，旭川地方裁判所の控訴審の口頭弁論期日が昭和
15年11月4日に開かれ，被控訴人（原告）の代理人は出頭したが，控訴人
（被告）の代理人は欠席し，裁判長は次回期日を同年11月18日午前10時と
指定，告知した。控訴代理人は控訴裁判所の所在地に送達を受けるべき場
所および送達受取人の届出をしていなかったので，裁判所は民訴法旧169
条1項により期日の呼出状を郵便により発したが，呼出状はようやく同年
11月17の正午ごろに東京市に事務所を有する控訴人代理人に送達された。
裁判所は同年11月18日に被控訴人代理人のみが出頭し，控訴人および控訴
人代理人は出頭しないまま口頭弁論を開き，本人尋問を実施して口頭弁論
を終結し，判決言渡し期日を同年12月2日午前10時と指定，告知し，同期
日に被控訴人勝訴の判決を言い渡した。この判決に対する上告に対し，大
審院は原判決を破棄し事件を原審に差し戻したが，その理由として次のよ
うに判示した。

　「上告人竝上告代理人ハ何レモ東京市ニ居住スルモノナルヲ以テ東京市
　ト旭川市トノ距離及現在ノ交通状態ニ徴シ前記呼出ニ応シ原裁判所ノ
　口頭弁論期日ニハ到底出頭スルコトヲ得サリシモノト謂ハサルヲ得ス
　然ラハ原裁判所ノ訴訟手続ハ上告人ニ対シ期日ニ出頭スル機会ヲ与ヘ
　スシテ口頭弁論ヲ終結シタル結果ト為リ固ヨリ違法ナリトス　原裁判
　所ハ昭和15年11月4日ノ口頭弁論ニ於テ出頭シタル被上告代理人（被
　控訴代理人）ニ對シ次回期日ヲ告知シタリト雖此ノ場合判決ノ言渡ニ
　關スル民事訴訟法第190条第2項ヲ準用スルコトヲ得ルモノニ非ス
　然リ而シテ上告人カ口頭弁論期日ニ出頭スル機会ヲ与ヘラレタルニ於
　テハ更ニ攻撃防禦ノ方法ヲ講シ其ノ結果主文ニ影響ヲ及ホスヘキ事態
　ヲ生スルニ至リタルヤモ知ルヘカラサルヲ以テ右手続ノ違法ハ原判決

---

36) *Schulze-Fielitz*, a.a.O.（Fn.18），Rn.38.

破棄ノ理由ト為ルト共ニ事件ニ付尚弁論ヲ為ス必要アルモノト謂フヘシ」[37]。

　さらに，福岡高判昭和27・1・31下民集3巻1号127頁は，民事執行法　**[187]**施行前の仮処分事件において，裁判所が口頭弁論期日の呼出状をその期日の前日に送達しながら，第一回口頭弁論期日に口頭弁論を終結した原審の措置について，次のように判示した。呼出状の送達と口頭弁論期日との間には相当の期間を置いて口頭弁論期日を指定すべきであるのに，送達日の翌日の午前9時を口頭弁論期日として指定したのでは，控訴人（被申請人）等の準備時間は僅々数時間を出ない。このことに思いを致すならば，「原裁判所としては，口頭弁論期日においては，控訴人等に対し主張すべきところを十分主張させ，とくに疎明がないと明言すれば格別，然らざる限り，控訴人等に対し疎明を許すのが公平公正に則る裁判において，正になさるべき措置であり，原審がこの挙に出でなかったのは，畢竟審理手続に違法あるに帰（す）」と。この判示は，期日の呼出しと当事者の主張，証明（本件では疎明）の密接な関連性を指摘し，法的審問の必要性を説いたものである。

　手続についての通知は，訴訟法の定める送達規定によって保障される。　**[188]**とくに問題となるのは，送達名宛人が実際に了知することが保障されていない形式の送達，したがって補充送達（106条），書留郵便等に付する送達（107条）および公示送達（110条以下）である。これらの送達方法においては，実際の情報結果が保障されておらず，せいぜい了知の可能性が保障され（補充送達および書留郵便等に付する送達の場合），または了知が擬制されるに過ぎない（公示送達の場合）。このような法的審問請求権の法律上可能な制限は，他の憲法レベルで保護される法益の保護に仕える限りで法律による規律として正当化されるものである[38]。公示公達は，他の方法による送達が難なく可能であったにもかかわらず実施された場合には，憲法違反と

---

37) この判例について，中野・前掲注22) 49頁は，大審院は「遠隔地にある当事者が現実には出頭できずあるいは出頭して攻撃防御を展開するだけの準備もできないような期日指定や呼出しをしておきながら，あえて期日を開き弁論を終結した手続実施の態様を非難している」ので，公正手続請求権と共通する考え方が基礎にあるという。本稿は，期日の呼出しが情報請求権の実現の手段であるので，法的審問請求権の侵害の問題として，かつ実効的権利保護の保障の問題として捉えている。

38) *Schulze-Fielitz*, a.a.O. (Fn.18), Rn.39.

126　第5章　上告理由

なり得る[39]。被告が自己の過失なしに自分に対してなされている訴訟を知らなかった場合に，見解が分かれうる[40]。

〔189〕　日本の判例では，決定事件において相手方への抗告状の副本の送達またはその写しの送付を行うことなく，原裁判を相手方の不利に変更した決定に対する許可抗告事件，または即時抗告申立書の写しを即時抗告の相手方にに送付するなどして相手方に攻撃防御の機会を与えることなく，相手方の申立てに基づく文書提出命令を取り消し同申立てを却下した原決定に対する特別抗告事件において，このような原審の手続が憲法に反しないかどうかが問題とされてきた。

　　前者について，**最〔3小〕決平成21・12・1家月62巻3号47頁**[41] は，遺産分割審判に対する即時抗告の申立書の写しを相手方に送付しないで相手方に不利に遺産分割審判を変更した原審の手続について，最高裁は，「即時抗告の相手方において即時抗告があったことを既に知っていたことがうかがわれるうえ，抗告状に記載された抗告理由も抽象的なものにとどまり，即時抗告の相手方に攻撃防御の機会を与えることを必要とする事項は記載されていなかったという事情の下では，抗告状の副本の送達又はその写しの送付がなかったことによって即時抗告の相手方が攻撃防御の機会を逸し，その結果として十分な審理が尽くされなかったとまではいえず，抗告審の手続に裁判に影響を及ぼすことが明らかな法令違反があるとはいえない」として抗告を棄却した。注目されるのは，次の那須裁判官の反対意見が付されていることである。すなわち，「家事審判規則，家事審判法及び非訟事件手続法に基づく手続にも憲法32条の理念が及ぶ場合があり，少なくとも，争訟性の強い乙類審判手続については，憲法32条の趣旨に照らし，即時抗告により不利益を受ける即時抗告の相手方に対して反論の機会を与えるために即時抗告の抗告状等の送達ないし送付をする必要があると解するのが相当と考えるものである。本件では原審において即時抗告の

---

39) BVerfG（K），NJW 1988, 2361; *Schulze-Fielitz*, a.a.O.（Fn.18），Rn.40; *Nolte/Aust*, a.a.O.（Fn.32），Rn.30.

40) Vgl. *Schulze-Fielitz*, a.a.O.（Fn.18），Rn.40.

41) 評釈として，石田浩二・別冊判例タイムズ25号（2009年）124頁；川嶋四郎・法セミ650号（2009年）126頁；垣内秀介・ジュリ1376号（2009年）155頁；園田賢治・法政研究75巻3号（2008年）115頁；本間靖規・リマークス38号（2009年）126頁；三木浩一・法学研究83巻10号（2010年）84頁などがある。

抗告状の送達もないままに即時抗告の相手方である抗告人に不利益に変更がなされたというのであるから，原審の手続には裁判に影響を及ぼすことが明らかな法令違反があり，原決定が維持されるようなことがあれば，憲法32条違反の疑念が生ずることになるものといわざるを得ない。そして，原審の手続の法令違反が上記のとおり憲法32条の趣旨に反する極めて重大なものであることをにかんがみると，抗告人が即時抗告があったことを既に知っていたことや，上記抗告状に記載された抗告理由が抽象的なものにとどまることなど，多数意見の指摘するような事情があるとしても，それだけでは即時抗告により不利益変更を受ける抗告人に対して反論の機会を与えるために即時抗告の抗告状等の送達ないし送付をする必要がなかったということはできないというべきである」。

　この判例の多数意見は，相手方が即時抗告のあることを既に知っていたと窺われるとか，抗告状記載の抗告理由が抽象的なものであって，即時抗告状の送達等がなかったことが相手方の攻撃防御に影響を及ぼしていないというが，即時抗告の提起を相手方に知らせるのは相手方の情報請求権に対応する裁判所の情報義務であるという点についての意識が乏しいこと，および抗告理由が抽象的なものであるにもかかわらず，抗告審の審判（裁判）が相手方に不利なものに変更されたのであるから，裁判所が変更の理由とするものにつき相手方に意見を述べさせる必要があることに思いを馳せていない。これでは当事者の意見を述べる権利の侵害の有無について判断できないのも当然であろう[42)]

　後者について，最〔２小〕決平成23・4・13民集65巻3号1290頁＝〔190〕**判時2119号32頁＝判夕1352号155頁**[43)] がある。この事件は，タイムカー

---

42) 加波眞一・民商145巻3号（2011年）329頁，336頁は，原審が原々審の裁判を相手方の不利に変更するには理由があったはずだから，これにつき相手方に「対論の機会」を与えていないのは手続保障欠缺の違法に当たるとしながら，相手方が即時抗告の提起を知っていたなら手続保障欠缺の違法要件を欠くとする。前段の指摘は正しいが，後段の指摘は，裁判所が原々決定を不利に変更する事由について相手方が事前に知らされ，意見を述べる機会が保障されなければならないという「意見を述べる権利」の侵害の違法は，即時抗告の提起を相手方が知っていたことにより消滅しないことを看過している。況してや，相手方が即時抗告の提起を知っていた単なる可能性が決定的な意味をもたないことは当然である。

43) 調査官解説として，石丸将利・判解民平成23年度〔11事件〕（曹時66巻5号96頁以下）；評釈として，加波・前掲注42）329頁以下；加藤新太郎・判夕1375号（2012年）52頁以下；田邊誠・リマークス45号（2012年）106頁以下；安達栄司・法律のひろば65巻7号（2012年）49頁以下；宇野聡・ジュリ1440号（2012年）131頁以下；川嶋隆憲・法学研究85巻1号（2012

128 第5章 上告理由

ドについての文書提出命令に対する即時抗告において，即時抗告申立書には基本事件の被告（Y）がタイムカードを所持していない理由が原々審においてYが提出した意見書よりも具体的に記載されており，またこれを裏づける証拠として，原々決定後に受訴裁判所にその写しが提出された書証が引用されているが，原審は基本事件の原告（X）に対し即時抗告申立書の写しを送付することも，即時抗告があったことを知らせることもなく，Xに何らの反論の機会をも与えないまま，原々決定後に提出された書証をも用い，本件文書が存在していると認めるに足りないとして，原々決定を取り消し，文書提出命令の申立てを却下した。抗告の許可が与えられなかったXが特別抗告を提起したのに対し，最高裁は，次のように判示して職権により原決定を破棄し，事件を原審に差し戻した。

「①本件文書は，本案訴訟において，抗告人（X）が労働に従事した事実及び労働時間を証明する上で極めて重要な書証であり，②本件申立てが認められるか否かは，本案訴訟における当事者の主張立証の方針や裁判所の判断に重大な影響を与える可能性がある上，③本件申立てに係る手続は，本案訴訟の手続の一部をなすという側面も有する。そして，④本件においては，相手方が本件文書を所持しているとの事実が認められるか否かは，裁判所が本件文書の提出を命ずるか否かについての判断をほぼ決定付けるほどの重要性を有するものであるとともに，⑤上記事実の存否の判断は，当事者の主張やその提出する証拠に依存するところが大きいことにも照らせば，上記事実の存否に関して当事者に攻撃防御の機会を与える必要性は極めて高い。

　しかるに，記録によれば，⑥相手方が提出した即時抗告申立書には，相手方が本件文書を所持していると認めた原々決定に対する反論が具体的な理由を示して記載され，かつ，⑦原々決定後にその写しが提出された書証が引用されているにもかかわらず，⑧原審は，抗告人に対し，同申立書の写しを送付することも，即時抗告があったことを抗告人に知らせる措置を執ることもなく，⑨その結果，抗告人に何らの反論の機会を与えないまま，上記書証をも用い，本件文書が存在してい

年）157頁以下などがある。また，「手続的正義」の観点から論評するものに，川嶋四郎「続・民事裁判における『手続的正義』・小考」上野古稀185頁，92頁以下がある。徳田和幸「民事訴訟における『手続的正義』の意義と機能」松本古稀3頁以下も参照。

ると認めるに足りないとして，原々決定を取消し，本件申立てを却下
しているのである。そして，⑩記録によっても，抗告人において，相
手方が即時抗告をしたことを知っていた事実や，そのことを知らな
かったことにつき，抗告人の責めに帰すべき事由があることもうかが
われない。

　以上の事情の下においては，原審が，即時抗告申立書の写しを抗告
人に送付するなどして抗告人に攻撃防御の機会を与えることのないま
ま，原々決定を取り消し，本件申立てを却下するという抗告人に不利
益な判断をしたことは，明らかに民事訴訟における手続的正義の要求
に反するというべきであり，その審理手続には，裁量の範囲を逸脱し
た違法があるといわざるを得ない。そして，この違法は，裁判に影
響を及ぼすことが明らかであるから，その余の点について判断するま
でもなく，原決定は破棄を免れない。そこで，更に審理を尽くさせる
ため，本件を原審に差し戻すこととする」（引用文中の①②③等の数字
は便宜上引用者が付したものである）。

　この事件において，原々審が出した文書提出命令を抗告審が取り消すさ〔191〕
いに即時抗告状の写しを抗告人に送達せず，反論の機会を与えなかったの
であるから，最高裁は原決定を破棄し，事件を原審に差し戻したことは当
然であるが，そのさい，最高裁は①〜⑩の事情を重視して，このような事
情があるので即時抗告状の写しを相手方に送付するなどして攻撃防御の機
会を与える必要性が高いと判断したのであり，原則として即時抗告状の写
しを相手方に送付すべきであるとの立場に立っていない。むしろ，①〜
⑩の事情またはそのいくつかの事情（ことに⑨および⑩）が欠けている場
合には，即時抗告状の写しの相手方への送付は必要でないとの立場に立つ
ように見受けられる（⑩の事情は前掲最決平成21・12・1において抗告状の送
達またはその写しの送付がなかったことが原決定の結論に影響を与えていない
事情として，相手方が即時抗告のあることを既に知っていたと窺われることが
あげられているのと同じ基調に立つものである）[44]。しかし，判例を統一するた

────────────

44）川嶋四郎・前掲注43）196頁は，「『平成23年決定』の判断の基礎には，当時，抗告状等の送
　付等を行っていなかった裁判所もあると推測されることから，従前の裁判実務への配慮も感
　じられる。結果的に不利益を与えなければ送付等は不要（不送付が違法とならない）という，
　やや結果志向・実体志向の発想による配慮である。しかし，手続保障の問題が，手続結果の

130　第5章　上告理由

めに導入された許可抗告において，最高裁が個別事案の個別事情を掲げて，そのような事情がある場合には抗告状の写しの送付がなされるべきであったとして事案限りの判断を行い，一般的な通用性を有する法解釈を示さないのでは，法統一の役割を果たすことができないであろう。反論を準備できるよう抗告状の写しの送付により相手方の即時抗告の提起を知ることは，法的審問請求権の一内容をなす情報請求権の内容であることを明確に認めるべきである。最高裁が掲げる事情のいかんにかかわりなく，抗告審において文書提出命令が取り消される可能性がある以上，相手方に抗告状の写しを送付し，即時抗告について情報を提供すべきである。[45]

〔192〕　　　**(cc)　訴訟記録の閲覧**　　訴訟記録の閲覧請求権は，法的審問と事前情報を求める請求権の具体化である。民訴法90条以下は，当事者のみならず，利害関係を疎明した第三者も裁判所書記官に対して訴訟記録の閲覧等を請求できることを定めている。裁判所書記官が閲覧等を制限することができるのは，92条1項の規定する場合である。

〔193〕　**(c)　意見を述べる権利**（Recht auf Äußerung）　**(aa)　意見表明の対象**　　法的審問請求権は，裁判手続において発言し，裁判の基礎となる事実および法的問題について意見表明および証拠申出を行う権利を関係人に与える。各々の手続段階において少なくとも潜在的には重要であるすべての事項が，意見表明の対象となりうる。この関係人の意見を述べる権利に，裁判所の最も重要な義務としての審問義務が対応する。[46]

〔194〕　　　**(bb)　意見を述べる権利の侵害**　　意見を述べる権利は，関係人に意見を述べる機会を与えることなく，裁判所が裁判をする場合には，い

いかんにかかわらず，手続への参加・関与による対論を確保し弁論権を保障するという，手続志向の発想に基づくものであると考える立場からは，違和感を与えるのである」と批判する。このコメントは，抗告状の写しの送付の要否は即時抗告提起時点を基準に判断されるべきことを指摘する点で正しい。ただし，手続志向かどうかよりも，裁判の基礎について意見を述べるの権利の確保のために情報請求権が認められるべきであるがゆえに，即時抗告が不適法として却下される場合を除き，一般的に抗告状の写しの送付が必要だと解すべきことを確認する必要がある。

45)　⑩の事情（「記録によっても，抗告人において，相手方が即時抗告をしたことを知っていた事実や，そのことを知らなかったことにつき，抗告人の責めに帰すべき事由があることもうかがわれない」）をも考慮するという最高裁の見解は，裁判所が抗告状の写しの送付が当事者の情報請求権に対応する裁判所の情報義務に基づくことに適合していないと思われる。なぜなら，相手方が即時抗告をしたことを当事者が知っていたことにより，または知らないことに過失があることにより，裁判所の義務が消滅するものではないからである。

46)　*Waldner*, a.a.O. (Fn.23), Rn.59.

第2節　憲法違反　*131*

ずれにせよ侵害される。関係人が意見を述べる権利の行使の関係で熟慮した意見を表明することができるよう, 適切な期間が付与されるべきである。[47] したがって, たとえば期日や期間に関する規定が明らかに不当に適用された場合,[48] 裁判所が意見を述べる期間として自ら裁定したを期間を待たずに裁判する場合,[49] または意見表明期間を不相当に短く定めた場合,[50] 裁判所が口頭弁論で述べられた新たな事実陳述に基づき, 弁論終結時に裁判し, 相手方に反論の機会を与えない場合,[51] 理由のある期日延期の申立てを拒否し, 事件につき裁判する場合,[52] 控訴審の第一回口頭弁論期日に提出された控訴人側の私的意見書に対し相手方が反論することを許さず, または反論準備のために次回期日を指定せず口頭弁論を終結する場合[53] である。

(cc)　裁判所の法的観点指摘義務　　当事者が意見を述べる権利を〔195〕行使できるためには, 裁判所が公正な手続追行によって意見を述べる権利の有効な行使を可能にすることが前提となる。[54] 関係人は自己に要求される注意を払えば, どのような法的観点が裁判に重要であるかを認識し得なければならない。このことが裁判官の法的討論を実施する憲法上の義務を含むかという点については, ドイツでも議論がある。立法者が個々の手続法の形成における裁判官の公平性, 中立性, 個人の責任や訴訟経済上の考慮を強調し得ることは, 憲法上の法的討論義務に不利であるとされる。[55] もっとも, 裁判所が指摘を行わないことが結果として法律状態についての陳述の阻止と同視されるような場合,[56] または, 良心的で物事に通じた手続関係人が, 多様な可能な法的見解を知り考慮に入れてもなお裁判所の法的見解を予期する必要がなかった場合[57] には, 例外的に裁判所の法的観点の指摘義務は憲法上も存在するとみられている。

---

47) BVerfGE 94, 166 (207); 60, 313 (317f.); 49, 212 (215 ff.).

48) BVerfG NJW 2004, 3551.

49) BVerfGE 64, 224 (227).

50) BVerfGE NVwZ 2003, 859.

51) BGH GRUR 2003, 903.

52) BGH GRUR 2004, 354.

53) 最〔3小〕判平成18・11・14裁判集民222号167頁＝判時1956号77頁＝判タ1230号88頁の原審（東京高裁）の実務がそうであった。この判例については→〔216〕

54) BVerfGE 52, 131 (156f.); *Kopp*, a.a.O. (Fn.20), 624; *Nolte/Aust*, a.a.O. (Fn.32), Rn.47.

55) BVerfGE 52, 131 (154); 21, 139 (145f.); *Nolte/Aust*, a.a.O. (Fn.32), Rn.47.

56) BVerfGE 98, 218 (263); 84, 188 (190).

57) BVerfG NJW-RR 2003, 3687; NVwZ-RR 2011, 460 (461); Musielak/Voit/*Ball*, §543 Rn.9d.

132 第5章 上告理由

〔196〕　　　　（dd）　**裁判所の釈明義務**　　手続関係人は，自己に要求される注意を払えば，いかなる事実陳述が裁判にとって重要となりうるかを認識し得なければならない。それゆえ，裁判所がいかなる考量により裁判を基礎づけるかが事前に明らかにならず，そのため当事者が裁判上重要な陳述をしなかった場合には，裁判所の釈明義務違反が存在する。[58]　その他，被告は，控訴裁判所が第一回口頭弁論期日前にも対応することができるように適時に，控訴裁判所が第一審判決と異なる計画された証拠評価を示唆することを信頼してよいとされる。[59]

〔197〕　　（d）　**考慮を求める権利**（Recht auf Berücksichtigung）　（aa）　**裁判所による顧慮**　　法的審問請求権は，関係人に意見表明の機会を保障し，関係人を審問しないで裁判しないよう裁判所に要求することに尽きるのではなく，裁判所が当事者の申立ておよび主張を了知し，適切に考慮することをも保障する。提出された申立てや主張が裁判所によって了知され，考慮されないと，意見を述べる権利は無価値になるからである。[60]　それゆえ，裁判所は法的審問請求権に対応して，関係人の申立て，主張および証拠申出を了知し，これを考慮に入れる義務を負う。裁判所の考慮義務の対象となる事項は，関係人の意見を述べる権利の保障下にあるすべての事項である。[61]

〔198〕　　　　（bb）　**了　知**　　法定のまたは裁判所が個別に定めた意見表明のための期間内に裁判所に届いた書面は，すべて裁判所によて了知されなければならない。重要なことはドイツでは，法的審問請求権は，提出期間経過後に提出された攻撃防御方法が許容されるかどうかという問題にとって重要な当事者陳述を了知するよう裁判所に義務づけているとされることである。[62]

〔199〕　　　　（cc）　**考慮を求める権利の侵害**　　裁判所は，関係人の重要な全陳述を判決発見のさいに考慮に入れなければならない。書面または重要な証拠申出が考慮されない場合，それが憲法適合的な手続保障の理由から至当であるというのでなければ，考慮を求める権利の侵害となる。[63]

58）BVerfGE 84, 188(190); BVerfG (K) NVwZ-RR 2011, 460.
59）BVerfGE 108, 341（345 ff.）.
60）*Waldner*, a.a.O.（Fn.23），Rn.165.
61）*Waldner*, a.a.O.（Fn.23），Rn.167.
62）BVerfGE 70, 215(218); BVerfG (K), NJW 2000, 945(946).
63）*Waldner*, a.a.O.（Fn.23），Rn.179.

とくに重要な裁判所の考慮義務の違反として，当事者の提出した攻撃防御方法についての判断遺脱，失権規定の誤った適用，当事者の陳述および証拠申出の無視があげられる。その他，控訴裁判所がした取消差戻し判決の自身に対する拘束力を誤認し，拘束力がないにもかかわらず，これがあると判断して，控訴裁判所が当事者の陳述を無視した場合，[64] 控訴裁判所が相応の指摘なしに，訴えの十分性または事実主張の特定性に対して，良心的で物事に通じている訴訟関係人であっても従前の訴訟経過からは予期する必要がなかった過度の要求をした場合にも，当事者の申立ておよび主張を了知し，これを考慮に入れる裁判所の義務違反が存在する。[65]

(dd) **関連判例**　**判断遺脱**は，憲法上の裁判所の法的審問義務が〔200〕履行されなかったことを意味するが，日本の実務では判断遺脱の再審事由（338条1項9号）が絶対的上告理由として考慮されるかどうかといったレベルでのみ議論されるといった不十分な状況にある。最近の判例は，上告受理申立ての枠内で判断遺脱を採り上げ，受理決定をしたが，当事者の提出した攻撃防御方法を裁判所が判決の事実摘示に掲げず，これに対して判断しなかった場合には312条2項6号の意味での理由不備にならず，判決に影響を及ぼすことが明らかな法令違反として職権による原判決破棄の理由になるとする判例（→〔274〕）を前提とするものであり，法的審問請求権の侵害であることを認めないのであるが，それでも上告審による救済を与えるものではある。

① 　最〔3小〕判平成19・2・20〔森英明/絹川泰毅「最高裁民事破棄判決等の実情(上)——平成19年度」〕判時2009号14頁

X（A共同組合の組合員）が，Aの組合員間の，Aの債務を組合員間で平等に負担する旨の合意に基づき，XがしたAの債務の立替払の立替金合計額を組合員数で除した金額の支払等をYら（A共同組合の組合員）に対して求めた訴訟において，YらはAが立替払を主張するAの債務の存在等を否認し，さらに本件合意の存在が認められる場合のために予備的抗弁として，YらもAの債務の立替払をしたのでXに対し，立替払合計額を組合員数で除した金額の債権を自働債権とし，本件請求債権を受働債権として

---

64) BGH MDR 2005, 1241=FamRZ 2005, 1667(1670)=BGH Report 2005, 1552(1553).
65) BVerfG NJW 1996, 45(46); BGH FamRZ 2005, 700; BGH NJW 2005, 2710(2711).

対当額で相殺する旨の意思表示をしたなどと主張した。原審は，本件合意の存在およびXが立替払をしたと主張するAの債務の存在を肯定する一方，Yらの主張する相殺の自働債権はYらのAに対する債権であるからXに対して相殺を主張することはできないとの理由で，Yらの予備的相殺の抗弁を排斥した。Yらの上告受理申立てに対し，最高裁は上告受理決定を行い，次のように判示して原判決を破棄した。

「Yらの相殺の予備的抗弁は本件合意の存在が認められた場合を前提とするものであるところ，Y₁ら３名及びBにおいても，A組合の債務についてXと同様の立替払をしているとすれば，本件合意に基づきXに対して債権を取得したことになるのであるから，Yらの主張は，少なくとも，当該債権を自働債権とし，本件請求債権を受働債権として，対当額につき相殺したとする趣旨であることが明らかである。それにもかかわらず，原審は，YらがA組合に対する債権を自働債権として相殺の予備的抗弁を主張しており，そのような抗弁は失当であると即断し，Yらが実際に主張していた相殺の予備的抗弁について判断を遺脱したものである」。

② 最〔３小〕判平成26・11・４〔廣瀬　孝/市原義孝「最高裁民事破棄判決等の実情(上)――平成26年度」〕判時2258号12頁

賃貸借契約の終了を理由に建物の明渡しと未払賃料または賃料相当損害金として平成23年９月３日から明渡し済みまで月28万円の割合による金員の支払を求めた事案において，控訴裁判所は，被告に450万円の支払と引換えに建物の明渡しを命ずるとともに，未払賃料および賃料相当損害金の支払請求を全部認容した。被告の上告受理申立てに対して，最高裁は上告受理決定をし，次のように判示し，上告人に金員の支払を命じた部分を破棄し（一部破棄），同部分につき原審に差し戻した。

「記録によれば，上告人は，第一審第一回弁論準備手続期日に陳述した平成24年３月21日付け準備書面において，被上告人に対し毎月28万円を支払っている旨の主張をし，原審においてその主張を維持していることが認められる。上告人の上記主張は，被上告人の未払賃料及び賃料相当損害金の支払請求に対する抗弁となるものである。

そうすると，上記主張を判決中に摘示せず，これに対する判断をしないまま，被上告人の上告人に対する未払賃料及び賃料相当損害金の

支払請求を全部認容した原審の判断には，判断遺脱の違法があるとい
　　うべきであり，この違法は判決に影響を及ぼすことが明らかである」。
　以上の最高裁判例は，相殺の抗弁や弁済の抗弁など判決の結論に影響を
及ぼすべき重要な事項について，原審が判断を遺脱したことを上告受理事
由と位置づけるのであるが，問題になっているのが当事者の攻撃防御方法
の提出を顧慮すべき裁判所の法的審問義務の違反に他ならないことが看過
されてはならない。

　　　(ee)　**証人の再尋問**　　証言について原判決と異なる評価をする場〔201〕
合にはその証人を改めて尋問しなければならないにもかかわらず，控訴裁
判所がこれをすることなく原裁判所の評価とは異なる評価をする場合には
法的審問請求権の侵害がある。ドイツの連邦憲法裁判所は，2004年11月22
日の憲法抗告事件についての決定においてこのことを認め，原判決を取り
消した。本件は抗告人と基本手続の被告が1995年に原告ならびに他の2人
と一緒にハンガリーにおいて農業会社を立ち上げたが，この会社の解散後
に争いが生じた事案である。原告と抗告人は共同でハンガリーの裁判所に
一定額の支払いを求めて1人の共同社員を訴えた。支払いを命じられた社
員は判決に従ってその金額を抗告人の口座に払い込んだ。これに続き，原
告は抗告人に対して4689ユーロ余の支払いを請求した。原告の主張によれ
ば，残余財産は各社員のハンガリーへの旅行日数を基準に分配することが
合意されていたので，この基準により原告にはこの額の請求権が帰属して
いると主張した。これに対し，残余財産の平等な分配が合意されていたと
主張した抗告人は，これを立証するためにGという別の共同社員の証人尋
問を申し出た。Gを尋問したのち，区裁判所は，Gの供述は理解できる
(nachvollziehbar) として，原告の請求を棄却した。Gは残余財産が平等に
分配されることが合意されていたと供述した。原告は控訴を提起し，区裁
判所でのGの供述が矛盾したものであったと非難した。控訴理由に対する
反論において，抗告人は，社員間において残余財産を平等に分配すること
が合意されていたことを証明するために，Gの再尋問を申し出た。ところ
が，控訴審であるラント裁判所はGの再尋問を実施することなく，原告の
請求を認容する判決をした。ラント裁判所は，1997年の社員総会の記録か
ら，社員が会社財産の分配は個々の社員の旅行日数を基準に行われるべき
ことを合意したことが明らかになり，またこのことはハンガリーの裁判所

136 第5章　上告理由

の判決の説示からも明らかで，Ｇの第一審での供述から別のことは生じない，Ｇの供述は社員総会の記録およびハンガリーの裁判所の判決と矛盾し，またその他の点では決定的な点においても掴みどころがないとした。

　抗告人の憲法抗告について，連邦憲法裁判所は次のように判示して抗告を認容した[66]。

　「a）基本法103条1項によれば，裁判手続の関係人は裁判言渡しの前にその基礎となる事実関係について意見を述べる権利を有する。この権利には，訴訟関係人の申立ておよび陳述を了知し考量する裁判所の義務が対応する。専門裁判所が重要とみなした証拠申出の不顧慮は，それが訴訟においてもはや支持を見出さない限り，基本法103条1項に違反する。ZPO 529条1項1号によれば，控訴裁判所は原則として第一審の事実確定に拘束される。異なる評価の可能性からすでに生じうる，裁判上重要な確定の正しさおよび完全性に疑いがある場合，法律上の新たな規律によれば新たな証拠調べが必然的に要請される。とりわけ控訴裁判所は，すでに第一審において尋問された証人の信頼性について第一審裁判官と異なる評価をしようとする場合には，この証人を再度尋問しなければならない。

　b）不服申立てに係る裁判は，以上のこの要求を満たしていない。控訴裁判所が第一審における証拠調べに基づき確定された事実の正しさと完全性につき疑いをもったことは，その判決の理由から明らかである。控訴裁判所は，第一審において尋問された証人Ｇの供述を，供述の完全性と証人の信頼性に関して区裁判所と異なるふうに評価したが，抗告人が控訴審において証人の再尋問を申し立てたにもかかわらず，これを実施しなかった。証拠評価はもっぱら第一審において作成された証人Ｇの供述調書に基づいて行われた。控訴裁判所は抗告人の重要な陳述と証拠申立てが問題になっていることからも出発した。なぜなら，控訴裁判所は，証人Ｇの供述が社員総会の議事録とハンガリー裁判所の判決の内容により控訴裁判所の見解によれば行われた原告の証明を動揺させるに適するような証拠力をもつかどうかという問題との関連でＧの証言を評価したからである。控訴裁判所の判決にも口頭弁論調

---

66) BVerfG（K）NJW 2005, 1487.

書にも，控訴裁判所が申し立てられた証拠をいかなる訴訟上の理由から調べなかったのかという点についての説明はみられない。そのような事情はその他の点でも明らかでない。

c）不服申立てに係る判決は上述の審問違反に基づく。控訴裁判所が憲法上の要求に十分に配慮していたならば，抗告人に有利な裁判に到達したであろうことは排除され得ない」。

　（f）**理由を付すべき義務**　　連邦憲法裁判所は，少なくとも裁判所が〔202〕関係人を審問し，その陳述を了知し，裁判においてこれを考慮する義務を履行したことが判決理由から理解できるよう理由づけるべき裁判所の憲法上の原則的義務を，法的審問請求権の一内容である裁判所の考慮を求める権利に対応する裁判所の考慮義務から演繹した[67]。したがって，理由づけ義務は，法的審問を求める権利の必要的構成要素である。裁判に理由が付されていなければ，関係人はその提出が裁判所によって考慮されたかどうかを判断することができないからである[68]。この義務は，裁判所が裁判に理由を付することによって履行され，そして権利の伸張と防御にとって本質的なあらゆる事実に関係する[69]。

　もっとも，連邦憲法裁判所は，理由づけ義務は訴訟経済の理由から包括的ではないとしている。裁判所が当事者の法的見解に従わず，その主張について明示的に論じていない場合にも，通常，関係人の陳述を考慮したという推定が働くとし[70]，これに対し，事案の特別の事情から裁判所が関係人の陳述を明らかに考慮しなかったことが推認でき，義務違反が明らかな場合には，適正な考慮があったという推定が覆されるとする[71]。ここから，判決理由において裁判所が立ち入らなければならない関係人の陳述と，了知・考慮が推定される関係人の陳述の区別が，流動的であるという問題が生ずるが[72]，連邦憲法裁判所の見解は文献において支持されている[73]。

---

67) BVerfGE 54, 86（91f.）; 71, 122（135）; 81, 97（106）; *Degenhart*, a.a.O.（Fn.31）, Rn.42a.
68) Vgl. BVerfGE 36, 298（301）; 86, 133（146）; *Waldner*, a.a.O.（Fn.23）, Rn.185 ff.; *Schulze-Fielitz*, a.a.O.（Fn.18）; *Degenhart*, a.a.O.（Fn.31）, Rn.42a; *Nolte/Aust*, a.a.O.（Fn.32）, Rn.57.
69) BVerfGE 47, 182（187,189）; 58, 353（357）.
70) BVerfGE 40,101（104）; 54, 43（46）; 86, 133（144 ff.）; 96, 205（216）.
71) BVerfGE 27, 248（251f.）; 96, 205（217）.
72) *Kopp*, a.a.O.（Fn.20）, 627.
73) *Nolte/Aust*, a.a.O.（Fn.32）, Rn.57; Musielak/Voit/*Ball*, §543 Rn.9e.

138 第5章 上告理由

〔203〕 判決理由は，裁判所が判決主文の判断に至った判断過程を示す部分であり，当事者が判決の当否を知るうえで必要不可欠な部分であるとともに，上訴裁判所が判決の当否を審査する手がかりを与える。民訴法312条2項6号は理由の不備および食違いを絶対的上告理由の1つと定めている。裁判所の理由づけ義務は，以上のように裁判所の考慮義務に基づくものと理解されるべきであるので，裁判所が判決に影響を及ぼすべき重要な事項について判断を怠り，そのためにそれについて理由が付されていない場合には，絶対的上告理由として312条1項2項6号に定められている理由不備に当たるとともに，法的審問請求権の内容をなす重大な裁判所の考慮義務違反として312条1項の憲法違反をも基礎づけると解することができる。

〔204〕 **(d) 期間と上訴の追完**　手続法は，権利保護の実効性と法的安定性という手続価値のために，原則として適法に期間について定め，期間の徒過に制裁を課することができる。通常，時機に後れた提出はもはや顧慮する必要がないとされる。ただし，期間の定め方は権利保護を不相当に困難にし得る。その限りで，期間に関する手続規定が同時に法的審問請求権の侵害を引き起こし得るとされる。[74]

当事者の責に帰すべきでない事由により不変期間を徒過した場合に認められる訴訟行為の追完は，期間徒過の場合の制裁を調整するものである。ドイツの連邦憲法裁判所は，裁判所が追完を与える要件は重すぎてはならないと判示する。[75] 期間の徒過が裁判所の過誤による場合には，訴訟行為の追完の要件は，「特別のフェアネス」をもって扱われるべきだとされる。[76] 懈怠事由の陳述と疎明になされる要求についても，同様とされる。[77] 連邦憲法裁判所は，関係人は通常の郵便配達期間に信頼してよく，通常の運送期間であれば期間内に届いているほどに，関係人が書面を適時に郵送していたことで足りるという。[78]

---

74) *Schulze-Fielitz*, a.a.O. (Fn.18), Rn.70.

75) BVerfGE 41, 323(326).

76) BVerfGE 110, 339(342).

77) BVerfGE 40, 42(44).

78) BVerfGE 62, 334(336); 62, 216(221). 最判昭和55・10・28判時984号68頁は，12月26日に本件控訴状を書留郵便物として差し出したところ翌年の1月1日に裁判所に送達された事案につき，「右期間不遵守が年末年始における郵便業務の渋滞しがちな特殊事情等から生じたとしても，本件控訴状の配達の遅延は控訴代理人において予知することのできない程度のものであった疑いがあり，本件控訴については，民訴法159条1項所定の追完事由のあることを

この点，日本の判例では，追完を与える要件を厳しく判断している。**最〔205〕〔1小〕決平成23・3・17〔綿引万里子/今福正己「許可抗告事件の実情──平成23年度」〕判時2164号18頁**は，上告受理申立人が上告受理申立書を原審宛てに郵送したが上告期間経過後に到着したので，原審は法定期間（平成22年8月19日）の経過後に申し立てられた上告受理申立てであり，民訴法97条1項の追完事由も認められず，その不備を補正することができないとして上告受理申立てを却下した。上告受理申立人は「本件上告受理申立書は，平成22年8月13日午前0時半ころ，郵便局の夜間受付において，原審に同月16日必着とする配達日指定郵便で提出したが，郵便局の引受の際の行き違いにより郵便局員が誤った日を配達シールに記入したため，同月23日に配達されたものであり，上告受理申立人には過失がない」などと主張して，許可抗告を申し立てた」。これに対し，最高裁は「所論の点に関する原審の決定は，正当として是認することができる。論旨は採用することができない」として抗告を棄却した。しかし，上告受理申立人はおそらく通常の運送期間内に原審に届くように適時に郵便局において配達日指定郵便で上告受理申立書を送ったのであるから，上告受理申立期間内に原審に到着すると信頼してよかったであろう。最高裁は上告受理申立人が正しく配達日指定がなされたことを自ら確認しなかった点に過失があるとするようであるが，[79] 厳し過ぎる要求ではなかろうか。

最〔1小〕決平成23・6・9〔綿引万里子/今福正己「許可抗告事件の〔206〕実情──平成23年度」〕判時2164号18頁は，刑務所に収容されているXが同刑務所の保護房に収容されたことの違法を主張して国に対して国家賠償法による損害賠償を請求した事件である。第一審は請求を棄却し，原審は控訴を棄却した。この判決に対して，Xは上告状および上告受理申立書

認め，その追完を許したうえでこれを適法な控訴の申立として取扱う余地があったものというべきである。そうであるとすると，原審が，右追完の事由の存否について十分な職権調査を尽くすことなく，法定の控訴期間の経過につき上告人の責めに帰すべからざる事情の存したことをうかがい知る資料がないことを理由に本件控訴を不適法として却下したことは，右の点につき審理を尽くさない結果理由不備の違法を犯したものといわざるをえない」と判示して原判決を破棄し，事件を原審に差し戻した。これは，関係人は年末年始の郵便業務の渋滞を考慮してもなお予知し得ないような異常な遅配はないことを信頼してよいことを判示するものである。

79) 綿引万里子/今福正己「許可抗告事件の実情──平成23年度」判時2164号18頁は，上告受理申立人に過失があるといわざるを得ないから，追完事由がないとした原審の判断は正当ということができるという。

140 第5章 上告理由

を刑務所に提出し，その発信が許可され，郵便により発送されたが，上告
期間および上告受理申立期間の経過後に原審に到着したので，原審は上告
および上告受理申立てをいずれも却下した。Xは許可抗告を申し立て，
「①刑務所側は本件上告状等を意図的に3，4日間留め置き発信を遅延さ
せた，②同種の事案では，訴訟行為の追完が認められたなどと主張した。
これに対し，最高裁は原審の判断は正当として抗告を棄却した。しかし刑
務所側が上告状等の発信の許可につき迅速に対応したかどうか明らかでな
く，刑務所側の措置が期間徒過の原因となっている可能性がある以上，法
的審問請求権の保障の必要性からみて，追完の要件の厳しすぎる判断は問
題であろう。

〔207〕　　(e)　**失権規定**　　訴訟法が時機に後れた提出の失権を定めることは，
禁止されない。立法者による失権規定の導入は法的審問請求権の侵害にな
らない。ただし，ドイツでは法的審問請求権上，立法者は当事者の主張を
考慮すべき義務を任意に広く制限することはできないとされ，[80] 失権事件に
ついて意見を述べる機会を関係人が十分もつことを保障しなければならな
いとされ，[81] 失権規定の例外性が強調される。

〔208〕　　このように失権規定は法的審問請求権と緊張関係に立つものであり，関
係人の意見を述べる機会を保障しなければならないものである。この関係
で，第一審判決に対する控訴について，法律上，失権効を伴う控訴理由書
提出強制が採用されていないにもかかわらず，控訴状に不服申立ての限度
やその理由の記載がないときは，控訴の提起後50日以内に，これらの事由
を記載した書面（控訴理由書）を控訴裁判所に提出するよう控訴人に求め
ている民訴規則182条に注意しなければならない。民訴規則183条は，裁判
長は被控訴人に対し，相当の期間を定めて，控訴人が主張する第一審判決
の取消しまたは変更を求める事由に対する被控訴人の主張を記載した書面
（反論準備書面）の提出を命ずることができると定める。控訴理由書の提出
や反論書の提出命令は，民訴法が定める制度ではなく，もちろん期間は失
権期間ではない。ところが，控訴審の事後審的運営を推し進めようとする
裁判所と文献によって失権規定であるかのごとく扱われている。すなわち，

---

80) *Leipold*, Prozessförderungspflicht der Parteien und richterliche Verantwortung, ZZP 93
　(1980), 237(244); *Nolte/Aust*, a.a.O. (Fn.32), Rn.60.
81) BVerfGE 69, 145(149); 36, 92(98).

控訴人が控訴理由書提出期間を遵守しなかったときまたは控訴理由書が不完全であったときは，控訴裁判所は控訴理由書提出期間経過後に提出されまたは補充された控訴理由を控訴審の争点として採り上げることを許さないとされている。反論準備書面については，控訴理由書の提出と第一回口頭弁論期日の間の短い期間内に（控訴裁判所は控訴理由書提出後30日前後の期間内に反論準備書面の提出を求めるようであるが，実際には約20日の間に，場合によってはこれより短い期間しかないといわれている。）提出することは相当困難を伴うほか，控訴理由書の提出期間と比べ遥かに短く，武器対等の原則上も問題がある。それにもかかわらず，これらの民訴規則の規定を根拠に，今日の学説において控訴審の事後審的運営の実務に呼応して，現行民訴法の制定過程で検討された控訴理由書提出強制が規則の形で実現したのは規則制定者が控訴審における早期の争点明確化と争点中心審理を重視したためであり，控訴理由書提出義務が「訴訟手続上の義務」として定められたと説くもの[82]がある。しかし，民訴規則の規定は失権効を伴う規定ではない。早期の争点の明確化はそれ自体望ましいにせよ，民訴規則の定める期間内の控訴理由書の提出が事案の状況により困難な場合，控訴人が期間の伸張を求めることができることは当然のことと解される。被控訴人の反論準備書面についても同様である。控訴裁判所が理由なく期間伸張の申出に応じないため控訴理由の提出が妨げられた場合には，当然に法的審問請求権の侵害となり得る。反論準備書面についても，同じことが当てはまる。

(3) 法的審問請求権の侵害に対する救済手段

　裁判所による法的審問請求権の侵害がある場合，関係人はいかなる救済〔209〕手段を有するであろうか。法的審問請求権の侵害は裁判の無効を生ぜしめないので，瑕疵の治癒が可能である。瑕疵の治癒の方法としては，同一審級における治癒と上訴審における治癒が可能である。これらの方法によって法的審問が事後的に行われると，瑕疵は治癒される。

　(a) **同一審級における瑕疵の治癒**　　裁判所は，法的審問請求権や訴〔210〕訟基本権の侵害の有無について救済の可能性を審査する責務を負う。必要

---

82) たとえば，伊東　眞「上訴制度の目的」講座新民訴法(3)1頁，7頁以下；菊井/村松・新コンメⅥ184頁以下。

142 第5章 上告理由

な法的観点の指摘や釈明権を行使したうえで審査の結果，先行する裁判に
おいて採った見解を，新たに了知した当事者の主張を考慮したうえで理由
を示して維持することはできる[83]。

　同一審級においては，審問請求権侵害の除去のために，**弁論の再開**が重
要である。事実審の口頭弁論の終結後，判決言渡しの前に，当事者が法的
審問請求権の侵害に気づき，侵害に当たる具体事実を主張して弁論再開の
申立てを行う場合，裁判所には，これを調査し，その事由が認められる場
合，弁論再開義務が生ずるであろうか[84]。

　口頭弁論の再開は基本的に裁判所の裁量事項とされるが[85]，一定の場合に
は裁判所には弁論再開義務があると解される。裁判所は，口頭弁論終結後
の当事者の事後的な陳述から，手続が法的審問請求権侵害の瑕疵を帯びて
おり，そのため意図されている裁判が手続違反に基づくことが明らかにな
る場合には，終結した口頭弁論を再開する義務を負うと解すべきである。
たとえば，裁判所が短い期間しか置かないで期日を指定したため，または
裁判所が正当な期日延期の申立てを退けたため，当事者の適時な提出が妨
げられた場合，法的審問請求権の侵害に当たる。判例も，弁論を再開して
当事者に攻撃防御方法を提出する機会を与えることが明らかに民事訴訟に
おける手続的正義の要求するところであると認められるような特段の事情
がある場合には，裁判所は弁論を再開すべきであるとしている[86]。

〔211〕　裁判所による法的審問請求権の侵害を受けた当事者は，口頭弁論終結後，
判決の言渡しの前は法的審問請求権の侵害または裁判所の釈明義務の違反
を主張して，新たな攻撃防御方法を記載した書面（事後提出書面）を提出
することができる。この場合，裁判所は，書面が単にそれまでの攻撃防御
方法を記載しているのではなく，新たな攻撃防御方法の主張を含むこと認
める場合，法的審問請求権の侵害がなければ，または釈明権が適正に行使
されておれば，口頭弁論終結前にその攻撃防御方法を提出できると認めら

---

83) BVerfG（K），NVwZ-RR 2011，460（461）；GRUR-RR 2009，441f.; *Nolte/Aust*, a.a.O.（Fn.32），
　　Rn.77.
84) Vgl. *Walchshöfer*, Die Berücksichtigung nachgereichter Schriftsätze im Zivilprozess,
　　NJW 1972，1028（1030）.
85) 最判昭和23・4・17民集2巻4号104頁；最〔大〕判昭和42・9・27民集21巻7号1925頁；
　　最判昭和45・5・21判時595号55頁。
86) 最判昭和33・9・24民集35巻6号1088頁。

れる場合には，終結した口頭弁論を再開する義務を負うと解される。[87] 事後提出文書に記載された事項は，裁判所による弁論の終結により最終口頭弁論期日に提出できなかった場合に当たる。この場合には，事後提出文書に含まれた攻撃防御方法は，いわば「裁判所の領域」[88] に起因する文書の事後的提出といえる。裁判所が義務に反して口頭弁論を再開しなかったときは，上告によってその違法を主張することができる。これを単なる手続違反であり，上告理由ではなく，せいぜい上告受理申立て理由とみるのは，法的審問請求権の訴訟基本権としての意味を理解しないことに基づく。

(b) **上訴等の提起**　裁判所による法的審問請求権の侵害を受けた当〔212〕事者は，裁判所に対して，これを主張して上訴（控訴，上告，抗告），特別上告，特別抗告（→〔719〕）を提起することができる。[89] 裁判所が法的審問請求権の内容をなす情報請求権，意見を述べる権利，了知・考慮請求権を侵害する場合には，上訴等によって上級裁判所にこれを主張できるべきである。原裁判所が当事者の法的見解にとって重要な事実資料を裁判において考慮していない場合（判断遺脱），当事者の主張を裁判において考慮に入れるべき義務に違反している。これは法的審問を当事者に付与すべき裁判所の義務に違反するものであり，当事者は法的審問請求権侵害として控訴を提起し，312条1項により上告を提起し，327条により特別上告を提起し，または336条により特別抗告を提起することができると解すべきである。[90] 裁判所が当事者の適法な事実主張を了知しなかったこと，またはその裁判のさいに明らかに考慮に入れなかったことが特別の事情から窺われる場合には，法的審問を付与すべき裁判所の義務の違反がある。[91] 同様に，裁判所

---

87) *Walchshöfer*, a.a.O.（Fn.84），1030.

88) *Gaul*, Die Wiedereröffnung der Verhandlung gemäß §156 ZPO und Restitutionsrecht, FamRZ 1960, 320（323）; *Walchshöfer*, a.a.O.（Fn.84），1030.

89) 中野・前掲注22）16頁。

90) 同旨：紺谷・前掲注18）民訴雑誌18号160頁；中野・前掲注22）16頁。瀬木〔005〕も参照。
　　これに対し，高橋・重点講義（下）723頁以下は，「憲法を過度に持ち出すことなく，訴訟法の重要な価値・原則というだけで足り，そしてそれは上告受理事由で足りるとすることも，少なくとも濫用的憲法違反の主張がある現実での実践論としては意味のあることであろう」と消極的な態度を示す。しかし上述のように訴訟法上の種々の制度が法的審問請求権など訴訟基本権の実現のために定められている場合に，その侵害を単なる法令違反の救済方法（しかも多くの見解によれば判例統一が前面に出る）である上告受理事由でしかないとするのは，本末顛倒であろう。Vgl. *Gottwald*, Revisionsinstanz, S.151,

91) BVerfGE 28, 378（384）; 25, 137（140）; 23, 286 （287f.）; *Gottwald*, Revisionsinstanz, S.205.

144 第5章 上告理由

が事前に当事者が意見を述べることができなかった事実を裁判の基礎にする場合にも，法的審問請求権の侵害がある[92]。

〔213〕　法的審問請求権の侵害は手続瑕疵であるので，控訴審判決が法的審問請求権の侵害に基づくこと，すなわち，法的審問請求権の侵害と原裁判の結果との間の因果関係の存在が要求される。もっとも，通常の手続瑕疵が裁判に影響を及ぼしている可能性が排除されない限り，因果関係があるものとして裁判されなければならないのと同様（→〔359〕），攻撃された裁判が審問請求権の侵害に基づいている可能性が排除されない限り，裁判との因果関係の存在が認められるべきである。たとえば，原裁判所が看過した主張を考慮していたならば，原裁判所の法的立場からも異なった裁判をしたであろうという可能性が排除されなければ足りる[93]。上訴人が原裁判所の釈明義務違反を主張する場合には，上訴人は釈明権が適切に行使されていたならば，どのような主張をしたであろうかということを述べなければならない。

　日本には憲法裁判所がないので，法的審問請求権の侵害に対する救済は通常の裁判制度の中で図られなければならない。控訴審判決の法的審問請求権に侵害については，当事者はこれを主張して上告を提起することができなければならない。

3　控訴審の事後審的運営と法的審問請求権
(1)　控訴審の事後審的運営

〔214〕　控訴審の事後審的運営も，法的審問請求権の保障の観点から検討されるべきである。**控訴審の事後審的運営**とは，第一審判決に対して控訴の提起があると，控訴裁判所は第一審の訴訟記録に基づき第一審判決の当否について「先行判断」を行い，控訴人の主張する控訴理由が控訴裁判所の納得のいくものである場合にのみ審理を続行し，他方，控訴裁判所が納得できる控訴理由の提出がないと判断する場合には，第一回口頭弁論期日におい

---

92) BVerfGE 26, 37(40); *J.Brüggemann*, Die richterliche Begründungspflicht-Verfassungsrechtliche Midestanforderungen an die Begründung gerichtlicher Entsdeidungen, 1971, S.153 f.; *Gottwald*, Revisionsinstanz, S.205.

93) Musielak/Voit/*Ball*, §543 Rn.9 f.

て審理を終結するのが当然だという実務である。[94] ところが，この事後審的運営の実務は種々の問題を含んでいるが，[95] そのような問題の１つに，法的審問請求権侵害のおそれがある。

控訴裁判所が先入感なく事件に立ち向かうことは，不服申立制度の基本 〔215〕でなければならない。ところが実際には，事後審的運営により，控訴裁判所が納得できる控訴理由の提出を欠くと判断して，控訴人が口頭弁論期日の続行を求めるにもかかわらず，控訴裁判所がなぜ控訴理由に納得できないのかを一切説明することなく，また場合により必要な釈明権の行使等をすることもなく，第一回口頭弁論期日において審理が終結されてしまうことが多い。しかし，裁判所が控訴理由が不十分とみなす理由を控訴人に説明し，または釈明権を行使して示唆をすれば，控訴人が不十分な控訴理由を補充することもできるにもかかわらず，控訴人に控訴理由の補充を許さず，また控訴裁判所の審理を尽くすべき義務に違反して結審するのであるから，法的審問請求権を侵害しているおそれが十分にある。ここでは，法的審問請求権の侵害の場合を個別的に検討することはできないので，以下では重要な個別事案について若干の判例を例示的に採り上げるにとどめる。

⑵ **実 例**

裁判例にも法的審問請求権の侵害が疑われるものがある。ここでは，次 〔216〕の２つの裁判例を紹介しておこう。

最〔３小〕判平成18・11・14裁判集民222号167頁＝判時1956号77頁＝判タ1230号88頁　ある医療過誤事件において，第一審裁判所が原告提出の私鑑定書（G意見書）に基づき被告Y1医師の過失および因果関係を認定して原告の請求の一部を認容したのに対し，控訴裁判所は控訴審の第一回口頭弁論期日において初めて被告側が提出した私鑑定（E意見書）を拠り所として被告医師の注意義務違反ならびに被告医師の過失と患者の死亡との間の因果関係を否定して，第一審判決を取り消し，原告の請求を棄却した。最高裁は「原審は，Y1において，Bに対し輸血を追加すべき注意義務違反があることをうかがわせる事情について評価を誤ったものである上，G意見書の上記イの意見が相当の合理性を有することを否定でき

94）雛形/井上/佐村/松田・民事控訴審研究42頁以下参照。
95）問題点の全般的な指摘として，松本・民事控訴審ハンドブック〔549〕以下参照。

146 第5章 上告理由

ないものであり，むしろ，E意見書の上記アの意見の方に疑問があると思われるにもかかわらず，G意見書とE意見書の各内容を十分に比較検討する手続を執ることなく，E意見書を主たる根拠として直ちに，Bのショック状態による重篤化を防止する義務があったとはいえないとしたものではないかと考えられる。<u>このことは，原審が，第一回口頭弁論期日に口頭弁論を終結しており，本件の争点に関係するG意見書とE意見書の意見の相違点について上告人らにG講師の反論の意見書を提出する機会を与えるようなこともしていないことが記録により明らかであること</u>，原審の判示中にG意見書について触れた部分が全く見当たらないことからもうかがわれる。このような原審の判断は，採証法則に違反するものであるといわざるを得ない」と判示し（下線は引用者），原判決を破棄し事件を原審に差し戻した。このように，最高裁は，原審がBに対し輸血を追加すべき注意義務違反がY1にあることをうかがわせる事情について評価を誤ったことと，疑問点のあるE意見書を主たる根拠としてBの重篤化を防止するY1の義務を否定したことを採証法則違反と評価したのであるが，それ以前に問題であったのは，控訴審に第一回口頭弁論期日に初めて控訴人（被告）側から提出されたE意見書について被控訴人（原告）に反論や証拠申出の機会を全く与えることなく控訴審の口頭弁論を直ちに終結するという実務である。このような実務においては，当事者は手続主体性を認められておらず，手続の客体として扱われているに等しく，本件控訴審の手続は裁判所による典型的な法的審問請求権の侵害事例である。

〔217〕 **大阪高判平成26・3・28判時2240号72頁** ある地方公共団体（Y2）の土地開発公社（Y1）に5億円を融資したX1と24億2228万余円を融資したX2が，Y1に対し金銭消費貸借契約に基づき貸金返還請求の訴えを提起し，Y2に対しては連帯保証契約に基づき保証債務の履行請求の訴えを提起した事件である（主位的請求）。被告らは，公社の理事長A（地方自治体の首長）と助役Bが個人的に借り受けたものであると主張して請求を争った。これに対し，原告等は予備的に，Y1に対しては，公社の理事長Aらが公社の職務を行うにつき，違法であることを知りつつ，Xらに対して公社としての借入れを要請し，それを信じたXらに金員を出捐させ，それによって出捐金額相当額の損害を与えたとして民法旧44条に基づき損害賠償を請求し，地方自治体Y2に対しては町長Aがその職務を行うにつき，公

社を監督する義務があるにもかかわらず，本件各借入れにつき，それが違
法であることを知りつつ，自治体（Y₂）として責任をもつとしてXらを
信頼させ，前記出捐をさせ，出捐金相当額の損害を負わせたと主張して，
民法旧44条1項の類推適用を主張して損害賠償を請求した。Y₁は，理事
長らの借入れ要請がその職務行為に属さないことを原告らが知らなかった
ことにつき，原告らには重大な過失があるから，損害賠償義務を負わない
と主張して，予備的請求を争った。第一審裁判所は，原告らの主位的請求
を棄却し，公社が理事長に対する監督責任を果たしていなかったという理
由で民法旧44条に基づき予備的請求を認容した。そのさい，第一審判決は，
原告等の重過失については，その事実摘示において争点として記載せず，
Xらに重過失が存在しないとの判断もしていなかった。双方から控訴があ
り，控訴人（第一審被告）は，新たに原告らの重過失を主張するとともに，
過失相殺の抗弁を提出した。控訴審判決は，被控訴人（第一審原告）の重
過失を認定し，原告の予備的請求を認容する第一審判決部分を取り消し，
予備的請求を棄却した。

　本件では原告らの重過失の有無については原審において判断されておら
ず，控訴裁判所が原告らの重過失の観点から予備的請求の当否を判断する
のであれば，これを当事者に指摘し，当事者に意見を述べる機会を与え，
その主張に耳を傾けなければならなかった。本件では判決の基礎とされた
重過失の争点について原告らの主張を聴かず，かつ必要となるかもしれな
い証拠調べの機会をも与えず，第一回口頭弁論期日に結審されてしまった
ようである。この時点では，事件はいまだ裁判に熟していなかったように
思われる。事件が裁判に熟していない段階で結審して，当事者に弁論の機
会を与えずに行われた不意打ち裁判は，まさに法的審問請求権の侵害であ
る。また，当事者の上訴裁判所の裁判を受ける権利の否定でもある。本件
では最高裁への上告受理申立ては，受理申立て事由として何が主張された
かは不明であるが，不受理決定がなされた。もし法的審問請求権の侵害に
よる憲法違反を理由に上告が提起されていたならば，どのような裁判がな
されたであろうか。

(3)　弁論再開の申立てと上告の提起

　以上のような控訴裁判所による法的審問請求権の侵害がある場合，その　〔218〕
救済方法として弁論の再開と上告が考えられる。当事者は控訴審において

148　第5章　上告理由

第一回口頭弁論期日に結審されてしまい，攻撃防御方法を提出する機会を失った場合には，提出しようとする攻撃防御方法を記載した準備書面を控訴裁判所に提出して口頭弁論の再開を求めることができる。ところが，控訴審の事後審的運営，第一回結審の実務においては，当事者が弁論再開を求めても，これを却下することが行われている。

〔219〕　　(a)　**弁論再開の申立て**　　高裁実務に関する大阪弁護士会の調査は，注目すべき興味深い事例を紹介している[96]。この事件は，ある医療過誤事件において被告側の過失および因果関係の双方を否定して請求を棄却した第一審判決に対する控訴審の第一回口頭弁論期日において，控訴人（第一審原告）が厚生労働省の研究班の構成員による私的意見書の提出を準備中であり，近日中にこれを提出すること，また鑑定申請をもする予定であることを述べたが，控訴裁判所は必要ならば弁論再開の申立てをするように述べて第一回口頭弁論期日に弁論を終結した事案である。その後，控訴人代理人は，鑑定申請書および私的意見書を事実上提出するとともに弁論再開を申し立てたが，弁論は再開されなかった。控訴裁判所は，鑑定申請は第一審においてすべきであったという理由で時機に後れたものとして却下し，私的意見書には何らの判断をも示さなかった。専門的知識を欠くゆえ訴状の請求原因を記載するにおいてすでに困難が伴うため，第一審において鑑定申請や私的意見書の提出がなされなかった場合，控訴審の時点ではこれらが可能になれば，私的意見書が新たな事実や専門的意見を述べる見通しがある限り，その提出を認めて審理の充実を図るべきであるのに，これを拒否して，第一回口頭弁論期日に弁論を終結することは，法的審問請求権の侵害に当たるということができる。新たな重要な攻撃方法の提出が口頭弁論の終結後であっても，判決言渡しの前である以上，裁判所がこれを了知して自己の裁判の基礎にするのは裁判所の義務だからである。もちろん，事後提出書面が重要な新たな攻撃防御方法を含んでいなければ，控訴裁判所が弁論再開の申立てを却下できることは当然である。

〔220〕　　(b)　**上告の提起**　　控訴裁判所が当事者の主張を了知せず第一回口頭弁論期日に結審し，判決を言い渡した場合，当事者は312条1項により法

――――――――――

96）大阪弁護士会司法改革検証・推進本部高裁民事問題プロジェクトチーム「民事控訴審の審理の充実(中)」判時2345号（2017年）130頁，137頁の第5表第5事件。

的審問請求権の侵害を主張して，上告を提起することができる。控訴裁判所が構造的に第一回結審を行い，当事者の主張を了知しようとしない場合や，控訴裁判所が必要な釈明権の行使を怠り，これがあれば提出が予期されるような攻撃防御方法を提出する機会を与えず，攻撃防御方法を了知して判決においてこれを考慮して判断を示すことを自ら拒否することは，典型的な法的審問請求権の侵害に当たる。第一回結審に不服のある当事者は，前述の弁論再開の申立てと上告の提起を積極的に行い，不当な第一回結審に対抗すべきであろう。

4 公正手続命令違反

民訴法2条は「裁判所は，民事訴訟が公正かつ迅速に行われるように努 [221]
め，当事者は，信義に従い誠実に民事訴訟を追行しなければならない」と
定めている。これによって，裁判所は公正迅速配慮義務を負うことが明ら
かにされている。もっとも，裁判所と当事者との関係において信義誠実義
務が妥当するのか，それとも裁判所と当事者との関係では公正な手続の要
請という憲法や国際人権規約B規約が要求する訴訟基本権に対応する裁判
所の公正手続義務が妥当とするのかが問題となる。

判例にも部分的に「手続的正義」に反するとして原審の手続を非難する
ものがみられる。これは原審の手続による公正手続請求権の侵害を認めた
ものと評価することができる。学説においても夙に公正手続請求権を理由
づける見解が主張されている。[97] 公正手続請求権の侵害として，裁判所の矛
盾行為，権限の濫用および信頼原則違反等が問題となる。

(1) 矛盾行為および権限の濫用の禁止違反

裁判所の矛盾行為または権限の濫用が公正な手続を害することは明らか [222]
であり，公正手続請求権の侵害に当たる。この問題を考える材料を提供す
る判例が散見される。

(a) 最〔3小〕判平成3・12・17民集45巻9号1435頁　　この判例は [223]
先行した別訴において訴求中の債権を自働債権（相殺債権）として訴訟上
の相殺の抗弁を提出することは重複訴訟排除規定（142条，民訴旧231条）

---

97) 中野貞一郎「公正な手続を求める権利」民訴雑誌31号（1985年）1頁以下（同・現在問題
27頁以下所収）。

150 第5章 上告理由

の類推適用により不適法であると判示した判例であるが，その事案は次の
ような興味深いものである。

　YとXとの間には売買代金の支払いを求める訴訟が係属していた（別訴）。
他方，XはYに対して両者間の継続的取引契約によって生ずる商品代金等
の支払請求の訴えを提起した（以下，この訴訟を本件訴訟という）。本件第
一審裁判所は，Xの請求を一部認容して，Yに207万余円と遅延損害金の
支払いを命ずる判決をした。Yは控訴を提起し，控訴審においては，別訴
訴求中の売買代金債権を自働債権とする相殺の抗弁を提出した，別訴にお
いて下されたYの請求を認容する判決に対してXが控訴を提起し，同事件
は控訴審に係属していたが，控訴裁判所はこの事件とXのYに対する本件
訴訟との併合を命じた。Yの相殺の抗弁は，併合審理中の第11回口頭弁論
期日に提出されたものであった。控訴裁判所は，その後両事件の弁論を分
離し，相殺の抗弁は民訴旧231条（現行民訴142条）の類推適用により「理
由がない」として排斥した。控訴審判決に対して，Yが民訴旧231条の解
釈適用の誤りを主張して上告したところ，最高裁判所は原判決の理由とほ
ぼ同じ理由で上告を棄却した。

〔224〕　最高裁判所も，別訴訴求中の債権による予備的相殺の抗弁を不適法とす
る判断を一般論として示し，しかもXの訴訟とYの訴訟とは裁判所によっ
て併合された後に提出された相殺の抗弁が裁判所による口頭弁論の分離の
ために再び別訴訴求中の債権による相殺の抗弁の形になった場合，この相
殺の抗弁を不適法とするものであった[98]。しかし，本件において弁論の分離
がなければ，反対債権（相殺債権）についての審理の重複や判断の矛盾は
生じるおそれがなかったのである。それにもかかわらず，控訴裁判所は，
弁論の分離を行い，相殺の抗弁のいうところの重複訴訟状態を（いずれに
せよ結果的に）作り出したのである。弁論の分離は，裁判所の訴訟指揮権
の内容をなす権限であり，原則として裁判所の裁量事項であるとはいえ，
相殺権の剥奪を伴う場合には，裁判所がそのことを積極的に意図していた
かどうかを問わず，法治国家の裁判手続としてふさわしくない，客観的に

---

98) このような異常な訴訟指揮によってもたらされた「別訴訴求中の債権による予備的相殺の
　抗弁を不適法とする判断」に先例価値を認めるのが，実務である。河野信夫・判解平成3
　年度［27事件］。これについては，松本博之・訴訟における相殺（2008年・商事法務）107頁
　以下参照。

みて恣意的な訴訟指揮として公正な手続の要請に反する。[99]裁判所の恣意的な訴訟指揮は，当事者の公正手続請求権の侵害として禁止されるべきである。それゆえ，裁判所の権限の濫用またはシカーネの禁止違反による公正手続請求権の侵害は，憲法違反として上告理由に当たると解される。[100]

(b) **東京高決昭和55・6・30東京高民事報31巻6号137頁**　　上告を〔225〕提起した上告人が上告受理通知書の送達を受けた日の直後に上告理由書に当たる準備書面を原裁判所に提出したところ，原裁判所は期間を定めて民訴規則旧46条，47条所定の書面を提出すべき旨の補正命令を発した。次いで，原裁判所は，上告人がこの補正期間を徒過したことを理由に，上告受理通知書の送達の日から50日の経過前であったにもかかわらず上告を却下する決定をした。このような上告却下が許されると，上告人に与えられていた上告理由書提出期間の残期間が切り捨てられてしまう。東京高裁は，裁判所は期間の伸張はできるが短縮はできず，「上告状，上告理由書における上告の理由の記載が民事訴訟法旧第398条第2項，民事訴訟規則旧第46条，第47条に違背する場合に原裁判所が民事訴訟規則旧第53条第1項によって発すべき補正命令は，右上告理由書提出期間の経過を待って発するのが相当であり，仮に右期間の経過前にこれを発したときであっても，民事訴訟法旧第399条第1項第2号後段，民事訴訟規則旧第53条第2項による上告却下の決定は，右期間（及び補正命令所定の補正期間）の経過した後でなければ，これを適法にすることができないものというべきである」と判示し，原決定を取り消した（原審は上告理由書提出期間を相当の期間伸張する決定をし，上告理由書の提出ないし補正の機会を与えるべしとした）。

中野貞一郎は，このような原裁判所の措置は裁判所が法定期間を短縮することができるという裁量権（民訴旧158条1項本文；現行民訴96条1項本文）によって正当化することができないと批判し，高等裁判所の上告却下決定

---

99) 本件の原審による弁論の分離，これを前提とする相殺の抗弁の却下（重複起訴類推）の異常さは，多くの評釈よって指摘された。山本克己・平成3年度重判解（ジュリ1002号〔1992年〕）121頁；高田昌宏・法教142号（1992年）99頁；吉村徳重・リマークス6号（1993年）124頁；中野貞一郎/酒井一・民商107巻2号（1992年）241頁；百選〔3版〕92頁〔松本博之〕。
100) 当該上告事件では，この基本的な手続違反は上告理由として主張されておらず（上告人は「判決書作成の便宜のためとしか考えられ」ない弁論の分離によって相殺の抗弁の不適法を招いたことに，上告理由に付言する形で不満を述べたにとどまり，裁判所の権限の濫用を正面から持ち出さなかったようである。

152 第5章 上告理由

に対して即時抗告ができないが，最高裁判所に対する特別抗告によって公正手続請求権の侵害の主張が許されるべきだと論じ，[101] 先見の明を示した。上告理由書提出期間は最後の1日まで有効に使えなければならないのに，裁判所が補正期間を上告理由書提起出期間経過前に設定することは期間の意味を裁判所サイドでしか理解していないことの証左である。裁判所の裁量の濫用とみられるのは当然であろう。そして，本件の原審のような措置が公正手続請求権の侵害とみられることが特別上告にとって必要である。もっとも，許可抗告の制度が導入されている現時点では，許可抗告の制度を用いて不服申立てができるが，抗告の許可が与えられるとは限らないので，公正手続請求権の侵害として憲法問題に位置づける意味は大きい。

(2) 信頼保護の原則違反

〔226〕　従来行われてきた裁判所の実務は，当事者もそれに信頼して行動するものであるから，予告なしにこれから離反して当事者に不意打ちを与えてはならない。これは信頼保護の原則と呼ぶことができる。

　最高裁判所は，訴訟でなく遺産分割審判事件についてであるが，遺産分割審判に対する即時抗告期間は各相続人が審判の告知を受けた日が最も遅い日から相続人全員について一律に進行を開始するとする「相当広く行われて」いる実務があり，本件においてもこれを前提とする裁判所書記官の回答が行われていた場合につき，この実務を否定して，即時抗告期間は相続人ごとに各自が審判の告知を受けた日から進行すると判示した。[102] ただし，最高裁は，本件において，抗告人は自己の責めに帰することができない事由により即時抗告期間を遵守できなかったとして，即時抗告の追完を許した。この判例は，長らく行われていた実務を否定する場合には当事者の信頼を害してはならないという考え方に基づくものであり，公正手続の要請としての信頼保護の原則を認める実質を有するものと評価することができる。信頼を害された当事者は，公正手続請求権の侵害を主張して憲法違反により上訴を提起することができることが帰結される。

101）中野・前掲注97）現在問題49頁以下。

102）最〔1小〕決平成15・11・13民集57巻10号1531頁。

5 実効的権利保護の拒否

憲法は，権利保護請求権を保障していると解される。なぜなら，憲法は 〔227〕財産権を保障し，法律により権利または法律効果とそのための要件を定め，権利または法律効果をめぐって当事者間において争いが生じたときは，裁判を受ける権利を市民に保障し（憲32条），裁判官の憲法および法律への拘束（憲76条3項）を定めているからである。もし憲法32条が単に裁判所へのアクセスだけを抽象的に保障しているとすると，裁判を受ける権利は実質的には保障されないからである。[103] そして，権利保護という観点があって初めて，権利保護が実効的なものでなければならないという課題が認識できる。憲法が保障する権利保護は，実効的でなければならない。

ドイツでは，種々の場合に実効的権利保護の拒否を理由に，救済が与え 〔228〕られている。たとえば，控訴裁判所は，裁判所の一致した意見により，事件が原則的意義を有しないことなど，上告許可の事由に相当する事由が存在せず，かつ口頭弁論は必要でないことの確信を得る場合には，遅滞なく控訴を決定により棄却すべきこと（ドイツ民訴法522条2項），控訴裁判所または裁判長は控訴の却下およびその理由を事前に当事者に指摘すべきことを定め（同条2項），かつこの棄却決定に対して，控訴人は判決による裁判の場合に適法である上訴を提起できる旨を定めている（同条3項）。[104]連邦通常裁判所は，「連邦憲法裁判所の固定判例によれば，原状回復の法制度は，特別な方法で，権利保護保障および法的審問を保障するのに仕える。それゆえ，実効的な権利保護の付与（法治国家原則との関連での基本法2条1項）と法的審問（基本法103条1項）を求める手続基本権は，裁判所と各手続法において承認された審級へのアクセスが，期待不可能で，実質的な理由からもはや正当化され得ない方法で困難にされないことを命ずる。したがって，原状回復に関する規定の解釈のさい，とくに裁判所への『最初のアクセス』の場合，しかし次の審級へのアクセスのさいも，原状回復

---

103) 松本・立法史と解釈学192頁以下参照。
104) 2001年の民事訴訟法改正は決定棄却について控訴裁判所による事前の指摘の必要性を定めず，不服申立てができないと規定したことに対して生じた批判と，その後2011年の法改正によって現行法のように事前の指摘および棄却決定に対する上訴が認められ，当事者保護の砦としての訴訟基本権が強化されたことを強調する，ディーター・ライポルド（松本博之訳）「21世紀における社会的民事訴訟，訴訟の諸原則および訴訟基本権」高田昌宏ほか編・グローバル化と社会国家原則（2015年・信山社）263頁，279頁以下参照。

を得るために，関係人がきっかけを与えたに違いない事柄について，要求が吊り上げられてはならない。同じことは，期間徒過の後に徒過の原因についての主張および疎明に対してなされてよい要求に妥当する」[105]と判示した。たとえば，通常の休暇の場合には，書類の送達に関する特別の措置を取る必要はないとされる。[106] 外国人の不十分な語学能力に基づく期間の徒過は，この者がその他の点では自己の権利の擁護において注意義務を尽くしていた場合には，過失がないとみなされる。[107] 弁護士の過失は原則として関係人（依頼者）に帰せしめられるが，弁護士の過失に帰せしめ得ない弁護士事務所のスタッフのミスは，関係人（依頼者）に帰せしめることはできない。[108]

　日本でも，憲法32条の裁判を受ける権利は「適当な時期に裁判を受ける権利である」として，刑事事件のみならず民事事件においても，「審理が著しく遅延するときは，当事者としては有形無形の不利益を受けるばかりでなく，権利の行使に種々の障害を生ずることを免れず，訴訟遅延が実体権を減殺し抹殺する結果ともなる」ことを指摘する先駆的な見解が中野貞一郎によって主張されている。[109] この見解は，「適時審判の保障」を憲法32条から導くものであるが，憲法上の権利保護請求権については語らない。「適時審判の保障」は憲法の保障する実効的な権利保護請求権に基づくものであり，余りにも遅延した裁判によってこの権利保護の実効性が害されることを重視しなければならない。

　裁判所による実効的権利保護の拒否が生じた場合，当事者は適切な手段によって救済を求めることができなければならない。期間徒過の場合に訴訟行為の追完が追完事由についての裁判所の過大な要求によって拒否された場合には，基本的な手続違反として上告ができなければならない。

---

105) BGHZ 151, 221 (227f.)=NJW 2002, 3029 (3031). Vgl auch BGH NJW 2004, 367 (368); NJW-RR 2003, 861 (862); 2003, 935 (936); 2003, 1366 (1367); Musielak/Voit/*Ball*, §543 Rn.9g.

106) BVerfG（K），NJW 2013, 592 (592f.); BverfGE 41, 332 (335); 40, 88 (91); 34, 154 (156f.).

107) BVerfGE 40, 95 (99f.); 42, 120 (125f.); 86, 280 (284f.); BverfG（K）NVwZ 1992, 262 (263).

108) BVerfG（K），NJW 2004, 2583 (2584). 高見　進「訴訟代理人の補助者の過失と上訴の追完」小室＝小山還暦（上）344頁以下も参照。

109) 中野・前掲注22) 17頁。

第3節 絶対的上告理由

第1款 絶対的上告理由の意義

1 絶対的上告理由の存在理由

　一般の法令違反は，高等裁判所への上告においてのみ上告理由になるが，[229]この場合にも一般的には，判決に影響を及ぼすことが明らかであるときに限り上告理由となる。判断の過誤（→〔341〕）の場合と異なり，手続の過誤と判決の結論との間の因果関係の判断は困難であるから，手続過誤（→〔342〕）が判決に影響を及ぼしているかどうかは明らかでないことが多い。たとえば，裁判所が誤って非公開で裁判をしたが，裁判を公開していたとすると，判決の結論が異なっていたであろうことを，除斥原因のある裁判官が関与しなかったならば裁判の内容が異なったであろうことを，あるいは，専属管轄裁判所が審理裁判した場合には判決の結論が異なったであろうということを証明することは，非常に困難である。そのため一定のとくに重大な手続上の過誤について，過誤の重大性に鑑みて，法律は，判決の結論への影響の有無を問わず，上告理由になるとした。これが**絶対的上告理由**（312条2項）の存在理由であったが，現行法では最高裁判所への上告権を基礎づけるという異なる機能をもつに至った。312条2項列挙の事由については，その事由と判決の結論との間の因果関係の主張・立証は要求されず，当該事由の存在の主張があれば足り，因果関係は擬制されると解されている。

　312条2項所定の事由がある場合には，判決の結論との因果関係は擬制[230]されるので，相対的上告理由と異なり，他の理由により原判決は結局は正当であるとして上告を棄却することは許されない（313条・302条2項参照）。ただし，中間的裁判に絶対的上告理由に当たる事由があっても，312条2項の適用はなく，したがって，判決の結論との間の因果関係の証明を要すると解される。

　なお，控訴審の「判決の手続」（すなわち，評決手続，判決書作成手続および判決言渡手続）が違法な場合にも，上告裁判所は控訴審判決を取り消さなければならないから（313条による306条の準用），これは絶対的上告理由の性格を帯びる（ただし，これは最高裁判所に対する上告権を基礎づけない）。

156 第5章 上告理由

2 絶対的上告理由の存在理由についての異説

〔231〕 以上の絶対的上告理由の存在理由についての通説的な理解に対し，これを批判する注目すべき見解が登場している。

加波眞一は，絶対的上告理由の存在意義についての従来の学説の説明に疑問を呈し，とくに多くの手続違反の中からなぜ一定の事由だけが選択され，絶対的上告理由と位置づけられるのか，その根拠が明らかにされていないと問題を提起する。絶対的上告理由の観念を生み出したドイツ法の沿革から，1877年ドイツ民訴法の立法者は判決の瑕疵が判決の無効をもたらすほどのものであるから，判決の結果に対する因果関係を問わずに上告裁判所が原判決を取り消すべき旨規定したという。そして，加波論文は，再審事由が再審理を可能にする根拠を手続保障上の瑕疵に求め，当事者の手続保障を全く欠くかまたはその前提要件そのものを欠く場合（338条1項1～3号の場合がこれに当たるという）と敗訴当事者の責めに帰せしめ得ない手続保障上の瑕疵のため再審が認められる場合（338条1項5～7号）を区別し，これとの対比および絶対的上告理由の沿革的な性格を考慮して，絶対的上告理由は，当事者に帰責（事由）がなく，むしろ，裁判所側の責任により，公正かつ十分な対論をする機会が当事者に全く与えられていなかったか，そもそもそのための前提条件を欠く，という手続上の瑕疵（ないしはそれに匹敵する瑕疵）が原審手続に存した場合であるから，判決の結論との因果関係を問わずに上告審において顧慮されるのだと主張する。[110]加波論文が「理由不備・理由齟齬や公開原則違反があった場合も，これらの瑕疵があると，いかなる理由・裁判経過で判決がなされたかが明らかにできなくなるため，公正かつ十分な対論が確保されるという保障を欠くことになるので，そのような場合の一類型として規定されている」とするのに対し，高橋宏志は，理由不備や理由齟齬は「公正かつ十分な対論との因果関係が弱くなり，やや強引な説明となるかもしれない」と批判した。[111]

〔232〕 加波論文が再審制度の存在理由と絡めて絶対的上告理由を論じることは新しい視点であり，興味深いが，それだけに問題もあるように思われる。再審という判決確定後の救済と判決確定前の重大な手続違反の是正には自

---

110) 加波眞一「絶対的上告理由についての一考察」民訴雑誌49号（2003年）1頁，8頁以下。

111) 高橋・重点講義(下)703頁注(45)。

ずから顧慮すべき観点が異なること、および、再審制度の存在理由が当事者間の対論（弁論権）の保障なのかどうかも議論の余地のある問題だからである。私見によれば、すでに述べたように（→〔212〕）、法的審問請求権の侵害（裁判所の法的審問義務違反）は312条1項の上告理由をなすので、それによってカヴァーされる範囲において、絶対的上告理由は不要ということになる。高橋批判が理由不備・理由の食違いを手続保障や公正手続の保障との関係が強くない瑕疵であると指摘する点については、確かに「公正かつ十分な対論」と理由不備の関係は密接でないといえる。しかし、判決に理由を付することが要求されるのは、裁判所が法的審問請求権の一部である当事者の主張を了知し考慮すべき義務を果たしたことを明らかにするためでであるから（→〔203〕）、理由不備および理由の食違いの上告理由は、法的審問請求権の保障を担保するのに仕える。また312条2項1～3号は、法定裁判官の裁判を受ける権利（公正な裁判所の公平な裁判を受ける権利）が侵害される場合を絶対的上告理由として規定したものであり、同項4号は訴訟代理が必要な当事者が代理されていない場合には、法的審問請求権を適正に行使できないために、代理がなされなかったことが絶対的上告理由とされているのであり、312条2項の定める事由の多くは訴訟手続の憲法的保障と関わるものである。もちろん、因果関係の問題は検討を要するが、絶対的上告理由にあっては判決との因果関係は擬制されるが、憲法違反の上告は判決の結論に影響を与えている可能性が否定されなければ足りると解されるので、その差はさほど大きくない。

第2款　類推適用の可否

1　問題の所在

民訴法312条2項は7個の絶対的上告理由を定めているが、これは制限〔233〕列挙規定であるのか、それとも類推適用が可能なのかが議論されてきた。通説は、立法の沿革に照らし、立法者が訴訟法規を包括的に詳細に検討したうえで絶対的上告理由を選択したのではないことを理由に、民訴法312条2項の類推適用の可能性を肯定している。[112) そして、このような観点から、

---

112) 小室・上訴制度171頁以下；同「上告理由」講座民事訴訟(7)282頁（同・上訴再審116頁）；注解民訴(9)〔第2版〕467頁［斎藤／奈良］（代理権欠缺の場合に限定）；鈴木正裕「上告理由としての訴訟法違反――史的考察」民訴雑誌25号（1979年）29頁以下；鈴木／鈴木／福永／井

158　第5章　上告理由

同項4号の定める代理権・授権の欠缺の場合の絶対的上告理由の類推適用を説明している。

　しかし，最高裁へのアクセス権を付与する絶対的上告理由の類推適用を肯定する基準が明確ではないことから，類推適用には問題がある。絶対的上告理由の意味は，すでに述べたように，手続違反と不服申立てに係る判決の結論との間の因果関係の証明が容易でないため，この因果関係を擬制することにあった。ところが，本書の見解によれば，後に述べるように，手続違反は，判決の結論との間の因果関係の可能性が排除されない限り，上告理由になると解すべきであるから（→〔356〕以下），因果関係の証明の困難を理由に312条の2項の類推適用を肯定すべき理由は存しないと考えられる。また，代理権・授権の欠缺の場合の絶対的上告理由の類推適用については，この場合に問題になっているのが法的審問請求権の侵害の場合であるから，正面から法的審問請求権の侵害を理由とする上告を312条1項による上告として適法と認めるべきである。同じく，当事者への訴状や判決の送達の瑕疵，訴訟手続の中断中になされた判決の言渡し，判決の理由不備などは，それ自体，当事者の法的審問請求を侵害するものであるので，この理由から312条1項により上告（権利上告）ができると解すべきである（→〔212〕）。

2　絶対的上告理由とされていない再審事由の絶対的上告理由性？

〔234〕　312条2項の類推適用が議論され，通説によって肯定されている場合として，338条1項4～10号の再審事由がある。

(1)　旧法時の判例と学説の概略

〔235〕　民訴法338条1項の定める再審事由のうち，1号～3号の事由は，絶対的上告事由でもある。そして，絶対的上告理由に含まれない民訴338条1項所定の再審事由（4号～10号）も，上告理由（法令違反）になることを承認するのが旧法時の判例[113]であった。大審院は，控訴審判決に民訴法旧

───────────

　　　上・注釈568頁［鈴木正裕］；条解民訴〔第2版〕1609頁［松浦／加藤］；(旧) 注釈民訴(8)267頁以下［吉井］；菊井／村松・全訂III239頁など。
[113]　大判昭和9・9・1集13巻1768頁；最判昭和38・4・12民集17巻3号468頁＝判時341号28頁（調査官解説として，坂井芳雄・判解昭和38年度〔30事件〕）；最判昭和43・5・2民集22巻5号1110頁＝判時525号54頁（調査官解説として，奥村長生判解民昭和43年度〔53事件〕）；最判昭和53・12・21民集32巻9号1740頁＝判時914号49頁＝判タ377号80頁。

第3節　絶対的上告理由　*159*

420条1項6号（現行民訴法338条1項6号）の再審事由がある場合について，判決確定後に再審が許される以上，確定前は一層強く審理のやり直しの要請が働く上，訴訟経済の原則からも，それが妥当だとしていた。この見解は，最高裁に引き継がれた。最高裁は，民訴法旧420条1項6号および7号（可罰行為）の再審事由が上告理由になるのは，判決に影響を及ぼすことが明らかな法令の違反に当たるからだと位置づけた[114]。また，民訴法旧420条1項5号～7号の再審事由については有罪確定判決等の要件が具備する必要があるとした[115]。そして，これらの再審事由が主張され，かつ有罪確定判決等の要件が具備する場合，最高裁は判決に影響を及ぼすことが明らかな法令違反が存在するとして原判決を破棄し，事件を原審に差し戻すのが相当だとしていたので[116]，最高裁自身が可罰行為の存在を認定する必要や，再審事由と判決の結論との間の因果関係について調査する必要性を否定していたようであった[117]。

通説[118]も，再審事由を上告理由に位置づけた。しかも，絶対的上告理〔236〕由またはこれに準ずるとするのが通説[119]であった（判例が絶対的上告理由

---

114) 最判昭和53・12・21民集32巻9号1740頁。この判例は，上告理由書提出期間経過後に有罪確定判決等の要件が具備した場合には，理由書提出期間の伸張決定をするとした。

115) 最判昭和35・12・15判時246号34頁；最判昭和45・10・9民集24巻11号1492頁。

116) 前掲最判昭和53・12・21。この判例に対しては，理論的難点を指摘するもの（たとえば，井上治典・判評246号（判時928号，1975年）31頁，理論的に正当だと評価するもの（山本弘「上告審手続の現状と展望――再審事由を理由とする最高裁に対する上告の可否を中心として」ジュリ1317号（2006年）119頁，24頁以下），および再審事由の上告審における斟酌と最高裁の負担軽減の調和の観点から，最高裁も事実認定の負担をする（しかし有罪確定判決等の存在があり，負担はさほど大きくない）という前提のもとに，再審事由を上告受理事由とみる見解（高橋・重点講義(下)721頁）がある。

117) 以上の旧法下の判例の整理として，山本弘・前掲注116) 119頁以下参照。

118) 兼子・体系483頁；三ケ月・全集538頁；同・双書538頁；小室直人「再審事由と上告理由の関係」小山昇ほか編・兼子博士還暦記念・裁判法の諸問題(下)（1970年・有斐閣）175頁，182頁（同・上訴再審183頁，189頁；同・上訴制度217頁；同「上告理由」講座民事訴訟(7) 255頁，286頁以下（同・上訴再審85頁，121頁以下）；新堂・民事訴訟法〔第2版補正版〕（1990年・弘文堂）566頁；上田526頁；菊井/村松・全訂Ⅲ239頁，371頁；条解民訴〔第2版〕445頁［松浦/加藤］；注解民訴(9)〔第2版〕445頁［斎藤/奈良〕。反対：三谷忠之・民事再審の法理（1988年・法律文化社）146頁，170頁（大正15年改正民訴法について「上告審が法律審であること，もともと原状回復事由は上告審で審理しえないものであったこと，わが国の立法者も上告理由となしえないことを認めていたこと，訴訟経済の意味がはっきりしないことを理由に，現行法（改正前の民事訴訟法――引用者）の下では解釈論としても上告理由となしえないのではないか，と考えている」と述べた）；同・昭和54年度重判解説（ジュリ718号，1980年）149頁。

119) 菊井・下462頁；斎藤・概論〔新版〕578頁，618頁；小山574頁；小室・前掲注118) 兼子還暦(下)185頁注(16)；基本法コンメ民訴(3)66頁［上田/松本］；菊井/村松・全訂Ⅲ239頁。

性を承認していたかどうかは明らかでない)。ただし，可罰行為の再審事由が
上告審で斟酌されるとする場合，旧法下の上告理由（破棄理由）のいずれ
に当たるかが議論され，見解の対立があった。大別して３つの見解があっ
た。①再審事由は民訴法旧394条の法令違反（相対的上告理由）に当たると
する見解，②再審事由の補充性（民訴法旧420条１項ただし書）に現れてい
るように，法は再審事由が上告理由になりうることを当然予定していると
みる見解[120]，および，③「訴訟経済の観点よりして，訴訟法秩序全体から
解釈上導き出される特別な上告理由」とみる見解[121] が主張されていた。

①の見解の内部では，刑事の有罪判決は国家の宣言した具体的規範であ
り，可罰行為の再審事由の主張はこの具体的規範に違反して証拠を採用し
た証拠法則違反の主張に帰し，結局それは民訴法旧394条の法令違反の特
殊な場合だとする見解[122] と，有罪判決が確定した以上，民事判決の基礎
になった事実認定において合理的な判断がなされたかどうかの疑いが十分
に存在し，この意味で経験則違反があることになり，再審事由は民訴法旧
394条の定める経験則違反の特殊な場合だとする見解[123] が主張されていた。

筆者も，かつて，可罰行為の再審事由を上告審において斟酌することは
正当であると解した。[124] 確定判決の既判力を覆しうる事由がすでに存在す
るのに，判決の確定を待って改めて再審を提起するよう当事者に指示する
のは，可罰行為によって不利な判決を得た当事者の救済にとって迂遠にす
ぎるからである。もっとも，私見は，可罰行為が上告審において斟酌され
ることは，通説に反して，再審事由が形式的な意味での上告理由（破棄理
由）になることを決して意味しないと解していた。上告理由と再審理由と
は，その存在理由を異にするからである。再審の訴えが提起されるのと同
じ条件で，再審事由たる可罰行為が上告審においても斟酌され得ると解す

---

120) 斎藤・概論〔新版〕613頁；兼子・条解上989頁；菊井・下459頁；菊井/村松・全訂Ⅲ371
　　　頁；新堂866頁；上田596頁；松本/上野〔594〕〔上野〕。
121) 竹下守夫・法協86巻７号（1969年）813頁，819頁。飯塚重男「再審事由と上告理由」小山
　　　昇ほか編・演習民事訴訟法（1987年・青林書院）789頁，793頁は，現行法の解釈論には限界
　　　があり，「多少の疑問を残しつつも」この説に賛成するとする。
122) 中村宗雄・民商１巻４号（1935年）695頁；薬師寺志光・法学志林37巻６号（1935年）761
　　　頁。
123) 小室直人・民商49巻６号（1964年）877頁，886頁；同・前掲注118）兼子・還暦(下)177頁；
　　　同・前掲注112）講座民事訴訟(7)286頁。
124) （旧）注釈民訴(8)255頁〔松本〕。

ば十分であると主張した。[125] そのさい，当該可罰行為について有罪確定判決等の要件が要求されることは当然であった。[126] 有罪判決が上告理由書提出期間経過後に確定した場合，上告理由書提出期間の経過後もこの再審事由を主張することができると解した。再審事由には，形式的な上告理由とは異なる取扱いがなされるべきだからである。[127]

(2) 現行法下の判例と学説

現行民訴法は一般の法令違反を最高裁への上告理由から削除した。338 [237] 条1項ただし書は，再審の補充性に関し「当事者が控訴若しくは上告によりその事由を主張，又はこれを知りながら主張しなかったときは，この限りでない」と規定し，この場合には再審の訴えは不適法であることを定めた。そのため，再審事由を最高裁への上告の上告理由に該当するか，上告理由に準じると認めなければ，最高裁へ上告を提起するさい主張することができないかどうかが，旧法と異なる形で重要な問題として浮上している。この問題に正面から取り組まず，上告理由と再審事由を峻別する方向に向かっているとみ得る近時の判例も登場した。

最〔3小〕判平成11・6・29判時1684号59頁＝判タ1009号93頁は，一方において，判断遺脱は再審事由であるが（338条1項9号），判決自体から明らかでない判断遺脱は理由不備に当たらないとし，他方において，判決に影響を及ぼすことが明らかな法令違反として325条2項により職権で原判決を破棄することができるとする（この判例の問題点について→〔275〕）。**最〔2小〕判平成15・10・31裁判集民211号325頁＝判時1841号143頁**は，特許を取り消す旨の決定の取消しを求める請求を棄却した原

---

125) （旧）注釈民訴(8)255頁［松本］；松本・人訴法〔291〕。

126) 最判昭和35・12・15判時246号34頁；最判昭和43・5・2民集22巻5号1110頁；最判昭和53・12・21民集32巻9号1740頁（ただし，最判昭和36・10・5民集15巻9号2271頁は，裁判上の自白の取消しにつきこれを不要とする）。同旨，小室，前掲注118）兼子還暦（下）190頁；新堂・前掲注8）566頁。

127) 竹下・前掲注121）822頁は，この場合には上告理由書提出期間の制限を課するのは不可能を強いるものであり，期間の伸長を要せずして追加主張ができるとする。新堂幸司・民事訴訟法（1974年・筑摩書房）566頁は，再審事由があるか否かを職権調査事項と解するから，期間経過後でも追加主張を許すことになろう。菊井・下462頁は，再審事由を絶対的上告理由に準じて扱い，理由書提出期間後の提出を肯定した。

最判昭和38・4・12民集17巻3号468頁；上田596頁；新堂866頁；松本／上野〔773〕［上野］は，絶対的上告理由とされていない338条1項4～10号の事由は上告理由であるが，これは最高裁判所への上告権を基礎づけないとする。

162 第 5 章　上告理由

判決に対して上告または上告受理申立てが提起され，事件が上告審に係属
中に，特許出願の願書に添付の明細書を訂正すべき旨の審決が確定した事
案につき，338条 1 項 8 号の再審事由の存在を肯定したが，「この場合には，
原判決には判決に影響を及ぼすことが明らかな法令の違反があったものと
いうべきである」として，原判決を職権で破棄し，事件を原審に差し戻し
た。この判決は，338条 1 項 8 号の再審事由は一般の法令違反であり，最
高裁への上告権を基礎づける事由ではなく，最高裁が裁量で採り上げるこ
とができる職権破棄の事由とみられているようである。

　**最〔1 小〕判平成20・4・24民集62巻 5 号1262頁＝判時2068号142
頁＝判タ1317号130頁**は，控訴審判決が特許法104条の 3 第 1 項に基づく
無効主張を容れ特許権侵害による損害賠償請求等について請求を棄却した
後に，特許請求の範囲の減縮に当たる明細書の訂正を認める旨の審決が確
定した事案に関するが，最高裁は，この審決の確定は338条 1 項 8 号の再
審事由に当たる可能性があるとしながらも，前記訂正審判請求が申立てお
よびその取下げを繰り返した後の 5 度目の申立てであることから，本件に
おいて上告人が特許訂正審判が確定したことを理由に控訴審判決の判断を
争うことは控訴審理の早い段階で提出すべきであった対抗主張を，控訴審
判決言渡しの後に提出するのに等しく，特許権の侵害に係る紛争の解決を
不当に遅延させるものとして，特許法104条の 3 第 2 項の趣旨に照らし許
すことはできないと判示した。このような判示は，再審事由が絶対的上告
理由に当たるとみないで，判決に影響を及ぼすことが明らかな法令違反に
当たると最高裁がみていることを窺わせるとする理解も主張されている。[128]
しかし，その後の判例は，相殺の抗弁が判決の事実摘示に記載されていた
事例であるが，相殺の抗弁につき原裁判所が判断を示さなかった事案にお
いて，判断遺脱が理由不備となることを承認しているから，[129] 判例はすべ
ての場合に判断遺脱を理由不備とみず，職権破棄の事由としての法令違反
として扱っているとはいえない。

　学説においては現行法の下でも，再審事由は312条 2 項の類推適用によ
り絶対的上告理由のように最高裁への上告権を基礎づけるという見解[130]

───────────────
128）菊井/村松・新コンメ Ⅵ285頁以下。
129）最〔1 小〕判平成27・12・14民集69巻 8 号2295頁。
130）伊藤743頁；条解民訴〔第 2 版〕1609頁〔松浦/加藤〕；吉村徳重/竹下守夫/谷口安平編・

と，再審事由は絶対上告理由に当たらず，325条2項による破棄の事由にとどまるとする見解,[131] および，法律上絶対的上告理由とされていない再審事由を法令違反として上告受理申立て理由とみる見解[132] が対立している。

(3) 検 討

(a) 問題の所在　従来の議論は，再審事由が上告理由になるかとい [238] う角度からのみアプローチするものである。しかし，問題の中心は，再審事由は係属中の訴訟において先行顧慮が許されるかどうか，これが肯定される場合，当事者には再審の訴えと係属中の訴訟における主張を選択することができるか，それとも再審の補充性はこの選択を妨げるかどうかということであるはずである。

(b) 原則的不顧慮と例外的顧慮　別の上告理由で開始された上告審 [239] 手続（または上告受理を経て開始された上告審の審理手続）において再審事由を主張することができるかどうかが，まず問題となる。現行民訴法の338条1項ただし書は，大正15年改正民訴法420条1項ただし書と異なり，すべての再審事由を上告審においても全面的に主張できるかのような印象を与えるけれども，新たに主張されまたは生じた再審事由（338条1項4号以下の再審事由）に当たる事実は，原則として上告審において考慮されないと解すべきである。とくに問題となるのは，可罰行為を内容とする再審事由である。ここでは，可罰行為自体を再審事由と解するのが通説であり，可罰行為についての有罪確定判決等は再審の訴えの適法要件と解されている。これを前提に上告審において可罰行為を主張することができるとすると，上告裁判所は，再審事由の主張の適法性および理由具備性の審査のさいに，原審の事実認定の拘束力に関する321条1項の目的に反して，事件の事実評価をしなければならなくなる。[133] たとえば，可罰行為によって提

講義民事訴訟法（2001年・青林書院）498頁［三谷］；三谷忠之・民事訴訟法講義（2002年・成文堂）261頁（338条1項ただし書を根拠に上告理由になるとする）など。

131) 上野泰男「上告――上告理由について」法教208号（1998年）36頁；松本/上野〔974〕［上野］；中野ほか編・講義668頁［上野］；加波眞一「最高裁判所における再審事由の取扱い」民事手続法研究2号（2006年）97頁，134頁（可罰行為の再審事由につき）。

132) 新堂913頁；山本弘・前掲注(116) 127頁；笠井/越山編〔第2版〕1074頁［笠井］；高橋・重点講義(下)720頁注(84)；高部・前掲注14) 19頁以下。菊井/村松・新コンメⅥ286頁は，再審事由を職権破棄の枠内で考慮する判例によって，理論上はともかく，条文上は明記されていない最高裁に対する特別な上告理由あるいは絶対的上告理由を認める必要性には疑問があるとする。なお，瀬木〔636〕も参照。

133) *Gaul*, a.a.O.（Fn.88），323 ff.; MünchKommZPO/*Krüger*, §559 Rn.32; Stein/Jonas/*Jacobs*,

164 第5章 上告理由

出を妨げられた攻撃防御方法がどのようなものであって，それが判決にどのような影響を及ぼしたか，文書等が偽造または変造されたものであるか，それが判決にどのような影響を及ぼしたか，虚偽の陳述が判決の証拠になったかどうかを審理しなければならなくなる。しかし，321条1項は，他の失権規定と同じく手続に区切りをつけ，上告裁判所に事実調査を免れさせ，相手方を訴訟遅延から保護し，社会の利益において手続の促進を図るものである。上告裁判所が再審事由について事実審理と判断をしなければならないというようなことは，法律審である上告審の構造と相容れない。それゆえ，再審事由は原則として上告審では考慮されないとみざるを得ない。[134]

〔240〕　しかし，新たに主張された再審事由を上告審において考慮しないことによって，明白に誤った判決が惹起され得るような場合には，例外的に，上告裁判所も再審事由を顧慮できるべきである。[135] すなわち，上告審判決が以前に出された確定判決と抵触し，または別の正しくない判決を出さざるを得なくなり，そのため，その判決が同様に再審の訴えに服することになるような場合である。[136] 判決の基礎になった民事もしくは刑事の判決その他の裁判または行政処分が後に裁判（上訴または再審手続の裁判）または行政処分によって変更された場合も同じである。再審が許される仲裁廷の仲裁判断は裁判ではないが，仲裁判断取消申立てによって取り消された場合，および338条1項10号（前に確定した判決との抵触）の場合も，同じである。このような再審事由は，上告審手続が係属している場合には，それが上告理由に当たるかどうかとは無関係に係属中の上告審手続において主張することができると解すべきである。[137] また，以上のような事由を主張して，

---

§559 Rn. 34.

134) これに対し，Rosenberg/Schwab/*Gottwald*, §145 Rn.13は，訴訟経済および，そうでなければ他の裁判所の確定判決の内容と矛盾する判決が生ずる危険が再審事由を上告審において主張することを支持するとする。

135) MünchKommZPO/*Krüger*, §559 Rn.32; Stein/Jonas/*Jacobs*, §582 Rn.10; Wieczorek/Schütze/*Prütting*, §559 Rn.56; BGH NJW-RR 2007, 767; BGHZ 3, 65(67).

136) Wieczorek/Schütze/*Prütting*, §559 Rn.56.

137) 最〔2小〕判平成15・10・31判時1841号143頁は，特許取消決定に対する取消訴訟において請求を棄却した原判決に対し特許権者側から上告および上告受理申立てがなされた場合に，上告審係属中に原判決の基礎になった行政処分が後に新たな行政処分によって変更されたことは338条1項8号の再審事由に当たるので，法令違反として，上告裁判所が顧慮することができるとする。このように再審事由が事件の上告係属中に生じた場合にも，これが原判

当事者は上告を提起して上告裁判所による先行顧慮を求めることもできなければならないと解される。そうでなければ再審の訴えが必要となる判決が確定してしまうからである。

　　(c)　**可罰行為の再審事由**　　可罰行為が上告裁判所によって顧慮され〔241〕うるのは，例外的な場合であるべきであるが，これを上告審において顧慮しなければ，上告裁判所の判決が係属中の手続において後に再審の訴えによってのみ除去されうる不当な判決を招くことが生じうる。これは，338条1項4号ないし7号の場合（可罰行為）について338条2項の要件（有罪確定判決等の要件）がすでに具備し，再審事由と不服申立てに係る判決との間の因果関係の蓋然性が存在する（ただし因果関係の可能性が排除されなければ足りる）場合である。[138]　このような場合，上告審手続がすでに係属している以上，再審事由が上告事由になるかどうかという議論は無用というべきである。[139]

　　次の問題は，このように上告審の審理手続がすでに存在する場合に例外〔242〕的に可罰行為の再審事由の先行顧慮が許されるときは，再審事由によって

決の法令違反であるかのように考えられているが，その点では原判決に法令違反があるわけでなく，行政処分の変更により原判決を維持することが再審を必要ならしめる判決を惹起することが問題なのであるから，原判決の法令違反自体の問題なのではなく，上告審に係属中に生じた新事実の上告審における例外的顧慮の問題とみるべきである。
　　最〔1小〕判平成26・1・16〔廣瀬孝/市原義孝「最高裁民事破棄判決等の実情── 平成26年度(上)」〕判時2258号8頁は，Y1・Y2以外の相続人がY1・Y2に相続登記のなされているAの遺産の各16分の1（本件持分）を取得するという遺産分割審判に対する即時抗告を棄却した高裁決定により，遺産分割審判は確定した。X（強制競売手続によって本件持分を除く持分を有することになった者）の提起したY1・Y2に対する本件不動産の共有不動産分割訴訟は，被告適格を欠く者に対する訴えして原審によって却下された。この判決に対する上告において，最高裁は職権調査により，遺産分割審判に対する高裁決定はこれに対して提起された特別抗告により最高裁により破棄され，事件は原審に差し戻されていることを顧慮して，原判決を破棄し，事件を原審に差し戻した。
138)　Vgl. MünchKommZPO/*Krüger*, §560 Rn.32.
139)　338条1項ただし書が再審の補充性について上告をあげているのは，再審事由を主張して上告を提起できることを意図しているというよりは，いわば抗弁的に再審事由を上告審手続において主張できる場合のことを念頭に置いているということが可能である。
　　高橋・重点講義(下)713頁は，すでに上告審手続が係属している場合には，いずれの当事者もその手続のなかで再審事由の有無が審理されることを望むはずだから，それを受け得る法律構成は再審事由を上告受理事由とするほかないという。しかし，既に係属している上告審において主張される再審事由は上告理由や上告受理申立理由として主張されなければならないのではなく，本文で述べたように，再審を必要ならしめる判決を阻止するために主張することができるのであるから，この場合には，再審事由が上告受理理由に当たるかどうかを議論する意味がない。

166　第5章　上告理由

不利益を受けている当事者は再審事由を主張して自ら上告を提起すること
ができるかどうかである。この問題も肯定されるべきであろう。なぜなら，
338条1項4〜7号の定める再審事由は，判決が確定して法的安定性に配
慮しなければならない状況のなかで，可罰行為の介在により判決基礎が極
めて重大な瑕疵をもった場合に確定判決を是正する事由であり，上告受理
申立て理由で取り上げられる一般の法令違反に該当する事由より遙かに重
大な事由であるからである。それゆえ，このような事由は，上告提起の基
礎にできなければならない。もちろん，上告提起において有罪確定判決等
の存在する可罰行為を主張することができるとしても，この再審事由が形
式的な上告理由になるのではないし，また法律はそのようなことに照準を
合わせていないと考えられる。この再審事由の先行顧慮を上告審において
実現するために，上告理由に代えて上告のさいに再審事由を責問（主張）
することが許されると解すれば足りる。この場合，上告ができるか，上告
受理申立てでなければならないかという議論が存在するが，最高裁の裁量
で受理か不受理かを理由を付することなく決定できるとされる上告受理申
立てより，上告の方法で責問できると解すべきである。[140]

〔243〕　　(d)　補充性の適用　　次に，可罰行為の再審事由は，すでに係属中の
またはこれから係属すべき上告審手続において主張しておかなければ，も
はや再審の訴えを提起することができなくなるかが問題となる。すなわち，
338条1項ただし書の定める補充性の適用を受けるかどうかという問題で
ある。

　再審事由の訴訟係属中の先行顧慮は，もっぱら関係当事者の権利保護の
改善を目的とするものであり，瑕疵のある判決の存続を法律の定める再審
の訴え提起期間を超えて終局的に安定させる相手方の利益に仕えるもので
はないので，当事者は再審事由を係属中の訴訟において提出するか，後に
独立の再審の訴えを提起するかの選択権を有するべきである。[141] 反対説，
すなわち，当事者は，再審事由が上告審において顧慮されうる限り，再審

---

140)　上告受理申立てであれば，最高裁が不受理決定をしたときは再審の補充性の制限を受けな
　　いという解釈があるが（高部・前掲注14）27頁），上告の形で再審事由を主張できると解す
　　る場合にも，私見は次に述べるように，再審事由を主張する当事者は上告と再審の訴えの提
　　起を選択できると解するから，補充性による制約は生じない。

141)　*Gottwald*, Revisionsinstanz, S.357; Stein/Jonas/*Jacobs*, §559 Rn.39.

事由を係属中の訴訟において陳述しなければならないという見解[142]によれば，当事者は上告裁判所による上告の却下により再審の訴えを留保するために再審事由をつねに提出することを強いられることになり，当事者がそうしない場合にはその後，この事由に基づき独立の再審の訴えを提起することができなくなる。これによって，再審事由の訴訟係属中の先行顧慮という当事者のための特別の救済手段が，当事者の負担に転化することになる。しかし，これは不当である。[143]

(e) **判断遺脱**　判決に影響を及ぼすべき重要な事項につき**判断の遺**〔244〕**脱**があった場合には，再審事由とされているが，判決の確定を待つまでもなく上告によってこれを主張することができる。判決に影響を及ぼすべき重要な事項とは，判決主文の判断を導くべき攻撃防御方法であって，当事者が主張したもの，および当事者が裁判所の調査を促した職権調査事項である。判例は，前述のように，判決の事実摘示に記載されていない再抗弁に対する原裁判所の判断遺脱は，理由不備の絶対的上告理由にならず，325条2項の職権破棄の事由にとどまるとする。[144]この判決は判断遺脱の再審事由が最高裁判所への上告権を基礎づけないことを判示したものと解する余地があるとする見解[145]があるが，最高裁が一般的にそのように解しているのでないことは前掲最判平成27・12・14等によって明らかになっている（→〔237〕〔275〕）。反対説によれば，判断遺脱という殊のほか重大な瑕疵について当事者の責問を許さず，裁量で取り上げられるかどうか明瞭でない職権破棄（325条2項）による救済を演出するという不当な結果を生じうる。私見は，控訴裁判所の判断遺脱は絶対的上告理由になるかどうかといった問題を超えて，当事者の提出した攻撃防御方法を了知し，これを考慮すべき裁判所の義務を含む，当事者の憲法上の法的審問請求権に対応

---

142) Vgl. Stein/Jonas/*Grunsky*, Kommentar zur Zivilprozessordnung, 21. Aufl., Bd.5/1, §561 Rd.29, 30.

143) *Gottwald*, Revisionsinstanz, S.357.

144) 最〔3小〕判平成11・6・29判時1684号59頁；最〔2小〕判平成15・10・31判時1841号143頁（上告受理申立事件が最高裁判所に係属中，原判決の基礎になった行政処分がその後の行政処分（訂正審判）によって変更された事案について，ほぼ同旨）；最〔3小〕判平成26・11・4〔廣瀬孝/市原義孝「最高裁民事破棄判決等の実情(上)——平成26年度」判時2258号12頁。

145) 松本/上野857頁注⑶〔上野〕は，前掲最判平成11・6・29は少なくとも判断遺脱の再審事由が最高裁判所への上告権を基礎づけないことを判示したものと解する余地があるとする。

168 第5章 上告理由

する裁判所の考慮義務の違反であると解する（→〔197〕）。それゆえ，私見によれば，裁判上重要な事実の判断遺脱は憲法違反として312条1項により上告理由になる（→〔203〕）。

〔245〕　　（ｆ）**結　論**　　以上のように再審事由は，上告審において顧慮されうる場合（可罰行為の場合には有罪確定判決等が存在する場合），判決の確定を待たずに，すでに係属している上告審手続において主張することができる。上告審手続がまだ係属していない場合には，再審事由は単なる法令違反を超える判決の重大な瑕疵であるので，上告の提起によって主張することができると解することができる。絶対的上告理由に準じるか，上告受理申立て理由にとどまるか，それともいずれでもなく職権破棄事由にすぎないのかという議論は，おそらく無用の議論であろう。むしろ重要なことは，当事者は再審事由を例外的に上告において主張できるが，必ず主張しなければならないかという点であり，この点については選択が許容されるべきである。

第3款　絶対的上告理由の基本的諸問題
1　上告の適法要件との関係
〔246〕　絶対的上告理由も含め上告理由は，上告の理由具備に関する事由である。上告人が1つの絶対的上告理由の存在を援用し，法令違反の因果関係が擬制されるだけで，上告が適法になるのではない。絶対的上告理由が意味を有するのは上告の理由具備性についてだけであり，上告の適法性に対する意味を有しない。それゆえ，絶対的上告理由の存在についての審査は，上告が適法な場合にのみ実施できる。したがって，絶対的上告理由が存在することは，上告の適法性の審理を免れしめない。絶対的上告理由の存否の審理のためには，原判決が上告に適した裁判であること（→〔114〕）のみならず，他のすべての上告の適法要件を具備しなければならない。[146]

2　職権調査事項か
〔247〕　上告審においても弁論主義が妥当するが，職権調査事項については当事

---

146) Stein/Jonas/*Grunsky*, a.a.O. (Fn.142), §551 Rn.2; Wieczorek/Schütze/*Prütting*, §547 Rn.3.

者の責問がなくても，裁判所は職権によりこれを斟酌しなければならない（322条）。通説は，312条2項1〜5号の事由を公益に関することを理由に職権調査事項と解している[147]。312条2項6号（理由不備・理由の食違い）については，主文自体に不備がある場合，主文と理由が全く合致しない場合のように公益性が強いものに限って職権調査に服するという見解が多い[148]。その結果，上告人が不服申立ての対象としていない原判決部分についても，絶対的上告の存在を理由に職権で原判決が破棄される[149]。

　しかし，この通説の見解は検討を要するであろう。絶対的上告理由の存在理由は，手続違反と判決内容との間の因果関係の存在が擬制され，この点についての主張・立証が上告人に求められないことに限られる。その他の点では，絶対的上告理由につき，法律は職権調査を命じておらず，一般原則が妥当すべきである。それゆえ，絶対的上告理由は，原則として職権によってではなく，上告人の適式な手続責問（Verhahrensrüge）に基づいてのみ調査されるべきである[150]。公益的理由により定められる手続要件は種々存在するが，そのすべてについて職権調査が行われるのではないからである。とくに，上告人の不服申立ての対象ではない原判決部分まで絶対的上告理由の存在を理由に破棄するのは不当である。

　例外は，放棄し得ない訴訟要件の欠缺である。これは，当事者の責問が 〔248〕なくても，職権により調査されなければならない。そのため，絶対的上告理由が同時に放棄し得ない訴訟要件に関わり，したがって手続瑕疵の責問がなくても上告裁判所は職権で調査すべきか，また，いかなる範囲でそうかという問題が生ずる。312条の2項4号の絶対的上告理由（代理権の欠

---

147) 中島・日本民訴法1696頁；宇野栄一郎「上告審の実務処理上の諸問題」実務民訴講座(2) 303頁，308頁；平田浩「上告審の裁判の範囲」新実務民訴講座(3)213頁，228頁；(旧)注釈民訴(8)268頁〔吉井〕；条解民訴〔第2版〕1646頁〔松浦/加藤〕；基本法コンメ民訴(3)85頁〔田中豊〕；高橋・重点講義(下)687頁；注釈民訴(5)253頁〔勅使川原〕など。最判昭和32・10・4民集11巻10号1703頁は，直接主義違反は312条2項1号に当たるとして，これを職権で採り上げている。

148) 宇野・前掲注147) 308頁；平田・前掲注147) 228頁；基本法コンメ民訴(3)85頁〔田中〕；(旧)注釈民訴(8)268頁〔吉井〕など。

149) 判例は，判決の基本たる口頭弁論に関与しなかった裁判官が判決をした場合に，当事者の責問がなくても，裁判所はこれを職権で採り上げ，原判決を全部破棄すべきだとする。大判昭和8・5・10民集12巻1156頁；最判昭和25・9・15民集4巻9号395頁。

150) Vgl. BGHZ 41, 249(253); BGH NJW 1992, 512（512 f.); Baumbach/Lauterbach/*Hartmann*, §547 Rn.4; Musielak/Voit/*Ball*, §547 Rn.2; Rosenberg/Schwab/*Gottwald*, §143 Rn.36; Wieczorek/Schütze/*Prütting*, §547 Rn.5; Thomas/Puzto/*Reichold*, §547 Rn.1.

170 第5章　上告理由

缺）は，訴えの適法要件に関しており，その限りで放棄し得ない訴訟要件
が問題になっているという理由で，この絶対的上告理由は職権調査事項で
あるという見解[151] が主張されている。たしかに，職権により調査される
べき放棄し得ない訴訟要件は，312条2項4号に入る。しかし，このこと
から312条2項4号違反の瑕疵が必然的につねに職権で調査されるべきだ
という逆推は，成り立たない。[152] 代理権の存在は，それ自体として職権調
査事項であるので，職権調査がなされなければならないのである。

3　控訴審手続における手続違反

〔249〕　上告が依拠できる絶対的上告理由は，絶対的上告理由をもたらす手続瑕
疵が控訴審において生じた場合に限られる。第一審で生じた手続瑕疵では
不十分である。もちろん，控訴裁判所が自ら手続規定に違反した場合のほ
か，第一審裁判所の手続違反に基づく判決を控訴裁判所が明示的に受け入
れている場合，たとえば手続違反を主張する控訴を実質的な審理をしない
で棄却した場合にも，控訴審において手続瑕疵が生じているといえる。[153]

4　上告裁判所の裁判

〔250〕　上告裁判所は，絶対的上告理由を確定する場合には，実体審理なしに原
判決を破棄し，事件を新たな審理と裁判のために原審に差し戻し，または
他の同等の裁判所に移送しなければならない（325条1項前段）。この場合
には，上告裁判所は，326条によって原裁判所に代って自ら裁判すること
はできない。絶対的上告理由においては法令違反が判決に影響を及ぼした
ことは擬制され，かつ法令違反が原審の事実認定に影響をしたかどうかも
無視することができないからである。[154] 同じ理由から，313条による302条
2項の規定の準用による上告棄却もできない。

151）Vgl. MünchKommZPO/*Krüger*, §547 Rn. 3.

152）Wieczorek/Schütze/*Prütting*, §547 Rn. 5.

153）MünchKommZPO/*Krüger*, §547 Rn. 3; Wieczorek/Schütze/*Prütting*, §547 Rn. 8.

154）Wieczorek/Schütze/*Prütting*, §547 Rn. 11; Stein/Jonas/*Jacobs*, §547 Rn. 6.

第4款　各種の絶対的上告理由

1　判決裁判所の構成の違法

法律（裁判所法や民訴法）に従って判決裁判所が構成されていないことは，[251]
絶対的上告理由になる（312条2項1号）。

312条2項1号は，もともと2号，3号とともに，「日本臣民ハ法律ニ定メタル裁判官ノ裁判ヲ受クルノ権ヲ奪ハルルコトナシ」と定める明治憲法24条の，いわゆる法定裁判官を求める権利[155]の民事訴訟法における表現として規定されたものである。裁判所の構成が法律に従っていない場合には，この法定裁判官を求める権利が侵害されるので，判決確定前の救済として，絶対的上告理由とされた（判決確定後は再審事由となる。338条1項1号）。日本国憲法32条は単に裁判を受ける権利を定めているが，法律に従って構成された裁判所の裁判を受ける権利をも定めているものと解される。

① 判決裁判所が裁判所法42条ないし45条所定の裁判官の資格や任命手[252]続を欠く者や，裁判所法46条所定の欠格事由のある裁判官を構成員とする場合，312条2項1号に該当する。受命裁判官・受託裁判官の資格・指名や裁判所書記官は判決裁判所の構成とは関係がないから，本号の適用はない。

② 合議制裁判所が法定の裁判官の員数および資格を満たさない場合（合議体の裁判官の員数について，裁18条2項，26条3項，31条の4第3項。特別の合議体の員数につき，民訴269条1項，269条の2第1項本文，310条の2本文），裁判所の構成は法律違反により瑕疵がある。法定された員数に過不足があると，この瑕疵が生ずる。

③ 判事補がその権限の制限に反して裁判に関与した場合には，本号違反となる。判事補は同時に2人以上合議体に加わりまたは裁判長になることは禁止され（裁27条2項，判事補の職権の特例等に関する法律1条），または特別の合議体において判事補が3人以上合議体に加わりまたは裁判長になることを禁止されるので（民訴269条2項，269条の2第2項），これに反した場合には，本号違反となる。

1号の絶対的上告理由の存在の基準時は，証拠調べの時や判決言渡しの[253]

---

155) 法定裁判官を求める権利（Recht auf den gesetzlichen Richter）については，*Schilken,* Gerichtsverfassungs recht, 4. Aufl., 2007, Rn. 277 ff. を参照。

172 第5章 上告理由

時ではなく，判決に接着する最終口頭弁論終結時または口頭弁論再開についての裁判の時点である。[156) 原審の最終口頭弁論期日の口頭弁論調書に記載された裁判官と原判決に署名捺印した裁判官が異なる場合，原判決は直接主義違反として破棄される。[157) 判決の基本となる口頭弁論に関与した裁判官はA，BおよびCの3名であり，原裁判所に保存されている判決原本にも同じ3名の署名押印があるので，記録上は民訴法旧395条項1号（現行民訴法312条2項1号）に当たらないようにみえるが，第2回口頭弁論期日には裁判官A，CおよびDの3名が出席し，判決を言い渡したが，当初上告代理人に送達された判決正本には判決言渡しに関与した裁判官としてA，CおよびDの記載があり，しかも，判決原本に記載のない判断内容が含まれているため，この判決正本に相応する判決原本が存在していたのではないかとの疑いが残るので，原判決がその基本となる口頭弁論に関与した裁判官によりなされたことが明らかであるとはいえないとして民訴旧395条1項1号（現行民訴法312条2項1号）に当たることを肯定した判例[158) がある。これらの事案においては，判決の基本となる口頭弁論に関与した裁判官と判決に署名押印した裁判官に記録上食違いがあったり，両者の一致が疑わしい事情があるので，1号の適用を肯定した判断は正しいと思われる。

〔254〕 裁判官の更迭がある場合に弁論の更新を怠ると，基本たる口頭弁論に関与しない裁判所が裁判に加わったとして，直接主義違反の法令違反になるが，この場合，判例は，それを越えて判決裁判所の構成の違法として絶対的上告理由になるとする。[159) 文献では，弁論の更新を怠る場合を判決裁判

---

156) Stein/Jonas/*Jacobs*, §547 Rn.8; Wieczorek/Schütze/*Prütting*, §547 Rn.15.

157) 最判昭和25・9・15民集4巻9号395頁（「原判決は基本たる口頭弁論に臨席しない判事Aが関与して為されたものであるから，民訴法187条1項（現行民訴法249条1項）に違背した不法あるものといわれなければならない」）；最判昭和32・10・4民集11巻10号1703頁＝判タ76号31頁；最判昭和43・9・27裁判集民92号435頁＝判時534号55頁（最終口頭弁論期日の調書が無効なため，基本たる口頭弁論に関与した裁判官が明らかにならないとして，312条2項1号に該当するとされた事例）；最〔2小〕判平成13・3・23〔矢尾渉「最高裁民事破棄判決等の実情(上)──平成13年度」〕判時1783号25頁；最〔2小〕判平成14・1・18〔杉原則彦「最高裁民事破棄判決等の実情(上)──平成14年度」〕判時1814号34頁；最〔2小〕判平成14・3・18〔杉原則彦「最高裁民事破棄判決等の実情(上)──平成14年度」判時1814号34頁；最〔3小〕判平成19・1・16判時1959号29頁。

158) 最〔1小〕判平成11・2・25判時1670号21頁＝判タ998号116頁。

159) 最判昭和33・11・4民集12巻15号3247頁＝判時167号11頁。

所の構成の違法として絶対的上告理由をなすとみる見解[160] があるが，反
対説[161] も有力に主張されている。反対説は，弁論の更新を裁判所に対す
る報告行為と解し，手続結果について「当事者に陳述の機会を与えるのは，
その陳述によって受訴裁判所の裁判官たちに調書の内容につき共通の認識
を与え，また，彼らの描く事実関係像を当事者の描く事実関係像にすり合
わせ，より適正な裁判を目指して行われるものだけに，当事者の利益（私
益）のために認められているといってよい」ので，「当事者に陳述の機会
を与えないまま調書の内容を判決の資料にとっても，それはたかだか責問
権の放棄・喪失の対象となる違法性にとどまる」[162] と主張した。いずれに
せよ，裁判官の更迭という当事者の領域外の出来事について，当事者が弁
論の更新を怠ると原判決が破棄されてしまうという点に問題が感じられる。
最終口頭弁論に関与した裁判官と判決に署名押印した裁判官が一致してお
り，瑕疵は形式的な報告行為である弁論の更新の懈怠にあるから，私見も，
弁論の更新の懈怠は絶対的上告理由にはならず，責問権の放棄喪失の対象
となると解する。

　裁判所内部の事務分配，代理順序または部の構成に関する定めに反する〔255〕
裁判所の構成がなされたときは，312条2項1号に当たらないとするのが
通説[163] である。しかし前述のように，憲法は本来，法定裁判官の裁判を
受ける権利を保障していると解され，事件を担当する裁判所（判決裁判所）
の管轄が恣意的に決められると，この法定裁判官の裁判を受ける権利の侵
害となるので，事件の割振りは単なる技術的な事務分配にすぎないもので
はない。恣意を排して事件を裁判所に割り振るために予め定められた方法
によるべきであるから，事務分配の定めにより担当すべき裁判所以外の裁
判所が事件を担当し裁判することは違法と解すべきである。もっとも，事

---

160) 菊井/村松・全訂Ⅲ239頁以下；菊井/村松・新コンメⅥ287頁；伊藤743頁。
161) 鈴木重勝「民事裁判所の構成変更と訴訟審理原則」早稲田法学57巻2号（1982年）159頁
　　以下；鈴木正裕「当事者による『手続結果の陳述』」石田喜久夫＝西原道夫＝高木多喜男先
　　生還暦記念論文集・金融法の課題と展望(下)（1990年・日本評論社）407頁以下；(旧) 注釈
　　民訴(8)271頁〔吉井〕；基本法コンメ民訴(3)66頁〔上田/松本〕；高橋・重点講義(下)688頁；
　　注釈民訴(5)264頁以下〔勅使川原〕。
162) 鈴木（正裕）・前掲注161）439頁。
163) 兼子・条解(上)943頁；菊井/村松・全訂Ⅲ1240頁；注解民訴(9)〔第2版〕471頁〔斎藤/奈
　　良〕；谷口/井上編・新判例コンメンタール(6)233頁；基本法コンメ民訴(3)66頁〔上田/松本〕；
　　菊井/村松・新コンメⅥ288頁。

174 第 5 章　上告理由

務分配に反したすべての場合が312条 2 項 1 号に当たるといえるかどうか
は，問題である。ドイツの判例では，事務分配の定めに恣意的に反した場
合にのみ絶対的上告理由になるとされ，錯誤による違反では絶対的上告理
由とはならないとされている。[164]

2　法律上判決に関与できない裁判官の関与

〔256〕　判決裁判所の構成自体は適法であるが，構成員である個々の裁判官に法
律上判決に関与できない事由が存在する場合には，絶対的上告理由になる
（312条 2 項 2 号）。除斥原因のある裁判官や忌避の申立てを受けた裁判官が
判決に関与する場合は，これに当たる。また，事件が原審に差し戻された
場合には，不服申立てに係る裁判に関与した裁判官は差戻審に関与するこ
とができないが（325条 4 項），これに反してこのような裁判官が差戻審の
裁判に関与した場合も，これに当たる。

　除斥原因の 1 つである裁判官が「不服を申し立てられた前審の裁判に関
与したとき」（23条 1 項 6 号）とは，直接または間接の下級審の裁判に関与
したことを指す。したがって，次の手続への関与の場合には，前審関与に
はならない。すなわち再審により取消しを求められているその判決を言い
渡した訴訟手続，請求異議の訴えによって執行不許宣言が求められている
判決を言い渡した訴訟手続，仮差押え・仮処分手続，不成立に終わった調
停手続，[165] 適法な異議の申立てによって訴えの提起があったとみなされて
訴訟に移行した労働審判手続[166] などである。

　この裁判関与の有無についての判断の基準時は，312条 2 項 1 号の場合
と同様に，最終口頭弁論の終結時である。したがって，単に証拠調べにの
み関与した場合は， 2 号違反とはならない。また，単に裁判を準備するの
みで，せいぜい間接的に裁判に関係する手続の部分に関与し（たとえば口
頭弁論期日の指定）または，もはや裁判自体に影響しない手続の部分（た
とえば判決の言渡し[167]）に関与する場合も， 2 号違反とはならない。[168] これ

---

164)　BGH NJW 1995, 332(335); BGHZ 126, 63(71).
165)　最判昭和30・ 3 ・29民集 9 巻 3 号395頁。
166)　最〔 3 小〕判平成22・ 5 ・25判時2085号160頁＝判タ1327号67頁。
167)　言渡しにつき，大判大正 5 ・ 9 ・29民録22輯1838頁；大判昭和 5 ・12・18民集 9 巻1140頁。
168)　Wieczorek/Schütze/*Prütting*, §547 Rn.23.

らの場合には，判決への関与は存在しないからである。除斥申立てが確定的に却下されたときは，もはや上告によって原判決を攻撃することはできない。なぜなら，除斥申立ての却下によって除斥原因の不存在が拘束力をもって裁判されているからである。[169] 上記の意味での判決関与以外の方法での手続関与は，通常の手続法違反（312条3項）になるだけである。[170]

　忌避申立てを理由づける「裁判の公正を妨げるべき事情がある」裁判官〔257〕の裁判への関与が絶対的上告理由になるのは，この裁判官について実際に忌避申立てがなされ，申立てに理由ありとされる場合である。原審において忌避の可能性があったとか，裁判官が回避しなければならなかったというだけでは足りないことは当然である。しかし，忌避の裁判が確定していることは必要でなく，判決への署名と言渡しの前に忌避の申立てがなされていれば足りると解すべきである。[171] 通説は，裁判官が忌避の裁判の確定前に関与したというだけでは足りず，忌避の裁判の確定後の関与であることが必要であるとする。[172] しかし，忌避の申立てがあると，その申立てについての決定が確定するまで訴訟手続を中止しなければならないから（26条本文），この規定に反して忌避の申立て受けた裁判官が裁判に関与するときは312条2項2号違反となる。忌避原因があるにもかかわらず忌避の裁判確定前ならば原審の最終口頭弁論に関与できるというのでは，不公正な裁判をするおそれのある裁判官の裁判への影響を排除することができず，忌避制度の意義が失われる。したがって，忌避の裁判の確定を要求する通説は，不当である。後に忌避の理由はないとする裁判が確定したときは，2号違反の瑕疵は消滅し，これを理由に上告をすることはできないことは当然である。[173] 評議により判決内容が決まり，署名が行われたのち，言渡し前に忌避事由が生じたときは，312条2項2号の適用はない。除斥原因

---

169) Vgl. MünchKommZPO/*Krüger*, §547 Rn.11; Stein/Jonas/*Jacobs*, §547 Rn.11; Wieczorek/Schütze/*Prütting*, §547 Rn.24.

170) 大判昭和5・12・18民集9巻1140頁。注解民訴(9)〔第2版〕473頁以下〔斎藤/奈良〕参照。

171) 中島・日本民訴法1680頁；Stein/Jonas/*Jacobs*, §547 Rn.14; Wieczorek/Schütze/*Prütting*, §547 Rn.28.

172) 兼子・条解(上)935頁；菊井/村松・全訂Ⅲ241頁；(旧) 注釈民訴(8)274頁［吉井］；基本法コンメ民訴(3)66頁［上田/松本］；笠井/越山〔第2版〕1070頁［笠井］；注釈民訴(5)266頁［勅使川原］など。条解民訴〔第2版〕1609頁［松浦/加藤］；伊藤743頁は，忌避の裁判がなされていればよく，確定までは必要としていない。

173) 中島・日本民訴法1680頁。

176 第5章 上告理由

のある裁判所書記官または忌避の裁判がなされた裁判所書記官についても，通常の手続法違反が生ずるだけである。[174] 裁判所書記官は，312条2項2号にいう裁判官ではないからである。

3 専属管轄違反

〔258〕　第一審手続において任意管轄違反があっても，これを控訴審において主張することはできないが（299条1項本文），専属管轄違反は絶対的上告理由とされている（312条2項3号）。第一審の専属管轄違反も，上告理由とされている。専属管轄違反として絶対的上告理由となるのは，法定の専属管轄に限られるが，法定の専属管轄であっても6条1項の定める知的財産権訴訟についての東京地裁および大阪地裁の専属管轄は除外される（312条2項3号かっこ書）。専属的合意管轄が専属管轄に含まれないのは当然である。

　　専属管轄の定めに違反する移送の裁判が即時抗告を経て確定し，拘束力が生ずる場合（22条），もはや，312条2項3号によっても上告することはできなくなる（313条・283条ただし書）。反対説は，この場合に絶対的上告理由として上告審で責問することができる法定の専属管轄違反の有無を決定手続だけで確定させることに疑問を呈し，控訴審，上告審での再審査を可能にすべきだと主張する。[175]

〔259〕　国際裁判管轄における法定の専属管轄違反も，絶対的上告理由となる（312条2項2の2号）。現行法上，日本の法令により設立された法人や社団・財団の組織や役員の責任に関する訴えは，設立準拠法国の裁判所の判断が重視されるべきであるとの立法政策に基づき，日本の裁判所の専属管轄に属するものとされている（3条の5第1項）。また，登記や登録は，権利の発生，変更および消滅の公示を目的とする制度であるから，これに関する争訟は登記または登録をすべき地の国の裁判所が判断するのが適切であるとの立法政策により専属管轄とされている（同条2項）。知的財産権

174）菊井/村松・全訂Ⅲ241頁；注解民訴(9)〔第2版〕472頁〔斎藤/奈良〕；条解民訴〔第2版〕1610頁〔松浦/加藤〕；菊井/村松・新コンメⅥ289頁；注釈民訴(5)266頁〔勅使川原〕。絶対的上告理由に準ずるとするのは，高橋・重点講義(下)688頁；笠井/越山〔第2版〕1070頁〔笠井〕。

175）菊井/村松・新コンメⅥ290頁；注釈民訴(5)268頁〔勅使川原〕。

の登録に関する訴えも，この登録に関する訴えに含まれる（同条3項）。
任意的国際裁判管轄違反は，絶対的上告理由でなく，上告受理申立ての対
象となるにすぎない。

4　代理権等の欠缺
(1)　意　義

　法定代理人，訴訟代理人として訴訟行為をした者に代理権がない場合〔260〕
（代理権の存在を証明するのに必要な書面を提出できなかった場合[176]を含む），
または，法定代理人が訴訟行為をするに必要な授権を欠いていた場合，法
的審問請求権（当事者権）（→〔180〕以下）が確保されていないことになる
ため，絶対的上告理由となる（312条2項4号）。訴訟の追行のために代理
人を必要とするときに，代理人を欠いた場合をも含む。したがって，未成
年者または成年被後見人が自ら訴訟行為をした場合も含まれる。[177]形式的
に法人の代表者となっている者が代表権を有しない場合も，同様にこれに
当たる。[178]

　固有必要的共同訴訟人の1人につき法定代理権の欠缺があるとき，当該
訴訟の判決および訴訟手続の全体が不適法であるから，共同訴訟人の全員
につき上告理由となる。[179]

---

176) 大判大正6・6・7新聞1317号33頁（控訴審の口頭弁論に関与した訴訟代理人の提出し
　　た委任状に委任事項の記載がなかった事案）；大判昭和10・8・3裁判例9巻民事157頁（控
　　訴審の最終口頭弁論に関与した副代理人が控訴の特別授権（55条2項3号）を受けていな
　　かった訴訟代理人によって選任されていた事案）。
177) この場合，312条2項4号の規定が準用されるとか類推適用されるといわれている。菊
　　井/村松・全訂III242頁（準用）；注解民訴(9)〔第2版〕476頁〔斎藤/奈良〕（準用）；(旧)注
　　釈民訴(8)277頁〔吉井〕（類推適用）；鈴木/鈴木/福永/井上・注釈569頁〔鈴木正裕〕（類推適
　　用）；笠井/越山編〔第2版〕1071頁〔笠井〕（類推適用）。これに対し，条解民訴〔第2版〕
　　1610頁〔松浦/加藤〕は，この場合はもともっと312条2項4号によって把握されているとい
　　うが，この見解が正しい。
　　　ただし，近時この場合について，訴訟能力を欠く者に対する判決の送達は無効であり，そ
　　のため控訴期間は進行を開始しないから，適法に法定代理を受けなかった未成年者または成
　　年被後見人はいつでも控訴を提起することができるとする見解（坂原正夫「訴訟能力の欠缺
　　を看過した判決の効力」慶應義塾大学法学部法律学科開設百年記念論文集法律学科篇〔1990
　　年・慶應通信〕12頁以下；小田　司「訴訟能力をめぐる諸問題」日本大学法学部創設120周
　　年記念論文集〔第1巻，2009年〕211頁以下）が主張されている。
178) 裁判例として，最〔2小〕判平成28・9・9〔野村武範/衣斐瑞穂「最高裁民事破棄判決
　　等の実情(上)──平成28年度」判時2342号10頁。
179) 大判昭和15・9・18民集19巻1636頁；(旧)注釈民訴(8)279頁〔吉井〕。

178 第5章 上告理由

〔261〕 **訴訟担当**は，訴訟代理とは異なるけれども，312条2項4号の意味での代理の概念は，狭義の訴訟上の代理のみならず，訴訟担当にも及ぶと解すべきである。[180] 当事者は訴訟能力を有するが，訴訟追行権を欠く場合，たとえば，この当事者の財産につき破産手続開始決定が出されたが，訴訟が破産管財人ではなく，この債務者に対して続行される場合には，適切な「代理」の欠缺がある。任意的訴訟担当の場合には，任意的訴訟担当の許容要件の具備が必要である。これを欠くと，適切な「代理」の欠缺となる。[181]

〔262〕 法定代理人，訴訟代理人または代理人が訴訟行為をするに必要な授権の欠缺は，訴訟能力，法定代理権または訴訟行為をするに必要な授権を有するに至った当事者または法定代理人が明示的にまたは黙示的に**追認**すれば，これによって瑕疵は治癒され，この効力は訴え提起時に遡及するので，もはや312条2項の上告理由も存在しない（312条2項ただし書）。追認は，上告審においてもすることができる。[182] この場合には，当初存在した絶対的上告理由が，その後に消滅する。

〔263〕 312条2項4号は，手続においてその者の権利が争われている当事者が自らまたは権限を有する代理人によって攻撃防御方法を提出する機会をもたなかった場合には，そのような口頭弁論は無価値だという考量に基づくものである。[183] それゆえ，訴状が当事者に適式に送達されなかった場合，[184]

---

180) Vgl. MünchKommZPO/*Krüger*, §547 Rn.13; Stein/Jonas/*Jacobs*, §547 Rn.16; Wieczorek/Schütze/*Prütting*, §547 Rn.32.

181) Wieczorek/Schütze/*Prütting*, §547 Rn.32. 最〔2小〕判平成11・12・17〔生田孝司「最高裁破棄判決等の実情(上)——平成11年度」〕判時1707号62頁は法定訴訟担当者（破産管財人）が訴求債権を破産財団から放棄し訴訟追行権を失った場合には，適切な「代理」を欠くのと同視できる状態が生ずるとする。

182) 最判昭和47・9・1民集26巻7号1289頁（控訴審および上告審における無権代理人の訴訟行為の上告審における権限ある代理人による追認について）；大判昭和16・5・3判決全集8輯18号617頁；菊井/村松・全訂 I 315頁；(旧) 注釈民訴(1)481頁〔飯塚〕；(旧) 注釈民訴(8)279頁〔吉井〕；条解民訴〔第2版〕1611頁；注解民訴(9)〔第2版〕477頁〔斎藤/奈良〕；注釈民訴(5)269頁〔勅使川原〕。

183) Stein/Jonas/*Grunsky*, a.a.O, (Fn.142), §551 Rn.19.

184) 最〔1小〕判平成4・9・10民集46巻6号553頁（補充送達が有効になされなかった場合）；最〔1小〕判平成28・9・1〔野村武範/衣斐瑞穂「最高裁民事破棄判決等の実情(上)——平成28年度」〕判時2342号11頁（被告Yらほか3名に対する訴状の送達は，A会社の事務所をYらの就業場所として補充送達の方法で行われたが，YらはAの取締役または監査役として登記されたいたことがあったものの，訴状送達時点では確定判決に基づき抹消登記がなされていた事案）。

訴訟手続の中断中に口頭弁論を終結して判決が言い渡された場合,[185] 当事者がその責めに帰することのできない事由により自ら口頭弁論期日に出頭できず,また代理人を出頭させることもできず,そのため攻撃防御方法を提出する機会を失い敗訴判決を受けた場合,[186] 氏名冒用訴訟における被冒用者が原判決の破棄を求める場合[187] に,その類推適用が肯定されている。しかし,これらの場合は,当事者は自己の利益を自らまたは第三者によって主張できるべきであり,したがって,法的審問請求権侵害の極端な場合であるから,ここで類推適用が肯定されている場合は,312条2項4号の文言に反して,初めからこの条項によって捉えられているということができるし,また312条1項所定の憲法違反として上告理由になると解することもできる(→〔233〕)。

(2) 代理権の欠缺等を主張して上告を提起することができる者

代理権の欠缺等を主張して上告を提起することができる者は誰かという〔264〕問題がある。判決は当事者本人に対して原則として効力を及ぼすので,当事者自身ないしその法定代理人も,代理権の欠缺の瑕疵を主張して上告を提起することができる。

上告人は被上告人側に存する代理権の欠缺等の事由を上告理由として主張することができるか,すなわち相手方も他方当事者側の代理権の欠缺等の事由を上告理由として主張することができるかという点について見解の対立がある。これを肯定するのが多数説[188] である。その理由として,被上告人側にこの事由が存在すると,上告人が勝訴の確定判決を取得しても,後に再審の訴えによって判決が取り消される可能性があるので,上告人としては判決が未確定の段階であっても代理の欠缺を上告理由として主張できなければならないといわれる。通説に対し,上告人は被上告人側の代理

---

185) 最判昭和58・5・27裁判集民139号23頁＝判時1082号51頁；前掲注181) 最〔2小〕判平成11・12・17；注解民訴(9)〔第2版〕477頁〔斎藤/奈良〕；(旧) 注釈民訴(8)277頁〔吉井〕。

186) 最〔1小〕判平成28・9・1〔野村武範/衣斐瑞穂「最高裁民事破棄判決等の実情――平成8年度(上)」〕判時2342号11頁(訴状の有効な送達がないため上告人が訴訟に関与する機会が与えられなかった事例)；小室・前掲注112) 講座民事訴訟(7)283頁；注解民訴(9)〔第2版〕477頁〔斎藤/奈良〕；鈴木/鈴木/福永/井上・注釈569頁〔鈴木正裕〕；(旧) 注釈民訴(8)277頁〔吉井〕；条解民訴〔第2版〕1610頁〔松浦/加藤〕；菊井/村松・新コンメⅥ292頁。

187) 注解民訴(9)〔第2版〕477頁〔斎藤/奈良〕；条解民訴〔第2版〕1610頁〔松浦/加藤〕；菊井/村松・新コンメⅥ292頁；伊藤744頁；中野ほか編・講義666頁〔上野〕。

188) 菊井/村松・全訂Ⅲ242頁；条解民訴〔第2版〕1611頁〔松浦/加藤〕；注解民訴(9)〔第2版〕478頁〔斎藤/奈良〕；(旧) 注釈民訴(8)278頁〔吉井〕；菊井/村松・新コンメⅥ291頁。

180 第 5 章 上告理由

権の欠缺等の事由を上告理由として主張することはできないという少数
説[189]が対立する。少数説は，上告には形式的不服を要するという理由を
あげ，[190] また，勝訴当事者の上告の利益は一般的に肯定されないし，上告
人が敗訴した場合にも，上告人としては無権代理人であれ，「彼としては
一応無権代理人を相手に攻撃防御を尽くした結果であるから，それを今更
その代理人が無権代理人であるからと上告してくるのも，筋の通った話し
ではない」と批判した。[191]

〔265〕　代理が適正に行われることはもっぱら本人の利益のために要求されるの
であるから，この点で通説にはすでに問題がある。もっとも，代理権の存
否など312条 2 項 4 号の適用のある手続瑕疵は職権調査事項であるから，
裁判所が当事者が適正に代理されているかどうかについて何によって疑問
を抱くかは重要でないといえる。それゆえ，相手方も控訴審手続にこの点
で瑕疵があることを指摘することはできる。[192] 多数説がこのことを指摘す
るのであれば，妥当である。だが，多数説は，相手方も上告を提起するこ
とができるという。しかし，控訴審で全部勝訴した相手方は，控訴審判決
に対して不服を有していないから，[193] そもそも上告を提起することはでき
ない。[194] 他方当事者が後に代理権の欠缺等を主張して再審の訴えを提起す
る可能性を計算に入れなければならないことは，相手方の不服を基礎づけ
ない。[195] これは不服とは関係のないことがらである。それゆえ，通説を支
持することはできない。

（3）　**職権調査**

〔266〕　当事者が適法に代理されていることはそれ自体放棄できない訴訟要件で

---

189) 小室・前掲注112) 講座民事訴訟(7)283頁；鈴木／鈴木／福永／井上・注釈569頁［鈴木正裕］；
谷口（1987年・成文堂）494頁；新堂162頁；高橋・重点講義（下）700頁注(39)；注釈民訴(5)270
頁以下［勅使川原］。
190) 小室・前掲注112) 講座民事訴訟(7)283頁。
191) 鈴木／鈴木／福永／井上・注釈569頁［鈴木正裕］。
192) Musielak/Voit/*Ball*, §547 Rn.11; Wieczorek/Schütze/*Prütting*, §547 Rn.32; Stein/
Jonas/*Jacobs*, §547 Rn.19.
193) Musielak/Voit/*Ball*, §547 Rn.11; Stein/Jonas/*Jacobs*, §547 Rn.19.
194) 肯定説を主張する（旧）注釈民訴(8)279頁［吉井］は，上告の不服の問題ではなく，上告
理由とすることの利益の問題であるとし，上告人に不服がない場合には，全部勝訴者の上告
は論外とするようである。
195) Musielak/Voit/*Ball*, §547 Rn.11; Wieczorek/Schütze/*Prütting*, §547 Rn.12; Stein/Jonas/
Jacobs, §547 Rn.19.

あるので，上告裁判所は，訴えの適法性の審査との関係で，当事者の主張
がなくても職権によりこの点について調査しなければならない。だが，放
棄し得ない訴訟要件の欠缺が裁判所の調査の結果明らかになれば，もはや
絶対的上告理由の存否の調査は行われない。放棄し得ない訴訟要件と絶対
的上告理由を結びつけ，代理権の欠缺を内容とする絶対的上告理由を職権
調査事項とみることは誤りであろう。[196]

5　口頭弁論の公開原則の違反

　民事訴訟においては，公開原則が妥当する。対審と判決の言渡しは公開 [267]
法廷で行うことは，憲法の命ずるところである（憲82条）。そこから，憲
法82条に違反して非公開で口頭弁論および判決の言渡しを実施した場合，
および憲法82条に基づき例外的に公開を停止できる場合であるが，憲法82
条および裁判所法70条の規定の定める公開停止手続に違反した場合に，絶
対的上告理由がある（312条2項5号）。これによれば，裁判官全員の一致
により口頭弁論の非公開の決定をすること（憲82条），公衆を退廷させる
前に停止理由とともに非公開を言い渡すこと，および，判決を言い渡すと
きは再び公衆を入廷させること（裁70条）が必要である。口頭弁論の公開
は口頭弁論調書の必要的記載事項であり（民訴規66条1項6号），公開の有
無は口頭弁論調書によってのみ証明することができる（160条3項）。した
がって，口頭弁論調書に公開した旨の記載がないと，実際には公開されて
いても，公開はなかったことになる。[197] 公開すべき場合に誤って非公開に
された場合には，その審理のさい傍聴人が1人もいなかったときでも上告
理由となる。[198] 絶対的上告理由は，最終口頭弁論期日に公開に関する規定

---

196) Wieczorek/Schütze/*Prütting*, §547 Rn.5.
197) 菊井/村松・全訂Ⅲ244頁；注解民訴(9)〔第2版〕480頁〔斎藤/奈良〕；(旧) 注釈民訴(8)
　280頁〔吉井〕；条解民訴〔第2版〕1611頁〔松浦/加藤〕；菊井/村松・新コンメⅥ293頁。最
　〔2小〕判平成25・7・12〔伊藤正晴/上村孝由「最高裁破棄判決等の実情──平成25年度
　(上)」〕判時2224号6頁（第一審の口頭弁論の一部につき公開した旨の記載がなく，かつ控
　訴審において第一審における口頭弁論の結果陳述をした旨の記載もない事案について，両者
　について絶対的上告理由に当たる瑕疵を認めた）。
198) 細野・要義(4)370頁；条解民訴〔第2版〕1611頁〔松浦/加藤〕；(旧) 注釈民訴(8)280頁
　〔吉井〕。反対：注解民訴(9)〔第2版〕480頁〔斎藤/奈良〕（規定違反の瑕疵はあるが，当事
　者その他の訴訟関係人のプライバシーまたは公序良俗は現実には害されていないことを理由
　とする）。

182 第5章　上告理由

に違反した場合にのみ存在すると解される。[199]

　公開停止の要件である「公の秩序又は善良の風俗を害する虞がある」
（憲82条）という事由の判断において，通説は原裁判所の裁量を肯定し，
その判断の不当性を主張して上告理由とすることはできないとするが[200]，
裁量の踰越があった場合は別である。

　第一審の手続が公開規定に違反し，控訴裁判所がこれに基づく第一審判
決の部分を引き継ぐ場合，それは控訴審判決による新たな公開原則違反を
なす。[201]

〔268〕　312条2項5号にいう口頭弁論は，判決言渡し期日を含む広義の口頭弁
論である。期日が非公開で行われても，その期日の延期を決定したにとど
まる場合には，本号には当たらない。期日変更決定が期日外でなされたと
きと異ならないからである。[202]

　弁論準備手続期日は口頭弁論ではなく，もともと公開ではないから，裁
判所が不当に傍聴を拒否した場合にも絶対的上告理由とはならない。

　非訟事件においては，公開法廷での口頭弁論が義務づけられておらず，
非公開審理は憲法82条に反しないので，312条2項5号の適用はない。[203]

6　理由不備および理由の食違い

〔269〕　裁判所は，当該事件において判決主文の判断に至った理由を記載するこ
とを求められる（253条1項3号）。判決に理由を付すべき裁判所の義務は，
裁判所の法的審問義務の履行を明らかにするために要求されるものである。
これを受けて，民訴法312条2項6号は，「判決に理由を付せず，又は理由
に食違いがあること」を絶対的上告理由の1つとして定めている。判決に
おける事実摘示の欠缺は，絶対的上告理由ではない。

---

199) Rosenberg/Schwab/*Gottwald*, §144 Rn.14.
200) 菊井/村松・全訂III244頁；注解民訴(9)〔第2版〕480頁〔斎藤/奈良〕；条解民訴〔第2版〕
　　 1611頁〔松浦/加藤〕；菊井/村松・新コンメVI292頁。
201) Stein/Jonas/*Jacobs*, §547 Rn.21; MünchKommZPO/*Krüger*, §547 Rn.14; Wieczorek/
　　 Schütze/*Prütting*, §547 Rn.39.
202) 菊井/村松・全訂III243頁；注解民訴(9)〔第2版〕480頁〔斎藤/奈良〕；(旧) 注釈民訴(8)
　　 280頁〔吉井〕。
203) 最〔大〕決昭和40・6・30民集19巻4号1089頁；最〔大〕決昭和40・6・30民集19巻4号
　　 1114頁；最〔大〕決昭和45・6・24民集24巻6号610頁；最〔大〕決昭和41・12・27民集20
　　 巻10号2279頁。

(1) 理由不備

「判決に理由を付せず」とは，判決には理由を付さなければならないの〔270〕
に（253条1項3号），判決主文の判断を導き出すための理由の全部または
一部が欠けている場合，すなわち，裁判所が攻撃防御方法について判断し，
主文の判断に到達した過程が明らかではない場合をいう。

(a) **理由の欠缺**　判決に理由を示すことが法律上命じられているに〔271〕
もかかわらず，裁判所が判決に理由を全く示していない場合には，当然，
本号にいう理由不備が存在する。裁判に関与した，支障のない裁判官全員
の署名も判決の完全な理由づけに属するので，このような裁判官の署名を
欠く場合は理由の不備に当たる。

(b) **判決理由の瑕疵　(aa) 不完全な理由づけ**　理由が完全に欠け〔272〕
ているのではなく，判決には理由が記載されているが，その理由が不可解
であったり，混乱していたり，何もいっていないのと同然であったり，理
由説示の不足または不完全のため主文の判断を支えることができず，[204]主
文の判断のためにどのような考慮が決定的であったかを，現実に認識させ
ることができない場合には，理由不備の絶対的上告理由があると解される。[205]
何らかの点で間隙があるか，不完全であるだけでは，理由不備ということ
はできないが，判決理由が決定的に重要な争点について判断を示していな
い場合は，理由不備に当たる。重大な理由の欠缺が存在するのは，たとえ
ば訴えの申立てまたは個々の訴訟上の請求[206]もしくは個々の主張（請求原

---

204) 最判昭和28・12・15裁判集民11号237頁（被告の給付義務の性質が判決文上明らかでない
　ため，履行に代わる損害賠償請求権を生じないとの判断に到達した過程が明らかでない場
　合）；最判昭和29・4・2民集8巻4号794頁（被告が家屋の一部占有者であると認定しただ
　けで，特段の理由の説明なしに，他の部分の占有者と連帯して家屋全部につき賃料相当額の
　損害金の支払いを命じた場合）；最〔大〕判昭和29・7・19民集8巻7号1387頁（行政事件
　訴訟特例法11条により農地買収計画に関する訴願裁決取消請求を棄却するにつき，一般的に
　農地買収は公共の福祉のためになされる旨を判示し，具体的に当該事件につき判決を取り消
　し変更することが公共の福祉に適合しない理由を示さない場合）。
205) Vgl. BGH NJW 1999, 3192; BGHZ 39,333（337 f., 347）; MünchKommZPO/*Krüger*, §547
　Rn.16; Musielak/Voit/*Ball*, §547 Rn.13; Stein/Jonas/*Jacobs*, §547 Rn.25ff.; Wieczorek/
　Schütze/*Prütting*, §547 Rn.47.
206) 最〔3小〕判平成18・6・6〔宮坂昌/谷口豊「最高裁民事破棄判決等の実情(2)——平成
　18年度」判時1967号26頁（土地の共有持分権10分の6を有する共有者Xが，10分の4の共
　有持分権を有し土地上に建物を所有するYに対し建物収去土地明渡しと賃料相当額の不当利
　得金の返還を請求したのに対し，原裁判所が土地共有権者はその持分が過半数に満たない場
　合にも共有物を全面的に使用収益する権原を有するから本件建物の収去，土地の明渡しを求
　めることはできないという理由によって，賃料相当額の不当利得金の返還請求をも棄却した

184 第5章 上告理由

因[207]，抗弁[208]，再抗弁，再々抗弁等の攻撃防御方法）が理由において全く言及を欠き，判断されていない場合には，重大な理由の欠缺が存在する[209]。国際民事訴訟において，どの国の法が判決の基礎にされたかが認識できない場合にも，絶対的上告理由の理由不備が存在する[210]。証拠評価が単に不十分だけでなく，完全に欠けている場合にも，理由不備の瑕疵がある[211]。真正な書証とくに処分文書はその記載およびその体裁から特段の事情がない限り，その記載どおりの事実を認めるべきであるが，何らの首肯できる事情を示すことなくこの書証を排斥するのは証拠評価がない場合に当たる[212]。証拠の取捨の判断など証拠評価が個々的に不完全であることは，312条2項6号には当たらず，247条違反になるにすぎない[213]。これは最高裁判所への権利上告を基礎づけず，上告受理申立て理由にとどまる。

〔273〕　　　(bb)　その他の理由づけの瑕疵　　以上の理由の欠缺および理由の不完全のほかに，判決がいかなる事実確定および中心的な理由に基づく

事案）。

207) 最〔大〕判昭45・6・24民集24巻6号712頁（連続した裏書の記載のある手形を所持し，これに基づき手形金を請求している場合には，手形法16条1項の適用の主張があると解すべきであり，その主張がないものとして請求棄却判決をした場合）。

208) 最〔1小〕判平成27・12・14民集69巻8号2295頁。本判決は，本訴訴求中の債権が時効消滅したと判断されることを条件として，反訴請求に対し本訴の訴求債権のうち時効により消滅した部分を相殺債権とする相殺の抗弁は許されるとする。この見解を前提に，判決は，「原判決のうち被上告人の反訴請求を認容した部分は，上記2の相殺の抗弁についての判断がないため，主文を導き出すための理由の一部が欠けているといわざるを得ず，民訴法312条2項6号に掲げる理由の不備がある。これと同旨をいう論旨は理由があり，原判決のうち上記部分は破棄を免れない」と判示した。本件においては，原判決が上告人の相殺の抗弁を本件反訴における上告人の抗弁として摘示していた。

209) MünchKommZPO/*Krüger*, §547 Rn.16; Stein/Jonas/*Jacobs*, §547 Rn.25; Wieczorek/Schütze/*Prütting*, §547 Rn.48。斎藤・概論〔新版〕580頁；注解民訴(9)〔第2版〕484頁〔斎藤/奈良〕；条解民訴〔第2版〕1611頁〔松浦/加藤〕。最判昭和37・2・27民集16巻2号392頁参照。

210) BGH NJW 1988, 3097.

211) MünchKommZPO/*Krüger*, §547 Rn.16; Stein/Jonas/*Jacobs*, §547 Rn.26; Wieczorek/Schütze/*Prütting*, §547 Rn.49；斎藤・概論〔新版〕580頁。

212) 最判昭和32・10・31民集11巻10号1779頁。このような事案について理由不備の違法を認めた。そして長い間，証拠評価の基本として維持されてきた。ところが，理由不備や理由の食違いは要件事実の判断に限られ，記録や書証に反する認定判断が理由不備と認められる余地はないという見解が現職裁判官によって主張されているが（高部・前掲注14），21頁），この見解は証拠申出の無視が法的審問請求権の侵害と理由不備に当たりうることを理解しないものである。これは要件事実論の弊害かもしれない。

213) 注解民訴(9)〔第2版〕484頁〔斎藤/奈良〕；条解民訴〔第2版〕1611頁〔松浦/加藤〕；BGHZ 39, 333(338); Stein/Jonas/*Jacobs*, §547 Rn.26.

か，その他の攻撃防御方法がなぜ奏功しなかったかなど，重要な争点について判決裁判所が検討したことが，判決から明らかにならなければならないので，そのような点についての理由づけの瑕疵は理由不備と同視される。それに対し，理由づけが単純に不完全であったり，不十分であったり，正しくなくまたは瑕疵があるというだけでは，不十分である。旧法下の最高裁判例には，単純な実体法違反，経験則違反あるいは釈明義務違反から審理の不十分な部分が生じ，その結果，その部分についての判決が欠けていることをも理由不備と解するものが多数存在したが[214]，それは理由不備概念の不当な拡張であった[215]。ただし，この場合，絶対的上告理由に当たらないことは，原審の判断に問題がないことを意味しない。判決に影響を及ぼすべき法令違反があるのであるから，上告受理の枠内で適正に扱われるべきである。

　理由不備は，不服申立てに係る原判決についてのみ問題となる。瑕疵が不服申立てに係る判決に先行する裁判にのみ関係している場合は，絶対的上告理由にはならず，通常の法令違反に当たる[216]。

　最近，判決自体から明らかにならない判断遺脱は当然には理由不備とはならないと判示した判例が出され，大きな影響を与えている。事案は，売買契約の手付金支払のためにAがXに振り出し，その支払を保証する目的でYが裏書をした事案であるが，原判決が，Xの手形金支払請求に対するYの抗弁——①本件売買には，代金支払のための融資をYが得られたときに効力を生ずるという停止条件が付されているが，条件は成就していない。②仮に融資が得られないときは売買契約が効力を失う旨の解除条件があったという抗弁——を摘示しながら，Xからの再抗弁については，③Yが停止条件の成就を故意に妨害して融資を得られなくしたことのみを摘示し，[274]

---

214) 福田剛久「上告理由としての理由不備，食違い」梅＝遠藤古稀749頁，753頁以下は，そのような判例として，現行民訴法施行の前年である1997年だけで，最〔3小〕判平成9・1・28裁判集民181号265頁；最〔2小〕判平成9・2・25民集51巻2号502頁＝判タ936号182頁；最〔2小〕判平成9・4・25裁判集民183号365頁＝判タ946号169頁；最〔3小〕判平成9・11・11裁判集民186号85頁＝判タ958号99頁；最〔3小〕判平成9・11・28裁判集民186号269頁をあげている。その他，最判昭和55・10・28判時984号68頁；最判昭和55・12・11判時991号76頁；最判昭和56・2・17判時996号65頁；最判昭和56・12・16民集35巻10号1369頁などがあった。
215) 福田・前掲注214）755頁；注釈民訴(5)275頁以下［勅使川原］も参照。
216) Stein/Jonas/*Jacobs*, §547 Rn.23.

186　第5章　上告理由

④故意に解除条件を成就させたことを摘示しなかったというものである。控訴裁判所は，④の再抗弁について何の判断も加えないままに，解除条件成就の抗弁を入れてXの請求を棄却した。Xの上告に対し，最高裁は，解除条件成就の抗弁を認容しながら「解除条件の条件作出については何らの判断を加えないで上告人の請求を棄却するのは，判決に影響を及ぼすべき重要な事項について判断を遺脱した違法がある」といいつつ，次のように判示して，この違法は312条2項6号の定める理由不備には当たらないとした。[217]

　「原判決の右違法は，民訴法312条2項6号により上告の理由の一事由とされている『判決に理由を付さないこと』（理由不備）に当たるものではない。すなわち，いわゆる上告理由としての理由不備とは，主文を導き出すための理由の全部又は一部が欠けていることをいうものであるところ，原判決自体はその理由において論理的に完結しており，主文を導き出すための理由の全部又は一部が欠けているとはいえないからである。

　　したがって，原判決に所論の指摘する判断遺脱があることは，上告の理由として理由不備に当たるものではないから，論旨を直ちに採用することはできない。しかし，右判断の遺脱によって，原判決には判決に影響を及ぼすことが明らかな法令の違反があるものというべきであるから（民訴法325条2項参照），本件については，原判決を職権で破棄し，更に審理を尽くさせるために事件を原裁判所に差し戻すのが相当である」。

〔275〕　この判例をきっかけに，現行法が法令違反と理由不備・食違いの違法を峻別していることを理由に，理由不備を「主文を導き出すための理由の全部または一部が欠けていることをいう」と限定的に理解すべきだという見

217）最〔3小〕判平成11・6・29裁判集民193号411頁＝判時1684号59頁＝判タ1009号93頁。評釈として，宇野聡・リマークス21号（2000年）137頁；高見進・判評497号（判時1709号，2000年）40頁；田邊誠・平成11年度重判解説129頁。後続の判例として，最〔2小〕判平成16・1・16〔松並重雄/坂本　勝「最高裁民事破棄判決等の実情(1)──平成16年度」〕判時1895号36頁；最〔2小〕判平成18・3・10〔宮坂昌利/谷口　豊「最高裁民事破棄判決等の実情(1)──平成18年度」〕判時1966号21頁；最〔3小〕判平成26・11・4〔廣瀬孝/市原義孝「最高裁民事破棄判決等の実情(上)──平成26年度」〕判時2258号12頁（原判決が弁済の抗弁を判決の事実摘示に記載せず，判断しなかった事案）。

解が主張され，判決自体がその理由において論理的に完結しておれば，判断遺脱を理由不備に入れない解釈が有力となっている。[218] しかし，請求原因，抗弁，再抗弁，再々抗弁等の攻撃防御方法について原裁判所の判断遺脱があることを認めながら，判断の遺脱がある攻撃防御方法が判決の事実摘示に記載されておらず，事実摘示に記載された事項と判決理由が論理的に整合していさえすれば，主文を導き出すための理由が全部または一部欠けていることにはならず，理由不備に当たらず，瑕疵は上告受理申立て理由でしかないなどと，どうしていえるのだろうか。当事者が提出した重要な攻撃防御方法を判決の事実摘示に記載することは裁判所の訴訟上の義務である。この義務に違反した場合に，判断遺脱が法令違反ではあるが，312条2項6号の意味での理由不備にならないというのは全く不可解である。判決に理由を付すべきことは裁判所の法的審問義務を履行したことを明らかにするためである（→〔202〕）。形式的には判決自体から判断遺脱が明らかでなくても，非難されるべき判断遺脱によって法的審問義務が履行されなかったことに変わりがない。それゆえ，判断がなされなかった攻撃防御方法が判決の事実摘示に記載されていなくても，判決には理由不備があることは明らかである。[219] 最高裁の見解やこれを支持する学説は，判断遺脱が法的審問請求権の侵害であることを理解しないことに基づくものであろう。また，この判例の見解では，原審は判決の事実摘示を怠ることによって絶対的上告理由たる理由不備の非難を容易に回避することができ，全く不合理である。

　なお，この平成11年判決も，判断の遺脱がある攻撃防御方法が事実摘示に記載されていなかった事案に関する。事実摘示に記載された攻撃防御方法について判断遺脱がある場合には，後の判例は理由不備を認めている。[220]

218) このような解釈は，研究会・新民事訴訟法404頁以下によって示され，新堂912頁；高橋・重点講義(下)689頁；福田・前掲注214) 757頁以下；伊藤745頁注(77)；注釈民訴(5)276頁［勅使川原］；中野ほか編・講義667頁［上野］；三木/笠井/垣内/菱田〔第3版〕629頁［菱田］；瀬木〔634〕などによって支持されている。
219) 旧法下の判例は，判決に影響を及ぼす判断遺脱を理由不備の一場合と解していた。最判昭和37・10・9判時315号20頁；最判昭和37・11・27判時321号17頁；最判昭和42・3・28判時479号36頁；最判昭和44・1・16民集23巻1号18頁；最判昭和49・7・22金法731号30頁など。
220) 最〔2小〕判平成16・11・26〔松並重雄/坂本　勝「最高裁民事破棄判決等の実情(1)──平成16年度」判時1895号33頁；最〔2小〕判平成19・6・11〔森　英明/細川泰毅「最高裁民事破棄判決等の実情(上)──平成19年度」〕判時2009号9頁；最〔2小〕判平成24・10・12〔武藤貴明/岡田幸人「最高裁民事破棄判決等の実情(上)──平成24年度」〕判時2188号10

188 第5章 上告理由

それゆえ，判例は判断遺脱を一般的に絶対的上告理由から除外しているのでないことに注意しなければならない。

(2) 理由の食違い

〔276〕　**理由の食違い**とは，判決主文の判断を導き出すために判決理由が付されているが，理由づけに論理的矛盾があるため判決主文に示された結論に到達し得ず，裁判所がいかなる考慮に基づき判決主文の結論に到達したか，その過程が明らかにならない場合をいう[221]。前述のように，理由説示の不足または不完全のため主文の判断を支えることができず，主文の判断のためにどのような考慮が決定的であったかが不明である場合には，理由不備の絶対的上告理由となるので，ここで絶対的上告理由とされている理由の食違いも，理由不備の一場合ということができる。判例にも「理由齟齬ないし理由不備」の違法があるとして，原判決を破棄したものがある[222]。

　　頁：最〔1小〕判平成27・12・14民集69巻8号2295頁＝金判1484号8頁（相殺の抗弁が原判決の理由に摘示されているケースについて，相殺の抗弁についての判断遺脱が判決の理由の一部の欠缺をもたらし，312条2項6号にいう理由不備になるとする）。

221)　そのような例として，最〔2小〕判平成15・7・11判時1834号37頁；最〔3小〕判昭和60・7・16判時1178号87頁；最〔1小〕判平成18・1・19判時1925号96頁＝判タ1205号138頁＝金法1772号43頁（土地を競売により取得した原告（上告人）が同土地上の建物を所有する被告（被上告人）に対して建物収去土地明渡し等を請求した事件において，原審が一方において本件建物の所有者を被告の子らであると認定しながら，他方において被告が本件建物を所有しているとの第一審判決の説示をそのまま引用して，被告に対し建物収去土地明渡しを命じた原判決を破棄した判例）。

　　現行法下の判例として，最〔1小〕判平成21・1・21〔田中一彦／鎌野真敬「最高裁民事破棄判決等の実情(上)──平成21年度」〕判時2082号10頁；最〔1小〕判平成21・2・20〔田中一彦／鎌野真敬「最高裁民事破棄判決等の実情(上)──平成21年度」〕判時2082号11頁；最〔3小〕判平成25・12・17〔伊藤正晴／上村孝由「最高裁民事破棄判決等の実情(上)──平成25年度」〕判時2224号8頁；最〔2小〕判平成26・2・21〔廣瀬孝／市原義孝「最高裁民事破棄判決等の実情(上)──平成26年度」〕判時2258号9頁；最〔2小〕判平成28・1・15〔野村武範／衣斐瑞穂「最高裁民事破棄判決等の実情(上)──平成28年度」〕判時2342号12頁；最〔1小〕判平成28・12・19〔野村武範／衣斐瑞穂「最高裁民事破棄判決等の実情(上)──平成28年度」〕判時2342号13頁がある。

222)　たとえば，最判昭和47・4・21民集26巻3号567頁（乙船の沈没地点との関係で甲乙両船の衝突地点に関する認定に理由齟齬ないし理由不備があると判示）；最判昭和51・11・30金法816号33頁（原審が，一方において甲が競売申立人であって，上告人は単なる甲の名義人にすぎないとしながら，他方において上告人を競売申立人と認めたのは，理由不備・理由齟齬であると判示）。なお，最判昭和60・7・10判時1178号87頁は主位的請求に関する判断に理由不備を，予備的請求に関する判断に理由齟齬を認めた判例である。最判昭和45・9・24民集24巻10号1450頁は理由齟齬と審理不尽を併記している（「原判決は，一方では，上告人が賃借権を有するか否かにつき事実を確定することなく，被上告人（仮登記権利者）は本登記を経ないかぎり自己の所有権取得を対抗することができないとの理由で，被上告人において本登記を経由することを条件として，右上告人に対する本件建物明渡の請求を認容しなが

権利上告の濫用を防止するため，判決理由における理由の記載に前後矛盾がある場合に限って理由の食違いになるという見解[223]や，原判決自体から食違いが分かる場合に限るべきで，記録に照らして判明する場合は理由の食違いに含まれないする見解[224]も登場しているが，理由説示や主文と理由の矛盾のために主文の判断を支えることができず，主文の判断のためにどのような考慮が決定的であったかが不明であるかどうかを基準に判断すれば足りると解される。したがって，判決主文と理由が食い違う場合，理由自体が前後矛盾を起こしていなくても，理由の食違いを肯定することができる。[225] 原判決の判断は主文のためにどのような考慮が決定的であったかどうかが不明であるからである。

請求の併合訴訟（客観的併合と主観的併合を含む）において，一個の全部判決によって裁判される場合，個々の請求については判決理由は論理的に矛盾していないが，請求相互間の関係においては判決理由が食い違っていることがある。このような場合にも，理由の食違いが認められ，312条2項6号にいう理由の食違いがある。[226]

ら，他方では，損害金の請求については，右上告人は被上告人に対抗しうるなんらの権原を有しないとするほか格別の理由を付することなく，被上告人において予約完結をした日の翌日からの損害金の請求をそのまま認容しているのである。したがって，原審のこの点についての判断は理由そごないし審理不尽の違法がある」)。

223) 高橋・重点講義(下)689頁以下。

224) 注釈民訴(5)277頁［勅使川原］。

225) 前掲注221) 最判昭和60・7・16は，原告Xの主位的請求（AないしG土地についての所有権に基づく移転登記請求），予備的請求として所有権に基づく移転登記の抹消登記請求をした事案で，被告が所有権取得原因として代物弁済の抗弁を提出したのに対し，原告が通謀虚偽表示による代物弁済の無効の再抗弁を提出したところ，原審が抗弁を認容し，再抗弁を排斥したが，原告の主位的請求を棄却すべきものとし，予備的請求について抗弁を認容したのに請求を認容したのに対し，最高裁が主位的請求についての判決には理由が付されていない違法があり，予備的請求を認容するための理由に理由齟齬の違法があるとして原判決を破棄した。本件は，予備的請求について請求の認容とその理由との間に食違いがあることが明らかな事案である。

226) 同旨：鈴木重勝「当事者救済としての上訴制度」講座民事訴訟(7)1頁，18頁；高橋・重点講義(下)702頁注(44)；注釈民訴(5)279頁［勅使川原］。反対：(旧)注釈民訴(8)296頁［吉井］。最〔2小〕判平成26・2・21［廣瀬 孝/市原義孝「最高裁民事破棄判決等の実情(上)——平成26年度」］判時2258号9頁は，Y信用金庫の職員の勧誘に応じて原告が800万円の出資をしたが，Yが後に経営破綻したため損害を被ったXが，Yの理事長が職員の指揮監督義務を怠ったなどと主張してYに対し，不法行為等に基づく損害賠償を求めて，他の数百名もの出資者とともに訴えを提起した。原審は，Yの理事長の「平成10年4月以降」の指導監督義務違反を認め，Xを除く同月以降の出資者の請求を一部認容したが，「平成11年12月8日頃」出資したXに関してはYの指導監督義務違反を否定し，請求を棄却した。Xの上告に対し，最高裁は「このような被上告人（Y）の理事長の指導監督義務違反の有無に関する原判決の説示は明

(3) 法的審問請求権の侵害との関係

〔277〕　請求の当否の判断にとって本質的な要件，したがって請求原因，抗弁，再抗弁等について裁判所が判決理由において判断を示していない場合，法的審問請求権（顧慮を求める権利）の侵害となり，憲法違反が存在する（→〔212〕）。

(4) 署名押印の欠缺

〔278〕　判決書には，判決をした裁判官が署名押印しなければならない（民訴規157条1項）。判決に関与した裁判官で署名押印をするのに支障のない者が署名押印をしていない場合，または判決に関与していない裁判官が署名押印した場合には，理由不備の絶対的上告理由となる。[227] 判決の基本となる口頭弁論に関与した裁判官と判決に署名押印した裁判官に記録上食違いがあり，両者が一致しているかどうか確認できず，したがって判決に関与していない裁判官が署名押印している可能性が否定できない場合，理由不備の違法がある。

(5) 他の裁判の引用

〔279〕　控訴審判決も，297条・253条により判決に理由を記載しなければならないが，控訴裁判所は，判決書または判決書に代わる調書における理由の記載を，第一審の判決書または判決書に代わる調書を引用してすることを許される（民訴規184条）。実務においては，判決理由において，原判決の理由を引用するとのみ記載されるが，これは控訴裁判所が引用部分の第一審判決の理由に従うことを自己の判決において明示的に確認していることを意味する。しかし，このことは控訴審において新たな請求が提起され，または新たな攻撃防御方法が提出された場合には妥当せず，第一審判決の理由を引用することはできない。[228] なぜなら，これらは第一審段階では存在せず，第一審判決はこれについて判断することができないからである。

　　控訴審判決が第一審判決の理由を引用している場合，その第一審判決に理由不備または理由の食違いがあれば，その控訴審判決は理由不備または

らかに矛盾しており，原判決には，上告人（X）に関する部分につき理由の食違いがあるというべきである」と判示した。

227）Vgl. MünchKommZPO/*Krüger*, §547 Rn.17.

228）MünchKommZPO/*Krüger*, §547 Rn.19; Musielak/Voit/*Ball*, §547 Rn.17.

理由の食違いのある判決である。[229]

(6) 事実摘示の欠缺

事実摘示は判決の必要的記載事項であるが（297条・253条1項2号），判 [280]
決に事実摘示がない場合，これは絶対的上告理由とされていない。しかし，
事実摘示を欠く判決は上告裁判所による審査の基礎となる資格を有しない
から，職権により斟酌すべき瑕疵のある判決と解すべきであり，破棄され
なければならない。[230]

(7) 理由不備または理由の食違いの法的効果

理由不備および理由の食違いという絶対的上告理由は，上告人がこれを [281]
責問（主張）した場合にのみ上告裁判所によって調査され，原判決の破棄
に至る。上告裁判所は，この瑕疵を職権によって調査すべきでない。多数
の学説も，主文自体に不備がある場合や主文と理由が全く合致していない
ような公益性の強い場合を除き，職権調査事由ではないとしている。

原判決の理由づけが一部欠けている場合には，上告裁判所は因果関係を
審査しないで原判決を全面的に破棄してはならず，理由づけが一部欠けて
いるその部分に限って原判決を破棄しなければならない。たとえば，併合
されている数個の請求の1つ，または可分な1個の請求の一部，請求の額
についてのみ，訴求債権または反対債権の一方についてのみ理由不備また
は理由の食違いがある場合には，その部分のみが破棄の対象になる。[231]

第4節 法令違反[231a]

第1款 法令違反の意義

法令違反は現行法上，旧法と異なり，高等裁判所への上告に限って，そ [282]
れが判決に影響を及ぼすことが明らかな場合に上告理由となる（312条3
項）。法令違反は，最高裁判所への上告においては，上告理由とされてい

---

229) 前掲注222) 最判昭和45・9・24；最〔3小〕判平成25・12・17〔伊藤正晴/上村孝由「最
　高裁破棄判決等の実情(上)──平成25年度」〕判時2224号8頁はそのような事案である。
230) 高部・前掲注14) 21頁は，要件事実の摘示を欠く場合は，判断遺脱により判決に影響を及
　ぼすこと明らかな法令違反があるとして上告受理申立て理由とすべきだとする。
231) Stein/Jonas/*Jacobs*, §547 Rn.22.
231a) 第4節の記述は，(旧) 注釈民訴(8)の394条についての著者による注釈を基礎にし，必要
　な修正および補充を施したものである。

192　第5章　上告理由

ず，したがって上告権を基礎づけない。しかし，上告受理申立て理由とし
て法令違反の主張があり，最高裁判所が申立てに理由があると認めて上告
受理決定をした場合には，上告理由があるものとみなされるので，上告受
理申立て理由との関係でも，「法令違反」の解釈は重要である。そのほか，
上告裁判所である最高裁判所は原判決に上告人が主張する312条1項また
は2項に規定する事由がない場合であっても，調査の過程で「判決に影響
を及ぼすことが明らかな法令の違反」を発見する場合には，原判決を破棄
すべきであるので（325条2項，職権破棄→〔529〕），この関係でも312条3項
の定める「判決に影響を及ぼすことが明らかな法令の違反」の解釈が重要
性を有することに注意すべきである。

第2款　法令の意義
1　法　令

〔283〕　民事訴訟法上の上告理由の意味における法令は，広く実質的意義におい
て理解されるべきであり，したがって，日本において法規範としての効力
を有し，裁判規範となりうるものをいう[232]。憲法も法令の1つであるが，
憲法違反は別個に312条1項において上告理由とされているので，ここに
いう法令には含まれない。ここにいう法令は，形式的意義における法律に
限らない。行政機関の政令その他の命令，裁判所規則，地方公共団体の条
例，日本が締結しまたは加盟した国際条約や協定で批准されたもの，国際
法の一般原則，さらに慣習法が法令に属することは疑いない。通達は，上
級行政庁よる下級行政庁に対する権限行使に関する指揮であり，国民に対
する効力を有する法令ではないから，ここにいう法令には当たらない[233]。

2　原判決後の法令の改廃

〔284〕　原裁判所が適用した法令が判決後に廃止または変更されることが生じう
る。この場合に，旧法と新法の内容が異なるとき，上告裁判所はいずれの
法令に基づき裁判すべきなのかという問題が生ずる。経過規定が定められ
ていれば，それに従うことになるが，そうでないときは，見解の対立があ

232）兼子・体系460頁；注解民訴(9)〔第2版〕407頁〔斎藤／奈良〕；(旧)注釈民訴(8)225頁以下
　　〔松本〕；松本／上野〔968〕〔上野〕。
233）国税庁長官の基本通達につき，最判昭和38・12・24訟月10巻2号381頁。

る。原裁判所による法令の適用に誤りがないときは，上告裁判所は原判決
を取り消すことができないという見解（旧法説）と，新法が当面の事件に
も遡及的に適用されうる限り，上告裁判所は新法を適用して請求の当否に
ついての原判決の当否を審査すべきものとする見解（新法説）がある。

　ドイツの裁判所は，かつて旧法説に立った。ライヒ裁判所は，上告裁判〔285〕
所は控訴裁判所が法律に違反したかどうか，したがって原裁判所の判断に
瑕疵があるかどうかを審査するのだから，実体法の変動は上告審では考慮
されないという見解（**主観説**）であった。[234] もっとも，この説も，一定の場
合には例外を肯定していた。1つは，法律が明示的にまたは意味的に新法
の規律目的により遡及的効力を与えた場合である。遡及的効力は，公益の
保護のために発せられた強行規定において承認された。[235] 法規範が経験に
よって具体化されるべきであった限りでは，上告審判決の言渡しの時まで
に得られた経験が主観説によっても考慮された。[236] さらに，破棄差戻しの
場合には控訴裁判所は新法を顧慮しなければならないのだから，上告裁判
所は，自判する場合，控訴裁判所に代わって裁判するので，差戻しの場合
と異なるふうに裁判することはできないとされた。[237] それゆえ，原判決が
新法によってのみ正しかった場合，[238] または上告がその間に廃止された規
定違反のみを主張していた場合[239] には，新法がZPO旧563条による裁判の
さいに顧慮され，このことはZPO旧563条，565条によって命じられている
とされた。かくて，例外が原則になったといわれた。[240] ドイツではその後，
判例は新法説に転換した。

　上告審の審査に当たって重要なことは，原裁判所が法令違反の責めに帰〔286〕
すべきかどうか，その裁判のさいにその法令を顧慮し得たか否かではない。
上告審判決の時点において通用する法令の違反が原判決に存するか否かが
重要である。したがって，旧法を適用した原判決に判決当時に法令違反が
なくても，新法の適用により判決の結論が変わる場合には，原判決は不当

---

234) RGZ 45, 95(98); 45, 418（421f.); BGHZ 7, 161（165 ff.）も，この見解を引き継いだ。

235) OGHZ 1, 386(397) = NJW 1949, 502); OGH NJW 1951, 154（REG).

236) BGHZ 8, 256（LAG).

237) RGZ 45, 95(97); BGHZ 2, 324（326ff.); 7, 161(165).

238) RGZ JW 1927, 1257 Nr.15; BGHZ 2,324; 11, 286（290f.).

239) OGHZ 3, 393(399).

240) *Gottwald*, Revisionsinstanz, S.245f.

194　第5章　上告理由

であり，上告には理由がある（通説）。[241]

　上告審が法令の変更を顧慮するための要件は，新法が判断される法律関係に遡及的に適用されることである。[242] 新法が遡及効を有しない場合には，上告人は旧法の法令違反を主張することができ，その意味で廃止法令も法令に含まれ，上告裁判所は旧法を適用しなければならない。[243] 旧法がもはや効力を有しないことは，旧法の上告可能性を変えるものではない。

第3款　外国法

1　問題の所在

〔287〕　外国法の違反が上告審査の対象になるかについては，見解の対立がある。渉外事件につき日本の国際私法である「法の適用に関する通則法」の適用により外国法が準拠法として指定される場合，その外国法の上告可能性を検討するさい，通則法の審査と，通則法上指定された準拠法の審査とが区別される。前者は，通則法に基づき内国法またはある外国法を適用すべき場合に他の外国法を適用した場合である。この場合には，上告裁判所はその外国法の適用が正しいか否かを審査するが，そこでの問題は通則法の適用の当否である。反致により内国法を適用すべきであったにもかかわらず，裁判所が外国の国際私法の適用を誤り，これを拒否した場合も同様である。後者の場合は，直接に外国法適用の当否が問題になる。

〔288〕　外国法は312条3項にいう法令に当たるという積極説が通説であるが，[244]その理由づけは一致しない。1つの見解は，外国法の解釈適用に誤りがある場合にも，この外国法を準拠法として定めている日本の抵触法の違反が存在するという理由づけを主張する。[245] 他の見解は，当該外国法は適用さ

---

241)　細野・要義(4)358頁；兼子・体系462頁；菊井・下457頁；菊井/村松・全訂Ⅲ227頁；小室・上訴制度193頁；同「上告理由」講座民訴(7)264頁〔同・上訴再審264頁〕；注解民訴(9)〔第2版〕410頁〔斎藤/奈良〕；花村・民事上訴制度139頁；谷口/井上編・新判例コンメンタール(6)223頁〔藤原〕；高橋・重点講義(下)692頁；松本/上野〔968〕〔上野〕など。

242)　兼子・体系32頁；小室・上訴制度193頁；新堂910頁。なお，最判昭和39・1・21裁判集民12号39頁参照（「なお，論旨引用にかかるその他の法令はいずれも原判決のなされた以後に施行されたものであり，しかも遡及効なきものであるから，原判決には何等の係りもない」）。

243)　小室・上訴制度193頁；同・前掲注30) 講座民事訴訟(7)264頁；花村・民事上訴制度134頁；松本/上野〔968〕〔上野〕。

244)　菊井/村松・全訂Ⅲ222頁。

245)　山田三良・国際私法〔現代法学全集36巻〕（1931年・日本評論社）277頁；江川英文・国際私法（1950年・有斐閣）112頁。

れる法の意味で内国法と同列にあり，それゆえ適用される外国法が正しく解釈適用できるよう内国の裁判所制度のなかでできるだけ努力すべきであり，それゆえ外国法の解釈適用も上告裁判所の審査を受けるべきだと主張する。[246)] これに対し，以前から部分的には反対説が主張されていたし，[247)] 近時もそうである。外国法の調査は事実問題だと主張した三ケ月章は，「外国法の探求においても，平均的裁判官の通常の能力を前提してもなおかつ著しく粗雑，不当な認定と評価せざるを得ない場合には，上告審による破棄の対象となる余地がありうる」としながらも，積極説を次のように批判した。第1に，先進国の法体制——英米法，ドイツ法，フランス法——の現実は外国法適用の誤りを上告による修正の対象とするところまで行っていないのに，日本だけ国際私法の理念の名のもとに先進国とは異なる帰結を説くことは司法制度として国際的バランスを失すること，第2に，日本の最高裁判所における難事件の集積という現実からみて日本の法律審の処理能力を超えた，諸外国に例のない負担を法律審に課することは問題だと指摘した。[248)]

2 判 例

この問題を統一的に扱った判例は見当たらない。　　　　　　　　〔289〕

① **最判昭和34・12・22家月12巻2号105頁＝判時211号13頁**は，まず中国浙江省鎮海県に籍貫（本籍）を有する18歳未満の中国人の訴訟能力の有無が争われた事件において，日中平和条約によって被告（上告人）らが中国国籍を失い無国籍となったとする原審の判断は違法であるとしたうえで，本国法として中華民国民法によっても中華人民共和国の法によっても上告人は行為能力を有していないと判断した。

---

246) 細野・要義(4)362頁；久保岩太郎・国際私法概論（1946年・巌松堂）59頁；實方正雄・国際私法概論〔2訂版〕（1953年・有斐閣）100頁以下；池原季雄・国際私法〔総論〕（1973年・有斐閣）238頁以下；折茂豊「上告審における外国法」法学11巻（1942年）1269頁；山田鐐一・国際私法（1982年・筑摩書房）125頁；三浦正人編・国際私法〔2訂版〕（1990年・青林書院新社）62頁；兼子・体系460頁；菊井/村松・全訂Ⅲ222頁；新堂909頁；伊藤745頁；松本/上野〔968〕〔上野〕；；条解民訴〔第2版〕1612頁〔松浦/加藤〕；河野826頁など多数。

247) たとえば，中島・日本民訴法1676頁。

248) 三ケ月章「外国法の適用と裁判所」澤木敬郎/青山善充編・国際民事訴訟法の理論（1987年・有斐閣）239頁，276頁以下。

196 第5章 上告理由

〔290〕　次いで，②**最判昭和44・10・21民集23巻10号1834頁**は，認知請求事件において，外国法の適用が内国の公序に反するか否かという問題の前提問題として，原裁判所による外国法の適用の正当性が問題となった事件である。法例18条1項（平成元年改正前）の適用により認知事件の準拠法は父については父の本国法により，子については子の本国法により決まる。中華民国民法によれば，血統上の父が非嫡出子を自己の子として養育している事実のみに基づき，認知の効力が生ずるが，子の養育による認知後も認知の訴えが許されるとする規定はない。原審はこのような場合には，認知の訴えは中華民国では不適法であるが，訴えの却下は内国の公序に反するとして，中華民国民法の適用は排除されていると判断した。これに対し，最高裁は「中華民国民法は一般的に，血統上の父に対して認知の訴えを提起することを禁止しているものではなく，むしろ，同法1067条において，相当広範囲にこれを許しているのであり，また，同法1065条1項後段の場合においても，血統上の父が非嫡出子を自己の子として養育している事実さえあれば，もはやそれ以外の何らの手続をも要せず，当然に，認知の効力が発生するとしているにすぎないのである。したがって，本件において，被上告人ないしその法定代理人等が，さらに，わが民法787条に従い，上告人に対して認知の訴えのを提起しうるものとし，子たる被上告人に関しても，認知の要件が完全に具備するようにすることは，中華民国民法の法意にそうものでこそあれ，それに抵触するものでないというべきである。したがってまた，本件認知の訴は，法例20条（平成元年改正前）に従い中華民国民法の適用を排斥するまでもなく適法な訴えであると解すべきである」と判示した。

〔291〕　さらに12年後，最高裁は外国法の適用の誤りを理由に原判決を破棄する判決をした。すなわち法例によって指定された適用外国法である韓国の相続法の適用に関して，原裁判所がその旧相続法を適用すべきところ，1977年に公布され1979年から施行された新相続法を誤って適用した事件において，③**最判昭和56・7・2民集35巻5号881頁**は「右大韓民国法の解釈適用を誤ったものというべく，この違法が原判決中上告人の本件預金払戻請求を棄却した部分に影響を及ぼすことは明らかである。論旨は理由があり，原判決中右預金の払戻請求に関する部分は棄却を免れない」と判示した。さらに，最近では，④**最〔3小〕判平成20・3・18判時2007号77頁**は，大

韓民国の国籍を有するＡの嫡出子として同国の戸籍に記載されているＹがＡの実子でない場合に判示の事情を十分検討することなく，Ａの子であるＸらがＡＹ間の実親子関係の不存在確認を求めることが権利の濫用に当たらないとした原審の判断には韓国民法の解釈適用を誤った違法があるとして，原判決を破棄した（ただし上告受理申立事件）。

　①と②の判例が準拠法たる外国法の内容の確定・解釈を行っている例としてあげる文献[249]があるが，そう言い切れるかどうかは疑問である。①は被告の訴訟能力の前提として被告の行為能力を判断するために外国法の解釈適用を行った事案であるが，訴訟能力は職権調査事項であり，職権調査の原則は上告審においても妥当するから，上告審が外国法を解釈することは必要不可欠であった。②は，内国公序の適用が正当であったかどうかという問題の前提問題として外国法適用の当否を審査したものであり，したがって外国法適用の当否のいわば間接的審査の例にすぎない。③は，最高裁判所が本案に関して初めて原審による外国法の適用を審査した事案とすべきであろう。

3　検　討

　三ケ月説は，あまり説得的ではないように思われる。まず他の先進国に〔292〕おいて，外国法は上告可能性を有しないというのは普遍的な傾向であろうか。たとえばドイツでは，ドイツ民訴法旧549条１項が上告可能な法（revisibles Recht）を連邦法と上級地方裁判所の管轄区域を超えて適用される地方法に限定していたことから，かつては外国法の解釈適用の誤りは上告理由とならないと解されていたが，労働裁判所の手続では外国法の上告可能性が承認されていた。[250]民訴法の規定に対しては，立法論的に批判があった。[251]今日では，2009年の改正非訟事件手続法以来，上告裁判所はすべての法違反を審査することになり，したがってラント法も審査される

249）池原・前掲注247) 240頁注(8)；山田・前掲注246) 125頁。
250）「上告はラント労働裁判所の判決が法規範の違反に基づくことにのみ基礎づけることができる」と定める労働裁判所法73条１項１文につき，Germelmann/Mattes/Prütting/*Müller-Glöge*, Arbeitsgerichtsgesetz: Kommentar, 9. Aufl., 2017. §73 Rn.6; *Jacobs/Frieling*, ZZP 2014, 127, 137; Rosenberg/Schwab/*Gottwald*, §142 Rn.5.
251）石黒一憲「外国法の適用と裁判所」三ケ月古稀(上)441頁，460頁；山本克己「外国法の探査・適用に伴う民事手続法上の諸問題」法学論叢130巻１号（1991年）１頁，16頁参照。

198 第5章 上告理由

ようになったが（ZPO 545条1項），それにもかかわらず，そしてそれ以来
外国法はドイツにおいて法として適用されているにもかかわらず，連邦通
常裁判所は外国法の具体的な適用は審査せず，審査は国際私法の前提問題
ならびに原審による外国法の調査が十分かどうかに限られている[252]。

　次に，上告裁判所は，たとえば外国法の適用が内国の公序に違反するか
否かという問題にみられるように，内国の抵触法規の審査との関係で原審
による外国法の適用を審査することができるが[253]，外国法の上告可能性が
法政策的に論じられる場合，なぜ内国抵触法の適用の審査と外国法の適用
の審査を区別すべきなのか，その理由が明確ではない。前者の場合にも上
告裁判所には外国法適用の審査という任務が生ずるにもかかわらず，後者
についてのみ法律審たる上告審の処理能力が問題とされなければならない
のか，疑問だからである。上告裁判所には法統一のほか，正しい裁判の確
保という任務もあり，外国法の解釈適用の誤りによる当事者の不利益を除
去することも法政策的に重要な上告審の任務と解すべきであり，外国法の
解釈適用の誤りも上告理由（または上告受理申立て理由）になると解すべき
である。結論として，外国法も適用される法の意味で内国法と同列にあり，
その解釈適用の誤りも上告理由（または上告受理申立て理由）になるという
理由で，積極説を支持すべきである。

第4款　経験則と論理則

〔293〕　法令の意義に関連して，原審の事実認定が経験則・論理則に違反する場
合に，上告理由となるか，なるとすれば，いかなる意味で法令違反が存在
するか（実体違反か，手続違反か），さらに上告審は職権をもってその違反
の有無を調査することが許されるかどうかという問題も生ずる。

　経験則は，経験から帰納して得られる事物の性状や因果の関係に関する

252）BGHZ 198,14; BGH NJW 2014,1244（Rn.14）. 判例に対しては，反対意見が主張されてい
る。*Eichel*, Die Revisibilität ausländischen Rechts nach der Neufassung des§545 ZPO,
IPRax 2009, 389 ff.; *Hess/Hübner*, Die Revisibilität ausländischen Rechts nach der
Neufassung des §545 ZPO, NJW 2009,3132 ff.; *R.Hübner*, Ausländisches Recht vor deut-
schen Gerichten: Grundlagen und europäische Perspektiven der Ermittlung ausländischen
Rechts im gerichtlichen Verfahren,2014,S.374 ff.; *Prütting*, Die Überprüfung des ausländi-
schen Rechts in der Revisionsinstanz, Festschrift für Schütze, 2015, S.449 ff. Rosenberg/
Schwab/*Gottwald*, §142 Rn.5も参照。

253）最判昭和59・7・20民集38巻8号1051頁。

知識・法則である。日常生活の常識に属するもののほか，自然科学・工学・商取引・芸術等に関する専門的知識・法則もある。

1 経験則の法的性質

(1) 法規範説

経験則に法規範性を承認する見解がある。これには，経験則が事実認定〔294〕において大前提としての機能を果たすことに着目して経験則に法規範性を承認する見解[254]，民訴法旧394条（現行民訴312条3項）の意味における法令と同視する見解[255]，法令に準ずるものと解する見解[256] および裁判法による経験則の法規範性を承認する見解[257] がある。

大判昭和8・1・31民集12巻51頁は，「経験則ノ有無ト其ノ適用ノ当否トハ上告審ニ於テモ職権ヲ以テ之ヲ審査スルヲ要シ敢テ当事者ノ主張ト立証ニコレ依ル可キニ非ス 又控訴審ノ確定ニ拘束サル可キニ非ス 従ヒテ又経験則ノ誤レル認識ト適用トハ常ニ上告理由タルヲ得ルコト総テ夫ノ法規ノ場合ト聊カ異ナルトコロ無〔シ〕……」と判示し，経験則の有無およびその適用は職権で調査すべきだからという理由で，経験則は法規と異なるところはないとする。

(2) 民訴法247条違反説

自由心証主義を採用した民訴法の立法者は，事実認定を裁判官の恣意に〔295〕委ねる意図ではなかったのであり，「複雑流動する社会現象の実体」を「常識ある裁判官の論理と経験に依拠」して把握させるのが最良の方策であると認識したためである。それゆえ，論理則と経験則は自由心証主義の内在的制約をなしており，したがって論理則，経験則に反する事実認定は民訴法247条に違反すると解する見解である。[258]

---

254) 細野・要義(4)360頁；中島・日本民訴法1676頁；菊井・下456頁。

255) 岩松三郎・民事裁判の研究（1961年・弘文堂）153頁；菊井/村松・全訂III223頁；三ケ月・全集385頁。

256) 斎藤・概論〔新版〕574頁。

257) ドイツにおいて表見証明の法理を論じた *Hainsheimer*, Der Anscheinsbeweis und Fahrlässigkeit im heutigen deutschen Schadensersatzprozeß, 1966, S.47ff. が主張した見解である。

258) 小室・上訴制度191頁；同・前掲注112)「上告理由」講座民事訴訟(7)255頁，264頁〔同・上訴再審94頁以下〕；中野貞一郎・過失の推認53頁以下；法律実務講座(4)98頁；注解民訴(9)〔第2版〕435頁〔斎藤/奈良〕；松本博之「事実認定における『経験則違背の上告可能性』」小室＝小山還暦(中)224頁，257頁以下。

200　第 5 章　上告理由

⑶　審理不尽の上告理由に位置づけるべきだとの見解

〔296〕　法規範説も民訴法247条違反説もともに，事実認定の問題を経験則違反
＝法令違背として上告審に持ち出すことを可能にするものであるので，後
述の「審理不尽の上告理由」に位置づけられるべきだとする見解[259]もある。

2　判　例

〔297〕　上告理由との関連で経験則の性質について判示する最高裁の判例は見当
たらないが，経験則違反を重視して原判決を破棄しているものが――これ
を理由とする上告数と比べると圧倒的に少ないが――確実に見られ，下級
審を指導する役割を果たしているといってよい。若干の重要な裁判例を紹
介しておく。

⑴　原審の事実認定が経験則上不可能または合理的な疑いを残している場合

〔298〕　これは，証明されていない事実が認定されている場合である。①**最判昭
和47・4・21民集26巻 3 号567頁**[260]はこの類型の顕著な事案である。本
件は船舶衝突海難事件である。原審がコースレコードに一定の時差がある
ものと認定したうえでその機械的記録を証拠として，一定時刻の測定船位
から衝突地点までの船の進路を認定したが，最高裁は「その認定に従えば
同船は港外に出るためには防波堤を突破することになるという不合理な結
果を生ずるときは，右進路の認定には採証法則を誤った違法がある」と判
示した。類似の例として，信号機の設置・管理の瑕疵と交通事故との間の
因果関係の存否が争いになった事件において，原審の認定に従えば，加害
車は「信号機が黄に変わったのちに交差点に進入したものというべきこと
になるのであって，加害車が黄に変わる直前の青で交差点に進入したとの
認定に矛盾する」こと等を指摘して経験則違反，理由不備，理由齟齬の違
法により原判決を破棄した，②**最判昭和60・4・26裁判集民144号551
頁**[261]がある。また，米麹約 2 升，白米 2 升および水 8 升を原料として濁
酒約 2 斗を製造したとの事実認定を経験則違反として破棄した，③**広島高**

259）林屋礼二・民事訴訟法概要（1991年・有斐閣）468頁。
260）調査官解説として，宮沢達・最判解民昭和47年度［10事件］；批評として，平田浩・民商
　67巻 4 号（1973年）155頁。
261）批評として，大田勝造・民商93巻 4 号（1986年）604頁。

岡山支判昭和30・9・6高刑集8巻6号879頁も，不可能な事実認定の類型に属する。

　合理的な疑いを残す事実認定の例として，④最判昭和36・8・8民集〔299〕15巻7号2005頁がある。[262] 最高裁は，時価総額151万9000円余の建物と敷地の賃借権が10万円の代金で売買されたと認定することは，「一般取引通念上首肯できる特段の事情のないかぎりは経験則上是認できない事柄である。そして，原判決判示の事情および原判決の引用する一審判決判示の事情だけでは，被上告人は上告人から本件家屋を金10万円で買受けた旨の原判示を，一般取引通念上たやすく首肯することはできない。原判決は，……一般取引通念上是認できる特段の事情について審理判断を加うべきであるにかかわらず……たやすく，本件家屋の売買は代金が低廉に過ぎ仮装のものであるとの上告人の主張を排斥したのは，審理不尽，理由不備の違法がある」と判示し，原判決を破棄した。本判決は直接の破棄事由として，審理不尽・理由不備を掲げるが，実質的には経験則違反によって事実認定が合理的疑いを含むことが明らかになる場合であり，247条違反の場合であろう。

　⑤最〔2小〕判平成3・1・18裁判集民162号1頁＝判時1378号67頁〔300〕は，デモ行進の参加者（原告・被上告人）が路上に転倒し，約40針縫合するほどの左上口唇裂傷を負ったのは，デモの規制に当たった警察機動隊員の殴打によると主張して国家賠償法に基づき損害賠償を請求した事件に関する。原審は，原告が機動隊員の左側に並んでデモ規制に抗議していたところ，「その機動隊員は『生意気いうな。』と叫びながら，振り向きざまに右手拳で被上告人の左口唇部を1回殴打した。そのため，被上告人は，左後方に飛ばされ，左肘から路上に落ちて同所に仰向けに転倒した」と認定した。この認定に対し，最高裁は，乙第3号証（現場付近を撮影した写真）によれば「先頭誘導員たる機動隊員は手袋を着用していたことがうかがわれるのであるから，手袋着用の手拳による一回の殴打行為により，本件傷害，特に約40針縫合するほどの左上口唇裂傷が生じたとの認定判断については，経験則上，合理的な疑いを抱かざるを得ないし，少なくとも，着用

262）調査官解説として，坂井芳雄・判解民昭和36年度［93事件］，批評として，沢井種雄・民商46巻2号（1962年）189頁；林順碧・法協80巻4号（1963年）536頁；上田徹一郎・法と政治13巻2号（1962年）155頁がある。

202 第5章 上告理由

した手袋の厚さいかん（原審証人Aの証言によれば，厚手の軍手を着用していたことがうかがわれる。）によっては，そうした傷害の発生が否定される蓋然性は高くなるものと思われる……」と指摘し，また原告がデモ隊に巻き込まれて転倒したことを否定するさいに，もしそうであるとすれば「通常反射的に手又は腕で顔面部を防御するはずであって，何ら顔面を防護しないまま前記のような負傷をし，また，顔面の他の部分や手を何ら負傷しないですむということは，たやすくは考え難い事態である」としたのに対し，最高裁は「およそ全く予知しないときに，他人から背後を強い力で押されて前のめりに転倒したような場合には，その力の大きさいかんによっては，反射的に手又は腕で顔面部を防御する暇もなく，顔面部を直接路上ないし突起物に激突させることもあり得ることは，経験則上，容易に想定できるところであるから，特段の事情もなく，そうした事態発生可能性を全く否定してしまうことは，むしろ経験則に違反する不合理な判断というべきである」と判示した。

(2) 原審の証拠および徴表の評価考量が十分尽くされていなかったと認められる場合（評価を尽くすべき義務の違反）

〔301〕　これは実務上，採証法則違反と呼ばれる場合である。この類型に属するものとしては，①原審が一定の証拠資料または徴表を顧慮しなかったが，もし正当に顧慮していたならば反対の事実認定に至りうることが経験則上認められる場合，②一定の証拠資料に基づきある事実が認定されているが，その証拠資料からは逆の事実が認定されるべき場合，③経験則に基づかないで濫りに証拠を排斥する場合,[263] ④成立が認められた書証に原審認定の事実と相容れない記載があるのに，この点につき何らの説明をも加えないで，これを判断の資料としない場合,[264] ⑤これと逆に，証拠の実質的証拠力を否定する特段の事情があるのにこれを無視して安易にその証拠から事実を認定する場合[265] などがある。

---

263) 最判昭和34・6・23裁判集民36号763頁；最判昭和38・4・19裁判集民65号593頁（債務者が領収書は所持していないが借用証書を所持しているほか，証人らが債務の弁済を証言している場合，原審がこれを排斥して弁済の事実を否定したのを審理不尽ないし理由不備の違法があるとして破棄した事例）。
264) 大判昭和6・6・23裁判例5巻民事117頁；大判昭和9・3・16裁判例8巻民事56頁；最判昭和32・10・31民集11巻10号1779頁；最判昭和40・2・5裁判集民77号305頁など多数。
265) 最判昭和53・7・17金法874号24頁は，住宅金融公庫に差し入れられた地主承諾書と題す

①に属する**最判昭和43・11・15訟月14巻12号1357頁＝判時538号47頁**は，軍から小作人に支払われた金銭の性質が小作権放棄の代償たる「離作料」か，それとも軍が一方的に決めた一時的または１年間の稲作補償的な見舞金かが争いになったが，小作権の放棄を認定した原判決を破棄した事件である（本件は，小作権の放棄という法律問題の事案ということもできるが，むしろこの法律判断にとって重要な事実〔小作契約の合意解約を窺わせる間接事実〕の存否の判断の経験則違反を指摘するものと考えるべきであろう）。最高裁は，「軍が本件土地を買収した当時においても，一般に離作料はその土地の価格（本件土地は反当たり約金885円）の約30パーセントないし50パーセントである事実をうかがわしめる各種の証拠（たとえば，成立に争いのない甲16号証の２（昭和28年９月１日付福岡県知事から福岡調達局あての回答），証人Ａ，証人Ｂ（いずれも公務員）の各供述がなど）があり，もしこの事実が認められるならば，当時，戦局いよいよ緊迫し国民に物心両面の犠牲が求められていた当時の事情のもとにあっても，土地所有者には一般の取引価格に相当する土地代金の交付が予定されているにもかかわらず小作人らのみが通常の離作料の３分の１弱ないし５分の１の金員を受領しただけで，その全生活がよってたつ唯一もしくは最大の基礎ともいうべき耕作権を完全かつ無条件に放棄したというのには，特段の事情の存在が必要であると思われる（本件離作料については，一時的または１年間の稲作補償的な見舞金の性質である趣旨の証言も相当ある。……）ところ，原判決はこれらの特別事情の存否になんら言及することなく，かつ前示各証拠を排斥する理由を明示しないで，前記の証拠だけから，本件『離作料』の支払の一事をもって小作権を放棄したものだと判示したのは，重要な証拠の採否について判断をせず，その結果，審理不尽，理由不備の違法をおかしたものというのを相当とする」と判示した。②は証拠に基づかない事実認定である（実務では虚無の証拠による認定」とも呼ばれる）。④は成立の認められる書証に記載された事実が存在する蓋然性が経験則上高いことに基づく。

(3)　**経験則の看過または誤認のため釈明権の適正な行使を怠った場合**

　最判昭和48・7・19民集27巻7号823頁は，債権の譲渡禁止特約の第〔302〕三者に対する対抗が問題になったケースであるが，問題となる第三者は商

る書面に基づき土地の賃貸借を認定した原判決を破棄した事例。

204 第5章 上告理由

人であり，銀行取引をしていたと推測されるが，「銀行を債務者とする各
種の預金債権については一般に譲渡禁止の特約が付されて預金証書等にそ
の旨が記載されており，また預金の種類によっては，明示の特約がなくと
も，その性質上黙示の特約があるものと解されていることは，ひろく知ら
れているところであって，このことは少なくとも銀行取引につき経験のあ
る者にとっては周知の事柄に属する」とした。そして最高裁は，譲受人に
重大な過失があるときは悪意の譲受人と同様債権を取得することができな
いとの解釈のもとに釈明権の不行使の違法を認めた（破棄理由は民法旧466
条2項の解釈の誤りと審理不尽とされている）。

(4) 事実上の推定

[303]　この類型には，①間接事実からの他の間接事実または主要事実の推認が
経験則に違反するとされる場合と，②間接事実から主要事実を推認すべき
場合にこれをしないことが経験則に違反するとされる場合が属する。

　①の例として**最判昭和38・2・8裁判集民64号393頁**がある（事案は，
建物賃借権の譲渡のさい譲受人が賃借権の譲渡につき貸主の承諾の有無に関し，
借家管理人に質問したことから，管理人には賃借権の譲渡につき承諾する権限
のないことを知っていたと推認した原判決の判断は，経験則にするとして破棄
したもの）。

[304]　②の典型例は，**最判昭和31・9・13民集10巻9号1135頁**や**最判昭和
50・10・24民集29巻9号1417頁**（東大病院ルンバール事件の最高裁判
決）[266]である。前者は認知請求訴訟において，X（原告）の母が受胎可能
な時期にY（被告）と情交を通じた事実，血液型検査，血液中の凝血素価
と凝集素の分析結果がX・Y間の父子関係と矛盾しないこと，YがXに対
して父親としての愛情を示したことその他判決理由記載の事実が認められ
るときは，特段の事情がない限り，X・Yの父子関係は証明されたという
べきだとする。後者においては，「以上の事実関係を，因果関係に関する
前記1に説示した見地にたって総合的に検討すると，他に特段の事情が認
められないかぎり，経験則上本件発作とその後の病変の原因は脳出血であ
り，これが本件ルンバールに因って発生したものというべく，結局，上告

---

266) 牧山市治・判解民昭和50年度［47事件］；石田穣・法協93巻12号（1976年）125頁；森島昭
　　夫・判評209号（判時813号，1976年）130頁；川井健／春日偉知郎・判タ330号（1976年）81
　　頁；松本博之「医療過誤」法セミ415号（1989年）86頁（同・証明軽減論225頁以下所収）。

人の本件発作及びその後の病変と本件ルンバールとの間に因果関係を肯定するのが相当である」と判示された。**最判昭和51・9・30民集30巻8号816頁**[267] も重要である。本件では，最高裁は，「適切な問診を尽くさなかったため，接種対象者の症状，疾病その他異常な身体的条件及び体質的素因を認識することができず，禁忌すべき者の識別判断を誤って予防接種を実施した場合において，予防接種の異常な副反応により接種対象者が死亡又は罹病したときには，担当医師は接種に際し右結果を予見しえたものであるのに過誤により予見しなかったものと推定するのが相当である」と判示した。

(1)および(2)の場合は，違反されるのは民訴法247条であり，経験則自体ではないとして，経験則違反による上告の場合に含めない見解[268] がある。形式的にはそのとおりであるが，その実体はやはり，反対事実を基礎づけうる経験則の不顧慮が民訴法247条違反を惹起するのである。

(3)は釈明権不行使の違法が上告理由であるが，その背後にやはり経験則の不顧慮があるとみられる。(4)-②の類型は，上告裁判所が証明軽減の必要上，事実認定のための証明原則を形成する場合ということができ，事実認定への上告裁判所の介入の様相を示し，自由心証主義と緊張関係をもたらすが，高度の蓋然性を内容とする経験則に基づく事実上の推定を上告審が下級審に提示することは証明原則の形成のうえで実際上必要なことであり，是認できる。もっとも，前掲最判昭和50・10・24のように破棄差戻判決において最高裁自身が経験則を適用して自ら因果関係を認定することは行き過ぎであろう。[269]

3　検　討
(1)　事実認定に当たり評価考量を尽くすべき裁判所の義務

経験則は，①法令の解釈，確定した事実の法規の法律要件への当てはめ〔305〕や意思表示の解釈のさいにも顧慮され，また，②証拠の証明力を判断し，または間接事実から他の間接事実または主要事実を推認し，事実の確定を

---

267) 鬼頭季郎・判解民昭和51年度〔29事件〕；新美育文・民商76巻5号（1977年）755頁。
268) *Wassermeyer*, Der prima-facie-Beweis und die benachbarten Erscheinungen, 1954, S.56 f.
269) 松本・前掲注258)　小室＝小山還暦(中)270頁。

206 第5章 上告理由

行う場面において利用される。[270] ①の場面では，経験則違反は当該法令の解釈の誤りをもたらすのであって，経験則が法規範性を持つからその違反が上告理由になるのではない。[271]

〔306〕 これに対し，②の場面では，経験則違反は事実認定の誤りをもたらすのみである。しかし，裁判所は自由な証拠評価の原則のもとで事実認定に当たり論理法則と経験則に基づき評価考量を尽くさなければならないので，証拠調べの結果または認定された間接事実から高度の蓋然性をもって一定の事実が推認される場合に，裁判所がこのような経験則を顧慮せずまたは誤った適用をした場合には，247条違反の法令違反をもたらし，312条3項の上告理由となる。[272] 経験則違反は審理不尽として上告理由になるという見解は，なるほど前述の完全な評価考量を尽くすべき裁判所の義務の違反にはよりよく適合するようにみえるかもしれない。しかし注意を要するのは，この義務の違反も民訴法247条違反を基礎づけるのであり，決して審理不尽が独立の上告理由となるのでないことである（→〔348〕）。

経験則と同様に，一般的用語法の違反も上告審による審査を受けうるが，ここでも違反されるのはその用語法によって解釈される法規範である。論理法則違反についても，同じことが妥当する。

(2) 上告理由の範囲

〔307〕 経験則違反はつねに上告理由となるかという点についても争いがある。これをあまり広く肯定すると，事実判断は多かれ少なかれ経験則の適用に基づくのであるから，あらゆる事実誤認に対して上告できることになるが，それは上告制度の目的からみて妥当ではないとする見地から，法律審の権限を不当に拡張しないよう，自由心証主義のコントロールは正常な裁判官の正常な裁判であることを疑わしめるような常識に反し，論理の辻褄の合わない事実認定が違法となるにすぎないという見解（常識違反説）[273] が主張された。この見解に対しては，常識に反する事実認定に対してのみ上告を許し，専門的経験則の違反を理由とする上告を排除することは，専門的

---

270) 小室・上訴再審93頁；三ケ月・双書423頁。
271) 最判昭和36・8・8民集15巻7号2005頁；最判昭和50・10・24民集29巻9号1417頁参照。
272) 上田375頁；小室・上訴再審95頁；松本/上野(969)〔上野〕。
273) 兼子・条解(上)920頁；同・体系461頁；同「経験則と自由心証」同・研究(2)185頁；小山583頁；斎藤・概論〔新版〕265頁，574頁；新堂909頁；本間義信「訴訟における経験則の機能」講座民事訴訟(5)63頁，85頁。

経験則も証拠評価の準則としての役割において違いがないがゆえに不当であり，また日常的経験則と専門的経験則の限界は必ずしも明白でないから，高度の蓋然性または必然性をもって事実を推認させる経験則の無視または誤認がある場合に限り，上告理由になると説く見解（高度の蓋然性説）[274]が対立する。

　常識違反説は，明らかに狭すぎる。上告裁判所が自ら鑑定を取り寄せ自 [308]然科学上の経験則を調査することは法律審たる上告審の性質上問題であるが，一般的に承認を受けた自然法則の違反も上告審がコントロールすることに問題がないからである。もっとも高度の蓋然性説にも問題がないわけではない。民訴法247条は，自由な証拠評価の原則に基づく事実認定における証拠資料および徴表の評価考量にあたり，裁判官に経験則に基づき可能なあらゆる解決可能性を考慮に入れて評価を尽くすべきことを要求する。裁判所が弁論に現れた当事者の主張，徴表，証拠調べの結果を十分に評価しない場合には，評価考量を尽くさないで事実を確定する違法を犯すことになる。この評価考量のさいの経験則の看過または不十分な利用は証拠資料や徴表の不十分な評価考量をもたらし，その結果，原審の法適用が正当かどうかの判断を不可能にするものであるから，同様に民訴法247条違反となる。看過され，または不十分にしか利用されなかった経験則は，前述2(4)の類型（〔303〕〔304〕）が示すように，確実性や高度の蓋然性のある経験則に限る必要はなく，一定の事象につき「さほど高度とはいえない蓋然性」を基礎づける経験則をも含むと解すべきである。[275]要は，247条の規範目的を害するような経験則違反は，上告裁判所により是正されなければならないと解すべきである。

第5款　慣　習

1　判例と学説

(1)　判　例

　慣習の存否および内容に関する判断の誤りが上告理由となるか否かをめ [309]ぐって，判例には変遷があった。

---

274)　中野・過失の推認55頁；中野ほか編・前掲注8) 335頁［青山］；注解民訴(9)〔第2版〕
　　436頁［斎藤／奈良］；松本／上野〔969〕［上野］。

275)　松本・証明軽減論117頁以下参照。

208 第5章　上告理由

　大審院はまず，慣習の存否に関する判断は事実問題だとして上告可能性
を否定したが[276)]，その後見解を改め，慣習は具体的事実・出来事ではなく，
「一般生活ノ上ニ於テ斯カル場合ニハ斯カル事ヲ為シ若クハ為サスト云フ
原因結果ノ連絡ソノモノヲ指ス故ニ慣習ハ一ノ因果律ニ外ナラス即法則ナ
リ……其ノ法則テフ本質ニ於テ所謂法規ト何等ノ径庭アルコト無シ法規ニ
対シ其ノ以外ノ一般知識上ノ法則ヲ経験則ト云フ慣習ハ経験則ノ一ナ
リ」[277)]と判示した。この判示は通説に従ったものといわれている。

(2) 学　説

〔310〕　学説では，経験則違反について上告を肯定する以上，慣習もこれと同様
に扱うのが正当とする見解[278)]が多いが，この見解に対しては「人は慣習
に従って行動するのが通常であるとの命題は，経験則であろうが，特定の
場所に行われる慣習は，むしろこの命題に準拠して具体的行為を推論でき
る徴表事実に外ならないと見るべきである」とする見解[279)]や，一定地域
において普遍性を取得した慣習，すなわち慣習法化したものに限って上告
理由になるという見解[280)]が主張されている。

2　慣習の上告可能性

〔311〕　**慣習や商慣習**は，人の法的確信を生じて慣習法化したものを除き，法令
ではないし，経験則も前述のように法令として上告可能性を承認されるも
のではないから，以上のような慣習の上告可能性の理由づけは不十分と思
われる。

　しかし，慣習は意思表示の解釈につき特別の地位を有していることに注
意しなければならない[281)]。民法92条は「法令中の公の秩序に関しない規定
と異なる慣習がある場合において法律行為の当事者その慣習による意思を
有しているものと認められるときは，その慣習に従う」と規定し，任意法
規と異なる慣習に任意法規に優先する効力を認めており，任意法規がない

---

276)　大判明治42・6・8民録15輯553頁；大判大正15・10・26評論15巻民法731頁。

277)　大判昭和8・1・31民集12巻1号51頁。

278)　菊井/村松・全訂III225頁；条解民訴〔初版〕1207頁；注解民訴(9)〔第2版〕409頁〔斎藤/奈良〕。

279)　兼子・判例民訴法212頁。

280)　小室・上訴制度192頁；同・前掲注112）講座民事訴訟(7)265頁（同・上訴再審96頁）。

281)　北川善太郎・民法講要(1)〔民法総則〕（1993年・有斐閣）125頁以下参照。

場合にも同様に慣習に効力が認められる。そして，「慣習による意思」は，積極的に表示されていなくても「これに反対の意思を表示しない限り」，かかる意思の存在が認められるとされるから，[282] このような場合には，少なくとも慣習は解釈法規と同一の効力を与えられるべきあろう。

大判大正14・12・3民集4巻685頁は，東京と千葉県の肥料商間の大豆粕の売買に関する損害賠償請求事件に関するものであるが，東京市内の肥料商人と一般地方人との大豆粕取引で「物品引渡場所深川渡」との定めがあれば，「其ノ引渡ハ売人指定ノ深川所在ノ倉庫又ハ附近ノ艀船繋留河岸ニ於テ之ヲ為スノ慣習」があるとする原審の認定を是認したうえで，引渡場所の指定は黙示でもよく，買主が具体的な引渡場所を知らずまたは知ることができない場合には買主に問合義務があるとした。

最判昭和45・12・5民集22巻13号2876頁は，銀行業者間の取引慣行として，仕向銀行と被仕向銀行との間の電信為替取引契約およびこれに基づく個々の電信送金支払委託契約について第三者のためにする約旨は存在しないという慣行が存在すると判示した。上告裁判所によって一定内容の慣習の存在が否定された例として，最判昭和43・8・20民集22巻8号1677頁（宅地建物取引業法〔昭和39年改正前のもの〕に基づき県が定めた宅建業者の報酬額の最高額を報酬として授受されるという慣習の否定），最判昭和51・10・1裁判集民119号9頁＝判時835号63頁（東京都区内では宅地賃貸借の期間の満了に当たり賃貸人の請求があれば当然に賃借人の更新料支払義務が生ずるという慣習を否定）がある。

第6款　判　例

日本は判例法主義を採用していないので，判例はそれ自体法令と同一の効力をもたない。それゆえ，原判決が判例に反していても直ちに法令に違反しているとはいえない。また，判例は，所定の手続に従い変更が可能である。しかし，原判決に判例違反がある場合に，判例が変更されない限り，殆どすべての場合に同時に法令に反した判断を含むことになるので，この意味において，判例違反は312条3項にいう法令違反として上告理由となる。[283] [312]

282）大判大正3・10・27民録20輯818頁；北川・前掲注281）126頁。

283）小室・上訴制度193頁；菊井/村松・全訂Ⅲ225頁；条解民訴〔初版〕1207頁［松浦］；注解民訴(9)〔第2版〕427頁［斎藤/奈良］。

210 第 5 章　上告理由

第5節　法令「違反」の意義

〔313〕　法令の「違反」とは，明治23年民訴法435条が規定していたように，適用すべき法令を適用せず，または，適用すべきでない法令を適用することをいう。後者には，適用すべき法令を全く適用しない場合と，法令を適用したものの，その適用に誤りがある場合が含まれる。

第1款　法令の存否

〔314〕　原判決の基礎とされた法令の存在または不存在についての原裁判所の確定は，上告裁判所の審理の対象となる。上告裁判所は，法規がまだ効力を有するか否か，効力を有しないのであれば具体的事案につきまだ適用可能か否かを調査しなければならない。同様に，慣習法の存否に関する原審の確定も，上告審の審査の対象となる。

第2款　法令の解釈

〔315〕　原裁判所の行った法令の解釈の当否も，上告裁判所の審査の対象になる。証明責任規定の解釈も，法律上の推定規定の解釈も同じである。

第3款　裁量事項

〔316〕　法令違反が生ずるのは，原裁判所がその適用義務を負っている法令についてである。原裁判所の判断が裁判所や行政官庁の裁量権の範囲内に属する事項については，事情が異なる。このような事項は，上告裁判所の無制限な審査に服しない。とりわけ，上告裁判所は原審の判断に代えて自らの裁量判断を妥当させることはできない。しかし，原審が自己の裁量権を行使したかどうか，原審の判断に裁量権の踰越がないかどうか，または裁量権の行使が実質的でない考量によっているため濫用でないかどうかは審査可能である。上告裁判所のこの点についての審査を可能にするよう，原判決は裁量権の行使の基礎となった事実を判決において明らかにしなければならないと解される。[284)]

　　最高裁も，口頭弁論の再開について，これが原裁判所の裁量事項である

---

284) Stein/Jonas/*Jacobs*, §548 Rn. 28.

ことを認めながら,[285)]「裁判所の右裁量権も絶対無制限のものではなく, 弁論を再開して当事者に更に攻撃防御の方法を提出する機会を与えることが明らかに民事訴訟における手続的正義の要求するところであると認められるような特段の事由がある場合には, 裁判所は弁論を再開すべきものであり, これをしないでそのまま判決をするのは違法であることを免れない」と判示し, 裁量権の踰越による違法を肯定している。[286)]

　248条は損害の発生が認められるが, その額の立証が極めて困難な場合〔317〕において, 裁判所に口頭弁論の全趣旨および証拠調べの結果に基づき「相当な損害額」を認定する権限を付与している。これは, 損害の認定についての証明度を軽減するとともに, 損害額の認定について裁量権を付与するものである。上告裁判所は, 事実審裁判所が損害評価の原則を誤認しなかったかどうか, 事実調べが不十分なため重要な評価要因を無視しなかったかどうか, 損害額の認定において誤った基準を基礎にしなかったかどうかという点について審査することができる。[287)]

第4款　法令適用の誤謬

1　法律問題と事実問題の区別

　民訴法321条1項は,「原判決において適法に確定した事実は, 上告裁判〔318〕所を拘束する」と規定する。312条と321条1項から, 法律は事実問題と法律問題の区別を前提としていることが明らかである。すなわち, 原判決において確定された事実は, その確定が適法に行われている限り, 上告裁判所の裁判の基礎になり, 上告裁判所を拘束する。これに対し, 原判決の法令違反の有無は上告裁判所が審査すべきものである。しかし, 民訴法は, 事実問題と法律問題を分離する基準を全く具体的に示していない。そのため, この基準をどこに求めるかが, 上告理由の範囲, したがって上告裁判所の審査の範囲を決する重要な鍵になる。

---

285) 最判昭和23・4・17民集2巻4号104頁；最判昭和45・5・21裁判集民99号187頁＝判時595号55頁。

286) 最判昭和56・9・24民集35巻6号1088頁。調査官解説として, 遠藤賢治・判解民昭和56年度〔34事件〕；批評として, 山木戸克己・法時54巻3号（1982年）151頁；太田勝造・法協100巻1号（1983年）207頁；河野正憲・判タ472号（1982年）237頁；佐上善和・昭和56年度重判解説（ジュリ768号, 1982年）134頁などがある。

287) Vgl. Stein/Jonas/*Jacobs*, §548 Rn.29.

212 第5章 上告理由

この問題を比較的詳細に論じる文献が現れている。[288] この問題について基本的に2つの方法論的立場が対立する。[289] 1つは，「両者の論理的一致の不可能を証明し，個々の場合にいずれのカテゴリーが問題になるかを決定できる基準を示す」ことにより，両者を区別しようとする「論理的方法」である。他は，上告制度の目的を出発点として考察し，個々の具体的な点までピッタリと繰り返されることはないという事実問題の性格と，繰り返し生じ，それゆえ上告裁判所の審査を受け得て初めて法適用の統一と法的安定性にとって不可欠なモデル機能（Leitbildfunktion）を果たしうる法律問題の違いを重視して，法律問題の範囲を決定しようとする「目的論的方法」である。概念的方法は，事実を表現すべき自然的概念体系が法概念の規定のために用いられる法律用語と異なることを前提とするのであるが，実際にはこの前提が備わっていない点に問題がある。

2 確定された事実の法規への当てはめ

〔319〕 控訴裁判所が確定した事実の関係法規への当てはめの当否が法律問題であることは，学説上一致して認められている。たとえば，ある行為と生じた結果との間に因果関係が存在するか否か，ある事実が契約の締結とみられるかどうかは，上告裁判所の審査の対象とされなければならない。

不確定概念（たとえば正当事由，過失，重過失，（期間の）相当性）と一般条項（公序良俗，信義則など）への事実の当てはめに当たっては，検討すべき課題が多い。まず，控訴裁判所が問題となる法概念を正しく理解していなかった場合に，いずれにせよ上告可能であることに疑いはない。[290] 正しく理解された法概念への具体的事実関係の当てはめの当否の審査が法律問題として上告裁判所の審査の対象になるかどうかは，やや問題である。当てはめの当否の審査は個別事件限りで意義を有するにすぎないのではないかとも考えられる。しかし，原則として上告可能な法律問題と解すべき

---

288) たとえば，福永有利「不特定概念（不確定概念）の上告可能性」小室＝小山還暦(中)343頁以下；河野正憲「不確定概念（一般条項）の上告可能性」小室＝小山還暦(中)308頁以下；大須賀虔「民事上告法における上告許容性の境界づけに関する一考察(1)(2)」民商82巻5号（1980年）599頁以下，83巻5号（1981年）697頁以下；柏木邦良・ドイツ民事法学の研究（1994年）1頁以下など。

289) Vgl. Stein/Jonas/*Grunsky*, a.a.O. (Fn.142), §§549, 550 Rn. 22.

290) Stein/Jonas/*Jacobs*, §546, Rn.8.

である。なぜなら，寸分代わらぬ事件があるとはいえないにせよ，裁判所は不確定概念または一般条項を具体的な事案に即して具体化しなければならず，したがって具体的な事実が不確定概念または一般条項に当てはまるかどうかの上告裁判所の判断は，「モデル機能」にとって重要であるからである。また同じ理由から，当てはめが個別事件の繰り返されることのない具体的な事実関係に係っている場合には，上告裁判所は原審の事実認定に拘束されると解すべきである。[291]

　特定の不確定概念への当てはめがモデル機能をもつ法律問題に当たるか，[320]個別事件の繰り返されることのない具体的な事実関係に係っているかどうかは，個々の不確定概念につき争いのある問題である。「正当の事由」（借地借家28条），「失火者ニ重大ナル過失アリタルトキ」（失火ただし書），「婚姻を継続し難い重大な事由」（民770条1項5号）へ当てはめられるべき事実は，たとえば「過失」という概念に当てはめられるべき事実に比べ「より個別特殊的」であるため，上告裁判所がこの当てはめを審査しても他の事案に対する「先例」とならないという理由で，正当事由や重大な過失という概念への当てはめは法律問題であることを否定する見解[292]がある。基本的な問題であり，慎重な検討を要するので，ここでは詳論はできないが，「重大な過失」を例に問題の所在をみておきたい。重大な過失とは何を意味するかという点について，法律自身は何も述べていない。一般には，諸般の事情を考慮して，必要な注意を著しく怠り，当面の事案において誰にでも分かる事柄をなおざりにした場合と解されるが，当面の事案において何が「重大」かは，事案ごとの判断であって，すべてのケースにおいて統一的にこの判断を行うことはできない。通常の過失のように，すべてのケースに妥当する基準は無いので，裁判官は，当該事件の事情のすべて（これには行為者の個性に根ざす事情も含まれる）を考慮に入れて，注意の懈怠が特別なものであるか否かを判断すべきであり，事実審理を担当せず事案から遠ざかっている上告裁判所が適切に判断できる事情ではなく，それゆえ過失の程度の問題は事実問題であり，上告裁判所の審査は及ばないと

---

291) Stein/Jonas/*Grunsky*, a.a.O. (Fn.142), §§549, 550 Rn.29.

292) 大須賀・前掲注288）民商83巻5号711頁以下；同「上告理由」争点〔新版〕325頁。なお，鈴木/鈴木/福永/井上・注釈564頁〔鈴木正裕〕参照。

214 第5章 上告理由

考えること[293]も十分根拠があろう。もっとも，この考え方でも，過失の重大さについての原裁判所の判断に経験則や論理則の違反，したがって民訴法247条違反があれば，その限りで上告裁判所の審査の対象になることは当然である。最高裁は，失火責任法上の重過失について，その上告可能性を認めるようである[294]学説では，類似事件の発生可能性を指摘して，いずれにせよ，先例作用を重視すべきだとする見解[295]もある。なお十分に検討されるべき問題である。

3　意思表示の解釈

〔321〕　一般に承認されているように，事実問題と法律問題の分離の困難は，意思表示の解釈についても現れる。意思表示の解釈は，当事者の意思表示の法的な意味内容を確定する作業であるが，ここでは，①外部的な随伴事情を含む外部的表示内容，②表意者が表示行為のさいに何を意欲していたか，また，表意者が主観的に意欲していたことがらが相手方に実際に知られていたかどうか，および，③表示内容の法的評価とくに法的性質決定の3つが区別される。原審による意思表示の解釈が上告裁判所の審査の対象になるかどうかという問題においては，これらの事項を十分に区別しないで論じられたため，混乱が生じた。たとえば，大判大正10・5・18民録27輯939頁は，籾の消費貸借をした当事者が一定の金額に換算して金銭消費貸借としたのちに，貸主がなお籾の元利の返済を請求した事案である。原審は，借主のした更改契約の主張を排斥し，貸主の主張する，借主に金銭で支払う権利を与える任意債務の成立の主張を認定した。これに対し，借主が「更改ニ関スル法則ニ違背セル不法アリト信ス」と主張して上告したのに対し，大審院は「事実ノ認定ハ事実裁判所タル原裁判所ノ専権ニ属スル所」であるとして，これを却けた。しかし，この判示は，事実の認定とその法的評価の混同に基づくものであった。今日では，判例は，次にみるように，法的評価は法律問題であることを明らかにしている。

（1）　表示内容の確定

〔322〕　①外部的な随伴事情を含む外部的な表示内容と，②表意者の意欲の内容

293）以上は，BGHZ 10, 14(16)=NJW 1953, 1139の要点である。
294）最判昭和32・7・9民集11巻7号1203頁。
295）福永・前掲注288）357頁。

およびそれが相手方に知れていたかという点は，純然たる事実問題に他ならず，上告裁判所は原則として原裁判所の認定に拘束される。もっとも，意思表示がその明確性のゆえに解釈の余地がないかどうかは，上告裁判所の審査を受ける法律問題である。

(2)　表示内容の法的評価，とくに法的性質決定

　これに対し，表示内容の法的評価，とくに法的性質決定は法律問題であ〔323〕り，上告裁判所の審査に服する。[296] また，問題となっている契約が典型契約のどれに当たるか，たとえば請負契約に当たるか雇用契約なのか，売買契約が成立したのか，それとも金銭消費貸借契約と抵当権設定契約が成立したのか，[297] 売買契約が数量指示の売買であるか否か，[298] 土地建物の貸借関係が賃貸借と使用貸借のいずれに当たるか，[299] 請負代金の支払条件に関する合意が停止条件を定めたものであるか，不確定期限の定めなのかどうか[300] というような判断も，法律問題である。判例は原審のした法的性質決定を誤りとして原判決を破棄する場合にも，経験則違反を理由に掲げることがあるが，[301] その場合には真の破棄理由は法的性質決定の誤りそれ自体である。また，建物買受けの意思表示をした第一審被告（被上告人）が建物を取得したのか，それともこの者が会社の代表者として意思表示をし，会社が建物を取得したのかが争われ，個人としての買受けを認定した原審の判断が商行為における代理に関する法律の解釈を誤ったか，あるいは事実認定における経験則違反があるとした判例[302] がある。

---

296)　鈴木/鈴木/福永/井上・注釈563頁［鈴木正裕］。
297)　たとえば，最判昭和45・11・26裁判集民101号565頁（事案は，成立に争いのない売買契約公正証書がある場合に売買契約または売買予約の成立を否定し，金銭消費貸借と抵当権設定契約の成立を認定した原判決を経験則違反があるとして破棄した）。
298)　最判昭和43・8・20民集22巻8号1692頁。
299)　最判昭和41・10・27民集20巻8号1649頁；最判昭和39・1・23裁判集民71号237頁（普通建物の所有を目的とする賃貸借の成立を認めた原判決を経験則違反，審理不尽，理由不備を理由に破棄した事案）。
300)　最〔1小〕判平成22・10・14判時2097号34頁＝判タ1336号46頁（数社を介在させて順次発注させた工事の最終受注者Xと，Xに対する発注者Yとの間における，Yが請負代金の支払いを受けた後にXに対して請負代金を支払う旨の合意は，判示の事実関係のもとでは，Yが請負代金の支払いを受けることを停止条件とする旨を定めたものでなく，Yが支払いを受けた時点またはその見込みがなくなった時点で支払期限が到来する旨を定めた不確定期限の定めと解すべきものと判示）；最〔1小〕判平成22・7・20〔田中秀幸/倉地康弘「最高裁民事破棄判決等の実情(上)――平成22年度」判時2115号15頁（経験則違反を理由に原判決を破棄）。
301)　前掲注297）最判昭和45・11・26；前掲注299）最判昭和39・1・23。
302)　最判昭和44・9・11裁判集民96号497頁＝判時570号77頁。

216　第 5 章　上告理由

(3)　個別契約における当事者の意思の解釈[303]

〔324〕　個別契約限りでのみ意味をもつ個々の契約について，原審がした意思表示の解釈に対する上告裁判所による審査の可否およびその範囲は困難な問題を用意するが，上告裁判所の審査は制限的であるべきであろう。すなわち，この場合には原審による解釈が法律の定めまたは一般に承認された解釈準則に違反していないかどうか，あるいは，論理法則ないし経験則に反していないかどうか，すべての重要な事実を考慮しているかどうかという点に限られるべきであろう。

〔325〕　たとえば，あるモーターボート競走会の会長辞任の意思表示が会長職のみを辞任する趣旨か，理事をも辞任する趣旨であるかは，「従来の同会役員選任手続に関する慣習や，辞任の動機等をも考慮して論理の法則と経験則の教える所に従い表意者の真意を探求して，できるだけその意思に副うように解釈すべきこと論を待たない」と判示する**最判昭和34・3・30民集13巻 3 号427頁**は，この旨を明らかにするものでる。

運送契約の締結のさいに運送人が荷送人を被保険者とし，その申し出た運送品の価額を保険価額および保険金額とする運送保険契約を締結し，運送品の運送中の事故による損害はこの保険契約によって支払われる保険金のみによって填補することとし，運送人としては保険契約の保険金を支払うこと以外に責任を負わないこととしていた場合に，荷送人が運送人に対して運送品の価額を申し出，その価額を保険価額および保険金額とする運送保険契約を締結するよう申し出，その保険契約の利益に与る旨の意思表示をしたという事案において，特段の事情のない限り，この事実関係だけから，荷送人が運送人に対し右事故による一切の損害の賠償請求権を放棄する旨の意思表示をしたものと解釈することは，判例によれば，「明らかに経験則に違背する不合理な判断」[304]である。

最判昭和46・10・26民集25巻 7 号1019頁は，債権者委員会においてXはA会社のXに対する債務（740万円余）の80％を免除すること，XがA

303）*Sturm*, Zur Revisibilität der Auslegung von privaten Willenserklärung, Festschrift für Nipperdey, Bd. 1, S. 957 ff.; *Neufert*, Die Revisibilität der Auslegung individueller Vertragserklärungen, 1988.

304）最判昭和43・7・11民集22巻 7 号1489頁。調査官解説として，奥村長生・判解民昭和43年度〔78事件〕がある。

会社に対して有する債権全額をＹ（Ａ会社の代表取締役でＡ会社のＸに対する債務の連帯保証人）から取り立てることを他の出席債権者も承認する旨の決議がなされたのち，Ｙは「議事録に基づき右決議の内容を読み聞かされ，その際同人は何年かかっても支払う旨述べた」という事案である。原判決はこのＹの発言を「儀礼的な言辞にすぎない」としたが，最高裁はこの原判決の認定は経験則に反するとした。**最判50・4・24**（川口富男「最高裁民事破棄判決の実情(2)──昭和50年度」）**判時818号20頁**）は，土地の賃貸人が賃借人に対してした建物収去土地明渡しの請求に対し，賃借人がした「適当な移転先が見つかったら明け渡す」という回答をにつき，「建物所有を目的とする土地賃貸借契約において，賃貸人の建物収去土地明渡の請求に対し，たとえ2，3年の猶予を与えられたとしても，立退料などの金銭的補償もしくは移転先の提供なくして，賃借人がこれを承諾するのは極めて例外的なことがらに属すると考えられる。したがって，賃借人のした適当な移転先をみつかったら明け渡す旨の回答は，特別の事情がないかぎり，できるだけ適当な移転先をみつけて明け渡すよう努力したいという賃借人の単なる心づもりを表明したものにすぎず，賃貸人の明渡の申入に対する賃借人の確定的な承諾の意思表示であるとは考えられないところである。……原判決が他に右特別な事情のあることを認定することなく本件土地賃貸借契約の合意解除を認めたのは，経験則に照らして是認することができないものというべく，論旨は理由がある」と判示した。

　なお，個別意思表示ではあるが，同種の意思表示がしばしば繰り返されることがあり，上告裁判所の判断が同種事件についてモデル機能をもつ事例では，上告裁判所は原審による意思表示の解釈を審査することができると解すべきである。このような事例として，示談による損害賠償請求権放棄の意思表示の解釈や，同じく示談書に記載された不起訴条項の解釈がある。前者について，**最判昭和43・3・15民集22巻3号587頁**は，交通事故において「全損害を正確に把握し難い状況のもとにおいて，早急に小額の賠償金をもって満足する旨の示談がされた場合においては，示談によって被害者が放棄した損害賠償請求権は，示談当時予想していた損害についてのもののみと解すべきであって，その当時予想できなかった不測の再手術や後遺症がその後発生した場合その損害についてまで，賠償請求権を放棄した趣旨と解するのは，当事者の合理的意思に合致するものとはいえな

[326]

い」と判示した。**最判昭和51・3・18裁判集民117号193頁＝判時813号33頁**は，交通事故に関し事故発生後約10日後に被害者と加害者との間で締結された和解につき示談書が作成され，その冒頭に「この交通事故による損害については当事者協議のうえ下記条件をもって一切円満示談解決致しました。よって本件に関して如何なる事情が生じても決して異議の申立訴訟等一切しないことを確認致します」という文句が記載され，末尾に，「医師の診断により，6か月を経過するもなお上告人（原告，被害者——筆者注）が就業できない場合及び上告人に後遺症が生じた場合には，上告人及び被上告人Y₁（被告，加害者——筆者注）はさらに協議のうえ誠意をもって示談を成立させ」るという文言があった。原審は，不起訴契約の成立を認めて，原告の損害賠償請求の訴えは権利保護の利益を欠くとものとして却下した。最高裁は，「上告人が本件事故後6か月内に治癒する見込のもとに，被上告人らが示談による約定を履行したときは，上告人において今後本件に関し異議の申立，訴の提起等は一切しない旨の合意が成立したことを意味するにすぎず，被上告人らが右約定を履行すると否とにかかわらず，右示談内容につき当事者間で不起訴の合意が成立したことを意味するものでないと解するのが相当である」と判示して，自ら意思表示の解釈を行っている。

4　普通取引約款および法人の定款等の解釈
(1)　普通取引約款
〔327〕　普通取引約款の法的性質については議論があるが，[305] 上告理由との関係では，いずれにせよ，普通取引約款は法規と同様に取扱われるべきである。[306] 普通取引約款は多数の取引に用いられるものであるから，これに対する上告裁判所の審査は将来の事例のための指導的機能を有するからである。日本の学説の多くは，普通取引約款は公の立法に基づくものではないから，とくに慣習法化しているものを除き，312条3項にいう法令ということは

---

305)　谷口知平/五十嵐清編・新版注釈民法⒀（1996年・有斐閣）166頁以下［潮見佳男］；山下友信「普通取引約款をめぐる論争」倉沢康一郎/奥島孝康編・昭和商法学史（1996年・日本評論社）187頁以下などを参照。

306)　ドイツの判例および支配的見解の立場でもある。BGHZ 104, 292(293); Stein/Jonas/*Jacobs*, §546 Rn.11参照。

できないという。[307]

しかし，問題は普通取引約款が312条３項にいう法令であるかどうかではなく，当事者のした意思表示のもつ意味内容を解釈により確定することにある。普通取引約款は非常に広範囲に用いられるから，約款の解釈は法取引にとって必要かつ重要であるので，上告裁判所はこれを自由に解釈できるべきである。日本においても普通取引約款の効力および解釈につき，上告可能性を承認する学説[308]があり，判例[309]にも普通取引約款の意味内容について解釈をしているものがあることに注意すべきである。[310]

(2) 定　款

多数説は，法人の定款は法令でなく，法律行為よって作成された規範で　[328]あるから，上告裁判所は原審による定款の解釈を審査することができないとする。たしかに，法人の定款は法規範ではない。しかし，たとえば，法人の定款の解釈は多数の利害関係人に大きな影響を及ぼし得る。それゆえ，これが種々の高等裁判所で解釈され得る限り，解釈の統一は望ましい。原判決による定款の解釈は法律問題であり，上告裁判所の審査に服すると解すべきである。[311]

なお，マンションの管理組合の規約が建物区分所有法に定める管理者である理事長を理事の互選により定めるとしている場合，理事の互選により選任された理事長の職を理事の過半数の一致により解き，別の理事を理事長に選任する理事会決議が管理組合規約に反するかどうかは，上告受理を経て最高裁の審査に服するとする判例[312]がある。

(3) 労働協約・就業規則

労働協約および就業規則に法規範性が認められるかどうかについて議論　[329]が存するが，判例は合理的な内容である限り，これらの法規範性を承認す

---

307) 兼子・体系460頁；斎藤・概論〔新版〕574頁；条解民訴〔第２版〕1612頁；注解民訴(9)〔第２版〕428頁〔斎藤/奈良〕；基本法コンメ民訴(3)69頁〔上田/松本〕；上田608頁；松本/上野〔968〕〔上野〕；中野ほか編・講義663頁〔上野〕；笠井/越山編〔第２版〕1076頁〔笠井〕。これに対し，小室・前掲注112）講座民事訴訟(7)262頁（同・上訴再審262頁）は，法令と同視して上告可能性を肯定する。

308) 菊井/村松・全訂Ⅲ225頁。

309) 最〔２小〕判平成４・３・13民集46巻３号188頁＝判時1419号108頁；最判平成６・７・18民集48巻５号1233頁＝判時1511号138頁において，最高裁は保険約款の解釈を行っている。

310) 高橋・重点講義(下)695頁。

311) 菊井/村松・全訂Ⅲ225頁；若林安雄「上告理由」争点294頁参照。

312) 最〔１小〕判平成29・12・18民集71巻10号2546頁＝判時2371号40頁＝判タ1448号56頁。

220 第5章 上告理由

る。[313] また，法規範性が否定される場合でも，労働契約の当事者がこれら
に依拠する意思を有する限り，契約の解釈法規と同様の効力が認められる。
それゆえ，いずれにせよ，大勢の労働者に影響を及ぼす労働協約および就
業規則の内容および効力について，上告審の審査が及ぶべきである。[314]

5 当事者の訴訟行為の解釈

(1) 上告裁判所による訴訟行為の解釈

〔330〕 原裁判所が原判決において当事者の訴訟行為を解釈した場合，上告裁判
所はこれを自ら解釈することができるか。

原審による訴状における当事者表示の解釈について，上告裁判所は自ら
その当否を判断することができる。**大判昭和11・3・11民集15巻977
頁**[315] は，死者を被告とする訴訟は不適法であり，訴状が補正されない限
り却下を免れないとして，訴え却下判決をしたのに対し，実質上の被告は
相続人だとして表示の誤りと解し，原判決を破棄した。

〔331〕 上告裁判所は，原審による当事者の主張の解釈を全面的に審査すること
ができる。たとえば，**最判昭和32・7・12裁判集民27号137頁**は，被告
（上告）銀行が提出した手形の原因関係欠缺の抗弁が「その内容簡にして
いささか明確を欠く嫌いがないでもないが，（なお此点に関し調書上原審に
おいて釈明を求めた形跡もない）その趣旨とするところは，仮にH支店長
の本件手形振出行為が上告銀行の権限ある代理人としてなされたものであ
るとしても，その原因たる売買はH支店長の無権代理行為であって，上告
銀行に対してはその効力なく，結局上告銀行は靴下を買受けたことがない
ことに帰するのであるから，本件手形の振出は原因関係を欠くものである
との抗弁と解することができる。……されば原審が前記上告銀行の抗弁に
ついて判断しなかったのは，審理不尽若くは判断遺脱の違法があるものと
いうべく……」と判示し，独自に当事者の主張の解釈を行った。**最判昭和
38・4・12裁判集民65号497頁**は，債権者たる原告の代理人と称する訴
外人に対して弁済をした旨の主張を，原審が単に表見代理人への弁済の主
張と解してその主張を排斥した場合，この訴外人を債権の準占有者として

---

313) 最〔大〕判昭43・12・25民集22巻13号3459頁；最判平成8・3・26民集50巻4号1008頁。
314) 若林・前掲注311）295頁参照。
315) 兼子・判例民訴法17頁。

これに対する弁済の主張も含まれているとみる余地がないとはいえないとする。**最判昭和38・5・31裁判集民66号231頁**は、停止条件つき代物弁済契約において利息天引きの事実と期限後も貸金の利息を日掛けして支払った旨の主張には、「本件貸金につき弁済猶予の合意があった旨の主張を含むものと解する余地がないでもなく、もし弁済猶予の主張があったとすれば、はたしていつまで猶予されていたものであるか、原判示のように上告人において約定利息の支払を怠った場合には当然に本件不動産の所有権は代物弁済により被上告人らに移転する旨の約定があらためてなされたものであるか否かによって、本件の結論を異にするものといわなければならない」と判示して、原判決を破棄した。

最判昭和44・1・16民集23巻1号18頁は、抵当不動産が抵当権設定者によって第三者に譲渡されたのち、抵当権者が抵当権設定者に対して抵当権放棄の意思表示をした場合において、右意思表示は抵当不動産の所有者ではない者に対してなされたものであるから効力を生じないとした原判決には、抵当権設定者が第三者の代理人として右の意思表示を受領した旨の主張を看過し、判断遺脱の違法を犯したとしているが、これは当事者の主張についての原判決の解釈が上告裁判所の審査の対象となることを認めたものである。主張の解釈によって存在すると解された当事者の主張については、原裁判所の判断は示されていないので、当事者の主張について（明示的にせよ黙示的にせよ）全く判断を示さなかった場合と同様、判断の遺脱があることになる。

裁判上の自白の成否についても、上告裁判所は独自に判断することができる[316]。

なお、上告受理事件において原審による訴訟行為の解釈の誤りが是正されたケースについては→〔417〕以下。

(2) 無制限な審査？

訴訟行為の解釈にも、実体法上の意思表示の解釈と同じ取扱いが妥当す〔332〕るのであろうか。それとも訴訟行為については実体法上の意思表示とは異なる取扱いが行われ、上告裁判所は典型的な陳述でなくても無制限に審査

---

316) Musielak/Voit/*Ball*, §546 Rn.7

222 第5章 上告理由

をすることができるのであろうか。ドイツの判例[317]と多数説は，裁判上の表示・陳述が典型的なものでなくても無制限な上告審査を認め，このことは解釈される訴訟上の表示・陳述が訴訟手続においてなされたものである場合にも，その表示について既判力のある判決がなされていない限り妥当するとする。仲裁契約のように訴訟上の効果をもつ私法上の合意は，上告審において自由に解釈できないとされる。日本では，小室直人が無制限の上告審査を肯定している[318]。

〔333〕　この見解に対しては，陳述が職権調査事項に関する場合を除き，実体法上の法律行為と別異に扱う理由に乏しいという批判がある。この見解によれば，上告裁判所は，原則として，控訴裁判所の行った訴訟行為の解釈が解釈準則に反しないかどうかを審査することができるだけである[319]。しかし，小室直人が──別の箇所においてであるが──力説するように「訴訟法規に対する裁判官の恣意，不注意を防止しそれを遵守させることは，当事者にとって重大であるのみならず，裁判所にとっても，司法に対する国民の信頼を確保する利益がある。……手続違背の上告の目的は，訴訟手続の確実な遵守を維持することにあり，この場合上告審は下級審に対して，一種の監督的機能を営む」[320]ので，上告審による無制限の審査が肯定されるべきである[321]。加えて，上告裁判所は手続違反の責問にあっては固有の事実確定権能を有することを重視すべきである[322]。

6　訴訟上の和解または仲裁合意

〔334〕　訴訟上の和解または仲裁合意の解釈が無制限に上告可能か，それとも制限的にのみ上告可能であるかが問題となる。これらの行為は訴訟行為性を有するが，実体法上の効力をも有する意思表示である。上述のとおり訴訟行為についての上告裁判所の審査には制限がないが，個別契約における実

---

317) BGHZ 4, 328(334); BGH NJW 1985, 2335; BGHZ 109, 19(22) BGH NJW 1991, 1683; BGHZ 174, 262(265); 115, 286(290); BGH NJW 1995, 2563f.; BGHZ 140, 156(157); BGH NJW 2001, 2550f.; 2009, 751.

318) 小室・前掲注112) 講座民事訴訟(7)272頁（同・上訴再審104頁）。

319) Stein/Jonas/*Grunsky*, a.a.O.（Fn.142），§§549 550 Rn.45.

320) 小室・上訴制度173頁。

321) 上告受理申立てと手続違反の上告との関係について，→〔394〕以下。

322) Stein/Jonas/*Jacobs*, §546 Rn.18.

体法上の意思表示の解釈についての上告裁判所の審査は制限的であると解すると，これらの訴訟行為の上告裁判所の解釈について，実体法上の意思表示のように一般的に承認された解釈準則違反に制限されるかどうかという問題が生ずる。判例は要旨，「裁判上の和解の有効無効は，調書の文言にのみ拘泥せず，一般法律行為の解釈の基準に従ってこれを判定すべきである」[323]と判示し，実体法上の意思表示の解釈基準に照準を合わせるべしとの見解に立つ。

　実体法上の法律効果を伴う訴訟行為は，実体法上の意思表示の解釈と同様，事実審裁判官による解釈が論理法則，経験則または一般的解釈準則に反していないかどうかまたは手続瑕疵に基づかないかどうかという点に限って，上告裁判所の審査を受けると解すべきであろう。[324]

7　裁判所の裁判と行政行為の解釈

　上告裁判所は，原裁判所のした裁判所の裁判の解釈を審査することがで〔335〕きる。たとえば，ある共有物分割訴訟の請求棄却の確定判決が判決理由において原告の所有権を否定している場合に，上告裁判所は，この判決の既判力は原告の共有権の不存在にも及ぶとした原判決の既判力の範囲に関する解釈を審査することができる。[325]

　また，上告裁判所は原審のした登記簿の記載の解釈を審査することがで〔336〕きる。たとえば，ある土地の登記簿甲区9番10番11番いずれも朱抹され，誤記削との記入のある右3つの登記にはいずれも各欄の末尾に丸型の鈴木という印章が押印されている場合に，「右甲区9番の登記もまた，登記完了前にその申請が取り下げられたものと認定すべき筋合であるにもかかわらず，原審が右甲区9番の末尾に押捺されている鈴木の印影と同10番，11番にそれぞれ押捺されている鈴木の印影との位置，誤記削の文字の位置関

323）最判昭和31・3・30民集10巻3号242頁。

324）MünchKommZPO/*Krüger*, §546 Rn.12; ZPO/*Kessal-Wulf*, §546 Rn.13.1; Zöller/*Heßler*, §546 Rn.9. 反対：Stein/Jonas/*Jacobs*, §546Rn.20（実体法上の個別的意思表示についても上告裁判所の全面的解釈を承認し，実体法上の効力をもつ訴訟行為にも無制限の上告裁判所の審査を要求する）。

325）最判昭和27・5・2民集6巻5号483頁。評釈として，三ケ月・判例民訴法187頁以下；小山昇・最高裁民事裁判例批評Ⅳ（1966年・有斐閣）152頁〔31事件評釈〕（同・小山昇著作集(2)（1990年・信山社）295頁）；長谷部・判タ21号（1952年）46頁がある。

224 第5章 上告理由

係の相違を云々しただけで，他に特段の事情を明らかにしないまま甲区9番のそれは，登記が適法なものとして完了したのちに取り下げられたものであるとした判断は，不動産登記手続に関する法令の解釈適用を誤り」[326]，違法である。原審のした行政行為の解釈も，上告裁判所は自由に審査することができると解すべきである。

8　訴訟要件

〔337〕　訴訟要件は職権調査事項であり，これについての原審の判断は不服の申立ての範囲に関わりなく，当然に上告審の調査の対象になる（320条）。

　　職権調査事項に関して原審が確定した事実は，上告裁判所を拘束しない（322条）。問題は，上告裁判所は事実審の口頭弁論終結後に生じた事情の変更をどの程度顧慮することができるかである。訴訟要件が具備しているか否かの判断の基準時は，訴訟要件が本案判決の前提要件であるから，事実審の口頭弁論終結時だとするのが通説である[327]。しかし，通説には疑問がある。民訴法312条2項ただし書によれば，法定代理権，訴訟代理権，訴訟をなすに必要な授権の欠缺がある場合の追認は上告審においてもすることができ，これを主張することができると解されるからである。

〔338〕　判例は，原審が無権代理人による控訴の提起であるとして控訴を却下したが，権限ある代理人が上告審においてその控訴を追認した場合，控訴は遡って適法になるとする[328]。原審が訴訟要件の欠缺を看過して本案判決をしたが，その後に代理権の欠缺の瑕疵が追認により治癒した場合に，上告裁判所はこれを顧慮して原判決を維持すべきであるとする[329]。また，判例は，原審の最終口頭弁論終結時に具備していた訴訟要件がその後に欠缺すれば，上告裁判所はこのことを顧慮すべきだとする[330]。少なくとも，その欠缺が原判決を無効または取り消しうるものとするような訴訟要件（当事者の実在，被告が裁判権に服すること，当事者能力，訴訟能力，法定代理権）につい

326）東京高判昭和58・1・28下民集3巻1〜4号21頁。
327）兼子・体系150頁；三ケ月・全集301頁。
328）最判昭和47・9・1民集26巻7号1289頁。反対：最判昭和42・6・30判時493号36頁（上田徹一郎・昭和41年度重判解説〔1973年〕207頁）；最判昭和46・6・22判時639号77頁。
329）大判昭和13・3・19判決全集5輯8号362頁。なお，大判昭和16・5・3判決全集8輯18号617頁。
330）最判昭和27・2・15民集6巻2号88頁など。

ては，上告審の審理終結時が基準時になると解すべきである。

9　証拠評価

　証拠評価は事実認定の一部であるけれども，それ自体，法的な準則に服〔339〕
するので，その限りで，証拠評価の法的瑕疵は上告審の審査の対象となる。
裁判所は，247条により証拠調べの結果を包括的にかつ矛盾なく評価しな
ければならない。裁判所の評価は，完全で，法的に可能でなければならず，
論理則または経験則に反してはならない。[331]

第5款　判断の過誤と手続の過誤
1　上告審における異なる取扱い

　原判決における法令違反は，実体法違反の場合と手続法違反の場合で，〔340〕
異なる現れ方をするので，上告審手続において異なる取扱いを受ける。す
なわち，実体法違反は原判決における法律判断の不当を生ぜしめ，顕在的
に現れるが，手続法違反は判決の基礎となった手続を違法にし，判決にお
いて潜在的にのみ現われる。そのため，両者は上告審手続において異なる
扱いを受ける。[332] このように論じるのが通説である。

　しかし，実体法違反と手続法違反では上告審の手続において違いがある
が，その理由は通説がいうようなものなのであろうか。手続法違反は，控
訴の適法要件や**控訴審判決の内容上の瑕疵**など，訴訟要件以外にも，上告
裁判所が職権で顧慮すべきものあると解される（→〔568〕）。それゆえ，手
続法違反は判決において潜在的だから当事者の責問を必要とすると解する
ことはできない。裁判所は正しい実体法適用について職責を負うので，上
告裁判所は実体法違反については当事者の主張に拘束されず，当事者の主
張しない実体法違反によっても原判決を破棄しなければならないけれども，
責問権の放棄・喪失による治癒が認められるものがあるように，職権調査
事項以外の手続法の遵守は，多くの場合，当事者の利益に奉仕するので，
上告裁判所は，職権で調査すべき手続法違反以外の手続違反はその利益の
侵害を主張する当事者が責問する原審手続の違法を採り上げれば足りると

---

331)　Rosenberg/Schwab/*Gottwald*, §143 Rn.19.
332)　小室・上訴制度205頁；同・前掲注112) 講座民訴(7)274頁（同・上訴再審108頁）。

226 第5章　上告理由

解すべきである。

2　判断の過誤

〔341〕　これは，原判決が主として実体法規に違反することによって不当な法律判断を生じさせる場合である。既判力の存否および範囲，訴訟要件の具備の有無など訴訟上の事項を判決において判断する場合，訴訟法規も実体法的な扱いを受ける。法律上の推定規定や証明責任規定の違反は，判決内容の誤りをもたらすものであり，判断の過誤になることは当然である。

　判決に影響を及ぼすことが明らかな実体法違反を理由とする場合，上告人は上告理由書に上告理由を記載するさい，その「法令及びこれに違反する事由」を示さなければならず（民訴規191条1項），法令を示すには，「その法令の条項または内容（成文法以外の法令については，その趣旨」を掲記しなければならない（同条2項）。もっとも，裁判所は事件に法令を適用し法律判断を行う職責を負っているので，上告裁判所は，適法な上告が提起されている限り，当事者の提出した上告理由に拘束されず，判断の過誤の有無を調査すべきである（**上告理由不拘束の原則**）[333] 判断の過誤は，職権調査事由であって，上告理由書提出強制との関係で当事者の主張が要求されるにすぎない。

　判断の過誤によって原判決を破棄するためには，それが判決に影響を及ぼした可能性（憲法違反の場合），またはその蓋然性（一般の法令違反の場合）があることの確定を必要とする。原判決には，判断の過誤があるけれども他の理由により正当であるときは，上告は棄却されなければならない（313条による302条2項の準用）。

3　手続の過誤

〔342〕　これは，原判決の基礎になった訴訟手続に，訴訟手続に関する法規の違反による違法が存する場合である（たとえば証拠調べ手続の違法，証拠評価の違法，期日指定の違法）。手続に関する法規は，必ずしも訴訟法規の違反に限らない。もちろん訴訟法規であっても，訓示規定の違反は，法律効果

333）上告裁判所が実体法違反を理由に職権により原判決を破棄した最近の例として，最〔1小〕判平成18・12・21判時1961号62頁＝判タ1235号155頁；最〔2小〕判平成18・3・17判時1937号87頁＝判タ1217号113頁。

を伴わないから，上告理由にはならない。訴訟手続に関する任意法規の違反は，訴訟手続に関する異議権（責問権）の喪失によって治癒されるので（90条本文），その限りで上告理由にはならない。

　訴訟手続に関する法規の違反は，職権調査事項など上告裁判所が職権で〔343〕取り上げるべきもの（→〔480〕）を除き，当事者が上告理由として責問（主張）した場合に限り，上告裁判所の調査を受ける（322条）。当事者は，訴訟手続に関する法令の違反を主張する場合には，上告理由または上告受理申立て理由の記載のさい，違反のあった訴訟手続に関する法規と，これに違反する事由を記載するのみならず，その違反を理由づける事実をも掲記しなければならない（民訴規191条1項・3項，→〔479〕）。上告裁判所は，これに拘束される。これは，訴訟手続に関する法規の違反は，上告裁判所にとって訴訟記録の閲読から容易に発見できるというものではないため，当事者の不服を明確にするとともに，上告裁判所の負担を軽減する必要からも認められるとするのが通説であるが，私見によれば，手続法違反はその是正に利益を有する当事者が責問して初めて採り上げれば足りると解されるからである。

　手続の過誤が判決の結論に影響を及ぼしているか否かは，法律審である上告裁判所にとって不明な場合が多い。そのため，判決の結論に対する因果関係の蓋然性を要求すると，絶対的上告理由（312条2項）に該る場合と判決の手続の違法（313条・306条）の場合を除き，因果関係の蓋然性が不明だとして破棄理由にならない場合が多くなる。このことは，訴訟法規の違反に関して蓋然性を要求することの当否について，重大な解釈問題を提起する（→〔355〕以下）。

　もっとも，以上のような理由で当事者の責問（主張）が要求されるのであるから，後述のように（→〔568〕），控訴審判決からその後の手続の基礎たる資格を失わせるような極めて重大な手続上の瑕疵については，上告裁判所は例外的に職権で調査しなければならないのではないかという問題がある。

4　手続過誤についての2，3の問題
(1)　釈明義務違反
　釈明権の不行使（釈明義務の違反）の違法が上告理由になるかどうかに〔344〕

228 第5章 上告理由

ついて，判例上変遷がみられたが，[334] 第2次世界大戦後の一時期を除き，釈明義務違反は上告理由になると解されてきた。いかなる場合に釈明義務違反が上告理由になるかに関しては，学説においては種々の見解が主張されている。近時は，釈明を消極的釈明と積極的釈明に分け，消極的釈明義務の違反は常に上告理由になるが，積極的釈明義務の違反にあっては一定の利益考量に基づき上告理由になる場合を絞り込むべきだとする見解が有力である。[335] この見解は，積極的釈明は訴訟追行に関する当事者の責任を希薄にし，その結果，当事者が自己の事案解明の責任を棚上げにして裁判所の釈明権不行使の違法を主張する可能性に道を開くこと，および当事者に対する影響によって実体的真実を曲げ当事者間の衡平を害する結果ともなることを重視する。

しかし，消極的釈明と積極的釈明の概念的区別が必ずしも明確ではないこと，また当事者間の公平という考慮が上告理由との関連で初めて取り上げられるのは奇異であり，事実審の釈明権・釈明義務の範囲を検討するさいに当然問題とされなければならない観点である。この観点を踏まえた検討の結果，釈明義務があるとされる場合には，原裁判所のこの義務の違反は，判決の結論に対する影響が否定できない限り，上告理由になると解すべきである。もっとも，裁判所の釈明権の行使にもかかわらず，当事者が釈明しない場合や，それ以上提出すべき訴訟資料や証拠方法を有していない場合もあるので，釈明義務違反を主張する当事者は，もし釈明権が適切に行使されていたならば，どのような申立て，主張，立証ができたであろうかという点を具体的に陳述することを求められるべきである。[336]

(2) 上告審における再審事由の顧慮

[345] 再審事由が上告審において先行顧慮されうるかという問題については，すでに考察した。その結果，次の結論に達した。すなわち，原則として事実認定をすることができない上告審では再審事由を顧慮することができないが，新たに主張された再審事由を上告審において考慮しないことによって，明白に誤った，再審を必要ならしめる判決が惹起され得るような場合には，例外的に，上告裁判所も再審事由を顧慮できるべきである。具体的

---

334) (旧) 注釈民訴(3)120頁以下［松本］参照。
335) 中野・前掲注258) 215頁，220頁。
336) (旧) 注釈民訴(3)167頁以下［松本］参照。

には，上告審判決が以前に出された確定判決と抵触し，または別の正しくない判決を出さざるを得なくなり，そのため，その判決が同様に再審の訴えに服することになるような場合である。判決の基礎になった民事もしくは刑事の判決その他の裁判または行政処分が後に裁判（上訴または再審手続の裁判）または行政処分によって変更された場合も同じである。[337] 再審が許される仲裁廷の仲裁判断は裁判ではないが，仲裁判断取消申立てによって取り消された場合，および338条1項10号（前に確定した判決との抵触）の場合も，同じである。このような再審事由は，上告審手続が別の上告理由により係属している場合には，それが上告理由に当たるかどうかと無関係に係属中の上告審手続において主張することができる。また，以上のような事由を主張して，当事者は上告を提起して上告裁判所による先行顧慮を求めることもできなければならない。

　可罰行為が上告裁判所によって顧慮され得るのは，例外的な場合であるべきであるが，338条1項4号ないし7号の場合（可罰行為）について338条2項の要件（有罪確定判決等の要件）がすでに具備し，再審事由と不服申立てに係る判決との間の因果関係が存在する場合には，上告裁判所の判決が係属中の手続において後に再審の訴えによってのみ除去され得る不当な判決を招くことを避けるために，この可罰行為を斟酌できなければならない。これは，上告審手続がすでに係属している場合には，再審事由が上告事由になるかどうかという議論は無用というべきである。このように上告審の審理手続が存在する場合に例外的に可罰行為の再審事由の先行顧慮が許されるときは，この再審事由によって不利益を受けている当事者は再審事由を主張して自ら上告を提起することもできると解すべきである（→〔242〕）。「判決に影響を及ぼすことが明らかな法令違反」も上告理由となる高裁への上告にあっては（312条3項），再審事由を法令違反とみる多数説は，再審事由を主張して上告を提起することができるとする。しかし，むしろ重要なことは，当事者は再審事由を例外的に上告審において主張で

337）最〔2小〕判平成15・10・31判時1841号143頁＝判タ1138号76頁は，特許取消決定に対する取消訴訟において請求を棄却した原判決に対し特許権者側から上告及び上告受理申立てがなされた場合に，上告審係属中に原判決の基礎になった行政処分が後に新たな行政処分によって変更されたことは338条1項8号の再審事由に当たるので，上告裁判所が顧慮することができるとする。この事案は再審事由の訴訟内顧慮というより，上告審に係属中に生じた新事実の例外的顧慮の問題とみることができる。

230 第5章 上告理由

きるが，必ず主張しなければならないかという点であり，この点について
は選択が許容されるべきであろう（→〔243〕）。

(3) 審理不尽

〔346〕 **(a) 意 義** 審理不尽は，法令の適用の前提となる事実関係の解明
が不十分なことをいう。破棄判決において，上告裁判所が原裁判所の審理
不尽を理由に原判決を破棄する例がみられる。そこでは，審理不尽が単独
で破棄事由とされ，または，理由不備，経験則違反や釈明権不行使などの
破棄事由とともに選択的にまたは重畳的に破棄事由とされている。しかし，
審理不尽は，民訴法312条に上告理由として掲げられていないので，独立
の上告理由としての意義を有するか否かが問題となる。

〔347〕 **(b) 学 説** 審理不尽による破棄を認めるべきかどうかという点を
めぐって，通説はこれを否定するが，[338] その有用性を承認する反対説[339] が
存在する。さらに，審理不尽を上告理由・破棄理由として位置づけること
はできないが，長らく実務において用いられてきたことはそれなりに意味
があるとして，上告審が破棄自判できないので事件を原審に差し戻す理由
として審理不尽を位置づけようとする見解[340] もある。

審理不尽は「訴訟手続の法令違反中裁判所に必要にして充分な審理を尽
させることを目的とする諸法規に対する違反を包括的に指示するもの」と
されるが，[341] 通説は，判例が審理不尽を理由に原判決を破棄している実態
に着目すれば，多くの場合，法令違反，理由不備，釈明義務違反など法規
上明確な上告理由の補助的役割を果たしているか，または，それと表裏の
関係に立っており，独立の上告理由を認める理由に乏しいこと，[342] また，

---

338) 小室・上訴制度209頁；三ケ月・双書538頁；菊井／村松・全訂Ⅲ237頁；斎藤・概論〔新
版〕577頁；注解民訴(9)〔第2版〕425頁〔斎藤／奈良〕；桜井孝一「民事上告理由としての
『審理不尽』」早稲田法学39巻2号（1964年）239頁以下；基本法コンメ民訴(3)70頁〔上田／松
本〕。

339) 安井光雄「釈明権について(2)」法学24巻2号（1960年）89頁；新堂幸司「審理不尽の存在
理由」同・訴訟物と争点効（下）（1991年・有斐閣）203頁，220頁以下；条解民訴〔初版〕
1209頁〔松浦〕；高橋・重点講義（下）696頁；松本／上野〔973〕〔上野〕；菊井／村松・新コン
メⅥ320頁（最高裁への上告における職権破棄事由として審理不尽の意義を検討すべきだと
する）；河野826頁；注釈民訴(5)287頁〔勅使川原〕。

340) 大須賀虔「『審理不尽』という概念の位置づけについて」三ケ月古稀(中)611頁，628頁以
下。

341) 横川敏雄「審理不尽」法セミ33号（1958年）38頁，40頁（ただし刑事訴訟について）。

342) 桜井・前掲注338) 267頁以下；注解民訴(9)〔第2版〕425頁〔斎藤／奈良〕。

第 5 節　法令「違反」の意義　*231*

　上告審は，法律審であって新たな事実の主張立証は許されず，原審の事実
認定に干渉すべきでないことを指摘して[343]，審理不尽は独立の上告理由に
ならないとする。前者は審理不尽の概念の不必要を説くものであり，後者
はその有害性を説くものである。いずれも上告理由から審理不尽を排除し
ようとする点で共通する。反対説は，種々の上告理由が相互に重なり合わ
ないように論理的に配列されているわけではないから，審理不尽を他の上
告理由に解消できることをもってこれを不要とする必要はなく，法解釈と
事実認定とが相互作用を有することに鑑みて審理不尽があるとされる事案
には法令の解釈適用に問題があったのか，経験則の適用に問題があったの
かの区別が容易でないケースも予想され，いずれであるかを決めなければ
破棄できないというのは実際的でないとして，端的に審理不尽による破棄
を肯定しようとする[344]。理由不備，理由齟齬，法令の解釈適用の誤りや釈
明義務違反の概念を広く解するか狭く解するかは裁判官によって異なり得，
これらを狭く解釈して審理不尽を利用することは許される解釈技術の範囲
内にとどまるという理由で，反対説に与するものもある[345]。

　しかし，反対説は上告審の使命に合致するかどうか疑わしい。原判決の**[348]**
どこに，どのような違法があるかを具体的に指摘して法の解釈・適用の統
一を図ることに上告審の重大な使命（の 1 つ）がある。審理不尽を破棄理
由にして，原判決のどこに違法が存在するかを具体的に指摘しないで原判
決を破棄することを認めるのは，この上告審の使命を蔑ろにする危険があ
ろう。差戻理由説は本質的に通説に属するものと評価できる。この説は，
法令の解釈適用の誤りを理由に原判決を破棄する場合，原裁判所が判決を
するにはさらに事件の審理を行う必要上，上告裁判所が原裁判所にさらに
審理すべき旨を指摘するのが審理不尽の意味だと主張するのであるが，そ
のような意味で判例が審理不尽の用語を用いているのであれば，問題はな
いし，判例が誤解を避けるためにもっと的確な表現を用いることにも抵抗
はないと思われる。差戻理由として審理不尽がいわれるのであれば，審理
不尽が違法なのではなく，法適用の誤りの後始末の指示なのであるから，
むしろ上告裁判所としてはその指示をより的確に行うことが求められよう。

---

343)　菊井/村松・全訂Ⅲ237頁。
344)　新堂・前掲注239) 289頁以下。
345)　条解民訴〔第 2 版〕1616頁〔松浦/加藤〕。

232 第5章　上告理由

しかし，審理不尽の違法を云々する判例がそのような差戻理由を考えているかどうかは疑わしい。

〔349〕　　(c)　多数説により審理不尽を理由として原判決を破棄する最高裁の判例に対して批判がなされてきたが，その後も，判例には他の理由と重畳的にまたは選択的に審理不尽を理由に原判決を破棄するものが後を絶たず，また審理不尽を単独で破棄理由とするものもある。ここでは，裁判例を紹介し検討しておく。

〔350〕　　(aa)　**最判昭和42・12・21裁判集民89号457頁**は，ダム建設の反対運動に絡んで作成された被告（被上告）会社と赤石川対策委員会代表者との間で締結された「協定書」，被告会社と赤石村村長との間で締結された「契約書」と題する書面は当事者に対して何らの法的拘束力をももたないと判示した原判決に対し，最高裁は「原判決が判示するところによれば，そもそも，本件ダムの建設の計画の反対運動は，赤石川の水量が激減し，灌漑用水が不足し，魚族の枯渇，木材運送の至難等を招いて祖先伝来の生業を奪われるために生じ，しかもその紛争が3年間にわたり，その間これに伴って刑事事件すら派生したのであったが，結局県当局のあっせんにより，従来の紛争をすべて円満に解決する目的をもって前記協定書と題する書面が作成されたというのである。そして，この協定書は青森県庁において，赤石川対策委員会によりは代表者が多数，被上告会社よりは常務取締役A，補償係長Bら，県よりは知事C，副知事D，土木部長E，漁政課長Fらがそれぞれ出席の上作成されたものであり，その直後の同月14日青森県知事は被上告会社に対しダム工事実施認可を与えたというのである。また，右契約書は，翌29年1月9日被上告会社の取締役社長Gと赤石村村長Hが署名押印の上作成されたものであり，その作成後同村長は，赤石村村民にその契約成立を知らせたというのである。そして，このような経緯に鑑みるときは，右協定書および契約書は多年の紛争をすべて解決するため被上告会社の行うべきことを特に書面に認めてこれを明らかにしたものであると考えられ，従って右漁業および流木の補償に関する記載は，特別の事情の存しない限り，当事者に対して何等法的拘束力がないものとは解されないのである。そして，右契約書についてもこれと同様のことをいい得るのである。しかるに，原審はかかる特別の事情の存することについては十分に判示することがないのに拘わらず，前記書面が全く法的拘束力を欠

第 5 節　法令「違反」の意義　*233*

くものと判示したことは，審理不尽という外はない」と。

　この事例も，経験則違反の例であると考えられる。判示のような事情が
あるとすれば，住民が反対運動を止め，県知事もダム建設の許可を与えた
のは，被上告会社が協定書等により住民の被る損害を補償することを約束
したからであるというのが経験則に合致した判断であるからである。被上
告会社がこのような文書を作成しながら，なお補償を約束したのではない
と認定するには，経験則の適用の排除を正当化する他の特別の事情を必要
としたはずである。[346]

　（bb）　最判昭和45・10・30裁判集民101号313頁は，原告が被告〔351〕
との間で700万円の債務を目的とする準消費貸借契約を締結し，過去の契
約上の債務の不履行を停止条件とする代物弁済契約を締結したと主張して
被告に対して本件土地所有権の移転登記を請求した事件についての裁判で
ある。原審は，原告の主張を記載した金銭借用証書（甲第11号証）が被告
の印鑑の印影によるものであることが被告本人尋問から明らかになったこ
とから，文書全体が真正に成立したものと認めるべきであるとし，その他
の証拠と総合して昭和39年7月初旬ころ，原告，被告間に700万円の債務
を目的とする準消費貸借契約と代物弁済契約が成立したことを認定した。
しかし，本件では印鑑の保管状態が明らかにされておらず，単に被告名下
の印影が被告の印鑑によるものであることしか明らかでなかったほか，甲
第11号証は原審で初めて提出されたが，当初は原告本人が本件契約は口頭
契約であったと主張し，かつ供述したこと，この金銭借用証書の作成日付
の昭和39年6月16日当時には700万円という債権額が定まらない事情が
あったこと，作成日付に関する原告本人の供述には一貫性がないこと，同
時に締結されたという代物弁済契約には契約書が作成されていないという
ような事情が存在した。最高裁は，「してみれば，このように，重要な書
証について，その提出の経緯およびその他の証拠との対比からその真否を
疑うべき事情が存するのであるから，原審としては，その成立を争う上告
人（被告）にも反証提出の機会を与え，審理を尽くして右の疑問点を解明
したうえで，その成立を判断すべきであったというべきである」が，これ

――――――――――

346）後藤　勇・民事裁判における経験則 —— その実証的研究（1990年・判例タイムズ社）293
　頁参照。

234 第5章 上告理由

を怠った「原判決には，甲第11号証の成立の真否に関し審理を尽くさな
かった違法がある」と判示した。

　最高裁は，本件で原審が被告に反証提出の機会を与えて審理を尽くすべ
きであったというが，むしろ甲第11号証提出をめぐる状況からは経験則の
適用上，被告本人の意思によって印影が顕出されたことに対して反証がな
されていると考えられる事情があった。[347) したがって，本件は経験則の適
用の誤りの事例であるということができる。

〔352〕　　　　(cc)　最〔2小〕判平成3・4・19民集45巻4号367頁[348) は，痘
そうの予防接種事故による損害賠償請求訴訟に関する裁判である。原審は，
本件予防接種と後遺障害との間の因果関係を認めたが，予防接種の症状に
照らせば，本件予防接種当日の被接種者は，一時的に罹った咽頭炎が既に
治癒した状態にあったものであり，予防接種実施規則4条の掲げる禁忌者
には該当しないから，被接種者は本件接種当日には予防接種を行うに適し
た者であったということができ，仮に予診に不十分な点があったとしても，
被接種者の健康状態に照らし，結局，予防接種を行うことは正当であった
ものであるから，右の予診の不十分な点と本件後遺障害とが結びつくこと
はないとして請求を棄却した。最高裁は「予防接種によって右後遺障害が
発生した場合には，当該被接種者が禁忌者に該当していたことによって右
後遺障害が発生した高度の蓋然性があると考えられる。したがって，予防
接種によって右後遺障害が発生した場合には，禁忌者を識別するために必
要とされる予診が尽くされたが禁忌者に該当すると認められる事由を発見
することができなかったこと，被接種者が右個人的素因を有していたこと
等の特段の事情が認められない限り，被接種者は禁忌者に該当していたと
推定するのを相当である。……したがって，必要な予診を尽くしたかど
うか等の点について審理をすることなく，本件接種当時の上告人（被接種
者）X₁が予防接種に適した状態にあったとして，接種実施者の過失に関
する上告人らの主張を直ちに排斥した原審の判断には審理不尽の違法があ
るというべきである」と判示し，原判決を破棄し，事件を原審に差し戻し

---

347) 後藤・前掲注346) 206頁参照。

348) 富越和厚・曹時45巻10号（1993年）85頁；稲垣喬・民商105巻5号（1992年）688頁；高嵩
　　英弘・法教135号（1991年）76頁；秋山義昭・平成3年度重判解説（1992年）47頁；新美育
　　文・リマークス5号（1992年）78頁；瀬川信久・判タ771号（1992年）47頁。

第 5 節　法令「違反」の意義　*235*

た。この事件では，破棄事由は審理不尽とされているが，審理不尽をもたらした原因は経験則の適用の誤りであることを判決自身が明示している。

第 6 款　法令違反と因果関係
1　因果関係の蓋然性
(1)　法律による蓋然性の要求

　憲法違反と異なり，一般の法令違反については312条 3 項の法文上，法 [353] 令違反が判決に対して影響を及ぼしていることが明らかであることが要求されている (312条 3 項；民訴旧394条)。これは法令違反がなければ異なる結果となったであろう可能性では足りず，法令違反がなければ，おそらく異なった判決になったであろうという蓋然性を要求するものである。

　上告理由としての法令違反に「判決に影響を及ぼすことが明らかな」という限定を加えたのは昭和29年の民訴法の一部改正であったが (→[31])，それ以来，この要件の解釈につき著しい見解の対立が生じた。第 1 説は，昭和29年の法改正が上告制限を目的として行われたという事情を重視して，法令違反と原判決の結論との間の因果関係の蓋然性の存在を要求する見解である。第 2 説は，上告審は法律審であり事実審理をしない建前であるから，可能性と蓋然性の区別を設けることは無理であり，それゆえ「明らかな」の「文句を余り重視しないで解釈すべきである」とする見解である。[349] 第 3 説は，民訴法旧394条 (現行民訴法312条 3 項に対応) はその文言にもかかわらず，憲法違反もその他の法令違反も，いずれも因果関係の可能性で足りるとする趣旨だと解する見解である。[350] この第 3 説は，可能性と蓋然性は量的な差異にすぎず明確に線を引くことは困難なため，法令違反につき蓋然性を要求すると，これをめぐって上告審の審理が停滞するおそれがあること，手続法規の違反の場合に問題が生ずること，昭和29年民訴法の改正後も判例は判決への影響に関しては，可能性で足りるとしていた改正前と比べて異なった扱いをしていないことを理由とした。

(2)　実体違反と手続違反

　実体法の解釈・適用を誤った場合には，通常判決への影響が生ずるから，[354]

---

349)　兼子・条解(上)931頁以下；同・体系459頁。
350)　鈴木/鈴木/福永/井上・注釈561頁 [鈴木正裕]。

236　第5章　上告理由

　　もしこれがなければ判決はどのような内容になったであろうかという点に
　　ついて上告裁判所が判断できないという事態は生じない。実体法の解釈・
　　適用の誤りと判決との間の因果関係について，上告裁判所は判断しなけれ
　　ばならない。それゆえ，手続瑕疵が実体法適用の誤りを引き起こしている
　　場合を除き（この場合は破棄・差戻しが必要である），上告裁判所は原則と
　　して因果関係の存否につき自ら判断しなければならない。原判決に因果関
　　係のある実体法違反が存在する場合，上告裁判所は原判決を破棄し，事件
　　が裁判に熟している場合には自ら裁判し，または他の理由から原判決の結
　　論が正しいかどうかを判断し，肯定されれば上告を棄却しなければならな
　　い。[351] 実体法違反は判決の結論と因果関係の蓋然性があるときに限り，上
　　告理由になる。実体法の解釈・適用の誤りがなければ判決はどのような結
　　果になったであろうかという点の上告裁判所の調査において重要なのは，
　　控訴裁判所はこの実体的瑕疵を回避していたならば，事実上どのように裁
　　判したであろうかではなく，もっぱら，どのように正しく裁判されなけれ
　　ばならなかったかという点である。[352]

〔355〕　　問題は**手続違反**である。手続違反の場合には判決の結論との因果関係の
　　蓋然性を要求すると，殆どの場合，上告理由が存在しなくなるのではない
　　かという問題が生ずる。この場合，3つの見解が考えられる。

　　　第1説は，法令の解釈の統一という上告目的を重視して，手続法違反が
　　実際に影響を及ぼすかどうかではなく，その一般的重要性を基準として因
　　果関係の存否を判断すべしとする。[353] 第2説は，民訴法旧385条（現行民訴
　　304条）を考慮に入れるとともに民訴法旧395条（現行民訴法312条2項の絶
　　対的上告理由）を例示規定と解し，重要な手続違反は民訴法旧394条の適用
　　から除外して旧395条の原則に従わせ，したがって，これについては因果
　　関係の有無を問わないとする見解である。[354] この見解によれば，民訴法旧
　　394条は主として判決に対する影響を判断しやすい実体法違反にのみ適用
　　がある。第3説は，上告裁判所が手続法違反については因果関係の蓋然性

---

351)　Stein/Jonas/*Jacobs*, §545 Rn.26; Wieczorek/Schüte/*Prütting*, §545 Rn.29.
352)　Stein/Jonas/*Jacobs*, §545 Rn.26; Wieczorek/Schüte/*Prütting*, §545 Rn.29.
353)　小室・上訴制度170頁；菊井/村松・全訂Ⅲ220頁参照。
354)　小室・上訴制度171頁；同・前掲注112) 講座民訴(7)259頁；注解民訴(9)〔第2版〕419頁以
　　下〔斎藤/奈良〕。

を問題にすることは不可能であるとの前提から，昭和29年の民訴法改正前と同じように，因果関係の可能性があれば上告理由になるという見解である[355]。さらに最近では，第4の見解として，重要な手続違反の場合には特段の事情がない限り，蓋然性の存在が一応の推定または表見証明によって推認されるという見解も主張された[356]。

(3) **検 討**

　この問題については，2つの論点の区別が必要である。まず，判決の結論への影響の可能性と蓋然性とが区別できるか否かという点が問題となる。多くの学説は，可能性と蓋然性の区別は裁判官の心証のニュアンスの問題であり，この区別を設けることは法律審である上告審の機能上あるいは本質的に無理だという[357]。しかし，果たしてそうであろうか。単なる可能性と蓋然性を区別できないということはないであろう。可能性はある出来事が生ずる余地に関しており，蓋然性の方はある出来事が起こる確率に関するからである。可能性が要求されるにすぎない場合には，裁判所は法令違反が原判決の結論に影響を及ぼした可能性が排除されない限り，上告を理由ありとみることができるのに対し，蓋然性の場合には裁判の結果への影響があるらしいこと（蓋然性の優越）につき心証を得なければならないからである[358]。〔356〕

　次の問題は，手続違反について，殆ど上告理由が認められなくなるような，判決の結果に対する因果関係の蓋然性を要求することの当否である。第1説が絶対的上告理由の他に手続法違反の重要性を設けることは法律上根拠がなく，また重要性の具体的判断基準を見出すのは実際上困難である[359]。第2説も，同様に法律上の根拠なく，手続違反の重要性に区別を設けるも〔357〕

---

355) 兼子・体系459頁；中田・前掲11）462頁；鈴木/鈴木/福永/井上・注釈561頁〔鈴木正裕〕。菊井/村松・全訂Ⅲ221頁は，本来は法律の改正を図るべきだけれども，解釈論としてはこの見解を是認するほかはないとする。

356) 条解民訴〔第2版〕1618頁〔松浦/加藤〕。

357) 小室・上訴制度182頁，186頁；兼子・条解（上）931頁；条解民訴〔第2版〕1618頁〔松浦/加藤〕；鈴木/鈴木/福永/井上・注釈561頁〔鈴木正裕〕。

358) 大須賀　虔「民事訴訟法394条の再検討」民訴雑誌25号（1979年）99頁，119頁は，本稿に近い見解を示すが，民訴旧394条の立法者が因果関係の可能性に代えて蓋然性を要求することにしたといっているのは不可解だとする点は問題であろう。蓋然性はたしかに確率であるが，因果関係の存在の確証を要求するのではなく，せいぜいその蓋然性の優越を要求する趣旨であったと思われる。

359) 菊井/村松・全訂Ⅲ220頁。

のであり，第1説と同様の難点がある。また，絶対的上告理由では手続違反の因果関係が擬制されているのであるから，蓋然性がなければ上告理由とならない一般的上告理由たる手続違反を絶対的上告理由と同一の扱いをすることは妥当ではない。小室直人は，民訴法旧395条を例示規定とみうることを論証するために，絶対的上告理由を定めるドイツ民訴法旧551条の沿革に言及した。それによると，プロイセンの無効抗告の上訴において「法原則的に重要性のある訴訟行為として例示的に列挙されていたものの一部が，新しい統一上訴制度において，絶対的上告理由として定められたのがドイツ民訴法旧551条（現行ドイツ民訴法547条——引用者）であり，それゆえドイツ民訴法旧551条を受け継いだ日本の民訴法旧395条を例示規定と解することは必ずしも新奇な解釈ではないというのである。

〔358〕　ドイツ民訴法（CPO）の立法者が絶対的上告理由を定めたのは，次のような考慮からであった。すなわち，手続違反が確定される場合にも，原判決の取消しは原判決が実際にこの手続違反と因果関係を有することが前提となる。この前提がなければ，一定の手続違反にあって，この因果関係の存在についての疑問を〔法律の規定によって〕除去してまでも当該手続規定の遵守を図るべきであるか否かという問題は，そもそも生じないという考慮である。しかし，以上のような考慮によっては，絶対的上告理由のカタログをもはや正当化することはできないのではなかろうか。なぜなら，上述のように，手続違反については，判決に対する因果関係の可能性が排除されるのでない限り，一般的に原判決は取り消されるべきであるので，手続違反と判決の結果との間の因果関係に対する可能な疑いを法律の規定によって排除するということは，絶対的上告理由に関する規定の目的とはもはやいえないからである。それゆえ，絶対的上告理由の制度の存在理由は，手続違反と判決結果との間の因果関係の問題とは別のところに求められなければならなくなる。ここでは，この問題に立ち入ることができないが，次のようなことが考慮されるべきであろう。上告裁判所が原審によって実際に確定された事実関係と相対的に正当な事実関係が一致するとの心証に到達できる事案があり，そのような事案においては，絶対的上告理由がなければ手続過誤は何らの結果を伴わないこととなる。それでは，違反された手続規定は単なる紙の上のものにすぎなくなる。それゆえ，有効な手続上のコントロールの必要性が絶対的上告理由の制度を正当化するもの

ではないかという観点が重要である。[360)]

　第4説は，重要な手続違反の場合に因果関係の蓋然性が「一応の推定」または「表見証明」の法理によって推認されるというが，これがなぜ一応の推定なのか明らかでない。すなわち，推定の基礎となる高度の蓋然性を内容とする経験則の存在は明らかにされていないから，この説に従うことはできない。

　結局，手続違反は，判決の結論との間の因果関係の可能性が排除されな　〔359〕い限り，上告理由になると解すべきである。この結論は第3説と同じであるが，その理由は異なる。というのは，手続違反について判決に対する影響を問題にすることが，すでに出発点において誤りだからである。法律審である上告審は，もし手続違反がなければ原審がどのような判決をしたであろうかという点を調査してはならないのであり，上告審にとって重要なのは，手続違反がなければどのように正しく裁判され得るかということである。しかし，上告裁判所はこの点を自ら判断することができないのであるから，原判決が手続違反のため正しくない可能性が排除されない限り，つねに原判決を取り消し，事件を原審に差し戻さなければならないのである。[361)]

　同じことは，手続原則の違反がある場合，たとえば，法的審問請求権，当事者公開の原則，釈明義務，弁論主義，すべての主張や証拠方法を顧慮すべき義務，当事者行為の有効要件や証拠または証拠方法の適法性に関する規範の違反がある場合に妥当する。[362)]

2　判　例

　判例も，手続違反については判決に影響を及ぼす可能性があるときは，　〔360〕概ね上告理由があるとし，これがないときは上告理由を否定するようであ

---

360) *Rimmelspacher*, Zur Systematik der Revisionsgründe im Zivilprozeß, ZZP 84(1971), 52 ff.

361) *Rosenberg*, Lehrbuch des Deutschen Zivilprozessrechts, 9. Aufl., S.704; A. *Blomeyer*, Zivilprozessrecht, 2. Aufl., 1985, S.586 ff.; *Henckel*, Sanktionen bei Verletzung des Anspruches auf rechtliches Gehör, ZZP 77(1964), 321, 347f.; *Rimmelspacher*, a.a.O. (Fn.360), S.52 f.; Rosenberg/Schwab/*Gottwald*, §143 Rn.34; MünchKommZPO/*Krüger*, §545 Rn.16 Stein/Jonas/*Jacobs* §545 Rn.24; Wieczorek/Schütze/Prütting, §545 Rn.30 BGH NJW 1995, 1841; BGH NJW 1987, 781；大須賀・前掲注358) 122頁。

362) Rosenberg/Schwab/*Gottwald*, §143 Rn.35.

240 第5章 上告理由

る。否定例として，次のようなものがある（判例は最高裁のもののみあげる）。

〔361〕　①　第一審の訴訟手続または判決の手続の違法は，控訴審判決に影響を
及ぼしていない限り，上告理由とはならない。[363]

〔362〕　②　上告人は原審の訴訟手続の法令違反を上告理由としているが，第一
審および第二審の訴訟記録の焼失のためその法令違反を認定できない
場合につき，見解の対立がある。最高裁は，記録焼失の場合も原審の
訴訟手続に関する法令違反を具体的に主張・立証しなければならない
とし，[364] また，この場合，上告理由の発見が困難または不可能なため
事実上上告ができなくても，それだけでは民訴法旧394条を憲法違反
だとはいえないとする。[365]

これに対し，高裁の上告審判決には，このような場合，原判決を破
棄すべきだとするものがある。[366] 記録の焼失の場合には，手続違反の
可能性は否定することはできず，かつ，上告人の責に帰し得ない手続
違反の主張・立証の困難を上告人の負担とすることは上告審の裁判を
受ける権利の剥奪となるから，上告裁判所は原判決を破棄すべきであ
る。[367]

〔363〕　③　判例は，原審が数個の間接事実により主要事実を推認した場合に，
ある間接事実につき証拠に基づかないで事実を認定した違法があって
も，残余の間接事実によりその主張事実を認定することができるとき
は，判決との因果関係を否定し，この違法を上告理由にすることがで
きないとするが，[368] 間接事実からの主要事実の推認は事実審裁判所の
専権に属するから，問題である。[369]

〔364〕　④　判例は，釈明権の不行使の違法があっても判決に影響がなければ上

363）菊井/村松・全訂Ⅲ228頁。
364）最〔大〕決昭和25・9・18民集4巻9号423頁（山木戸克己・民商35巻3号（1957年）104
頁；兼子・判例民訴法298頁。
365）前掲注364）最判昭和25・9・18。
366）東京高判昭和23・1・30高民集1巻1号16頁（批評として，中田淳一・民商25巻1号51頁
がある）；広島高判昭和26・4・23高民集4巻4号92頁。
367）同旨：菊井/村松・全訂Ⅲ229頁以下。
368）最判昭和33・3・6民集12巻3号436頁（解説として，川添利起・判解民昭和33年度〔21
事件〕；批評として，鈴木正裕・民商38巻4号（1959年）640頁）。
369）兼子・体系459頁；菊井/村松・全訂Ⅲ220頁。鈴木・前掲368）は，本件は因果関係の可能
性すら存在しない場合であるとして本判決を支持。

告理由にならないとし、[370] また，無用な判断が判決理由中でなされていても，主文に影響のない違法は上告理由にならないとする。[371]

---

370) 最判昭和25・1・17民集４巻１号１頁（「最高裁判所重要判例紹介１月〜４月」判タ２号（1950年）45頁［青山義武］；加藤一郎・判例民事法昭和25年度［１事件］評釈；幾代通・民商27巻５号（1952年）328頁；槇悌次・法学17巻２号（1953年）227頁）。
371) 最判昭和28・1・8民集７巻１号１頁。

第 6 章

上告受理申立て理由

〔**文献**〕 石川　明「新民事訴訟法における最高裁判所に対する裁量上告制の内容と問題点」判タ910号（1996年）4頁以下；伊東　乾「上訴制度の目的」新実務民訴講座(3)1頁以下；宇野　聡「上告理由と上告受理申立ての理由」実務民訴講座［第3期］(6)91頁以下；大竹たかし「控訴審における釈明権の行使」民訴雑誌62号（2016年）53頁以下；河野正憲「上告審手続の審理構造」曹時48巻9号（1996年）1頁以下；高林　龍「最高裁に対する上訴手続の特則」塚原朋一ほか編・新民事訴訟法の理論と実務(下)(1997年・ぎょうせい) 331頁以下；高田裕成「最高裁判所における上告受理と許可抗告」争点〔第3版〕296頁以下；高橋宏志「上告目的論」青山古稀290頁以下；同「上告受理と当事者救済機能」井上追悼284頁以下；高部眞規子「上告審と要件事実」伊藤滋夫ほか編・民事要件事実講座(2)(2005年・青林書院) 3頁以下；竹下守夫「最高裁判所に対する上告制度」民訴雑誌41号（1995年）120頁以下；田原睦夫「弁護士からみた今後の上告制度の活用」新民訴法大系(4)77頁以下；出口雅久「上告受理の申立て」法教192号（1996年）35頁以下；同「最高裁判所に対する上告」新民訴法大系(4)48頁以下；徳田和幸「最高裁判所に対する上訴制度」講座新民訴法(3)47頁以下；奈良次郎「最高裁に対する上告申立と上告受理申立に関する若干の考察」石川古稀(上)609頁以下；浜秀和・上告制限の副作用は大きい（2011年・信山社）；林道晴「抜本的な紛争解決と釈明」伊藤古稀509頁以下；藤原弘道「事実誤認と上告」民商120巻1号（1999年）1頁以下；三宅省三「最高裁判所の役割の変化」新民訴法大系〔4〕75頁；宮坂昌利「最高裁判所における上告受理と許可抗告」争点（2009年）262頁以下；安見ゆかり「民事訴訟における上告受理制度の機能について」上野古稀495頁以下；八木一洋「釈明権の行使に関する最高裁判所の裁判例について」民訴雑誌56号（2010年）80頁以下；山本克己「最高裁判所による上告受理及び最高裁判所に対する許可抗告」ジュリ1098号（1996年）86頁以下

第1節 上告受理申立て理由と上告受理の推移

第1款 上告受理申立て理由

　上告受理申立ての理由とは，最高裁判所が申立てに基づき事件を上告審 〔365〕
として受理すべき理由である。この理由が主張されていることは，上告受
理申立ての適法要件である（→〔491〕）。

　「原判決に最高裁判所の判例（これがない場合にあっては，大審院又は上告
裁判所若しくは控訴裁判所である高等裁判所の判例）と相反する判断がある
事件その他の法令の解釈に関する重要な事項を含むものと認められる事
件」であることが，上告受理申立ての理由である（318条1項）。

　ここにいう法令の意味は，高等裁判所への上告の理由である「判決に影
響を及ぼすことが明らかな法令の違反」にいう法令と同義である。それゆ
え，法令の意義とその違反の範囲については〔283〕以下の説明を参照さ
れたい。

第2款 上告受理の実情

　「法令の解釈に関する重要な事項を含むものと認められる事件」という 〔366〕
上告受理申立ての要件の解釈は，憲法違反や絶対的上告理由がない限り，
当事者の最高裁へのアクセスを限定するので，極めて重大な意味を有する。
現実の最高裁の上告実務において，この要件は非常に狭く解釈されている
ようにみえる。上告受理事件数の推移は，本書第1章第5節において確認
したように，6年前の約2分の1に減少しており，上告受理申立て事件の
約1.24％にすぎない。この20年間における破棄事件の数もむしろ大幅に減
少している（→〔57〕）。この間に新たな法律が多数制定され，施行された
ことを勘案すると，破棄事件数も微々たるものということができよう。こ
のことは，上告の重要な目的である法令解釈の統一が果たして十分に行わ
れているかどうかにさえ，疑問を抱かせることになる。

　以上のことは，上告受理申立て理由の解釈に1つの課題をもたらすであ
ろう。

246 第6章　上告受理申立て理由

第2節 判例違反

第1款　判例の意義

〔367〕　民訴法は，上告受理申立て理由である「法令の解釈に関する重要な事項を含むものと認められる事件」の典型例として判例違反をあげる。最高裁判所の判例（これがない場合には，大審院または上告裁判所もしくは控訴裁判所としての高等裁判所の判例）によって一定の法律問題について法解釈が示されている場合に，その判例は法令ではないが，判例に反する判断をした控訴裁判所の判決には重要な法令違反がありうると考えられ，法令解釈の統一について責任を負う最高裁が判例の法解釈を維持するか，これを変更するかの判断を明確にする必要があるので，判例違反は上告受理申立て理由とされている。最高裁判例に違反する判断がある事件の上告受理申立てを，最高裁判所は上告裁判所として受理しなければならない。

　その違反が問題となっている最高裁判例が憲法の解釈に関するものである場合，この判例違反は312条1項により憲法の解釈の誤りとして上告することができるから，上告受理申立ての理由とはならず，また絶対的上告理由も上告理由とされているから，これを上告受理申立ての理由とすることはできない（318条2項）。ただし，手続違反が裁判所による法的審問義務違反の場合のように憲法違反に当たることもあり，手続の憲法違反と法令違反の境界は必ずしも明確でないことに注意すべきであり，318条2項は一応のガイドラインを示したものにすぎないと解すべきである。

第2款　判例違反を認めて上告受理決定をした裁判例

〔368〕　判例違反を主張する上告受理申立てに対して受理決定をし，原判決を破棄した最近の裁判例に次のものがある。

① 最〔3小〕判平成27・1・20〔菊池絵里/林　俊之「最高裁民事破棄判決等の実情(上)──平成27年度」〕判時2306号26頁

　この事件は，真正な登記名義の回復を原因とする所有権移転登記を求めて，訴え提起時に登記名義人であったY（上告人）を被告として提起した訴えであるが，控訴審の口頭弁論終結前にYから第三者に対する所有権移転登記がされたため，現に登記名義人でないYに対して所有権移転登記を請求することができるかどうかが問題になった。控訴裁判所は，このよう

な場合もYへの移転登記が登記簿上残っている以上，所有権移転登記手続を求めることができるとし，かつ請求認容判決をした。本件は，最高裁判所が，自分が所有者であるというだけの理由で，現に登記名義人でない者に対して所有権移転登記請求をすることはできないという判例（最判昭和29・8・20民集8巻8号1505頁）に抵触するとして上告受理申立てを受理したケースである。

② 最〔2小〕判平成27・4・24〔菊池絵里/林　俊之「最高裁民事破　〔369〕
　棄判決等の実情（上）──平成27年度」〕判時2306号27頁

　本件不動産の共有持分の6分の1は，XらおよびYらによる遺産共有状態にあり，Xらが共有物分割の訴えを提起した事案である。第一審裁判所が本件請求に係る訴えのうち本件遺産共有持分についての部分を不適法として却下し，Xらの持分についてのみ競売による分割を命じたのに対し，Yらだけが控訴を提起し，本件不動産は全体として遺産分割の対象となるべきであり，本件請求に係る訴えはその全部が不適法であると主張したが，控訴裁判所は，Xらは控訴審ではXら持分についてのみ分割を求めるものであるが，そのような請求に係る訴えは不適法であるとして，これを却下した。Xらの上告受理申立てに対して，最高裁は，最判平成25・11・29民集67巻8号1736頁を引用して，共有物について遺産共有持分と他の共有持分が併存する場合，共有者が遺産共有部分と他の共有持分との間の共有関係を解消する方法として裁判上採るべき手続は民法258条による共有物分割の訴えであることを指摘したうえで，次のように判示して原判決を破棄し，事件を第一審に差し戻した。

　　「前記事実関係を前提とすれば，本件不動産については，上告人（X）
　　ら及び被上告人（Y）らが有する遺産共有持分と，Xらが有するXら
　　の持分とが併存しており，Xらが本件遺産共有持分とXら持分との間
　　の共有関係の解消を求める方法として裁判上採るべき手続は民法258
　　条に基づく共有物分割訴訟であるといえる。そして，記録によれば，
　　Xらは，上記のような趣旨を含むものとして本件請求に係る訴えを提
　　起したことが明らかであり，その後，訴えを変更したとみるべき事情
　　はないから，本件請求に係る訴えは適法であると解される。また，民
　　法258条に基づく共有物分割請求訴訟は，その本質において非訟事件
　　であって，法は，裁判所の適切な裁量権の行使により，共有者間の公

248　第6章　上告受理申立て理由

平を保ちつつ，当該共有物の性質や共有状態の実情に適合した妥当な分割が実現されることを期したものと考えられることに照らすと，Yらの控訴は，本件請求に係る訴えについての第一審の判断全体を不服の対象としているものと解すべきであるとともに，原審の上記判断は，上記訴え全体を棄却したものと解すべきであるといえる。以上によれば，本件請求に係る訴えを不適法とした原審の判断には，判決に影響を及ぼすことが明らかな法令の違反がある。論旨は，この趣旨をいうものとして理由があり，原判決中，本件請求に関する部分は破棄を免れない。そして，上記説示のとおり本件請求に係る訴えはその全部が適法であるとして，上記第二小法廷の示した法理に基づき，改めてBの遺言の趣旨を踏まえ本件不動産の分割方法について審理させるため，第一審判決中の本件請求に関する部分を取り消し，同部分につき，本件を第一審に差し戻すこととする」。

　本判決は，Xら持分についてのみ分割を求める訴えは不適法として却下した原審の判断が前掲最判平成25・11・29と相反し，判決に影響を及ぼすことが明らかな法令違反があることを理由に原判決を破棄したものである。

〔370〕　③　最〔1小〕判平成28・12・8裁判集民254号35頁＝判時2325号37頁＝判タ1434号57頁[1]

　この事件は，国が日米安保条約等に基づき米軍に使用させるほか，海上自衛隊が使用する厚木海軍飛行場の周辺住民らが国を相手に自衛隊機と米軍機の離着陸等の差止め等を請求するとともに，国家賠償法2条に基づき損害賠償を請求した事案である。原審が「平成28年12月31日までの間については，当審口頭弁論終結時点と同様の航空機騒音の発生が継続する蓋然性が高く，周辺住民の損害賠償請求権の成否又はその損害額に影響を及ぼし得る騒音状況の変化が生ずる可能性は相当に低いとみるべきである。加えて，第一審被告は，厚木飛行場を使用及び管理する者として，同飛行場に離着陸する航空機の発する騒音状況を最もよく把握し得る立場にあり，現に同飛行場周辺の複数の箇所に航空機騒音自動測定装置を設置し，継続

---

1)　評釈として，安西明子・平成29年度重判解説（ジュリ1518号・2018年）126頁；春日川路子・民商153巻5号（2017）764頁；川嶋四郎・法セミ757号（2018年）122頁；名津井吉裕・リマークス56号（2018年）110頁などがある。堤　龍弥「継続的不法行為に基づく将来の損害賠償請求」民訴雑誌65号（2019年）1頁以下も参照。

的に航空機騒音を測定しているから，今後もその把握は容易であると考えられる。したがって，第一審被告において，今後，厚木飛行場周辺の75W以上の地域の騒音状況がそれぞれの地域に対応する騒音コンターの値を下回るに至り，両者が適合しないといった事態が生じた場合には，その事実の証明に困難を伴うことはないといって差し支えない。そうすると，厚木飛行場周辺の航空機騒音の発生状況の変化による第一審原告らの損害賠償請求権の成否及びその内容への影響については，その立証の負担を第一審被告に課しても格別不当なものということはできない。」[2] として，請求を一部認容した。

　これに対する国側の上告受理申立ては，判例違反および法令の解釈の誤りを主張した。不法行為により生ずる将来の損害賠償請求権について，判例は「たとえ同一態様の行為が将来も継続されることが予測される場合であっても，それが現在と同様に不法行為を構成するか否か及び賠償すべき損害の範囲いかん等が流動性をもつ今後の複雑な事実関係の展開とそれらに対する法的評価に左右されるなど，損害賠償請求権の成否及びその額をあらかじめ一義的に明確に認定することができず，具体的に請求権が成立したとされる時点においてはじめてこれを認定することができるとともに，その場合における権利の成立要件の具備については当然に債権者においてこれを立証すべく，事情の変動を専ら債務者の立証すべき新たな権利成立阻止事由の発生としてとらえてその負担を債務者に課するのは不当であると考えられるようなものについては，前記の不動産の継続的不法占有の場合とはとうてい同一に論ずることはできず，かかる将来の損害賠償請求権については，……本来例外的にのみ認められる将来の給付の訴えにおける請求権としての適格を有するものとすることはできない」[3] とし，さらに，このことは航空機の離着陸による周辺住民の精神的または身体的被害等についての損害賠償請求権のうち事実審の口頭弁論終結日の翌日から判決言渡日までの分についても将来の給付の訴えとして提起することのできる請求権としての適格を有しないとしていた。[4]

2）東京高判平成27・7・30　判時2277号84頁に掲載。
3）最〔大〕判昭和56・12・16民集35巻10号1369頁（1401頁）＝判時1025号39頁＝判タ455号171頁。
4）最〔3小〕判平成19・5・29判時1978号7頁＝判タ1248号117頁＝裁判集民224号391頁。

250　第6章　上告受理申立て理由

　　上記平成28年判決は，事実審の口頭弁論終結日の翌日から平成28年12月31日までの間の将来の損害賠償請求を適法とする東京高裁の理由づけについて何らの判断をも示すことなく従来の判例を援用したにとどまる。最高裁は，本件の将来の損害賠償請求は権利保護の要件を欠く訴えであり，被上告人らの損害賠償請求を平成28年12月31日までの期間について認容した原判決には訴訟要件に関する解釈の誤りがあり，この違法は判決の結論に影響を及ぼすことが明らかであり，上告受理申立ての論旨には理由があるとして，原判決のこの将来の損害賠償請求に関する部分を破棄し，この部分に関する訴えを却下した第一審判決は正しいという理由で控訴を棄却した。しかも，本件の将来生ずべき損害の賠償請求に係る部分は不適法であり，その不備を補正することができないことは明白だとして，口頭弁論も開かなかった。しかし，このような判例の見解によれば，継続的不法行為の被害者はすでに継続して損害が発生しているにもかかわらず，具体的な損害の発生をまってその都度繰返し賠償請求の訴えを提起しなければならなくなる。これは当事者間の武器対等の原則に反する。そのため，この判例には広く異論が存在する。最高裁がこれに耳を貸そうとしないことは，とりわけ本件では原審において請求の一部につき認容判決を受けている被上告人の法的審問請求権を侵害することになるであろう。

第3節　法令の解釈に関する重要な事項

第1款　問題の所在

〔371〕　民訴法318条1項は，原判決に「法令の解釈に関する重要な事項を含むものと認められる事件」について，最高裁は上告受理申立てに基づき決定により上告を受理することができると定める。これは，上告裁判所である最高裁の負担を軽減するための措置として定められたとされる。そして，上告制度が法令の解釈適用の統一を図ることを目的とするという理解のもとに，最高裁は法令の解釈適用の統一または判例の統一の観点から上告受理申立てに基づき受理決定をするかどうかの裁量権を有すると解する見解が多い。このような立場から，「法解釈に関する重要な事項」とは，原裁判所による当該法令の解釈が当該事件を超えた広い射程距離をもつ法律問題に関し，しかも最高裁判所の示す解釈が法令解釈の統一のために必要と

思われる場合を意味するとするのが多数説[5]である。もっとも，経験則違反が上告受理申立て理由になりうるかについて，通常人の常識に属する経験則ならびに採用すべき専門的経験則の採用を怠った場合にのみ自由心証主義違反として法令違反と同様の扱いを受けると主張されている[6]。また，個別事件における法令違反からの救済の要請にも配慮すべきことがいわれている[7]。以上のような多数説の主張は，上告受理申立て制度の在り方，上告受理申立て理由の解釈論として統一的な説明ができていないことを示している。多数説の解釈の当否，とくに「広い射程距離をもつ法律問題」の要求とその内容，原判決の経験則違反が法令の解釈適用の統一とどのような関係にあるかという問題，また個別事件における法令の解釈適用の誤りを上告受理申立て理由として考慮しうるとされる場合，それが法令の解釈適用の統一とどのような関係にあるかという問題も生じる。これらの諸問題は，上告受理申立て制度の根本的な検討を必要ならしめる。

　第1に，疑問に感じられることは，最高裁の負担軽減の観点から「法令〔372〕の解釈に関する重要な事項」かどうかの判断を最高裁の裁量に委ねることが憲法の定める裁判を受ける権利との関係で許されるかどうかである。「法令の解釈に関する重要な事項」という一般条項的な要件によって上告受理がなされうる場合を限定し，しかも，最高裁が将来生起しうる他の同種の事件との関連で自ら「重要」と判断する法律問題でなければ原則として上告を受理しないというのでは，上告受理申立てをしても受理されるかどうかは，最高裁の判断が出るまで，上告受理申立人には全く不透明であり，時間と費用をかけて上告受理申立てをすべきかどうかの判断に迷うことになる。原判決に不服を有する上告人をこのような不安定な状態に置くことは，法治国家の上告制度として憲法上問題があろう。

5）河野正憲「上告審手続の審理構造」曹時48巻9号（1996年）1頁，9頁以下；河野828頁；
　三宅省三「最高裁判所の役割の変化」新民訴法大系(4)66頁，75頁；菊井/村松・新コンメⅥ
　358頁以下（ただし，原判決に法令違反がなくても法律問題が重要であれば受理すべき場合
　があり，法律問題の一般的な重要性のほかに具体的事件にとっての重要性や結論の重要性が
　考慮されることもないとはいえないという，恣意的な運用を可能にする一義的でない記述が
　みられる。）；基本法コンメ民訴(3)79頁〔上野泰男〕；笠井/越山編〔第2版〕1088頁〔笠井〕；
　松本/上野〔977〕〔上野〕；注釈民訴(5)317頁〔勅使川原〕。
6）伊藤747頁。
7）高橋宏志ほか「〈座談会〉民事訴訟法改正10年，そして新たな時代へ」ジュリ1317号（2006
　年）6頁，35頁における福田剛久発言。

252 第6章 上告受理申立て理由

〔373〕 第2に，上告受理は個別事案の適正な裁判を実現するという目的にも仕えるものと解すべきではないかという点である。上告受理制度を法の解釈適用の統一という観点からのみ理解するのではなく，誤った法令の解釈適用を是正し，権利保護を確保することが法令の解釈にとって重要との見方をも前面に出すべきではないかという問題である。すなわち，原判決に法令解釈・適用の誤りがあれば，原判決の結論を左右しうるので，当該事件を超えた広い射程距離をもつ法令の解釈かどうかを問わず，法令の解釈適用の誤りは「法令の解釈に関する重要な事項」に当たると解すべきではないかという問題である。このような観点によれば，上告受理申立ての制度は，誤った法令の解釈適用を是正し，これによって権利保護の十全を期すとともに，正しい法の解釈適用の発展に資することを目的とすると解すことになる。

〔374〕 第3に，法令違反は，高等裁判所への上告では上告理由であるが，最高裁への上告では最高裁の負担軽減のために上告理由にならないとされているのであるが，そのことによって高裁への上告との間に上告理由に関し，訴額のより少ない事件の方が上告理由が広く，したがって上告人の保護に厚く，訴額のより大きな事件の上告理由が大幅に制限されるという合理性に疑問のある差別が生ずる。上告受理によって，この差別が実質的に解消されなければ，最高裁への上告理由の制限が違憲でないかどうかを問題にしなければならないであろう。

〔375〕 第4に，上告受理申立て制度においては，法令の解釈の統一の観点が基本をなす。そのなかで個別事案の権利救済にも配慮するという見解はたしかに注目されるけれども，法令の解釈の統一のために最高裁判所の判決が必要であるかどうかが最高裁の裁量で決まるように，個別事案の権利救済が行われるかどうかも裁量によって決まるのであるから，上告裁判所が原裁判所による法令の解釈適用の過誤を是正するかどうかは上告人にとって予測のつかないものとなり，極めて不安定な状態に置かれることになる。

〔376〕 第5に，原判決および原審手続の手続瑕疵の責問（主張）が上告受理申立てを根拠づけるのかどうか，これが肯定または否定される場合にどのような理由でそうなのかが問題となる。すなわち，上告理由の制限のなかでの手続瑕疵の位置づけが問われなければならない。

第2款　受理上告制度の憲法上の問題点

　上告受理申立て制度は，最高裁判所の負担を軽減するために，刑事訴訟〔377〕における上告制限のほか，外国法をも視野に入れて導入された制度だとされる。その外国法には，ドイツの上告法も含まれているようである。ところが，受理上告制度の導入のさい，この制度の問題点，ことに受理要件の不明瞭性のゆえに上告受理申立人が不服申立てを行うことを事実上妨げ得，上告審の裁判を受ける権利を害し得るという問題点についての検討が十分に行われたかどうか，かなり疑問がある。[8]

1　かつてのドイツの受理上告制度とその問題点

(1)　受理上告の導入

　ドイツでは1969年の「連邦通常裁判所の負担を軽減するための法律」〔378〕（負担軽減法）によって，理由のない上告を口頭弁論を経ずに裁判に理由を付さないで裁判官一致の決定により却下する可能性が認められ，その後1975年の「民事事件における上告法改正のための法律」が制定され，これにより負担軽減法を廃止するとともに，新たな上告裁判所の負担軽減を可能にしようとした。すなわち，上級ラント裁判所が定めた不服額が４万マ

---

8) 高橋・重点講義(下)671頁は「現行法立法の審議過程では，最高裁の負担軽減の観点から，ドイツの民訴法を参考にして，法令の解釈に関する重要な事項とは，『その法令の解釈が当該事件を超えて一般的に広く影響する問題に関連し，しかも，最高裁判所がその法令の解釈を示すことが，法令解釈のために必要であるような法令違反』だとし，法令解釈統一を重視した意見が強かったのに対して，……」と述べている。ところが，現行民訴法制定当時の，ドイツの連邦憲法裁判所によって明確にされた受理上告制度の内容は本文〔381〕以下で述べるような内容であり，日本でそういわれているように，決して法統一だけを上告の目的とするものではなかったことは，文献においても，立法関係者によっても，殆ど理解されていなかったようである。三ケ月章「上訴制度の目的」同・民事訴訟法研究(8)（1981年・有斐閣）85頁，92頁（初出は1980年）は「われわれは，かくてドイツでも，原審による許可制とならび上告審自体の裁量による裁量上告制が併用されるに至ったことに注意すべきである」と指摘したのであるが，原則的意義のある上告事件については連邦通常裁判所の受理義務がもともと存在したほか，原則的意義を欠く上告事件についての裁量による不受理は法律の改正直後から連邦憲法裁判所の判例によって，憲法上の理由から大幅に制限（修正）されたという重大な展開には，どうしたことか全く触れていなかった。桜井孝一「上告制限」講座民事訴訟(7)79頁，94頁はドイツについて許可上告制と受理上告制を紹介し，竹下守夫「最高裁判所に対する上訴制度(下)」NBL576号(1995)44頁，45頁も，ドイツ民訴法の条文だけを紹介し，どのような教科書においても説明されている連邦憲法裁判所の一連の判例には全く触れていなかった。それにしても，外国法をも参考にして新たな制度を導入する場合には，立法のさいに調査をし直すのが普通であると思われるが，その点，実際はどうであったのであろうか。

254 第6章 上告受理申立て理由

ルクを超えない事件と非財産権上の請求についての事件において許可上告
制を採用するともに，不服額が4万マルクを超える財産権上の請求の訴訟
においては，連邦通常裁判所は，当該訴訟事件が「原則的意義
(grundsätzliche Bedeutung)」を有しない場合に上告受理を拒否することが
できると定め（ZPO §554b条1項），受理上告制を導入した。この場合，上
告受理の拒否ためには裁判官の3分の2の賛成が必要で（ZPO 554b条2項），
拒否の裁判は口頭弁論を経ずにできることとされた（ZPO 554b条3項）。

(2) 憲法上の疑念

〔379〕　この規定によれば，上告裁判所（連邦通常裁判所）は，上告事件が原則
的意義を有する場合には上告を受理しなければならないが，事件が原則的
意義を有しない財産権上の訴訟については，裁量で受理を拒否することが
できるはずである。もちろん文献においては，連邦通常裁判所の裁量に依
存する上告受理に対して，重大な疑念が提起された。裁判所へのアクセス
が上告の提起を受ける連邦通常裁判所の裁量に委ねられる場合には，予見
可能性と上訴明瞭性（Rechtsmittelklarheit）の問題のみならず，基本法101
条1項2文の定める法定裁判官の保障に違反すると批判された[9]。たとえば，
Lässig（レッシィッヒ）は，すでに1976年の論文において，基本法101条1
項2文は「誰も法定裁判官（gesetzliche Richter）を奪われてはならない」
と定めているが，ZPO 554b条の受理要件はこの基本法の規定に違反する
疑いが生ずると述べ，この新規定を批判した。曰く，「連邦通常裁判所は
原則的意義がある場合には上告を受理しなければならないのに対し，事件
が原則的意義をもたない場合には連邦通常裁判所に事件につき裁判するか

---

9) *Lässig*, Das neue Revisionsrecht- Kritik, NJW 1976,271; *Bausewein*, JZ 1978, 53; *Jauernig*,
Zivilprozessrecht, 18. Aufl.,1977, §74 II 2; *Arens*, Zivilprozessrecht, 1978, Rn.407; *Prütting*,
ZZP 92(1979), 272 ff. 小室直人「西ドイツ民事上告法の基本的改正」ジュリ646号（1977年）
138頁以下（同・上訴再審211頁以下）は，いち早くドイツの上告法の改正を紹介する論文で
あり，改正法に対して基本法101条1項2文違反を主張する批判的見解の存在と，原則的重
要性を有していない事案でも重大な法令違反があれば，上告裁判所はほとんど受理の決定を
するであろうというVogel（当時の司法大臣）の弁明についても言及していたが，直ぐ後に
述べる連邦憲法裁判所の判例による受理上告制の修正について言及することは，残念ながら
時期的に不可能であったようである。連邦憲法裁判所の判例を紹介する研究に，片野三郎
「西ドイツ民事上告法の展開（上・下）」愛知大学法経論集法律篇112号（1986年）109頁以下，
114号（1987年）73頁以下）がある。豊澤佳弘「ドイツにおける民事上告制度(下)」曹時49
巻5号（1997年）1073頁,1111頁も，連邦憲法裁判所の判例に言及するが，簡単な紹介であり，
しかも日本の新民事訴訟法の制定後であった。

どうかについて行為裁量（Handlungsermessen）が承認されている。連邦議会の法委員会の見解によれば，連邦通常裁判所は手続瑕疵がある場合またはその他の法律違反がある場合に上告を『違反の重大さに応じて，そして連邦通常裁判所の負担に応じて』受理することができるようになる。この行為裁量の承認は——許可上告の場合と同様——憲法上，基本法101条1項2文による裁判官剥奪の禁止のゆえに批判に耐えない。……（原則的意義という）要件が存在しない場合に受理を上告裁判所の裁量に置くことによって，原則的意義を欠く事案について本案裁判要件は法規適合的に（rechtssatzmässig）でなく，ケースバイケースに，したがって恣意的に決められる。しかし，基本法101条1項2文の法定裁判官剥奪の禁止は，平等原則の適用の場合として恣意による裁判所＝管轄決定（Gerichts-und Zuständigkeitsbestimmung）を禁止する」。

　Bausewein（バウゼヴァイン）[10]は，上告の拒否は第三審の裁判官として〔380〕の連邦通常裁判所の管轄を除去し，不服申立てに係る裁判を最終審の裁判ならしめ，そのようにして，ZPO 554b条は次の審級へのアクセスを規律するものであるので，裁判所の管轄を規律する規範として基本法101条1項2文によって評価されなければならないとする。基本法101条1項2文は「法律上管轄権を有する裁判官」を剥奪すること（やめさせるすること）を禁止するが，連邦憲法裁判所の判例によれば，剥奪禁止が空文化しないように，剥奪禁止に対応する管轄法を前提とし，したがって第一権力に向けられた規範化命令を含んでいる。Bauseweinによれば，基本法101条1項2文は管轄裁判を定めるさいの不必要な裁量（Spielräume）を禁止している。法規が最終的にいかなる裁判官がいかなる事件につき管轄するかを定めている場合にのみ，恣意による裁判所の決定は排除され，基本法101条1項2文が目的とするもの，すなわち，同じ事案は同じ裁判官のところに着くという形での裁判所構成法上の平等扱いが確保される。その限りで，基本法101条1項2文は一般的平等原則の1つの適用事例であると主張する[11]。そして，ZPO 554b条が連邦通常裁判所の行為裁量を承認する場合，連邦通常裁判所が管轄権を有するか，上級ラント裁判所が最終審として裁

---

10) *Bausewein*, Die „Annahmerevision und der Gesetzliche Richter", JZ 1976, 53ff.
11) *Bausewein*, a.a.O.（Fn. 10), 53.

256 第6章　上告受理申立て理由

判するかどうかはZPO554b条から明らかになるのでなく，許可または受理によって初めて明らかになるのであるから，ZPO554b条の規定は管轄を規範によって決定すべき旨の命令に違反すると主張した。[12] その他，Bauseweinは，ZPO554b条が基本法101条1項2文の要求するもの，すなわち同一状況にある複数の上訴人の平等扱いを確保するかどうかを検討し，上告受理の拒否の判断において事案とは関わりのない基準が入り込むゆえ，さらに同一事案が部が異なれば区々に扱われ得るがゆえに，ZPO554b条は上告人の平等扱い命令に反することを詳細に論じた。[13]

　さらに，上告の許可または受理のさいの要件である事件の原則的意義の概念が著しく不明瞭であることの問題性が，他の論者によって指摘された。すなわち，裁判所が許可や受理の拒否に関する裁判に理由を付す必要がないという事情は，裁判所によるこの概念の取扱いを開示し，当事者に計算可能なものにすることに寄与しないと批判された。[14]

(3)　連邦憲法裁判所によるZPO554b条の解釈

〔381〕　以上述べた重大な憲法上の疑念は，連邦憲法裁判所がZPO554b条の独自の解釈を示し，上告裁判所の受理拒絶権に対して重大な制限を加えたことによって，その議論の基礎を失った。[15] 連邦憲法裁判所第2部は，原則的意義の欠缺にもかかわらず，上告の奏功の見込みがある場合には，受理は拒否されてはならないというZPO554b条の解釈を示したのである。以下において，連邦憲法裁判所による憲法原則との関連でのZPO554b条の解釈をみていこう。

　連邦憲法裁判所第2部は，上告裁判所の不受理決定は基本法に反することを主張して提起されたある憲法抗告事件について裁判しなければならなかった。この憲法抗告の提起された事件において，連邦通常裁判所は，1976年11月9日の決定において，ZPO554b条について次のように判示した。「この規定は，したがって2つの異なる受理の場合を知っている。上告は，原則的意義のある事案においては受理されなければならず，原則的意義の

---

12) *Bausewein*, a.a.O.（Fn.10），53.

13) *Bausewein*, a.a.O.（Fn.10），55.

14) *de Lousanoff*, Die „grundsätzliche Bedeutung" der Rechtssasche im neuen Revisionsrecht, NJW 1977,1042; *Arens*, a.a.O.（Fn.9），Rn.407.

15) Rosenberg/*Schwab*, Zivilprozessrecht, 14. Aufl., 1986, §143 I 2b.

ない事案においては受理することができる。後者においては，『原則的意義』の基準が客観的に確定的な裁判基準として妥当しうるほどに明確に輪郭づけられているかどうか，およびその程度は，不問に付することができる。なぜなら，原則的意義のない事件についても上告を受理する可能性に鑑みて，いずれにせよ，上告が受理されるかどうかは上告裁判所の裁判までは客観的に定まってはいない。その限りで，裁判所に承認されている裁量は，裁判所に――限界内で――裁判所の作業負担を自ら操作する可能性を与え，前面に出ている原則的な意義をもつ事件を優先的に処理しうる（Vogel, NJW 1975, 1297, 1299）。それゆえ，上告裁判所の裁判は――別の基準と並んで――その時々の事件と無関係な事情によって決まり，個々の事件においてある程度の確実性をもって（mit einiger Sicherheit）予見することはできない」[16]と。また，このような連邦通常裁判所の認識は，この連邦通常裁判所の決定も引用する連邦司法大臣の見解によっても確認されていたが，[17]連邦憲法裁判所[18]は，このようなZPO 554b条 1 項の解釈は基本法の法治国家原則と平等原則に反すると明確に宣言した。曰く，「法治国家原則の本質的な要素は，実体的正義の理念と並んで法的安定性の原則である。法治国家原則は，手続法の領域ではとりわけ上訴明瞭性（Rechtsmittelklarheit）の要請においてその効果を発揮する。これらの原則に加わるのは，国家行為の測定可能性と予見可能性という法治国家的要求であるが，これはここでは，権利追求者に裁判所の裁判の審査を受ける道を明瞭な限界づけにおいて示すという命令をも包含しており，そして，権利追求者に見通しの利かない『受理リスク』と費用結果を負わせることを禁止する」[19]。平等原則違反について，連邦憲法裁判所は，「ZPO 554b条が作業負担の自己管理の手段として理解されるならば，この規定は適正な考量によってももはや正当化され得ない上告人の明白な不平等扱いとなる。管轄裁判体の各々の作業負担という基準は，個々の訴訟事件が上告に値するか否か（Revisionswürdigkeit）とは何等関係を有しない。個々の上告の受理がその都

---

16) BGH JZ 1977, 105 f.（上告受理がZPO 554b条により拒否されることによって附帯控訴がその効力を失う場合には，上告人は附帯によって生じたかもしれない増加費用を負担すべきことを判示）。

17) *Vogel*, Die Revision in Zivilsachen, NJW 1975, 1297 (1299).

18) BVerfGE 49, 148.

19) BVerfGE 49, 149 (164).

度の事件数ならびに管轄裁判官の負担能力に係っている場合には，上告審への『平等なアクセス』ということはできない。なるほど，立法者は上告裁判所の作業負担の限定の観点をその全体において考慮することができ，それに応じて，立法者がたとえば原則的意義のある上告だけを許し，または，他の，事件によって特定された一般的な限界づけを行うことによって上告へのアクセスを形成することはできる。しかし，上告の受理または不受理につき裁判官が，その都度の裁判官の作業負担に照準を合わせることは禁じられている」[20] このように述べて，連邦憲法裁判所第2部は，上告裁判所の作業負担の自己管理に照準を合わせたZPO554b条の解釈は法治国家原則と平等原則に反することを詳細に理由づけた。

〔382〕 しかし，連邦憲法裁判所は，ZPO554b条の違憲を主張する憲法抗告の抗告人の主張に与したのではなかった。同裁判所は，連邦通常裁判所の作業負担という判断基準を排除した。曰く，「受理上告の裁判におけるその都度の作業負担の考慮は，たしかに立法者の意図に合致する。しかし，ZPO554b条1項の規定は，その本質的な意味を失うことなく，次のように解釈することができる。受理裁判のさいの部（Senat）のその都度の作業負担という基準は，無視されなければならない，と。その場合，この解釈は憲法に照らして要請される。したがって，法原則的でない事件が上告に値するかどうか（Revisionswürdigkeit）の問題にとって決定的な観点として残るのは，上告の奏功の見込みである。受理手続における上告の審査から，上訴が終局的な結果において奏功しそうなことが明らかになる場合には，上告は部の作業負担の利益のために不受理によって処理されてはならない。その他の点では，上述の考量から禁じられることは，本案において奏功の見込みのある上告を，たとえば——時々提案されるように——（誤りと認識される）原審の裁判が上告人に経済的に特に酷にならない，または（裁判上重要であっても）「余り重大でない法的瑕疵（ein minder schwerer Rechtsfehler）に基づくにすぎないという理由で受理しないことである」[21] これによれば，上告受理義務にとって，上告裁判所が上告の奏功について確定的に決断していること（schlüssig）は必要ではなく，奏功

---

20) BVerfGE 49, 149(166).
21) BVerfGE 49,148（166f.）= ZZP 92(1979), 268（Prütting）.

のまともな見込み（ernsthafte Erfolgsaussicht）があれば，それで足りるとされ，上告裁判所が受理を拒否することができるのは，最終的な結果において奏功の見込みのない事件に限られる。この奏功の見込みが上告の一部に関してのみ肯定される場合には，その限度で受理されなければならず，その他は拒否できるとされた。奏功の見込みが従属的な付随事項（たとえば利息）に限られる場合には，受理義務は存在せず，この場合には，受理は全体として拒否しうるとされた。[22] 控訴審判決に瑕疵があるが，その判決が他の理由から正しいと見られる場合には，上告の受理を拒否することができるとされた。[23]

　この連邦憲法裁判所第2部の判例に対し，同裁判所第1部は，原則的意〔383〕義のない上告の受理を拒否する上告裁判所の権能を，最終結果において奏功の見込みのない事件に限定することは憲法上要請されていないという見解であり，たとえば連邦憲法裁判所が重大な手続瑕疵がないとか，控訴裁判所の法的推論が結果として少なくとも主張可能であるという結論に達した場合には，上告の不受理は許されるという見解であったため，争いのある法律問題について連合部の裁判が必要になった。連邦憲法裁判所の連合部は，1980年6月11日の決定において，最終結果において奏功の見込みを有する上告は上告裁判所の負担の自己制御の理由から拒否されてはならないという見解を表明し，「受理拒否規定は，もし作業負担の制御のために奏功の見込みのある上告に投入されると，個々の法的事件に関した基準ではなく，それとは殆ど全く無関係な，多かれ少なかれ偶然に委ねられた，したがって恣意的な基準にみえるほど区々な取扱いを，最終結果において奏功の見込みを有する上告に対して行う危険を引き起こすであろう。これは法適用の平等の要請，基本法3条1項に違反する」[24] と判示した。そして，「ZPO 554b条において原則的意義を有しない事件について行われる規律の意味は，第1に，個別事案正義（Einzelfallgerechtigkeit）の保障の強化を目指すという意義を有する。なぜなら，一般的な上告目的は，非原則的事案の領域では間接的に，すなわち拒否可能性によって開かれた上告裁判所による――食違い事案や限界事案の必要な事件処理についての裁量

22）BVerfGE 50, 115（121f.）.
23）BVerfGE 50, 115（121f.）.
24）BVerfGE 54, 277（293）= ZZP 95（1982）, 67（Prütting）.

260　第6章　上告受理申立て理由

(Spielraum) を留保している——作業負担の自己制御を通して初めて持ち出されるからである」[25]。上告目的を法の統一と個別事案正義の保障の双方に求め，これら2つは対等であることを強調する連邦憲法裁判所の見解[26]からは，原判決の法的瑕疵の重大さ[27]や当事者に対する影響の度合い（原判決が上告人にその経済的または社会的存在を脅かすような誤判ではなく，耐え難い不利益を及ぼしていないというような事情）[28]によって上告受理の拒否に関して差が生じてはならないことは当然のことであった。上告裁判所が裁量によって上告の受理を拒否することができるのは，訴訟が原則的意義をもたず，上告が奏功する見込みを有していない場合だけであった。この場合には，憲法上は，受理も受理の拒否も必要でない。いかなる基準により裁判所が裁量権を行使しなければならないかという点についての詳細な基準を，ZPO554b条は定めていないが，原則は上告の受理であり，上告裁判所が上告を受理しない場合には，受理の拒否には特別の理由の存在が必要だとした。したがって，そのような特別の理由が存在せず，または上告裁判所がそのコントロール権能を行使しない場合には，受理を拒否してはならなかった[29]。

〔384〕　　以上の連邦憲法裁判所の判例の意味での受理上告制は，原則的意義をもたず，かつ奏功の見込みのない事件について上告裁判所が原判決に瑕疵があるが他の理由から原判決が維持される場合に，なお上告裁判所が原判決の法令違反を明らかにしておきたいというような場合に裁量により上告を受理できるというような意味をもつものであった[30]。このような意味における受理上告制度の運営は，2002年/2003年上訴法の改正によって許可上告制に一元化されるまで，したがって日本の現行民訴法の制定後も続いた。

---

25) BVerfGE 54, 277(294).
26) BVerfGE 54, 277 (288 ff.)
27) BVerfGE 54, 277(295). 連邦議会の法委員会は，上告受理の判断のさいに法的瑕疵の程度を考慮できるとの見解であった。
28) BVerfGE 54, 277(296).
29) BVerfGE 54, 277(287); Stein/Jonas/*Grunsky*, Kommentar zur Zivilprozessordnung, 21. Aufl., Bd.5/1, 1994, §554b Rn.7.
30) Stein/Jonas/*Grunsky*, a.a.O. (Fn.29), §554b Rn.7.

2　日本の上告受理申立て制度

　現行民訴法318条によって導入された日本法上の上告受理申立て制度も，〔385〕上告裁判所である最高裁判所の負担軽減を目的に導入されたものである。上にみたドイツのかつての受理上告制度は，「原則的意義」をもつ事件については上告裁判所の受理義務を前提とするものであり，そのうえで，連邦憲法裁判所の判例による修正の結果，この要件を満たさない場合にも上告の「奏功の見込み」があるかどうかを審査し，見込みがある場合には受理義務があり，奏功の見込みのない事件であっても上告裁判所の裁量で受理できるとするものであったが，日本の新しい受理上告制度においては，「法令の解釈に関する重要な事項を含む」かどうかの判断そのものについて最高裁の裁量権を肯定する見解が多い[31]。条文が「法令の解釈に関する重要な事項を含む」だけでなく「法令の解釈に関する重要な事項を含むものと認められる事件について……上告審として事件を受理することができる」（318条1項）と定式化しているので，この「認められる」という文言と「受理することができる」という文言が最高裁判所の裁量権を承認しているとみるのであろう。

　しかし，このような裁量権が存在するならば，318条による上告受理制〔386〕度は，ドイツのかつての受理上告制度のコンセプトを遥かに超えて，最高裁の裁量により上告受理の範囲を著しく狭めることが可能になる。しかし，原裁判所の判断が当該事件を超えて他の多数の事件に影響を及ぼしうる場合に限ってのみ「法令の解釈に関する重要な事項」を含むことを認め，かつこの点の判断において最高裁の裁量権を肯定すると，最高裁の負担軽減の観点が著しく前面に出る危険がある[32]。最高裁による裁量権の行使は，「重要な事項」という一般条項的な要件と相俟って，基準の不明確さのゆえに，受理されるかどうかの上告受理申立人の予測可能性を著しく失わせ，それゆえ法的安定性の欠如を招く。そのことによって，費用と時間をかけ

31）伊藤741頁；新堂905頁；山本克己「最高裁判所による上告受理及び最高裁判所に対する許可抗告」ジュリ1098号（1996年）83頁，86頁；出口雅久「最高裁判所に対する上告」新民訴法大系(4)48頁，56頁；注釈民訴(5)318頁〔勅使川原〕など。

32）最高裁の「裁判の迅速化に係る検証に関する報告書（第7回）（平成29年7月21日）」によると，平成28年の既済事件数2498件のうち，最高裁が受理した事件数は31件であり，率にして1.2％である。平成22年の既済事件数のうち受理された事件数57件であり率にして2.24％であるから，6年間に受理率はほぼ半減したといえる。

262 第6章 上告受理申立て理由

た上告受理申立てにもかかわらず生ずる上告審の裁判機会の喪失という不
受理効果の絶大さに鑑みて，法治国家の上告制度としてふさわしくない事
態が生ずる。それゆえ，上告受理申立て理由の存否の判断における最高裁
判所の裁量権は，否定されなければならないであろう。条文が「できる」
という権限規定であることは，裁量権の否定の妨げとはならない。権限規
定の形式をもつ条文であっても，釈明権に関する149条1項のように義務
規定と解される規定があることから分かるように，裁判所の義務を内容と
する規定もある。318条1項は，まさにそのような規定であって，一定の
拘束的な権能（eine bestimmte gebundene Befugnis）を最高裁に付与する
規定と解すべきである。[33]

〔387〕　加えて，判決に影響を及ぼすことが明らかな法令違反が高等裁判所への
上告事件では上告権を基礎づけるのに対し，最高裁への上告事件では上告
受理申立て理由でしかなく，しかも最高裁が上告審として事件を受理する
かどうかが最高裁の裁量に大きく依存しうるとなると，裁判所の面前にお
ける法適用の平等が確保されない危険が明らかである。これを立法裁量と
して片づけることはできないであろう。上告受理申立て理由の意味の解釈
に当たっては，このような法適用の不平等が生じないような工夫が必要で
あろう。

〔388〕　以上のように，上告受理申立て制度については，憲法上の法治国家原則
と平等原則から重大な疑問がある。それゆえ，上告受理申立て理由として
の「法令の解釈に関する重要な事項を含むものと認められる事件」の解釈
に当たっては，最高裁の裁量は否定されなければならないとともに，原裁
判所の法律問題についての解釈を法令の解釈適用の統一にとって必要でな
いと判断する場合にも，最高裁は，上告受理申立て理由が最終結果におい
て上告奏功（＝原判決の不当の判断）の見込みを有する場合には上告受理
義務を負うと解すべきである。上告受理手続における上告裁判所の審査に
よって，上告が終局的な結果において奏功する余地があることが明らかに
なる場合には，上告受理申立ては，上告裁判所の作業負担の軽減のために
不受理とされてはならない。

---

33) Vgl. *Prütting, ZZP* 92, 274.

第3節　法令の解釈に関する重要な事項　*263*

第3款　事件が当該事件を超えて不特定多数の事件において現われ
うる法律問題または社会的な利益が著しく影響を受ける法律
問題を提起している場合の上告受理義務

　当該事件を超えた広い射程距離のある原裁判所の法令解釈の誤りが主張〔389〕
されている場合には，最高裁は当然に上告受理義務を負う。最高裁判所の
判例のない法律問題が争われる事件がその典型であるが,[34]その場合に限ら
れない。当該法律問題について最高裁判所の判断を示す判例はあり，原判
決も判例に従っているが，そうでない下級審の裁判例もあるような場合，
さらに判例の見解に対して文献においてまともな反対の見解が主張されて
いるような場合にも，法令の解釈に関して重要な事項を含むとして上告受
理決定がなされるべきである。

　また，問題になっているような事件が繰返し起こるとは必ずしもいえず,〔390〕
その意味で事件の個別的な色彩が否定されないけれども，原判決の法令解
釈が社会的経済的に重大な影響をもち，法律取引に広く影響を及ぼしうる
ような事件についても，上告が受理されるべきである。たとえば普通取引
約款の効力が争われる場合や製造物責任が争われる事件は，このような意
味において法令の解釈に関する重要性を有するということができる。行政
訴訟も同様である。たとえば，建物の固定資産評価額が92億4865万円余で，
競売による買受価格（実際は買受申出を取り下げ抵当権者の同意のもとに債務
者から売買により目的建物を同額で買受けた売買価格）が12億9437万円余で
ある建物について3億6995万余円の不動産取得税の賦課処分を受けた買受
人（上告受理申立て人）が需給事情による減額補正をしないことの違法を
主張して課税処分取消しの訴えを提起し，第一審，控訴審で敗訴し，上告
受理申立てを行った事件が報告されているが,[35]このような事件は法取引に
及ぼす影響が大きく，社会的経済的に重大な意味をもつので，最高裁判所
として需給事情による減額補正の問題について判断を示すべきであったと
思われる。

34）報告されている最高裁の破棄判決においても，最高裁が初めて判断する法律問題が上告受
　理の対象になっていることが多い。
35）浜　秀和・上告制限の副作用は大きい（2011年・信山社）21頁以下。同書には，この事件
　を含め5件の上告受理申立て事件（いずれも行政訴訟で上告不受理）が紹介されている。

264 第6章　上告受理申立て理由

第4款　事案を超えた広い射程距離をもつ法令解釈ではないが，不服申立てが奏功する見込みがある場合の上告受理義務

〔391〕　前述のように，法令違反が同種の他の事件にも射程距離をもつ重要性を有する場合に上告受理を限定することは，法治国家原則違反と平等原則違反となりうる。それゆえ，原判決に判決の結果に影響を及ぼすことが明らかな法令違反がある見込みがあり，したがって上告が奏功する見込みがある場合にも，受理申立てにつき上告受理決定がされなければならないと解すべきである。学説にも，すでに上告制度の目的を当事者の権利救済とみる見地からではあるが，次のような主張をするものがある。すなわち，原裁判所の法令の解釈が誤っているが，他の裁判官が従うはずがないような判断の過誤である場合には，上告裁判所が原判決を破棄して法令の解釈の統一を図る必要性はないけれども，当事者救済のためには原判決は破棄されなければならない，と[36]

〔392〕　この反対説の結論は妥当であり，同意することができるが，基本的に問題なのは高等裁判所への上告事件においては原裁判所の法令違反が一般的に上告理由とされるが，最高裁への上告受理申立て手続においては，法令違反が上告受理理由でないとされることの不均衡である。高裁への上告においては判決に影響を及ぼすことが明かな法令違反が上告理由になることにより，法令適用のコントロールの範囲において正しい裁判を追求して当事者の権利保護を図るという上告目的が機能しているにもかかわらず，最高裁への上告ではこの上告目的が否定されると，法適用における裁判所の面前での当事者の平等が確保されないことになる。高等裁判所への上告と最高裁への上告受理申立てにおいて，一方において上告権が付与され，他方において最高裁の裁量による上告制限が行われるという不均衡を，最高

---

36)　高橋・重点講義（下）671頁。同書は，原裁判所が不動産の物権変動の対抗要件を物の引渡しとしたという例（教室事例）をあげて，このような原裁判所の判断は他の事件に影響を及ぼすことはないから，法の解釈の統一の観点からは最高裁が介入する余地はないが，原判決の法令の解釈が誤っている以上，当事者の権利救済のために，この法解釈の誤りを放置することはできず，原判決は破棄されなければならないと主張している。山本・前掲注31）86頁は，上告受理申立てにおいても上告の利益が要求され，上告受理申立てには上告と同額の手数料が定められていることから，当事者の利益保護の観点も否定されず，当事者救済の必要性を排除することは適当でないと主張する。さらに，田原睦夫「弁護士からみた今後の上告制度の活用」新民訴法体系(4)77頁，85頁は，325条2項の職権破棄を介して，法令の解釈に関する重要事項とは判決に影響を及ぼすことが明らかな法令違反の意味だと主張する。これも当事者の権利保護を重視する見方である。

裁の負担軽減の要請だけで正当化することはできない。

　上記のように，個別事案を超えた法解釈の必要（法令の解釈適用の統一 [393]
上の必要）という意味を有しない場合にも，上告受理申立て理由が不服申
立ての奏功の見込み，すなわち原判決の不当性を明らかにする見込みがあ
る場合には，上告裁判所としての最高裁は上告を受理する義務を負うと解
する場合には，原裁判所の法令の解釈が誤っているが，他の裁判官が従う
はずがないような判断の過誤がある場合には，原判決の不当が明白になっ
ているのであるから，少数説が主張するように原判決が破棄されなければ
ならないことは当然である。ただ少数説が原裁判所の法解釈が明白に誤っ
ている場合に限定するとすれば，問題であろう。重要なことは，最高裁は，
上告受理申立て理由に法解釈上の一般的な意義を否定する場合にも，なお，
上告受理申立て理由により原判決に対する不服申立ての奏功の見込みがあ
るかどうかを調査し，これを肯定する場合には，上告受理決定をしなけれ
ばならないことである。そのさい，最高裁は当該上告受理申立て理由によ
り原判決が不当であることを最終的に確信する必要はなく，不服申立ての
奏功のまともな見込み（ernsthafte Erfolgsaussicht）があれば，それで足り
ると解すべきである。このような解釈により，高裁への上告と最高裁への
上告における上告理由の規律における著しい差異も，実質的に解消できる。

　以上のような解釈によっても，最高裁の負担軽減は一定程度達成するこ
とができる。上告受理申立て制度の導入の動機は，法令違反に託けて原審
の事実認定に対する不満を主張するような上告や結論に影響のない法令解
釈の誤りを主張する上告を排除することにあった。このような上告の排除
は，本書の主張するような不服申立ての奏功の見込みを基準にする上告受
理によっても十分実現することができるであろう。

第5款　手続違反
1　問題の所在
　原裁判所の手続違反がいかなる範囲で上告理由になるかは，上告制限が [394]
行われるようになると重大な問題になる。旧法下では，上告制限は行われ
ておらず，すべての法令違反が上告理由として顧慮され，上告権を基礎づ
けたので，手続違反特有の問題は生じなかった。ところが，312条1項・
2項により最高裁判所への上告につき，権利上告を基礎づける上告理由が

266 第6章 上告受理申立て理由

制限され，憲法違反と絶対的上告理由以外は上告権を基礎づけず，単なる
法令違反は上告受理申立て理由にとどまり（318条1項），しかも最高裁が
上告を受理するさい当該事件を超えた多数の事件において争われうる法律
問題や判例のない新しい法律問題に限り上告を受理すべきだという解釈が
とられると，手続違反は多くの場合，個別事案限りの原裁判所の過誤によ
り生じているので，上告受理申立てが提起されても，最高裁により受理さ
れない可能性が生ずる。

〔395〕　しかし，たとえば仲裁合意の効力を誤って肯定したため，控訴裁判所が
訴えを却下した場合のように，この仲裁合意の成立または効力についての
誤った判断が上告裁判所によって是正されなければ，当事者はこの判決に
よって裁判を受ける権利の喪失という終局的な不利益を受けることになる。
しかも具体的な事案における仲裁合意の成立や効力は個別事件性が強いの
で，上告受理申立ては不受理に終わる危険性が高い。また，訴訟行為の解
釈は，法律問題であり，高等裁判所への上告にあっては上告理由である
（→〔330〕以下）。ところが，最高裁への上告においては，これは上告受理
申立て理由にすぎず，個別事件性が強いので不受理に終わる危険がある。
たとえば控訴裁判所がある事実について当事者の裁判上の自白（たとえば
黙示の自白）の成立を認め，または争いのない事実として扱っているが，
訴訟行為の解釈として誤りであるという場合[37]上告審によって救済されな
ければ，当事者は控訴裁判所の誤った訴訟行為の解釈によって重大な不利
益を被ることになる。

〔396〕　手続違反を理由とする上告は歴史的には実体法違反を理由とする上告と
は別の存在理由を有するものであったことを，想起すべきである。すなわ
ち，手続違反による上告は，一方において，下級審裁判所の手続違反に
よって不利益を受けている当事者の利益を擁護し，他方において，最上級
裁判所が下級裁判所の手続を監督し，誤った下級裁判所の手続を是正する
ことを目的とするものであった。[38]現行法下においても，この上告審の役割

────────────────

37）最〔1小〕判平成18・6・29〔宮坂昌利/谷口　豊「最高裁民事破棄判決等の実情(1)——平
成18年度」〕判時1966号28頁は，当事者間で争いのある事実を争いのない事実として扱った
控訴審判決を破棄した裁判例である（→〔420〕）。

38）Vgl. *Rosenberg*, Lehrbuch des Zivilprozessrechts, 9. Aufl., 1961 §132 Ⅱ（S.653）;
Schwinge, Grundlagen des Revisionsrechts, 2. Aufl., 1960, S.220. Schwinge が「手続法上の
理由による上告は，すべての下級審における訴訟の財（Güte des Prozedierens）のための

は変わらない。法令の解釈の統一（判例の統一）や最上級裁判所による法令の解釈による法発展が最上級裁判所の重大な任務であるが，下級裁判所の手続違反の是正も依然として最上級裁判所の任務であることを見逃してはならない[39]。そして，この手続違反の是正任務は事実認定手続のコントロールにも及ぶ。上告審は法律審であり，原裁判所の事実認定に拘束されるけれども（321条1項），この拘束は原裁判所の事実認定が適法に行われている限りにおいてであり，「法と事実の絶対的区別」が終局的になされているのではない。とりわけ上告裁判所は，事実審が当事者の陳述を完全に顧慮しているか，変質させていないかどうか，証拠方法を十分利用したかどうか，証明ありと判断するさいに必要な証明度に達していることを確認したかどうか，論理法則違反が確認されないかどうかという点について調査しなければならない[40]。

2　最高裁判所の手続違反の是正義務

(1)　原裁判所による手続基本権の侵害

　原裁判所による手続基本権の侵害がある場合には，本書は「憲法の違 [397] 反」（312条1項）として上告理由となると解するものであるが，法的審問請求権の侵害が憲法違反として上告理由になるという点については消極的な見解[41]もある。この見解によれば，控訴裁判所による手続基本権の侵害も上告受理申立ての方法で最高裁判所に持ち出されることになる。そのさい，問題になるのは，手続基本権の侵害がどのような意味で上告受理要件を満たすか，すなわち「原判決が法令の解釈に関する重要な事項を含むものと認められる」かという点である。この問題については，法令の解釈適

計り知れない保障である。上告が法原則的な手続違反の場合に後退することによって，第三審のみならず第二審も劣化させてしまうであろう」と述べていることは，非常に示唆的である。なお，*O.Fischer*, Die Entlastung des Reichsgerichts und die Verbesserung der Revision in Zivilsachen, JW 1904, 307 ff. も参照。

39)　小室直人「民事上告の性格」同・上訴制度121頁，139頁。

40)　Vgl. *Stürner*, Die Anwaltschaften bei den Obersten Gerichtsverfahren in Europa und ihre Zukunft, Festschrift 200 Jahre Carl Heymanns Verlag, 2015, S. 137, 138.

41)　たとえば，鈴木正裕「新民事訴訟法における裁判所と当事者」講座新民訴法(1)35頁，47頁はドイツで法的審問請求権など手続基本権が憲法上の権利とされているのは憲法裁判所の存在に原因があり，憲法裁判所の通常訴訟への「介入」に対しては批判の声も聞かれると指摘し，憲法違反と通常の法令違反とで上告に関して大きな差異を生ぜしめた現行民訴法のもとではドイツの判例・学説を参照するときはこの点を見逃すべきではないと主張する。

用の統一の確保という一般社会の利益は判例（司法）への信頼を前提とするものであり，原判決による訴訟基本権の侵害は，当事者の権利侵害であるとともに，とりわけ判例（司法）への信頼を著しく失わせる重大な事態であり，法令の解釈・適用の統一を図るためにも放置することができない瑕疵であるので，最高裁は上告受理申立てにより受理決定をしなければならないと解することができる。[42]詳細については，〔275〕における説明が妥当する。

(2) 手続基本権侵害以外の重大な手続違反

〔398〕　　上告受理制度が法令解釈の統一を重要な使命の1つとすることは否定できないが，法令解釈の統一の基礎となる控訴裁判所の裁判に重大な手続違反がある場合には，司法への信頼を保持することができないことは明らかである。それゆえ，この面からも手続違反の是正が最高裁の重要な責務となることは明白である。加えて，手続過誤には，上告裁判所が職権により調査すべき事項（一般の訴訟要件，上訴要件，上訴審の訴訟手続の適法性を含む，絶対的手続過誤をもたらす事項，（→〔562〕）も多いのである。たとえば，控訴審判決の主文の内容が矛盾していたり，主文の内容が不特定であり，この判決により強制執行をすることができないような場合，判決主文が控訴申立ての範囲内にとどまっていない場合，不利益変更禁止の原則に反しているような場合，判決理由が判決主文と調和していない場合（これらは控訴審判決の内容的瑕疵と呼ぶことができる（→〔568〕），このような瑕疵は，上告裁判所によって是正されなければならない。このような事由は，私見によれば，上告裁判所が職権によって審査する義務を負う。法令解釈の統

---

42) 2002年/2003年の民訴法改正により，一般的に原裁判所による上告許可と不許可抗告により上告制限を行っている現行ドイツ民訴法のもとで，手続基本権の侵害の責問に上告の道を開くために，判例は，ドイツ民訴法543条の定める上告許可事由の1つである「統一的な判例の確保が上告裁判所の裁判を要求する場合」（同条2項2号）を広く解釈して，**裁判所による手続基本権の侵害**は判例への一般社会の信頼を失われる事由として，上告裁判所の裁判が要求される場合であると判示している（BGHZ 151, 221 = NJW 2002, 3029; BGHZ 154, 288 = NJW 2003, 1943）。この判例は，一方で，裁判所が重大な法的過誤を冒している場合にも，実体法または手続法の適用の瑕疵が判例への信頼の回復のために上告裁判所の裁判を要求するのでないとして，事件が個別事案を超えた意義をもつことを否定しながら，他方で，判例における耐え難い食違いが生じまたは存続する場合にのみ判例への信頼の確保が必要となり，その結果，原判決の是正を可能にするものといわれる。*Gummer*, Die Revision - noch ein Weg zur Einzelfallgerechtigkeit?, Festschrift für Max Vollkommer, 2006, S.325 ff.; MünchKommZPO/*Krüger*, §543 Rn.12 参照。また，本間靖規「上告理由と手続保障——ドイツの議論を参考にして」同・手続保障論集（2015年）613頁，621頁も参照。

一を形式的にのみ理解して，このような場合は個別事案を越えた多数の事件にとって重要でないとして，上告受理申立てを斥けるようなことがあってはならないことはいうまでもない。[43]

　同じことは，当事者の手続責問に基づいて審査される手続違反（→〔569〕）**【399】**についても，妥当する。手続責問を要する場合にも，手続瑕疵が人々の裁判への信頼を害する事由であることに基本的に変わりがないからである。たとえば，控訴裁判所が，当事者の主張した事実について判決において考慮せず，当事者の主張していない事実を判決の基礎とし，または，当事者の証拠申出を見逃しまたは不当に却下したとする。[44]これらの場合，私見によれば法的審問請求権の侵害に当たり，憲法違反の上告理由が存在することになる。それゆえ，最高裁の裁量が通説によって認められている上告受理によるのでなく，憲法違反の上告（権利上告）を認めるべきである（→〔212〕）。しかしながら，前述のように，法的審問請求権を憲法上の権利と認めない学説も存在する。このような見解によっても，判断遺脱は，判決が確定すると再審事由に当たる判決の極めて重大な手続瑕疵である。それゆえ，当事者の主張した裁判上重要な事実や証拠申出が無視された場合，判決への影響（判決の結論との因果関係）は否定できない以上，このような瑕疵は上告裁判所によって是正されなければならない。それは瑕疵のない手続による裁判を受ける当事者の権利を保護するとともに，司法による法

---

43) 上告受理申立てを経て，訴訟要件の具備が調査された裁判例として，たとえば，最〔1小〕判平成28・6・2判時2306号64頁（外国国家が発行した円建て債券の管理会社の，当該債券の償還等請求訴訟について任意的訴訟担当による原告適格を肯定した裁判）；最〔1小〕判平成28・12・8判時2325号37頁（継続的不法行為に基づく将来の損害賠償請求の適格性を否定した裁判）がある。

44) 最〔2小〕判平成20・11・7判時2031号14頁＝判タ1288号53頁は，痴漢の疑いで拘束された後に嫌疑不十分で不起訴処分を受けたXが，痴漢被害にあったとして申告したYに対し不法行為による損害賠償を請求した事件である。Xの請求を棄却した第一審判決に対する控訴審において，Xは本件電車の中での問題の時点においてYと携帯電話で通話していたAの証人尋問を（第一審ではいずれの当事者もAの証人尋問を申し出ていなかった）を申し出たが，原審はAの証人尋問を実施することなく，Aが電話を通して聞いたYとXの発言内容をB検事の証言と陳述書のみによって認定したうえ，Yの供述によりXの痴漢行為を認定した。最高裁はXの上告受理申立てに基づき上告を受理し，Yの供述と，Yの通話内容としてB検事に供述した内容とは看過し得ない食い違いがある等の事情があるのに，痴漢の目撃者がみつからない場合に，原審が目撃者に準ずる立場にあり，かつ客観的中立的な証言が期待できないとはいえないAの証人尋問を実施せず，Yの供述の信用性を肯定してXの痴漢行為を認定した点を審理不尽とした。最高裁は審理不尽を理由として原判決を破棄したが，原審が当事者の重要な証拠申出を不当に却下したことに原審の手続過誤がある。

270 第6章 上告受理申立て理由

令解釈の統一（判例の統一）の基礎をなすからである。この場合，上告を
受理するかどうかの最高裁の判断裁量を認めるべきでないことは明らかで
あろう。

　近時の裁判例には，上告受理申立て理由として原判決の判断遺脱を主張
した事案において，上告受理決定をし，原判決を一部破棄し，その部分を
原審に差し戻したものがある。これは，当事者が主張した攻撃防御方法で
すら，裁判所がこれを事実摘示において記載していなければ，判断をしな
くても理由不備とならないという判例を前提とするものである点で，問題
があるが，原判決の瑕疵を是正した。[45] 当事者の提出した予備的相殺の抗弁
に係る反対債権（相殺債権）は原告に対する債権であるのに，原告に対す
る債権ではないとしてこの予備的相殺の抗弁を排斥した原判決を判断遺脱
により破棄したもの，[46] 建物賃貸借契約の終了による建物の明渡しと未払賃
料または賃料相当損害金の支払を求める訴訟において，原審が毎月28万円
を支払っている旨の被告の主張を判決に摘示せず，建物明渡請求を450万
円の支払との引換給付を求める限度で認容し，未払賃料および賃料相当損
害金の支払請求を全部認容したのを，判断遺脱を理由に，未払賃料請求お
よび賃料相当損害金請求に関し上告人に対し金員の支払を命じた部分を破
棄したもの[47] がある。

(3)　経験則違反

〔400〕　　以上のような私見によれば，原審の事実確定に経験則違反や論理則違反
がある場合にも，これが上告受理申立て理由となることを確実に説明する
ことができる。実務においても**経験則違反**や採証法則違反は上告受理申立
て理由となりうるという見解[48] があるが，法令の解釈の統一を基準としな
がら，経験則が旧法下において判例上，上告法の意味で法令と解されてい

---

45)　事実摘示を欠く判断遺脱は，上告受理申立て理由とすべきだと主張するのは，高部眞規子
　　「上告審と要件事実」伊藤滋夫ほか編・民事要件事実講座(2)（2005年・青林書院）3頁，21
　　頁。
46)　最〔3小〕判平成19・2・20〔森　英明／絹川泰毅「最高裁民事破棄判決等の実情(上) ——
　　平成19年度」〕判時2009号14頁。
47)　最〔3小〕判平成26・11・4〔廣瀬　孝／市原義孝「最高裁民事破棄判決等の実情(上) ——
　　平成26年度」〕判時2258号12頁。
48)　高部・前掲注45) 17頁（ただし，「重要な事項」に含まれる例は少ないという）；武藤貴明
　　「最高裁判所における民事上告審の手続について」判タ1399号（2014年）50頁，70頁注(172)。

第3節　法令の解釈に関する重要な事項　*271*

たのと同様に318条1項にいう法令に当たるというのみで,[49] なぜ個別的な経験則の適用の誤りを上告受理申立て理由とすることができるのかの説明がなく, 恣意的な印象を免れないのである。私見によれば, 民訴法247条は証拠調べの結果および徴表をあらゆる角度から評価考量して, 事実が真実に合致するかどうかを判断するよう裁判所に命じているのであり, 経験則の適用に誤りがある場合には, 247条違反になる。証拠評価自体は個別事案性を有するけれども, 誤った経験則の適用による事実認定は法適用の基礎に重大な不備を生ぜしめ, 法令解釈の統一の基礎を失わせ, 加えて裁判に対する人々の信頼を害するので, 証拠評価の個別事件性を理由に上告受理を拒否することはできないのである。同じことは, 論理則違反についてもいえる。

　別の問題は, 上告受理申立てのさいにその違反が責問（非難）される経験則がその蓋然性の程度によって制限を受けるかどうかである。適用範囲が広く, かつ高度の蓋然性を伴う経験則の存在および適用についての判断の統一も, 最高裁判所の任務であり, 上告受理申立ての理由に当たるとみる見解が多いが,[50] さほど高度の蓋然性を伴わない経験則であっても, 判決の結論との間の因果関係が否定されない場合には, そのような経験則が看過されたときは, 事案を完全に評価考量すべき裁判所の義務の違反が生ずるので, 最高裁はこのような経験則違反の場合にも上告を受理する義務を負うと解すべきである。[51] 判例も, 高度の蓋然性ある経験則に限定していないように思われる。[52]　〔401〕

　裁判例においても, 事実認定における経験則違反または採証法則違反を上告受理申立ての範囲で取り上げるものが毎年数件あるようである。医療過誤事件や労災損害賠償事件において注意義務違反や因果関係の認定について問題となったものが注目される。入院患者がメチシリン耐性ブドウ球菌（MRSA）に感染した後に死亡した事案につき, 医師が早期に抗生剤バイコマイシンを投与しなかったことに過失がなかったことを, 原審が鑑定　〔402〕

49）一問一答　新民事訴訟法355頁。
50）専門的経験則違反について, 最判平成9・2・25民集51巻2号502頁；最〔2小〕判平成18・3・3判時1928号149頁＝判タ1207号137頁。伊藤671頁；松本／上野775頁注(31)〔上野〕参照。
51）松本・証明軽減論134頁参照。
52）最〔2小〕判平成18・3・3裁判集民219号657頁＝判時1928号149頁＝判タ1207号137頁＝労判919号5頁。

書や意見書に基づいて認定したのに対し，最高裁が「鑑定書には，担当医師が早期に抗生剤バンコマイシンを投与しなかったことは当時の医療水準にかなうものではないという趣旨の指摘をするものと理解できる記載があることがうかがわれ，医師の意見書は，担当医師が早期に上記抗生剤を投与しなかったことについて当時の医療水準にかなうものであるという趣旨を指摘するものであるか否かが明らかではないなど判示の事情の下において，上記の鑑定書や意見書に基づいて，担当医師が早期に上記抗生剤を投与しなかったことに過失があるとはいえないとした原審の判断には，経験則又は採証法則に反する違法がある」として，原判決を破棄したもの[53]，医師の転送義務または気道確保義務違反の過失を認めた原判決に対し，最高裁が自ら事実評価を行い，「Bの意識レベルを含む全身状態等について審理判断することなく，この時点でBがショックに陥り自ら気道を確保することができない状態にあったとして，このことを前提に，療養園の医師に転送義務又は気道確保義務に違反した過失があるとした原審の判断は，経験則に反するものといわざるを得ない」としたもの[54]，教育委員会の職員であったAの公務でのバレーボール競技への出場（平成2年5月12日）とAの死因である急性心筋梗塞との間の相当因果関係の有無が争われた事件において，原審が，「Aの血圧はバレーボールの試合に出場したことにより急激に上昇したと認めることができるものの，血圧の上昇は心筋こうそくの発症の主たる引き金因子と認めることができないものであって，バレーボールの試合に出場したことが心筋こうそくの発症の相対的に有力な原因であるということはできない。Aは，心臓機能の著しい低下と総コレステロール値の急激な上昇という自然的経過の中で，たまたまバレーボールの試合に出場したことが契機となって，心筋こうそくを発症した」と判断し，因果関係を否定したのに対し，上告受理申立てに基づき，最高裁が「9人制バレーボールの全試合時間を通じた平均的な運動強度は通常歩行と同程度のものであるが，スパイク等の運動強度はその数倍に達するのであって，その一時的な運動強度は相当高いものであるというのであるから，他に心筋こうそくの確たる発症因子のあったことがうかがわれない本件において

---

53) 最〔2小〕判平成18・1・27裁判集民219号361頁＝判時1927号57頁＝判タ1205号146頁。
54) 最〔3小〕判平成19・4・3裁判集民224号35頁＝判時1969号57頁＝判タ1240号176頁。

は，バレーボールの試合に出場したことによる身体的負荷は，Aの心臓疾患をその自然の経過を超えて増悪させる要因となり得たものというべきである。そうすると，Aの心臓疾患が，確たる発症因子がなくてもその自然の経過により心筋こうそくを発症させる寸前にまでは増悪していなかったと認められる場合には，Aはバレーボールの試合に出場したことにより心臓疾患をその自然の経過を超えて増悪させ心筋こうそくを発症して死亡したものとみるのが相当であって，Aの死亡の原因となった心筋こうそくの発症とバレーボールの試合に出場したこととの間に相当因果関係の存在を肯定することができることになるのである」と判示して，原判決を破棄したもの[55]がある。

　また，社会的に注目度の高い事件において経験則違反を指摘して原判決〔403〕を破棄したものもみられる。パチンコ業者らが風俗営業の許可に関する規制を利用して，競業者が取得した土地での営業許可を受けることができないようにする意図で近隣土地等を社会福祉法人（木馬館）に寄附した行為（本件寄附）が不法行為を構成するかどうかが争われた損害賠償請求事件において，原審が「本件寄附は，結果として，競業者である上告人による本件パチンコ店の出店を阻止することとなり，また，被上告人事業者自身，本件寄附の正式な申出をした時点ではその効果を欲していたと認められるものの，本件寄附の主たる目的は，被上告人木馬館が行う福祉事業の発展にあったというべきであるから，上告人による本件パチンコ店の出店を阻止するという自らの利益の確保のためにのみ風営法の規制を利用したということはできない。本件寄附の実行によりパチンコ店を開業できなくなるからといって，被上告人事業者等に対し，相当の期間，費用，労力をかけて準備行為を行った本件寄附の実行を阻止することはできないというべきである」と判示して，パチンコ業者らについても，社会福祉法人についても，本件寄附は不法行為を構成しないとして請求を棄却したのに対し，最高裁は上告を受理し，次のように判示して，上告人の被上告人パチンコ業者らに対する請求を棄却した原判決を破棄し，上告人の被った損害についてさらに審理をさせるために事件を原審に差し戻した[56]。

55）前掲注52）最〔2小〕判平成18・3・3。
56）最〔1小〕判平成22・7・22〔田中秀幸／倉地康弘「最高裁民事破棄判決等の実情（中）——平成22年度」〕判時2116号7頁。

274　第6章　上告受理申立て理由

　　「被上告人事業者等が本件寄付を計画したについては，被上告人木馬館
　　が行う福祉事業に協力するという動機ないし目的がなかったとはいえ
　　ないとしても，その主たる動機ないし目的は，本件寄付を通じて不特
　　定のパチンコ業者が将来本件事業者土地の周囲100mの区域内の地域
　　に出店することを阻止することにあったと推認するのが相当であり，
　　このような動機ないし目的の下に，被上告人事業者等が，自ら発案し
　　て，被上告人木馬館に対して本件事業者土地を児童遊園として寄附す
　　ることを申し入れ，その準備を進めた上，これを実行したものという
　　べきである。原審の上記三の認定中，これと異なる部分は，経験則に
　　反するといわざるを得ない」。
　　本件について問題は，最高裁の行った本件寄附の動機ないし目的の推認
　の基礎をなす経験則の内容と根拠が明確にされていないことである。経験
　則の認定に問題を残す裁判例であるように思われる。

〔**404**〕　XのYに対する定期賃貸借契約の期間満了を理由とする建物明渡等を求
　　める訴えと，Yが借地借家法38条2項所定の説明書面の交付がなかったと
　　主張してXを被告として提起した建物賃借権確認の訴えとが併合審理され
　　た事件において，原審は，建物賃貸借契約について作成された定期賃貸借
　　契約公正証書に，本件賃貸借は契約の更新がなく，期間の満了により終了
　　することについてあらかじめその旨を記載して説明したことを相互に確認
　　する旨の条項があること，および公正証書の作成に当たっては，公証人が
　　公正証書を当事者に読み聞かせ，その内容に間違いない旨の確認がされる
　　ことに基づいて，説明書面の交付があったと推認するのが相当であるとし
　　たが，この原審の判断について，最高裁は次のように判示して，原審の判
　　断の経験則または採証法則違反を認めた[57]。

　　　「記録によれば，現実に説明書面の交付があったことをうかがわせる証
　　　拠は，本件公正証書以外，何ら提出されていないし，Xは，本件賃貸
　　　借契約の締結に先立ち説明書面の交付があったことについて，具体的
　　　な主張をせず，単に，Yにおいて，本件賃貸借の締結時に，本件賃貸
　　　借が定期建物賃貸借であり，契約の更新がなく，期間の満了により終
　　　了することにつき説明を受け，また，本件公正証書作成時にも，公証

57）　最〔2小〕判平成22・7・16判時2094号58頁＝判タ1333号111頁。

人から本件公正証書を読み聞かされ，本件公正証書を閲覧することによって，上記と同様の説明を受けているから，法38条2項所定の説明義務は履行されたといえる旨の主張をするにとどまる。これらの事情に照らすと，Xは，本件賃貸借の締結に先だち説明書面の交付があったことにつき主張立証をしていないに等しく，それにもかかわらず，単に，本件公正証書に上記条項があり，Yにおいて本件公正証書の内容を承認していることのみから，法38条2項において賃貸借契約の締結に先立ち契約書とは別に交付するものとされている説明書面の交付があったとした原審の認定は，経験則又は採用法則に反するものといわざるを得ない」。

　最高裁が合意の成立または合意の解釈について，経験則違反を指摘して〔405〕原判決を破棄したものもある。相続人の1人であるYが被相続人Aの遺産たる本件土地を第三者に賃貸し賃料を収受していたところ，他の相続人であるXらが本件土地の共有持分を主張してYに対し不法行為による損害賠償または不当利得により，Yが収受した賃料額のXら持分相当額の支払いを請求し，Yが単独で本件各土地を管理しその賃料を収受する旨の，Aの相続人間において遺産共有状態の解消を終期とする黙示の合意が成立したか否かが争われ事案において，原審が，Yが本件各土地の賃料を単独で収受し，相続人らがこれに異議を述べなかったことや，他の相続人らの一部の者には本件各土地とは別の不動産をそれぞれ単独で管理・収益している者がいることを根拠として，黙示の合意の成立を認定したのに対し，最高裁は，次のように判示して，黙示の合意が成立していたとしても，本件の事情に照らすと，原審の判断は経験則に反するとし，原判決を破棄し，事件を原審に差し戻した。[58]

　　「その合意が，B（Aの妻）が死亡しAの相続人の間でその遺産をめぐり深刻な争いが生じた後においてまでも，Yによる賃料の単独収受を容認する趣旨のものであるとみることはできないというべきであり，これが本件各土地の遺産共有状態の解消を終期としてYがその賃料を単独で収受することを容認する趣旨のものであるとした原審の認定に

58）最〔1小〕判平成23・2・17〔市川多美子/古田孝夫「最高裁民事破棄判決等の実情（上）──平成23年度」〕判時2161号18頁。

276　第6章　上告受理申立て理由

は，経験則に違反する違法があるといわざるを得ない。そして，以上
に説示したところによれば，Ⅹらが本件訴訟において請求している平
成6年11月分から平成17年1月分までの賃料については，Bが死亡し
Aの相続人の間でその遺産をめぐり深刻な争いが生じた後のものであ
るから，Yが単独でこれを収受することを容認する旨の合意がないこ
とは明らかであって，Ⅹらの請求を棄却した原審の判断には，判決に
影響を及ぼすことが明らかな法令の違反がある。論旨は理由があり，
原判決は破棄を免れない」。

〔406〕　C（A社およびB社の実質的経営者）が本件各土地を含む一帯の土地開発
事業を構想し，その所有者と交渉を進めていたが，平成17年11月29日，Y，
AおよびBは，Ⅹとの間でⅩが資金を提供する旨の合意をした。さらに同
年12月21日，Y，AおよびBとⅩは，本件各土地を含む土地を対象とする
開発事業について，対象地の取得方法について協定（「本件協定」）を締結
した。本件協定に係る協定書には，Ⅹらは，Yらが本件各土地を取得した
後に本件各土地を買受ける旨の記載があった。Aは，同月22日，本件各土
地を所有者から買受けたうえ，Yにこれを売却したが，Y，AまたはBと
Ⅹとの間で本件各土地の売買契約書は結局作成されなかった。このような
事案において，ⅩがYから本件土地を買い受ける旨の売買契約を締結した
と主張して，Yに対し所有権移転登記手続を請求した。第一審裁判所は売
買契約の成立を否定したが，原審は本件協定書の文言からは売買契約は後
日締結される予定であってまだその締結に至っていないと解しうる余地が
あるが，平成17年11月29日の合意を経て本件協定の締結に至った経緯に照
らせば，同日，右合意によって本件各土地の売買契約が成立したと認めら
れるとした。Yから上告受理申立て。最高裁は，事実の評価をしたうえで，
次のように判示して，原判決を破棄した[59]。

　　　「これらの事情に照らすと，本件協定書の趣旨をその文言のみを重視し
　　　て理解するのは相当でないとして，被上告人（Ⅹ）が上告人（Y），
　　　A及びBに対する資金の提供を決定し，本件協定の締結を経て本件土
　　　地4の売買が実行されるに至った経緯から，平成17年11月29日に本件

---

59) 最〔1小〕判平成24・9・6〔武藤貴明/岡田幸人「最高裁民事破棄判決等の実情(上)——
　平成24年度」〕判時2188号12頁。

第 3 節　法令の解釈に関する重要な事項　*277*

　　各土地の売買契約が成立したとする原審の認定は，経験則又は採証法
　　則に反するものというべきである」。
　また，当事者間において交わされた覚書の内容が確定判決後の土地の所
有権の移転に関する新たな合意に当たるか否かが問題になり，新たな合意
を否定した原判決を経験則違反により破棄した裁判例,[60] 県と市の間に「土
地使用管理委譲書」がある場合に使用貸借が成立したかどうかが問題に
なった事件において，最高裁が土地使用契約が成立したとみるのが相当だ
とした裁判例,[61] 経験則違反を指摘して原審による意思表示の解釈の誤りに
より原判決を破棄した裁判例もある。[62] これらの裁判例においては，経験則
違反や採証法則違反がいわれているが，純然たる事実認定ではなく，黙示
の合意の成立，覚書の法的意味などが問題になっており，意思表示の解釈
や契約の成立・内容という法的な側面が問題になっていることに注意しな
ければならない。
　警察官の発砲による死亡事故について最高裁が詳細に証拠評価を行い，　〔407〕
原審の認定を経験則または採証法則違反を理由に原判決を破棄した裁判例
がある。「警察官による拳銃発射により死亡したＢの相続人Ｘ₁らが提起し
た国家賠償請求訴訟において，警官の発砲のさいの状況の認定が問題に
なった。Ｙ（国）は『「Ｂは宝珠（石灯籠の上部にある石）を右手に持ち替
え，一気に間合いを詰めて，Ａ巡査の頭を目掛けて宝珠を振り下ろそうと
して（そのためＡ巡査は拳銃を発射した）」』と主張し，Ａ巡査はこれに沿う
供述をしていた。」。原審はＡ巡査の供述は信用できないなどとして，Ａ巡
査による拳銃の発砲を違法なものと判断して，Ｘ₁らの請求を一部認容
した。最高裁は，Ｙの上告を受理をし，次のように判示して原判決の経験
則ないし採証法則違反を理由に原判決を破棄し,事件を原審に差し戻した。[63]
　「記録によれば，Ａ巡査は，本件の発砲の直後から一貫して，Ｂが本件

60）最〔1小〕判平成15・7・17〔本多知成「最高裁民事破棄判決等の実情(1)——平成15年
　　度」〕判時1859号17頁。
61）最〔2小〕判平成15・11・14〔本多知成「最高裁民事破棄判決等の実情(1)——平成15年
　　度」〕判時1859号19頁。
62）最〔1小〕判平成22・7・20〔田中秀幸/倉地康弘「最高裁民事破棄判決等の実情(上)——
　　平成22年度」〕判時2115号15頁。
63）最〔1小〕判平成26・1・16〔廣瀬　孝/市原義孝「最高裁民事破棄判決等の実情(上)——
　　平成26年度」〕判時2258号13頁。

発砲の直前，両手で頭上に持ち上げていた宝珠を右手に持ち替えて，約2mあった間合いを一気に詰めてその宝珠をA巡査の頭上に振り下ろそうとした旨供述している。その内容は，本件発砲に至る経緯及びその動機として相応の合理性を有するものである上，記録を検討しても，上記供述と相反する証拠はない。かえって，Bの解剖所見を記録した独協医科大学法医学教室教授D作成に係る鑑定書には，……比較的近位より，体に対して左斜め前方より右下方に向けて発射された弾丸によって形成されたと推定されるとの記載があるところ，このような本件発砲によりBに生じた銃創の形状，位置関係等の客観的状況は，A巡査が供述するBの身体の動きに応じて本件発砲がされたことと整合するものである。

　しかるに，原審は，本件発砲の状況を認定するについて格別の重要性を有するこの客観的証拠との整合性について検討することなく，後記(2)のとおり合理的とはいい難い推測を交えてA巡査の供述を排斥しているのである。……

　(3)以上説示したところによれば，A巡査の本件発砲の状況に関する供述は，これに整合する客観的な証拠により裏付けられている一方で，その内容はおおむね一貫しており相応の合理性を有する上，記録上これに反する証拠はない。それにもかかわらず，証拠上認め難い事実を前提に，推測を交えてA巡査の供述を排斥し，本件発砲の直前，Bが宝珠を右手に持ち替え，1mもない至近距離まで一気に間合いを詰めてA巡査の頭を目掛けて宝珠を振り下ろそうとしたとは認められないとしてA巡査の行為を違法であるとした原審の認定判断には，経験則ないし採証法則に反する違法があるといわざるを得ない」。

その他，原審による個々の事実の認定を経験則に違反するとする裁判例もある。[64]

---

64) 最〔1小〕判平成21・4・23〔田中一彦/鎌野真敬「最高裁民事破棄判決等の実情(上)——平成21年度」〕判時2082号18頁（根抵当権の被担保債権としての約束手形金債権の原因債権の存否について経験則違反が認められた事例）；最〔2小〕判平成21・7・17〔田中一彦/鎌野真敬「最高裁民事破棄判決等の実情(上)——平成21年度」〕判時2082号20頁（「贈与を受けたと主張されている目的物を受贈者に引き渡すことは，特段の事情がない限り，贈与契約の履行として行われたものと解するのが相当である」と判示）。

第 3 節　法令の解釈に関する重要な事項　*279*

(4)　釈明義務違反

　第一審裁判所が必要な釈明権の行使を怠り，その結果，事案の解明が不　〔408〕
十分な場合，控訴裁判所はこれを是正しなければならない。裁判所の釈明
義務は，新たな請求や抗弁の手がかりがそれまでの当事者の陳述に現れて
いる場合には，新たな請求原因や抗弁にも及ぶ。控訴裁判所が第一審裁判
所と異なる法的見解を採用するため新たな証拠が必要になり，かつ証拠申
出が訴訟記録からみて可能な場合や，控訴裁判所が第一審裁判所の事実評
価と異なる評価を行うため，このことが当事者に示唆されなければ不意打
ちの裁判になるような場合には，控訴裁判所が新たな証拠申出を促すこと
も釈明義務の範囲内である。上告裁判所は，法的審問義務違反を超える釈
明義務の違反をも是正する責務を負うので，上告人が原裁判所の釈明義務
違反を責問して上告受理を申し立て，そのさい，原裁判所の釈明権の行使
があれば，どのような事実を主張したであろうか，またどのような証拠申
出をしたであろうかということを述べた場合には，最高裁は，これをもっ
ともだと判断するときは，上告を受理すべきである。

　上告受理申立手続に基づき，最高裁が釈明権不行使の違法を理由に原判　〔409〕
決を破棄した裁判例を紹介しておこう。まず目につくのは，相続関係の事
案が多いことである。いわゆる相手方の援用しない当事者の自己に不利益
な事実の陳述，すなわち，当事者の一方が相手方の請求または抗弁を基礎
づけうる事実を陳述するが，相手方はこの事実を援用せず，むしろこれを
否認する場合にも，判例は，この事実をも訴訟資料とすべきであり，裁判
所がこれについて判断しないと審理不尽の違法を犯すことになるとし，不
利益陳述に基づきこの事実を確定した以上は，相手方がこれを自己の利益
に援用しなかったとしても，適切に釈明権を行使するなどしたうえで，こ
の事実を斟酌すべきだとする。[65] この判例に対しては異論もあるが，判例は
これを維持している。[66]

　最近の裁判例として，**最〔2小〕判平成16・2・13〔松並重雄/阪本勝
「最高裁民事破棄判決等の実情(1)── 平成16年度」〕判時1895号35頁**があ
る。事案は共同相続人間で不動産の所有権の帰属をめぐる争いであるが，

───────────────────────────────
65)　最〔1小〕判平成9・7・17裁判集民183号1031頁＝判時1614号72頁＝判タ950号113頁。
66)　最〔2小〕判平成12・4・7判時1713号50頁。

死亡したAは，本件不動産(1)および(2)を所有し，所有権移転登記を了していた。法定相続人はAの妻子であるXとYらである。Xは，第一審においてYに対して，(1)不動産につき死因贈与または相続人間の合意によって所有権を取得したと主張し，所有権の確認および所有権移転登記手続を請求し，(2)不動産につき売買または取得時効により所有権を取得したと主張して，所有権の確認および所有権登記手続を請求した。第一審裁判所は，(1)不動産につき死因贈与を認め請求を認容したが，(2)不動産についてはX主張の売買も時効取得も認めず，請求を棄却した。この判決に対してX，Y双方が控訴を提起した。控訴審において，Xは，(2)不動産につき予備的請求として，Aからの相続により相続分15分の1を有することの確認を求めた。原裁判所は，(1)不動産につきYらの控訴に基づき第一審判決のうちYらの敗訴部分を取り消し，Xの請求を棄却し，(2)不動産につきX主張の売買も取得時効も否定し，Xの控訴を棄却したうえで，Xが原審で追加した予備的請求を認容した。Xから上告受理申立て。最高裁は，次のように判示して，(1)不動産の所有権確認請求に関する原判決部分を破棄し，この部分について事件を原審に差し戻した。

　　原審としては，Xの相続による所有権取得の原因となる事実を確定した以上，「適切に釈明権を行使するなどした上でこれら（相続による権利取得——引用者）をしんしゃくし，Xの請求の一部を認容すべきであるかどうかについて審理判断すべきものである（最高裁平成7年㈵第1562号同9年7月17日第1小法廷判決・裁判集民事183号1031頁，最高裁平成9年㈵第1876号同12年4月7日第2小法廷判決・裁判集民事198号1頁参照）。なお，Xは，原審において，第一審判決別紙不動産目録(2)記載の各不動産（以下『第二不動産』という）については，相続による持分の取得の主張をし，上記持分の確認請求を追加しているが，これは，第二不動産については，本件各不動産の場合とは異なり，第一審で所有権確認請求等が棄却されたことによるものとみることが可能であり，第一審で所有権確認請求等が認容された本件各不動産について同様の請求を追加しなかったことをもって，Xが本件各不動産について相続による持分の取得の主張をしない旨の意思を明らかにしたものと解するのは相当でない。そうすると，原審の上記判断には，判決に影響を及ぼすことが明らかな法令の違反がある」。

第3節　法令の解釈に関する重要な事項　*281*

　さらに，生前贈与により被相続人Ａから本件不動産と預貯金債権を単独
で取得したと主張して，Ａの共同相続人の１人であるＸが不動産について
贈与を原因とする所有権移転登記と預貯金債権の自己への帰属の確認を求
めた訴訟において，Ｘの主張する生前贈与はＡの錯誤により無効と判断し，
Ｘの請求を全部棄却した原判決に対し，最高裁は，上告理由を排斥したが，
次のように判示して原判決を破棄し本件を原審に差し戻した[67]。

　　「前記事実関係によれば，本件贈与が要素の錯誤により無効であるとし
　　ても，特段の事情のない限り，Ｘは本件各不動産及び本件各預貯金債
　　権の各一部を相続により取得したはずである。ところが，Ｘの本件各
　　預貯金債権の帰属の確認請求について，これを全部棄却した判決が確
　　定すれば，その既判力により，Ｘが後訴において本件各預貯金債権の
　　一部の相続により取得した旨の主張をすることが許されないこととな
　　る。Ｘは，本件において，上記主張をしていないが，原審としては，
　　前記事実関係を確定した以上は，適切に釈明権を行使するなどした上
　　でこれらの事実をしんしゃくし，Ｘの本件各預貯金債権の帰属の確認
　　請求の一部を認容すべきであるかどうかについて審理判断すべきもの
　　である（最高裁平成７年(オ)第1562号同９年７月17日第一小法廷判決・裁判
　　集民事183号1031号，最高裁平成９年(オ)第1876号同12年４月７日第二小法廷
　　判決・裁判集民事198号１頁参照）。そうすると，原審の上記判断中，上
　　記請求を全部棄却した部分には，判決に影響を及ぼすことが明らかな
　　法令の違反がある」。

　遺産分割審判が背後に控えている事案では，以上の判例は権利の確認の　[410]
訴えと遺産確認訴訟における判断の矛盾を避ける試みと評価することもで
きるが，他方において，予備的に相続による権利取得を主張することは当
事者にとって容易である。当事者が予備的に相続による権利取得の主張を
しないまま，権利確認請求を棄却する判決の確定によって共有持分権の主
張が既判力によって遮断されても，仕方がないのではなかろうか。このよ
うな確定判決にもかかわらず，遺産確認訴訟における当該当事者の当事者
適格は否定されない[68]。訴訟代理人が相続による共有持分権の取得の主張を

67）最〔３小〕判平成22・6・29〔田中秀幸/倉地康弘「最高裁民事破棄判決等の実情(上)──
　　平成22年度」〕判時2115号10頁。
68）最〔２小〕判平成9・3・14判時1600号97頁②事件。

282 第6章 上告受理申立て理由

過失によって怠ったのであれば，弁護士責任の問題として扱ってよいであ
ろう。近時，訴訟代理人が裁判所の釈明権の行使に依存し，積極的に訴訟
運営に参加しない訴訟代理人の姿勢が問題視されているが[69]，判例の考え方
はこのような訴訟代理人の姿勢を助長することになる。いずれにせよ，釈
明権の不行使の違法の判断にとって重要なポイントである不意打ち判決の
回避は，相続人間の権利をめぐる訴訟では殆ど問題にならないということ
ができる。

〔411〕　次に注目されるのは，控訴裁判所が第一回口頭弁論期日に弁論を終結し
ながら，いずれの当事者も主張していない法的観点を持ち出し，第一審判
決を取り消し請求を一部認容した裁判例である。**最〔1小〕判平成22・**
10・14判時2098号55頁＝判タ1337号105頁は，定年を理由に解雇を受
けた原告Xが，80歳を定年とする合意があったと主張して，被告Yに対し
雇用契約上の地位確認と未払賃金の支払いを求めた訴訟である。原審の確
定によれば，Xは「Yには，教職員の定年を満65歳とし，職員は定年に達
した日の属する学年末に退職する旨を定めた定年規程があったが，現実に
は70歳を超えても勤務する教育職員も相当数存在していた。このような実
態を踏まえ，Yの理事の1人は，昭和61年5月，Xに対し，定年規程はあ
るが，定年は実質はなきに等しく，80歳くらいまでは勤務することは可能
であるとの趣旨の話しをした。そのため，Xは80歳くらいまで本件大学に
勤務することは可能であると認識していた」。この合意を推認させるもの
として主張された間接事実は，本件解雇の信義則違反を基礎づけうるが，
当事者双方とも，Yが定年規程による定年退職の効果を主張することが信
義則に反するか否かという点については主張していなかった（第一審では
本件の争点は80歳を定年とする合意の存否である旨確認されていた）。第一審
裁判所は本件合意があったとは認められないとしてXの請求を棄却した。
Xの控訴に対し，控訴裁判所は，第一回口頭弁論期日に結審したが，定年
退職の1年前までに定年規程を厳格に適用し，かつ再雇用をしない旨を告
知すべきYの信義則上の義務の存在を認定し，Yは賃金支払義務との関係
では具体的な告知の時から1年を経過するまでは解雇の法律効果を主張す

---

69) 山本和彦編・民事訴訟の過去・現在・未来（2005年・日本評論社）29頁以下；東京弁護士
会民事訴訟問題等特別委員会編・最新判例からみる民事訴訟の実務（2010年・青林書院）
305頁以下〔大坪和敏〕参照。

ることができないという理由で，未払い賃金の支払請求を一部認容した。Yにとって，控訴審判決はYの信義則違反という法律構成について反論の機会が与えられていない不意打ちの逆転判決であった。この判決に対し，Yが上告受理申立てを提起した。最高裁は，次のように判示して原判決を破棄し，事件を原審に差し戻した。

「（上記(1)のような）訴訟の経過の下において，前記3のように信義則違反の点について判断をするのであれば，原審としては，適切に釈明権を行使して，Xに信義則違反の点について主張するか否かを明らかにするよう促すとともに，Yに十分な反論及び反証の機会を与えた上で判断すべきものである。とりわけ，原審の採った法律構成は，①Yには，Xに対し，定年退職の1年前までに，定年規程を厳格に適用し，かつ，再雇用をしない旨を告知すべき信義則上の義務があったとした上，さらに，②具体的な告知の時から1年を経過するまでは，賃金支払義務との関係では，信義則上，定年退職の効果を主張することができないとする法律効果を導き出すというもので，従前の訴訟の経過等からは予測が困難であり，このような法律構成を採るのであれば，なおさら，その構成の適否を含め，Yに十分な反論及び反証の機会を与えた上で判断をすべきものといわなければならない」。

最高裁は以上のように判示して釈明権不行使の違法を認めたのであるが，本判決も，原審が控訴審の事後審的運営および，口頭弁論を第一回口頭弁論期日に終結する**第一回結審**により当事者に実質的な弁論の機会を与えていないことを問題にしてはいない。本件のように当事者の攻撃防御方法の提出を了知し，これを考慮し判断し，相手方には反論の十分な機会を与え，反論を了知し考慮し判断するのは裁判所の法的審問義務の中心的な内容であり，訴訟手続の基本である。訴訟審理の経過等から当事者に予測が困難な法的観点を問題にする場合には，裁判所はこれを当事者に指摘し，その意見を聴取するのは，裁判所の法的審問義務の内容をなす（→〔195〕）。これを怠り，裁判所が一方的にその法的観点に基づき裁判することは，当事者の法的審問請求権の侵害である。このような場合には，法的審問請求権が裁判所の法的観点指摘義務や釈明義務を根拠づけることを看過すべきでない。同時に，本件は，高裁の第一回結審の実務（→〔214〕）が本件のよ

284 第6章　上告受理申立て理由

うな法的審問請求権の侵害を引き起こしうることの例証でもある[70]。

〔412〕　その他の釈明権不行使により原判決が破棄された裁判例をあげておく。

最〔1小〕判平成17・7・14裁判集民217号399頁＝判時1911号102頁 ＝判タ1191号235頁＝金商1233号14頁

　本件はXがYに対し，建設重機の借上げの代金等およびこれに対する遅延損害金の支払いを求めた訴訟である。第一審裁判所はYに123万6564円の支払いを命ずる判決をしたが，控訴審において，Yは，支払いを命じられた本件代金等の債権を税務署が差し押えたため，本件代金債権元本および遅延損害金の全額を税務署担当職員に支払った旨の抗弁を提出した。そして，Yは税務署作成の差押通知書および領収証を書証として提出したが，この差押通知書は，遅延損害金債権のみについての差押通知書であった。原審は，税務署が差し押さえたのは遅延損害金債権のみであったことが明らかだとして，Yの支払いは遅延損害金債権の部分（23万円余）についてのみ弁済の効果が生じ，123万余円については弁済の効果を主張することはできないとして，23万円余を遅延損害金債権と本件代金債権の元本の一部に充当し，残元本122万円余とこれに対する上記支払い日の翌日から支払済みまでの遅延損害金の支払を，Yに命じた。Yが上告と上告受理申立てを提起した。最高裁は，次のように判示し，原裁判所の釈明義務違反を認めて原判決を破棄し，事件を原審に差し戻した。

　　「原審において，上告人は，第1審判決によって上告人が支払を命じられた被上告人の上告人に対する本件代金等債権を，平成15年12月3日に担当職員が差し押さえたと主張し，同日付けの本件債権差押通知書及び同月16日付けの本件領収証書を書証として提出していたことに照らすと，本件債権差押通知書につき，本件代金等債権のすべてが差し押さえられた旨の記載があるものと誤解していたことが明らかである。そして，原審は，上告人が，担当職員に対し，本件代金等として123万6564円及びこれに対する平成12年10月22日から平成15年12月16日まで年6分の割合による金員の合計額147万0325円を支払ったことを認

---

70)　本件の上告代理人の上告受理申立て理由のなかで，「控訴審判決においては，争点を整理・圧縮するどころか，第一審で行われた争点整理からさらに争点を広げた上に，新争点を付加する判断枠組みを独自に採用しながら，控訴審期日を一回で打ち切り，当事者に新争点が付加されたことを全く説明すらしなかったのである」と述べられている。

定するところ，本件領収証書によれば，担当職員は，被上告人に係る
差押債権受入金として同金額を領収しているものである。このような
事情の下においては，原審は，当然に，上告人に対し，本件代金等の
元本債権に対する担当職員による差押えについての主張の補正及び立
証をするかどうかについて釈明権を行使すべきであったといわなけれ
ばならない。原審がこのような措置に出ることなく，同差押えの事実
を認めることができないとし，上告人の同債権に対する弁済の主張を
排斥したのは，釈明権の行使を怠った違法があるといわざるを得ず，
原審の判断には，判決に影響を及ぼすことが明らかな法令の違反があ
る」。

**最〔2小〕判平成18・3・24〔宮坂昌利/谷口　豊「最高裁民事破棄〔413〕
判決等の実情(1)――平成18年度」〕判時1966号22頁**

　本件は，遺産分割協議に基づき代償金を支払った原告（X）が，遺産分
割協議が無効と判断されたことにより，代償金を受け取った被告（Y）ら
に対し，不当利得の返還を求めた事案である。Yは不当利得返還請求権の
消滅時効の抗弁を提出し，請求を争った。Yらは，Xに対し，別件更正登
記請求訴訟により，右協議に基づきXの単独名義とされた本件土地につき
法定相続分割合による共有登記を取得していた。原審は，代償金等の一部
につき不当利得の成立を認めたが，代償金の給付時から本訴の提起までで
すでに10年以上経過しているとして消滅時効の抗弁を容れ，Xの請求を全部
棄却した。最高裁は次のように判示して，釈明権不行使の違法を認め，原
判決を破棄した。

　「上告人（X）は，本件訴訟において，被上告人（Y）らの上記消滅時
　効の抗弁の主張に関して，消滅時効の完成を争い，①Yらは，58年協
　議書及び本件協議書に自ら押印し，本件協議書に基づき本件代償金等
　の給付を促し，これを受領した，②しかし，Yらは，別件無効確認判
　決が確定したを奇貨として，別件更正登記請求訴訟を提起した，③Y
　らは，Xが本件土地を単独で取得したことを認めず，本件土地につい
　て各4分の1の持分登記を取得したのであるから，Xが本件土地を単
　独で取得することの代償として受領した本件代償金等を返還すべきで
　あるなどと主張している。この主張は，Yらが，別件更正登記請求訴
　訟において，本件協議を無効であると主張し自ら本件代償金等を受領

286　第6章　上告受理申立て理由

する法律上の権限を否定する行動をとり，所期の結果を得たにもかか
わらず，本件訴訟においては，受領すべき法律上の原因のない本件代
償金等の給付に係る不当利得の返還を免れるために消滅時効を主張し
ていることを指摘するものであるから，その趣旨は，Ｙらが本件請求
権の消滅時効を援用することについて，権利の濫用をいうものと解し
得るというべきである。そして，Ｘの上記主張をこの趣旨のものとし
て取り扱う場合には，原審が確定した前記事実関係の下においても，
Ｙらによる本件請求権の消滅時効の援用は権利の濫用に当たると解す
る余地が十分にあるというべきであるから，原審は，Ｘの上記主張の
趣旨について釈明権を行使すべきであったといわなければならない。
原審が，このような措置に出ることなく，Ｙらの消滅時効の抗弁を認
めてＸの本件給付に係る不当利得返還請求部分を棄却したのは，釈明
権の行使を怠った違法があるといわざるを得ず，原審の判断には，判
決に影響を及ぼすことが明らかな法令の違反がある」。

〔414〕　最〔2小〕判平成21・12・18判時2069号28頁＝判タ1317号124頁

　本件は，Ｙ₁がＸに対して遺留分減殺請求権を有していないことの確認
を求めるＸの訴えを不適法として却下した原判決に対し，最高裁が次のよ
うに判示して，原審の釈明権の不行使の違法による法令違反を認めた事例
である。

　　「前記事実関係等によれば，被上告人Ｙ₁に対する確認の訴えは，これ
　を合理的に解釈すれば，本件遺言による遺産分割の方法の指定はＹ₁
　の遺留分を侵害するものではなく，本件遺留分減殺請求がされても，
　上記指定により上告人Ｘが取得した財産につき，Ｙ₁が持分権を取得
　することはないとして，上記財産につきＹ₁が持分権を有していない
　ことをの確認を求める趣旨に出るものであると理解することが可能で
　ある。そして，上記の趣旨の訴えであれば，確認の利益が認められる
　ことが明らかである。そうであれば，原審は，Ｘに対し，Ｙ₁に対す
　る確認請求が上記の趣旨をいうものであるかについて釈明権を行使す
　べきであったといわなければならず，このような措置に出ることなく，
　Ｙ₁に対する訴えを確認の利益を欠くものとして却下した点において，
　原判決には釈明権の行使を怠った違法があるといわざるを得ず，この
　違法が判決に影響を及ぼすことは明らかである」。

第3節　法令の解釈に関する重要な事項　*287*

⑸　その他の手続違反

⒜　控訴期間の遵守　　　　　　　　　　　　　　　　　　　〔415〕

最〔1小〕判平成25・7・18〔伊藤正晴/上村孝由「最高裁民事破棄
判決等の実情(上)——平成25年度」〕判時2224号11頁

　上告人は控訴状を3月23日に第一審裁判所に提出して控訴を提起したが，
訴訟記録の送付を受けた控訴裁判所は，第一審判決正本は同月8日に上告
人の訴訟代理人に交付送達がなされていると認定し，それゆえ控訴期間
(同月22日まで)経過後の控訴提起であるので不適法として，290条の規定
により本件控訴を却下する判決をした。第一審裁判所の裁判所書記官作成
の送達報告書には「3月8日午後3時5分に大阪地方裁判所において上告
人の訴訟代理人であるA弁護士に本件第一審判決を交付送達した旨が記載
され，その受送達者の署名押印欄にはA弁護士名義の署名押印がされてい
る」。これに対し，上告人は，上告受理を申し立て，本件交付送達がなさ
れたのは3月9日であったと主張し，A弁護士の所属する法律事務所の事
務員Bが3月9日に第一審判決の正本を受領した旨のB作成の陳述書のほ
か，3月8日に裁判所で書類を受け取る等の事務を担当する者は同事務所
の事務員Cであり，9日の担当者はBである旨記載のある上告人代理人事
務所におけるローテーション表等この主張に沿う資料を提出した。最高裁
は，これらの資料から，「本件第一審判決の正本の送達日に関する本件送
達報告書の記載が誤記であって，本件第一審判決の正本は3月9日に上告
人に送達されたと認められる余地がある」として原判決を破棄し，控訴の
適法性について更に審理させるため事件を原審に差し戻した。

⒝　訴訟行為の解釈　　　原判決に訴訟行為の解釈について誤りがある〔416〕
ときは，法令違反に当たる(→〔329〕以下)。判例でも訴訟行為の解釈の誤
りを理由に上告を受理したものがある。

最〔2小〕判平成18・3・10〔宮坂昌利/谷口　豊「最高裁民事破棄〔417〕
判決等の実情⑴——平成18年度」〕判時1966号21頁

　建物所有者Xが敷地所有者Yに対して敷地(甲地または乙地)の借地権
確認を求めた訴訟において，原審がXが借地権を有する土地の範囲がXが
主張するとおりの範囲であると認めることはできないとしてXの請求をす
べて棄却したのに対し，最高裁は職権による検討を行い，「上告人(X)
らの本訴請求は，甲地又は乙地について上告人らの借地権が存在すること

の確認を求めるものであるが，甲地も乙地も図面上で特定された一定の範囲の土地であるから，借地権の存在がその全範囲にわたっては認められなくても，そのうちの一部に借地権の存在が認められる場合には，その部分について借地権を有することの確認を求める趣旨の請求と解するのが相当である」と判示し，申立ての趣旨の解釈を誤ったとして原判決を破棄し，事件を原審に差し戻した。

〔418〕　最〔3小〕判平成24・1・31裁時1548号2頁＝裁判集民239号659頁；〔武藤貴明/岡田幸人「最高裁民事破棄判決等の実情(上)──平成24年度」〕判時2118号11頁

　当事者が土地の賃借権の存在確認を求め，地代額の確認まで求めたものとはいえないにもかかわらず，第一審裁判所が地代額の確認が求められているとして主文において地代額を確認したのは違法であり，この違法を看過した原判決には判決に影響を及ぼすことが明らかな法令違反があるとして原判決を破棄し，本件を原審に差し戻した事例。

〔419〕　最〔3小〕判平成26・9・30〔廣瀬　孝/市原義孝「最高裁民事破棄判決等の実情(上)──平成26年度」〕判時2258号10頁

　交通事故による損害賠償請求訴訟において原告が支払われた保険金等を遅延損害金に充当した結果，保険金等が支払われた日までの遅延損害金を確定額で請求する，いわゆる確定遅延損害金の請求の事案につき，最高裁は次のように判示して原判決を破棄した。

　「上告人らは，平成23年1月12日からの遅延損害金の支払のみならず，平成22年11月8日に支払われた上記保険金を充当した後の損害額を元本とし，これに対する同月9日から平成23年1月11日までに生じた遅延損害金として，上告人X₁につき27万9850円，その余の上告人らにつき各11万1164円という確定額をもってその支払をそれぞれ請求しているのであって，このことは訴状に記載された請求の趣旨及び原因並びに控訴状等の記載等からも明らかである。本件において，平成22年11月9日から平成23年1月11日までに生じた遅延損害金の請求を棄却する理由はない」。

(d) 弁論主義違反

最〔3小〕判平成13・12・18〔矢尾　渉「最高裁民事破棄判決等の実
情(上)── 平成13年度」〕判時1783号26頁　[420]

　原告が予備的請求である賃料請求権の発生原因たる事実を何ら明確に主
張していないのに，他人間における通常の賃貸借と同様の条件による黙示
の賃貸借が成立したと判断し，賃料請求権の発生を肯定した原判決につき，
最高裁は弁論主義違反により職権でこれを破棄した。

　　「被上告人は，上記二④の予備的請求において支払を求める賃料請求権
　　の発生原因について何ら明確な主張をしていないのであるから，原審
　　としてはその発生原因についての主張を明らかにさせた上，その主張
　　の当否について認定判断をすべきであった。ところが，原審は，卒然
　　と被上告人が何ら主張していなかった本件契約改訂合意という暗黙の
　　合意の存在を認定した上，これを被上告人の上告人に対する賃料請求
　　権の根拠としたのであって，仮に，当事者（被上告人）が裁判所に対
　　してしかるべき法律上の理論構成を期待していることがうかがわれた
　　としても，その釈明をまたずに上記のような認定判断をすることは，
　　当事者の主張していない事実に基づくものとして許されないといわな
　　ければならない。……」。

最〔1小〕判平成18・6・29〔宮坂昌利/谷口　豊「最高裁民事破棄
判決等の実情(1)── 平成18年度」〕判時1966号28頁　[421]

　共同相続人Xが同Yに対し，相続債権である預金債権を侵害されたと主
張して不法行為による損害賠償または不当利得の返還を請求した事件であ
るが，Yはこの預金債権は相続財産である旨のXの主張を否認し，Yに帰
属するものだと主張していたが，原審はこの預金債権が相続財産であるこ
とは争いがないものとして確定し，Xの請求を認容した。最高裁は次のよ
うに判示して原判決を破棄し，本件を原審に差し戻した。

　　「記録によれば，上告人（Y）が，上記請求原因事実について否認し，
　　上記預金債権の2分の1は，Aの相続財産ではなく，上告人に帰属す
　　ると主張していることは明らかである。そうすると，原審は，当事者
　　間に争いがある請求原因事実について，証拠に基づいて事実を確定し
　　なかったものであり，原審の判断には，判決に影響を及ぼすことが明
　　らかな法令の違反がある。論旨は理由がある」。

第6款　受理決定，不受理決定の理由づけの必要性

〔422〕　上告受理申立ては決定手続により審理され，最高裁は受理決定，不受理決定のいずれにも理由を付する必要はないとされている。しかし，上述のように上告受理申立てに対する裁判は最高裁の裁量によって判断されてはならないと解すると，理由づけなしに裁判されることは大問題である。とりわけ，一般的意義を有しないが不服申立てが奏功する見込みがあるかどうかが判断されなければならないとすると，どのような理由で不服申立ての奏功の見込みがないと判断されたかについて理由が示されることが裁判を受ける権利にとって重要である。

第 **7** 章

上告および上告受理
申立ての提起

第1節　上告開始の手続

第1款　控訴裁判所への上告状の提出

〔423〕　**上告の提起**は，上告状を原裁判所に提出して行う（314条1項）。上告状には，当事者および法定代理人の表示のほか，不服を申し立てる原判決の表示および判決に対して上告をする旨記載しなければならない（313条・286条2項）。上告を提起するときは，上告人は裁判所手数料を納付しなければならない。上告人は，上告状の送達に必要な費用のほか，上告提起通知書，上告理由書および裁判書の送達ならびに上告裁判所が訴訟記録の送付を受けた旨の通知に必要な費用の概算額を予納しなければならない（民訴規187条）。

第2款　上告の手数料

〔424〕　上告の提起に当たり，上告人は裁判所手数料を納付しなければならない。上告の手数料は，上告の手数料訴額に基づき，訴え提起の手数料の算出方法により算出して得た額の2倍と定められている（民訴費用3条・別表第1の第3項）。

　この上告の手数料または手数料訴額を何を基準に算定すべきかについて，見解の対立がある。1つの見解は，控訴の手数料訴額の算定と同様に，「上訴不可分」を根拠に，上告人の不服申立ての範囲いかんにかかわらず，第一審裁判所が裁判した事項の全体を基準に定めるべきだという理由で，訴状に貼用すべき印紙額の2倍の額の印紙を貼用しなければならないとする[1]。他の見解は，不服申立ての範囲が上告審の審理裁判の限界を画するので，不服申立ての限度で上告の手数料訴額を定めることを主張する。

　訴え提起の訴額は請求認容判決によって原告が得ることができる利益によって算定されるが，上訴審手続の訴額は上訴人が不服申立てに係る判決の変更によって得る利益によって決るべきであるので，後説が正しい。前説は，上訴を原判決を取り消すための手続とみ，原判決の取消申立ては原判決の全体の取消しを申し立てなければならないとし，この意味で上訴を不可分と主張するのであるが，上訴の目的を原判決の取消しに求めること

---

1) 兼子・体系464頁；新堂915頁；旧注釈民訴(8)304頁〔塩崎〕。

は誤りである。それゆえ，上訴審手続の訴額は，上訴が奏功した場合に，上訴人が得ることのできる利益によって算定すべきである。

原判決に対して上告と上告受理申立ての提起がある場合，同一の書面によってすることができるが（民訴規188条），手数料の算定については，同一書面によるかどうかを問わず，不服申立てに係る原判決の変更によって上告人・上告受理申立人の得る利益が共通する限度で，その一方について納付した手数料は他方についても納付したものとみなされる（民訴費3条3項）。

第2節　上告の提起

第1款　上告状の提出

1　上告の方式と期間

⑴　上告提起の方式

上告の提起は，上告状を原裁判所に提出してしなければならない（314 **[425]** 条1項）。これは，上告の適法要件の具備について原裁判所に審査させ，それによって上告裁判所の負担を軽減するためである。

原裁判所とは，通常は控訴裁判所であるが，飛越上告および高等裁判所の第一審判決に対する上告の場合は第一審裁判所である。原裁判所は広義の裁判所の意味であり，原判決をした裁判所と同一の構成であってもよいが，そうであるとは限らない。原判決をした裁判所とその構成が変わらない場合にも，前審関与を理由とする除斥規定（23条）の適用はない。

上告状を原裁判所に提出すべきものとされたのは，昭和29年の民訴法の **[426]** 改正（→〔31〕）からである。それ以来，原裁判所が上告裁判所に事件を送付するまでの間，上告審への移審の効力が生じているのかどうかについて見解の対立が生じた。そして，この問題は現行法にも引き継がれることになった。原裁判所が上告の適法性の審査を終えて事件を上告裁判所に送付することによって移審の効力が生ずるとするとする見解（権限委譲説）[2] と，上告状の原裁判所への提出によって，事件は上告裁判所に移審するが，特

---

2) 兼子・条解（上）938頁；宇野栄一郎「上告審の実務処理上の諸問題」実務民訴講座⑵303頁；注解民訴(9)〔第2版〕530頁〔小室／東〕；伊藤719頁；上田614頁；松本／上野〔980〕〔上野〕；菊井／村松・新コンメⅥ334頁；中野ほか編・講義671頁〔上野〕。

294 第7章 上告および上告受理申立ての提起

別の法律規定により原裁判所が所定の範囲において上告裁判所の権限を代行するという見解（代行説）[3]が対立する。上告事件につき管轄権を有するのは上告裁判所であり，上告状が原裁判所に提出すべきものとされているのは上告裁判所の負担軽減のための技術的な理由によるので，原裁判所への上告状の提出により，事件は上告裁判所に係属し，原裁判所は上告裁判所の権限を代行すると解すべきである。

(2) 上告提起期間

〔427〕　上告提起期間は，原判決の送達の日から2週間の不変期間と定められている（313条による185条の準用）。もっとも，その期間前に提起された上告も，その効力を妨げられない（185条ただし書）。

　　当事者が遠隔の地に住所または居所を有するため，裁判所が付加期間を定めたときは（96条2項），上告期間はその分延長される。現行民訴法は付加期間について当事者の申立権を認めず，裁判所の職権によって期間の伸張がなされるが，当事者は期間経過前に裁判所の職権発動を促すことはできる。当事者が自己の責めに帰することができない事由によって上告期間を遵守できなかった場合には，その事由が消滅した後1週間以内に限り，上告の追完をすることができる（96条1項本文）。

〔428〕　期間の開始は，原判決の送達の日である。期間の計算は，民法の期間に関する規定に従う（95条1項）。日，週，月または年によって期間を定めたときは，期間の初日は算入されないので（民140条1項本文），判決の送達日の翌日から起算される。書留郵便等に付する送達の場合には，判決を書留郵便等に付して発送した時に送達があったものとみなされので（107条3項），上告期間の進行はその翌日から始まる。[4]公示送達の方法で送達がなされた事件は，民訴法111条により掲示を始めた日から2週間を経過することによって，送達の効力を生じ（112条本文。ただし同一当事者に対する2回目以降の公示送達は公示を始めた日の翌日に送達の効力を生ずる。同条

---

3) 関根小郷「上告手続に関連する民訴法の改正等について」曹時6巻6号55頁；菊井/村松・全訂Ⅲ264頁；条解民訴〔第2版〕1622頁〔松浦/加藤〕；(旧)注釈民訴(8)304頁〔塩崎〕；基本法コンメ民訴(3)73頁〔鈴木重信〕；高橋・重点講義(下)730頁など。

4) 東京控判昭和8・12・18新聞3672号12頁；札幌高判昭和26・4・26高民集4巻4号94頁参照。

ただし書），上告期間の進行はその翌日から始まる。期間の末日が日曜日，土曜日，祝日法に規定された休日，1月2日，1月3日または12月29日から12月31日までの日に当たるときは，期間はその翌日に満了する（95条3項）。

調書判決がなされた場合，調書の謄本も必要な判決の送達に含まれる（255条2項）。

裁判の脱漏がある場合には，脱漏部分は裁判所に係属しているが，この [429] 部分につき判決がなされると（追加判決），追加判決に対する上訴期間はこの判決の送達とともに開始する。訴訟費用の負担の裁判の脱漏の場合には，裁判所は申立てによりまたは職権で，訴訟費用の負担について決定で裁判することができ（258条2項），この決定に不服のある当事者は即時抗告を提起することができるが（同条3項），裁判所がした訴訟費用の負担についての決定は本案判決に対して適法に上訴があった場合にはその効力を失い，上訴裁判所が訴訟の総費用についてその負担の裁判をする（同条4項）。

控訴審判決の送達前に124条による手続の中断が生じた場合には，上告 [430] 期間は進行を開始しない。すでに期間の進行が開始している場合には，手続の中断により，期間はその進行を停止する（131条2項前段）。この場合には，上告期間は訴訟手続の受継の通知またはその続行の時から，新たに全期間の進行を開始する（同項後段）。

(3) 上告期間と送達の瑕疵

原判決が送達されず，完全には送達されずまたは送達に瑕疵があった場 [431] 合，送達は無効であり，上告期間は進行を開始しない。不変期間の起算点である判決の送達の瑕疵は，責問権の放棄または喪失によって治癒されないと解すべきである。瑕疵の治癒が肯定されると，上訴期間の進行開始時が不明確になり，当事者の法的審問請求権（→[180]）の侵害が生じうるからである。

大審院判例は，反対に，不変期間の起算点に関する送達についても責問

---

5) 大阪高判昭和34・2・17下民集10巻4号316頁参照。
6) 三ケ月・全集322頁；注解民訴(3)〔第2版〕541頁［斎藤/井上/小室］；条解民訴〔第2版〕1410頁［竹下/上原］；(旧) 注釈民訴(3)328頁［梅］；(旧) 注釈民訴(8)85頁［春日］。

296　第7章　上告および上告受理申立ての提起

権の放棄または喪失による瑕疵の治癒を肯定する立場に立った。[7] この立場はその後も踏襲されている。たとえば事理を弁識する能力を欠く未成年者が判決正本の交付を受けた場合でも，その後に当事者本人が判決の正本を受領して異議なく控訴を提起した場合には，受領の時に適法に受領したものだとする裁判例，[8] 書留郵便に付して行われた判決正本の送達が違法であっても，受送達者が現実に送達を受領したときは受領時から上訴期間が進行するとする裁判例，[9] 控訴審判決が誤って第三者に送達された場合，本来送達を受けるべき当事者が現実に判決を入手した時から上訴期間が進行するとする裁判例[10] があり，また，このような裁判例を支持する文献[11] もある。しかし，上訴期間がいつ進行を開始するかについて不明確な状態に当事者を置くことは，当事者の法的審問請求権（→〔180〕）の保障の見地から是認できないであろう。

〔432〕　もっとも，訴訟能力者と扱われたが実際には訴訟能力を欠く者に対してなされた判決の送達は，102条1項に違反するにもかかわらず上訴期間の進行を開始させると解すべきである。責問権の放棄・喪失による送達の瑕疵の治癒を認める判例は，この場合には責問権放棄の前提を欠くとして，判決の送達を無効と解するが，[12] この場合には，判決の送達は上訴期間の進行を開始させ，上訴期間の経過によって，判決は確定し，その後は，この判決に対して338条1項3号により再審の訴えを提起することができると解すべきである。[13] 反対説，すなわち，訴訟能力の欠缺を看過した本案判決の送達は無効であり，上訴期間の進行を開始させず，判決は未確定の状態になるとみる見解[14] によれば，送達という形式的な行為のもつ上訴期間を進行させるという効力が，送達のさいに認識できない，ずっと後の手続に

---

7) 大判大正15・4・14民集5巻257頁（送達された判決正本に裁判所書記官の押印がない場合）；大決昭和8・7・4民集12巻1745頁（訴訟能力を欠く当事者に対する送達の瑕疵）。

8) 東京高判昭和34・6・20東高民時報10巻133頁。

9) 名古屋高判昭和44・10・31高民集22巻6号749頁。

10) 最判昭和38・4・12民集17巻3号468頁＝判時341号28頁。

11) 菊井/村松・全訂Ⅲ65頁；法律実務講座(2)346頁；菊井/村松・新コンメⅥ66頁。

12) 前掲注7）大決昭和8・7・4。

13) Vgl. BGHZ 176, 74(76); 104, 109(111); RGZ 121, 63 (64f.); 162, 223(225); BVerwG NJW 1970, 962 f.; Rosenberg/Schwab/*Gottwald*, §44 Rn.35; Stein/Jonas/*Bork*, §56 Rn.2.

14) 坂原正夫「訴訟能力の欠缺を看過した判決の効力」慶應義塾大学法学部創立100年記念論文集（1990年・慶應通信）12頁以下；小田　司「訴訟能力をめぐる諸問題」日本大学法学部創立120周年記念論文集〔第1巻〕（2009年）211頁以下。

おいて調査されなければならない瑕疵によって否定されることになるが，それによって，一方では期間の制約なく何時でも上訴を提起することができ，その結果，法的安定性が著しく害される。他方，訴訟能力を欠く者は，338条1項3号の定める再審事由を主張して再審の訴えにより救済を得ることができるから，この者に著しい不利益は生じない。それゆえ，判決の送達による上告期間の進行の開始を認めるべきである。

(4) 各当事者についての上告期間の進行

上告期間は，各当事者への判決の送達時から進行を開始するので，当事 [433] 者によって上告期間の開始と終了の時点が異なることが生じうる。先に送達がなされた当事者が上告期間を徒過しても，最後に送達された当事者が上告期間を徒過するまでの間は，判決は確定しない。自らの上告期間を徒過した当事者は，自ら上告を提起することはできないが，遅れて判決の送達を受けた当事者が上告を提起すれば，判決はその確定を遮断されるので，附帯上告を提起することができる。たとえば，判決に対して両当事者ともに不服を有する場合，自己の上告期間を徒過した当事者は，相手方が上告を提起すれば，附帯上告を提起して自己に不利な判決部分の破棄を求めることができる。

通常共同訴訟においては，訴訟法律関係独立の原則（共同訴訟人独立の [434] 原則）が妥当するので，共同訴訟人ごとに上告期間が進行することに争いはない。

必要的共同訴訟についても，上告期間は各共同訴訟人ごとに進行すると [435] みる見解（各別説）と，反対説とが対立する。各別説にも2つあり，ある共同訴訟人の上告期間の経過後は，この共同訴訟人は自ら上告を提起することができないが，他の共同訴訟人が上告を提起すれば40条1項の適用によって上告人になるとする見解と，期間は各別に進行するが，上告期間の経過していない共同訴訟人がいる限り，自らの上告期間を徒過した共同訴訟人はなお上告を提起することができるという見解である。反対説（統一説）は，上告期間は，判決の最も遅い共同訴訟人への送達時からようやく進行を開始し，すべての共同訴訟人について同時に終了すると主張する。統一説は，すべての共同訴訟人に合一的な判決は統一的な期間経過を必要

ならしめるとみる[15]。

　まず，統一説は法律に適合しないと考えられる。40条1項は必要的共同訴訟人の1人の訴訟行為の効力の特則を定めるものであり，必要的共同訴訟における上訴期間の特則を定めるものではない。各共同訴訟人の訴訟法律関係が独立である場合，個々の送達も独立でなければならないからである。加えて，共同訴訟人にとって原判決の最後の送達時点を確定することは全く困難であり，したがって上訴期間の終了の日を定めることは困難である。しかし，個々の共同訴訟人が何時まで不服申立てをすることができるかを確実に知ることができなければならない。そうでないと，統一的な上訴期間が経過していないと思って上訴状を裁判所に提出したところ，後になって期間を徒過していたことが明らかになり，場合によっては無駄な手数料を支払わなければならない事態が生じうる。上訴期間の終了の日を明確にする必要上，各別説が妥当である。なお，各別説のうち，自らの上告期間を徒過した共同訴訟人も，上告期間の経過していない共同訴訟人がいる限り，上訴を提起することができるという見解は，まったく便宜的な見解であり，そのようなことを40条1項から導き出すことはできない。したがって，各共同訴訟人は自己の上告期間内でのみ上告を提起することができるという各別説が正しい。ただし，この各別説が，自ら上告を提起しなかった共同訴訟人は他の共同訴訟人が適法に上告を提起すれば，40条1項の規定の適用により上告人になると主張する点は支持することができない。私見によれば，1人の共同訴訟人の上訴によって，上訴を提起しなかった共同訴訟人の請求も確定を遮断され上訴審に移審するのは，上訴を提起した共同訴訟人の上訴審の裁判を受ける権利を害しないためであって，自ら上訴を提起しなかった共同訴訟人を上訴人にするのは，この者の意思に反するので，不当である。それゆえ，自ら上訴を提起しなかった共同訴訟人は上訴人にはならないが，この者の請求も上訴審の審理・裁判を受ける関係上，「上訴審の当事者の地位」（上訴を提起した共同訴訟人に従属する地位）を取得すると解する。この上訴審の当事者の地位を取得した共同訴訟人は，上訴審において攻撃防御方法を提出することができる[16]。

---

15) 詳しくは，松本・民事控訴審ハンドブック〔251〕。
16) 松本・民事控訴審ハンドブック〔254〕以下参照。

補助参加人が上告を提起する場合には，その上告期間は被参加人の上告　[436]
期間に限られる。

2　上告状の提出

(1)　原裁判所への提出

上告状の提出は，単独訴訟行為であり，原裁判所の構成員の協力を必要　[437]
としない。上告状が原裁判所の支配領域内に入ることが必要であるが，こ
れで足りる。したがって，上告状が上告期間の経過前に原裁判所の事務担
当者に届くこと，すなわち事務処理権限のある者の手に渡ることは必要で
ない。上告期間の最終日の24時までに，上告状が原裁判所に投入されれば
足りる。したがって，上告状が裁判所の設置した受付係または郵便受に届
けば足りる。[17)] もっとも，裁判所の執務時間外に上告状が提出される場合に
は，上告期間の最終日の24時までに上告状が原裁判所に届いたことを疎明
することが困難だという問題がある。

上告状の提出は，訴状の提出のように，電報やファックスによっても有
効に行うこともできる。電報やファックスによる場合には，送付される書
類がまず中間受領者に送られるのでなく，直接裁判所に届くべきことに留
意すべきである。[18)] もっとも，送付者が第三者のファックスから上告状を送
付した場合には，効力に問題はない。

(2)　数度の上告状の提出

上告人が上告期間内に電報やファックスにより上告状を送付した後に上　[438]
告状のオリジナル書面を提出した場合，別異に解する手がかりがなければ，
複数の上告の提起がある。実務においても文献においても，これを二重上
告とみる見解があるが，この二重の上告状の提出は二重上告とみなされる
べきでない。第2の上告状によって実際に改めて上告が提起されているの
か，それともそれは法的に意味のない繰返し行為にすぎないのかは，最初
に提起された上告が有効であるか否かに依存する。当初は有効でない第2
の上告は最初に提起された上告が効力を失う場合に有効になるのであり，[19)]

---

17) 控訴状の提出と同じである。松本・民事控訴審ハンドブック〔263〕。
18) Vgl. BGH NJW 1993, 3141; Wieczorek/Schütze/*Prütting*, §549 Rn.15.
19) Vgl. BGH NJW 1993, 3141; Wieczorek/Schütze/*Prütting*, §549 Rn.15; MünchKommZPO/
    Krüger, §549 Rn.2.

300　第7章　上告および上告受理申立ての提起

最初に提起された上告が有効で上告審の手続が適法に開始されていること
が確かであれば、それで足りる。[20]

(3)　上告状が上告裁判所に提出された場合の措置

〔439〕　　上告状が原裁判所にではなく、上告裁判所に提出されることがある。問
題は、そのような場合に裁判所が執るべき措置である。

　　この場合には、原裁判所による上告適法要件についての審査が必要であ
るため、上告裁判所は事件を原裁判所に移送すべきと解される（通説）。
反対説は、事件が上告裁判所に移審し、上告裁判所に係属するのは、原裁
判所が事件を上告裁判所に送付したのちであると解し、それゆえ上告人が
誤って上告状を上告裁判所に提出しても、上告裁判所に事件は係属せず、
したがって、事件が係属していない上告裁判所が事件を原裁判所に移送す
る余地はないと主張する。[21] しかし、上告事件につき管轄権を有するのは上
告裁判所であり、上告状が原裁判所に提出すべきものとされているのは上
告裁判所の負担軽減のための技術的な理由によるのであり、上告状の提出
があれば、事件は上告裁判所に係属するが、法律の授権により原裁判所が
上告の適法性審査をする（上告裁判所の権限を代行する）のであるから（→
〔426〕）,[22] 移送の余地がないとすることは不当である。誤って上告状が上告
裁判所に提出されたときは、事件は上告裁判所に移審するが、上告裁判所
は原審に適法性の審査をさせるために移送をすべしとするのが通説である。
もっとも、移送の根拠として、特別に規定により上告裁判所の権限を代行
する原裁判所に移送すべきだとする見解[23] と、16条1項を類推適用して訴
訟を原審に移送すべきであるとする見解[24] がある。当事者本人が訴訟代理
人なしに上告を提起することができるとする民訴法のもとで、上告裁判所
に上告状を提出すべきものと考えて上告状を上告裁判所に提出した場合に、

---

20)　控訴につき、松本・民事控訴審ハンドブック〔363〕参照。
21)　兼子・条解(上)938頁；同・体系97頁；菊井・上80頁；東京高判昭和42・6・19高民集20
　　巻3号309頁。
22)　菊井/村松・全訂Ⅲ264頁；(旧) 注釈民訴(8)304頁〔塩崎〕；基本法コンメ民訴(3)73頁〔鈴木
　　重信〕；高橋・重点講義(下)730頁。反対：兼子・条解上938頁；上田614頁；松本/上野〔980〕
　　〔上野〕；伊藤719頁；菊井/村松・新コンメⅥ334頁。
23)　関根・前掲注3）55頁；菊井/村松・全訂Ⅲ264頁。
24)　小室・上訴制度279頁；三ケ月・全集260頁；斎藤・概論〔新版〕79頁；宇野・前掲注2）
　　309頁注(1)；注解民訴(9)〔第2版〕529頁〔小室/東〕；条解民訴〔第2版〕1623頁〔松浦/加
　　藤〕；菊井/村松・新コンメⅥ333頁。

第2節　上告の提起　*301*

上告期間徒過の不利益を負せるのは不当だから，16条1項の類推適用により移送すべきである。[25] 判例も移送を認めている。[26]

第2款　上告状の内容

裁判所に提出される上告状には，控訴状と同じく当事者および法定代理[440]人，原判決を表示し，かつ原判決に対して上告をする旨を記載しなければならない（**必要的記載事項**。313条による286条2項の準用）。上告状に上告理由を記載することもできるが，上告理由を記載しないときは，上告人は最高裁規則の定める期間内に上告理由書を原裁判所に提出し（315条1項），かつ上告理由書を最高裁規則の定める方式により記載しなければならない（同条2項）。日本では，上告期間は控訴期間と同様極めて短く，また上告理由は上告人が十分に検討したうえで提出する必要があるためである。

なお，上告の提起と後述の上告受理申立て（→〔489〕）の提起を一通の書面ですることが許されるが，この場合には，その書面が上告状と上告受理申立書を兼ねていることを明らかにするとともに（民訴規則188条前段），その書面に上告の理由と上告受理申立て理由を記載するときは，これらを区別して記載することが求められる（同条後段）。

1　当事者および法定代理人

誰が上告人であり，誰が被上告人であるかを明確にするために，上告状[441]にこれを記載することが要求される。上告人と被上告人のうちでは，前者の記載が特に重要である。上告人が誰であるかは，特に一義的に記載され

---

25) もっとも例外的に，上告裁判所は，上告状とその付属書類から上告が不適法であることが明らかな場合（たとえば上告ができない裁判に対して上告が提起されているような場合）には，原裁判所に移送せずに上告を却下することができると解される。注解民訴(1)〔第2版〕375頁〔小室/井上繁規〕；条解民訴〔第2版〕1623頁〔松浦/加藤〕；菊井/村松・新コンメVI334頁参照。これは，原審による適法性審査が上告裁判所の権限行為の代行であることと一層よく調和する。

26) 大決昭和8・4・14民集12巻629頁；大決昭和11・7・31民集15巻1581頁；最決昭和24・7・6民集3巻8号279頁；最判昭和25・11・17民集4巻11号603頁；最判昭和30・3・10民集9巻3号273頁；東京高決昭和43・11・4判タ228号124頁。なお，執行抗告の抗告状が原裁判所以外の裁判所に提出された場合に事件を移送しないで執行抗告を却下すべきものとする最決昭和57・7・19民集36巻6号1229頁は，上告および上告受理申立てを射程にするものではない。この判例は執行抗告の濫用防止と執行手続の遅延防止を重視するものであるからである。武藤貴明「最高裁判所における民事上告審の手続について」判タ1399号（2014年）50頁，53頁注24）；注釈民訴(5)297頁〔阿部〕参照。

302 第7章　上告および上告受理申立ての提起

なければならない。もっとも，上告状自体に上告人の表示に瑕疵があって
も，第一審判決や控訴審判決によって誤記または脱漏と認められる場合に
は，後に補正があると適法な上告状となる。[27]上告状に当事者の氏名の記載
があるが，その正当な法定代理人の氏名に誤記または脱落がある場合には，
後に補正すれば適法である。[28]

〔442〕　**通常共同訴訟の控訴審判決に対する上告**の場合には，共同訴訟人のうち
の誰からの，共同訴訟人のうちの誰に対する上告であるかが明確にされな
ければならない。上告人たるべき共同訴訟人のすべての表示が必要である。
1人だけが上告人と表示され，他の者の上告意思が明らかでない場合には，
上告人と表示されている者の上告のみが存在する。

〔443〕　**上告状における被上告人の表示**には，あまり厳格な要求はなされるべき
でない。上告状における被上告人の表示に誤りがある場合，上告状の全内
容（および控訴審判決）から客観的，合理的に判断して，誰が上告の相手
方とされているかが明らかになれば，表示の訂正を許すことができる。[29]被
上告人の側に複数の共同訴訟人がおり，上告状が共同訴訟人の全員に対す
る上告であるのか，これらの者のうちの1部の者に対する上告であるかが
疑問の余地のない形で明らかにならない場合には，上告は不服申立てに係
る裁判の全体に向けられており，したがって上告人が不服申立てに係る裁
判に不服を有する限り，上告はこの裁判全体を攻撃しているものと扱われ
るべきである。[30]もっとも，上告状にすでに上告申立て（上告の趣旨）の記
載がある場合には，複数の相手方の誰に対して上告が向けられているかは
容易に明らかになる。

〔444〕　**補助参加人**が上告を提起する場合に，被参加人の氏名の表示を欠くと，
補助参加人は上告人でないので，実質的な上告人を欠くことになる。この
場合には，補正が必要である。これに対し，被参加人または相手方が上告

---

27) 最判昭和34・11・19民集13巻12号1500頁；注解民訴(9)〔第2版〕176頁〔小室/東〕。
28) 東京控判大正11・4・13評論11巻民法340頁。訴状，控訴状に正当な法定代理人の記載がな
　い場合にも，上告状により補正すれば，その効力は第一審，第二審にも及ぶとするのは，大
　判昭和19・2・25民集23巻75頁。
29) 被控訴人の氏名の表示を脱漏している控訴状につき，後に追加申立書で補正すれば控訴は
　適法になるとするのは，東京控判昭和2・11・15新聞2780号7頁＝評論17巻民訴210頁；東
　京高判昭和44・8・7下民集20巻7〜8号571頁。
30) Vgl. BGH NJW-RR 2009, 208(209); BGH NJW 1969, 928; 1984, 58; Wieczorek/Schütze/
　Prütting, §549 Rn.10. 控訴につき，松本・民事控訴審ハンドブック〔373〕参照。

を提起する場合には，補助参加人の氏名を脱漏しても，上告状の適否に影響はない。もっとも，補助参加人にも上告状を送達する必要上，補助参加人を表示することが妥当である。[31]

上告代理人の記載は上告状の必要的記載事項ではないので，その署名が [445] あるが捺印を欠く場合，それは上告状の適否とは無関係である。[32]

2 控訴審判決の表示およびこれに対して上告する旨の表示

不服申立てに係る控訴審判決を明確にするために，どの控訴審判決に対 [446] して上告を提起するかを，他の判決と区別しうる程度に特定して記載することが求められる。控訴審の終局判決をした裁判所名，事件名，判決言渡し日等によって，控訴審判決を特定すればよい。上告状には，上告人が控訴審判決に対して上告を提起する旨を記載する必要がある（313条・286条2項2号）。もっとも，裁判所が認識可能な事情に基づき不服申立てに係る控訴審判決の同一性を明確に確定することができる場合には，原判決の表示に瑕疵がありまたは不完全であっても，無害でありうる。[33]

不服申立ての範囲（上告申立て）は，必要的記載事項ではない。控訴審 [447] 判決の全部に不服を申し立てるのであるか，その一部についてのみ不服を申し立てるのかという点についての表示は，第一審判決に対する控訴の場合と同様，要求されていない。上告状において制限的な申立ての予告があっても，それは上告の限定を意味しない。なぜなら，そのような予告には，不服申立てのない部分については原判決を甘受し不服を申し立てないという，上告権の放棄を認めるために必要な明瞭で一義的な意思の表明が現れていないからである。[34]

上告人が上告状に不服の範囲を記載しない場合には，上告理由書においてこれを明らかにすれば足りる（→[466] 以下）。

31）注解民訴(9)〔第2版〕176頁［小室/東］参照。
32）大判大正13・2・9評論13巻民訴130頁。
33）Vgl. BGH NJW-RR 2006, 1571; BGH NJW 2001, 1070 (1071); Wieczorek/Schütze/*Prütting*, §549 Rn.8.
34）Vgl. BGH NJW 1958, 343; Wieczorek/Schütze/*Prütting*, §549 Rn.8.

304 第7章　上告および上告受理申立ての提起

第3款　上告状の副本の提出

〔**448**〕　上告の提起のさい，上告人は被上告人の人数分の副本の提出を求められる（民訴規186条・179条・58条1項）。これにより，相手方への上告状の送達が容易になり，かつ送達を迅速化することができる。副本の提出義務は訓示的なものであるから，副本の提出がない場合には，補正命令の対象としたり，上告状を却下することはできないので，原裁判所の裁判所書記官が上告状の副本を作成することになる。[35]

第4款　上告状の審査と上告状の送達

〔**449**〕　上告が提起されると，先ず原裁判所の裁判長が上告状の審査を行い（314条2項），次に原裁判所が上告の適法要件の審査を行う（316条1項）。

1　上告状の審査

〔**450**〕　原裁判所の裁判長は，上告状に必要的記載事項が記載されているかどうか，手数料として所定の印紙が貼用されているかなどを審査し，欠缺があるときは相当の期間を定めて補正を命じ，期間内に補正されないときは命令によって上告状を却下しなければならない（314条2項・313条・288条・137条）。上告状の送達に必要な費用の予納がないときは，原裁判所の裁判長は，補正を命じ，期間内に補正がないときは命令によって上告状を却下しなければならない（313条による289条2項・137条の準用）。これに対し，上告提起通知書，上告理由書，裁判所の送達費用等の概算額の予納がない場合には，上告状の却下はできない。[36]

　上告状却下命令に対しては，不服申立てができなければならない。地方裁判所の裁判長がした上告状却下命令に対しては即時抗告ができるが，[37]高等裁判所の裁判長がした上告状却下命令に対しては，最高裁は即時抗告についての裁判権を有しないので（裁7条参照），最高裁に対する即時抗告はできず，特別抗告または許可抗告ができるにとどまる。[38]上告状却下命令は，

35）最高裁判所事務総局民事局監修・条解民事訴訟規則（1997年・司法協会）128頁。

36）注釈民訴(5)298頁〔阿部〕。

37）注解民訴(9)〔第2版〕529頁〔小室/東〕；(旧)注釈民訴(8)305頁〔塩崎〕；笠井/越山編〔第2版〕1082頁〔笠井〕；菊井/村松・新コンメⅥ334頁；注釈民訴(5)298頁〔阿部〕。反対：菊井/村松・全訂Ⅲ266頁；基本法コンメ民訴(3)74頁〔鈴木重信〕。

38）武藤・前掲注26) 59頁。

上告裁判所の裁判長としての裁判であることを理由に即時抗告の対象にならないとする見解[39]があるが，妥当でない。

2　上告の適法性審査

(1)　不適法で，その不備を補正できないことが明らかな上告の原裁判所による却下決定

原裁判所は，上告期間経過後の上告の提起であるなど，上告が不適法で，[451]その不備を補正できないことが明らかな場合には，決定により上告を却下しなければならない（316条1項1号）。この手続は，上告裁判所の訴訟遅延と最高裁判所の負担軽減を目的として昭和29年の民訴法の改正のさいに導入された規律（→〔31以下〕）に由来する。なお，原裁判所による上告の適法性審査の制度は，憲法32条に反しない[40]。

上告が不適法で，その不備を補正できないことが明らかな場合に当たるのは，次のような場合である。上告期間経過後の上告の提起，上告権放棄後の上告の提起，訴訟費用の裁判のみに対する上告の提起（313条・282条参照），原審で全部勝訴判決を受けた当事者が提起した上告（ただし，婚姻または養子縁組の解消を求める訴訟において勝訴原告または勝訴した反訴原告が被告または反訴被告を許す気になって婚姻または養子縁組を継続するために上告を提起し，訴えの取下げまたは請求の放棄をしようとする場合は除く）[41]，訴訟当事者でない者の提起した上告または訴訟当事者でない者に対して提起された上告[42]である。上告につき当事者の訴訟能力や法定代理権が欠缺し，34条1項または59条により補正を命じても補正されない場合も，決定で上告を却下すべきである[43]。なお，原審の裁判長は，上告状が適式でないことを看過して上告状却下命令をすることなく上告状を送達した後に，そのこ

39）東京高決昭和31・1・31東高民時報7巻1号15頁；菊井/村松・全訂Ⅲ266頁。

40）最判昭和39・12・25裁判集民76号779頁。

41）上告人が婚姻または縁組を維持する意図を上告状において十分に明らかにせず，無条件で訴えの取下げ，または離婚請求または離縁請求の放棄を予告しない場合には，上告は不適法である。松本・人訴法〔245〕参照。

42）菊井/村松・全訂Ⅲ274頁；(旧)注釈民訴(8)313頁［塩崎］；条解民訴〔第2版〕1630頁［松浦/加藤］；基本法コンメ民訴(3)76頁［鈴木重信］；注釈民訴(5)306頁［阿部］；笠井/越山編〔第2版〕1084頁［笠井］；武藤・前掲注26）59頁など。

43）菊井/村松・全訂Ⅲ274頁；(旧)注釈民訴(8)313頁［塩崎］；条解民訴〔第2版〕1630頁［松浦/加藤］；注釈民訴(5)306頁［阿部］。

306 第7章 上告および上告受理申立ての提起

とに気づいた場合にも，決定で上告を却下すべきである[44]。なお，形式的には原判決に憲法○○条の解釈の誤りまたは理由の不備や食違いがあると主張されていても，提出された上告理由の実質は事実認定に対する非難であったり，単なる法令違反の主張であるにすぎない場合があるが，このような場合でも原裁判所が上告を不適法として却下することは，上告の適法性審査の範囲を越えるのでできない[45]。

(2) 上告却下決定に対する不服申立て

〔452〕 地方裁判所（飛越上告の場合には簡易裁判所）がした上告却下決定に対しては，高等裁判所に対して即時抗告をすることができる。これに対し，高等裁判所の上告却下決定に対しては，最高裁判所に対し，即時抗告を提起することはできない（裁7条）。この場合には，特別抗告（336条）と許可抗告（337条）が許されるにすぎない（裁7条2号）。

3 上告提起通知書および上告状の送達

〔453〕 原裁判所の裁判所書記官は，上告状却下命令または316条1項1号による上告却下決定があったときを除き，当事者双方に上告提起通知書を送達しなければならない（民訴規189条1項。なお，上告は原裁判所の判決書または判決書に代わる調書の送達前に提起することができるが，このような上告の提起があったときは，上告提起通知書の送達は，判決書または判決書に代わる調書の送達とともにしなければならない。同条3項）。被上告人には，上告提起通知書の送達と同時に，上告状を送達しなければならない（同条2項）。

4 原裁判所による付随的裁判

〔454〕 上告裁判所への事件の送付までは，訴訟記録は原裁判所において保管される。そのため，原裁判所は，法律に従い種々の付随的裁判をすることができる。これには，次のような裁判が属する。上告事件を本案とする執行停止に関する裁判，上告事件を本案とする仮差押え，仮処分命令に対する事情変更による取消しに関する裁判，訴訟費用の担保提供に関する裁判，

---

44) 菊井/村松・全訂III274頁；(旧) 注釈民訴(8)313頁〔塩崎〕；条解民訴〔第2版〕1630頁〔松浦/加藤〕；菊井/村松・新コンメVI348頁；注釈民訴(5)307頁〔阿部〕；大決昭和14・3・20民集18巻365頁参照。

45) 最〔3小〕決平成11・3・9裁判集民192号99頁＝判時1673号87頁＝判タ1013号119頁。

訴訟救助に関する裁判，民事執行法36条1項による執行停止の裁判などである。

　上告の取下げ，上告権の放棄，訴えの取下げは，事件の上告裁判所への〔455〕送付までは，原裁判所に対して行う。上告事件について，訴訟上の和解を原裁判所においてすることもできる。上告の取下げや訴えの取下げにつき争いがある場合には，原裁判所はこれについて裁判することはできず，民訴規則197条1項に従って事件を上告裁判所に送付すべきである。[46]

第3節　上告理由書提出強制

〔**文献**〕　小室直人「上告理由書提出強制」小室＝小山還暦(中)358頁以下
　　　　　(同・上訴再審127頁以下)

第1款　上告理由書

　上告裁判所の負担軽減のために，上告は理由づけられなければならない。〔456〕その他，この理由づけ義務によって，被上告人はどの点に防御を方向づけるべきかを知ることができ，被上告人の利益にも資する。法律の定める方式に従った上告の理由づけは，上告適法の要件の1つである。

　上告理由書提出制度は，大正15年改正民訴法によって初めて導入された。明治23年民訴法のもとでは，上告状の必要的記載事項でない上告の理由は，上告状の任意的記載事項として上告状に記載することはできたが，一般には後日に準備書面として上告理由書が提出されていた。これは攻撃防御方法として提出されるものであり，上告審の口頭弁論の終結まで可能であったため，訴訟遅延と上告裁判所の負担過重の原因となったといわれる。大正15年改正民訴法によって，上告理由書は所定の期間内に所定の方式により提出しなければならないとされ，明治23年民訴法の準備書面としての上告理由書から，訴訟上の形成的効力を有する確定書面の性格をもつに至った。[47]もっとも，上告理由書の記載方式は法定されなかったが，その後の学

---

46) 菊井/村松・全訂Ⅲ367頁；注解民訴(9)〔第2版〕530頁［小室/東］；(旧) 注釈民訴(8)306頁［塩崎］；菊井/村松・新コンメⅥ335頁；注釈民訴(5)299頁［阿部］。反対：条解民訴〔第2版〕1623頁［松浦/加藤］。

47) 大正15年改正民訴法における上告理由提出強制については，小室直人「上告理由書提出強

308 第7章 上告および上告受理申立ての提起

説は，不服の範囲，上告裁判所に求める破棄の程度および具体的な法令違
反の事由を上告理由書に記載すべきものとした[48]。明治23年民訴法下の実務
と同じく，上告理由の主張は攻撃防御方法であるとの観念が貫かれていた
といわれる[49]。

〔457〕　上告の理由は，現行法においても，上告状の必要的記載事項とはされて
いない。これは，極めて短い上告期間内に控訴審判決を精査して不服申立
ての範囲を決めるとともに，上告の理由を付して上告を提起することは困
難であり，これを要求すると，実質的に上告権の制限になるためである。
上告状に上告の理由の記載がないときは，上告人は上告提起通知書（→
〔453〕）の送達を受けた日から50日以内に上告理由書を原裁判所に提出し
なければならない（315条1項）。所定の方式によって作成された上告理由
書が所定の期間内に原裁判所に提出されないときは，原裁判所は決定で上
告を却下しなければならない（316条1項1号）。それゆえ，上告理由書は
単なる準備書面ではなく，形成的効力を有する確定書面である。

第2款　上告理由書の提出期間

1　期間の開始

〔458〕　上告理由書の提出期間は，上告人が上告提起通知書（→〔453〕）の送達
を受けた日から50日以内である（315条1項；民訴規194条）[50]。この提出期間
の定めは，315条1項の委任に基づき最高裁規則により定められたもので
あるから，憲法に反しない[51]。

〔459〕　提出期間は，上告提起通知書が現実に上告人に送達された日から起算し
て50日以内に，上告理由書が原裁判所に到達することによって遵守される
（到達主義）[52]。上告理由書がファックスによって届けられる場合，提出が適

　　制」小室＝小山還暦(中)358頁，367頁以下（同・上訴再審127頁，138頁以下）参照。
48）中島・日本民訴法1672頁；細野・要義(4)377頁；加藤正治・新訂民事訴訟法要論（1956
　　年・有斐閣）498頁。
49）小室・前掲注47）360頁（同・上訴再審129頁）。
50）誤って上告理由書を上告裁判所に提出したため提出期間を徒過した場合，原裁判所に提出
　　していれば期間を遵守できたと認められる場合であっても，上告理由書の提出期間を遵守し
　　たことにはならない。東京高判昭和38・11・5高民集16巻8号637頁。
51）最判昭和33・7・10民集12巻11号1747頁。
52）判例は，このように到達主義によって上告理由書の提出期間を定めることは憲法に反しな
　　いとする。前掲注51）最判昭和33・7・10。

時になされたかどうかにとっては，プリントアウトではなく，到着シグナルが期間経過前に完全に受領されたかどうかが重要である。[53]

補助参加人による上告の提起の場合には，上告提起通知書は被参加人と補助参加人の両者に送達されるが，補助参加人が被参加人のために上告理由書を提出することができる期間は，反対説[54]があるものの，被参加人の上告理由書提出期間に限られ，したがって被参加人に上告提起通知書が送達された日から50日以内に上告理由書が提出されなければならないと解するのが判例[55]・通説[56]である。

上告理由書提出期間の終了の算定は，95条1項の規定により民法の期間 [460] に関する規定に従う。期間が日，週，月または年をもって定められているときは，初日を算入しない（民140条）。期間の末日が日曜日，土曜日，祝日法に規定された休日，1月2日，1月3日または12月29日から12月31日までの日に当たるときは，期間はその翌日に満了する（95条3項）。訴訟手続の中断または中止があると，その間は，期間の進行は停止され，その解消とともに改めて全期間が進行を開始する（132条2項）。

2 期間の伸張

上告理由書の提出期間は不変期間とされていないので，上告人の責めに [461] 帰し得ない事由により提出期間を遵守できなかった場合の訴訟行為の追完は許されないが，[57]裁判所は事情によって上告理由書提出期間を伸張することができる（96条1項）。大正15年改正民訴法158条と同様に，現行法は当事者の申立権を認めず，裁判所の職権によって期間の伸張がなされ得るにとどまる。もっとも，当事者は期間経過前に裁判所の職権発動を促すことはできる。期間経過後は期間の伸張はできないという見解[58]があるが，不

---

53) Vgl. BGH NJW 2006, 2263; MünchKommZPO/*Krüger*, §551 Rn.9.

54) 注解民訴(9)〔第2版〕541頁［小室/東］；条解民訴〔第2版〕1626頁［松浦/加藤］は，補助参加人に対する所定の送達が被参加人よりも遅れた場合には，上告理由書提出期間は補助参加人が送達を受けたときから開始するという見解である。

55) 最判昭和25・9・8集4巻9号359頁；最判昭和37・1・19民集16巻1号106頁；最判昭和47・1・20裁判集民105号1頁＝判時659号56頁；最判昭和50・7・3判時790号59頁。

56) 菊井/村松・全訂Ⅲ269頁；(旧) 注釈民訴(8)308頁［塩崎］；武藤・前掲注26) 60頁。

57) 大判昭和11・10・31法学6巻2号230頁。

58) 条解民訴〔第2版〕1625頁［松浦/加藤］；法律実務講座(2)282頁；注解民訴(4)〔第2版〕126頁［林屋/吉野］。

変期間については訴訟行為の追完が許されることとの均衡上，上告人の責めに帰し得ない事由による期間の徒過の場合には，期間経過後の上告理由書提出期間の伸張が許されるという見解[59]が正当である。[60]上告人の責めに帰し得ない事由による期間徒過の場合に上告理由書提出期間の伸張を許さないのは，当事者の法的審問請求権の侵害に当たるからである（→〔204〕）。実務においても，期間の徒過が上告人の責めに帰し得ない事由によるときは，期間経過後の提出を許しているといわれている。[61]

3　期間経過後の提出

〔462〕　上告理由書が上告理由書提出期間経過後に提出された場合，または上告理由書提出期間内に提出された書面に上告理由の記載がない場合には，原裁判所は民訴規則196条1項による補正を命ずることなく，何らの審理判断をもしないで，316条1項1号により，上告を不適法として却下しなければならない。[62]このような場合に原裁判所が補正命令を発し，上告人が補正期間内に上告理由に該当する事由の記載のある書面を提出しても，これによって上告の不適法が解消するものではない。[63]

もっとも，上告理由書提出期間の伸張が許された場合は別である。上告理由書の提出が上告理由書提出期間の経過後であっても，上告の却下前で

59）菊井/村松・全訂Ⅲ270頁；菊井/村松・新コンメⅥ343頁。

60）理由書提出期間経過後の期間の伸張はできないとする条解民訴〔第2版〕1625頁〔松浦/加藤〕は，上告人に責めに帰すべき事由がない場合には期間の伸張なしに期間経過後の上告理由書の提出が許され，原裁判所は事件を上告裁判所に送付するさいに，期間経過後の上告理由書の提出を適法と認めた事由を決定または意見の形で明らかにすべきだとする。しかし，上告理由書提出期間は期間の伸張を許すべき期間ではないから，上告理由書提出期間経過後は期間の伸張はできないというのは不当であろう。

61）大阪高決昭和38・5・24判タ146号98頁；東京高判昭和38・11・5高民集16巻8号637頁。注釈民訴(5)301頁〔阿部〕。注解民訴(9)〔第2版〕540頁〔小室/東〕；菊井/村松・新コンメⅡ〔第2版〕318頁。最判昭和43・5・2民集22巻5号1110頁は，上告理由書提出期間経過後に原判決の事実認定の基礎になった証言をした証人が偽証罪につき起訴猶予処分を受けたことを主張する上申書が提出された事案。最高裁は，上申書の提出をもって上告理由の追加主張と解し，上申書の提出日まで上告理由書の提出期間を伸張した。なお，大阪高決昭和38・5・24判タ146号98頁；名古屋高決昭和34・1・16高民集12巻4号131頁も参照。小室・前掲注47）368頁。

62）大判昭和4・12・12民集8巻932頁；大判昭和8・12・9評論23巻民法157頁；最判昭和23・12・7民集2巻13号425頁；最判昭和28・6・4裁判集民9号249頁，313頁；最判昭和37・9・13民集16巻9号1918頁。基本法コンメ民訴(3)62頁〔上田/松本〕；武藤・前掲注26）61頁。

63）最〔2小〕決平成12・7・14判時1723号49頁＝判タ1041号156頁。

あれば期間伸張の決定によって，瑕疵は治癒され，提出された上告理由書は適法なものとなる。[64]

第3款　上告理由書の記載事項と謄本の提出

　上告理由書には，当事者の氏名，事件の表示，上告の理由，付属書類の [463] 表示，年月日，裁判所の表示を記載し，上告人または代理人が記名押印しなければならない。

　上告の理由を記載した書面には，一定数の謄本を添付しなければならな [464] い。すなわち，上告裁判所が最高裁判所である場合には被上告人の数に6を加えた数の謄本，上告裁判所が高等裁判所であるときは，被上告人の数に4を加えた数の謄本の添付が求められる（民訴規195条）。

　上告理由書提出期間内に提出した上告理由書における上告のすべての理由の記載が上告理由の記載の方式に違反することが明らかなときは，原裁判所は決定で相当の期間を定め，その期間内に不備を補正すべき旨を命じなければならない（同196条1項）。上告人が所定の期間内に不備を補正しないときは，原裁判所は上告の理由の記載が民訴法315条2項の規定に違反していることを理由に決定により上告を却下することができる。地方裁判所がした上告却下決定に対しては高等裁判所に対し即時抗告ができるが（316条2項），高等裁判所がした上告却下決定に対しては最高裁に対し即時抗告を提起することはできない。最高裁に対しては，特別抗告（336条）と許可抗告（337条）ができるだけである。[65]

1　上告の趣旨（上告申立て）

(1)　上告の趣旨の記載

　上告理由の記載は，上告の趣旨（上告申立て）を含まなければならない [465] と解される。ところが，民訴法には，この点の規定がない。これは大正15年改正民訴法によって上告理由書制度が導入された時からそうである。この法律は，上告理由書に不服および破棄の程度を記載することを要求しなかった。ところが，大正15年改正民訴法は，上告裁判所の調査の範囲につ

---

64)　菊井/村松・全訂Ⅲ270頁。
65)　条解民訴〔第2版〕1626頁〔松浦/加藤〕；注解民訴(9)〔第2版〕541頁〔小室/東〕；(旧)注釈民訴(8)310頁〔塩崎〕。

いては「上告裁判所ハ上告理由ニ基キ不服ノ申立アルタル限度ニ於テノミ
調査ヲ為ス」と定め（同法402条），また原判決変更の限度については，控
訴手続に関する規定の準用により，不服申立ての限度でのみ原判決を変更
できることを定めた（同396条・385条）。このような諸規定および，準備書
面における上告理由の記載事項として，「上告裁判所ハ当事者ノ為シタル
申立ノミニ付キ調査ヲ為ス」と定めた明治23年民訴法445条等の規定から，
上告裁判所は上告人の申立ての範囲で調査をなすべきものとされたが，こ
の（不服）申立ては上告申立ての意味であることが明らかである[66]。それに
もかかわらず，不服の範囲および求める原判決の破棄の範囲を示す上告申
立ては，上告理由書の必要的記載事項とされなかった。そして，このよう
な旧法上の規律は，現行法にもそのまま引き継がれている。結局，上告申
立ての内容は上告理由書に記載を求める上告の理由から明らかになると考
えられたのかもしれない[67]。しかし，上告理由の記載から上告申立ての内容
が明らかになるとは限らないから，民訴法の上告理由書の内容についての
規律には依然として不備があるというべきである。上告人は，上告を，次
に述べるように制限的に提起することができ，その場合には，それに対応
する上告手数料を納付すれば足りるから，上告申立ては上告人の利益にお
いて上告理由書に記載されなければならないと解される。

〔466〕　**上告の趣旨**とは，上告人がいかなる範囲で原判決に対して不服を申し立
てるのか，そして，どの点で原判決の変更を求めるのかを表示するもので
ある[68]。原判決が全面的に攻撃されている場合には，原判決の破棄と事件の
差戻しを求める旨の表示で足りる。上告人の要求が上告理由から明らかに
なる場合には，明示的な上告趣旨の欠缺は上告却下の理由とはならない[69]。

〔467〕　上告申立てが制限的に提起される場合，すなわち原判決が制限的にのみ
攻撃される場合には，それは上告の趣旨において明らかにされなければな
らない。上告人は，訴訟物の分離可能な一部に限って上告を提起すること
ができる。すなわち，原裁判所が複数の独立した請求（訴訟物）または本

---

66)　小室・前掲注47）371頁以下（同・上訴再審142頁以下）。
67)　このように捉えるのは，小室・前掲注47）372頁。
68)　Vgl. BGHZ 7, 143(144)=NJW 1952, 1295.
69)　BAG, NZA 2010, 883; RGZ 158, 346; BGH AnwBl 1972, 22; Zöller/*Heßler*, §551 Rn.6;
　　Wieczorek/Schütze/*Prütting*, §551 Rn.18.

訴と反訴について裁判している場合，上告人は，請求の併合の場合に一部の請求に限って，1個の可分な請求の一部に限って，本訴請求と反訴請求のいずれか一方に限って，上告を提起することができる。同様に，たとえば，控訴審判決が被告の予備的相殺の抗弁を認容して原告の請求を棄却した場合，原告が反対債権についての控訴裁判所の判断に限って上告をすることができる。相続財産の限度で相続人に相続債権の履行を命じた控訴審判決に対して，原告は限定承認の抗弁についての判断に限定した上告を提起することができる。被告の留置権の抗弁を認めて被告に対して被担保債権の履行と引換えに原告への給付を命じた控訴審判決に対し，当事者（原告または被告）が留置権の存否またはその内容についての控訴審判決部分に限って上告を提起することは適法である。個々の判決要素への上告の制限は不適法である。通説は，「上訴不可分の原則」を理由に，一般的に以上のような上告の制限的提起を不適法とみるが，上告を原判決の取消しのための制度とみ，そのうえで上訴不可分の原則にそのような広範な効果を認めることはできない。[70]

原判決が適法に制限的に攻撃される場合には，攻撃されなかった部分は上告審に係属しないから，適法な上告申立ての拡張がない限り，上告裁判所がこの部分について裁判する余地はない。[71]

上告申立ての制限は，上告権の一部放棄と解されてはならない。[72] 上告申 [468] 立ての変更，すなわち上告申立ての拡張または減縮は，それが上告理由の範囲内であれば上告審の口頭弁論終結まで（口頭弁論が開かれない場合には書面審理の終了すなわち評議の成立まで）は可能と解される。[73] 当初から上告の範囲を限定して上告が提起された場合にも通常，上告権の一部放棄は存在しないので，上告の対象外とされた原判決部分も上告によって確定を遮断されており，残部について後に不服申立ての範囲を拡張することができる。

(2) 上告の趣旨の欠缺

上告理由書に明示的に定式化された上告の趣旨（上告申立て）が含まれ [469]

---

70) 松本・民事控訴審ハンドブック〔366〕以下参照。
71) Vgl. BGHZ 185, 166（Fn. 7）; Rosenberg/Schwab/*Gottwald*, §142 Rn. 60.
72) Vgl. MünchKommZPO/*Krüger*, §551 Rn. 7; Wieczorek/Schütze/*Prütting*, §551 Rn. 18.
73) 平田　浩「上告審の審判の範囲」新実務民訴講座(3)213頁，219頁以下参照。

314 第7章　上告および上告受理申立ての提起

ていない場合，上告人の申立てが上告理由書から明らかになれば，上告を適法とみることができる。この場合，いかなる範囲で原判決に対して不服が申し立てられているかが明瞭に上告理由から明らかなることが必要である。

(3)　上告申立ての変更

〔470〕　上告申立ては，上告期間の経過後でも，上告の理由づけの範囲内にとどまっている限り，口頭弁論または手続の終結まで拡張することができると解すべきである。[74]

2　上告の理由の記載

(1)　原　則

〔471〕　上告状に上告の理由の記載がないときは，上告人は上告理由書に上告の理由を記載しなければならない（315条1項・2項）。上告理由書に上告の理由の記載がないときは，上告は不適法として却下される。また，上告理由の記載は，具体的でなければならない（民訴規193条）。上告理由は，上告状または上告理由書に記載して主張すべきであり，第一審や控訴審における準備書面の援用は許されないし，[75] 別事件の上告理由または記録を引用することも許されない。[76] 相上告人の上告理由のうち自分に利益なものを援用すると主張する上告理由の記載は，具体性を欠き，法定の方式を備えるものとは認められない。[77]

再審事由が上告理由になるか否かが議論されているが，本書は例外的に上告審における再審事由の先行的顧慮が許されるが，それによって再審事由が上告理由となるのではないと解する（→〔242〕）。上告人が再審事由を主張して上告を提起する場合には，上告理由書にはその旨を記載し，主張

---

74) Vgl. BGHZ 12, 52(67)＝NJW 1954, 554; BGHZ 91, 154(159)＝NJW 1985, 3079; BGH NJW-RR 1988, 66; *Gilles*, Rechtsmitteleinlegung, Rechtsmittelbegründung und nachträgliche Parteidispositionen über das Rechtsmittel, AcP 177(1977), 189, 213 ff.; Wieczorek/Schütze/*Prütting*, §551 Rn.18.

75) 最判昭和28・11・11民集7巻11号1193頁；大判昭和17・1・29法学11巻979頁；大判昭和10・12・26民集14巻2144頁。

76) 別事件の上告理由につき，最判昭和26・6・26民集5巻7号396頁；大判昭和14・1・21評論28巻民訴270頁；大判昭和12・3・11評論26巻商法218頁。別事件の記録につき，大判昭和11・7・19評論25巻民訴418頁。

77) 最判昭和39・11・17判時396号39頁。

する再審事由を具体的に記載することを要し，かつそれで足りる。上告理由書提出期間経過後に可罰行為の再審事由（338条1項4号ないし7号）につき有罪確定判決等の要件（338条2項）が具備した場合，これを追加的に主張することができる。この場合，再審事由が上告理由になり，上告理由提出期間の拘束が働くので，裁判所は期間伸張の決定をしたうえで上告理由の追加主張を許すべきものとする見解[78]が有力であるが，再審事由は再審事由として上告審においても顧慮されるべきであるから，上告理由書提出期間の拘束を受けないと解すべきである。[79] 職権調査事項の主張も，上告理由書提出期間の拘束を受けない。

(2) 憲法違反

憲法の解釈の誤りその他憲法の違反があることを理由とする上告にあっ〔472〕ては，上告理由の記載は，上告人が違反を主張する憲法の条項を掲記し，かつ，いかなる理由によりその条項に違反しているかを具体的に示さなければならない。原判決の法令解釈は憲法の精神に反するというような抽象的な記載では足りない。憲法違反の責問（非難）が訴訟手続に関するもの（たとえば裁判を受ける権利（憲32条）の侵害や法的審問請求権の侵害）である場合には，憲法に違反する事実を掲記しなければない（民訴規190条1項）。原判決に憲法違反があると主張するのみでは，上告理由としては不十分である。

(3) 絶対的上告理由

312条2項の定める事由（絶対的上告理由→〔251〕以下）を上告の理由と〔473〕する場合における上告の理由の記載は，その条項およびこれに該当する事実を示してしなければならない（民訴規190条2項）。

(4) 法令違反

判決に影響を及ぼすことが明らかな法令の違反を上告の理由とする上告〔474〕（高等裁判所への上告）における上告の理由の記載は，法令およびこれに違反する事由を示してしなければならず（民訴規191条1項），この場合，法令を示すには法令の条項または内容（成文法以外の法令については，その趣旨）を掲記しなければならない（同条2項）。単に民法や商法に反するとい

---

78) 小室直人・民商81巻3号99頁；条解民訴〔第2版〕1626頁〔松浦/加藤〕。
79) 結論同じ：大判昭和9・9・1民集13巻1768頁；菊井・下462頁；斎藤秀夫・判民昭和9年404頁。

316 第7章 上告および上告受理申立ての提起

う程度の法令の掲記では足りない。

〔475〕 法令の内容を掲記する場合も，どのような法理をいうのかを具体的に明らかにする必要がある。主張される法令違反が訴訟手続に関する法令である場合には，これに違反する事実を掲記しなければならない（同条3項）。詳しくは→〔479〕

(5) 判例違反の主張

〔476〕 (2)～(4)の上告において，原判決が最高裁判所の判例（これがない場合にあっては，大審院または上告裁判所もしくは控訴裁判所である高等裁判所の判例）と相反する判断をしたことを主張するときは，その判例を具体的に示すことが求められる（民訴規192条）。

民訴規則は上告人がその違反を主張する憲法，絶対的上告理由に当たる違法または法令違反について，上告人が判例違反を主張するとき，その判例の指摘を上告人に要求するのであるが，これは上告裁判所の負担軽減のためであり，責問されている憲法または法令違反が陳述された事情から明らかになる限り，それは必ずしも必要でないと解される。[80] 判例違反は原判決の法令違反の蓋然性を明らかにするので，上告人が判例を具体的にあげて判例違反の主張をすることは上告審の審理にとって有益であるが，判例が具体的に示されていないことは補正命令の発令を必要ならしめないし，ましてや上告を却下することはできない。[81]

3 手続違反の主張

(1) 手続に関する法律違反

〔477〕 原判決が訴訟手続に関する法令の違反に基づくことを理由とする上告においては，手続瑕疵が職権によって斟酌すべきものでない場合，上告理由書提出期間内に上告理由書において手続瑕疵の責問があった場合にのみ，上告裁判所はこれを調査することができる。手続瑕疵の実体瑕疵に対する特殊性は，手続瑕疵の顧慮は当事者の利益の擁護を目的とすることと，手続瑕疵の発見が控訴審判決自体からは容易でないことにある。[82] そのため，

---

80) Vgl. BGH NJW 2003, 3532; BAG NJW 2004, 1683; Musielak/Boit/*Ball*, §551 Rn.5; Wieczorek/Schütze/*Prütting*, §551 Rn.22.

81) 菊井/村松・新コンメⅥ344頁。

82) Vgl. Musielak/Voit/*Ball*, §551 Rn.11; Wieczorek/Schütze/*Prütting*, §551 Rn.25.

上告人が手続法違反の責問をする場合，違反された手続法規定を示すことが求められる。被上告人の反対責問については，→〔571〕。

訴訟手続に関する法令違反として，先ず裁判所の誤った行為がある。こ〔478〕れには，裁判所が法律に従って構成されていないこと，口頭主義違反，公開主義違反，口頭弁論の不正常な経過などが含まれる。さらに，瑕疵ある証拠調べの命令または証拠調べの拒否，事実摘示または一件記録によれば提出されている事実の無視，これらによれば提出されなかった事実または適式に提出されなかった事実の考慮，いわゆる「判決の手続」（評決手続，判決書作成手続および判決言渡手続）の違法なども，手続違反に属する。問題になっているのが絶対的上告理由であるか，相対的上告理由であるかは，上告人の責問の必要性については重要でない。絶対的上告理由は，通説とは異なるが，職権調査事項ではない（→〔247〕）。

(2) 手続規範の違反を根拠づける事実の表示

手続瑕疵による上告の場合には，違反された手続法規範の指摘のほかに，〔479〕その手続法規範の違反を明らかにする事実を上告理由書に掲記しなければならない（民訴規191条3項）。ここでも一般的に，手続違反の概括的な主張では足りない。手続瑕疵を明らかにする事実ならびに，この瑕疵がいかなる範囲において控訴裁判所の裁判に影響を与えたかという点についての主張を必要とする。例外は手続瑕疵の態様からすでに判決の結論に対する因果関係が明らかな場合であり，この場合には因果関係についての事実の主張は必要でない。

裁判所内部の出来事が問題になる場合には，上告人は少なくともその点について目的に適合した解明に努めたことを主張しなければならないが，それで足りると解される。[83]個々の陳述が裁判所により採り上げられなかったことを責問（主張）する場合には，上告人は陳述を記載した文章を具体的に示したうえで当該書面を挙示しなければならない。[84]原裁判所によって証拠申出が無視されたと責問される場合，とくに証人が尋問されなかった場合には，当該証拠申出がどこでなされ，そして証拠調べが実施されていたならば，証明主題についてどのような証拠資料が獲得できたであろうか

---

83) Vgl. BGH NJW 1986, 2115; 1992,512; Musielak/Voit/*Ball*, §551 Rn.11; Wieczorek/Schütze/*Prütting*, §551 Rn.25.

84) Vgl. BAG NJW 2004, 1683.

318　第7章　上告および上告受理申立ての提起

という点について陳述すべきであろう[85]。上告人は，裁判所の釈明義務の違
反を責問する場合には，裁判所の釈明権の行使があったならば何を陳述し
たかを明らかにしなければならない。その場合には，行われなかった陳述
は完全に追完されるべきである[86]。裁判所が証拠調べを上告人による証明妨
害のため差し控えたという点に手続違反があると責問する場合には，責問
は上告人が命じられた証拠調べに協力したであろうことを明らかにしなけ
ればならない[87]。控訴裁判所が第一審判決を取り消し事件を第一審裁判所に
差し戻した場合，それが法律に違反することを手続責問によって陳述しな
ければならず，実体瑕疵の主張では足りない[88]。口頭弁論が再開されなかっ
たことを責問する場合には，なぜ弁論再開が必要であったかを述べなけれ
ばならない[89]。原判決の経験則違反や慣習法違反を主張する上告の理由[90]や，
重要な争点について判断遺脱を責問する上告の理由[91]において経験則や慣
習法の内容，判断遺脱の内容をどの程度具体的に記載すべきかは事案によ
る。単に経験則違反，慣習法違反，判断遺脱を抽象的に記載するだけでは
不十分であるが，当該経験則や慣習法の内容を具体的にわかる程度に記載
すれば足り，一般命題の形式で記載する必要はない[92]。

(3)　職権で考慮すべき手続瑕疵

〔480〕　手続瑕疵を責問する場合には，訴訟手続に関する法令に違反する事実を
記載するのが原則であるが（→〔479〕），上告裁判所が職権により調査すべ
きであり，原判決の破棄に至る手続瑕疵については，当事者のこの点に関
する責問は必要でない。もっとも，上告人は職権調査を促すために，職権
調査事項の欠缺を指摘することができるほか，これを主張するには上告理

---

85) Vgl. BGHZ 14, 205(210); BGH MDR 1958, 496; BAG ZIP 1983, 605(606); BAG NJW 2004,
　　1683.
86) Vgl. BGH NJW-RR 1988, 208(209); 1988, 477(478); 1996, 949(950).
87) Vgl. BGH NJW 1986, 2371(2372).
88) Vgl. BGH NJW-RR 2008, 585.
89) MünchKommZPO/Krüger, §551 Rn.23.
90) 最判昭和28・5・28裁判集民9号267頁参照。
91) 最判昭和29・10・15裁判集民16号173頁。
92) 小室・上訴制度297頁以下；菊井/村松・全訂Ⅲ271頁；条解民訴〔第2版〕1627頁〔松浦/加
　　藤〕。最判昭和30・3・10民集9巻3号273頁は，本件上告は原判決における証拠の採否，事
　　実認定を非難するだけであり，適法な上告理由を裁判所規則の定める方式により記載してい
　　ないとして上告却下判決をした。ところが，上告理由の第6点は経験則を問題にしているよ
　　うにも読めるものであったので，この判例に対しては異論が出された。

由書提出期間の制限を受けない。

(a) **一般的訴訟要件** たいていの訴訟要件については，職権調査が [481] 行われるので，上告裁判所は上告人の責問がなくても調査しなければならない。このような訴訟要件には，当事者能力，訴訟能力，訴訟追行権，法定代理権，確定判決の既判力，重複した訴訟係属などがある。

(b) **控訴，控訴審手続および控訴審判決の適法要件** 訴えの適法要 [482] 件と同様に，控訴，控訴審手続および控訴審判決の適法要件も，上告裁判所により職権で調査されるべきである（→[566]）。控訴期間の徒過に対する訴訟行為の追完の拒否が適切に行われたかどうかも，職権により調査されるべきであろう。

(c) **控訴審判決の内容上の瑕疵** 後述のように，上告審手続の基礎 [483] たる資格を失わせるような極めて重大な手続瑕疵で当事者が放棄できる手続瑕疵でないものは，上告裁判所が職権で採り上げるべきである（→[568]）。

4 理由書提出強制の例外

上告理由提出強制の例外は，一定の場合に認められるべきである。それ [484] は，離婚または養子縁組の解消を求める訴訟において勝訴した当事者が婚姻または縁組の維持を目的に上告を提起する場合である。たとえば，離婚または離縁を命ずる控訴審判決の言渡し後，勝訴当事者（原告または反訴原告）は，婚姻または縁組を継続したいと心変わりするとき，上告を提起し，上告審において訴えを取り下げまたは請求を放棄することによって婚姻関係または縁組関係の維持を図ることができる。この場合には，上告状に，上告人が上告によって追求する婚姻または縁組の維持の目的を明らかにし，訴え（または反訴）の取下げまたは請求の放棄の予告をする必要がある（→[135]）。この要件が具備されている場合には，原判決の違反した法規定を上告理由書において表示する必要はない。上告は原判決の瑕疵を責問するのではないからである。原判決の取消しを求めることと，上告の理由として婚姻または縁組の維持を図ることの主張があれば足りる。[93]

---

93) Vgl. RGZ 91, 365; Stein/Jonas/*Grunsky*, Kommentar zur Zivilprozessordnung, 21. Aufl., Bd.5/1, 1994, §554 Rn.16.

320 第7章 上告および上告受理申立ての提起

第4款 上告理由の記載についての補正命令と上告却下決定

〔485〕 上告理由書提出期間内に提出された上告理由書におけるすべての理由の記載が上告理由の記載方式に関する民訴規則190条および191条の規定に違反することが明らかなときは，原裁判所は，決定で，相当の期間を定め，その期間内に不備を補正すべきことを命じなければならない（民訴規196条1項）。

この補正命令において定められた期間内に上告人が不備の補正をしない場合に初めて，原裁判所は上告理由書が方式に従っていないことを理由に上告を却下することができる（同条2項）。補正命令を発すべき時期は，上告理由書が早期に提出された場合にも，上告理由書提出期間経過後である。[94] 上告理由書提出期間内は，上告人は自由に上告の理由を補正することができるからである。

却下決定に対しては，最高裁判所への上告の場合を除き，即時抗告をすることができるが（316条2項），最高裁への上告の場合は特別抗告および許可抗告しかできない。[95]

〔486〕 上告理由書における数個の理由記載の少なくとも1つが適式である場合には，補正命令は必要的ではないが，[96] 上告裁判所が上告理由について誤解をせずに正しい判断をすることを期して，上告状の記載を整備しておくことを必要と考えれば，原裁判所は上告理由書における適式でない理由記載の部分につき補正を命ずることができると解されている。[97] この場合，上告人が補正することができるのはすでに上告理由書において主張した上告理由に限られ，補正の名目で新たな上告理由を主張することはできず，新たな上告理由が記載されていても，これを審理判断することはできない。[98]

---

94) 条解民訴規則407頁；菊井/村松・新コンメⅥ345頁。
95) 上告理由書（および上告受理申立て理由書）の提出が提出期間内に提出されず，上告却下決定および上告受理申立て却下決定がなされた事案において，上告人・上告受理申立人が提出した許可抗告に対し，最〔1小〕決平成23・9・15〔綿引・今福「許可抗告事件の実情──平成23年度」〕判時2164号18頁は抗告を棄却した事例である。本件では，上告人（上告受理申立人）は何者かが上告人の訴訟活動を妨害するために上告提起通知書および上告受理申立通知書を持ち去ったなどと主張したようであるが，「にわかに採用し難い主張を，特段の裏付けもなく繰り返すもの」と見られ，抗告棄却となったようである。
96) 条解民訴〔第2版〕1630頁〔松浦/加藤〕；新堂916頁
97) 菊井/村松・全訂Ⅲ275頁；（旧）注釈民訴(8)314頁以下〔塩崎〕；武藤・前掲注26）61頁。
98) 東京高判昭和30・12・21高民集8巻9号695頁；（旧）注釈民訴(8)310頁〔塩崎〕。

第4節　上告受理申立て　*321*

第5款　上告裁判所への事件の送付

原裁判所は，上告状却下命令または上告却下決定があった場合を除き， 〔487〕
事件を上告裁判所に送付しなければならない。この場合には，原裁判所は，
上告人が上告の理由中に示した訴訟手続に関する事実の有無について意見
を付することができる（民訴規197条1項）。上告裁判所の参考に供するの
がその目的である。この事件の送付は，原裁判所の裁判所書記官が上告裁
判所の裁判所書記官に訴訟記録を送付して行う（同条2項）。

訴訟記録の送付を受けた上告裁判所の裁判所書記官は，速やかにその旨 〔488〕
を当事者に通知しなければならない（民訴規197条3項）。また，この場合，
裁判所書記官は，317条1項の規定による上告却下決定または同条2項の
規定による上告棄却決定がなされない場合には，原則として被上告人には
上告理由書の副本を送達しなければならない（同198条本文）。

第4節　上告受理申立て

第1款　意　義

上告裁判所が最高裁判所である場合には，当事者は，原判決に判例違反 〔489〕
があること，その他原判決が法令解釈に関する重要な事項を含むことを主
張して，上告受理の申立てをすることができる（318条1項）。申立期間内
に提起された上告受理申立ては，上告期間内に提起された上告と同じく，
原判決の確定を遮断する（116条2項）。

第2款　上告受理申立ての手続

上告受理申立てには，上告の提起に関する規定が準用されるので（318 〔490〕
条5項；民訴規199条），上告受理申立ては，原判決の確定前に，したがっ
て原判決の送達後2週間の不変期間経過前に上告受理申立書を原裁判所に
提出して行う（314条1項；民訴規189条の準用）。

申立書の記載事項は，上告状の記載事項に準じる。最高裁が上告を受理
し，原判決を破棄するよう求める旨の記載が必要であろう。原判決の破棄
を求める限度は，上告受理申立書に記載しない場合には，上告受理申立て
理由書で明らかにすれば足りる。原裁判所の裁判長による上告受理申立書
の審査と原裁判所による適法性審査を受ける（314条2項・316条1項の準用）。

322　第7章　上告および上告受理申立ての提起

上告受理申立て理由書についても同じである（315条；民訴規194条の準用）。

〔491〕　原裁判所は，上告受理申立書および上告受理申立て理由書が提出期間内に提出されない場合，上告受理申立てを決定により却下しなければならない。原裁判所が提出された上告受理申立書または上告受理申立て理由書における上告受理申立て理由の記載が最高裁規則の定める方式によっていないと判断する場合には，期間を定めて補正を命じ，期間内に補正されなければ，318条5項，316条1項により上告受理申立てを決定により却下しなければならない。これに対し，上告受理申立て理由書に上告受理申立て理由の記載がある以上，原裁判所は，記載された事由が明らかに318条1項所定の要件に当たらないと判断する場合にも，上告受理申立てを却下する決定をすることはできない。上告受理申立て理由に当たるかどうかは，上告裁判所たる最高裁のみが判断することができるからである。[99]

〔492〕　原裁判所による上告受理申立ての却下決定に対しては，最高裁に対しては即時抗告ができないが，特別抗告または許可抗告を提起することはできる（337条1項）。

上告受理申立書および上告受理申立て理由書に318条1項所定の理由の記載がないとして上告受理申立てを却下した原審の決定に対して最高裁判所に特別抗告または許可抗告がなされた場合に，「記録によれば，上記上告受理申立て理由書に，原判決が経験則に違反しているとの記載があり，原判決に法令の違反がある旨の具体的な記載があることが認められるから，抗告人の上告受理の申立てを却下した原審の前記判断には，裁判に影響を及ぼすことが明らかな法令違反がある。論旨は理由があり，原決定は破棄を免れない。」というように，原決定が最高裁により破棄されたケースがかなり報告されている。[100]

99）最〔1小〕決平成11・3・9裁判集民192号109頁＝判時1672号67頁＝判タ1000号256頁。

100）前掲注99）最〔1小〕決平成11・3・9；最〔1小〕決平成14・10・30裁判所時報1327号1頁＝判時1822号31頁；最〔2小〕決平成16・2・23〔松並重雄/坂本　勝「最高裁民事破棄判決等の実情(5)──平成16年度」〕判時1901号15頁；最〔3小〕決平成17・6・28〔増田稔/谷口安史「最高裁民事破棄判決等の実情(4)──平成17年度」〕判時1936号17頁；最〔1小〕決平成17・12・8〔増田　稔/谷口安史「最高裁民事破棄判決等の実情(4)──平成17年度」〕判時1936号18頁；最〔1小〕決平成19・4・23〔森　英明/絹川泰毅「最高裁民事破棄判決等の実情(下)──平成19年度」〕判時2010号29頁；最〔2小〕決平成20・3・26〔増森珠美/清野正彦「最高裁民事破棄判決等の実情(下)──平成20年度」〕判時2044号35頁；最〔2小〕決平成27・3・4〔菊池絵里/林　俊之「最高裁民事破棄判決等の実情(下)──平成

第3款　上告の提起と上告受理申立ての併存

　上告受理申立ては，上告の提起とは異なる訴訟行為である。上告受理申立て 〔493〕
立てにおいては，312条1項・2項の定める上告理由をその理由とすることはできず（318条2項），上告受理申立て理由は，上告において主張することができないから（312条1項・2項参照），同一事件について，最高裁への上告において上告理由と上告受理申立て理由を主張しようとすれば，原判決に対して上告と上告受理申立ての双方を提起することになる。

　上告の提起と上告受理申立てとが並存する場合，当事者は上告の提起と上告受理申立てを1通の書面ですることができる（民訴規188条前段。手数料につき民訴費3条3項）。この場合，書面が両者を兼ねることを明らかにし，かつ上告の理由と上告受理申立ての理由とを区別して記載することを求められる（同条後段）。

　上告期間内に提起した上告を，上告受理申立ての提起期間経過後に上告 〔494〕
受理申立てに変更または訂正することができるかどうかが問題となる。判例は，上告の提起と上告受理申立てとは異なる申立てであるから，上告人は，上告期間内に提起した上告を，上告受理申立ての提起期間経過後に上告受理申立てに変更または訂正することはできないという見解である。[101] しかし，申立人の原判決に服しない意思が明らかになっているので，上告期間も上告受理申立期間もいずれも短いことや，上告受理申立ては上告理由の制限に伴いその補完として導入された制度であること，および，上告理由と上告受理申立ての理由の区別が必ずしも容易でないことに鑑み，判例の見解は形式的にすぎ，再考されなければならないであろう。[102] 無効な訴訟行為の転換の法理も存在するので，上告が不適法な場合に上告受理申立て期間経過後であれ，上告理由書提出期間経過前であれば，不適法な上告を上告受理申立てに転換することは認められてよいであろう。

　27年度」〕判時2307号25頁；最〔2小〕決平成29・12・13〔斎藤　毅/中丸　隆「最高裁民事破棄判決等の実情——平成29年度」〕判時2374号25頁。
101）最〔2小〕決平成12・7・14判時1720号147頁＝判タ1040号131頁。事案は，上告人が上告提起後に上告の理由に該当しない事由のみを主張していることに気づき，上告期間経過後ではあるが上告理由書提出期間経過前に，上告状を上告受理申立書として扱うことを求めたものである。
102）松本・人訴法〔292〕。

324　第7章　上告および上告受理申立ての提起

第4款　上告受理決定

1　原裁判所の裁判長による上告受理申立書の審査，原裁判所による上告受理申立ての適法性の審査

〔495〕　　上告受理申立ては原裁判所に提出されるが（→〔490〕），原裁判所の裁判長による上告受理申立書の却下命令または原裁判所による上告受理申立ての却下決定がなされないときは，上告受理申立事件は最高裁に送付される（民訴規199条2項による同197条の準用）。

2　最高裁による適法性の審査

〔496〕　　最高裁は，事件の送付を受け，まず，上告受理申立ての適法性を審査しなければならない。上告受理申立てを不適法と判断するときは，不受理決定が行われる。

3　受理・不受理の審査

〔497〕　　上告受理申立てが適法な場合には，上告審として事件を受理すべきかどうかを審査する（多数説には反するが，事件を受理するかどうかが最高裁の裁量でないことに注意しなければならない。→〔386〕）。これは，上告受理申立人の提出した上告受理申立て理由の記載に照らし，原判決が判例違反その他法令の解釈に関する重要な事項を含むかどうかについての審査である。最高裁が上告審として事件を受理する場合には，上告受理決定をしなければならず（318条1項），受理決定があると，上告があったものとみなされる（同条4項）。最高裁は，上告受理申立人が掲げた上告受理申立て理由のうちの重要でないと認めるものを排除することができる（同条3項）。この場合には，排除されたもの以外の上告受理申立て理由が上告の理由とみなされ（同条4項後段），上告審手続が開始する。

〔498〕　　上告受理申立て理由に照らして，原判決が法令解釈に関する重要な事項を含むと認められないときは，最高裁は不受理決定をしなければならない[103]。問題は，原裁判所の手続に職権調査事項に関する手続違反があり，または上告人の責問以外の，判決に影響を及ぼすことが明らかな法令違反を，最高裁が上告受理をめぐる審理の過程で発見した場合，上告受理決定をすべ

103）新堂919頁；上田614頁；菊井/村松・新コンメVI361頁；中野ほか編・講義672頁〔上野〕。

きかどうかである。これを肯定する見解がある反面，実務は，このような処置を否定する。肯定説は，上告に312条1項または2項の上告理由がない場合であっても，上告裁判所である最高裁判所は判決に影響を及ぼすことが明らかな法令違反があるときは職権で原判決を破棄できるのであるからには，上告受理申立ての場合にも申立人の責問外の法令違反について上告受理をすることが可能だとみるのに対し，[104] 否定説は上告受理申立て制度が最高裁の負担軽減のために導入されたことを強調し，上告受理申立て理由に照らし法令解釈に関する重要な事項が原判決に含まれるとは認められないにもかかわらず，論旨（責問）外の法律問題を調査し，職権破棄をすることは予定されていないと主張する。[105]

　まず，原審の訴訟手続に訴訟要件の誤った判断その他裁判所が職権で顧〔499〕慮すべき事項に関して手続違反がある場合，最高裁は当事者の責問がなくても，これを取り上げるべきである。これは法令解釈の統一の前提をなす裁判の信頼性に関わる事由だからである。次に，上告受理申立人の責問（主張）外の実体法違反に関して，上告受理ができないか否かという問題については，上告裁判所は当事者の主張に拘束されないのであるから，上告受理をすべきか否かの調査の段階において，最高裁が申立人の責問していない実体法違反を発見する場合には，最高裁は受理決定をすべきだと解する。ここで実務によりしばしば決定的な意味が与えられている最高裁の負担軽減は，上告受理申立て制度の採用の動機であるが，制定された上告受理申立て制度の内容のすべてを規律すべき法規範や解釈原則ではない。法適用の統一に責任をもつ裁判所として，最高裁が原判決のもつ判決に影響を及ぼすことが明らかな法令違反を放置することは，最高裁判所の任務と相容れないであろう。

---

104) 基本法コンメ民訴(3)79頁［上野］；笠井/越山編〔第2版〕1089頁［笠井］。

105) 富越和厚「最高裁判所における新民事訴訟法の運用」法の支配116号（2000年）38頁，45頁；高部真規子「上告審と要件事実」伊藤滋夫ほか編・民事要件事実講座(2)（2005年・青林書院）3頁，23頁；武藤・前掲注26）71頁。これらの見解は，上告受理要件を具備していないものは，職権調査事項であっても職権破棄をする余地がないとするが，職権調査事項は当事者の処分できない事由であり，これについて法令の解釈に関する重要な事項という上告受理要件を問題にすること自体矛盾であろう。

326 第7章　上告および上告受理申立ての提起

第5節 上告提起の効力

第1款　確定遮断効

1　原判決の確定阻止

〔500〕　上告期間を遵守した上告の提起または上告受理申立てがあると，原判決の確定が阻止される。これを確定遮断効と呼ぶ（116条2項参照）。原判決の確定を阻止する上告または上告受理申立ては適法なものでなければならないかは，1つの問題である。民訴法は上告期間内の上告の提起を要求するものの（116条2項），適法な上告または上告受理申立てであることを要求していない。確定遮断効の範囲は，上告人に不服をもたらす原判決部分に限らず，上告人に有利な判決部分にも及ぶ。この部分には上告人に不服がないため初めから不服申立てができない場合にも，原判決の確定は遮断される。一方の当事者による上告の提起は，被上告人が上告人の上告に附帯して原判決を自分の有利に変更する裁判を求める可能性を被上告人に与えるからである。

2　仮執行宣言

〔501〕　上告の提起によって，通常共同訴訟を除き，原判決の確定は阻止される。しかし，これは原審において請求認容判決を受けた当事者に，原判決の一部についての不服申立てによって判決全体について確定が阻止され，不服申立てがなされてない部分についても判決を利用することができないという不利益をもたらす。民訴法323条の定める仮執行宣言は，この不利益から被上告人を保護することを目的とする。

　　要件は，控訴審判決の可分な一部について上告により不服申立てがなされていないことである。323条は原判決において仮執行宣言がなされていないことを前提としているが，現行法上，控訴裁判所は金銭の支払に関する判決については申立てにより原則として担保を立てないで仮執行宣言をしなければならないので（310条），323条の適用範囲は制限される。

〔502〕　仮執行宣言の申立ては，申立て理由を必要としない。裁判は，口頭弁論を経ないで決定により行われる。上告の提起後，事件が原裁判所から最高裁判所に送付される前は，原裁判所が仮執行宣言の裁判をすることができ，申立ては原裁判所にすべきであるが，上告理由書提出期間が経過するまで

は，仮執行宣言をすることはできないと解すべきであろう。上告理由書の提出によって不服申立ての範囲が明らかになるからである。上告状においてすでに上告申立てが記載されている場合にも，上告人は上告申立てを拡張することができるから，仮執行宣言は上告理由書提出期間の経過後に出すことができると解される。事件が原裁判所から上告裁判所に送付された後は，上告裁判所に申立てをすべきである。第一審判決または控訴審判決が不服申立てのない部分に担保を立てることを条件とする仮執行宣言をすでに行っている場合に，これを無条件の仮執行宣言に変更するよう申し立てることができる。判例は反対に別段の理由を示さずに，すでに条件付き仮執行宣言がある以上，無条件の仮執行宣言を求めることはできないとするが（消極説），[106] これを許すことが，不服申立てのない部分に仮執行宣言を行い，上告による執行の遅延に対処しようとする法律の目的に合致する（積極説）。[107] また，消極説のように，下級審で仮執行宣言がなく，上告による不服申立てのない部分に上告裁判所により無条件の仮執行宣言を付することができる以上，下級審で条件付きの仮執行宣言があれば，もはや上告審において無条件の仮執行宣言を求めることができないとすると，前者の場合との均衡がとれないからである。[108] 消極説は，併合された請求につき共通の担保を条件とする仮執行宣言がある場合に，その一部について無条件の仮執行宣言が求められるときに，担保の割合が問題になることを理由とするが，[109] この理由はそのような請求の併合のない事案には当てはまらないし，請求の併合の場合でも裁判所の裁量により担保割合を決めることは可能だからである。[110] それゆえ，積極説を支持すべきである。

第2款　移審的効力

　上告によって，それまでの手続は上告審に移審し，事件は上告裁判所に〔503〕

106）最判昭和43・10・22民集22巻10号2220頁。調査官解説として，鈴木重信・判解民昭和43年度〔113事件〕がある。消極説をとる学説として，菊井/村松・全訂Ⅲ288頁がある。

107）兼子・条解（上）892頁；条解民訴〔第2版〕1652頁〔松浦/加藤〕；注解民訴(9)〔第2版〕574頁〔小室/東〕；基本法コンメ民訴(3)86頁〔田中〕；菊井/村松・新コンメⅥ379頁；新堂921頁。

108）注解民訴(9)〔第2版〕574頁〔小室/東〕。

109）菊井/村松・全訂Ⅲ289頁。

110）条解民訴〔第2版〕1652頁〔松浦/加藤〕；基本法コンメ民訴(3)86頁〔田中〕。

係属する。この効力を移審的効力と呼ぶ。問題は，移審的効力の範囲である。通説は，通常共同訴訟を除き，1個の判決によって裁判された事項のすべてが上告審に移審するとみる。したがって，上告人が不服を申し立てていない原判決部分も上告審に移審するとみる。通説は，請求の客観的併合の場合において控訴裁判所が1つの判決によって判決をした場合に，ある請求についての判決に対する上告によって，不服申立ての対象とされなかった請求も上告審に移審するという。しかし，移審的効力の範囲は，処分権主義により不服申立ての範囲によって定まると解すべきである（→〔524〕以下）。

第3款 仮執行宣言付き判決に対する上告等における執行停止の裁判

〔504〕 仮執行宣言付き判決に対して上告または上告受理の申立てがあった場合に，裁判所が強制執行の停止等を命じることができるのは，原判決の破棄の原因となるべき事情および執行により償うことができない損害が生ずるおそれがあることにつき疎明があったときである（403条1項2号）。訴訟記録が原裁判所に存在するときは，この執行停止等の裁判は原裁判所がする（404条2項）。

書式例
上告状

上 告 状

年　月　日

上告人訴訟代理人弁護士　氏　名　職印

最高裁判所　御中

　　　〒　○○○－○○○　○○府○○市○○町○丁目○号○番
　　　　　上告人（控訴人）氏　名

　　　〒　○○○－○○○　○○府○○市○○町○丁目○番

訴訟代理人弁護士　　〇〇〇〇

　〒　〇〇〇−〇〇〇　　〇〇府〇〇市〇〇町〇丁目〇番
　　　　　　　被上告人（被控訴人）

損害賠償訴訟上告事件
　　訴訟物の価額　金　　円
　　貼用印紙額　金　　円

　　上記当事者間の大阪高等裁判所令和〇〇年㈤第〇〇〇〇号損害賠償請求
控訴事件について，令和　年　月　日判決の言渡しがあり，令和〇〇年〇
月〇日判決正本の送達を受けたが，不服であるので上告する。

　　　　　　　　　　　　原判決の表示
　　主文
　　1　本件控訴を棄却する。
　　2　控訴費用は控訴人の負担とする。
　　事実及び理由
　　省略

　　　　　　　　　　　　上告の趣旨
　原判決を破棄し，事件を原審に差し戻すこと（または更に相当の裁判を
すること）を求める。

　　　　　　　　　　　　上告の理由
　追って上告理由書を提出する。

添付書類
　　1　訴訟委任状　　　1通
　　2　資格証明　　　　1通

330 第7章 上告および上告受理申立ての提起

上告受理申立書

上告受理申立書

年　　月　　日

最高裁判所　御中

上告受理申立代理人弁護士　　氏名　　職印

　　　〒　○○○－○○○　　○○府○○市○○町○丁目○号○番
　　　　　　上告受理申立人〔控訴人〕　氏　名

　　　〒　○○○－○○○　　○○府○○市○○町○丁目○番
　　　　　　訴訟代理人弁護士　氏　名

　　　〒　○○○－○○○　　○○府○○市○○町○丁目○番
　　　　　　被上告人　○○○○

損害賠償訴訟上告事件
　　訴訟物の価額　金　　円
　　貼用印紙額　金　　円

　上記当事者間の大阪高等裁判所令和○○年㈱第○○○○号損害賠償請求
控訴事件について，令和　年　月　日判決の言渡しがあり，令和○○年○
月○日判決正本の送達を受けたが，不服であるので民事訴訟法第318条第
1項の事由があるので，上告受理の申立てをする。

原判決の表示

　主文
　1　本件控訴を棄却する。
　2　控訴費用は控訴人の負担とする。
　　事実及び理由
　　省略

上告の趣旨

1　本件上告を受理する。
2　原判決を破棄し，事件を原審に差し戻すこと（または更に相当の裁判
　をすること）を求める。

第5節　上告提起の効力　*331*

上告受理申立ての理由
　追って，理由書を提出する。

添付書類
　　1　訴訟委任状　　1通
　　2　資格証明　　　1通

上告理由書

上　告　理　由　書

年　　月　　日

上告人訴訟代理人弁護士　　氏　名　　職印

最高裁判所　御中

〒○○○－○○○　○○府○○市○○町○丁目○号○番
上告人　氏　名
〒○○○－○○○　○○府○○市○○町○丁目○番
訴訟代理人弁護士　○○○○
〒○○○－○○○　○○府○○市○○町○丁目○番
被上告人　氏　名

　上記当事者間の大阪高等裁判所令和○○年(受ネ)第○○○号損害賠償請
求上告事件について，上告人は次のとおり上告理由を提出する。

上告の理由
1　原判決には，次のとおり憲法の解釈の誤りがある。
　……（省略）
2　原判決には，判決に影響を及ぼすことが明らかな重要な事項について
　判断を遺脱した違法がある。
　……（省略）
3　原判決には，判決に影響を及ぼすことが明らかな重要事項について理
　由に食違いがある。
　……（省略）

332 第7章 上告および上告受理申立ての提起

> 以上いずれの点よりするも，原判決は違法であり，破棄されるべきである。

上告受理申立理由書

上告受理申立理由書

年　　月　　日

上告受理申立人　訴代理人弁護士　　氏　名　職印

最高裁判所　御中

　　　〒　○○○−○○○　○○府○○市○○町○丁目○号○番
　　　　　　　　　　　　上告受理申立人　氏名
　　　〒　○○○−○○○　○○府○○市○○町○丁目○番
　　　　　　　　　　　　訴訟代理人弁護士　　○○○○
　　　〒　○○○−○○○　○○府○○市○○町○丁目○番
　　　　　　　　　　　　相手方　氏　名

　上記当事者間の令和○○年(受ネ)第○○○号損害賠償請求上告受理申立事件について，申立人は，次のとおり上告受理申立ての理由を提出する。

上告受理申立ての理由

1　原判決には，判決に影響を及ぼすことが明らかな法令の解釈の誤りがある。
　……（省略）
2　原判決には，判決に影響を及ぼすことが明らかな重要な事項について判断を遺脱した違法がある。
　……（省略）
3　原判決には，判決に影響を及ぼすことが明らかな経験則違反がある。
　……（省略）

　以上いずれの点よりするも，原判決は重要な法令の解釈について誤りがあるので，破棄されるべきである。

第 **8** 章

附帯上告と附帯上告
受理申立て

334 第8章 附帯上告と附帯上告受理申立て

第1節 附帯上告と附帯上告受理申立て

第1款 附帯上告

〔505〕 控訴審判決に対し両当事者が不服を有する場合，被上告人は上告人が被上告人の不利に原判決の変更を求めようとするときは，自ら上告を提起するほか，上告人が提起した上告に附帯することもできる（附帯上告，313条による293条の準用）。**附帯上告**は，上告裁判所が原判決を被上告人の有利に変更するよう求める申立てである。上告が認容される場合のために，予備的附帯上告を提起することも適法である。

　　上告審においても，不利益変更禁止の原則が妥当する。すなわち，上告人は上告を提起しなかった場合以上に上告の提起により一層自己に不利な上告裁判所の判決を受けることはない。この原則は，上訴人が不服を申し立てた事項に限って原判決を変更することができるという申立拘束原則から派生するものである。附帯上告は，不利益変更禁止の原則との関係で，被上告人にも申立てを提起する権能を与えて，附帯上告の範囲において上告人に一層不利な判決をすることを可能にし，不利益変更禁止の原則との調和を図るものである。[1] 附帯上告は，上告裁判所の審理・裁判の対象を拡張する。

〔506〕 附帯上告にも，独立的附帯上告と非独立的附帯上告がある。**独立的附帯上告**は，附帯上告ではあるけれども，同時に上告の適法要件をも具備するものであり，独立の上告として効力を与えられる。非独立的附帯上告とは異なり，上告の取下げがあり，または上告が不適法として却下されても，その効力を失わない。これに対し，**非独立的附帯上告**は，上告が取り下げられまたは不適法として却下されると，原則としてその効力を失う。それは法律によって無効となる附帯上告（従属的附帯上告）である。

　　附帯上告については附帯控訴に関する規定が準用されるので（313条・293条），附帯控訴の基本的なことがらは，以下において別段の指摘がない限り，附帯上告にも当てはまる。[2] 附帯控訴との違いは，附帯上告が不服を要件とすることである（→〔509〕）。

---

1) 不利益変更禁止の原則については，松本・民事控訴審ハンドブック〔656〕参照。
2) 附帯控訴については，松本・民事控訴審ハンドブック〔411〕以下参照。

第2款　附帯上告受理申立て

　上告受理申立てがあると，相手方は，附帯上告受理の申立てをすること〔507〕ができ（318条5項による313条・293条の準用），これによって上告裁判所の審理・裁判の対象を拡張することができる。なお，上告不受理の決定があったときは，判例によれば，附帯上告受理の申立てはその効力を失う（293条2項準用）[3]。この見解の問題点については，後述〔520〕参照。

　当事者の一方が上告を提起しまたは上告受理の申立てをするとき，相手方はそれぞれ附帯上告受理の申立てまたは附帯上告をすることができるかという問題がある。判例[4]は，上告受理申立てに対して附帯上告を提起し，または上告に対して附帯上告受理の申立てをすることは不適法とする。この判例の問題点については〔522〕を参照。

　附帯上告および附帯上告受理の申立ては，それぞれ上告または上告受理の申立てに準じた規律を受ける（293条3項準用）。

第2節　附帯上告の要件

第1款　意　義

　被上告人の上告権放棄（→〔142〕）の後または上告提起期間の経過後に〔508〕提起される附帯上告は，非独立的附帯上告であり，上告が取り下げられまたは不適法として却下されると，その効力を失う（313条による293条2項本文の準用）。附帯上告の要件は，上告審手続の係属である。上告の取下げ後または不適法却下の後は，もはや附帯上告を提起することはできない。

　なお，附帯上告は上告の提起によって事件が全部上告審に移審していることを要件とするかのごとき説明が判例や文献においてみられるが[5]，附帯上告は被上告人の不服申立て部分が上告によって移審していることを前提とするものではない。附帯上告によって，その部分が上告審に移審すると理解すれば足りるからである。

3）最〔1小〕判平成11・4・8裁判集民193号1頁＝判時1675号93頁＝判タ1002号132頁。
4）最〔2小〕決平成11・4・23判時1675号91頁＝1002号130頁。
5）たとえば，大判大正3・11・3民録20輯874頁；菊井/村松・新コンメⅥ324頁。

336 第8章 附帯上告と附帯上告受理申立て

第2款 不 服

〔509〕 附帯上訴は，上訴ではない。附帯控訴については，附帯控訴人が原判決に不服を有することは附帯控訴の適法要件でないと解するが[6]，附帯上告については，被上告人の不服が適法要件をなすと解すべきである。控訴審では，第一審の勝訴当事者にも申立ての拡張の可能性や新たな請求・反訴請求について控訴裁判所の裁判を求める可能性が与えられなければならず，附帯控訴は適法要件として不服を要しない。しかし，法律審である上告審においては，原則として，申立ての拡張，訴えの変更または反訴提起の余地はなく[7]，したがって附帯上告は新たな請求や反訴請求を上告審に持ち込むために提起することはできない[8]。それゆえ，被上告人（附帯上告人）が，原判決に対し不服を有し，原判決を附帯上告人の有利に変更することを目指すこと（不服の除去を追及すること）が必要である[9]。不服申立てに係る判決の理由の変更のみを目的とする附帯上告は，不服を欠くため，不適法である[10]。

第3款 附帯上告が許されること

〔510〕 附帯上告は，被上告人が上告権を放棄しまたは上告期間を徒過した場合にも許される。

控訴を不適法として却下した控訴審判決に対して上告が提起される場合，被上告人は，控訴却下に係る請求と同一の請求に関する限りで附帯上告を提起することができる。

第4款 附帯上告の提起期間

〔511〕 附帯控訴は控訴審の口頭弁論の終結まで提起することができるが（239条1項），附帯上告の提起期間については，上告審では書面審理により上告棄却がなされることが多く（しかも，最高裁では決定による上告棄却が多

---

6) 松本・民事控訴審ハンドブック〔434〕。
7) 最判昭和43・11・1判時543号63頁（反訴につき）。
8) 同旨：最判昭和54・11・16判時953号61頁＝判タ406号85頁＝裁判集民128号123頁；（旧）注釈民訴(8)301頁〔塩崎〕。
9) Baumbach/Lauterbach*Hartmann*, §554 Rn.5; Stein/Jonas/*Jacobs*, §554 Rn.5; Musielak/Voit/*Ball*, §554 Rn.5; Rosenberg/Schwab/*Gottwald*, §144 Rn.9.
10) Stein/Jonas/*Jacobs*, §554 Rn.5.; HK-ZPO/*Koch*, §554 Rn.2.

い），また，上告理由書提出強制があるので，問題が生じ，旧法時から見
解の対立がある。旧法下では，上告審において口頭弁論が開かれる場合に
は口頭弁論の終結時まで，書面審理のときは判決の言渡しまでとする見解[11]，
上告審では控訴審の口頭弁論の終結に対応するのは上告理由書提出期間の
満了時であるので，附帯上告は上告理由書提出期間の満了時までに提起し
なければならないとする見解[12]と，附帯上告が上告理由とは別個の独立の
理由に基づくときは，附帯上告人に上告理由書提出期間内に原裁判所に附
帯上告状を提出し，かつ附帯上告理由書をも提出することを求め[13]，上告人
の上告理由の枠内で原判決の変更を求める附帯上告は，上告審の判決言渡
しまで提起することができるとする見解[14]が対立した。現行法下では最後
の説が判例であり，通説的見解[15]でもある。もっとも，最後の説に対して
は，上告理由と同一の附帯上告理由の意味が理解しがたく，また（上告状
に上告理由が記載されている場合は別として）上告理由書が提出されないと
上告理由と同一の附帯上告理由かどうかが不明なのに，別個なら上告理由
書提出期限の満了時とするのはおかしいと批判されていた[16]。

　判例・通説による実務は，被上告人の附帯上告が上告理由と別個の理由 [512]
に基づく場合には上告提起通知書が上告人に送達された日から起算して50
日以内に附帯上告状と附帯上告理由書を提出しなければならないとするも
のであり，上告提起通知書の上告人への送達時と被上告人への送達時が異
なり，上告理由書の内容を知らないで附帯上告状および附帯上告理由書を
提出しなければならなくなり，問題である。上告審実務は，附帯上告は上
告に附帯して原判決を自己に有利に変更することを求めるものであるから，
上告理由書提出期間経過後は附帯上告を提起できなくなっても当然だと考

---

11) 中島・日本民訴法1691頁。
12) 細野・要義(4)378頁；注解民訴〔第2版〕(9)524頁〔小室/東〕。
13) 旧法につき，最判昭和38・7・30民集17巻6号819頁＝判タ154号58頁；最〔3小〕判平成
　　3・6・18裁判集民163号107頁＝金判878号36頁；最〔3小〕判平成9・1・12民集51巻1
　　号78頁＝判時1598号78頁。現行法につき，最〔3小〕判平成17・4・19民集59巻3号563頁
　　（575頁）＝判時1896号92頁＝判タ1180号163頁。
14) 最判昭和43・8・2民集22巻8号1525頁。
15) 兼子・体系466頁；菊井/村松・全訂Ⅲ260頁；(旧) 注釈民訴(8)301頁〔塩崎〕；平田浩「上
　　告審の審判の範囲」新実務民訴講座(3)213頁，220頁以下；新堂920頁；上田614頁；梅本1066
　　頁；菊井/村松・新コンメⅥ324頁；中野ほか編・講義673頁〔上野〕など。
16) 注解民訴(9)〔第2版〕524頁〔小室/東〕。

えるのであろう。[17] しかし，附帯上告は固有の存在理由を有するのであり，上告に従属するものだからといって，附帯上告人に不利な扱いが正当化されるものではない。上告の理由が明らかにならない時点で附帯上告の申立てと理由書の提出を求めることは，当事者の法的審問請求権（情報を求める権利→〔183〕）を害する危険がある。

〔513〕　立法論的にはドイツ民訴法554条2項2文のように，被上告人への上告理由書の送達から一定期間内（ドイツ民訴法では1ヶ月以内）と定めることが合理的である。私見は，被上告人への上告理由書の送達から一定期間内（たとえば2週間以内）に附帯上告状および附帯上告理由書の提出を求めるのが妥当と考える。これによって，上告理由と同一の附帯上告理由かどうかによって附帯上告提起期間を区別する場合に生ずる問題を避けることができる。いずれにせよ，附帯上告について，口頭弁論の終結まで附帯控訴の提起を認める293条を附帯上告に準用している現行法のもとで，判例・通説のような扱いは，上告申立ての範囲と上告の理由は上告理由書によって初めて明確になる以上，被上告人の情報を求める権利（法的審問請求権）を害するおそれがある。それゆえ，現行法の解釈としては，附帯上告は上告審の口頭弁論の終結まで，口頭弁論が開かれない場合には上告審の裁判まで提起できると解さざるを得ない。

第5款　附帯上告の方式

〔514〕　被上告人の附帯の目標は自己により有利な裁判の取得にあるので，附帯上告には附帯控訴に関する規定が準用され，また附帯控訴には控訴に関する規定が準用される（293条3項；民訴規178条）。したがって，附帯上告は附帯上告状の提出によって行われる。附帯上告状[18]は，原則として，上告状の形式的要件を具備しなければならない。したがって，当事者および法定代理人，控訴審判決（例外的には第一審判決）に対する相手方の上告に附帯する旨を記載しなければならない。

---

17)　武藤貴明「最高裁判所における民事上告審の手続について」判タ1399号（2014年）50頁，65頁参照。

18)　附帯上告は上告ではないので，附帯上告状という用語は附帯控訴と同じく必ずしも適切ではない。ドイツでは，上告附帯状（Revisionsanschlussschrift）と呼ばれる。ここでは一応伝統的な擁護法に従っておく。

附帯上告は上告ではないけれども，附帯上告の手数料算定の基礎となる手数料訴額は提訴手数料訴額の算定に準じて算定されるべきである。たとえば，第一審裁判所が原告の300万円の支払請求に対して請求棄却判決をし，全部認容を求める原告の控訴に対して，裁判所が100万円に限って請求を認容し，その余の請求を棄却した場合，原告のみが上告を提起し控訴審判決の敗訴部分を請求認容判決に変更するよう求めるときは，被上告人は上告に附帯して自己の敗訴部分（100万円の給付を命じた部分）の破棄と請求の棄却を求めることができる。この場合，附帯上告の手数料の算定においては，附帯上告の申立てが基準となる。この例においては，附帯上告の手数料訴額は100万円であり，手数料額はこの手数料訴額100万円を基礎に訴え提起の手数料の算定方法により算出して得た額（10,000円）の2倍（20,000円）である（民訴費別表第1の2の項の下欄）。

第6款　附帯上告の理由づけ

　附帯上告理由書の提出期限は，明文規定によって定められていない。す〔515〕でに述べたように（→〔511〕），判例・通説は，附帯上告が上告理由とは別個独立の理由に基づくときは上告理由書提出期間内に附帯上告理由書を提出しなければならないとするが，私見によれば，この場合にも上告審の口頭弁論の終結時まで，口頭弁論が開かれない場合には上告審の裁判時までに附帯上告理由書を提出することができる。

　内容的には，附帯上告理由書は上告理由書の記載事項に準ずる。

第7款　附帯上告に関する裁判

　附帯上告が不適法で，瑕疵を補正することができない場合には，附帯上〔516〕告は不適法として却下される。附帯上告が適法である場合，上告裁判所は上告の場合と同じように判決または決定により，附帯上告の理由の有無について裁判する。

第8款　附帯上告の費用

　附帯上告が不適法として却下される場合または理由なしとして棄却され〔517〕る場合には，附帯上告人が附帯上告の費用を負担しなければならない。附帯上告が取り下げられた場合も，同じである。上告が初めから不適法であ

340　第8章　附帯上告と附帯上告受理申立て

るのに敢えて附帯上告を提起し，上告が不適法として却下され，附帯上告が失効する場合も，附帯上告人が附帯上告の費用を負担しなければならない。

　　上告人が適法な上告を取り下げる場合には，適法な附帯上告の費用は上告人の負担となる（ただし，附帯上告が不適法であり，または明らかに理由のないものである場合を除く）。上告が事後的な事情により却下され，それによって附帯上告が失効した場合には，上告人が附帯上告の費用を負担しなければならない。附帯上告が理由を有する場合には，上告人が附帯上告の費用を負担しなければならない。

第3節　附帯上告受理の申立て

第1款　意　義

[518]　　上告受理申立てがあると，相手方は附帯上告受理申立てをすることができるとされている（318条5項・313条・293条）。上告審は法律審であるから，附帯上告受理申立ては，附帯上告と同じく，全部勝訴当事者が請求を拡張し，訴えを変更しまたは反訴を提起するために提起することはできない。

　　附帯上告受理申立ては，自己の上告受理申立権を放棄し，上告受理申立て期間を徒過した場合にも提起することができる。これによって，上告受理の及ばない訴訟物に関して附帯上告受理申立てを提起することができるので，附帯上告受理申立人の可能性が拡がる。

第2款　附帯上告受理申立て期間

[519]　　附帯上告受理申立ての提起期間は，附帯上告期間と同じと解される。判例と通説は，附帯上告受理申立てが上告受理申立て理由とは別個独立の理由に基づくときは，上告受理申立て理由書の提出期間内（すなわち，上告受理申立て提起通知書が上告受理申立人に送達されてから50日以内）に附帯上告受理申立書とその理由書を提出することを求めている[19]。これに対し，附帯上告受理申立てが上告受理申立て理由と同一の理由に基づくときは，上告審において口頭弁論が開かれる場合には口頭弁論終結時までに，口頭弁

19）　新堂920頁。

論が開かれない場合には終局判決または決定があるまでに，附帯上告受理申立書と附帯上告受理申立て理由書を提出しなければならないとされている。

　これには，附帯上告期間の問題と同じ問題がある。私見によれば，附帯上告と同様，附帯上告受理申立てが上告受理申立て理由とは別個独立の理由に基づくかどうかを問わず，上告受理申立てに対する裁判がなされるまで附帯上告受理の申立てをすることができると解すべきである。

　上告受理申立てが取り下げられまたは不適法として却下されたときは，〔520〕附帯上告受理申立ては，それが上告受理申立て要件をすべて具備する独立的附帯上告受理申立てでない限り，その効力を失う（318条5項・313条による293条2項の準用）。上告受理申立てに対して，申立てが理由を欠くとして不受理の決定があったときも，判例は，不受理決定を上告受理申立ての取下げまたは不適法却下と同じように扱い，附帯上告受理申立てはその効力を失うとして，上告受理申立て期間経過後に申し立てられた附帯上告受理申立ての効力を否定する[20]。しかし，法律は不受理決定を上告受理申立ての取下げまたは却下と同視すべき旨を規定していないので，条文の解釈からは，判例のような結論はでてこない[21]。私見によれば，上告受理申立てが当該事案を超える一般的な意義を有する法律問題を提起するものでなくても，不受理決定がなされるのは不服申立てが奏功する見込みがない場合であるから（→〔393〕），不受理決定は上告受理申立ての却下や取下げとは全く異なる。この場合には，上告審手続は開始されないが，申立ての却下の場合とは意味が異なる。附帯上告の場合には，上告に理由がなく棄却されても，附帯上告はその効力を失わないのに，附帯上告受理申立ては，上告受理申立ての取下げや却下でない不受理決定によってその効力を失うのは不合理であろう。附帯上告受理申立ては上告受理申立て期間の経過後に提起できるものとはいえ（非独立的附帯上告受理申立て），不受理決定は上告受理申立ての取下げや却下とは異なる以上，附帯上告受理申立ては不受理決定によってその効力を失わないと解すべきである。

　また，通説のように上告受理について最高裁の裁量を肯定する場合には，

20）最〔1小〕決平成11・4・8裁判集民193号1頁＝判時1675号93頁＝判タ1002号132頁。
21）近藤崇晴「上告と上告受理の申立て」自由と正義52巻3号（2001年）52頁，63頁もこれを認める。

342 第8章 附帯上告と附帯上告受理申立て

裁量による受理または不受理によって附帯上告受理申立てが失効したり失効しなかったりすることは，相手方に予見可能性を与えず不当であるから，不受理決定がなされる場合にも，附帯上告受理申立ては失効しないと解するのが妥当ではなかろうか。

第3款　上告，上告受理申立て，附帯上告および附帯上告受理申立ての関係

〔521〕　上告の提起に対して附帯上告受理申立てをし，上告受理申立てに対して附帯上告を提起することはできるか。判例はこれを不適法とする[22]。また，上告受理申立てに対して受理決定があると，上告があったものとみなされるが（318条4項前段），この場合にも，判例は，上告受理申立てに対して附帯上告を提起することは許されないとする[23]。学説の通説も，この見解である[24]。

〔522〕　しかし，上告人の上告に対して，被上告人が原判決には上告理由がないが，法令違反があると考えて附帯上告受理申立てを行い，または上告受理申立てに対して，相手方が原判決には上告理由があると考えて附帯上告を提起することを不適法とする理由はないであろう。そのような，いわゆる襷掛けの附帯上告受理申立てまたは附帯上告も，上告裁判所に原判決の法的コントロールを求める点では異ならず，相手方にも上告審手続を自己の申立てについて上告裁判所の裁判を求める機会を提供するという附帯の制度目的からみて不適法とされるべきではないからである。実際的にも，上告または上告受理申立てによって上告審手続が開始すれば，最高裁の負担軽減は大きな論点にはならない[25]。なぜなら，上告審手続が開始すれば，上告裁判所は上告人の主張する上告の理由のみを調査するのではなく，事件をあらゆる法的観点から調査しなければならないからである。

---

22) 最〔2小〕決平成11・4・23裁判集民193号253頁＝判時1675号91頁＝判タ1002号130頁；中野ほか編・講義672頁〔上野〕；武藤・前掲注17) 66頁。

23) 前掲注13) 最〔3小〕判平成17・4・19；武藤・前掲注17) 66頁。

24) 新堂919頁；条解民訴〔第2版〕1619頁〔松浦/加藤〕；上田615頁；梅本1066頁；武藤・前掲注15) 66頁。

25) 基本法コンメ(3)82頁〔上野〕；滝井繁男ほか編・論点新民事訴訟法（1998年・判例タイムズ社）485頁，493頁〔平岡建樹〕；松本/上野861頁注(38)〔上野〕；中野ほか編・講義672頁注10)〔上野〕。

第 **9** 章

上告審の調査範囲と
訴訟資料

344 第9章　上告審の調査範囲と訴訟資料

〔**文献**〕　上村明広「上告審における訴訟要件」小室＝小山還暦(中)198頁
　　　　　以下；宇野栄一郎「上告審の実務処理上の諸問題」実務民訴講座(2)
　　　　　303頁以下；宇野　聡「上告裁判所が調査の対象とすべき破棄事由」
　　　　　民訴雑誌58号（2012年）1頁以下；平田　浩「上告審の審判の範囲」
　　　　　新実務民訴講座(3)213頁以下

第1節　上告審の調査範囲

〔523〕　　上告裁判所の調査の範囲は，種々の点で大幅な制限を受ける。まず，移
　　　審の範囲は不服申立ての範囲によって画される。また，制限的な上告が提
　　　起された場合にも，上告裁判所の調査範囲は制限される。これらの点は従
　　　来の学説によって否定されているので，詳しい検討が必要である。

第1款　移審の範囲
1　上告の移審的効力の範囲
〔524〕　　控訴審判決は，上告により訴訟が上告審に移審する範囲でのみ，上告裁
　　　判所の審査を受ける。320条はこのことを規定する。従来の学説は，上訴
　　　一般について，原判決の取消しが上訴の目的であり，上訴裁判所による原
　　　判決の取消しがなければ，上訴裁判所は訴訟上の請求についての審理裁判
　　　ができないと解し，これを理由に「上訴不可分の原則」が妥当し，不服申
　　　立てに係る終局判決によって裁判された事件のすべてが上訴の提起によっ
　　　て上訴審に移審すると主張する[1]。たしかに，上訴の提起によって，通常共
　　　同訴訟を除き，原判決の全体がその確定を遮断されるが，移審的効力が原
　　　判決の全体に及ぶとは法律上規定されていない。移審は訴訟係属が上訴裁
　　　判所に移ることであるが，上告の場合，上告裁判所が審理裁判できるのは
　　　不服申立ての範囲においてである。上告裁判所の調査の範囲が，320条に
　　　より不服申立ての限度に制限されるのである。320条の規定は，上告によ
　　　り事件の全体が上告裁判所に移審することを前提にして，その上で調査の

---

1)　兼子・体系434頁；菊井/村松・全訂Ⅲ110頁；(旧) 注釈民訴(8)9頁 [鈴木重勝]；宇野栄一
　郎「上告審の実務処理上の諸問題」実務民訴講座(2)303頁；平田　浩「上告審の審判の範囲」
　新実務民訴講座(3)213頁，214頁；新堂919頁；伊藤719頁；高橋・重点講義(下)744頁；梅本
　1069頁；菊井/村松・新コンメⅥ10頁；注釈民訴(5)360頁 [加波] など。

範囲を不服申立ての範囲に限定したというよりも，初めから，事件は不服申立ての範囲を超えて上告審に移審しないことを明らかにしていると解される。

2 移審の範囲

(1) 概　要

控訴審判決は，上告によって上告審に移審している範囲でのみ，上告裁 〔525〕
判所の審査に服する。上告裁判所は，この範囲で，上告人が原判決を自己
の有利に変更するよう求める申立てについて裁判する。

(2) 仲裁合意の抗弁に基づく訴えの却下に対する上告

第一審裁判所と控訴裁判所が訴えを仲裁合意の抗弁に基づき却下した場 〔526〕
合，上告裁判所はこの部分についてのみ裁判することができる。訴訟のそ
の余の部分は，上告裁判所に移審しておらず，なお第一審裁判所に係属し
ている[2]。

(3) 控訴審の口頭弁論終結後，判決正本の送達前に当事者が死亡し，受
    継決定がある場合

控訴審の口頭弁論終結後，判決正本の送達前に当事者が死亡したため， 〔527〕
訴訟手続が中断した場合に相手方当事者の受継申立てに基づき，相続人に
対して訴訟手続を受継すべきことを命ずる決定があるときは，相続人（新
当事者）は受継決定のみの破棄を求めて上告することができる[3]。この場合，

---

2) Vgl. BGH NJW 1986, 2765(2767)（「ラント裁判所と上級ラント裁判所は仲裁契約の抗弁により訴えを不適法として却下したので，訴訟はこの範囲においてのみ当法廷に移審している。訴訟状態は原審がこの抗弁につきZPO 280条により弁論を分離した場合に生ずるそれと結果として同じである（Thmas/*Putzo*, §565 An.3 Rn.1; *Senat*, BGHZ 27, 15〔27ff〕＝NJW 1958, 747）。その他の点では訴訟資料はラント裁判所に係属したままであり，しかも証書訴訟の特別の要件の充足が問題となる限り，そうである。本法廷が仲裁契約の抗弁についての中間の争いを超えてZPO 538条2項2号に準じて他の訴訟法上の問題を処理しようとすれば，当法廷は当法廷に移審している以上の訴訟資料を裁判することになり，それゆえ，ラント裁判所に残っている訴訟要件をめぐる争いの部分に介入することになろう。この部分えにつき証書訴訟の特別の訴訟要件が存在するかどうかの問題は，仲裁契約の抗弁に論理的に優先しないので（BGHZ 27, 15〔19〕＝NJW 1958, 747），この観点のもとにおいても，訴訟のこの部分についての上告裁判所の管轄権は問題とはならない」）；MünchKommZPO/*Krüger*, §557 Rn.3; Wieczorek/Schütze/*Prütting*, §557, Rn.3.

3) 最判昭和48・3・23民集27巻2号365頁。条解民訴〔第2版〕672頁〔竹下/上原〕参照。なお，承継資格の問題は本来判決事項とするならば，補充判決の形で裁判すべきであり，これに対する不服は本案についての終局判決と切り離して不服申立ての対象とすべきだという見解（戸根住夫・民商70巻4号（1974年）107頁）も主張されたが，支持を得なかった。

346　第9章　上告審の調査範囲と訴訟資料

上告裁判所は受継決定の適否についてのみ調査することができ，控訴裁判所の判決全体は，上告の不服申立ての対象でなく，上告審に移審していないと解される。上告裁判所が受継決定が正当であると判断する場合には，上告は棄却され，本案の請求についての原判決は新当事者に対して確定する。上告裁判所は，受継決定が違法であると判断する場合には，どのような裁判をすべきかという点について議論がある。①上告適格のない者の，またはこの者に対する上告として，上告を不適法として却下すべきであるとする見解，②上告に理由があると判断するときは，当事者適格を否定する場合と同様に原判決を破棄するという見解[4]，および，③受継決定を不当と判断するときは，受継決定のみを取り消す。受継申立ての当否等について原審にさらに審理をさせる必要があるときは，事件を原審に差し戻すが，そうでなければ受継申立てを却下する判決をすべきであるとの見解[5]が対立する[6]。

[528]　上告は適法なのであるから，①説が全く不当であることは明らかである。②説に対しては，受継決定のみが違法な場合に終局判決まで破棄するのは妥当でないと批判されるが[7]，②説が妥当でない理由は，受継決定のみの取消しを求める上告は控訴裁判所の終局判決の破棄を求めているのではないから，控訴裁判所の終局判決の部分は上告審に移審していないからである。もし移審しているというのであれば，③説を主張する論者は上告審が受継申立てを却下したのち，上告審に移審している原判決の終局判決部分を原審に差し戻すのであろうか。③説の論者もそのようなことを述べていない。この部分は初めから上告によって上告審に移審していないとみるのであろう。すなわち，その限りで上訴不可分の原則を否定していると考えられる。以上のように，受継決定のみが取り消されると，訴訟は原審に係属したまま依然として中断しており，新たに受継すべき当事者が改めて原判決に対

---

4)　上田徹一郎・判評176号（判時712号，1973年）122頁；右田堯雄/武部吉昭・判タ300号（1974年）65頁。
5)　高見進・法協92巻9号（1975年）1217頁；柳川俊一・判解民昭和48年度［52事件］；中島弘雅・百選Ⅱ418頁；条解民訴〔第2版〕672頁［竹下/上原］，1537頁［松浦/加藤］。稲守孝夫・百選Ⅱ270頁も参照。
6)　前掲注3）最判昭和48・3・23は，受継決定を取り消し，受継申立てについてさらに審理させるために事件を原審に差し戻した。
7)　条解民訴〔第2版〕1537頁［松浦/加藤］。

して上告を提起することができることになる[8]。

(4) 訴訟終了宣言判決に対する上告

(a) **問題の所在**　訴訟終了宣言判決に対する上訴によって，どの範 〔529〕
囲において訴訟が上訴裁判所に移審するかが問題となる。

原告が訴えを取り下げ，または当事者間で訴訟上の和解が成立し訴訟が
終了したが，訴えの取下げの有無またはその効力，または訴訟上の和解の
効力をめぐって当事者間で争いが生じる場合，当事者は期日指定の申立て
を提起し，訴えの取下げや和解の無効等を主張することが許されている[9]。
この場合，裁判所が訴えの取下げや和解を有効と判断するときは，訴訟終
了を宣言する判決をすべきだとされている[10]。この判決に対して上訴が提起
される場合，上訴審に移審するのは訴訟上の請求を含む事件全体なのか，
それとも訴えの取下げや訴訟上の和解の効力をめぐる争いの部分に限られ
るのかという問題が生ずる。事件の全部が上訴審に移審するという見解[11]
と，上訴審の裁判対象は訴えの取下げや訴訟上の和解により訴訟が終了し
ているかどうかの部分に限定されるという見解[12]が対立している。

(b) **訴訟終了宣言判決に対する上訴による移審の範囲**　最近，最高 〔530〕
裁は事件の全体が上訴審に移審するという見解を示した。事案は次のよう
なものであった。第一審で訴訟上の和解が成立したが，直ぐに被告が和解
の無効を主張して期日指定の申立てを提起した。裁判所は口頭弁論期日を
指定して和解の効力について審理し，和解を有効と判断して訴訟終了宣言
判決を下した。この判決に対して被告のみが控訴を提起したところ，控訴
裁判所が訴訟上の和解は無効であり，原告の請求は一部認容されるべきだ
として，請求を一部認容した。最高裁は，この事件において事件全体の控
訴審への移審を肯定し，控訴裁判所が和解を無効と判断し，原告の訴訟上
の請求が一部理由ありとして請求認容判決をすることは，被控訴人が控訴
も附帯控訴も提起していないときは，和解内容よりも控訴を提起した被告

---

8) 高橋・重点講義(下)745頁以下。
9) 松本/上野〔578〕〔605〕〔松本〕参照。
10) 訴えの取下げについて，大決昭和8・7・11民集12巻2040頁。
11) 条解民訴〔第2版〕1590頁〔松浦/加藤〕。
12) 菊井/村松・全訂Ⅲ181頁以下; 注解民訴(9)〔第2版〕317頁以下〔小室/東〕;菊井/村松・
新コンメⅥ236頁;三木浩一「訴訟判決および訴訟終了宣言判決を取り消す際の控訴審にお
ける措置をめぐる諸問題」上野古稀479頁，490頁以下。

348 第9章 上告審の調査範囲と訴訟資料

に不利な本案判決をすることになり，不利益変更禁止の原則に反するので，控訴棄却判決にとどめるべきだと判示した。[13]

〔531〕　しかし，この判例およびこの判例を是認する学説には，いくつかの疑問がある。まず，訴訟終了宣言判決に対する控訴によって移審するのは事件全体なのかどうか，控訴審の訴訟物は和解無効による第一審判決の取消申立てに限られるのか否かという点である。通説は上訴不可分の原則を盾に和解無効の争点に限定した控訴申立てを認めないけれども，それは不当である。この控訴における控訴人の意図は和解の無効が認められずに訴訟終了宣言判決を受けたことの不服であり，簡易な方法で不服申立てをすることが認められないと，和解の無効を主張する道が実質的に制限される。もちろん，判例は，訴訟上の和解の無効を主張する方法として，和解無効確認の訴えを適法とする。[14] しかし，新たな争訟として捉えて独立の訴えが適法とされても，当事者の訴訟負担は大きい。判決によって和解無効が確定しても，訴訟上の和解の訴訟終了効が否定され，その結果その訴訟の訴訟係属は継続していることになり，和解無効判決の確定後に訴訟の続行が申し立てられると，和解によって一旦終了した訴訟が続くことになるからである。そのため，和解無効の訴えによらないで，期日指定の申立てにより和解の効力をめぐる争いを解決するのが合理的であることは否定できない。[15]

〔532〕　訴訟上の和解を成立させた裁判所が期日指定申立てに基づき改めて口頭弁論を実施し，和解を有効と判断して訴訟終了宣言判決をしたところ，[16] この判決に対して被告が控訴を提起した場合，訴訟が全部控訴審に移審する

13) 最〔1小〕判平成27・11・30民集69巻7号2154頁＝判時2286号45頁＝判タ1421号101頁。調査官解説として，小田真治・判解民平成27年度〔27事件〕；評釈として，垣内秀介・リマークス53号（2016年）114頁以下；川嶋四郎・判評699号（判時2323号，2017年）148頁；河野正憲・名古屋大学法政論集275号（2017年）419頁以下；越山和広・新判例解説Watch18号（2016年）141頁；堀　清史・ジュリ1505号（2017年）144頁以下；三木浩一・法学研究89巻11号（2016年）75頁以下などがある。この判決を素材に問題を検討するものに，川嶋四郎「和解による訴訟終了判決と不利益変更禁止の原則等について」同志社法学69巻3号（2017年）1頁以下がある。
14) 大判大正14・4・24民集4巻195頁；最判昭和38・2・21民集17巻1号182頁。前掲注13)最判平成27・11・30もこれを確認する。
15) 河野・前掲注13) 425頁以下は，訴訟上の和解の効力をめぐる争いを「新たな法的紛争」として把握し理論化する必要があるとし，和解の無効確認の訴えを重視するようであるが，本文で述べた問題は看過できないであろう。
16) このような場合，訴訟終了を宣言する判決をすべしとされている。注解民訴(5)〔第2版〕189頁〔斎藤/渡辺/小室〕；条解民訴〔第2版〕1483頁〔竹下/上原〕。

と解すべきではない。第一審裁判所は訴えまたは訴訟上の請求について終局判決をしていないからである。控訴人が控訴裁判所に求めているもの（控訴申立て）は，訴訟終了宣言判決の不当を理由に，これを取り消し，訴訟上の和解の成立した第一審の訴訟手続において，改めて第一審裁判所に事件につき審理をしてもらうことである。それゆえ，訴訟全体が控訴審に移審するとして，訴訟上の請求について控訴裁判所が審理判断し，被控訴人（原告）が控訴も附帯控訴も提起していない場合には，控訴裁判所が原告の請求を認容すべきだとの結論に達しても，不利益変更禁止の原則上，被告に和解内容以上に不利な判決をすることはできないという最高裁の判断は，移審していない請求について，控訴裁判所は審理裁判することができないことを見誤ったものである[17]。また，仮に事件が控訴審に移審しているとしても，控訴裁判所が審理裁判することができるのは不服申立ての範囲においてであるから，訴訟上の請求は控訴審の手続対象になっていない以上，これにつき審理することはできない。加えて不利益変更禁止に関しては，控訴人は訴訟終了宣言判決によって保護される既得権状態を取得していないので，不利益変更禁止の原則のゆえに控訴裁判所は控訴人の不利に実体判決をすることができないという論拠は成り立たない。訴訟終了宣言判決のように訴えや請求についての実質的な裁判をしていない判決に対する控訴によって訴訟全体が控訴審に移審するという見解は，全く不合理である。控訴審に移審するのが訴訟終了宣言判決の部分だけであるので，訴訟上の和解が無効で，訴訟は終了していないと判断した控訴裁判所は，終了宣言判決を取り消すべきであった。取消しがなされると，訴訟のその余の部分は依然として第一審に係属しているので，第一審手続が以後続行されることになる[18]。

---

17) 訴訟終了宣言判決に対する控訴によって，控訴裁判所が訴訟上の和解や訴えの取下げを無効と確認する判決が確定すれば，和解または訴えの取下げ時の状態で，第一審に係属している訴訟が当然進行するという，菊井/村松・全訂Ⅲ181頁以下；注解民訴(9)〔第2版〕318頁〔小室/東〕；菊井/村松・新コンメⅥ236頁は，訴訟終了宣言判決に対する控訴によって，本案自体は控訴審の裁判対象にならないことを前提としている。

これに対し，条解民訴〔第2版〕1590頁〔松浦/加藤〕は，訴訟終了宣言判決を訴え却下判決に準ずるとみるべきだとして，この判決に対する控訴によって訴訟全体が控訴審に移審するとみるが（伊藤722頁注69)もほぼ同じ），訴えの適否について判断している訴え却下判決と単に訴訟の終了を確認しているにすぎない訴訟終了宣言判決を同視することは全く不合理である。

18) 三木・前掲注12) 492頁以下も同旨。これに対し，川嶋・前掲注13) 731頁以下は，本件で

350　第9章　上告審の調査範囲と訴訟資料

〔533〕　控訴審において訴訟上の和解が成立した後，和解の無効を主張して期日指定が申し立てられた場合に，和解を有効と判断する控訴裁判所がした訴訟終了宣言判決に対する上告の場合にも，上告裁判所に移審するのは訴訟終了宣言判決の部分に限られると解される。とくに，上告審は法律審であり，原審で判決がなされていない訴訟上の請求についての部分を上告裁判所に移審させる意味はなく，上告裁判所の審査の範囲は不服申立ての限度に制限されるから（320条），訴訟上の請求についての訴訟係属は控訴裁判所にとどまっている。上告裁判所が訴訟終了宣言判決を違法と判断する場合には，控訴審判決を破棄すれば足りる。

〔534〕　　**(c)　受継申立ての却下，訴訟終了宣言判決に対する上訴**　　最近，原子爆弾被爆者に対する援護に関する法律に基づく被爆者健康手帳交付申請および健康管理手当認定申請の各却下処分の取消しを求める訴訟につき，訴訟の係属中に原告（申請者）が死亡した場合に，訴訟承継が許されるかどうかが問題になっている。被爆者援護法上の被爆者として同法による援護（健康管理手当の支給を含む。）を受ける地位は被爆者に固有のものであり，したがって一身専属的なものであるという理由で相続人による受継を認めず，第一審裁判所が訴訟終了宣言判決をし，この判決に対する控訴を棄却した控訴審判決に対する上告につき，最高裁は，その相続人である上告人らにおいて，当該訴訟を承継することができるとし，本件各処分の取消しを求める訴えにつき訴訟終了宣言をした第一審判決およびこれを維持した原判決には，いずれも判決に影響を及ぼすことが明らかな法令の違反があるから，原判決中，当該訴えに関する部分を破棄し，同部分に関する第一審判決を取り消し，事件を第一審裁判所に差し戻した。[19]この判決は控訴によって事件全体が控訴審に移審するとは明言していないが，第一審判決をも取り消し事件を第一審に差し戻しているので，移審を前提にしていることになる。移審していなければ，控訴審判決を破棄し，訴訟終了宣言

被告の控訴によって事件は全面的に控訴審に移審すると主張し，そうでなければ民訴307条ただし書きの適用が不可能になると，限定的移審説を批判するが，訴えの取下げや訴訟上の和解で終了した第一審手続において控訴裁判所が自判できるほどの事案の解明が進んでいたことはないであろうし，請求自体が失当であったような場合には差し戻しても別の判断の余地がないから，控訴裁判所は第一審に代わって自判することができると解されるから，批判は当たらない。

19)　最〔1小〕判平成29・12・18裁判所時報1690号14頁。

判決を取り消せば足りたからである。問題は，訴訟の終了しか確認していない判決に対する控訴によって事件全体が控訴審に移審し，控訴裁判所が事件全体につき審理裁判することができるとみる理由があるかどうかである。訴訟終了宣言判決に対する控訴によって，控訴人は訴訟終了宣言判決に対してのみ不服を申し立てているのであるから，事件の全体は控訴審に移審せず，移審するのは訴訟終了宣言判決の部分に限られると解すべきである。

　このようにみれば，最判平成29・12・18民集71巻10号2364頁は問題である。原子爆弾被爆者に対する援護に関する法律に基づく被爆者健康手帳交付申請および健康管理手当認定申請の各却下処分の取消しを求める訴訟において，第一審の段階で死亡した当事者の相続人による訴訟の受継を認めなかった第一審，第二審の手続法規の違反を認め，最高裁は原判決を破棄した。この事件では，控訴審が仮定的な判断として請求に理由がないとしていたため，最高裁は，原審に事件を差し戻しても，原裁判所は不利益変更禁止の原則により請求を棄却する判決をすることができず，控訴棄却にとどめなければならないから，控訴を棄却した原審の裁判は結局正当であるとして，自判により，受継を認めなかった第一審，第二審の手続の違法を争った上告人の上告を棄却し，訴訟費用についても上告人に不利な裁判をした。[20] 原審のした仮定的な実体判断を理由に請求棄却の判決をすることは，この仮定的判断が受継を申し立て，認められなかった上告人たる相続人の関与しない手続に基づく判断である以上，これを基準に上告裁判所が自判することはできないと考えられる。なぜなら，上告審の自判の要件である事件の裁判成熟性が存在しているとはいえないからである（→〔697〕）。他の共同訴訟人の請求についての審理によって仮定的な本案判決がなされていても，第一審裁判所および原審が上告人による受継を認めなかったため，上告人は自己の意見を述べる機会を与えられず，それによって法的審問請求権を侵害されたのであるから，法的主張を行い，攻撃防御方法を提出する機会を保障するため，事件を第一審裁判所に差し戻す必要があったと思われる。

20）最〔1小〕判平成29・12・18民集71巻10号2364頁。

(5) 訴えの併合

〔535〕 (a) **請求の予備的併合**　請求の予備的併合の事案において，控訴審において主位的請求が棄却され，予備的請求が認容されたのに対し，原告のみが主位的請求の認容を求めて上告を提起し，被告は上告も附帯上告も提起しない場合には，主位的請求のみが上告審に移審し，予備的請求は移審しない。予備的請求に関する裁判に対しては不服申立てがなされておらず，これは主位的請求の運命が決まるまで存続する。上告裁判所は，主位的請求が理由を有するとして自らこれを認容する場合には，予備的請求認容判決に対して被告は控訴も附帯控訴も提起していないけれども，明確化のために予備的請求を認容する控訴審判決をも取り消すべきである。[21] この場合，予備的請求認容判決を取り消しておかないと，外観上，原告は2つの給付判決を取得してしまい，2つの債務名義が生じうるからである。[22] その限りにおいて，かつその限りでのみ，原告の不服申立ての対象となっていない予備的請求も，上告審の裁判対象になると解される。上告裁判所が主位的請求についてなお審理が必要なため事件を原審に差し戻す場合には，控訴裁判所は，主位的請求を認容する場合には，明確化のため予備的請求についての原判決を取り消すべきである。[23]

〔536〕 控訴審において主位的請求が認容され，被告がこの判決に対して上告を提起する場合，控訴裁判所によって裁判されていない予備的請求も上告審に移審するかどうかが，問題となる。通説は，予備的請求が主位的請求と1つの統一的な生活事実関係を基礎としている限り，被告の上告に基づき，原告が附帯上告を提起していなくても，予備的請求も上告審に移審するとする。[24] これは，予備的請求と主位的請求の訴訟上の関連性（prozessualer Annex）に基づき，被告が不服申立ての対象にしていない主位的請求も上告審に移審するとみるものである。[25] 反対説は，原告の（予備的）附帯控訴

---

21) Wieczorek/Schütze/*Prütting*, §557, Rn.7.

22) 控訴の場合の同様の問題につき，松本・民事控訴審ハンドブック〔493〕参照。

23) Vgl. BGH BGHZ 106, 219(221)＝NJW 1989, 1486,120; BGHZ 120, 96(103)＝NJW 1993, 1005; BGH WM 1997, 1713(1716); MünchKommZPO/*Krüger*, §557 Rn.5.

24) 最判昭和33・10・14民集12巻14号3091頁；大判昭和11・12・18民集15巻2266頁；兼子・判例民訴法337頁以下；小室・上訴制度307頁以下；菊井/村松・全訂Ⅲ22頁，76頁；菊井/村松・新コンメⅥ27頁，82頁；松本/上野〔750〕〔上野〕。

25) Stein/Jonas/*Jacobs*, §557 Rn.5; MünchKommZPO/*Krüger*, §557 Rn.5; Wieczorek/Schütze/*Prütting*, §557 Rn.7.

がないと，予備的請求は上告審に移審しないとみる。[26]

控訴審において主位的請求が棄却され，予備的請求が認容されたのに対 [537]
し，被告のみが予備的請求の棄却を求めて上告を提起し，原告は上告も附
帯上告も提起していない場合，主位的請求が上告審に移審するかどうかに
ついても，見解の対立がある。同様の事案における控訴について，私見は
主位的請求は控訴審に移審せず，予備的請求が棄却される場合のために原
告は予備的控訴または予備的附帯控訴を提起すべきだという見解に立つが，[27]
上告の場合にも，原告の予備的上告または予備的附帯上告がない限り，主
位的請求の部分は上告審に移審せず，したがって，上告裁判所は予備的請
求を認容する控訴審判決を不当として破棄し，事件を原審に差し戻す場合
にも，主位的請求について裁判することはできないと解する。[28]

控訴裁判所が主位的請求も予備的請求もともに棄却し，原告が制限なし
に上告を提起した場合，上告裁判所は，主位的請求について原判決を破棄
し，原審に差し戻す場合，予備的請求について裁判すべきか否かについて
見解の対立がある。肯定説は，上告裁判所は ―― 予備的請求は主位的請求
が理由を有しない場合のために提起されているけれども ―― 予備的請求に
ついても併せて裁判すべきだとし，[29] 否定説は主位的請求について上告が理
由を有するとする以上，予備的請求ついて裁判することはできないとする。[30]
主位的請求が認容される場合には，予備的請求の訴訟係属は遡及的に消滅
するから，否定説が正しい。

(b) **予備的反訴と予備的相殺の抗弁**　　請求の予備的併合における上 [538]
告と同様の問題は，予備的反訴または予備的相殺の抗弁について，控訴裁
判所が積極的にまたは消極的に裁判した場合に生ずる。

(aa) **予備的反訴**　　原告の本訴請求が認容される場合のために， [539]
被告が自己の反訴請求について裁判を求める場合（本来的予備的反訴，本

---

26) 控訴審についての議論であるが，松本・民事控訴審ハンドブック〔496〕参照。

27) 松本・民事控訴審ハンドブック〔491〕。

28) 最判昭和54・3・16民集33巻2号170頁も，上告裁判所は主位的請求について裁判すること
　　ができないとする。平田・前掲注1）222頁以下も参照。新堂920頁；同・争点効（下）227頁
　　は，反対に不服申立てのない主位的請求棄却の原判決部分もともに破棄差し戻されるべきだ
　　と主張する。

29) BGHZ 120, 96(103)＝NJW 1993, 1005; Wieczorek/Schütze/*Prütting*, §557 Rn.7.

30) Musielak/Voit/*Ball*, §557 Rn.5; MünchKommZPO/*Krüger*, §557 Rn.3.

354　第9章　上告審の調査範囲と訴訟資料

訴請求の棄却を解除条件として予備的に自己の請求について裁判を求める反訴)，裁判所は本訴請求を認容するときは，反訴請求について裁判をしなければならない。本訴請求と反訴請求をともに認容した控訴審判決に対して，被告が本訴請求認容部分に対して上告を提起し，上告裁判所が上告を理由ありと判断して原判決の本訴請求認容部分を破棄する場合，原判決の予備的反訴請求の認容部分について原告の上告または（予備的）附帯上告がなくても，予備的反訴請求を認容する原判決部分は，明確化のために職権により破棄されるべきである。[31]

〔540〕　控訴裁判所が本訴請求と予備的反訴請求をともに認容し，原告が予備的反訴請求認容判決に対し上告を提起する場合，控訴審において認容された本訴請求は上告審に移審しない。[32]原告は予備的反訴請求の認容に対してのみ不服を申し立てているからである。通説は，このような予備的反訴請求に限った制限的上告を上訴不可分の原則を根拠に不適法とするのであるが，ここでは上訴不可分の原則そのものが問われているのであり，上訴不可分の原則を持ち出して制限的上告を不適法とすることはトウトロジーである。上告裁判所が予備的反訴請求に理由がないと判断し，予備的反訴請求を認容した原判決を破棄し，予備的反訴請求を棄却する場合，原審の主位的請求認容判決は確定する。控訴裁判所が本訴請求と予備的反訴請求をともに認容し，被告だけが上告を提起する場合，上告裁判所は，上告に理由があるときは本訴請求を棄却し，予備的反訴請求を職権により明確化のために棄却すべきである。[33]

〔541〕　控訴裁判所が本訴請求を棄却し，原告だけが上告を提起する場合，予備的反訴請求も上告審に移審するかどうかは，請求の予備的併合の事案において控訴審において主位的請求が認容され，被告がこの判決に対して上告を提起する場合と同じ問題が生じ，問題の解決もそこでの解決と同じである（→〔536〕）。

〔542〕　　　(bb)　予備的相殺の抗弁　控訴裁判所が原告の請求のもともとの存在を認め，被告の予備的相殺の抗弁をも認めて原告の請求を棄却した

---

31) Stein/Jonas/*Jacobs*, §557 Rn.8; MünchKommZPO/*Krüger*, §557 Rn.5.

32) Vgl. BGHZ 109, 179(189); BGHZ 85, 180(185); MünchKommZPO/*Krüger*, §557 Rn.5; Wieczorek/Schütze/*Prütting*, §557 Rn.7.

33) Stein/Jonas/*Jacobs*, §557 Rn.8.

控訴審判決に対して，原告のみが上告を提起し，被告の上告または（予備的）附帯上告がない場合，訴求債権部分は上告審に移審しないと解すべきである。[34] 判例と通説は，ここでも相殺の抗弁についての原判決の判断に限った制限的上告を上訴不可分の原則を根拠に不適法とするのであるが，このような制限的上告も適法と解される。[35] 上告裁判所が相殺債権の存在または相殺適状を否定する場合には，相殺の抗弁を認容した原判決部分を破棄し，主位的請求を認容する判決をすべきである。この場合，上告裁判所が原判決を破棄し，事件を原審に差し戻しても，原審は破棄判決の拘束力によって相殺についての上告審判決の判断に拘束され，原告の請求を認容する判決をすべきなのであるから，訴訟経済上，上告裁判所が原告の訴訟上の請求を認容する判決を自ら行うべきである。[36] 同じ例で，被告のみが訴求債権のもともとの存在を争い上告を提起した場合には，上告裁判所が訴求債権のもともとの存在を肯定する場合には，上告が棄却されるだけである。反対債権は審理の対象にならない。

第一審が原告の請求に一部理由があると判断し，被告の予備的相殺により請求を棄却し，この判決に対して原告だけが控訴を提起し，被告は控訴も附帯控訴も提起しなかった場合，控訴裁判所は，この第一審裁判所が理由があると判断した請求部分について審査をすることができないと解される。この請求部分は控訴審に移審しないからである。その理由はこうであ 〔543〕

---

34) 松本・民事控訴審ハンドブック〔680〕は，控訴について，被告の反対債権に限定した控訴によって請求全体が控訴審に移審するが，控訴裁判所は不服申立ての対象である反対債権に限り控訴審の裁判の対象になると主張するが，これは原告が控訴裁判所による請求の認容を求めているためである。上告審は法律審であり，反対債権の部分について原裁判所の判断が是正されれば，上告人の目的を達する。そして，反対債権の不存在が上告裁判所によって確定される場合には，差戻しは必要でなく，訴訟上の請求についての上告裁判所の裁判（自判）を受けることができる。このように控訴と上告では，異なる結果が生ずる。

35) 松本・民事控訴審ハンドブック〔367〕参照。

36) BGH NJW-RR 1995, 240 (241f.); BGHZ 109, 179(189); BGHZ 85, 180(185). 松本博之・訴訟における相殺（2008年・商事法務）257頁以下は，原告の上告に基づき訴求債権部分は上告審に移審しないとするドイツ連邦通常裁判所の判決に対し，上告裁判所が相殺債権の存在を否定する場合，訴求債権を審理しないでこれを判決の基礎にすべきだとすると，どうのような根拠でこれが可能なのかが問われると述べたが，この指摘は適切でなかった。上告裁判所は相殺債権の存在を否定し，したがって相殺による訴求債権の消滅を否定する場合，原判決を破棄しなければならないが，事件を原審に差し戻しても，原審は相殺債権の不存在については破棄判決の拘束力によって異なる裁判をすることができず，訴求債権の存在を前提に裁判しなければならないから，この場合には，上告裁判所が原審に代わって請求認容判決の自判をすることになる。

る。被告が予備相殺の抗弁を提出する場合，2つの独立の請求権，すなわち訴求債権と反対債権（相殺債権）が係属し，その結果，2つの独立した要素をもつ訴訟資料が存在する。それゆえ，訴訟資料の控訴審への移動はこれらの2つの要素の1つに限定することができ，その一方の内部では――可分性がある場合には――一部に制限することができる。原告だけが控訴を提起した場合には，原告は訴求債権のうちその存在を否定された部分の認容と被告の反対債権についての判断の取消しを求めているのであるから，不服申立の対象外である，第一審裁判所が理由があると判断した請求部分は控訴審の裁判対象になっていない。控訴審の裁判対象は，訴求債権のうち第一審裁判所によってその存在を否定された部分および反対債権の全体である。控訴裁判所は第一審裁判所が理由があると判断した請求部分を存在するものと扱わなければならないので，この部分につき附帯控訴を提起しなかった被控訴人は，控訴審判決に対して上告を提起して，この部分について上告裁判所の判断を求めることはできない。上告裁判所が第一審裁判所がその存在を一部肯定した訴求債権を調査すると，第一審判決の変更が生じうるが，それは不利益変更禁止の原則に反する。なぜなら，そのような判決は原告に不利なものであり，第一審判決を攻撃したのは原告だけであり，被告はそうしていなかったからである。[37] 日本の判例[38]と通説[39]は，このような事案において，控訴裁判所が反対債権の不存在を認定する場合にも，訴求債権のもともとの存否について審理しこれを否定する場合には，請求棄却判決をすると不利益変更になるので，控訴棄却判決にとどめるべきだとする。この見解によれば，この控訴棄却の控訴審判決に対して被告のみが上告を提起する場合，上告裁判所は原判決の法律違反を理由に訴求債権のもともとの存在を否定する結論に達しうる。この場合に原判決を破棄し，原告の請求を棄却することは，原告のみが控訴を提起し

---

37) BGH NJW-RR 1995, 240(242); Musielak/Voit/*Ball*, §557 Rn.6; HK-ZPO/*Koch*, 7. Aufl., §557 Rn.5.

38) 最判昭和61・9・4判時1215号47頁。

39) 菊井/村松・全訂III166頁；菊井/村松・新コンメVI218頁；注解民訴(9)〔第2版〕292頁［小室/東］；条解民訴〔第2版〕1583頁［松浦/加藤］；注釈民訴(5)201頁［宮川］；伊藤739頁；新堂902頁；高橋・重点講義(下)631頁以下；奈良次郎「控訴審における審理の実際と問題点」小室＝小山還暦(中)105頁，120頁以下；中野貞一郎「相殺の抗弁」同・民事訴訟法の論点II（2001年・判例タイムズ社）136頁，169頁以下；栗田　隆「不利益変更禁止に関する判例理論」中野古稀(下)267頁，295頁以下；松本/上野〔959〕［上野］など。

たのであるから，不利益変更になるので，上告裁判所としては上告を棄却せざるを得ない。結局，判例・通説の見解では，時間と費用をかけた上告は無駄なものであったことになる。

3　申立てによる制限

　上告裁判所による控訴審判決の審査と控訴裁判所の裁判を変更する上告 〔544〕
裁判所の権能は，上告人の提起した申立てと控訴裁判所が裁判した訴訟物によっても制限を受ける。いかなる範囲で上告人が上告を提起するかが重要であり，上告人が控訴裁判所の判決の一部を受け入れ，上告の範囲を制限する場合には，上告裁判所が審査することができるのは，上告人の攻撃する控訴審判決のその部分に限られる。[40]上告によって攻撃されていない控訴審判決の部分は，これに対応する訴訟費用の部分を含め，上告審の調査の対象とはならない。それゆえ，上告裁判所は，確定された原判決の瑕疵がこの調査の非対象部分にも及んでいても，原判決の全体を破棄することはできない。

　上告審の手続終結時までに提起された申立ては，上告理由の範囲内にと 〔545〕
どまっている限り，上告審の調査範囲の基準となる。上告人は，上告理由の枠内で上告申立てを変更しまたは拡張することができる。制限的な上告の提起は，攻撃されていない原判決部分の上告権の放棄と解されてはならない。この攻撃されていない原判決部分は，上告審に移審していない[41]この部分は，上告申立ての拡張または附帯上告によりもはや上告審に関係づけることができなくなると，その時点で確定すると解すべきである。[42]

　離婚請求を認容するとともに附帯処分の裁判をした控訴審判決に対し， 〔546〕
附帯処分の1つである親権者指定の部分に限定して上告を提起することは判例によっても適法である。[43]原則として制限的上告を不適法とする多数説は，このような附帯処分の1つに限定した上告を数量的に可分な請求の一部に限定した上告との類比で適法とし，[44]このような上告によって離婚請求

---

40)　Wieczorek/Schütze/*Prütting*, §557, Rn.3; MünchKommZPO/*Krüger*, §557 Rn.7.
41)　Vgl. BGHZ 106, 219(220)=NJW 1989, 1486; Wieczorek/Schütze/*Prütting*, §557 Rn.3.
42)　Vgl. BGH NJW 1994,657(659); Wieczorek/Schütze/*Prütting*, §557, Rn.3.
43)　最判昭和61・1・21家月38巻8号18頁＝判時1184号67頁＝判タ590号45頁（→〔70〕）。
44)　高橋・重点講義(下)743頁。

358　第9章　上告審の調査範囲と訴訟資料

認容部分を含め事件全体が上告審に移審し，相手方は離婚請求部分について附帯上告を提起することができると主張する。しかし，この場合に上告によって上告審に移審するのは親権者指定処分の部分に限られ，離婚請求認容部分は上告審に移審しないと解すべきである。これが移審していなくても，相手方は附帯上告を提起することができ（附帯上告には不服の要件が具備しなければばらないが（→〔509〕），離婚請求について敗訴している相手方には不服がある），附帯上告によって離婚請求認容部分は上告審に移審する。附帯上訴は，事件全体が上訴審に移審していることを要件としない。

4　不利益変更の禁止

〔547〕　不利益変更禁止の原則は，上告審においても妥当する。この原則は，自己の法的地位の改善を求めて上告を提起した上告人は，相手方の附帯上告がない限り，上告を提起しなかった場合よりも一層不利な上告裁判所の裁判を受けることがないことを保障する。上告人は，上告人の既得権状態をなし，手続の続行がなければ確実であったような利益を失うべきではないからである。

　しかし，上告によって攻撃されていない原判決部分の主文がその内容上全く不特定である場合には，上告裁判所が不服申立てのない部分を含めて原判決の主文を変更することは不利益変更にはならない。上告人は，不利益変更の禁止により保護されるべき既得権状態を原判決により取得していないからである。[45] 控訴裁判所が誤って控訴を不適法として却下した判決に対し，控訴人が上告を提起する場合には，上告人は本案判決を求めているので，上告裁判所は事件が裁判に熟する場合には，本案につき上告人に不利な判決をすることができる。この場合には，不利益変更は存在しないからである。[46] 同じことは，控訴を不適法として却下した控訴審判決に対する被控訴人の上告に対して，上告裁判所が控訴は適法であるとして原判決を破棄して事件を原裁判所に差し戻す場合にも妥当する。この判決は，差戻

---

　45) BGH NJW-RR 1996, 659（抽象的不作為訴訟において原告の請求を一部認容する原判決の主文が被告のとるべき侵害防止措置を特定できない内容であった事案）; MünchKommZPO/*Krüger*, §557 Rn.10; Wieczorek/Schütze/*Prütting*, §557, Rn.9.
　46) BGHZ 12, 308(316); BGHZ 33, 398(401); BGHZ 46, 281; BGHZ 102, 332(337); MünchKommZPO/*Krüger*, §557 Rn.10; Wieczorek/Schütze/*Prütting*, §557, Rn.9.

審においては原告の実体法上の申立てが認容される可能性を生み出すが，不利益変更には当たらない[47]。この可能性は，破棄差戻しによって控訴審における申立てが再び基準になることに原因がある[48]。

上告を提起する当事者は，上告審において，原審において看過された，職権調査事項である訴訟要件の欠缺等が明らかになるリスクを負う。この場合，上告裁判所は，原審の本案判決に代えて訴訟判決によって訴えを却下しなければならないからである（自判）[49]。上告人は，これにより，より不利な地位に置かれることにはならない[50]。控訴審において敗訴判決を受けた被告は，自己の上告により上告裁判所が訴え却下判決をすることを甘受しなければならず，そのため原告の新たな訴えを予期しなければならない。控訴裁判所の一時的棄却判決を受けた原告は，自分の提起した上告に基づき上告裁判所が終局的に理由のない訴えとして請求棄却判決をすることを甘受しなければならない[51]。これらの場合には，上告人は控訴審判決によって不利益変更の禁止原則によって保護されるべき既得権状態をまだ取得していないからである。

第2款　控訴裁判所の前提裁判の調査
1　原　則
上告に服するのは，原則として控訴審の終局判決（および飛越上告の場合の第一審判決および高等裁判所の第一審判決）だけである（311条）。控訴裁判所の終局判決が依拠している，先行する中間的裁判は，上告理由がある場合にも，独立して上告を提起することができない。しかし，この中間的裁判は，控訴審の終局判決に対する上告により上告裁判所の調査に服し判

----

47) Vgl. BGH MDR 1962, 976; MünchKommZPO/*Krüger*, §557 Rn.10; Wieczorek/Schütze/*Prütting*, §557, Rn.9.

48) Baumbach/Lauterbach/*Hartmann*, §557 Rn.11; Wieczorek/Schütze/*Prütting*, §557, Rn.9; Stein/Jonas/*Jacobs*, §557, Rn.12.

49) 大判昭和8・5・10民集19巻1287頁；最判昭和25・9・15民集4巻9号395頁は，原判決が判決の基本たる口頭弁論に関与しない裁判官が関与してなされたものである場合（現行民訴312条2項1号の場合），上告裁判所は不服申立ての範囲を超えて職権で原判決を破棄すべきものとする。もっとも，通説は絶対的上告理由を職権調査事項と位置づけるのであるが，この点には疑問があることにつき→〔247〕。

50) MünchKommZPO/*Krüger*, §557 Rn.11; Wieczorek/Schütze/*Prütting*, §557, Rn.9.

51) BGHZ 116, 278 (292); MünchKommZPO/*Krüger*, §557 Rn.11; *Wieczorek/Schütze/Prütting*, §557, Rn.9.

360 第9章 上告審の調査範囲と訴訟資料

断を受ける（313条・283条）。この中間的裁判に対して上告人により不服が申し立てられていなくても，そうである。もっとも，職権調査事項を除き，当事者が不服申立てもせず，上告裁判所の職権発動を促してもいないときは，原審の判断を取り消す場合のほかは，いちいち判断を示す必要はないとされる。[52]

〔550〕　先行する中間的裁判が上告裁判所の調査に服する要件は，上告により不服申立てがなされる原判決が上告を提起することができる裁判であることである。原判決に対して上告が許されない場合には，原判決に先行する中間的裁判を調査する余地はない。また，終局判決がこの先行する中間的裁判に基づくことが上告の奏功の要件である。この中間的裁判に法令違反が存在するにもかかわらず，他の理由から終局判決が結果として正しい場合には，313条・302条2項により上告は棄却される。[53]

　このような中間的裁判には，中間判決（たとえば控訴の適法性についての中間判決）[54]，訴訟費用の担保不提供の抗弁の認容，訴訟引受決定，訴訟手続の中断の場合の受継決定（128条1項）[55]，弁論の指揮に対する異議を却下する決定（150条）[56]，訴え変更不許決定[57]，証拠申出の却下決定などがある。

2　例　外

〔551〕　民訴法283条・313条の原則が適用されない限り，上告裁判所は控訴裁判所の裁判に拘束される。

(1)　不服申立てができない先行する中間的裁判

〔552〕　上告裁判所は，不服申立てのできない中間的裁判に拘束される（283条ただし書）。どのような裁判が不服申立てのできない裁判であるかは，法律が明文規定によって規定している。たとえば，裁判官または鑑定人の忌避申立てを理由ありとする決定，訴訟行為の追完を与える決定，判決の更

52）控訴につき，大判昭和15・3・5民集19巻324頁；兼子・判例民訴法316頁；菊井/村松・全訂Ⅲ50頁；注解民訴(9)〔第2版〕〔小室/東〕。
53）Vgl. Stein/Jonas/*Jacobs*, §557 Rn.14.
54）大判昭和15・3・5民集19巻324頁。
55）大判昭和13・7・22民集17巻1454頁。
56）東京高決昭和49・3・29判時753頁21頁。
57）大判大正4・3・15民録21輯322頁；大判大正10・12・15民録27輯2117頁；大決昭和8・6・30民集12巻1682頁。

正申立ての却下を含む裁判，期間の伸張申立てや期日の取消しまたは延期の申立ての却下のような訴訟指揮の裁判などは，不服申立てのできない裁判である。

(2) 抗告により不服申立てができる裁判

抗告によって独立して不服申立てのできる中間的裁判は，上告裁判所の [553] 審査に服しない（283条ただし書）。この中間的裁判に対して不服申立てがなされているかどうかは，無関係である。

一部判決およびその後の追加判決に対しては，独立して不服申立て（上訴）をすることができる。追加判決に対して上告が提起されない場合には，一部判決に対して上告が提起されていても，追加判決は上告期間の経過とともに確定する。283条・313条は終局判決に先行する中間的裁判にのみ適用があるのであり，終局判決に後行する裁判には適用がないからである。

第3款　上告審の調査の範囲
1　法律規定と新たな見解の登場
(1) 旧法下の通説

320条は，上告裁判所の調査の範囲を「上告理由に基づき，不服申立て [554] のあった限度」と規定している。他方，322条は，上告裁判所が「職権で調査すべき事項」には320条の適用がないことを定めている。これらの規定について，上告裁判所は旧法下での解釈と同じく，手続法違反については上告人の手続違反の責問（主張）が要求され，上告裁判所も上告理由に拘束されるのに対し，実体法違反については上告理由不拘束の原則が妥当し，したがって上告人の上告理由による責問がなくても，不服申立ての範囲に含まれかつ判決の結論に影響する限り，上告裁判所は提出された上告理由の範囲を超えて実体法違反の有無について判断し，肯定される場合には原判決を破棄すべきであるという見解が通説[58]であった。[59]

---

58) 兼子・体系462頁；小室直人「上告理由」講座民事訴訟(3)255頁, 274頁〔同・上訴再審85頁, 107頁〕；注解民訴(9)〔第2版〕559頁〔斎藤/奈良〕；菊井/村松・全訂Ⅲ282頁；平田・前掲注1）227頁；村松俊夫ほか編・判例コンメンタール民事訴訟法(3)（1976年・三省堂）373頁。

59) 現行法の下でも，実体法違反について上告理由不拘束の原則を主張する見解が多い。松本・人訴法〔299〕；松本/上野〔988〕〔上野〕；高橋・重点講義（下）747頁以下；条解民訴〔第2版〕1644頁以下〔松浦/加藤〕；笠井/越山編〔第2版〕1094頁〔笠井〕；宇野　聡「上告裁判所が調査の対象とすべき破棄事由」民訴雑誌58号（2012年）1頁, 20頁（実体法違反

362 第9章　上告審の調査範囲と訴訟資料

(2)　新たな見解（調査義務限定説）の登場

〔555〕　ところが，現行民訴法について，上告裁判所の調査義務の範囲に関し，上告裁判所は「上告理由で主張された不服申立ての範囲内においてしか調査義務を負わない」という解釈を主張する見解が登場している。この見解は，最高裁への上告が憲法違反と絶対的上告理由に限定され，上告理由にならない実体法違反について最高裁の審査義務があるというのは「明らかに背理」であり，また，上告受理申立て理由以外の実体法違反について最高裁に調査義務があると解することは「上告受理申立制度に明らかに反する」と主張する[60]。また，上告裁判所が上告理由の範囲を超えた実体法違反の調査が許されないのであれば，上告裁判所の職権破棄はこの見解にとって異物であるはずであるが，民訴法325条2項が「第312条第1項又は第2項に規定する事由がない場合であっても，判決に影響を及ぼすことが明らかな法令の違反があるときは，原判決を破棄し，次条の場合を除き，事件を原裁判所に差し戻し，又はこれと同等の他の裁判所に移送することができる」と定めているので，上告人の責問によらないで職権により原判決を破棄できることは明らかだとしたうえで，論旨（責問）外で法令違反を発見しても，職権で取り上げ原判決を破棄しなければならないわけではなく，判決への影響の程度，当該争訟を解決するうえでの破棄の必要性，法令違反の判断を示す最高裁判所としての必要性等を考慮して原判決を破棄するかどうかを決する裁量を有すると主張する[61]。

(3)　批　判

〔556〕　しかし，最高裁判所の負担軽減をあたかもそれ自体法規範かのごとく主張する，この見解には種々の疑問があり，支持することはできない。

〔557〕　第1に，民訴法320条は，上告裁判所は上告理由に「基づき……調査を

のみならず，責問権の放棄・喪失のない手続違反にも上告理由不拘束の原則が妥当し，上告裁判所は調査義務を負うと主張する）；同「上告理由と上告受理申立て理由」実務民訴講座〔第3期〕(6)91頁，108頁；中野ほか編・講義〔第3版〕677頁〔上野〕など。

60)　研究会・新民事訴訟法410頁以下〔福田剛久，柳田幸三らの発言〕；富越和厚「最高裁判所における新民事訴訟法の運用」法の支配116号（2000年）38頁，47頁以下；高部真規子「上告審と要件事実」伊藤滋夫ほか編・民事要件事実講座(2)（2005年・青林書院），3頁，25頁；基本法コンメ民訴(3)84頁〔田中豊〕；武藤貴明「最高裁判所における民事上告審の手続について」判タ1399号（2014年）50頁，68頁；菊井/村松・新コンメⅣ371頁など。

61)　富越・前掲注60) 46頁以下；高部・前掲注60) 25頁；基本法コンメ民訴(3)88頁〔田中豊〕；菊井/村松・新コンメⅥ371頁以下も参照。

する」と定めているのであり（旧法402条と同じ規定である），決して上告人の提出した上告理由に限って上告裁判所が調査をすると定めているのではない。上告人の責問が上告裁判所の調査の基礎をなすことを明らかにしているが，これが上告裁判所を拘束し，それ以外の実体法違反を顧慮することができないという意味ではない。したがって，この規定と実体法違反についての上告理由不拘束の原則とは決して矛盾するものではない。

第2に，高等裁判所への上告の場合については，調査義務限定説の理由〔558〕は妥当しない。すなわち上告理由が憲法違反と絶対的上告理由に限定されているところで，上告理由にならない実体法違反について最高裁の調査義務があるというのは「明らかに背理」であるという理由は，高等裁判所への上告については妥当しない。それゆえ，この見解は，高等裁判所への上告の場合には，実体法違反について，上告理由不拘束の原則が妥当するというのであろう。そうだとすると，民訴法320条という同じ条文について，その意味内容が最高裁への上告の場合と高等裁判所への上告の場合で全く異なるという奇異な結果が生ずる。このようなことは，法適用の平等の点で大問題であり，解釈方法として妥当性に問題がある。

第3に，上告理由の定め方および上告受理申立て理由の定め方を形式的〔559〕に理解すれば，あるいは調査義務限定説のような主張も可能であるかもしれない。しかし，上告受理申立て理由としての「法令の解釈に関する重要な事項」を，この説の論者のように，当該事案を超えて他の多数の事件にとって意味のある法的判断が含まれていることを意味すると解することは，法適用の平等の観点から憲法上重大な疑義があることはすでに指摘した（→〔371〕以下）。私見によれば，ある法律問題についての原審の判断が多数の事件について重要性を有するものではない場合にも，上告受理申立てを受けた最高裁判所は，不服申立ての奏功の見込みがあるかどうかを法令違反の観点から審査し，不服申立ての奏功の見込みがある場合には，上告受理決定をしなければならない。この場合には，排除された上告受理申立て理由を除き，「上告の理由」とみなされるのであるから（318条4項），一般の法令違反であっても上告受理申立てを通して上告理由の地位を取得する。それゆえ，上告受理申立制度のもとで，一般の実体法違反について最高裁の調査義務があると解することは，決して「上告受理申立制度に明らかに反する」ものではない。逆に，調査義務限定説のような解釈は，上告

364　第9章　上告審の調査範囲と訴訟資料

受理申立て制度の問題点を看過するからこそ生まれているということができる。

〔560〕　第4に，上告裁判所は，上告人の主張する上告理由が存在し原判決に瑕疵がある場合にも，原判決の結論が他の理由から正当である場合には，上告を棄却しなければならない（313条・302条2項）。この規定は，責問されていない実体的瑕疵は付随的にのみ調査すれば足りるという意味ではない。逆である。原判決の実体法違反については，上告裁判所は，原判決を上告人の責問する実体法違反のみならず，考慮すべきあらゆる実体法的観点からも調査する義務を負うことを意味するものである（→〔41〕）。上告裁判所による調査の結果，原判決が上告人の責問していない理由から不当であることが明らかになれば，上告裁判所は，原判決を破棄するかどうかの裁量権を有するのではなく，職権により原判決を破棄しなければならない（325条2項）[62]。すなわち，313条・302条2項による上告の棄却と325条2項による原判決の破棄は，いずれも上告裁判所の包括的な調査義務に基づくものである。

〔561〕　第5に，上告人の具体的な違法事由の指摘が要求されている手続瑕疵についても，訴訟要件や上訴要件を超えて相当広い範囲で職権調査が必要である（→〔（→〔564〕以下）。そうでなければ訴訟法の適正な適用を監督するという上告裁判所の役割を果たすことができない。同様に，実体法の適正な適用につき責務を負う上告裁判所が実体法の適正な適用につき調査義務がなく，たまたま明らかになった実体法違反について裁量でこれを顧慮することができるだけだとすると，上告裁判所はその責務を果たすことができないであろう。

〔562〕　最後に，職権破棄は，法令解釈の統一の観点から定められているのではないと思われる。法令解釈の統一が重要なのであれば，最高裁が原判決に影響を及ぼすことが明らかな法令違反を認める場合には，原判決を破棄しないで，原判決に法令違反があることを上告審判決において明示し，以後そのような法解釈がなされないよう配慮することも可能である。しかし，法律はそのような措置では済ましておらず，原判決の破棄を求めていると

62）研究会・新民事訴訟法409頁以下でも，裁判所の職権破棄義務を肯定する見解が主張されている（竹下守夫，鈴木正裕，青山善充，伊藤眞の意見）。

いうべきである。これは現行法の上告が，真正の上告であること，すなわち上告が事案についての正しい判決による権利利益の保護を目指すことによる。それゆえ，最高裁が判決への影響の程度，争訟解決にとっての破棄の必要性，法令違反の判断を示す最高裁としての必要性等を勘案して，上告裁判所の裁量で職権破棄をすることができるという調査義務限定説の主張は，法律の考え方に反すると思われる。325条2項が「できる」と定めていることをもって最高裁の裁量権が承認されているとはいえないであろう。法律が裁量権を認めるのであれば，「裁量により」と明文で明らかにする必要があるからである。

　加えて，職権破棄についての調査義務限定説の説明は，この説がここでも法適用についての平等原則の顧慮に欠けることに無頓着であることを示している。すなわち，最高裁の裁量で原判決を破棄したり，しないことが可能であれば，同じような状況において職権破棄により不当な判決から救済される当事者と，そうでない当事者が必ず生ずるが，このようなことが上告裁判所の裁量により行われ，結果が区々になることは，当事者平等原則に反するほか，当事者の権利保護と法令の解釈の統一を対等の目的とする上告制度の目的にも反する[63]。

⑷　上告理由不拘束の原則と上告人の上告理由以外の実体的事由の事後的主張

　以上のとおり，現行法においても実体瑕疵については上告理由不拘束の〔563〕原則が妥当する。それは上告人の訴訟行為について，次のことをもたらす。すなわち，上告人は，上告理由書提出期間経過後も口頭弁論の終結まで，また口頭弁論が開かれない場合には上告審の評議の終結まで，なお裁判上重要な法律問題について意見を述べることができると解することができる[64]。このことは，上告人が手続瑕疵のみを責問している場合も同じである。

---

63) 調査義務限定説も，最高裁が裁量を有する場合，裁量を適切に行使し破棄すべき事案は等しく破棄すべき責務を負うとするが（富越・前掲注60）47頁；武藤・前掲注60）69頁注(164)），裁量が適切に行使されたかどうかが明確にならないことが問題なのである。

64) Vgl. Rosenberg/Schwab/*Gottwald*, §142 Rn.61; Wieczorek/Schütze/*Prütting*, §557 Rn.18.

366 第9章 上告審の調査範囲と訴訟資料

2 職権で調査すべき手続瑕疵

(1) 絶対的手続瑕疵

〔564〕 手続瑕疵の審査は当事者の主張を必要とするとの原則（→〔477〕）に対して，重要な例外がある。それは，手続瑕疵の主張がなくても，裁判所が職権により斟酌すべき手続瑕疵である。このような瑕疵をドイツ法に倣って**絶対的手続瑕疵**（absolute Verfahrensfehler）と呼ぼう。この瑕疵の調査のさいは，上告裁判所は当事者の提出した上告理由に拘束されない。それゆえ，上告人は，上告理由書提出期間経過後も口頭弁論の終結まで，また口頭弁論が開かれない場合には上告審の評議の終結まで上告裁判所が職権により考慮すべき手続瑕疵を主張することができると解すべきである。この時点までは，被上告人も絶対的手続瑕疵を責問することができる。

(2) 一般的訴訟要件

〔565〕 上告人の責問がなくても，一般的訴訟要件はそれ自体職権調査事項であるので，上告裁判所は手続が訴訟要件を具備しているかどうかを職権で調査しなければならない。たとえば裁判権の免除（裁判権の欠缺），国際裁判管轄の具備，国際条約による権利の訴求可能性の排除，原裁判所が当事者として扱った関係人が当事者であるかどうか，当事者が当事者能力および訴訟能力を有しているかどうかが調査される。さらに，当事者の訴訟追行権および訴訟担当の適否，当事者が適法に代理されているかどうかが職権で調査されるべきである。その他，訴えの申立ての不特定（たとえば複数の請求が主位的請求，予備的請求という形で順序づけられていないため），訴訟物の内容と範囲，訴え（権利保護）の利益，確認の訴えの適法性，不適法な条件付き訴えであるかどうか，訴えが重複訴訟に当たらないかどうか，確定判決の既判力が及んでいないかどうかも，[65]職権により調査されるべきである。[66]

---

65) 最〔2小〕判平成22・7・16民集64巻5号1450頁＝判時2098号42頁＝判タ1337号119頁は，住民訴訟における共同訴訟参加の申出につき，これと当事者，請求の趣旨および原因が同一の別訴において適法な住民監査請求を欠いていることを理由に訴えを却下する判決が本件の事実審口頭弁論終結後に確定した場合に，この判決の既判力が本訴に及ぶことを理由に本件申出を却下した事案である。調査官解説として，中山雅之・判解民平成22年度〔21事件〕，評釈として，越山和広・民商144巻3号（2011年）41頁；八田卓也・判評637号（判時2136号，2012年）166頁；吉垣実・リマークス44号（2012年）114頁などがある。

66) 通説が訴訟要件に位置づける訴訟障害事由（仲裁合意の存在，原告が提供すべき訴訟費用の担保の不提供および一時的な不起訴の合意）が絶対的手続瑕疵に当たらないことは当然で

訴訟要件が具備していないが，控訴審判決が誤って訴えを却下していない場合，控訴審判決は破棄され，瑕疵が補正され得ない場合には上告裁判所によって，訴えは却下されなければならない（→〔701〕）。訴訟要件が具備しているかどうかについてなお審理が必要な場合には，上告裁判所は自ら審理をするか，控訴審判決を破棄し事件を原審に差し戻すかの選択をすることができる。

(3) 控訴，控訴審手続および控訴審判決の適法性

上告裁判所は，さらに控訴の適法性，附帯控訴の適法性，控訴審手続の〔566〕適法性および控訴審判決の適法性について調査する。これらも，職権により調査されるべきである[67]。

上告裁判所は，まず控訴の適法性について基礎となる事実を評価により調査しなければならない。附帯控訴の適法性についても同様である。控訴要件が具備していないが，控訴審判決が控訴却下以外の内容を有する場合には，上告裁判所は，不利益変更禁止の原則に反しない限り，控訴審判決を破棄し，控訴を却下しなければならない。

さらに，控訴審手続の適法性が審査されるべきである。したがって控訴〔567〕審判決の言渡しの前に手続が中止または中断していなかったかどうか[68]，弁論再開申立ての却下が正当であったかどうか[69]，言い渡された中間判決とくに原因判決[70]，あるいは一部判決[71]が適法であったかどうかは，職権により調査されなければならない。弁論の再開は原則として裁判所の裁量ではあるが，裁判所の法的審問請求権の侵害が存する場合には，裁判所は当事者の申立てにより弁論を再開しなければならない（→〔210〕）。

(4) 控訴審判決の内容上の瑕疵

控訴審判決の内容上の瑕疵も，上告裁判所が職権により調査すべき手続〔568〕

あるが，ここでも訴訟障害事由を訴訟要件に組み入れる通説の不備が明らかになっているといえる。訴訟障害事由の概念および訴訟上の取扱いについては，松本/上野〔343〕以下〔松本〕参照。

67) 第一審判決と同一内容または被控訴人に有利な裁判を求めた控訴につき，控訴の利益を欠く不適法な控訴であるとして，職権で原判決中，控訴が適法であることを前提として本案の裁判をした部分を破棄し，同部分の控訴を却下した裁判例に，最〔2小〕判平成14・6・28〔杉原則彦「最高裁民事破棄判決等の実情(上)——平成14年度」〕判時1814号38頁がある。

68) RGZ 64, 361(363).

69) BGHZ 53, 245（262 f.）.

70) BGH NJW 1975, 1968; 1982, 1757(1759); 1992, 2487; 1996, 848(849).

71) BGH NJW 2011, 2736.

瑕疵たりうる。[72]上告審手続の基礎たる資格を失わせるような極めて重大な手続瑕疵で，当事者が放棄できる手続瑕疵でない瑕疵が控訴審判決に付着している場合，上告裁判所がこれを職権により取り上げるべきである。[73] すでに述べたように，上告審には判例の統一を図る使命があるが，原審の手続が重大な手続瑕疵を帯びていると，判例に対する人々の信頼を獲得することができず，上告審の使命を果たすことができないからである（→〔398〕）。

　そのような控訴審判決の内容的瑕疵として，控訴審判決の内容的不特定，判決理由を考慮しても，どの範囲で請求が認容または棄却されているかが説明できないほどの控訴審判決の主文の不特定[74]または引換え給付判決の内容的な不特定，[75]控訴審判決の主文に矛盾がないかどうか，[76]とくにこの判決に基づき執行することができるかどうか，[77]判決主文が控訴申立ての範囲内にとどまっているかどうか，[78]不利益変更禁止原則に反していないかどうか，[79]判決理由が判決主文と調和しているかどうか，控訴裁判所が先行した上告裁判所の破棄差戻判決の拘束力または —— 第一審判決の取消しの基礎とされた控訴裁判所の自己の法的見解の第二次控訴審に対する拘束力が問題になる場合には —— 控訴裁判所自身の第一審判決の取消差戻判決の拘束力を顧慮したかどうか，[80]判決の事実摘示において再現された事実関係が理由において十分に扱われているか，すなわち247条から生ずる，事案につき評価考量を尽くすべき裁判所の義務が遵守されているかどうか，[81]訴訟行為または当事者の陳述が正しく解釈されたかどうか，[82]控訴裁判所の主張＝証明責任の判断に誤りがないかどうか，[83]当該事件に主張責任の軽減または

---

72) *Rimmelspacher*, Von Amts wegen zu berücksichtigende Verfahrensmängel im Zivilprozess, Festschrift für Beys, 2003, S.1333, 1346.

73) 最〔3小〕判平成22・3・16裁判所時報1503号3頁＝判時2081号12頁は，固有必要的共同訴訟において，共同被告1に対する請求と共同被告2に対する請求についての裁判が矛盾した場合に，職権で手続法違反を取り上げた事例である。

74) BGHZ 5, 240; 45, 287.

75) BGHZ 45, 287.

76) BGH NJW-RR 1989, 1087; 1990, 1095(1096); 1999, 381(383).

77) BGHZ 45, 287; BGH NJW 1993, 324(325).

78) BGH NJW-RR 1999, 381(382); 1990, 1095(1096); 1989, 1087.

79) BGHZ 36, 316(319).

80) BGH NJW 1992, 2831(2832).

81) BGH NJW 1993, 935(937); 1997, 796(797); *Gottwald*, Revisionsinstanz, S.142 ff.

82) MünchKommZPO/*Krüger*, §557 Rn.27; Wieczorek/Schütze/*Prütting*, §557 Rn.28.

83) BGH NJW 1999, 860(861).

表見証明の原則が適用になるかどうか,[84] 当事者陳述は相手方が争う限り具体化される必要があるが，この主張の具体化要求に原裁判所に行き過ぎがなかったかどうか,[85] 否認が十分で, 有効であったかどうか,[86] 陳述が自白と評価されるべきでないかどうか[87] などの問題が，ドイツ法において職権で上告裁判所により採り上げられていることが参考になる。[88]

3 手続責問の調査

(1) 原 則

　訴訟手続に関する法令の違反に関しては，上告裁判所は，裁判所が職権 [569]により顧慮すべき手続瑕疵の外は，当事者が上告理由書提出期間内に適式に責問（主張）した場合にのみ，そしてその範囲で調査すれば足りるのが原則であり，控訴審手続の全体が職権により上告審の調査を受けるのではない。私見によれば，絶対的上告理由および法的審問請求権の侵害についても，上告人の責問を必要とする。

(2) 上告人の手続責問

　上告人が民訴規則191条1項・3項により適式に責問した手続違反だけ [570]が上告裁判所によって調査される。したがって，手続責問は上告理由書に記載されていなければならない。上告理由書提出期間後は，もはや手続責問を提出することはできない。訴訟手続に関する法令違反の事実は，上告理由書に記載しなければならないので，記載がある限りで，上告裁判所の調査・判断を受ける。上告裁判所は，必要があれば証拠調べもできる。

　上告人は，提出した手続責問を取り下げることができる。取下げがあると，上告裁判所はもはや手続瑕疵の有無を調査することができない。

(3) 被上告人の手続責問（反対責問）

　一定の事案では上告審の手続終結まで，被上告人も手続責問を提起する [571]ことができると解すべきである。これを反対責問（Gegenrüge）と呼ぶこ

---

84) 主張責任の軽減につきBGH NJW-RR 1992, 800 (801)，表見証明につきBGHZ 100, 31 (33).
85) BGH NJW 1992, 3106; 2001, 1500 (1502); 2015, 468 Rn.9.
86) BGH 1995, 130 (131).
87) BGH NJW 1992, 3106 (3107); 1999, 2889 (2890).
88) Vgl. MünchKommZPO/*Krüger*, §557 Rn.27; Stein/Jonas/*Jacobs*, §557 Rn.27ff.; Wieczorek/Schütze/*Prütting*, §557 Rn.28.

370 第9章　上告審の調査範囲と訴訟資料

とができる。[89] もっとも，この場合，被上告人は手続瑕疵を明らかにする事実をあげることが必要である。[90]

　被上告人は，原裁判所が手続法規定に違反して被上告人の不利に一定の事実認定を行い，または誤って一定の事実を認定しなかった場合に，原裁判所の手続違反を責問することができる。このようにして，控訴裁判所が他の法的考量によって判決をしたため被上告人の不利益に作用しなかった控訴審の認定事実が，上告裁判所が控訴裁判所とは異なる法的判断に至る場合に，被上告人の不利に作用することを阻止することができる。[91] 上告裁判所が原判決を破棄し事件を原審に差し戻す場合には，被上告人が原裁判所が認定せずまたは誤った認定をした事実を差戻し後の控訴審において事情によっては追完できる可能性が生ずることは，反対責問が適法なことの妨げとはならない。[92] そのような追完は，上告裁判所が上告を棄却しまたは自判する場合には，つねに排除されるからである。[93]

[572]　控訴裁判所が提出された抗弁の1つに基づき請求を棄却したが，他の抗弁を誤って理由なしと排斥した場合に，被上告人は理由なしとみなされた抗弁に関し反対責問によって手続違反を責問することができる。[94] もっともこの場合には，被上告人は上告裁判所が他の法的評価から出発し，控訴裁判所が理由なしと認めた抗弁に基づき被上告人の不利に裁判する危険を考慮に入れなければならない。[95]

4　実体瑕疵の調査

(1)　原　則

[573]　上告が適法である限り，上告人の対応する責問がない場合にも，上告裁判所は職権により実体的瑕疵の有無につき調査を行わなければならない。それゆえ，上告人は，上告理由提出期間経過後であっても訴訟上重要な法

---

89) Vgl. BGHZ 37, 79(83)=NJW 1962, 1149; BGHZ 121, 65(69)=NJW 1993, 933(934); MünchKommZPO/*Krüger*, §557 Rn.33; Wieczorek/Schütze/*Prütting*, §557, Rn.32.

90) Vgl. BAGE 17,236=NJW 1965, 2268=MDR 1965, 1024.

91) MünchKommZPO/*Krüger*, §557 Rn.34.

92) MünchKommZPO/*Krüger*, §557 Rn.34; Wieczorek/Schütze/*Prütting*, §557, Rn.34.

93) MünchKommZPO/*Krüger*, §557 Rn.34; Wieczorek/Schütze/*Prütting*, §557, Rn.34.

94) BGHZ 16, 394(395)=NJW 1955, 825; BAGE 17, 236=NJW 1965, 2268=MDR 1965, 1024; MünchKommZPO/*Krüger*, §557 Rn.35; Wieczorek/Schütze/*Prütting*, §557, Rn.34.

95) MünchKommZPO/*Krüger*, §557 Rn.35; Wieczorek/Schütze/*Prütting*, §557, Rn.34.

律問題につき意見を述べることができ，それまで提出されていない法律違反を責問することができる。[96]

(2) 実体法の適用

上告裁判所は，控訴裁判所が実体法を正しく適用したかどうかを調査す〔574〕る。そのさい，控訴裁判所が明示的に未決定にした法律問題にも立ち入ることになる。それは，たとえば控訴裁判所が主張された請求権につき消滅時効が完成したとみている場合や，訴求債権に対する相殺を肯定している場合に問題になる。[97]

当事者の主張した法令違反が原判決に存在しない場合にも，上告裁判所は，他の法令の違反が存在しないか否かの調査を職権により行い，他の法令の違反が存在すると判断する場合には原判決を破棄し，原則として事件を原裁判所に差し戻し，または同等の他の裁判所に移送しなければならない（職権破棄，325条2項）。その限りで，上告人が上告理由として責問した実体的瑕疵または上告の理由とみなされた上告受理申立て理由（318条4項）が存在するか否かは，上告の結果にとっては必ずしも法律上重要でない。[98]

もっとも，この点について前述のように（→〔555〕），反対説が存在する。[575]これによれば，上告審の調査の対象は上告人の指摘する上告理由または上告受理申立て手続において申立てが受理され上告の理由とみなされた上告受理申立て理由に限定されるので，最高裁判所は旧法と異なり，上告人の責問しない実体法違反を職権で調査する義務を負わず，最高裁は調査の過程でそのような実体法違反を発見したときは職権で原判決を破棄することができるにとどまる。[99]

しかし，前述のように（→〔556〕以下），この見解は正しくないであろう。旧法下でも現行法においても，実体法の適用の当否を審査することは上告裁判所の責務であり，上告人が責問しない実体法違反は上告裁判所の調査義務の範囲外だとする明文規定は存在せず，そのようにはいえないからである。上告裁判所が職権により原判決を破棄した最近の事例として，次の

96）Vgl. MünchKommZPO/*Krüger*, §557 Rn.38; Wieczorek/Schütze/*Prütting*, §557, Rn.35.
97）MünchKommZPO/*Krüger*, §557 Rn.38; Wieczorek/Schütze/*Prütting*, §557, Rn.36.
98）*Jauernig*, Zivilprozessrecht, 27. Aufl., §74 VII 3 c.
99）富越・前掲注60）46頁以下；基本法コンメ民訴(3)84頁〔田中豊〕。

372　第9章　上告審の調査範囲と訴訟資料

ものがある。

(3)　職権破棄事例

〔576〕　　　①　最〔1小〕判平成18・12・21民集60巻10号3964頁＝判時1961号53頁＝判タ1235号148頁＝金法1802号132頁　　破産者の締結していた建物賃貸借契約を合意解除した破産管財人が破産宣告後の未払賃料等に敷金を充当する合意をして賃料等の現実の支払いを免れたことにより敷金返還請求権の質権者に対し不当利得返還義務を負う場合に，破産債権者のために破産財団の減少を防ぐ破産管財人の職務上の義務と質権者に対し質権設定者が負う目的債権の担保価値を維持すべき義務の関係について論じた学説や判例が乏しかったことや，破産管財人が上記の合意をするについて破産裁判所の許可を得ていたという事情のもとでは，破産管財人を悪意の受益者ということはできないとして，上告裁判所が職権で，原判決のうち訴状送達以前の遅延損害金に関する部分を破棄し，請求を棄却した事例。

〔577〕　　　②　最〔2小〕判平成18・3・17判時1937号87頁＝判タ1217号113頁＝金判1250号28頁　　貸金業者に対する債務者の貸金返還債務の弁済について貸金業の規制に関する法律43条1項または3項の適用を認めた高等裁判所の上告審判決を，特別上告審において法令の違反を理由に職権により破棄した事例。

(4)　訴訟法の適用

〔578〕　上告裁判所の実体瑕疵の審査の枠内で，訴訟法規定の適用も調査される。たとえば，確定判決の既判力が正しく顧慮されたかどうか，証明責任規定が正しく適用されたかどうかが調査される[100]。

(5)　結果として正しい裁判

〔579〕　上告裁判所の調査の結果，控訴審判決は瑕疵を含んでいるが，他の理由から結果として正しいことが明らかになれば，上告は棄却される（313条・302条2項）。

---

100)　BGH NJW 1991, 2014(2015); MünchKommZPO/*Krüger*, §557 Rn.39; Wieczorek/Schütze/*Prütting*, §557, Rn.37.

第2節　上告審の訴訟資料

第1款　訴訟資料制限の原則

1　原　則

　上告審は法律審であるので，上告審の訴訟資料は，原則として，控訴審 〔580〕
の訴訟資料である。これには，控訴審判決が認定した事実，控訴審の口頭
弁論調書により明らかになる事実，中間裁判の認定した事実および控訴審
判決の引用した第一審判決の認定事実が属する。[101] それゆえ，上告審では，
新たな事実や証拠方法は原則として顧慮されない。これができるのは，例
外的な場合に限る（→〔590〕以下）。

　控訴審の最終口頭弁論終結後に新たに生じた事実の考慮も，確定判決の 〔581〕
既判力は原審の口頭弁論の終結時を基準とするから，原則として許されな
い。したがって，上告審においては，原則として訴えの変更および反訴の
提起は不適法であるが，例外がないわけではない。→〔598〕

2　原審の事実確定の拘束

(1)　原　則

　上告裁判所は，ある主張が真実であるとか真実でないという控訴裁判所 〔582〕
がした確定に —— まさに，これに対して適法で理由のある上告がなされて
いるのでない限り —— 拘束される（321条1項）。その確定が何を基礎にし
ているかは，問わない。相手方が明示的に自白しまたは争わなかった当事
者の主張に基づくこともあれば，公知または裁判所の職務上知り得た事実
であることもある。[102] 控訴裁判所が証拠評価に基づき証明されたとみなし
た事実であることもある。法律上の推定規定や解釈準則に基づく確定も，
上告裁判所を拘束する。[103] 上告裁判所は，意思表示の解釈においても，手
続に関して適法で理由のある上告攻撃がなされていない限り，控訴裁判所
のした表示事実の確定に拘束される。[104]

---

101) 注解民訴(9)〔第2版〕565頁〔小室/東〕。
102) MünchKommZPO/*Krüger*, §559 Rn.8; Musielak/Voit/*Ball*, §559 Rn.20; Wieczorek/
　　Schütze/*Prütting*, §559 Rn.23.
103) MünchKommZPO/*Krüger*, §559 Rn.8; Musielak/Voit/*Ball*, §559 Rn.20.
104) MünchKommZPO/*Krüger*, §559 Rn.9.

374 第9章　上告審の調査範囲と訴訟資料

　　飛越上告の場合には，第一審判決の事実認定を争わない当事者の意思が
その合意に含まれているので，上告審では第一審裁判所の事実認定の違法
を主張することができず，上告裁判所は，原判決における事実の確定が法
律に反することを理由にその判決を破棄することができない（321条2項）。
　　事実が真実である，または真実でないという控訴裁判所の確定が，上告
裁判所を拘束する。もっとも，上告裁判所の裁判の基礎にすることができ
るのは，真実として確定された事実だけである。真実でないとして確定さ
れた事実は，訴訟上利用できず，上告裁判所の裁判にとって意味をなさな
い。[105]

〔583〕　　上告裁判所は控訴裁判所が適法に確定した事実に拘束されるので，控訴
審の口頭弁論終結時以後に生じた新たな事実は原則として上告審において
顧慮されず，また，この事実を動揺させるために新たな証拠申出をするこ
とも許されない。したがって，上告人が控訴審において提出していない事
実を主張して上告理由とすること[106]や，控訴審において主張していない
事実を前提に上告すること[107]ができないことは，当然である。上告人は，
控訴審でした裁判上の自白を，上告審において取り消すこともできない。[108]

〔584〕　　(a)　**上告審を拘束する確定の適格事項**　　上告裁判所を拘束する確定
の対象は，当事者の事実主張である。それゆえ，一般的経験則や論理法則
の存在についての確定は，拘束力の対象から除外される。一般的経験則の
存在および内容は事実の判断基準として役立つ準則であるから，上告裁判
所はこれらについて調査することができる。[109]

〔585〕　　(b)　**裁判上の重要性**　　拘束力のある確定は，それが原判決を担って
いる場合にのみ拘束力を有し，原判決を担っていない確定の拘束力は否定
されるのか，[110]それとも確定された事実は何らかの形式で意味をもち得る
場合には上告裁判所をも拘束するのか[111]どうかが問題となる。たとえば，

---

105) MünchKommZPO/*Krüger*, §559 Rn.11; Wieczorek/Schütze/*Prütting*, §559, Rn.21.
106) 大判大正9・9・20民録26輯1341頁；大判昭和2・2・16民集6巻78頁；大判昭和8・
　　2・17評論22巻民訴118頁；最判昭和22・12・23裁判集民1号41頁。
107) 最判昭和28・5・7民集7巻5号525頁。
108) 大判大正8・11・20民録25輯2057頁。
109) MünchKommZPO/*Krüger*, §559 Rn.8; Wieczorek/Schütze/*Prütting*, §559 Rn.22.
110) BGH NJW 1984, 2353(2354)はこのような見解である。
111) MünchKommZPO/*Krüger*, §559 Rn.9; Wieczorek/Schütze/*Prütting*, §559 Rn.25.

控訴裁判所が主位的申立てが理由を有するために立ち入るべきでなかった予備的申立てに関する事実に不適法に立ち入った場合，後者の見解によれば，予備的申立てを基礎づける事実に関する確定も，上告裁判所を拘束し得る。

(c) **控訴裁判所の確定の内容的矛盾，不明瞭性または不完全性**　控〔586〕訴裁判所の確定が内容的に矛盾し，不明瞭でありまたは不完全である場合には，この確定は控訴裁判所が適法に確定した事実でなく，上告裁判所の裁判の十分な基礎となり得ないので，上告裁判所を拘束する効力を有しない。[112]

(2) **321条1項による拘束力の例外**

321条1項は，「原判決において適法に確定した事実」と述べ，それに〔587〕よって，原審において不適法に確定された事実は上告裁判所を拘束しないことを明らかにしている。これは，事実の確定に関して適法で理由のある上告攻撃がなされる場合には，原判決の事実確定の上告裁判所に対する拘束力が消滅することを意味する。

(a) **上告人の手続責問**　上告人が原裁判所の事実確定のさいの手続〔588〕瑕疵を責問する場合には，拘束力の例外が適用される。事実認定に関する原裁判所の手続瑕疵は，当事者の提出（事実主張または証拠申出）が無視されまたは利用されなかった場合，当事者の主張しない事実が利用され，解釈準則違反がある場合，提出された文書が評価されずまたは完全には評価されなかった場合，証拠調べもしくは証拠評価における手続過誤がある場合に存在する。[113]控訴裁判所が149条による釈明義務に違反した場合または誤って事実を公知とみた場合にも，上告裁判所は拘束されない。

(b) **被上告人の手続責問**　一定の場合には，被上告人も手続責問を〔589〕提起し，原審の事実確定を攻撃することができる。詳しくは〔571〕参照。

第2款　新事実の例外的顧慮

上告審の訴訟資料は控訴審判決によって適法に確定された事実に制限さ〔590〕れ，新たな事実主張は法律上排除されるのであるが，適法で理由のある上

---

112) Wieczorek/Schütze/*Prütting*, §559 Rn.26.
113) Wieczorek/Schütze/*Prütting*, §559 Rn.29.

告攻撃が原判決の事実確定に関して提起される場合には，この原則には例外が認められるほか，新事実が顧慮される種々の例外があり得る。

1　手続責問を理由づけるための事実

〔591〕　新たな事実が手続責問を根拠づける場合には，この事実の提出は適法である。当然，この事実は控訴審判決または訴訟記録からは明らかになり得ない。訴訟手続に関する法令違反を主張する上告または附帯上告，もしくは上告受理申立てまたは附帯上告受理申立ては，その法令違反を明らかにする事実を上告理由書または附帯上告理由書もしくは上告受理申立て理由書または附帯上告受理申立て理由書に記載しなければならないが，ここに記載された事実は，上告裁判所の訴訟資料となる。必要な場合には，上告裁判所は証拠調べをすることもできる。

2　上告の適法性に関する事実または上告審において生じた手続事項に関わる事実

〔592〕　上告審手続の適法性にとって重要な新たな事実は，すべて考慮される。[114] すなわち，上告要件としての不服，[115] 上告人の訴訟能力に関する事実は，職権で考慮される。さらに，上告期間の徒過の場合の追完にとって重要な事実，[116] 上告権の放棄（→〔142〕），[117] 上告の取下げ（→〔624〕）または訴訟上の和解の締結に関する事実，手続の中止・中断を必要ならしめ，または必要ならしめた新たな事実，[118] もしくは中断した手続の受継の妨げとなる事実，[119] 既判力が及んでいるかどうか，重複起訴にかかわる事実および日本の裁判権の存在に関する事実も，職権によって顧慮される。これに対し，裁判外の和解の締結は，職権調査の対象とならない。和解によって，上告人の不服は消滅しないからである。

---

114)　注解民訴(9)〔第2版〕566頁〔小室/東〕；Wieczorek/Schütze/*Prütting*, §559 Rn.46.
115)　最判昭和32・11・1民集11巻12号1832頁。
116)　RGZ 161, 350(352); Wieczorek/Schütze/*Prütting*, §559 Rn.46.
117)　RGZ 161, 350(352).
118)　BGH NJW 1988, 3092; 1975, 442(443).
119)　BGH NJW-RR 2000, 1156.

3 職権で調査すべき手続瑕疵に関する事実

上告裁判所は，職権で調査すべき手続瑕疵（絶対的手続瑕疵　→〔564〕）**〔593〕**について職権調査義務を負うので，控訴審判決が確定した事実に拘束されない（322条による321条の適用排除）。それゆえ，新たな事実も上告審において考慮されなければならず，上告裁判所は必要な場合には証拠調べをすることもできる。

一般的訴訟要件が具備しているかどうか（たとえば，裁判権の有無[120]専**〔594〕**属管轄違背の有無[121] 訴えの適否[122] 訴訟能力の有無，訴訟追行権の有無[123] 訴えの利益の有無[124] 法定代理権の有無[125]）などは職権調査事項であるので，これに関する新たな事実の提出は上告審においても許されなければならないことは当然である。上告裁判所は，必要な事実確定を自ら行わなければならない。当事者能力や原告会社の代表者の代表権の存否は事実審の口頭弁論終結時を基準時として判断すれば足り，その後に生じた事実を考慮する必要はないとするかつての判例[126] の妥当性には疑問がある。職権調査事項については，上告審の訴訟資料は控訴審判決によって確定された事実に制限されず，新たに生じた事実の考慮は排除されないからである。新たな事実を考慮する必要はないとする判例の見解は，職権調査事項の意義に合致

---

120) 最〔大〕判昭和25・7・5民集4巻7号264頁。
121) 最判昭和42・7・21民集21巻6号1663頁。
122) 最〔1〕判平成4・1・23民集46巻1号1頁。
123) 最判昭和41・11・25民集20巻9号1921頁。
124) 最判昭和47・7・20民集26巻6号1210頁；最〔3小〕判平成3・2・5裁判集民162号85頁＝判時1390号135頁；最判平成3・3・28裁判集民162号267頁＝判時1381号115頁；最〔大〕判平成4・7・1民集46巻5号437頁。
125) 大判昭和16・5・3大審院判決全集8輯18号617頁（原審が法定代理権の欠缺を看過して本案判決をしたが，追認の時期は何ら制限されていないので，権限ある法定代理人が上告審において追認することも妨げられないとして，上告審はこれを顧慮して上告を棄却すべきだと判示）；条解民訴〔第2版〕1646頁〔松浦/加藤〕（上告審で成年に達した未成年当事者による，それまでの後見人の無権限の訴訟行為の追認）。
126) 当事者能力につき最判昭和42・6・30判時493号36頁，会社の代表者の代表権につき最判昭和46・6・22判時639号77頁。これに対して，原審が無権代理人による控訴の提起であるとして控訴を却下したが，上告審において権限のある代理人が控訴を追認した場合，控訴が遡って適法になると判示した最判昭和47・9・1民集26巻7号1289頁がある。なお，大判昭和13・3・19大審院判決全集5輯8号362頁は再審の訴えの提起後その係属中にも前訴訟の訴訟行為の追認をすることができることを判示した。上村明広「上告審における訴訟要件」小室＝小山還暦(中)198頁，214頁以下は，事物管轄や訴え変更要件のような上告審では問題にならない訴訟要件を除き，訴訟要件は上告審にも直接妥当する手続法だとして，訴訟要件の判断の基準時は上告審の口頭弁論終結時であり，事実審の口頭弁論終結後に生じた新たな事実は上告審によって顧慮されなければならないとする。

378　第9章　上告審の調査範囲と訴訟資料

しないと考えられる。

〔595〕　上告裁判所は，控訴審手続の適法性に関する新たな事実を考慮すること
ができる。たとえば，控訴裁判所が控訴の適法性を肯定した場合，上告裁
判所は控訴の適法性を消滅させる事実を考慮しなければならない。控訴の
適法性を欠くこと[127]（→〔566〕）および控訴審判決の内容的瑕疵（→〔568〕）
は，上告裁判所が職権で審査すべき手続瑕疵である。

　　　絶対的上告理由も，事実認定の過程における理由不備，理由の食違いを
除き，公益性を理由に職権調査事項と解するのが通説であるが（→〔247〕），
これも当事者の手続責問を要すると解すべきである（→〔247〕以下）。

4　経験則

〔596〕　経験則は事実ではないので，上告裁判所は控訴裁判所が用いた経験則お
よび論理法則に拘束されない。控訴裁判所が「公知」または［裁判所に顕
著］という法概念を不正確に用いて適用した場合，および証明責任の分配
について行った判断にも，上告裁判所は拘束されない。同様に，248条に
よって必要な損害の評価が不当に行われたかまたは全く行われなかったか
否かという点も，上告裁判所によって調査され得る。

5　適法な訴えの変更に係る事実
(1)　原　則

〔597〕　上告審では，原則として事実審理はできないため，当事者は原則として
新たな請求を提起することができない。上告は，上訴人に判決に対するそ
の不服を除去する機会を与えるものである。そのため，原審で提起された
請求を，少なくともその一部は継続して追及するのでなければならない。
とくに，それまで主張されていない新たな請求をもっぱら追行しようとす
る上告は，不適法である。それに加えて，訴えの変更，請求の拡張および
制限は通常事実陳述を必要とするので，これらは上告審ではできない。た
とえば，確認の訴えから給付の訴えへの移行や請求に予備的申立てを加え

127）控訴の適法性につき，最判昭和43・4・26民集22巻4号1055頁；出訴期間の遵守の有無に
　　ついて，最判昭和35・9・22民集14巻11号2282頁；控訴代理権の欠缺を理由に控訴を却下し
　　た判決に対する上告審における権限ある代理人による控訴審および上告審の訴訟行為の追認
　　につき，最判昭和47・9・1民集26巻7号1289頁。

たり，主位的申立てを予備的申立てとして追行したりすることはできない。同様に，反訴を提起することもできない。[128]

(2) 例 外

しかし，以上の原則に対しては，例外がある。仮執行宣言付き判決が上〔598〕告審において取り消されまたは変更された場合には，被告は260条2項により，仮執行の宣言に基づき被告が給付したものの返還および仮執行によりまたは仮執行を免れるために被告が受けた損害の賠償を求めることができる。これは，法律が上告審において新たな請求の提起を許容する例である。[129] 上告審においてこの返還および損害賠償請求の申立てがあると，上告裁判所は，本案判決を変更するときは口頭弁論を開くことになるので，本申立てについても攻撃防御方法を提出することができる。この申立ては本案判決の変更を解除条件とするものであるので，上告裁判所が上告を棄却するときは，解除条件の成就により，申立てについて裁判する必要はないとされる。[130] 上告裁判所が原判決を変更する場合には，破棄自判の場合も，破棄差戻しの場合も，申立てを理由あらしめる事実につき当事者間に争いがなければ，上告裁判所は争いのない事実に基づき自ら申立てを認容することができる。[131] これに対し，この事実につき当事者間に争いがある場合には，上告審は法律審であるので，上告裁判所は本案につき破棄差戻し判決をする場合はもちろん，破棄自判をする場合にも，申立てについては事件を原審に差し戻すことになる。[132]

給付訴訟の上告審係属中に，被告について破産手続開始の決定があり，破産法44条1項によって手続が中断し，破産管財人が訴訟手続を受継した

---

128) 細野・要義(2)356頁；三ケ月・全集226頁；条解民訴〔第2版〕1620頁［松浦/加藤］；基本法コンメ民訴(3)62頁［上田/松本］；平田・前掲注1）213頁，215頁；武藤・前掲注60）63頁。反訴につき，最判昭和43・11・1裁判集民93号11頁＝判時543号63頁＝判タ229号130頁；独立当事者参加につき，最判昭和44・7・15民集23巻8号1532頁＝判タ242号159頁。

129) 最判昭和34・2・20民集13巻2号209頁；最判昭和45・11・6判時610号43頁；兼子・条解(上)503頁；菊井/村松・全訂Ⅰ1097頁；注解民訴(5)〔第2版〕45頁［小室/渡辺/斎藤］など。

130) 最判昭和51・11・25民集30巻19号99頁；平田・前掲注1）216頁。

131) 前掲注129）最判昭和34・2・20（破棄自判のケース）；前掲注129）最判昭和45・11・6（破棄差戻しのケース）。

132) 菊井/村松・全訂Ⅰ1093頁；注解民訴(5)〔第2版〕44頁［小室/渡辺/斎藤］；平田・前掲注128）216頁。

380　第9章　上告審の調査範囲と訴訟資料

場合，当初の給付の訴えを破産債権確定の訴えに変更することができる。[133)]

〔599〕　訴えの変更は，通常，訴訟資料の拡張または変更を前提とするので，事実審理をしない上告審では原則として不適法である。しかし，新たな訴訟資料の提出を必要としない場合には，例外的に上告審においても訴えの変更が許容されうる。[134)]訴えの変更が主たる申立ての修正的な制限であり，すでに事実審裁判官によって評価された事実関係に基づく場合，[135)]主位的申立てとして提起された申立てを上告審において予備的申立てとして追行する場合，[136)]申立てが具体化されるにとどまる場合，[137)]または上告審において給付の訴えから確認の訴えへの移行が行われる場合で控訴審判決または期日の調書から原告の確認の利益が明らかになる場合，[138)]申立ての純然たる減縮が行われるにすぎない場合[139)]には，訴えの変更は適法であり得る。[140)]

〔600〕　控訴裁判所が控訴審でなされた訴えの変更を許さず，訴え変更不許の決定をした場合，この決定に対して独立の不服申立ては許されず，終局判決に対する上告によって上告裁判所の審査を受けるとするのが通説[141)]である。したがって，上告裁判所は訴えの変更の要件について調査をしなければならない。上告裁判所は，訴えの変更を適法と判断する場合には，訴えの変更を許し，事件が裁判に熟している場合にのみ自判し，さらに事実審理が必要な場合には，事件を原審に差し戻さなければならない。

6　控訴審終結後に生じた理由具備性に関する事実

〔601〕　控訴審の口頭弁論終結後に生じた事実は，いかなる範囲において上告審において考慮されうるかという問題がある。前述のように，上告審の訴訟資料は控訴審判決によって確定された事実等に制限され（→〔580〕），新たな事実の提出は排除されるのが原則であるが，事案によっては，新事実を

---

133)　最判昭和61・4・11民集40巻3号558頁＝判タ609号41頁。
134)　平田・前掲注1）216頁は，新請求が原審の確定した事実関係のみを前提とし，新たな事実認定を必要としない場合であっても，訴えの変更は一切許されないとする。
135)　Vgl. BGH NJW 1998, 2969(2970).
136)　BGH NJW-RR 1991, 1136(1137); 1990, 122; BGH MDR 1975, 126.
137)　BGH NJW 1962, 1441(1442).
138)　BGH NJW 1959, 387.
139)　Wieczorek/Schütze/*Prütting*, §559 Rn.34.
140)　Stein/Jonas/*Jacobs*, §559 Rn.46; Wieczorek/Schütze/*Prütting*, §559 Rn.34.
141)　最判昭和43・10・15判時541号35頁；新堂762頁；上田533頁。

考慮しないで上告を排斥すると，当事者はこの新事実を主張して請求異議の訴えを提起しまたは新訴を提起してさらに訴訟をすることができるので，新事実を考慮しないことは訴訟の輻輳を招き，訴訟経済に反する結果となりうる。一般には上告審は事後審的であるので，新たな事実主張は不適法であり，上告裁判所は新たな資料の収集はしないと説かれるが，[142]裁判所が職権により調査すべき事項についても，上告裁判所は事実認定をすることができないかの印象を与え，少なくともその限りで，妥当ではない。学説のなかには，例外を認める見解がある。すなわち，裁判所が職権により調査すべき事項に関する事実か，請求の理由具備性に関する事実かを区別することなく，控訴審の口頭弁論終結後に生じた一定の事実は，それが顕著であるか，争いがないため証明を要せず，かつ，これを顧慮することが事件の終局的な解決に役立つときは，上告裁判所によって顧慮されるべきことを主張する見解である。[143]すでに述べたように（→〔93〕以下），職権調査事項について上告裁判所が新たな事実を顧慮すべきは当然であるのみならず，その他の手続的事項に関する新たな事実については上告裁判所が職権で顧慮すべき場合が多くあるので，職権により調査すべき事項に関する事実か，請求の理由具備性に関する事実かを区別することなく，控訴審終結後に生じた事実として論じると不正確になることに注意しなければならない。[144]

判例にも，実用新案権および独占的通常実施権の侵害を理由とする損害 〔602〕賠償請求訴訟の控訴審の最終口頭弁論終結後に，別件の審決取消請求事件につき登録出願時にすでに新規性がなかったことを理由に当該実用新案登録を無効とする審決が確定したという事実は，上告裁判所が審決取消請求事件につき言い渡した判決に徴して顕著であり，上告審において考慮することができるとするものがある。[145]これは，この事実が裁判所に顕著であり，かつ争訟の終局的な解決に役立つ事実であることに鑑みて，上告裁判所がこの事実を考慮することは訴訟経済に役立つことを重視するものである。

---

142) 新堂906頁；高橋・重点講義（下）665頁；武藤・前掲注60) 63頁。
143) 条解民訴〔第2版〕1646頁〔松浦/加藤〕。(旧) 注釈民訴(8)327頁〔遠藤賢治〕も参照。
144) 職権調査事項については，「顕著な事実」であるとか，「訴訟上の出来事」というような制約を付すること（たとえば（旧）注釈民訴(8)327頁〔遠藤賢治〕）は，不適切である。
145) 最判昭和57・3・30判時1038号288頁＝判タ468号88頁。

382 第9章　上告審の調査範囲と訴訟資料

このような事実審の最終口頭弁論終結後に生じた顕著な事実（公知の事実および裁判所に顕著な事実）または争いのない事実で，争訟の終局的な解決に役立つ事実は，他にも存在する。ここではドイツの文献を参考に，そのような事由を例示的にあげておこう。[146]

(1) **訴訟の続行にとって決定的な法律行為上のまたは官庁による同意等**[147]

〔603〕　訴訟の続行にとって決定的な意味を有する法律行為上のまたは官庁による同意の付与は，上告裁判所によって考慮されるべきである。[148] そのほか，係属中の訴訟を実体法上終局的に解決しうる新たな事情および意思表示は考慮される。他の内国裁判所[149] または外国裁判所[150] の裁判が上告審係属中に出され，当事者を拘束する場合もこれに属する。同様に，その間に出された裁判上重要な行政行為，訴えが特許に基礎づけられている場合における当該特許の無効宣言[151] および，特許権の存続期間の満了のような特許状態の変動[152] は，上告裁判所によって考慮されるべきである。また，たとえば法律の改正により法律行為についての同意の必要性が消滅した場合[153] のように，係属中の事件にも適用される改正法律または新法令は，上告審においても顧慮されるべきである（→〔284〕）。このことは，法規それ自体のみならず，新法令により裁判上重要となる事実についても妥当する。新法令の不適用が原判決の法令違反をもたらしうるので，新法令を適用するうえで重要な事実も提出できなければならないからである。[154]

(2) **その間に出された裁判上重要な行政行為**

〔604〕　離婚請求を国際裁判管轄の欠缺を理由に却下した判決は，原告配偶者が控訴審の最終口頭弁論の終結後ドイツ国籍を取得し，これが帰化証書の提出によって証明されている場合，ドイツの連邦通常裁判所はこの新事実を

---

146) Rosenberg/Schwab/*Gottwald*, §145 Rn.8 ff.
147) BGH NJW 1985, 394; BGH NJW-RR 1998, 1284.
148) BGH NJW-RR 1998, 1284; MDR 1985, 394.
149) BGH VersR 1980, 822; BGH WM 1985, 263(264).
150) BGH NJW 2001, 1730(1731).
151) BGH NJW 1951, 70.
152) BGHZ 3, 365=NJW 1952, 302; BGHZ 53, 128(131); BGH NJW-RR 1992, 948(950). 条解民訴〔第2版〕1646頁も同旨。
153) BGHZ 37, 233(236).
154) MünchKommZPO/*Krüger*, §560 Rn.32; Stein/Jonas/*Jacobs*, §559 Rn.32; Wieczorek/Schütze/*Prütting*, §559 Rn.55.

顧慮した。[155] 連邦通常裁判所は「婚姻事件は全く一般的に当事者」の利益
において，そしてまた公共の利益においても特別の迅速性を必要とするか
ら，なおさらである。提出された証書に基づき，いまやドイツの裁判所の
国際裁判管轄が確かである場合，それが以前存在していたかどうかの審査
は不要である。上告裁判所は，この場合には，その見解によれば国際裁判
管轄が欠けているために請求についての裁判を差し控えた事実審裁判官に
事件を差し戻すことによって，その任務を果たす。迅速で終局的な争訟処
理に仕え，労力と費用を節約するこのような手続に対し，原告に新たな訴
えの提起を指示することを正当化する，保護に値する被告の利益は存しな
い」と判示した。

(3) 相殺禁止特約の失効，履行期の到来，消滅時効の要件および相続人
の限定責任の抗弁

控訴審判決が被告の相殺の抗弁を相殺禁止特約により排斥したが，控訴 [605]
審の手続終了後に生じた原告（約款利用者）についての破産手続開始によ
り相殺禁止特約が失効したことは，上告裁判所により顧慮されるべきであ
る。[156]

控訴審の口頭弁論終結後に生じた新事実が，それまで理由のなかった請 [606]
求を理由あらしめる場合がある。履行期の到来がそれである。ドイツでは，
履行期が控訴審の口頭弁論の対象であった場合，この履行期到来の事実は
新事実として上告裁判所によって顧慮されている。[157]

当事者間にその要件につき争いのない消滅時効の抗弁がすでに控訴審に [607]
おいて提起されていたが，時効が完成していないとして排斥されたところ，
控訴審の口頭弁論終結後に消滅時効が完成した場合には，ドイツでは，こ
の消滅時効の完成の事実は例外的に上告裁判所によって顧慮される。[158] そ

---

155) BGHZ 53, 128(131); BGH VersR 1980, 822; BGH MDR 1985 394; BGH NJW 1998, 989
(990). 条解民訴〔第2版〕1646頁〔松浦/加藤〕も同旨。
156) BGH NJW 1984, 1975; 1975, 442(443); MünchKomm*ZPO/Krüger*, §559 Rn.31; Stein/
Jonas/*Jacobs*, §559 Rn.28; Wieczorek/Schütze/*Prütting*, §559 Rn.55. 条解民訴〔第2版〕
1646頁〔松浦/加藤〕も同旨。ドイツでは，個別契約または取引約款における相殺禁止特約
は，約款利用者について破産手続開始決定があると，約款利用者の相手方に著しい不利益を
もたらし，破産手続開始決定前の両契約当事者の利益状態と著しく異なるので，約款利用者
の破産の場合にはもはや妥当しないとされている。
157) BGHZ 53, 128(131); BGH LM BGB §240 Nr.1; BGH NJW-RR 1992, 948(950). 条解民訴
〔第2版〕1646頁〔松浦/加藤〕も同旨。
158) BGH NJW 1990, 2754(2755); BGH NJW 1998, 1395(1398).

384 第9章　上告審の調査範囲と訴訟資料

のさい，時効の事実要件に争いがなく，原告の保護に値する利益がその妨げにならないこと，そして，そうでなけれ消滅時効の完成した請求権につき請求異議の訴えが必要になるが，それは訴訟経済的な理由から賛成できないということが強調される。

〔608〕　相続人の限定承認の抗弁も，控訴裁判所が不当に採り上げなかった場合[159]または，事実審においてこの抗弁を提出するきっかけが控訴審判決に対して抵抗している相続人になかった場合[160]には，可能とされる。

(4)　再審事由

〔609〕　再審を正当化する事実については，338条1項1～3号の事由と4号以下の事由を区別すべきである。前者は絶対的上告理由でもある。通説はこれを職権調査事由とするので，当然に上告裁判所により顧慮されるべきであるが，私見のように手続責問による当事者の主張を要すると解しても（→〔247〕），当事者の主張がある限り，つねに上告裁判所によって顧慮されなければならない。

　新たに主張されまたは生じた再審事由（338条4号以下の再審事由）に当たる事実は，原則として上告審において考慮されないと解すべきである。なぜなら，これを考慮すると，上告裁判所は，再審事由の主張の適法性および理由具備性の調査のさいに，原審の事実認定の拘束力に関する321条1項の目的に反し，事件の事実評価をしなければならなくなるからである。[161]これは上告審の構造と相容れない。しかし，新たに主張された再審事由を考慮しないことによって明白に誤った判決が惹起され得るような場合には，例外的に，上告裁判所も再審事由を顧慮できるべきである。[162]すなわち，上告審判決が以前に出された確定判決と抵触し，または別の正しくない判決を出さざるを得なくなり，そのため，その判決が同様に再審の訴えに服することになるような場合である。[163]338条1項8号（判決の基礎となった民事，刑事の判決その他の裁判または行政処分の事後的変更）[164]の場合も，同じ

---

159) BGH NJW 1983, 2378(2379).

160) Vgl. BGHZ 17, 69(72); Stein/Jonas/*Jacobs*, §559 Rn.30.

161) 第5章注133）の文献参照。

162) MünchKommZPO/*Krüger*, §559 Rn.32; Wieczorek/Schütze/*Prütting*, §559 Rn.56.

163) Wieczorek/Schütze/*Prütting*, §559 Rn.56.

164) 最〔2小〕判平成15・10・31判時1841号143頁＝判タ1138号76頁は，特許取消決定に対する取消訴訟において請求を棄却した原判決に対し特許権者側から上告および上告受理申立て

である。判断遺脱は私見によれば理由不備を惹起し，法的審問義務の違反になるので，312条1項または2項6号により上告理由として主張することができる。

可罰行為の再審事由が上告裁判所によって顧慮されうるのは，例外的な〔610〕場合である。それは，そうでないと，上告裁判所の判決が係属中の手続において後に再審の訴えによってのみ除去されうる不当な判決が下される事態を招く場合である。これは，338条1項4号ないし7号の場合（可罰行為）について338条2項の要件（有罪確定判決等の要件）を具備し，再審事由と不服申立てに係る判決との間の因果関係の蓋然性が存在する場合である。[165]

第3款　新たな事実の提出が制限的に適法であることの結果

以上述べたところにより上告審において新事実が制限的に提出されうる〔611〕場合，これは上告審手続自体と上告裁判所の終局的変更判決の効力にとっていくつかの効果をもたらす。

1　上告裁判所の顧慮義務

新事実を顧慮する可能性があることに対応するのは，上告裁判所のその〔612〕旨の義務である。すなわち，上告裁判所は，事実関係が同じである場合，裁量により場合により新事実の提出を許可し，場合によりこれを許可しないとすることはできない。[166]

2　新たな事実主張に基づく証拠調べ

上告裁判所は，新たに提出され，争いのある事実を考慮しなければなら〔613〕ない場合には，自ら証拠調べを行い，その結果を評価することができる。

事実の証明の必要性については，一般原則が妥当する。したがって，上〔614〕告裁判所は裁判上の自白および当事者の争わない態度に拘束される。職権

がなされた場合に，上告審係属中に原判決の基礎になった行政処分が後に新たな行政処分によって変更されたことは，338条1項8号の再審事由に当たるので，上告裁判所が顧慮することができるとする。この事案は，再審事由の訴訟内顧慮というより，上告審の係属中に生じた新事実の例外的顧慮の問題とみることができる。

165) MünchKommZPO/*Krüger*, §560 Rn.32.
166) MünchKommZPO/*Krüger*, §557 Rn.28.

386　第9章　上告審の調査範囲と訴訟資料

調査事項については別であり，上告裁判所は裁判上の自白に拘束されない。

〔615〕　証拠調べの手続については，一般原則が妥当する。したがって，証拠調べは179条以下の規定により実施され，厳格な証明の原則が適用される。職権で調査すべき事由について自由証明の原則が適用されるかどうかは，事実審におけるのと同一の原則によって決まる。事実審において自由証明を適法とみる者は，上告審においても自由証明を適法とみる。[167] 事実審において自由証明を不適法とみる者は，上告審について例外を認める余地はない。それ以外の事由については，新事実が広範な認定を必要とするか，事案の更なる解明を要する場合には，上告裁判所は事件を原審に差し戻すことができる。

3　既判力の失権効の拡張

〔616〕　上告審が新事実を顧慮することができる結果，上告裁判所が事件につき終局的に裁判する場合には，既判力の失権効の拡張が生ずる。

(1)　改正法律または新法令の適用の場合の失権効の拡張

〔617〕　改正法律または新法令が係属中の事件にも適用されるべき場合は，上告裁判所は係属中の訴訟においてなお，これを顧慮しなければならないので（→〔286〕），既判力による失権効はその法律状態に関し上告裁判所の裁判の時点を基準時とする。したがって，当事者は事実審の口頭弁論終結後，上告審判決の言渡前に法律状態が変動したことを主張して新訴を提起することができなくなる。

(2)　上告審において新事実が顧慮された場合の失権効の拡張

〔618〕　通常の場合には，確定判決がもつ既判力の失権効の基準時は控訴審の最終口頭弁論終結時であり，控訴審の口頭弁論終結時に存在していたが当事者によって主張されなかった事実は，既判力の失権効により新たな訴訟において提出できなくなる。

これに対し，上告裁判所が控訴審の口頭弁論終結後に生じた新事実をその裁判において顧慮した場合には，既判力の失権効の基準時も後ろにずれ

167）村松俊夫・民事裁判の理論と実務（1967年・有信堂）142頁；条解民訴〔初版〕1229頁〔松浦〕；武藤・前掲注60）67頁；MünchKommZPO/*Krüger*, §560 Rn.33; Wieczorek/Schütze/*Prütting*, §559 Rn.58. なお，高橋・重点講義(下)727頁は記録中の資料に基づき事実を認定することを自由証明と呼ぶことはないとする。

る。控訴審の口頭弁論終結後に生じた事実については，上告審の口頭弁論終結時または上告審の評議の成立時が基準時となる。これは，新事実の二重顧慮を排除することを目的とする[168]。したがって，上告裁判所が当事者の提出した新事実を調査することを拒否した場合には，当事者は既判力による失権に反することなく，新たな訴訟において新事実を主張することができる。

　上告裁判所が顧慮し得る新事実が提出されなかった場合，既判力の失権効が生ずる。当事者がその事実を知らなかった場合またはこれを留保すべき顧慮に値する理由を有した場合ですら，失権効が生ずる。失権効は，その事実が客観的に提出できたかどうかが重要であり，当事者が新たな事実を提出し得たかどうかは重要でないからである[169]。

　問題があるのは，可罰行為の再審事由を上告審において主張し得るが，　〔619〕当事者がこれを主張しなかった場合，民訴法338条１項ただし書の適用があるかどうかである。再審事由の訴訟係属中の先行的顧慮は専ら関係当事者の権利保護の改善を目的とするものであり，瑕疵のある判決を法律の定める再審の訴えの提起期間を超えてその存続を終局的に安定させる相手方の利益に仕えるものではないので，当事者は再審事由を係属中の訴訟において提出するか，後に独立の再審の訴えを提起するかの選択権を有するべきである[170]。反対説，すなわち，当事者は，再審事由が上告審において顧慮されうる限り，再審事由を係属中の訴訟において陳述しなければならないという見解[171]によれば，当事者は上告裁判所による上告の却下により再審の訴えを留保するために再審事由をつねに提出することを強いられることになり，当事者がそうしない場合にはその後，この事由に基づき独立の再審の訴えを提起することができなくなる。これによって，再審事由の訴訟係属中の先行的顧慮という当事者のための特別の救済手段が，当事者の負担に転化することになる。しかし，これは不当とみられるからである[172]。

---

168) *Gottwald*, Revisionsinstanz, S. 356.

169) 反対：*Gottwald*, Revisionsinstanz, S. 358.

170) *Gottwald*, Revisionsinstanz, S. 357; Stein/Jonas/*Jacobs*, §559 Rn. 39.

171) Stein/Jonas/*Grunsky*, Kommentar zur Zivilprozeßordnung, 21. Aufl. Bd. 5/1, 1994, §561 Rn. 29, 30.

172) *Gottwald*, Revisionsinstanz, S. 357.

388　第9章　上告審の調査範囲と訴訟資料

第4款　上告審手続の手続原則

1　控訴審および第一審手続に関する規定の準用

〔620〕　上告審の手続には，その他の点では，特別の定めがある場合を除き，控訴審の訴訟手続に関する規定が準用され（313条），控訴審の訴訟手続には，特別の定めがある場合を除き，第一審の訴訟手続に関する規定が準用されるので（297条），基本的には上告審の訴訟手続も，第一審の訴訟手続に関する規定に服する。上告受理申立てにも，その性質に反しない限り，控訴および控訴審の訴訟手続に関する規定が準用される（318条5項・313条）。

　　また，控訴および控訴審に関する民訴規則の規定は，特別な定めがある場合を除き，上告および上告審の訴訟手続に準用され（民訴規186条），控訴審の訴訟手続にも特別の規定がある場合を除き，第一審の訴訟手続に関する民訴規則の規定が準用されるので（民訴規179条），上告および上告審の訴訟手続も第一審の訴訟手続に関する民訴規則の規定に服することになる。上告受理申立てには，民訴規則186条が準用され，控訴審の訴訟手続に関する民訴規則の規定が準用される。

　　民訴法の総則規定は，上告審手続にも直接適用される。以下，いくつかの個別問題を採りあげる。

2　上告審の審理・裁判の対象

〔621〕　上告審の審理・裁判の対象は，通説[173]の主張するように原判決に対する不服申立ての当否ではなく，控訴審判決と上告申立てによって限界づけられた訴訟上の請求である（→〔39〕以下，〔661〕）。このことは，上告裁判所が一定の要件のもとで自ら訴訟上の請求について裁判することができることにも現れている。

　　上告裁判所は，原則として控訴審の訴訟資料に限定され，新たな事実を認定することができないので，上告審では訴えの変更，反訴の提起または相殺の抗弁は原則として禁じられる（例外について→〔598〕）。[174]これに対し，請求の減縮，訴えの取下げ，請求の認諾・放棄は適法である。上告審においても，訴訟は訴訟上の和解によって終了することができる。裁判所は訴

173）新堂880頁；高橋・重点講義（下）748頁注（125）など。
174）最判昭和43・11・1判時543号63頁（反訴について）。

訟がいかなる程度にあるかを問わず和解を試みることができるが（89条），このことは上告裁判所にも妥当する。

3　訴訟費用の負担の裁判に対する上告の制限

訴訟費用の負担の裁判に対しては独立して控訴を提起することができな〔622〕い旨を定める282条は，上告に準用される。もっとも本案についての不服申立てに理由があるときに限り，訴訟費用の裁判に対する不服申立てが適法であるのか，本案についての判決に対する不服申立てに理由があることは必要でないかが問題となる。判例は，多数の学説の反対にもかかわらず[175]，本案についての判決に対する不服申立てが理由を有しないときは，訴訟費用の裁判に対する上告を不適法として却下しなければならないとする[176]。

4　当事者の欠席

書面審理によって上告が不適法として却下されまたは理由なしとして棄〔623〕却されるのでない場合，上告裁判所は原則として口頭弁論を開いて審理しなければならない。

上告人が最初になすべき口頭弁論期日に出頭せずまたは出頭しても何らの弁論をもしないで退廷した場合には，第一審における原告の欠席の場合と同様，裁判所は上告申立ての趣旨が陳述されたものとみなし，出頭した被上告人に弁論を命ずることができる[177]。これは手続の進行を開始させるためである。

被上告人が最初になすべき口頭弁論期日に出頭せず，または出頭したが本案の弁論をしないときは，158条の準用により答弁書を陳述したものとみなされる[178]。

---

175) 兼子・体系359頁；三ケ月・双書525頁；斎藤・概論〔新版〕549頁；注解民訴(9)〔第2版〕93頁〔小室/東〕；条解民訴〔第2版〕1536頁〔松浦/加藤〕；松本・民事控訴審ハンドブック〔114〕など。

176) 大判昭和15・6・28民集19巻1071頁；最判昭和29・1・28民集8巻1号308頁；最判昭和29・7・27民集8巻7号1443頁；最判昭和53・12・21民集32巻9号1794頁。

177) 中島・日本民訴法1698頁，1612頁。

178) 中島・日本民訴法1698頁参照。

390　第9章　上告審の調査範囲と訴訟資料

5　上告の取下げおよび上告受理申立ての取下げ

(1)　意　義

〔624〕　上告の取下げは，上告人が上告裁判所に対して上告申立てを撤回する訴訟行為である。控訴の取下げに関する292条は上告に準用されるので，上告人は，決定により上告が却下または棄却され，または終局判決がなされるまでの間，上告を取り下げることができる。上告受理申立人は，不受理決定があるまでの間，上告受理申立てを取り下げることができる。

　　上告取下げ（および上告受理申立ての取下げ）は，上告裁判所に対する不服申立ての範囲内での訴訟上の請求についての新たな裁判の申立てを将来に向けて撤回する単独訴訟行為（訴訟上の意思表示）である。

(2)　上告の一部取下げ

〔625〕　通説は「上訴不可分の原則」により，上告人は上告の一部を取り下げることは許されないと主張する。[179] しかし，上訴不可分の原則は，根拠づけられておらず，全く不合理である。[180] それゆえ，上告審においても妥当する処分権主義により，不服申立てに係る控訴審判決の一部に限定して上告を取り下げることができると解すべきである。すなわち，複数の請求について提起された上告を請求の一部に限定して上告を取り下げることができ，また可分な1個の請求の一部判決ができる部分に限定して上告を取り下げることもできると解すべきである。もちろん，不服申立ての範囲を明らかにしないで上告が提起された後に行われた上告申立ての制限は，上告の取下げではなく，上告申立ての範囲の制限にとどまる。[181]

(3)　上告の取下げの効果

〔626〕　上告の取下げがあると，上告提起時に遡って上告人の上告が失われ，上

---

179) 通説は，「上訴不可分の原則」を根拠に上告提起の効力が不可分に生ずる範囲において控訴審の裁判対象のすべてが上告審に移審するという理由で，上告の一部取下げは無意味であり，効力を生ずる余地はないとする。細野・要義(4)324頁；中島・日本民訴法1626頁；兼子・体系445頁；菊井/村松・全訂Ⅲ54頁；注解民訴(9)〔第2版〕112頁〔斎藤/菊池〕；平田・前掲注1）219頁；(旧) 注釈民訴(8)71頁〔大須賀〕；条解民訴〔第2版〕1543頁〔松浦/加藤〕；菊井/村松・新コンメⅥ111頁；注釈民訴(5)99頁〔大浜〕など参照。これらの見解の基礎には，上訴を原裁判の取消しを目的とする制度であるとの理解がある。しかし，この上訴目的の理解および上訴不可分の原則が正しくないことにつき，松本・民事控訴審ハンドブック〔67〕以下および〔570〕参照。

180) 松本・民事控訴審ハンドブック〔67〕以下参照。

181) 詳しくは，控訴の制限的取下げについての，松本・民事控訴審ハンドブック〔569〕以下参照。

告は初めから上告審に係属しなかったものとみなされ，上告の提起によって開始した上告審手続は終了する（313条・292条2項・262条1項）。上告の取下げは，一般的に上告権を放棄するものではないから，上告期間が経過していない限り，上告人が上告取下げの後，再度上告を提起することの妨げとはならないが，上告の取下げ後に上告期間が経過しているのが普通であるから，このようなことは通常起こらない。

上告の一部が適法に取り下げられる場合，取下げによって生ずる上告の [627] 喪失および訴訟費用負担義務は，取り下げられた部分に関してのみ及ぶ。上告の一部取下げによって，控訴審判決の全体の確定の阻止は影響を受けないので，上告を一部取り下げた上告人は，上告審の口頭弁論終結時まで再び上告申立てを拡張することができる。それゆえ，上告の一部取下げによって，不服申立てに係る原判決の一部確定は生じない。

(4) 上告取下げができる者

上告を取り下げることができる者は，上告を提起した者である。通常は，[628] 上告人である。問題があるのは，補助参加人，共同訴訟人および独立当事者参加人である。

(a) 補助参加人 通説によれば，控訴におけると同様，補助参加人 [629] は，被参加人の同意がない限り，上告の取下げはできない。[182] この見解は，補助参加人は被参加人の利益を害することはできないのみならず，後に提起された被参加人の上告は二重上告として不適法却下されるので，補助参加人が上告を取り下げると，被参加人は上告審判決を取得する手段を失うから，これを回避するために上告の取下げには被参加人の同意を必要とすると説く。また，補助参加人が上訴を提起した場合には，被参加人が上訴を提起しても二重上訴となり却下されるから重ねて上訴を提起するまでもないと考えるのが普通だから，補助参加人が単独で上訴を取り下げることができるとすると，被参加人の利益が不当に害されるとする裁判例[183] もある。

しかし，私見によれば，二重上告の観念は誤りであるので（→[163]），

---

182) 菊井/村松・全訂Ⅲ55頁；注解民訴(9) [第2版] 115頁 [斎藤/菊池]；条解民訴 [第2版] 1553頁 [松浦/加藤]；(旧) 注釈民訴(8)66頁 [大須賀]；注釈民訴(5)99頁 [大浜]；基本法コンメ民訴(3)30頁 [宇野]；菊井/村松・新コンメⅥ112頁。

183) 東京高判昭和41・12・23判時478号59頁。

392　第9章　上告審の調査範囲と訴訟資料

上記の通説には従うことができない。もっとも，私見によっても，補助参加人は自ら提起した上告であっても，この上告は被参加人の上告とみなされるので，被参加人の同意を得ることなく上告を取り下げることはできない。補助参加人と被参加人の両者が上告を提起した場合，両者は1つの統一的な上告をなすからである。この場合には，被参加人が自らの上告を取り下げたときも，補助参加人の提起した上告に明示的にまたは黙示的に異議を述べていないときは，被参加人は補助参加人の提起した上告により上告人の地位にとどまる。

〔630〕　(b)　**共同訴訟人**　通常共同訴訟においては，各共同訴訟人の訴訟法律関係は独立しているから，共同訴訟人の1人からの上告の取下げも，共同訴訟人の1人に対する上告の取下げも適法である。上告を取り下げた共同訴訟人は，これにより取下げの範囲で上告審手続から離脱する。

　　必要的共同訴訟について，通説によれば，合一確定の必要上，共同訴訟人の一部の者が上告を提起すれば，共同訴訟人の全員が上告人になり，上告の効力も共同訴訟人の全員について生ずる。これに応じて，上告の取下げは共同訴訟人に不利な訴訟行為であるから，個々の共同訴訟人による上告の取下げは不適法である。この見解によれば，共同訴訟人の全員が上告を取り下げまたは相手方が共同訴訟人の全員に対して上告を取り下げた場合に初めて，上告取下げの効力が生ずる。

〔631〕　まず，**固有必要的共同訴訟**において，私見によれば，上告を取り下げた共同訴訟人は，取下げによって自己の上告を失うが，自ら上告を提起した他の共同訴訟人が上告審手続を続行する限り，上告審の当事者の地位にとどまる（ただし，上告人ではない）[184]。それゆえ，一部の共同訴訟人による上告の取下げは，共同訴訟を不適法にしない。

〔632〕　**類似必要的共同訴訟**において，敗訴判決を受けた共同訴訟人のうちの一部の者が上告を提起し，他の者が自ら上告を提起しない場合にも，同じ規律が適用されるべきである。すなわち，共同訴訟人の一部の者の上告審の裁判を受ける権利を確保するため，この者の上告の提起により，他の共同訴訟人の請求に関しても，控訴審判決の確定は阻止され，訴訟は上告審に移審するが，上告を提起した共同訴訟人が上告を取り下げる場合には，他

184）詳細は，松本・民事控訴審ハンドブック〔578〕参照。

の共同訴訟人は自ら上告を提起していない限り，上告審手続は上告の取下げによって終了すると解すべきである（通説は反対）。他の共同訴訟人は自ら上告を提起している場合には，上告を取り下げた共同訴訟人は上告人でなくなるが，この者が受けた控訴審判決はこの者の上告の取下げによって確定しないと解される。

なお，判例は，住民訴訟を類似必要的共同訴訟であるとしつつ，自ら上訴を提起しなかった共同訴訟人をその意に反して上訴人の地位につかせることは住民訴訟の性質上妥当でないから，自ら上訴を提起しなかった共同訴訟人は上訴人にならず，上訴を取り下げた共同訴訟人は上訴人でなくなるといい，通説による一般の類似必要的共同訴訟と異なる規律を行っている。[185] しかし，私見による上述の類似必要的共同訴訟における上告の取下げの規律によれば，最高裁のように住民訴訟の特殊性から例外を認めることは必要ではない。他の共同訴訟人も自ら上告を提起している場合には，上告を取り下げた共同訴訟人は上告人でなくなるが，この者が受けた控訴審判決は上告の取下げによって確定しない。それゆえ，住民訴訟での特殊性を理由に例外を認める必要は存しない。判例は株主代表訴訟についても例外を認めるが，私見によればその必要はない。

(c) **独立当事者参加人**　　独立当事者参加訴訟においては，合一確定〔633〕の必要上，敗訴当事者が上告を提起すると，原告，被告および参加人のすべての請求について判決の確定が阻止され，訴訟は上告審に移審する。

敗訴当事者の1人のみが上告を提起する場合，この者は単独で上告を取り下げることができる。敗訴当事者の1人が上告を提起し，他の敗訴当事者がそれによって上告審の当事者になった場合の当事者地位は，この者が上告期間内に自ら上告を提起していなかった限り，必要的共同訴訟における同様の規律に従って，上告を提起した者の上告取下げによって失われると解すべきである。[186]

---

185) 最〔大〕判平成9・4・2民集51巻4号1673頁＝判時1601号47頁＝判タ940号98頁。
186) 菊井/村松・新コンメⅥ113頁は，控訴取下げについてであるが，控訴を提起しなかった敗訴者は，控訴当事者になるにしても，判例（最判昭和37・4・20民集29巻3号233頁；最判昭和48・7・30民集27巻7号863頁；最判昭和50・3・13民集29巻3号233頁）によれば，被控訴人になるのだから，控訴を提起した敗訴当事者は単独で有効に控訴を取り下げることができるとする。同書は，上告についても，この見解を主張するものと思われるが，上告を提起しなかった敗訴当事者は上告人になるか被上告人になるかを問わず，必要的共同訴訟の場

394　第9章　上告審の調査範囲と訴訟資料

〔634〕　　敗訴当事者双方が上告を提起し，両者がともに上告を取り下げた場合に
は，上告審手続は終了する。上告を提起した敗訴当事者の1人のみが上告
審においてもはや上告を追行する意思を有せず，そのため上告を取り下げ
る場合には，この者は上告の取下げによって自己の上告を失うが，上告を
提起した他の敗訴当事者が上告審手続を続行する限り，上告審の当事者の
ままであると解すべきである。通説は，上告を提起した敗訴当事者の全員
が上告を取り下げなければ，上告取下げは上告を取り下げた上告人との関
係においてもその効力を生じないと主張するが，[187] ここでも必要的共同訴
訟の場合と同様，上告審においてもはや訴訟を追行する意思のない者に上
告人の地位を押しつける意味に乏しく，上告人としてでなく，単なる上告
審の当事者として扱えば足りる。

合と同様，この者が自ら上告を提起していない限り，単独での上告取下げが可能であると解
すべきである。
187)　条解民訴〔第2版〕1553頁〔松浦/加藤〕；菊井/村松・新コンメⅥ113頁；奈良次郎「続独
立当事者参加訴訟(9)」判評251号2頁，10頁（判時944号140頁，148頁）。

第 10 章

上告裁判所の裁判

396 第10章　上告裁判所の裁判

〔**文献**〕　坂原正夫「民事訴訟法319条について」法学研究82巻12号（2009
　　　年）１頁以下；上野泰男「民事訴訟法319条（旧401条）の沿革につ
　　　いて」栂＝遠藤古稀746頁以下；遠藤　功「上告審の審理と裁判に
　　　ついて」金沢法学41巻２号（1999年）297頁以下

第1節　書面審理による裁判

第1款　上告却下決定

1　上告裁判所による上告却下

〔635〕　　上告裁判所は，上告が316条１項各号に該当すると判断する場合，すな
わち，上告が不適法でその不備を補正することができない場合，および上
告理由書の提出がなく，またはその記載が所定の方式に従っていない場合
には決定で上告を却下することができる（317条１項）。ただし，上告裁判
所は，上告理由の記載が所定の方式に従っていないことを理由に（上告状
および提出された上告理由書のいずれにも上告理由に当たる事由の記載が形式
的にすらされていない場合を含む）上告を却下するには，まず補正を命じ
（313条・288条・137条１項），補正命令にもかかわらず補正されないときに
初めて上告却下決定をすべきである[1]（317条１項。なお，民訴費用法の規定
に従い当事者に対する期日の呼出しに必要な費用の予納を上告人に命じたとこ
ろ，費用が予納されないときは決定で上告を却下することができる。291条の準
用）。このような事由は，原裁判所による適法性審査の段階ですでに点検
され，多くの場合に，原審による上告却下決定がなされているはずである
（316条１項）。

　　それゆえ，上告裁判所による書面による上告却下は，原裁判所がこれを
看過した場合や，316条１項各号に該当しないとして事件を上告裁判所に
送付した場合に限られることになる。このような場合に，上告の適法要件
について審査する固有の権限を有する上告裁判所が審査することになる。
最高裁判所は，この場合，調書決定により上告を却下することができると
されている（民訴規50条の２）。

---

1) 菊井/村松・全訂Ⅲ277頁；(旧) 注釈民訴(8)317頁 [塩崎]；武藤貴明「最高裁判所における
　民事上告審の手続について」判タ1399号（2014年）50頁，67頁参照。

2 上告理由書の謄本の送達

上告裁判所は，上告を適法と判断したときは上告理由の当否について審 [636]
査することになるので，被上告人に上告理由書の謄本を送達しなければな
らない（民訴規198条本文）。ただし，上告裁判所は，口頭弁論を経ないで
審理および裁判をする場合（319条，→[640]），その必要がないと認めると
きは，被上告人に上告理由書の謄本を送達しなくてよい（同条ただし書）。

上告裁判所は，上告理由書の謄本を送達した後でも，上告が不適法であ
ることが判明したときは，当然，上告却下決定をすることができる。

なお，上告裁判所（または上告受理申立てがあった場合における最高裁判所
の裁判長）は，相当の期間を定めて答弁書を提出すべきことを被上告人
（または相手方）に命ずることができる。この答弁書提出命令は，最高裁の
裁量事項と解されており，命じなくても違法ではないし，いつ提出を命ず
るかも最高裁の裁量とされている。答弁書の提出命令がなくても，被上告
人は答弁書を任意に提出することはできる[2]。

第2款　最高裁判所の上告棄却決定

上告裁判所である最高裁判所は，形式的には312条1項（憲法違反）ま [637]
たは2項（絶対的上告由）の事由の主張はあるけれども，上告人提出の書
類からみて明らかに312条1項または2項に定める事由に当たらないと判
断するときは，決定で上告を棄却することができる（317条2項）。また，
上告を決定で棄却する場合，調書決定を行うことができ（民訴規50条の2），
実務では圧倒的多数が調書決定によっているといわれている[3]。

上告理由が明らかに312条1項または2項所定の事由に当たらないとみ [638]
られるのは，①形の上では，上告理由である憲法違反や絶対的上告理由の
主張はあるが，その実質は事実誤認やを単なる法令違反を主張しているに
すぎない場合，②絶対的上告理由の主張はあるが，明らかに絶対的上告理

---

2) 重大な事件においては，被上告人が進んで答弁書を提出することも少なくないといわれて
いる。(旧) 注釈民訴(8)318頁［塩崎］。
3) 武藤・前掲注1) 69頁。決定の理由には，次のような定型表現が用いられているようであ
る。「民事事件について最高裁判所に上告することができるのは，民訴法312条1項又は2項
所定の場合に限られるところ，本件上告理由は違憲をいうが，その実質は事実誤認又は単な
る法令違反を主張するものであって，明らかに右各項に規定する事由に該当しない」。近藤
崇晴「上告と上告受理の申立て」自由と正義52巻3号（2001年）52頁，60頁注(31)。

由に当たらない事実がそれに当たるとして主張されている場合，たとえば明らかに専属管轄規定でない規定を専属管轄規定であると主張して，312条2項3号の絶対的上告理由を主張する場合，③絶対的上告理由に該当する事由（たとえば理由不備または理由の食違い）の主張はあるが，原判決または訴訟記録に徴して，そのような事由が存在しないことが極めて明白な場合（原判決が請求原因を認定し，抗弁をすべて排斥して請求を棄却したと主張して，理由不備または理由の食違いを上告理由として主張しているが，原判決は抗弁を理由ありとして請求を棄却したことが原判決から明らかな場合）などである。[4]

　これらの場合，上告は適法であるから，前述のように，上告裁判所は，他の法令の違反が存在しないか否かの調査を職権で行い（この調査が上告裁判所の義務であるか裁量であるかについて，→〔554〕以下），判決に影響を及ぼすことの明らかな法令違反があると判断するときは，上告理由に上告人の責問がなくても職権により原判決を破棄することができる（325条2項，職権破棄）。判決に影響を及ぼすことが明らかな場合とは，判決の結論（主文）に変更が生ずる蓋然性がある場合と解される。[5] 職権破棄をする場合には，被上告人にこれを指摘し，意見を述べる機会を与えなければならない。

〔639〕　なお，実務では，上告裁判所は上告人の責問のない法令違反を職権で調査する義務を負わず，　これを発見しても職権で採りあげて原判決を破棄しなければならないのではなく，裁量により破棄するのだと主張されている（→〔555〕）。裁量行使の基準として，法令違反が判決にどの程度影響するのか，当該争訟の解決にとって最高裁が判断を示す必要があるかどうか，法令違反について最高裁の判断として示す必要がどの程度あるか等を考慮するとされている。[6] これは原判決の法令違反が確認されても，最高裁の裁量によって法令違反のある原判決を維持することができるとするものであり，法令の解釈適用をコントロールする上告審の役割を果たさないことを

---

4) 近藤・前掲注3）59頁；高部眞規子「上告審と要件事実」伊藤滋夫ほか編・民事要件事実講座(2)（2005年・青林書院）3頁，11頁；条解民訴〔第2版〕1633頁［松浦/加藤］；武藤・前掲注1）69頁。

5) 富越和厚「最高裁判所における新民事訴訟法の運用」法の支配116号（2000年）38頁，45頁；高部・前掲注(4)24頁；武藤・前掲注1）68頁。

6) 富越・前掲注5）40頁，45頁；研究会・新民事訴訟法410頁，411頁［福田発言］；基本法コンメ民訴(3)84頁，88頁［田中］；武藤・前掲注1）68頁以下。

是とし，結果として法の適用における平等を重視しない見解が実務関係者によって主張されている点で甚だ注目される。学説には，当然反対の見解が多い。[7]

第3款　上告棄却判決

1　概　要

　裁判所は，訴えや上訴に対して判決をする場合には，原則として口頭弁　[640]
論期日を開き，当事者に申立てを提起し攻撃防御方法を提出する機会を与え，口頭弁論に基づき判決をしなければならない（必要的口頭弁論の原則）。

　この原則の例外の1つの場合として，上告を適法と判断し，かつ上告棄却の決定をしないときは，上告裁判所は被上告人に答弁書の提出を命じたうえで書面審理を行い，その結果，上告に理由がないと判断するときは，口頭弁論を経ないで判決で上告を棄却することが許されている（319条）。上告審は原則として原審の事実認定に拘束され，法律問題についてのみ審査をする審級であることに鑑み，書面審理だけで上告に理由がないと判断できる場合には，上告裁判所の負担軽減の観点から口頭弁論期日を開く必要はないとするものである。

2　書面審理による上告棄却判決

　上告裁判所は，上告状，上告理由書，答弁書その他の書類（第一審，控　[641]
訴審の訴訟記録を含む）を精査し，上告に理由がないと判断するときは，上告棄却判決をすることができる（319条）。最高裁判所が上告受理申立てに対して上告受理の決定をした場合にも，同じである。口頭弁論を経ないで上告棄却判決がなされる場合には，上告理由書の副本を被上告人に送達する必要はない（民訴規198条ただし書。ただし，本書のように被上告人は上告審の手続終了時まで附帯上告を提起することができると解する場合には，被上告人への上告理由書の送達は必要である）。もっとも，このような上告棄却判決をする場合にも，上告裁判所は，判決言渡し期日を指定し，裁判所書記官は判決言渡し期日をあらかじめ当事者に通知しなければならない（民

---

　7) 条解民訴〔第2版〕1644頁〔松浦／加藤〕；基本法コンメ民訴(3)82頁〔上野〕；新堂907頁；宇野聡「上告裁判所が調査の対象とすべき破棄事由」民訴雑誌58号（2012年）1頁，20頁。

訴規186条・179条による同156条本文の準用)[8]。

　これに対し，書面審理により明らかに上告に理由がないと判断するのでない場合には，上告裁判所は口頭弁論に基づき裁判をしなければならない。それゆえ，口頭弁論期日が開かれる場合には，原判決が上告裁判所によって破棄される可能性が明らかになるが，上告審において口頭弁論が開かれても，上告に理由がないことが明らかになれば，結局，上告棄却判決がなされる。

〔642〕　上告人の主張する上告理由は存在し，判決と因果関係を有するが，他の理由から原判決の結論は正当である場合には，上告は棄却されなければならないが（313条・302条2項），この場合には，上告裁判所は，上告人の不意打ちを避けるため，この「他の理由」を指摘して当事者に反論の機会を与えることが法的審問請求権の保障上必要と解される。絶対的上告理由の主張に理由がある場合には（ただし理由の食違いを除く），判決の結論との間の因果関係は問題とされず，また憲法違反による上告の場合には判決との因果関係の可能性があれば足りるから，他の理由から原判決の結論が正当であっても，上告は棄却されてはならない（→〔654〕）。必要的共同訴訟の上告審においては合一確定の必要上，1人の共同訴訟人の上告に理由があり原判決を破棄する場合には，他の共同訴訟人の上告に理由がないことが明らかであっても上告棄却判決をすることはできない[9]。

第2節　口頭弁論に基づく裁判

第1款　はじめに

〔643〕　以上の上告棄却決定または上告棄却判決は上告裁判所の負担軽減のために書面審理に基づく裁判を可能にしたものであるが，上告裁判所は，これらの決定または判決によることができない場合には，口頭弁論を実施して，

---

8) 旧法時の実務は，判決言渡し期日の呼出状を送達しないこととし，そのような実務も違法でないとするのが判例（最判昭和44・2・27民集23巻2号497頁）であったが，学説上は，反対説が多かった（菊井/村松・全訂III279頁；条解民訴〔初版〕1224頁〔松浦〕。なお，(旧)注釈民訴(8)319頁〔遠藤功〕参照）。民訴規則156条は，判決言渡し期日の呼出状を送達しない実務に対する学説の批判を受け，呼出状の送達はしないものの，裁判所書記官が判決言渡期日を当事者に通知することにしたものである。

9) 最判昭和32・11・1民集11巻12号1842頁；注解民訴(9)〔第2版〕556頁〔小室/東〕。

第 2 節 口頭弁論に基づく裁判 *401*

これに基づき裁判をしなければならない（87条1項・319条参照）。とくに上告を認容し原判決を破棄する場合には，必ず口頭弁論を経なければならない。口頭弁論は，上告および附帯上告による不服申立ての審理につき必要な限度で行われる（313条・296条1項）。[10]

　もっとも，近時の最高裁判例は，職権をもって調査または探知すべき重〔644〕大な手続違反を理由に原判決を破棄する場合には，口頭弁論を経ることが明らかに無意味で訴訟経済に反するときは，319条・140条（313条および297条により上告審の訴訟手続に準用される）の趣旨に照らし，口頭弁論を経ることなく原判決を破棄することができるとする。[11]判例を支持する見解は，上告受理制度を最高裁の裁量で受理・不受理を決めることができる制度と理解することを前提に，同制度の導入に伴い個別事案の正しい裁判の追及

---

10) 325条は上告裁判所が原判決を取り消すことを「破棄」と呼んでいるが，その意味は控訴裁判所の第一審判決の取消しの場合の「取消し」と異ならない。用語は，明治期の民事訴訟法の立法のさいのフランス法の破棄制度からの影響による。

11) 最〔3小〕判平成14・12・17判時1812号76頁＝判タ1115号162頁（不適法でその不備を補正できない訴えにつき請求を棄却した原判決を破棄し，改めて訴え却下判決をした事案）；最〔1小〕判平成15・12・4判時1848号66頁＝判タ1143号197頁（事業認定の取消しを求める訴訟の係属中に事業認定の効力が失効したことにより訴えの利益が消滅したとして，原判決を破棄し，第一審判決も取り消し訴えを却下した事案）；最〔3小〕判平成17・9・27判時1911号96頁＝判タ1192号247頁（選挙無効訴訟において，原告の上告後に衆議院の解散のため訴えの利益が消滅したとして原判決を破棄し，訴えを却下した事案）；最〔2小〕判平成18・9・4判時1948号81頁＝判タ1223号122頁（原告の一身専属的な権利についての請求を原告死亡後に認容した原判決を破棄し，訴訟終了宣言判決をした事案）；最〔3小〕判平成19・1・16判時1959号29頁＝判タ1233号167頁（口頭弁論に関与していない裁判官が判決に署名したことを理由に原判決を破棄して事件を原審に差し戻した事案）；最〔3小〕判平成19・3・27民集61巻2号711頁（いわゆる光華寮事件の上告審において職権探知事項である訴訟の中断事由（ここでは法人の代表権の有無）の存在を確認して原判決を破棄し，事件を第一審裁判所に差し戻した事案）；最〔3小〕判平成19・5・29判時1978号7頁＝判タ1248号117頁（横田基地騒音公害訴訟において口頭弁論終結時から一定期間の将来の損害賠償請求を認容した部分につき，補正できない不備があるとの理由で原判決を破棄し控訴棄却の判決をした事案）；最〔2小〕判平成20・9・12〔増森珠美/清野正彦「最高裁破棄判決等の実情(上)──平成20年度」判時2043号8頁（代表役員として訴訟を追行したAがX宗教法人の代表役員でなかったというという理由で原判決を破棄したが，訴訟行為をするに必要な授権の有無は職権探知事項だとの理由で口頭弁論を開く必要はないとした。）；最〔3小〕判平成22・3・16民集64巻2号498頁＝判時2081号12頁＝判タ1325号82頁（固有必要的共同訴訟であるXのY1，Y2に対する訴訟につき，控訴審がY1に対する請求を棄却し，Y2に対する請求を認容し，この判決に対してY2のみが上告し，Xは上告も附帯上告も提起していない場合に，上告裁判所は合一確定に必要な限度で原判決のうちY1に関する原判決部分を破棄し，Y1に不利益に変更した事案。合一確定の要請上，原判決を破棄する場合であるので，口頭弁論を開く必要はないという。）；最〔1小〕判平成29・12・18民集71巻10号2364頁（2372頁）＝判時2382号3頁＝判タ1451号74頁。

402 第10章 上告裁判所の裁判

は後退していること，また法律問題については口頭よりも書面による方が
精緻な議論ができること，さらに，上告人の主張する上告理由（および上
告受理申立て理由）でない別の理由によって上告裁判所が職権により原判
決を破棄すべきだと判断した場合に口頭弁論期日を開き上告人に上告理由
に関する弁論をさせ，被上告人に答弁の弁論をさせるのは無意味だという
理由をあげる。[12] もちろん，文献において反対論[13] ないしは慎重論[14] も，相
当数見受けられる。

〔645〕　　上告裁判所が職権により裁判すべき手続事項について民訴法140条を類
推適用することも，形式論としてはありうる。しかし，最高裁の実務は，
訴訟における当事者の法的審問請求権を全く顧慮せず，最高裁の負担軽減
の観点から上告審の当事者を手続の客体としかみていないようにみえる。
これは裁判手続における当事者の法的審問請求権の保障の原則と相容れな
い。ちなみに，下級審であれ訴えを適法と判断した場合に，上告裁判所が
当事者，ことに被上告人の言い分を何ひとつ聴かないで裁判してよいので
あろうか。当該手続問題について下級審が異なる判断をしているというこ
とは，その問題について異なる見解があることを示しているのであって
（事案によっては裁判体内部において少数意見や補足意見がある場合もある），
そのような場合に上告裁判所が当事者の言い分を口頭弁論により聴取しな
いで原判決を破棄するということは，法的審問請求権（→〔180〕）の保障
という憲法上の要請に反するであろう。[15] 弁論主義訴訟であるか，職権探知
主義訴訟であるか，職権調査事項であるかどうかを問わず，当事者に法律
問題を含め意見を述べる機会を与え，その主張を了知しこれを考慮して裁
判しなければならないという裁判所の法的審問義務に反するからである
（→〔194〕〔199〕）。

---

12) 菊井/村松・新コンメⅥ367頁。

13) 坂原正夫「民事訴訟法第319条について」法学研究82巻12号（2009年）1頁以下。

14) 新堂922頁注(1)は，基本的には判例の見解を支持するが，反対意見や補足意見が付されてい
るケースなどは何らかの方法で破棄事由につき当事者に弁論の機会を与えたほうがよいとい
う。高橋・重点講義(下)732頁以下，739頁注(114)は，口頭弁論を開いても裁判所の見解が
変わる余地がなく当事者を害することもない例外的な場合にのみ口頭弁論を実施しないこと
が例外的に可能であり，前掲注11) 最〔3小〕判平成19・3・27や前掲注11) 最〔3小〕判
平成19・5・29では当事者の法的陳述を聴くべきであったという。

15) 坂原・前掲注13) 43頁は，上告審手続における被上告人の手続保障の必要性を強調してい
る。

第 2 節　口頭弁論に基づく裁判　*403*

　基本的に判例の見解を支持しつつ，反対意見や補足意見が付されている
ケースなどでは口頭弁論を開くべきだという慎重論は，実際的かもしれな
いが，当事者の法的審問請求権の保障という観点からは不十分である。

　判例は上告審が職権調査事項に当たる中断事由の存否を確認し原判決を　〔646〕
破棄する場合には必ずしも口頭弁論を経る必要はないと判示するが，[16]訴訟
手続の中断事由が存するかどうかの判断について見解が分かれうる法的問
題について，それが職権調査事項であっても，当事者の言い分を聴取しな
いで裁判することは法的審問請求権の侵害となりうる。同様に，衆議院議
員選挙の無効訴訟の係属中に衆議院が解散されたことによって訴えの利益
を失うとするのが判例[17]である。たしかに，選挙無効が確定しても衆議院
の解散によって選挙のやり直しを行う意味はなくなるが，なお選挙無効が
確定することに意味がないわけではない。そのような判決は，違法を明ら
かにして次の選挙に影響を与えるからである。それゆえ，衆議院の解散に
よって訴えの利益がなくなるかどうか，裁判所は当事者の意見を聴くため
に口頭弁論期日を開く必要がある。それゆえ，判例[18]のように，訴えの利
益の消滅は補正できない不備であることを理由に口頭弁論を経ないで，原
判決を破棄し訴えを却下することはできないと解される。140条は第一審
の訴訟手続に関する規定であり，第一審裁判所が口頭弁論を経ないで訴え
却下判決をした場合にも，原告は控訴を提起してこの判断を争うことは可
能である。しかし，上告審判決に対しては上訴で争う可能性はないので，
上告裁判所は破棄判決をする前に当事者の言い分を聴取する必要が特に大
きい。このことは，140条の規定を単純に準用することができないことを
示している。

16）最〔3小〕判平成19・3・27民集61巻2号711頁（717頁）は「理論的には口頭弁論を開く
　方が望ましい」が，「判断が変わる余地が明らかになく，当事者を害することもない場合に
　は実践論として訴訟経済を無視することもできにくい。ごく例外的な場合に可能な処理だと
　限定して考えるべきであろう」（同733頁）という。
17）最判昭和54・12・24訟月26巻3号500頁；最〔2小〕判平成12・11・10判時1738号41頁；前
　掲注11）最〔3小〕判平成17・9・27など。
18）前掲注11）最〔3小〕判平成17・9・27。

404 第10章 上告裁判所の裁判

第2款　上告棄却判決

1　上告棄却の範囲

〔647〕　　上告裁判所の実体審査の結果，上告が理由を有しないことが明らかになれば，上告裁判所は終局判決によって上告を棄却しなければならない。上告は，次の場合には理由なしとして棄却される。①上告理由として主張され，または上告受理によって上告の理由とみなされた事由が存在しない場合，②法令違反を上告理由とする上告（高等裁判所への上告）において，不服申立てに係る原判決がその法令違反に基づいていない（因果関係を有しない）場合，または，③上告理由として主張され，または上告受理によって上告の理由とみなされた事由は存在するが，不服申立てに係る判決が他の理由から正しいことが明らかになる場合である（ただし，③については原判決に憲法違反や絶対的上告理由が存在する場合は除く）。

〔648〕　　上告は真正の上訴であり，法律の正しい適用のためだけに原判決の破棄に至るのはない。それゆえ，原判決が判決結果と因果関係を有する法令違反に基づいているにもかかわらず，その結論が結果として内容上正しい場合には，上告は棄却される（**結果の基準性**）。たとえば，原判決が契約の成立を否定して請求を棄却した場合，上告裁判所は契約の成立についての判断に誤りがあるとみるが，消滅時効の完成により請求には理由がないので，結局，結論において原判決は正当な場合，上告棄却判決となる。民訴法は，この重要な規律を上告について独自に定めず，控訴について同趣旨の規律を行う302条2項の規定を上告に準用する形で行っている（313条）。そのためか，浩瀚なコンメンタールにおいても，この規律の意味は十分に明らかにされていない。この規律の意味は，上告裁判所は控訴裁判所の判決を考慮すべきあらゆる法的観点から包括的に審査する必要があり，そのさい実体違反については，上告人の主張する上告理由に限定されないということである。上告裁判所が調査義務を負うのは，上告人の主張する上告の理由に限られるという最近の一部の学説の主張（→〔555〕）は正しくないであろう。上告人は，実体瑕疵については，上告裁判所の調査すべき事由を上告人の責問する上告理由または上告受理によって上告の理由とみなされた事由に限定することはできない（**上告理由不拘束の原則**）。不服申立てに係る控訴審判決が結果として内容上正しいことが明らかになれば，上告は棄却されなければならず，上告人は自己の有利に原判決の変更を得ること

第2節　口頭弁論に基づく裁判　*405*

ができない。この場合の上告棄却判決は，法令違反と判決との間の因果関係の欠缺ゆえの上告棄却ではなく,[19] 上告裁判所が事件についてする自判の1つの場合であり，原判決を変更する裁判である。[20] それゆえ，上告裁判所は，上告理由とは別の理由から原判決を正当とみる場合には，これを当事者に指摘して反論の機会を与えなければならない。そうでなければ当事者の法的審問請求権（→[178]）を侵害することになる。

2　上告棄却の具体例

(1)　他の理由による判決結果の正しさ

原判決に実体法上瑕疵があることが明らかになる場合，上告裁判所は，[649]控訴裁判所によりまたは控訴裁判所の終局判決に先行する裁判に基づき確定された事実関係から不服申立てに係る判決が結果として正しいとの判断ができるかどうかを審査しなければならない。この点が肯定されるならば，上告は棄却されるべきである。控訴裁判所が実体法に違反して請求を認容した場合にも，請求が原審が見逃した他の法的原因により理由を有することが明らかになり，または被告の防御が原審が論じなかった他の理由によって重要でないことが明らかになるときは，上告は棄却されるべきである。別の理由から判決の結果が正しいと判断されない場合には，上告裁判所は，原判決を破棄し，事件が裁判に熟している場合には自ら事件につき裁判し，さらに事実関係の解明が必要な場合には，事件を原審に差し戻し，または他の同等の裁判所に移送しなければならない。

原判決が**手続瑕疵**を帯びている場合，この手続瑕疵が原判決に影響を及[650]ぼしていなければ，上告は棄却されるはずである。しかし，手続瑕疵と判決の結果との間の因果関係を上告裁判所が判断することは困難である。控訴裁判所が手続瑕疵がなければ（とりわけ事実認定において）どのような結論に到達したかということは，たいていの場合上告裁判所には判断できな

---

19) かつては，このように主張する見解が多かった。たとえば，Rosenberg/*Schwab*, Zivilprozessrecht, 14. Aufl., 1986, §144 V 11; *Nikisch*, Zivilprozeßrecht, 2.Aufl., 1952, S.497. 松本・人訴法〔299〕も，この見解であった。

20) *Bettermann*, Anfechtung un Kassation, ZZP 88(1975), 365, 373 ff; *Rimmelspacher*, Zur Systematik der Revisionsgründe im Zivilprozeß, ZZP 84(1971), 41, 61 ff.; *Gottwald*, Revisionsinstanz, S.117f.; Rosenberg/Schwab/*Gottwald*, §146 Rn.3; Stein/Jonas/*Jacobs*, §561 Rn.3.

406 第10章　上告裁判所の裁判

い。それゆえ，控訴審が適正な手続経過を辿っていれば異なる判決になっ
たであろうという可能性が否定されなければ，原判決は破棄されるべきで
ある（→〔359〕）。ただし，控訴裁判所が誤って看過した当事者の主張を取
り入れても，また誤って確定された事実を排除しても結果として同じ判断
に達する場合には，上告は棄却されなければにならない。[21] また，明らかに
正しい裁判が１つしかなく，控訴裁判所に差し戻しても別の裁判とはなり
得ない例外的な場合には，この裁判のためだけに原判決を破棄し事件を控
訴裁判所に差し戻すことは訴訟経済の原則に反するので，差戻しは不要で
あり，上告は棄却されるべきである。[22]

　さらに，上告審において例外的に申立てを修正または新たな事実を提
出することができるが（→〔592〕〔599〕），これによって原判決に付着して
いる手続瑕疵が是正された場合には，責問された手続瑕疵は重要性を欠き，
上告は不成功に終わり，棄却される。[23]

(2)　新法の適用による上告棄却

〔651〕　控訴裁判所が適用した法令によれば原判決は正しくないが，原判決言渡
し後に効力を生じた新法によれば正しいことが明らかになる場合には，新
法が適用されるべきである限り，上告裁判所は上告を棄却しなければなら
ない（→〔284〕以下）。

(3)　上告人に不利益がない場合の上告の棄却

〔652〕　控訴審判決が問題となるあらゆる法秩序からみて正当であることが明ら
かになる場合[24] または控訴裁判所が内国法と外国法の双方によって判断し
ているが，外国法によって判断すべき場合[25] 逆に内国法によって判断すべ
きときに外国法を適用したが，適用すべき法を適用した場合にも同じ結果
に至る場合[26] のように，原判決には瑕疵があるが，上告人がそれによって

---

21) Musielak/Voit/*Ball*, §561 Rn.2.
22) Vgl. BGHZ 132, 245(249); Stein/Jonas/*Jacobs*, §561 Rn.5; Wieczorek/Schütze/*Prütting*, §561 Rn.4.
23) Vgl. BGH NJW 1991, 3036; MünchKommZPO/*Krüger*, §561 Rn.2; Musielak/Voit/*Ball*, §561 Rn.3; Wieczorek/Schütze/*Prütting*, §561 Rn.4.
24) BGH NJW 1956, 1155 LS.
25) BGH NJW 1963, 252(253).
26) BGH NJW 1991, 2214は，原告の契約上の権利の放棄が無方式で有効に成立するかどうかの決定がドイツ法によるかフランス法によるかは，いずれの法によっても無方式で有効に成立するので，上告審では原審とは異なり不問に付することができると判示した。

不利益を受けていない場合にも，上告は棄却されなければならない。

(4) 判決の更正

上告裁判所は，上告を棄却する場合，原判決の主文の記載に誤りがある 〔653〕
ことが記録上明白なときは，これを訂正することによって裁判に変更が生
じない限り，明白な誤りを訂正することができる。たとえば，当事者の表
示を訂正することができる。また，原判決が限定承認による責任制限を主
文に記載していない場合，上告裁判所は相続財産の限度において給付を命
ずる責任制限を補充することができる[27]。

3 上告棄却の例外 —— 結果として正しい裁判も破棄されなければならない場合

(1) 絶対的上告理由

絶対的上告理由（312条2項）が顧慮されるべき場合には，313条による 〔654〕
302条2項の準用はない。上告裁判所は，原判決が他の理由から正しいこ
とを理由に上告を棄却することはできず，つねに原判決を破棄しなければ
ならない。絶対的上告理由に当たる瑕疵がある場合には，判決の結果との
因果関係は擬制され，問題にされず，他の理由から判決の結論が正しいか
どうかを斟酌する余地はないからである。絶対的上告理由がある場合には，
上告裁判所は，原判決を破棄し事件を原審に差し戻さなければならず，原
判決を内容的に審査してはならない。

憲法違反の上告理由は判決に影響がある可能性があれば顧慮されなけれ
ばならないから（→〔172〕以下），この場合にも302条2項の準用はないと
解される。

(2) 不利益変更の禁止

原判決の主文が正しい結論に達している場合，上告は棄却されるのであ 〔655〕
るが，この原則の背後には，当事者にとって判決の結果が重要なのであり，
上告がどのような理由で棄却されるかは上告人にとって重要でないという

---

27) BGH WM 1983, 661(663)．仙台高判昭和28・9・28下民集4巻9号1359頁；注解民訴(9)
〔第2版〕274頁〔小室/東〕は，第一審判決の主文が明白な誤記を含む場合について第一審
裁判所が更正決定をすれば足り，控訴裁判所は控訴棄却判決をすれば足りるというが，控訴
審判決の段階で第一審裁判所によって更正決定がなされていない以上，控訴裁判所が第一審
判決の主文の更正をするのが適切である。

408　第10章　上告裁判所の裁判

考慮がある。[28] ところが，判決の理由づけによって上告人にとって法律上差異が生ずる場合には，事情が異なる。たとえば判決の理由によって既判力効に差異が生ずる場合には，上告裁判所がその見解によれば正しい理由づけに基づき，結果として原判決は正しいとして上告を棄却すると，上告人は上告を提起しなかった場合よりも一層不利な状況に置かれる事態が生じうる。このような場合には，上告裁判所がその正しいと考える理由によって原判決の結論は正しいという理由で上告を棄却することは，不利益変更禁止の原則に違反することになる。それゆえ，上告裁判所は，このような場合には302条2項の準用による上告棄却により原判決を存続させることはできず，上告審においても妥当する不利益変更禁止の原則により，原判決を破棄すべきである。[29]

〔656〕　第一審裁判所が予備的相殺の抗弁を理由ありとして請求を棄却する判決をした場合に，被告の控訴に基づき控訴裁判所が訴求債権の成立を否定したとき，第一審判決を取り消して請求棄却判決をすべきか，[30] それとも控訴棄却の判決で足りるか[31] という点につき見解の対立があった。後説は，相殺の抗弁についての判断は主文で示されず理由中で示されるにすぎないこと，当事者が第一審の判決の訴訟費用の裁判に対し不服を申し立てておれば，控訴裁判所はその部分だけを取り消し，第一審と控訴審の訴訟費用の全体について控訴棄却の判決によって裁判することができると主張した。しかし，単に控訴を棄却すると，第一審判決が確定した場合に反対債権がもはや存在しないという点につき既判力が生ずるから，訴求債権の存在を否定して相殺の効力を否定する控訴裁判所の判断と食い違うことになる。前説が正しいことは当然である。

〔657〕　上告裁判所が控訴を不適法として却下する控訴審判決を取り消し，控訴を理由なしとして棄却する場合（またはその逆の場合），不利益変更は存在しない。控訴却下判決（または控訴棄却判決）によって，不利益変更禁止

---

28) Vgl. *Grunsky*, Rechtskraft von Entscheidungsgründen und Beschwer, ZZP 76(1963), 177, 178; Stein/Jonas/*Jacobs*, §561 Rn.6; Wieczorek/Schütze/*Prütting*, §561 Rn.9.

29) MünchKommZPO/*Krüger*, §561 Rn.7; Stein/Jonas/*Jacobs*, §561 Rn.6; Wieczorek/Schütze/*Prütting*, §561 Rn.9.

30) 新堂899頁；条解民訴〔第2版〕1577頁［松浦/加藤］；注解民訴(9)〔第2版〕273頁［小室/東］；基本法コンメ民訴(3)46頁［本間義信］；伊藤735頁；小島856頁。

31) 菊井/村松・全訂Ⅲ156頁。

の原則によって保護されるべき既得権的状態が生み出されないからである。[32]
上告裁判所が控訴裁判所は不当に訴えを不適法として却下したと判断する
が，訴えは適法であるものの，十分性（有理性）を欠くという理由または
控訴裁判所の認定した事実により請求には理由がないと判断して請求棄却
判決をする場合，控訴裁判所の実体判決は存在しないけれども，上告裁判
所は訴訟経済の理由から原判決を破棄し請求棄却判決をすることができる。
これは不利益変更禁止の原則に違反しない。[33]上告人は控訴裁判所の訴え却
下判決によって既得権状態を取得していないからである。請求に理由がな
いことが明らかであるのに控訴を棄却し，訴えを不適法として却下する判
決を確定させて再訴の道を開くことは，不利益変更禁止の原則の要求する
ところではない。また，事件を原審に差し戻し原裁判所に請求棄却判決を
させることは，明らかに訴訟経済に反する。この事案においては，上告の
棄却はできず，上告裁判所は請求棄却判決をすべきである。これらの場合
の上告裁判所の請求棄却判決は，上告裁判所が控訴裁判所に代わってする
本案判決であり，326条1号の適用事例である。[34]

(3) 法的審問の付与

　控訴審判決の結果は正しい場合にも，従来分離して審理されており，同〔658〕
一の当事者が双方の手続に関与していなかった場合には，上告審において
はじめて手続が併合された場合には，上告裁判所は事件を控訴審に差し戻
し，関係人に法的審問を付与しなければならない。[35]

---

32) Vgl. MünchKommZPO/*Krüger*, §561 Rn.7; Wieczorek/Schütze/*Prütting*, §561 Rn.9.
33) 判例は，訴え却下判決の既判力の範囲が請求棄却判決の既判力の範囲よりも狭いので，請
　求棄却判決をすることは上訴人に不利益変更になるとするのであるが（最判昭和60・12・17
　民集39巻8号1821頁＝判時1184頁59頁＝判タ589号87頁；最判昭和61・7・10判時1231号83
　頁＝判タ623号77頁など），訴え却下判決の変更を求めている上告人は訴え却下判決によって
　保護されるべき既得権状態を取得していないにもかかわらず，不利益変更禁止原則を根拠に
　請求棄却判決をすることはできないというのは，不利益変更禁止の原則の理解に問題がある
　ためである。不利益変更禁止の原則は原判決が本案判決である場合についてのみ妥当する原
　則であることにつき，松本・民事控訴審ハンドブック〔662〕参照。
34) Vgl. MünchKommZPO/*Krüger*, §561 Rn.7; Wieczorek/Schütze/*Prütting*, §561 Rn.9.
35) BAG NJW 1984, 1703.

410 第10章　上告裁判所の裁判

第3款　原判決の破棄

1　原則と要件

(1)　原　則

〔659〕　これに対し，312条1項の規定する上告理由（判決に憲法の解釈の誤りが
あることその他憲法の違反があること）または同条2項の上告理由（絶対的
上告理由）に該当する事由があるとき（325条1項），または，最高裁判所
が以上の上告理由に該当する事由がない場合であっても，原判決に影響を
及ぼすことが明らかな法令違反の存在を認めるとき（同条2項），上告裁
判所は，不服申立てに係る判決（通常は控訴審判決，飛越上告の場合および
高等裁判所第一審として裁判する場合は第一審判決）を破棄しなければなら
ない（325条1項前段・2項）。また，高等裁判所が上告裁判所である場合
には，312条1項・2項に規定する上告理由に該当する事由がある場合に
加えて，判決に影響を及ぼすことが明らかな法令違反があることも上告理
由であるから（312条3項），これに該当する事由が存在する場合にも，上
告裁判所である高等裁判所は原判決を破棄しなければならない（325条1
項後段）。

　上告受理手続により上告理由とみなされた上告受理申立て理由に該当す
る事由が存在しないと上告裁判所たる最高裁が判断するが，判決に影響を
及ぼすことが明らかな他の法令違反を認めるときには，原判決を破棄しな
ければならない。

　上告裁判所が職権調査事項の調査の結果，原判決を失当と判断する場合
には上告理由と無関係に原判決を破棄しなければならない。それに対し，
第一審判決は，これに控訴審判決の瑕疵が含まれていた場合にも取り消さ
れない。例外的に第一審判決が取り消されるのは，飛越上告の場合を除き，
上告裁判所が事件につき自ら裁判し，かつ，この裁判が第一審の裁判と内
容上一致しない場合のみである。[36]

(2)　要　件

〔660〕　原判決の破棄は，訴訟が上告審に移審していることのほかに，訴訟が裁
判に熟すること（**裁判成熟性**）を要件とする。上告事件はまず小法廷に
よって審理されるが，一定の場合には，事件は大法廷に回付されなければ

---

36)　Stein/Jonas/*Jacobs*, §562 Rn.2; Wieczorek/Schütze/*Prütting*, §562 Rn.3.

第2節　口頭弁論に基づく裁判　*411*

ならない（→〔79〕）。小法廷が審理裁判できず大法廷への回付が必要な場合には，訴訟はまだ裁判に熟していない。

2　一部破棄
(1)　制限的な上告

　上告を控訴審判決の取消しを求める不服申立てと解する通説は，上訴不 〔661〕可分の原則を根拠に，制限的な上訴提起を原則として不適法とみる。それにもかかわらず，通説は，一方で，数量的に可分な請求の一部または1つの判決で裁判された数個の請求の1つ，または本訴請求と反訴請求のいずれかに上告を制限することを適法と主張し，いうところの上訴不可分の原則との不整合を全く問題視しない。

　他方において，通説はこれらの場合以外には上告の制限的な提起を不適法とみる。たとえば，被告の予備的相殺の抗弁を容れて原告の請求を棄却した控訴審判決に対し原告のみが上告を提起した場合に，上告裁判所が被告の主張する反対債権の存在を否定する場合にも訴求債権の存否について裁判することができるとする。そして，裁判所が訴求債権の成立を否定する場合，原判決を破棄し原告の請求を棄却することは不利益変更禁止の原則に違反するので，上告棄却にとどめるべきだとする。これによって，通説は，被告の反対債権の不存在（相殺と無関係の不存在）が明らかになっているにもかかわらず，原告の上告は意味をなさなくなることを不問に付する。このような不合理は，反対債権に限定された上告を適法とみ，したがって原判決の取消しを反対債権の認容の部分に限定することを許せば生じない（→〔542〕）。

　上訴の目的を原判決の取消しに求める理解のもとに上訴不可分の原則を 〔662〕主張して制限的な上訴を不適法とすること，しかも一定の場合には理由を明確にすることなしに制限的な上訴も適法とすることは，誤りである。上告は，控訴審手続の続行により新しいより正しい判決を求める申立てであり，その訴訟物は不服申立ての限度における控訴審判決によって認容または棄却された訴訟上の請求である。このような理解によれば，上告人は，処分権主義の適用上当然に，当初の上告申立てを控訴審判決によって裁判された数個の請求の1つに制限し，訴えまたは反訴によって提起され控訴審判決によって裁判された請求のいずれかに制限し，または量的に可分な

請求の一部に制限することができる。問題はこのような一部判決をすることができる範囲を超えて，その他の一定の場合に上告を制限的に提起することができるかどうかである。複数の独立した請求が併合され裁判された場合には（そして，通説もこの場合に制限的な上告を許している！），1つの請求が他の請求から独立しており，他の請求から切り離して請求を主張することができること，および，1つの請求についての判決が既判力をもちうるという特徴がある。そして少なくとも，このような特徴がある場合であれば，私見によれば，一部判決が可能な場合でなくても，控訴審判決の一部に限定した上告の提起が許されるべきである。

以上の意味で制限的な上告が適法である限り，上告によって攻撃されていない原判決部分は上告裁判所の審査の対象とならず，したがって変更の余地はない。不利益変更禁止の原則は，控訴審のみならず，上告審においても妥当する。

(2) 一部破棄とその要件

〔663〕 不服申立てに係る判決の破棄は，不服申立ての限度においてのみすることができる。不服申立てのない部分は，理論的には上告申立ての拡張または附帯上告によって上告審の調査に取り込むことができなくなった時点で確定する。[37]

上告が一部のみ理由を有する場合，原判決はその部分に限り破棄され（**一部破棄**），その余の部分の上告は棄却される。[38] 一部破棄は，一部判決の要件が存在する場合に考慮される。たとえば，複数の請求が併合されている場合，破棄をそのうちの1つの請求に限定することができ，この場合，その余の請求についての原判決は存続する。原審が主位的請求と予備的請求をともに棄却したが，上告裁判所が予備的請求に理由があると判断する場合には，予備的請求についての原判決のみを破棄することができる。相殺を理由に請求を棄却した原判決に対して，原告が反対債権（相殺債権）の認容に限り不服を申し立てた場合に，上告裁判所が上告に理由があると

---

[37] 不服申立てのない部分は上告審判決の言渡しの時に確定するとするのが判例（大判大正4・10・6民録21輯1593頁）・通説（菊井/村松・新コンメⅥ385頁）であるが，上告申立ての拡張や附帯上告の可能性がなくなると，不服申立てのない部分は，その変更可能性がなくなるので，その時点で確定すると解すべきである。

[38] 最判昭和44・6・24民集23巻7号1156頁＝判時564号49頁＝判タ238号108頁；最判昭和45・9・24民集24巻10号1450頁＝判時608号126頁＝判タ254号131頁。

認めるときは，原判決の破棄を反対債権の認容の部分に限定することができる。この場合には，訴求債権についての裁判は，反対債権についての裁判の留保のもとにある。[39]

相続財産の限度で相続人に相続債務の履行を命じた控訴審判決に対して，[664]原告が責任留保についての判決部分に限って上告を提起することもできると解すべきである。相続債権と限定承認の効力は別個の独立した事実関係を基礎にする。そして控訴審判決が確定すると，原告はもはや限定承認の効力を争うことはできない。判例は，この限定承認についての裁判所の判断の効力を既判力に準ずる効力（準既判力）とみる。[40]相続債権について無留保の給付判決を求めたところ責任限定の判決を受け，この点に不服を有する原告は，この不服を除去するためだけに，限定承認の効力に限定した上告を提起することができる。上告裁判所は，限定承認の効力を承認した控訴裁判所の判断に誤りがあると判断する場合には，この部分に限り原判決を破棄することができると解すべきである。

留置権に基づき引換給付判決を命じた控訴審判決に対して，原告が被告[665]の留置権を肯定した原判決部分に限って上告を提起する場合，このような制限的な上告の提起も適法であると解すべきである。留置権は独自の事実的基礎を有し，独立の訴えの対象となりうる独立の権利だからである。上告裁判所は，被告の主張する留置権を否定する場合には，反対債権についての引換給付命令のみを破棄することができる。この場合，本訴請求についての給付命令は存続する。

離婚請求または婚姻取消請求を認容し，附帯請求である親権者指定の裁[666]判をした控訴審判決に対して，親権者指定処分に限定した上告を提起することは適法である。[41]この場合にも，上告裁判所の裁判対象は親権者指定の処分に限られ，離婚請求または婚姻取消請求の部分は上告審の裁判対象とならない（離婚請求または婚姻取消請求の部分が上告審に移審するかどうかが

---

39) MünchKommZPO/*Krüger*, §562 Rn.3; Stein/Jonas/*Jacobs*, §562 Rn.3; Wieczorek/Schütze/*Prütting*, §562 Rn.6. 反対：Musielak/Voit/*Ball*, §562 Rn.3（反対債権についての裁判だけが破棄されると，訴求債権の存在がなお未定の反対債権についての裁判にかかっているにもかかわらず，訴求債権についての裁判が確定してしまうので，反対債権に限定した原判決の破棄はできないという）。

40) 最判昭和49・4・26民集28巻3号503頁。

41) 最判昭和61・1・21判時1184号67頁。

414 第10章　上告裁判所の裁判

問題になるが，移審するとの見解によっても，この部分は不服申立ての対象とされていないので，上告裁判所はこれについて裁判することができない）。ところが，判例は，この理を認めず，附帯請求についての控訴裁判所の裁判を破棄する場合には，離婚請求についての原判決も併せて破棄すべきだとする。この判例の見解は附帯請求についての裁判と主たる請求についての裁判の同時確定を重視するものといえるが，不服申立てのない離婚請求についての原判決を破棄することは不当である。

(3)　裁　判

〔667〕　上告裁判所は，一部破棄が可能である限り，原判決の全部を破棄してはならない。一部破棄は，上告裁判所の裁量ではない[42]。

控訴裁判所（飛越上告の場合には第一審裁判所）の瑕疵ある判決の先行裁判で，上告審の審査に服し，かつ不服申立てに係る判決の裁判基礎をなすものは，新たな裁判のため羈束力を排除するために破棄される。第一審判決の破棄は，326条による自判としてのみ可能である（→〔701〕以下）。

〔668〕　原判決の破棄された部分に関し，上告裁判所は326条により自判するか，自判の要件である裁判成熟性がない場合には新たな審理裁判のため325条1項により事件を原裁判所に差し戻しまたはこれと同等の他の裁判所に移送しなければならない[43]。控訴審判決が第一審裁判所の重大な手続瑕疵のゆえに必要な取消しと差戻しを怠った場合には，上告裁判所は，控訴審判決と第一審判決の双方を破棄し，訴訟を第一審裁判所に差し戻さなければならない。

上告裁判所は，原判決を破棄し，事件を原審に差し戻しまたはこれと同等の裁判所に移送する場合，これは事件を完結する裁判ではないので，67条1項の適用の余地はなく，したがって原判決中の訴訟費用の裁判の部分を破棄すべきでなく[44]，また自ら訴訟費用の裁判をすることもない。原判決を破棄して自判する場合には，訴訟の全費用について裁判しなければならない（67条2項前段）。もっとも，上告裁判所が原判決の一部を破棄し，残部について上告を棄却する場合には，棄却部分の上告費用の負担を上告人

---

42) Vgl. Stein/Jonas/*Jacobs*, §562 Rn.4; Musielak/Voit/*Ball*, §562 Rn.3; Wieczorek/Schütze/*Prütting*, §562 Rn.9. 反対：MünchKommZPO/*Krüger*, §562 Rn.5.

43) Wieczorek/Schütze/*Prütting*, §562 Rn.11.

44) 大判昭和10・7・9民集14巻1857頁。

第2節　口頭弁論に基づく裁判　*415*

に命ずるのが最高裁の取扱いだといわれている[45]。

第4款　差戻し

〔**文献**〕　石川　明「差戻判決の拘束力」実務民訴講座(2)329頁以下；伊藤
　　　　眞「事実に関する上告審破棄理由の意義」小島古稀(上)3頁以下；
　　　　上野泰男「上訴制限について」関西大学法学論集43巻1・2号
　　　　（1993年）743頁以下；同「上告——上告理由」法教208号（1998年）
　　　　36頁以下；内山衛次「破棄・取消判決の拘束力」争点（2009年）
　　　　264頁；宇野栄一郎「上告審の実務処理上の諸問題」実務民訴講座
　　　　(2)285頁以下；遠藤　功「差戻判決の拘束力」法学34巻2号（1970年）
　　　　83頁；同「破棄判決の拘束力」争点〔3版〕293頁以下；大須賀
　　　　虔「破棄判決の拘束力の範囲について」成城法学21号（1985年）56
　　　　頁以下；兼子　一「上級審の裁判の拘束力」同・研究(2)81頁以下；
　　　　加波眞一「破棄判決の拘束力」争点〔新版〕326頁以下；河野信夫
　　　　「判例の規範性と破棄判決の拘束力について」実務民訴講座〔第3
　　　　期〕(6)165頁以下；小室直人「上級審の拘束的判断の範囲」同・上
　　　　訴制度221頁以下；鈴木重信「控訴審の審判の範囲」新実務民訴講
　　　　座(3)208頁以下；高島義郎「上告審の裁判の拘束力に関する一考察」
　　　　関大法学論集7巻1号（1957年）49頁；高橋宏志「上告目的論」青
　　　　山古稀290頁以下；畑　郁夫「差戻し後の審理と判決」講座民訴(7)
　　　　219頁以下（同・民事実務論集〔2009年・判例タイムズ社〕335頁以下所
　　　　収）；花村治郎「不利益変更禁止の原則——差戻後の控訴審判決と
　　　　不利益変更禁止の原則」同・続民事上訴制度95頁以下；山本克己
　　　　「破棄差戻判決の拘束力（羈束力）」法教303号（2005年）84頁以下

1　原則としての差戻しまたは移送

　上告裁判所は，控訴審判決を全部または一部破棄し，事件がまだ裁判に〔**669**〕
熟していない場合には，原則として，事件を原裁判所に差し戻しまたはこ
れと同等の裁判所に移送しなければならない。上告裁判所が迅速な裁判の
ため原裁判所への差戻し等をしないで自ら裁判することができるのは，事

45）谷口/井上編・新判例コンメンタール(6)296頁〔吉井直昭〕；菊井/村松・全訂Ⅲ293頁。

416 第10章 上告裁判所の裁判

件がすでに裁判に熟する場合だけである。裁判に熟するとは，通常，事実
関係に争いがないか，またはすべての必要な事実確定が原裁判所によって
行われており，かつそれ以上の確定が可能でないという意味で事実関係が
解明されていることである（詳しくは→〔697〕）。たとえば原裁判所が訴え
を不適法として却下していたが，上告裁判所は訴えを適法とみる場合には，
事実関係に争いがない場合，必要な事実確定が原審によって行われている
場合，または請求が失当である場合でない限り，上告裁判所は事件を原裁
判所に差し戻しまたは他の同等の裁判所に移送しなければならない。

2　差し戻すべき裁判所
(1)　差し戻すべき裁判所
〔670〕　上告裁判所が事件を差し戻すべき裁判所は，不服申立てに係る判決をし
た原裁判所であり，飛越上告の場合には第一審裁判所である。どの合議体
がその後の審理・裁判を行うかは，裁判所の事務分配の定めに従って決る。
不服申立てに係る判決をした合議体がその後の審理・判決をするとは限ら
ない。差戻しを受けた判決に関与した裁判官は，差戻し後の審理・判決に
関与することができない（325条4項）。第一審裁判所への差戻しが行われ
るのは，上告裁判所が上告に理由があり，かつ第一審判決をも不当と判断
して原判決を破棄し，さらに第一審判決を取り消す場合である。

(2)　訴訟記録の送付
〔671〕　差戻しまたは移送判決があると，上告裁判所の裁判所書記官は，差戻し
または移送を受けた裁判所の裁判所書記官に対し，訴訟記録を送付しなけ
ればならない（民訴規202条）。差戻しまたは移送の判決があると，上告審
判決は直ちに確定し，事件は差戻しまたは移送を受けた裁判所に直ちに係
属する。上告裁判所の裁判所書記官は，原審までの訴訟記録と上告審の訴
訟記録を合綴し，これに上告審判決の正本を添付して（原審の訴訟記録と
上告審判決の正本だけでなく），差戻しまたは移送を受けた裁判所の裁判所
書記官にできるだけ短時日に[46] 送付しなければならない[47]。

---

46) 菊井/村松・全訂Ⅲ302頁；注解民訴(9)〔第2版〕628頁〔斎藤/奈良〕；(旧) 注釈民訴(8)375
　頁〔遠藤〕。
47) 訴訟記録の編綴については，昭和50年6月9日最高裁総3第38号事務総長通達「民事訴訟
　記録の編綴について」参照。

第2節　口頭弁論に基づく裁判　*417*

(3)　執行文付与権限の移動

執行文の付与は記録の存する裁判所の裁判所書記官が担当するが（民執 【672】
36条1項），事件の記録が上訴裁判所にある間は上訴裁判所の裁判所書記
官が執行文付与の適否を判断する[48]。上訴裁判所の裁判所書記官は，訴訟記
録の送付手続を完了すると，執行文付与権限を失う。その結果，同書記官
が以前にした執行文付与拒絶処分に対する同裁判所書記官所属の裁判所へ
の異議は，申立ての利益を欠くに至り不適法になるとするのが判例[49]であ
る。

(4)　原本の保管

上告裁判所の判決（または決定）の原本は，上告裁判所が保管する[50]。　　【673】

3　再度の控訴審手続

(1)　訴訟代理権

差戻し後の控訴審において第一次控訴審の訴訟代理人の訴訟代理権は，【674】
当然に復活するであろうか。復活を肯定する見解[51]と，審級代理の原則の
もと，原審の訴訟代理人に上告審につき訴訟委任をしなかった本人と第一
次控訴審の訴訟代理人との間の信頼関係はすでに失われているので，特別
の事情のない限り，代理権の復活を認めるべきでないという見解[52]の対立
をみる。以下に述べるように，再度の控訴審手続は第一次控訴審手続の再
開・続行であるが，訴訟代理については審級代理の原則が妥当するから，
差戻後の控訴審では当事者の意思確認が必要である。それゆえ，旧訴訟代
理人の代理権の当然の復活を認めるべきではない。

(2)　第一次控訴審手続の再開・続行

差戻しまたは移送された事件は，さらに審理し裁判するために差戻しま【675】
たは移送を受けた裁判所に係属する。係属の時点は，上告審判決の言渡し

---

48) 最決昭和44・7・4民集23巻8号1366頁。
49) 前掲注48)最決昭和44・7・4。この決定の問題点については，小室・民商62巻5号（1970
年）850頁，855頁；(旧)注釈民訴(8)376頁〔遠藤〕参照。
50) 注解民訴(9)〔第2版〕629頁〔遠藤/小室/奈良〕。
51) 大判大正9・2・9民録26輯40頁；大判昭和8・6・14法学3巻113頁；兼子・体系138
頁；菊井/村松・全訂Ⅲ295頁；畑　郁夫「差戻し後の審理と判決」講座民事訴訟(7)219頁，
226頁以下（同・民事実務論集〔2009年・判例タイムズ社〕335頁，342頁以下）。
52) 三ケ月・全集207頁；新堂194頁；条解民訴〔第2版〕301頁〔新堂/高橋/高田〕；注解民訴
(9)〔第2版〕597頁〔遠藤/小室/奈良〕；基本法コンメ民訴(3)89頁〔田中〕。

418 第10章　上告裁判所の裁判

の時点である。その後の控訴審手続は，上告審手続の続行ではなく，新た
な独立した控訴審手続の開始でもない。それは第一次控訴審手続の再開・
続行であり（325条3項前段），[53] 新旧の控訴審手続は一体をなす。続行され
る控訴審手続は，第一次控訴審手続の口頭弁論終結前の状態おいて続行さ
れる。[54] 例外的に，それ以前の手続段階に立ち返って審理が再開されるのは，
控訴審手続の取消しが行われ，または取り消されたものとみなされる場合
に，その手続の取消しの範囲においてである。差戻しまたは移送を受けた
控訴裁判所は，新たな口頭弁論に基づき裁判をしなければならない（325
条3項前段）。

〔676〕　差戻し後または移送後の控訴審の訴訟手続は，第一次控訴審手続の続行
であるが，特別の欠席手続を有しない民訴法のもとでは，最初の口頭弁論
期日には，138条の適用があると解される。[55] また，原判決に関与した裁判
官は差戻審の裁判に関与することができず（325条4項），新たな裁判官の
関与により裁判所の構成は代わるから，249条2項により弁論の更新が必
要になる。[56] 第一次控訴審において提出された訴訟資料および証拠資料は，
弁論の更新手続がとられない限り，当然には裁判資料とはならないが，[57] 弁
論の更新が行われると，裁判資料となる。[58] ただし，上告裁判所が控訴裁判
所の訴訟手続が法律に違反したことを理由に原判決を破棄したときは，控
訴審の訴訟手続は取り消されたものとみなされるから（313条・308条2項），
第一次控訴審において提出された訴訟資料およびそこで得られた証拠資料
は差戻し後の控訴審においてはその効力を維持することはできない。手続
違反以外の理由による破棄の場合には，差戻し前の控訴審手続の効力は失
われないし，中間判決など中間的な裁判も破棄されていない限り，その効
力を失わない。[59]

〔677〕　当事者は第一次控訴審手続における申立ておよび提出と並んでまたはそ

---

53)　大判大正15・7・26民集19巻1395頁。
54)　Vgl. BGH NJW 2001, 146.
55)　大判昭和12・3・20民集16巻320頁；新堂924頁。
56)　畑・前掲注51)講座民事訴訟(7)224頁（同・民事実務論集340頁）；基本法コンメ民訴(3)89頁
　　［田中豊］。
57)　大判大正9・9・27民録26輯1392頁。
58)　大判昭和12・3・20民集16巻320頁；大判昭和15・7・26民集19巻1395頁。
59)　大判大正2・3・26民録19輯141頁。

れに代え新たな申立てを提起し，新たな攻撃防御方法を提出することができる。以前の訴訟資料の提出を繰り返す必要はなく，すでに行われた証拠調べも，最初の控訴審手続が上告裁判所によって取り消されずまたは取り消されたとみなされない限り，効力を保持する。裁判上の自白も，その効力を保持する。すでに実施された証拠調べも，同様にその効力を保持する。

控訴裁判所での手続は，――上告裁判所の破棄差戻し判決の拘束力を別 〔678〕にすれば――第一次控訴審手続と同じ準則に従う。それゆえ，当事者は訴訟の一部に既判力が生じていない限り，控訴申立てを拡張し，附帯控訴を申し立てることができる。また，訴えを変更し，反訴を提起し，選定当事者に係る請求を追加し，相殺の抗弁を提出し，新たな事実を主張し，証拠申出を行うことができる。もちろん，それは，これらの訴訟行為について存在する法律上の制限の範囲内においてであり，また効力を保持している第一次控訴審手続における中間判決や裁判上の自白の効力の制約を受ける。

4 再度の控訴審が受ける拘束

(1) 不利益変更の禁止

差戻し後の控訴審においても，控訴裁判所は不利益変更禁止の原則によ 〔679〕る拘束を受ける。控訴裁判所は，第一審判決との関係でも，第一次控訴審判決との関係でも，控訴人が控訴をしなかった場合に控訴人に生ずる状態よりも不利益な状態に控訴人を置いてはならない[60]。

判例・通説[61]は，差戻し後の控訴審において，控訴裁判所は破棄判決の

---

60) Wieczorek/Schütze/*Prütting*, §563 Rn.8; Stein/Jonas/*Jacobs*, §563 Rn.9; MünchKommZPO/*Krüger*, §563 Rn.15; Musielak/Voit/*Ball*, §563 Rn.16; Eichele/Hirtz/Oberheim/*Oberheim*, Berufung im Zivilprozesss, 2017, Kap.20 Rn.57.

61) 大判昭和6・11・28新聞3347号9頁；大判昭和8・9・16新聞3618号7頁；大判昭和9・11・29新聞3787号1頁＝評論24巻民訴58頁；大判昭和10・11・28新聞3922号16頁＝評論25巻民訴28頁（後四者は，差戻し後の控訴裁判所は第一次控訴審判決に拘束されないと述べるのみであるが，最初の判例と同じく第一次控訴審判決よりも上告人に不利な判決も適法との意味を含むと思われる）；中島・日本民訴法1710頁以下；細野・要義(4)399頁；兼子・条解(上)955頁；小室直木「上級審の拘束的判断の範囲」同・上訴制度221頁，254頁以下；菊井/村松・全訂III295頁以下；(旧)注釈民訴(8)345頁〔遠藤〕；条解民訴〔第2版〕1657頁〔松浦/加藤〕；吉井直昭「控訴審の実務処理上の諸問題」実務民訴講座(2)275頁；菊井/村松・新コンメVI387頁；右田・上訴制度142頁；高橋・重点講義(下)640頁注(47)；梅本1070頁；注釈民訴(5)370頁〔加波〕。

ドイツ法においては，戦前，*Schönke*, Die Bindung des Berufungsgerichts an das Urteil des Revisisonsgerichts gemäß §565 Abs.2 ZPO, 1954, S.96 f. は，同じ見解を主張していた。

拘束力のほかは,「破棄された第一次控訴審判決にも拘束されず,自由な
事実認定・法律判断をすることができるから,上告人にとっては破棄され
た第一次控訴審判決よりも不利益な内容の判決になることもあり,そう
なっても不利益変更禁止の原則に違反しない」とする。しかし,この見解
は全く不合理である。たとえば,控訴審判決が認定した損害額が十分根拠
づけられていないとして,被告が上告または上告受理申立てを行い,上告
審が原判決を証拠評価の瑕疵を理由に破棄し事件を差し戻した場合に,差
戻し後の控訴審が事実認定に基づき損害は差戻し前の控訴審判決が認定し
た額以上に存在するとして,損害賠償額を増額認定しても,不利益変更禁
止の原則に反しないとする。上告裁判所が例外的に自判できる場合には,
不利益変更禁止の原則に阻まれて上告に係る原判決を上告人の不利に変更
することができないのに,原審に差し戻され,原審が新たな事実認定によ
り裁判する場合には不利益変更も構わないとすることは,全く不合理であ
る。これでは,差戻し後の控訴裁判所が上告裁判所よりも広い裁判権能を
有することになるからである[62]。原判決の取消しを上訴目的とみる通説は,
上告裁判所により原判決が取り消され,訴訟が原審に差し戻されると,上

　同書は,差戻しにより,原審での弁論は完全に新たに開かれるものであるので,原審は裁判
の自由において制限されないことに,不利益変更禁止の原則が適用にならない理由を求めた。
反対説を主張したVierhaus, ZZP 6, 217, 243 ff. の見解を,差戻し後の控訴審での弁論と第一
審での弁論の一体性を根拠にするものだと批判した。
62) この点を指摘したのは,花村・続民事上訴制度95頁以下である。Vgl. BGH MDR 1989, 979;
MünchKommZPO/*Krüger*, §563 Rn.15.
　栗田　隆「不利益変更禁止に関する判例法理」中野古稀(下)267頁,301頁は,第一次控訴
審において不服申立ての対象にならなかった第一審判決の部分は控訴審の裁判対象にならな
いので,上告審における不服申立ての対象にもならず,それゆえ差戻しの対象にもならない
と主張し(注釈民訴(5)373頁[加波]も同じ),差戻審において不利益変更禁止の原則の適用
の余地はないと主張する。本文で述べたように,控訴審判決の一部について上告なされ,上
告裁判所がこの部分を破棄し訴訟を原審に差し戻した場合には,上告対象でなかった部分は
確定するが,ここで問題になっているのは控訴審判決の一部が確定しない場合である。すな
わち,たとえば第一審判決が原告の給付請求(1000万円の金銭支払請求)を一部認容(400
万円)し,残部を棄却し,この判決に対し原告が棄却された600万円のうちの200万円に限定
して控訴を提起し,控訴裁判所が控訴を棄却したのに対し,原告がこの控訴棄却判決の全体
に対して上告を申し立て,上告裁判所が上告に全部または一部理由ありとして原判決を破棄
し訴訟を原審に差し戻したというような場合である。この場合には,上告審の破棄差戻しに
より控訴審手続が再開(続行)されるので,第一審判決に対する控訴の対象とされなかった
が,控訴により確定を阻止された第一審判決部分につき控訴申立てを拡張することができる。
また,被控訴人は附帯控訴を申し立てることができる(BGH WM 1962, 1117(1118); NJW
1963, 444; 2001, 146; Musielak/Voit/*Ball*, §563 Rn.7; MünchKommZPO/*Krüger*, §563 Rn.6)。
したがって,栗田論文の指摘は当たらない。

告は目的を達し，差戻し後の控訴審は新たな事実認定のもとで不利益変更禁止の原則の拘束を受けないとみるのであろう。しかし，上告審の目的を原判決の破棄（取消し）と解することに問題があるのみならず，申立拘束原則は，上告についても妥当することが看過されてはならない。不利益変更の禁止は，第一審判決に対する控訴についてのみ妥当するとはいえない（313条による304条の準用）。

　私見によれば，上告審の訴訟物も原判決の取消申立てではなく，不服申〔680〕立ての範囲内における第一審の訴訟上の請求であり，差戻後の控訴審の訴訟物も同じである。控訴と上告について，不利益変更禁止原則の適用に差異が生ずる理由はない。なお，差戻し後の控訴審が第一審判決との関係においても，不利益変更禁止の原則の拘束を受けるのは当然であろう。

(2)　破棄判決の拘束力

　差戻しを受けた原裁判所または移送を受けた同等の裁判所は，上告裁判〔681〕所が原判決破棄の理由とした事実上および法律上の判断に拘束され（325条3項後段），これを自己の判決の基礎にしなければならず，これに反する判断をすることは許されない。原裁判所が上告審判決によって否定された自己の法的見解を維持し，新たな裁判において繰り返すことができるとすれば，この判決に対し再度上告が提起され，上告裁判所が再び原判決を破棄し事件を原裁判所に差し戻すというように，上告と破棄差戻しが際限なく繰り返される惧れがある。上告審判決の原裁判所に対する拘束力がなければ，以上のような事態により法的安定性を確保することができなくなる。これが上告裁判所の破棄判決の拘束力が是認される根拠である。もっとも，審級制度の維持のほかに，拘束力がなければ，法解釈の統一と個別の適正な裁判に配慮するという上告裁判所の使命を果たすことができなくなるという点を上告審の破棄差戻判決の拘束力の根拠としてあげる見解[63]がある。この観点は，法律審としての上告審の特殊な役割を重視するものであるが，判例による法令の解釈適用の統一は個別事案を超えた一般的な法適用の問題であり，破棄差戻判決の拘束力とは別の問題である。また，日本では高等裁判所も上告裁判所になることに注意しなければならない。だが，この拘束力の法的性質および拘束力の範囲について以前から議論が

---

63)　石川明「差戻判決の拘束力」実務民訴講座(2)333頁；小室・上訴制度231頁。

422 第10章 上告裁判所の裁判

多い。

〔682〕　　(a)　**拘束力の法的性質**　　破棄判決の拘束力の訴訟法的性質について，見解の対立があった。かつては，既判力説が主張された。**既判力説**は，上告裁判所の破棄判決を一種の形成判決と解し，破棄判決の拘束力は形成判決がその形成原因について有する既判力の作用だと主張した。[64] この見解は，形成判決にあっては「論理的に必ず形成要件の確定が基底にあり，その反射的帰結が形成宣言によって表明されるに過ぎないのである。したがってこの場合の形成要件の確定と形成の宣言とは一体をなすのであって，前提と結論という二段の判断過程ではない。形成の宣言だけが判決主文に掲げられても，形成要件の確定の判断は同時にこれは表明されたことになるのであって，判決理由中の判断にとどまるものではない」[65] という。この見解を支持する判例[66]と学説[67]も有力であるが，この見解に従うことはできない。

〔683〕　　たしかに，上告審判決に対しては，さらに不服申立てができないので，上告審の破棄差戻判決が言い渡されると，即時に確定し，形成力が発生する。しかし，上告は形成訴訟ではないので，破棄判決を形成判決とみることはできないのみならず，確定した形成判決の既判力は法律関係の形成が正当に行われたことにつき生じうるのであり，個々の形成原因に既判力が生ずるとみることはできない。また，例外的に上告裁判所の事実上の判断にも原裁判所に対する拘束力が生ずるが，既判力説によれば，この事実上の判断の拘束力も既判力ということなり，既判力は「主文に包含するものに限り生ずる」（民訴114条1項）という法律の定める原則との関係で問題が生ずる。以上の理由から，形成原因に生ずる既判力が破棄判決の拘束力の根拠をなすとみることは，正当ではない。今日の多数説は，正当に，この既判力説に従っていない。

〔684〕　　また，破棄判決は中間判決ではなく終局判決であるので，破棄判決の拘束力は中間判決の羈束力でもない。破棄判決の拘束力は，差戻しを受けた

---

64) 兼子　一「上級審の裁判の拘束力」同・研究(2)81頁, 89頁以下：同・体系469頁；石川・前掲注63) 333頁；条解民訴［第2版］1658頁［松浦/加藤］。菊井/村松・新コンメⅥ388頁は，この説を紹介し，他の説には言及しないから，この説を支持するのであろう。

65) 兼子・前掲注64) 研究(2)91頁。

66) 最判昭和30・9・2民集9巻10号1197頁＝判時59号15頁。

67) 菊井/村松・全訂Ⅲ297頁；菊井/村松・新コンメⅥ388頁。

原裁判所または移送を受けた裁判所が自己の判決を行うさい破棄判決の判断と矛盾する判断を繰り返し，そのため当事者による上告と上告裁判所による原判決の破棄が繰り返され，決着がつかないことにより，審級制度が機能不全に陥ることを防ぐために法律により特別に定められ特殊な効力と解さざる得ない（**特殊効力説**）。[68] この効力は，原判決の破棄の直接の原因となった限りで，判決理由中の判断にも生じる。ただし，この効力は，その事件の訴訟手続内における拘束力であり，既判力のように手続終了後も当該訴訟手続を超えて及ぶものではない。それゆえ，他のすべての事件においては，上告裁判所が法的見解を示したのと同一の法律問題が争われる場合であっても，控訴裁判所は当然，上告裁判所の法的見解と異なる法的判断をすることを禁じられない。

(b) **拘束力の範囲**　**拘束力の生じる事実上の判断**とは，上告裁判所 〔685〕が自ら事実判断をすることができる場合（→〔590〕以下）に限られる。たとえば訴訟要件についての事実判断，再審事由が上告審において主張されうる場合の再審事由に関する事実判断などをいう。本案に関する事実についての判断は，含まれない。[69]

拘束力の生じる法律上の判断とは，破棄判決が原判決破棄の基礎にした 〔686〕法律上の判断（法規の存在・内容・その解釈のほか，法規の適用に関する判断を含む）である。しかし，具体的にどの範囲の上告裁判所の法律上の判断が原裁判所を拘束するかについて，法律の定めがなく，見解の対立がある。

---

68) 小室・上訴制度227頁以下；三ケ月・双書541頁；新堂877頁；伊藤737頁；上田618頁；高橋・重点講義（下）751頁；梅本1071頁；井上繁規・民事控訴審の判決と審理〔第3版〕（2017年・第一法規）336頁。注釈民訴(5)381頁〔加波〕も，特殊効力説を妥当な解釈の方向としながら，なお，既判力制度も否定された判断と同じ判断を繰り返させないための制度という点で同様なのに，その「客観的範囲に差が出るとすれば，それなりの説明が必要とされる」と指摘しているが，このコメントは，直接破棄を導いた法的見解に論理的に先行する法的判断にも破棄判決の拘束力を肯定する多数説を前提にしたものであり，後述のように，この多数説の解釈がそもそも問題である。また，このコメントは，既判力と破棄判決の拘束力との間の異なる存在理由を無視していると思われる（コメンテーター自身も，そのような視点での自己の見解を示していない）。

69) 最判昭和36・11・28民集15巻10号2593頁；最判昭和43・3・19民集22巻3号648頁＝判時515号60頁。上告裁判所が破棄理由である法令解釈の誤りを具体的に指摘するために法令解釈の基準を示し，それによると事実の判断が正しくないという判決理由を述べる場合にも（たとえば，最〔1小〕判平成15・10・16民集57巻9号1075頁），この事実判断に破棄判決の拘束力は及ばない。伊藤755頁注(102)；伊藤　眞「事実に関する上告審破棄理由の意義」小島古稀(上)12頁。

424　第10章　上告裁判所の裁判

すなわち，上告裁判所が控訴裁判所の法的判断を是認しない，したがって控訴審判決の破棄を直接惹起した法的判断だけに拘束力が生ずるのか，それとも，原裁判所の法的判断を肯定する上告裁判所の法的判断は傍論であり拘束力を生じないけれども，控訴審判決の破棄を直接惹起した法的判断に論理的に先行する密接不可分の関係にある法的判断も差戻し後の控訴裁判所を拘束する効力を有するかという問題が生ずる。

〔687〕　原判決の破棄を直接導いた上告裁判所の，控訴裁判所の判断を是認しない判断に拘束力が生ずることについては，もちろん，見解の一致がある。差戻しまたは移送を受けた控訴裁判所が上告裁判所による原判決の破棄を直接導いた法的判断と矛盾する判断を繰り返し，これを原因とする上告と破棄の繰返しによる審級制度の機能不全を避けることが破棄判決の拘束力の制度目的であるから（→〔684〕），このような判断に拘束力が生じなければ，この目的は実現し得ない。たとえば，原判決が原告の損害の発生を認定しているところ，上告裁判所が原裁判所が認定した事実だけでは原告に損害が生じたことを認定するには不十分だとして原判決を破棄した場合，差戻し後の控訴審において，控訴裁判所が事実関係をさらに解明することなしに，破棄された判決と同じように損害の存在を肯定することは許されない。そうでないと，この判決に対して再び上告がなされ，上告裁判所が差戻し後の控訴審判決を再び破棄するという事態が生ずることは避けられず，審級制度の意味を失わせるからである。この場合，上告裁判所の判断が正しいかどうか，それがすべての関係法規の検討を尽くしたものであるかどうかは，重要でない。控訴裁判所が抱く憲法上の疑念も，拘束力の妨げとはならない。

　控訴裁判所は，差戻しまたは移送を招いた実体法上または訴訟法上の瑕疵を繰り返してはならないが，上告裁判所の拘束力のある否定的判断に抵触しない限り，第2の判決において全く別の法的観点に基づき裁判することができる。この場合，全く別の理由づけが第一次控訴審判決の結果を正当化し，かつ上告裁判所による差戻しを招いた法律違反を回避しているならば，第2の控訴審判決にこの全く別の理由づけを与えることができる[70]。

---

70)　最判昭和43・3・19民集22巻3号648頁＝判時515号60頁（「上告審の破棄理由たる判断は，同一確定事実関係については民法94条2項の類推適用を否定しえないという限度でのみ拘束力を有するのであるから，差戻前の原判決と同一の認定事実を前提としても，右法条の適用

原判決の破棄を直接導いた上告裁判所の法的見解に論理的に先行し，か〔688〕つこれと密接不可分の関係にある原審の法的判断を肯定する上告裁判所の法的判断にも，破棄判決の拘束力が及ぶかどうかという問題については，肯定説と否定説の対立がある。

　この問題を肯定に解する見解（以下では**肯定説**と呼ぶ）[71] は，上告裁判所が本案の弁論のために原判決を破棄して事件を原審に差し戻す場合，そこには訴えを適法とする上告裁判所の間接的判断が黙示的に包含されていると主張し，また，上告裁判所が所与の事実関係への特定の法規の適用可能性について何ら言及していないときは，その事実関係には当該法規の適用がないことを黙示的に判断しているとみるべきだとする。その理由として，上告裁判所も訴訟要件を職権により調査しなければならず，上告裁判所が本案の弁論のために原判決を破棄しているので，訴えが適法であることを肯定する判断を黙示的にしていると主張する。また，上告裁判所は所与の事実関係についてあらゆる法的観点から調査しなければならないので，原判決の直接の破棄理由となった判断だけではなく，これと論理必然的関係にある間接的判断にも拘束力が生じると主張する。[72] たとえば，貸金返還債務の存在を肯定した原判決に対する上告において返還債務の存在を肯定したうえで債務の不履行についての原判決の判断に審理不尽があるとして原判決を破棄した上告審判決は，債務の存在についての判断に関し差戻後の控訴審を拘束するという。また，所有権に基づく登記抹消請求訴訟において，原告の所有権を否定して請求を棄却した原判決を，原告への所有権の帰属についての判断の誤りを理由に破棄し事件を原審に差し戻した上告審判決は，所有権の原告への帰属について差戻後の控訴審を拘束するという。

　私見によれば，肯定説には重大な問題があり，支持することができない。〔689〕

のほかに，別個の法律的見解が成り立ちうる場合には，右法条の適用を主張する前示被上告人らの抗弁について判断を示すことなく，他の法律上の見解に立って，上告人の請求を棄却することも許されるものと解するのが正当である」)。
71) 兼子・前掲注64) 研究(2)96頁；小室・上訴制度248頁；右田・上訴制度138頁；注解民訴(9)607頁 [遠藤/小室/奈良]；(旧) 注釈民訴(8)356頁以下 [遠藤]；条解民訴 [第2版] 1659頁 [松浦/加藤]；石川・前掲注63) 338頁；梅本1072頁；菊井/村松・全訂Ⅲ297頁；新堂925頁；上田617頁；松本/上野 [992] [上野]；伊藤756頁注(103)；高橋・重点講義(下)753頁；菊井/村松・新コンメⅥ389頁；畑・前掲注51) 219頁, 246頁 (同・民事実務論集363頁以下)；遠藤功「差戻判決の拘束力(2)」法学34巻4号 (1971年) 416頁以下；井上・前掲注68) 338頁；小島881頁；中野ほか編・講義679頁以下 [上野]；武藤・前掲注1) 75頁。
72) 小室・上訴制度252頁。

なぜなら，上告裁判所が控訴審判決の法的見解を是認する場合にも，これは控訴審判決の破棄にとって裁判上，直接に原判決の破棄を惹起していない，すなわち原判決の破棄と因果関係を有しないからである。[73] 控訴裁判所がたとえば確認の利益についての争いに関しこれを肯定する判断をし，上告裁判所が確認の利益の欠缺を主張する上告人の上告理由を排斥し，訴訟要件が具備していることを認め，そのうえで，訴訟上の請求についての上告理由の当否について判断し，それにより原判決を破棄し事件を原審に差し戻した場合，差戻しを受けた原裁判所は訴えを適法とする上告裁判所の判断に拘束されるとする見解が多い。[74] この見解は，原審に対する拘束力がないと，控訴裁判所が訴訟要件の具備を否定して訴えを却下するのに対し，当事者が再度上告を提起し，上告裁判所が再び訴訟要件の具備を肯定し，第2次控訴審判決を破棄するという事態の発生による法的不安定を回避することを重視するものである。しかし，上告裁判所が訴訟要件の点についての控訴裁判所の見解を支持している場合にも，上告裁判所による訴訟要件の具備の肯定判断が原判決の破棄を惹起したのではない。すなわち，訴訟要件の肯定判断は，原判決の破棄と因果関係に立つ判断ではない。このような破棄と因果関係に立たない上告裁判所の判断に拘束力を付与することはできないと解する。なぜなら，この判断が直接に原判決の破棄をもたらしているのではないからである。多数説の重視する法的不安定の回避については，この法的不安定は理論的にのみ存在するのか，現実にも存在するのかが問われよう。差戻しまたは移送を受けた控訴裁判所の裁判官は，法的拘束力がなくても一般には上告裁判所の判断を自分の判断にするのが通例であろう。裁判官は，この場合，第二次控訴審において訴訟を別の法的基礎に置くことに通常利益を有しないからである。差戻しまたは移送を受けた控訴裁判所は，破棄判決における上告裁判所の訴訟要件についての見解に反して訴訟要件を否定した場合には，この控訴審判決は訴訟要件の具備を肯定した第一次控訴審判決の法的見解を是認した上告裁判所によっ

---

73) Vgl. BGHZ 163, 222(233); 145, 316(319); BGHZ 22, 370(373); Rosenberg/Schwab/*Gottwald*, §145 Rn.19; Stein/Jonas/*Jacobs*, §563 Rn.12.

74) 兼子・前掲注64）研究(2)96頁；上田617頁；菊井/村松・全訂Ⅲ297頁；条解民訴〔第2版〕1659頁〔松浦/加藤〕；菊井/村松・新コンメⅥ389頁；高橋・重点講義（下）753頁；中野ほか編・講義680頁〔上野〕。

て再び破棄されることを予期しなければならないであろう。それゆえ，原裁判所が直接の破棄理由にのみ拘束されると解する場合にも，現実には適切な訴訟進行が保障されるということができる。[75]

第一次控訴審判決の法的判断に同意する上告審判決の部分への控訴裁判 〔690〕所の拘束は，上告裁判所が個々の問題を最終的に判断する旨を自ら宣言することによっても，もたらすことはできない。[76] したがって，上告裁判所が上告人主張のいくつかの上告理由を排斥したうえで，ある上告理由に基づき原判決を破棄した場合に，排斥された上告理由についての判断にも破棄判決の拘束力が生ずるとする見解[77] は妥当でない。上告理由を排斥し，控訴裁判所の法的判断を是認する上告裁判所の判断は，原判決破棄の基礎となった判断ではなく，傍論であるからである。上告裁判所の破棄判決の拘束力は，審級制度の機能不全を避けるという拘束力の根拠からみて，控訴裁判所の判断を否定し，それゆえ控訴審判決の破棄を直接惹起した上告裁判所の法的見解にのみに及び，控訴裁判所は，差戻しまたは移送を直接招いた実体法上または手続法上の瑕疵を繰り返してはならないだけであると解すべきである。これに対し，破棄判決における取消原因の明示または黙示の前提となる判断は，このような実体法上または手続法上の瑕疵についての判断ではないからである。破棄された判決において表明された控訴裁判所の法的見解には，上告裁判所がこれに明確に賛成している場合にも，拘束力は及ばない。それは，上告審判決を直接担っている判断（主論，ratio decidendi）ではないからである。[78] いわゆる傍論（obiter dicta）または控訴裁判所に対する以後の審理についての示唆は，拘束力を有しないと解すべきである。

直接に原判決の破棄をもたらした上告裁判所の法的見解に属するものは，〔691〕訴訟法および実体法の適用および適用可能性についての，破棄の原因と

---

75) *K.Tiedtke*, Die Bindungswirkung revisionsgerichtlicher Entscheidungen, JZ 1976, 626, 627.

76) *K.Tiedtke*, Die innerprozessuale Bindungswirkung von Urteilen der obersten Bundesgerichte, 1976, S.128 ff.

77) 注解民訴(9)608頁［遠藤/小室/奈良］；遠藤・前掲注71) 424頁。畑・前掲注71) 245頁（同・民事実務論集363頁）は，「その発想自体は拘束力の実質的根拠やその当事者側から見た正当化根拠に照らしても十分説得力がある」という。

78) Stein/Jonas/*Jacobs*, §563 Rn.10; MünchKommZPO/*Krüger*, §563 Rn.9.

428 第10章 上告裁判所の裁判

なった見解である。したがって，訴訟要件，請求権の要件，抗弁，訴訟行為とくに訴えの申立ての解釈，意思表示の解釈等についての判断である。

　上告審が判断遺脱，審理不尽，理由不備，釈明権の不行使等を理由に原判決を破棄している場合には，差戻しを受けた原裁判所は上告審判決によって判断遺脱とされた事項について判断をしないで，審理はすでに尽くされているとして，上告による不服申立てに係る裁判をそのまま繰り返すこと，理由不備とされた点につき全く理由を付さないで以前と同じ裁判を繰り返すこと，または釈明権を行使しないで上告の対象となった裁判を繰り返すことは，破棄判決の拘束力に反し違法である。[79] 学説が破棄の理由である直接の否定的判断と論理必然的な関係にある間接的判断に拘束力を肯定する場合，たとえば消費貸借に基づく貸金返還債務の存在を肯定し返還債務の不履行についての審理が不十分であることを理由に上告裁判所が原判決を破棄し事件を原審に差し戻す場合については，差戻しを受けた原裁判所が不履行の点について審理をしないで第一次控訴審判決と同じ判断を繰り返すことが禁じられるだけである。

〔692〕　　**(c)　拘束力の限界　(aa)　上告審の判決の対象であった請求に限定**
拘束力は，上告審の判決対象であった請求または請求部分に関してのみ存在する。したがって，拘束力は，差戻し後の控訴審における新たな請求および原審に残留していた請求には作用しない。[80] さらに，同一当事者間で，しかも同一法律関係について争われている並行訴訟には，拘束力は及ばない。[81]

---

79) 高橋・重点講義(下)753頁は，この場合，原審の不作為を破棄の直接の理由とするから，例外的に「一定の作為義務を認める指示的・積極的な肯定方向で拘束力が生ずる」というが，ここでは上告審判決が原判決の判断を肯定するという意味での「肯定的方向」ではないことに注意しなければならない。それゆえ，判断遺脱，審理不尽，理由不備のような原審の訴訟法違反が破棄の理由となった法的判断である場合には，原裁判所は過誤を排除するために積極的行為をしなければならないのであるから，もともと例外的に破棄判決の拘束力が生ずると通説により（不当に）主張されている上告審判決の肯定的判断には当たらない。ここでは，破棄判決は判断遺脱，審理不尽，釈明権不行使を含め原審の手続について消極的評価をしているのであり，これを破棄判決の拘束力の生ずる否定的判断の例外かどうかを議論すること自体生産的でない。中野ほか編・講義679頁注(15)〔上野〕は，審理不尽を理由とする破棄判決においては「法規または事実の利用に関する指示的意見が破棄の理由となっている」として，この積極的判断に拘束力が生ずるという。しかし，そのような指示的意見は原判決の破棄を直接もたらしているものではないので，拘束力を肯定することはできない。
80) MünchKommZPO/*Krüger*, §563 Rn.12; Musielak/Voit/*Ball*, §563 Rn.12.
81) Musielak/Voit/*Ball*, §563 Rn.12; MünchKommZPO/*Krüger*, §563 Rn.12.

拘束力の内容は，原判決の取消原因となった事由いかんによって異なり〔693〕うる。原判決が手続上の過誤のみを理由に破棄された場合には，控訴裁判所は実体法上の判断において拘束されず，自由である。上告裁判所が破棄差戻判決の基礎とされた自己の法的見解を後に明示的に取り消し，このことを裁判において表明した場合にも，もはや拘束力は存在しないと解すべきである[82]。日本は判例法国でないので，拘束力は失われないとし[83]，または拘束力持続説が論理的だとする見解もあるけれども[84]，上告裁判所がすでに放棄した見解になお控訴裁判所を拘束することは，上告裁判所が最上級裁判所である場合には，最上級裁判所の判例の権威と抵触するであろう[85]。

(bb) **拘束力の消滅**　控訴裁判所が差戻し後に他の事実を確定〔694〕しまたは変動した事情に基づき上告審判決とは異なる事実関係を判決の基礎にする場合には，破棄判決の拘束力は消滅するので，控訴裁判所は上告裁判所の法的判断に拘束されない[86]。なぜなら，上告審の破棄判決の拘束力は――破棄判決の拘束力の対象となる上告裁判所の事実判断を除き――破棄された控訴審判決において確定された事実に基づく法的評価にのみ関わるからである。たとえば，上告審が差戻し前の控訴審が認定した事実によれば法律行為を公序良俗違反として無効と判断することはできないという理由で破棄差戻しをした場合に，差戻し後の控訴審が新たに認定した事実を加えて公序良俗違反の判断をすることは破棄差戻判決の拘束力に反しない[87]。

---

82) GemS-OGB BGHZ 60, 392 (397f.) =NJW 1973, 1273(1274); BGH NJW 2007, 1127(1129); Rosenbewrg/Schwab/*Gottwald*, §145 Rn.17; Stein/Jonas/*Jacobs*, §563 Rn.10; MünchKommZPO/*Krüger*, §563 Rn.12; *Tiedtke*, a.a.O. (Fn.76), S.166 ff.

83) 兼子・前掲注64）研究(2)99頁。

84) 畑・前掲注51）247頁（同・民事実務論集365頁）。

85) 畑・前掲注51）248頁（同・民事実務論集365頁）も，小室説のように大法廷判決による判例変更の場合は拘束力の消滅を肯定したいというが，今日，大法廷判決による判例変更に限ると事実上殆ど拘束力持続説になってしまい，拘束力消滅の余地は少ない。

86) 兼子・前掲注64）研究(2)98頁；小室・上訴制度257頁；右田・上訴制度142頁。Vgl. BGH VersR 1958, 610; NJW 1983, 1496; 1985, 2029(2030); 1990, 924(925); *Tiedtke*, a.a.O. (Fn.76), S.158 ff; MünchKommZPO/*Krüger*, §563 Rn.13; Musielak/Voit/*Ball*, §563 Rn.13.

87) 右田・上訴制度142頁。

430 第10章 上告裁判所の裁判

第5款 上告裁判所による自判
1 自判の目的
〔695〕 一定の場合には，上告裁判所は事件を原審に差し戻さず（または他の同等の裁判所に移送せず），自ら裁判しなければならない。上告裁判所が自判することができるのは，「確定した事実について憲法その他の法令の適用を誤ったことを理由として判決を破棄する場合において，事件がその事実に基づき裁判をするのに熟するとき」（326条１号）および「事件が裁判所の権限に属しないことを理由として判決を破棄するとき」（同条２号）である（326条柱書）。326条１号の規定の目的は，差戻しを受けた控訴裁判所が上告審の破棄判決の拘束力（325条３項）のために上告裁判所とは異なる結論に至り得ず，それによって控訴裁判所の裁判が制限される場合に，訴訟経済の観点から，不要な差戻しとそれによる手続の遅延を避けることにある。[88] これに対し，326条２号による自判は，事件がそもそも裁判所の権限に属しないので，差戻しの余地はないことに基づくものである。同じく自判といっても，その根拠は全く異なることに注意する必要がある。

2 確定した事実に対する誤った憲法・法令の適用
(1) 確定した事実と裁判成熟性
〔696〕 326条１号によれば，上告裁判所が事件について裁判しなければならないのは，控訴裁判所が確定した事実への憲法その他の法令の適用を誤ったことを理由にその判決を破棄する場合である。この場合，ここにいう上告裁判所の「裁判」は，通説とは異なり，上告裁判所が控訴裁判所に代わってするあらゆる裁判の意味に理解されるべきである。326条１号は「確定した事実について憲法その他の法令の適用を誤ったことを理由として原判決を破棄する場合」といっており，確定した事実への法適用が問題になっているのでない訴訟判決は，直接には326条１号の規律対象ではない。しかし，自判の目的からみて訴訟経済上の理由から，上告裁判所が自ら訴訟判決をすることは妥当と考えられる。したがって，自判は，実体判決のほか，訴えや控訴を不適法として却下する訴訟判決の形でも行われ得ると解することができる。

---

88) BGHZ 10, 350(359); Stein/Jonas/*Jacobs*, §563 Rn.20.

第2節 口頭弁論に基づく裁判 *431*

　上告裁判所の事件についの判決は，訴訟が裁判に熟していること（**裁判** 〔697〕
成熟性）を要件とする。訴訟が裁判に熟するためには，上告審の手続終了
までに，事実関係に争いがないか，または控訴裁判所があらゆる必要な確
定をすでに行っているか，またはそれ以上の事実の確定が差戻し後の控訴
審においてもはや必要でないかまたは可能でなく，差戻しをしても別の結
果になるとは見込まれないのでなければならない[89]。控訴審の最終口頭弁論
終結後に，したがって上告審において争いのないものになった事実も，原
審が確定した事実とともに考慮されなければならない[90]。この意味において
事実の確定という要件が具備している限り，控訴裁判所による意思表示の
解釈に瑕疵がありまたは不完全な場合，上告裁判所は自らこれを是正する
ことができる[91]。上告裁判所は，事実を評価しウエート付けを行い[92]，不特定
法概念または一般条項が当面の事案においてどう解釈されるべきか，そし
て関係事実が当てはめを可能にするかどうかについて判断することができ
る[93]。ただし，この不特定法概念または一般条項についての上告裁判所の判
断が可能となる要件は，控訴審判決の破棄が確定した事実への法令の適用
のさいの法的瑕疵に基づくことである。そうでなければ，上告裁判所は控
訴裁判所の解釈に拘束される[94]。さらに，上告裁判所は請求の十分性（有理
性）または抗弁の重要性について審査するほか，徴表からの事実推認を行
うこともできる[95]。上告裁判所は，たとえ控訴裁判所による証拠評価を自己
の証拠評価に置き換えてはならないにせよ，一応の推定（表見証明）の原
則により徴表から推論を行い，そのさい控訴裁判所が適用しなかった経験

---

89) BGHZ 33, 398(401); BGHZ 102, 332(337); BGH NJW 1996,2100; 1999, 794(795); Stein/
　　Jonas/*Jacobs*, §563 Rn.21.

90) Vgl. Stein/Jonas/*Jacobs*, §563 Rn.21; MünchKommZPO/*Krüger*, §563 Rn.21; Wieczorek/
　　Schütze/*Prütting*, §563 Rn.17.

91) Vgl. BGHZ 65, 107(112); BGH NJW 1988, 2878(2879); BGH NJW 1991, 1180(1181); Stein/
　　Jonas/*Jacobs*, §563 Rn.21; Wieczorek/Schütze/*Prütting*, §563 Rn.17.

92) BGHZ 115, 335(342); BGH NJW 1998, 2136(2137); BGH NZI 2009,862(863)=NJW-RR
　　2010, 17; Stein/Jonas/*Jacobs*, §563 Rn.21.

93) BGH NJW 1992, 183(184); BGH NJW 1997, 192(193)（公序良俗）; BGHZ 122, 308(316)（失
　　権）; BGHZ 130, 101(108); BGH NJW 2001, 1210(1211); Stein/Jonas/*Jacobs*, §563 Rn.21;
　　MünchKommZPO/*Krüger*, §563 Rn.20; Wieczorek/Schütze/*Prütting*, §563 Rn.17.

94) Stein/Jonas/*Grunsky*, Kommentar zur Zivilprozeβordnung, 21. Aufl., Bd.5/1, 1994, §563
　　Rn.22.

95) Vgl. BGH NJW 1991, 1180(1181); NJW 1992, 183; MünchKommZPO/*Krüger*, §563 Rn.20.

432 第10章　上告裁判所の裁判

則を適用することができる[96]。

〔698〕　上告裁判所が事件につき自ら裁判をするためには，裁判上重要な事実関係の全部が原裁判所によって確定されていたことは必要でない。上告裁判所が例外的に自ら事実を確定しなければならず，この事実確定が事件の裁判にとって十分である場合には，上告裁判所は差戻しを控えなければならない[97]。

〔699〕　これに対し，さらに事案解明が必要であり，または事案の解明が期待され，もしくは控訴裁判所の確定が裁判上重要な点において矛盾している場合には，裁判成熟性を欠くため，上告裁判所が自ら事実確定をすることは原則として禁止されるので，不服申立てに係る判決を破棄し事件を原裁判所に差し戻しまたはこれと同等の裁判所に移送することで満足しなければならない。

(2)　裁　判

〔700〕　民訴法326条が「事件について裁判をしなければならない」と規定する場合，ここにいう裁判は事件が終局的に裁判されるという意味ではない。上告裁判所は控訴裁判所に代わって（しかし，控訴裁判所としてでなく）裁判をするのであるから，[98] ここにいう裁判は，原判決が控訴審判決である場合には，事件が控訴裁判所に差し戻されたとすれば控訴裁判所がしなければならないであろう裁判である。その結果，上告裁判所の裁判は，訴訟上の請求について終局的な裁判であるとは限らないことは当然である。

〔701〕　(a)　**訴えの却下**　　326条1項は上告裁判所は「確定した事実について……判決を破棄する場合において，事件がその事実に基づき裁判をするのに熟するとき」は「事件について裁判しなければならない」と定めているけれども，上告裁判所の裁判は訴訟判決であることもある。訴訟要件の欠缺を看過して訴えを適法とみて本案判決をした第一審判決に対する控訴に対して，控訴裁判所が職権によって考慮すべき一般的訴訟要件が欠けているにもかかわらず訴えを適法として扱い，控訴を棄却した場合に，瑕疵

---

96) BGHZ 18, 318; *Gottwald*, Revisionsinstanz S.223ff., 226; Rosenberrg/Schwab/*Gottwald*, §146 Rn.8; Stein/Jonas/*Jacobs*, §563 Rn.21; MünchKommZPO/*Krüger*, §563 Rn.20; Wieczorek/Schütze/*Prütting*, §563 Rn.17.

97) Stein/Jonas/*Jacobs*, §563 Rn.21.

98) 大判昭和10・5・7民集14巻808頁；注釈民訴(5)383頁〔加波〕参照。

が是正し得ないものであるときは，控訴裁判所がすでにそのように裁判しなければならなかった場合または差戻しがあったとすれば事後的な訴訟要件の消滅のために訴えを却下しなければならない場合には，事件は訴え却下の裁判に熟している。

これに属するのは，訴訟能力の欠缺，訴えの利益の終局的な消滅[99]の場合，重複訴訟の場合，他の判決の既判力が作用する場合などである。これらの場合には，上告裁判所は，原判決を破棄するとともに，第一審裁判所の本案判決を取り消し，訴え却下判決をしなければならない。[100]これらの場合には，不利益変更禁止の原則との抵触は生じない。なぜなら，上告裁判所は当事者の申立てに拘束されないからである。これに対し，瑕疵が是正されうる場合には，上告裁判所による訴えの却下は原告を差戻しよりも不利な地位に置くので，上告裁判所は訴えを却下してはならず，事件を原審に差し戻すか，または他の同等の裁判所に移送しなければならない。[101]瑕疵がすでに第一審判決に存在する場合には，控訴裁判所が差し戻していたとすれば第一審において瑕疵が補正されえた場合には，上告裁判所は，自判によって第一審判決を取り消し，事件を第一審裁判所に差し戻さなければならない。

(b) **控訴却下**　控訴裁判所が控訴の適法要件の欠缺を看過し，不当〔703〕に控訴を適法とみなし本案の裁判をした場合に，上告裁判所は，控訴を不

---

99) 最〔大〕判昭和35・3・9民集14巻3号355頁＝判時217号2頁（地方議会の議員の任期満了により，その議員の提起した除名処分の取消しを求める訴えの利益は消滅すると判示した）；最判昭和35・3・4民集14巻3号335頁＝判時218号18頁；最判昭和54・12・24訟月26巻3号500頁；最〔2小〕判平成12・11・10判時1738号41頁；最〔3小〕判平成17・9・27判時1911号96頁（後三者は衆議院選挙の無効訴訟の係属中に衆議院が解散された場合に当該選挙の効力が将来に向かって失われることを理由に訴えの利益は消滅すると判示する）。
　　これらの判例は訴えの利益の消滅を理由に上告裁判所が原判決を破棄し自ら訴えを却下したものであるが，適用条文として民訴法旧409条（現行民訴法326条）のみを表示し，同条の1号を適用するのか，2号を適用するのかを明らかにしていない。また最近では，現行民訴法326条の適用すら表示していない判決も見受けられる。
100) 最〔1小〕判平成7・3・23民集49巻3号1006頁は，開発行為に関係ある公共施設の管理者の，開発行為についての同意の履行を請求する訴えは，「権利義務の主体となり得ない行政機関に対し，民事上の義務として同意の履行を請求するものであるから，不適法であって，その欠缺は補正することができないというべきである」として，原判決のこの請求に関する部分を破棄し，この請求について請求棄却判決をした第一審判決を取り消し，この請求に係る訴えを却下した。
101) Vgl. Wieczorek/Schütze/*Prütting*, §563 Rn.21.

434 第10章 上告裁判所の裁判

適法として却下することができる。[102] 控訴裁判所が不適法とした控訴を上告裁判所が適法とみる場合には，上告裁判所は控訴却下判決を破棄し，（場合により控訴の追完を認めて）事件を控訴裁判所に差し戻すべきである。ただし，控訴審判決が必要な事実を確定しており，差し戻しても結論が異ならないとみられる場合は別であり，この場合には，上告裁判所は訴えにつき本案判決をすることができる。これは不利益変更禁止の原則に反しない。[103]

〔704〕　　(c)　**本案判決による裁判**　　上告裁判所の終局的な裁判の要件が具備している場合，上告裁判所は，請求を棄却（または認容）した第一審判決を取り消して請求を認容（または棄却）した原判決を実体法違反を理由に破棄し，控訴を棄却（または請求を認容）することができる。[104] 留保付き判決に変更し，[105] または一時的に棄却された請求を終局的に棄却することもできる。[106] 確定された事実が利用可能な事実的基礎を提供し，差し戻しても別の結果が可能なようにみえない場合には，上告裁判所は，控訴裁判所が訴えを不適法として却下している場合にも，請求を棄却することができる。[107] 事実主張の十分性（有理性）を欠くため請求に理由がない場合は，と

---

102) 最判昭和43・4・26民集22巻4号1055頁。伊藤754頁注(97)も，この場合を自判の1類型とする。

103) Musielak/Voit/*Ball*, §563 Rn.22.

104) 最判昭和45・12・15民集24巻13号2243頁。最判昭和50・11・4民集29巻10号1501頁は，私用で会社所有の自動車に乗車中に従業員が惹起した事故につき，会社が損害賠償責任を負うとして損害保険会社に対する保険金支払請求を一部認容した控訴審判決に対して，上告裁判所が原判決は従業員が自賠法3条にいう「他人」に当たるかどうかの検討を経ていないこと，および同条の解釈適用に誤りがあることを理由に，原判決を破棄し，請求を棄却した。

105) 大判昭和7・6・2民集11巻1099頁は，相続債務の履行請求訴訟において控訴裁判所が相続の限定承認の事実を確定しながら，相続財産が債務の完済に不足か否かを問題にして無制限に支払を命じた判決を破棄して自判し，上告人（相続人）が相続財産の限度で相続債務を支払うべきことを判決主文で命じた。

106) BGHZ 116, 278(292).

107) BGHZ 46, 281(285); BGHZ 123, 137(141); BGH NJW 1992, 436(438); *Bettermann*, a.a.O.（Fn.20）, 405; Stein/Jonas/*Jacobs*, §563 Rn.28; MünchKommZPO/*Krüger*, §563 Rn.26; Rosenberg/Schwab/*Gottwald*, §146 Rn.12; Wieczorek/Schütze/*Prütting*, §563 Rn.21. *Arens*, Die Befugnis des Revisionsgerichts zur Entscheidung in der Sache selbst, AcP 161(1962), 177 ff. は，原審が訴えを不適法として却下している場合に，上告裁判所が訴えを適法とみるが請求には理由がないとして請求を棄却する本案判決をすることが不適法な自判権限の拡大であると批判する。その理由として，裁判所は，訴えを不適法と判断する場合には，請求の理由具備性について事実を確定することも法的判断をすることもできないので，訴えが却下されている場合には上告裁判所の自判の基礎になる事実の確定は存在しないことを主張する。しかし，この主張は一部では支持されたが，批判された。

くにそうである。この場合，請求棄却判決は不利益変更禁止の原則に反しない。訴えを不適法として却下した控訴審判決は，不利益変更禁止の原則によって保護されるべき既得権状態を上告人にもたらしていないからである。[108)]

　他の場合にも，裁判成熟性がすでに存在する場合がある。それは，請求〔705〕の客観的併合の場合において，1つの請求について確定された事実が，控訴審において不適法として却下された他の請求についての本案判決にとって十分である場合である。**最〔3小〕判平成5・3・30訟月39巻11号2326頁**は，ある土地（本件土地）と被上告人の共有地との境界線は上告人（国）の主張線であるとして境界確定の訴えと本件土地について上告人の所有権の確認を求める訴えが併合提起され，土地の境界が重要な争点になり，これにつき双方が主張・立証を尽くしたうえで，第一審判決が両地の境界は上告人の主張線であることを認定し，上告人の土地所有権確認の訴えを認容したところ，控訴裁判所が本件境界確定の訴えは「具体的範囲をもって表示された地番の付されていない土地と特定の地番の土地との境界の確定を求めるもの」であり不適法であると判断して，この部分の第一審判決を取り消し，訴えを却下した事案について，上告裁判所が原判決を破棄し自判した事件である。本件において本件境界確定の訴えを適法とする最高裁は，第一審裁判所が両地の境界が上告人の主張線であることを認定し，控訴裁判所も境界線については第一審と同じ認定をして第一審裁判所の所有権確認判決に対する控訴を棄却したという事実関係によれば，「当審としては，本件境界確定の訴えを不適法として却下した原判決を破棄する場合においても，事件を原審に差し戻すことなく，直ちに被上告人らの控訴を棄却するとの本案の判決をすることが許されるものと解する」と判示した。この判例は，併合されている所有権確認請求との関係で，境界確定の訴えについても，原審においてあらゆる必要な確定はすでに行われており，裁判成熟性があることを根拠にするものであることに注意しなけれ

　　請求の併合がある場合には，1つの請求について確定された事実が控訴審で不適法として却下された請求についての裁判にとって十分であることがあること，訴えが十分な事実主張を欠く場合（有理性を欠く場合）には原審の事実確定を要することなく請求棄却の判断をすることができること等が指摘された（Stein/Jonas/*Grunsky*, a.a.O.（Fn.94），§565 Rn.24）。
　108）詳しくは，松本・民事控訴審ハンドブック〔671〕以下参照。

436 第10章　上告裁判所の裁判

ばならない。また，控訴裁判所が本訴と密接な関連がある反訴を不適法とした場合に，本訴に関し事実確定が行われている場合にも，反訴を適法とみる上告裁判所は，反訴についての原判決を破棄することなく，本案について自判しうる。控訴裁判所が利用可能な事実基礎を提供し，かつ原審に差し戻しても他の結果が可能とみえない場合には，上告裁判所は反訴請求について実体判断に入るべきだからである。[109]

〔706〕　**最〔3小〕判平成元・9・19裁判集民157号581頁＝判時1328号38頁＝判夕710号121頁**は，原告Ｘら（亡Ａの相続人）が被告Ｙ（亡Ａの相続人の1人）に対して，本件土地が被相続人Ａの遺産であることの確認と，Ｙに対する所有権移転登記の抹消登記手続を請求し，これと選択的に本件土地についての共有持分（ＸらとＹおよびＢら7名の共同相続による持分各7分の1）の確認請求を併合提起した事件である。控訴裁判所は，Ｘら主張の土地の一部について，Ｙが生前贈与を受けたという抗弁を認容し，残余の土地は亡Ａの遺産に属することを確認し，Ｙに対し所有権移転登記の抹消登記手続を命じた。Ｙの上告に対し，最高裁は，遺産確認の訴えは一部の共同相続人が原告に加わっていなかったので不適法としたが，この訴えと選択的に併合されている共有持分権確認の訴えにつき自判により請求を認容した。これは，遺産確認の訴えにつき請求を認容した原審の確定した事実関係により，共有持分権確認の訴えが裁判に熟していることを根拠とするものである。[110] 中間確認の訴えの場合も，同様である。控訴裁判所が本案判決に必要な事実を確定しつつ，不当に訴えを不適法として却下しまたは請求を棄却した場合には，上告裁判所は，訴えを適法とみ，請求が理由を有すると判断する場合には請求認容判決をすることができる。[111] この場合，事実の確定が不服申立てに係る（結末）判決においてなされたか，

---

109) Wieczorek/Schütze/*Prütting*, §563 Rn.21.
110) 最高裁がこの判決において，選択的併合の関係にある1つの請求（本件では共有持分権の確認の訴え）を認容する場合には選択的に併合されている他の請求（遺産確認の訴え）を認容した原判決は当然失効すると判示した。これは原告の請求を認容した原判決部分を破棄する必要はないとするものであるが，法律関係の明確性を確保するため確認的にこの部分を破棄しておくべきであったと思われる。この判例については，右田堯雄・リマークス1号（1990年）223頁以下；戸根住夫・民商102巻1号（1990年）119頁以下参照。
111) 最〔大〕判昭和45・10・21民集24巻11号1560頁；最判昭和53・2・24民集32巻1号43頁；最〔2小〕判平成4・12・18民集46巻9号3006頁。Vgl. BGH NJW 1992, 436(438); MünchKommZPO/*Krüger*, §563 Rn.22; Wieczorek/Schütze/*Prütting*, §563 Rn.20.

すでに確定した一部判決においてなされたかは，問わない。

事件の一部のみが最終裁判に熟する場合には，上告裁判所はその一部に [707] ついてのみ自判すべきであり，残部は差し戻さなければならない[112]。

(d) **第一審裁判所への差戻し**　瑕疵がすでに第一審判決に存在する [708] 場合には，控訴裁判所が第一審裁判所に事件を差し戻していたとすれば第一審において補正されえた場合，たとえば不適式な訴えの提起や訴訟代理権の欠缺の場合，事件は裁判に熟していないので，上告裁判所は，自判によって第一審判決を取り消し，事件を第一審裁判所に差し戻さなければならない[113]。

親子の一方の死亡後に提起された親子関係存否確認の訴えを不適法とし [709] て却下した第一審判決に対する控訴審において控訴裁判所が控訴を棄却した場合に，訴えを適法と判断する上告裁判所が原判決を破棄し，第一審判決をも取り消し事件を第一審裁判所に差し戻した判例[114]，有限会社の解散の訴え，社員総会決議取消しの訴えを提起した原告が第一審係属中に死亡した場合に解散請求権などが一身専属権であることを理由に訴えを却下した第一審判決に対する控訴を棄却した控訴審判決および第一審判決を，解散請求権の一身専属性を否定して破棄し，事件を第一審裁判所に差し戻した判例[115]，第一審裁判所が訴訟対象（被爆者援護法上の被爆者として同法による援護を受ける法的地位）の一身専属性を肯定して訴訟終了宣言判決をし，控訴審もこれを是認して控訴を棄却した場合に，最高裁が訴訟対象の一身専属性を否定して原判決と第一審判決を破棄し，事件を第一審裁判所に差し戻した判例[116] がある。

(e) **第一審の専属管轄裁判所への移送**　第一審判決が専属管轄に違 [710] 反しており，控訴裁判所が専属管轄裁判所へ移送すべきであった場合には，上告裁判所は第一審の専属管轄裁判所に事件を移送すべきである。

---

112) MünchKommZPO/*Krüger*, §563 Rn.26; Wieczorek/Schütze/*Prütting*, §563 Rn.18.

113) Vgl. Stein/Jonas/*Jacobs*, §563 Rn.26; MünchKommZPO/*Krüger*, §563 Rn.21; Wieczorek/ Schütze/*Prütting*, §563 Rn.18.

114) 最〔大〕判昭和45・7・15民集24巻7号861頁＝判時597号64頁＝判タ251号160頁。

115) 最〔大〕判昭和45・7・15民集24巻7号804頁＝判時597号70頁＝判タ251号152頁。

116) 最〔1小〕判平成29・12・18裁判所時報1690号14頁（→〔534〕）。

438 第10章　上告裁判所の裁判

3　裁判所の裁判権限の欠缺

〔711〕　　上告裁判所が事件がそもそも裁判所の権限に属しないことを理由として判決を破棄するときは，事件を原審に差し戻してさらに審理をする必要はなく，上告裁判所自身が事件につき裁判しなければならない（326条2号）。一般的な法令の存否または効力の確認を求める訴え，国会のした決議や懲戒の効力を直接対象とする訴えにおいて，控訴裁判所が本案判決をしている場合，上告裁判所はこれらの訴えが裁判所が裁判すべき法律上の争訟（裁3条）に当たらないと判断するときは，原判決を破棄しなければならないが，事件を原審に差し戻す余地はなく，自ら事件につき裁判しなければならない。すなわち，第一審裁判所が訴えを不適法として却下し，控訴裁判所が第一審判決を取り消して本案判決をしているときは，上告裁判所は原判決を破棄し，自ら控訴を棄却しなければならない。第一審判決および控訴審判決がともに本案判決をしているときは，上告裁判所は第一審判決も控訴審判決をも取り消し，訴えを不適法として却下しなければならない。[117]

〔712〕　　文献においては，326条2号は例示的な規定であり，裁判権限の欠缺の場合に限らず，たとえば訴訟要件の欠缺があると上告裁判所が判断する場合には，原判決を破棄したうえで，326条2号の類推適用によって，事件を原審に差し戻すことなく自ら訴えを却下すべきだとする見解が通説[118]である。しかし，これに従うことはできない。訴訟要件の欠缺の場合は，裁判所が一般的に裁判権限を有しない場合ではない。したがって，326条2号を類推適用する基礎が欠けている。むしろ，訴訟要件の欠缺等の場合は326条2号を持ち出すまでもなく，同条1号の適用により裁判されるべきである（→〔701〕以下）。通説は，326条1号は上告裁判所の実体判決にのみ適用されるという誤った解釈を前提にするものである。通説が最高裁

---

117)　最判昭和45・10・16民集24巻11号512頁＝判時607号14頁＝判タ254号130頁。

118)　中島・日本民訴法1713頁以下；伊藤754頁；新堂924頁；菊井/村松・全訂Ⅲ301頁；谷口/井上編・新判例コンメンタール(6)313頁〔吉井直昭〕；条解民訴〔第2版〕1662頁〔松浦/加藤〕；注解民訴(9)〔第2版〕626頁〔遠藤/小室/奈良〕；(旧)注釈民訴(8)371頁〔遠藤〕；基本法コンメ民訴(3)91頁〔田中〕；菊井/村松・新コンメⅥ393頁；注釈民訴(5)386頁〔加波〕。これらの文献は，判例の多くは旧民訴法409条2号（現行民訴法326条2号）の類推によっているとするが，判例はそうは明言していない。

が326条2号の類推適用によって自判をしたとみる判例[119]は，いずれも326条1号の適用により同じ結論に至ることができるものであった。上告裁判所が訴え却下の自判をする場合にも，瑕疵が補正され得ない場合に限られ，補正しうる瑕疵の場合には差戻しが必要であるから，自判すべきかどうかは326条1号によって判断する必要がある。

第6款　差戻し後の控訴審判決に対する新たな上告

1　上告裁判所の自己拘束

差戻しにより新たな口頭弁論に基づき言い渡された控訴審判決（第二次 [713] 控訴審判決）は，上告に関する一般規定により再び上告または上告受理申立ての対象になり得る。第二次控訴審判決が破棄差戻判決の拘束力を無視した場合，上告裁判所はこれを職権により顧慮しなければならない。控訴裁判所が第一審裁判所との間で存在する羈束力を無視した場合にも，上告裁判所は同様に職権によりこれを顧慮しなければならない。最高裁が上告裁判所である場合，この事由は絶対的上告理由でないので，上告受理申立てによって主張されることになるが，最高裁は職権調査事項であることを踏まえて無条件で受理決定をしなければならないであろう。

2　上告裁判所に対する拘束力

差戻し後の控訴審判決に対して更に上告が提起される場合，第二次上告 [714] 裁判所は，先の破棄差戻し判決または破棄移送判決において破棄の理由とした自己の法的見解に，差戻しまたは移送を受けた控訴裁判所と同じ範囲において拘束されるので，その当否を検討して別の見解に立つことはできない[120]。

この拘束力の法的性質について，見解の対立がある。すなわち，この拘 [715] 束力は破棄差戻し（または移送）判決の拘束力と同じ理由で認められるのか，すなわち破棄と上告が繰り返される不安定を回避するために認められ

---

119) 最〔大〕判昭和35・3・9民集14巻3号355頁＝判時217号2頁；最判昭和35・3・4民集14巻3号335頁＝判時218号18頁；前掲注114) 最〔大〕判昭和45・7・15；前掲注115) 最〔大〕判昭和45・7・15。

120) 最判昭和28・5・7民集7巻5号489頁；最判昭和46・10・19民集25巻7号952頁。

440　第10章　上告裁判所の裁判

るのか（破棄判決の拘束力類推説），[121] 第一次上告裁判所の判断の羈束力（自己拘束力）が理由なのか（羈束力説はこのように考える）[122] という点で，見解が分かれる。この拘束力は，事件が控訴審と上告審を往復することを避けるために原裁判所が上告裁判所の法的見解に拘束されることの論理的帰結とみることができ，したがって破棄判決の拘束力類推説が支持されるべきである。この拘束力がなくなるのは，上告裁判所が後にその法的見解を変更した場合，および，差戻しを受けた控訴裁判所が新たな事実関係を認定してこれに基づき裁判した場合であるが，このことも破棄判決の拘束力類推説とよりよく調和する。

〔716〕　第一次上告審の破棄差戻判決が最高裁判所の小法廷の判決であり，第二次上告審が最高裁判所大法廷である場合にも，大法廷は第一次上告審の破棄差戻し判決に拘束される。この拘束力が上告審が破棄差戻判決の拘束力を受けることに基づく以上，上告裁判所が破棄差戻判決の基礎とされた自己の法的見解を明示的に取り消し，このことを裁判において表明した場合には，上告裁判所に対する拘束力も，もはや存在しない。

---

121) 高橋・重点講義(下)753頁；三ケ月・双書542頁；MünchKommZPO/*Krüger*, §563 Rn.17.
122) 伊藤738頁；小島881頁；Rosenberg/Schwab/*Gottwald*, §146 Rn.20.

第11章

特別上告

442 第11章 特別上告

第1節 意義

〔717〕 特別上訴は，最高裁判所に対して上訴を提起して不服を申し立てることができない裁判について，最高裁判所による法令の違憲審査（憲81条）の機会を確保するために，特に法律上設けられた特別の救済手段である。すなわち，最高裁判所は一切の法律，命令，規則または処分が憲法に適合するかどうかを決定する権限を有する終審裁判所であり（憲81条），その最高裁判所の違憲判断を受ける機会を保障するために設けられているのが，高等裁判所が上告審としてした終局判決に対する特別上告と，決定および命令に対する特別抗告（336条）である。

高等裁判所は簡易裁判所が第一審として事物管轄を有する事件について上告裁判所として裁判権を行使するが，高等裁判所の上告審判決に憲法解釈の誤りその他憲法違反が生ずることがありうる。その是正を求めることができるものとしたのが特別上告である。上告審判決はその言渡しとともに確定するので，特別上告の提起は原判決の確定を阻止しない。それゆえ，特別上告は通常の上訴ではなく，非常の救済手段である。

第2節 特別上告が許される裁判と特別上告の理由

第1款 特別上告の対象となる判決

〔718〕 特別上告ができるのは，簡易裁判所を第一審裁判所とする事件について高等裁判所が上告審として行った判決である。高等裁判所が上告審としてした判決に対して提起された再審の訴えに対する再審棄却判決は，その高等裁判所の上告審判決であるから（→〔68〕），この判決に対しては特別上告が許される[1]。

なお，高等裁判所が第二審または第一審としてする判決は，最高裁判所への上告の対象となり，上告によって判決が憲法に適合するかどうかの審査を受けることができるが，これは特別上告とは無関係である。

---

1) 最判昭和30・9・9民集9巻10号1258頁。

第3節　特別上告の手続　*443*

第2款　特別上告の理由

　特別上告の理由は，高等裁判所が上告審として行った判決に憲法の解釈〔719〕
の誤りその他憲法の違反があることに限られる。原判決の判断の憲法違反
のみならず，原判決の基礎となった原審の訴訟手続の憲法違反も，特別上
告の理由となる[2]。したがって，原裁判所が当事者の法的審問請求権のよう
な手続基本権を侵害した場合，当事者は特別上告を提起して最高裁に救済
を求めることができる。法的審問請求権などの当事者の訴訟基本権が憲法
上の権利であると解する場合には，この権利の侵害は特別上告によって責
問することができるので，特別上告制度の意義は重大である。

第3節　特別上告の手続

第1款　上告または上告審の訴訟手続に関する規定の準用

　特別上告および特別上告審の手続には，性質に反しない限り，第二審ま〔720〕
たは第一審の終局判決に対する上告およびその上告審の訴訟手続に関する
規定が準用される（327条2項）。また，民訴規則204条は，特別上告およ
びその上告審の手続に，その性質に反しない限り，上告および上告審の手
続に関する民訴規則の規定を準用する旨定めている。

第2款　特別上告の提起

　特別上告の提起は，上告期間（313条・285条），提起の方式（314条），上〔721〕
告理由書提出強制（315条）など上告の提起に準ずる。

第3款　原裁判所による適法性審査

　特別上告が不適法でその不備を補正できない場合，および，315条の規〔722〕

---

2)　菊井/村松・全訂Ⅲ304頁，221頁；注解民訴(9)〔第2版〕634頁［遠藤/小室/奈良］；(旧)
注釈民訴(8)380頁［遠藤］；基本法コンメ民訴(3)94頁［上北］；条解民訴〔第2版〕1664頁
［松浦/加藤］；菊井/村松・新コンメⅥ395頁；注釈民訴(5)388頁［加波］。民訴規則190条1項
後段も，訴訟手続の憲法違反が上告の理由となることを前提としている。
　　上告理由のうち上告棄却に好都合な事由のみを取り上げ上告を棄却するのは，上告理由を
判断する意思が最初からなかったといわざるを得ないので，憲法32条に違反すると主張する
のは，訴訟手続の憲法違反を主張するものであるが，最高裁はそれは憲法違反に当たらない
として上告を棄却した（最判昭和25・6・2民集4巻6号195頁）。

定に違反して上告理由書の提出がない場合，または上告理由の記載が同条
2項の規定に違反している場合（すなわち民訴規則190条の求める記載の方式
に反している場合）に，相当の期間を定めた補正命令にもかかわらず補正
がなされないときは，原裁判所は決定で特別上告を却下しなければならな
い（327条2項・316条；民訴規196条）。却下決定に対しては，許可抗告をす
ることができる（327条2項・316条2項）。上告裁判所も，決定で特別上告
を却下することができる（327条2項・317条1項）。

　憲法違反を理由としていないときは，特別上告は決定で却下されるが，
憲法違反が上告の理由として主張されていると，それが主張自体理由がな
いことが明らかであっても，不適法として却下することはできず，理由の
ない上告として決定による上告棄却となる（327条2項・317条2項）。

〔723〕　憲法違反を主張して特別抗告が提起されているが，その主張が単に憲法
違反に名を借りているにすぎない場合には，原裁判所が適法性審査の段階
で上告の適法性を否定して上告却下決定をすることができるという見解[3]
と，このような場合であっても上告を棄却することができるのは最高裁判
所に限られ，原裁判所が上告却下決定をすることはできないという見解[4]
が対立する。なお，判例は，特別抗告について，「特別抗告の理由として
形式的には憲法違反の主張があるが，それが実質的には法令違反の主張に
すぎない場合であっても，最高裁判所が当該特別抗告を棄却することがで
きるにとどまり（民訴法336条3項，327条2項，317条2項），原裁判所が同
法336条3項，327条2項，316条1項によりこれを却下することはできな
いと解すべきである」としている[5]。原裁判所の適法性審査は最高裁判所の
負担軽減のために形式的な事項に限って原裁判所に審査させるものであり，
上告理由の内容についての原裁判所の審査権は認められていないので，判
例の見解が正しい[6]。加えて，全く憲法違反に名を借りた上告であると客観
的に判断できる基準があるものではない。

　3）菊井/村松・全訂Ⅲ305頁。
　4）兼子・体系478頁；同・条解（上）961頁；三ケ月・判例民事訴訟法（1974年・弘文堂）340
　　頁；注解民訴(9)〔第2版〕636頁〔遠藤/小室/奈良〕；(旧)注釈民訴(8)386頁〔遠藤〕；条解
　　民訴〔第2版〕1664頁〔松浦/加藤〕；基本法コンメ民訴(3)95頁〔上北〕；松本/上野824頁注
　　(1)など。
　5）最〔3小〕決平成21・6・30判時2052号48頁＝判タ1303号93頁＝金判1327号62頁。
　6）小室・上訴制度161頁；松本/上野824頁注(1)〔上野〕。

なお，原審において憲法違反の主張をしていなかった場合にも，特別上告においてこれを主張することができる。

第4款　特別上告審の審査範囲 —— 職権調査事項についての適用除外規定の準用

1　職権調査事項についての適用除外

　特別上告審の審理範囲は憲法違反の主張に限定されるかどうか，換言す〔724〕れば，職権調査事項については，320条および321条の適用除外を定める322条の規定が特別上告の手続に準用される範囲に制限があるかどうか，[7]などをめぐって議論されている。

　制限説[8]は特別上告における調査の対象は上告人の主張する憲法違反に限定されるとし，非限定説[9]は憲法違反に限定されないと主張する。非限定説によれば，322条が特別上告に準用されると，職権調査事項について，したがって訴訟要件の具備について職権で調査できるほか，一般の法令違反でも実体法違反については，裁判所は当事者の責問に拘束されないから職権により調査できることになる。そして，この解釈を前提に，一般の法令違反を参酌しないで判決をすれば判決無効または再審による取消しを来すような場合はもちろん，当事者に再審または執行関係訴訟の提起を必要ならしめる場合にも，職権調査に基づき憲法違反を理由として原判決を破棄できる余地があり，かつ訴訟経済に合致し裁判に対する一般的信用保持に資するという見解[10]も主張されている。

　特別上告審の審査範囲が上告人の主張する憲法違反に厳格に限定されるとする制限説には後述のとおり疑問があるが，特別抗告審において，仮処分申請をした労働組合支部の「当事者適格」を否定し，「該申請はその内容の当否を調査するまでもなく，不適法として排斥されざるを得ない」にもかかわらず「第一審及び原審が右組合共同支部の本件申請につきその内

---

　7)　321条1項の「原判決」は「地方裁判所が第二審としてした終局判決」，飛越上告の場合には「簡易裁判所の終局判決」と読み替えられる。327条2項後段。
　8)　菊井/村松・全訂Ⅲ307頁；注解民訴(9)〔第2版〕640頁以下〔遠藤/小室/奈良〕；基本法コンメ民訴(3)96頁〔上北〕；松本/上野825頁注(1)。
　9)　特別抗告の事案であるが，憲法違反と関係のない当事者適格の欠缺の誤認を理由に原決定を破棄した判例として，最判昭和27・4・2民集6巻4号387頁がある。
　10)　条解民訴〔第2版〕1665頁〔松浦/加藤〕。

446 第11章 特別上告

容に関し判断をなしたことは違法であり，この点においてはいずれも破棄を免れない」[11]とすることは，訴訟要件について十分な弁論をしないで，これを否定することにつながるものであり，労働組合支部の当事者適格は具体的な審理を経ないと判断できないと思われる。

2 職権破棄の適否

〔725〕　325条2項の定める職権破棄が327条2項により特別上告審にも準用されるかどうかという問題もある。特別上告審の審査の対象は憲法違反の有無に限られ，一般の法令違反はその審査の対象とならず，それゆえ，325条2項は準用されず，一般の法令違反に基づき原判決を破棄することは許されないとするのが多数説[12]である。

特別上告審において，一般の法令違反を理由に職権により原判決を破棄した判例が，相当数存在する[13]。学説にも，特別上告審において職権破棄を排除する必要はないとするものもある[14]。

特別上告においては，最高裁へのアクセスは憲法違反の場合に制限されるけれども，特別上告も原判決をより正しい判決に変更するという本来の上告の側面をも有するものであるから，特別上告の場合にも，憲法違反の主張に理由がない場合であっても，最高裁は職権により原判決を破棄できると解するのが正しいと思われる。すなわち，最高裁のみが上告裁判所であったとすれば，憲法違反による通常の上告の場合には調査の段階で法令違反が見つかれば当然に職権で原判決を破棄することができ，それによって法令の解釈の統一と当事者の権利利益の保護が行われるので，高等裁判所の上告審判決を経た場合にも，憲法違反に限らず一般的な法令違反についても，職権破棄の可能性が残されるべきであろう。

〔726〕　現実に特別上告は，法令の解釈の統一に重要な役割を果たしている。
最〔2小〕判平成18・3・17判時1937号87頁＝判タ1217号113頁＝

---

11) 最判昭和27・4・2民集6巻4号387頁。
12) 菊井/村松・全訂III 306頁；注解民訴(9)〔第2版〕640頁以下〔遠藤/小室/奈良〕。
13) 最〔2小〕決平成13・6・14判例地方自治217号20頁；最〔3小〕決平成13・8・31（公刊物未登載）；最〔1小〕決平成14・10・30裁判所時報1327号1頁＝判時1822号31頁；最〔3小〕決平成16・9・17裁判集民215号193頁＝判時1880号70頁；最判平成18・3・17判時1937号87頁＝判タ1217号113頁。
14) 菊井/村松・新コンメVI 397頁；注釈民訴(5)196頁〔加波〕。

金判1250号28頁は，貸金業者である原告（本件被上告人）が，債務者が
した本件各弁済には貸金業法43条 1 項または 3 項の規定の適用があるから，
利息制限法 1 条 1 項または 4 条 1 項に定める利息または賠償額の予定の制
限額を超える部分の支払も有効な債務の弁済とみなされると主張して，本
件貸付けに係る債務について連帯保証をした上告人に対して残元本の支払
を求めた事件に関するものである。第一審も，控訴審も，請求を認容し，
上告審である高等裁判所は上告を棄却した。この判決に対して，被告は，
①貸金業法18条 1 項 1 号ないし 3 号が，貸金業者の商号または氏名および
住所，契約年月日，貸付の年月日を記載しなければならないと定めている
のに，同法施行規則15条 2 項が弁済を受けた債務に係る貸付の契約を契約
番号その他により明示することで足りると定めるのは，貸金業法18条 1 項
による委任の範囲を超えているから，憲法41条，76条 6 号に違反して無効
であり，②民訴324条に違反して事件を最高裁に移送しなかったことは憲
法32条に違反すること等を主張して特別上告に及んだ。最高裁は，上告人
の主張する上告理由は「違憲をいうが，その実質は単なる法令違反を主張
するもの」として退けたが，次のように判示して，原告の請求を認容した
原判決（地裁判決）および原々判決（簡裁判決）を破棄し，事件を第一審
に差し戻した。「本件期限の利益喪失特約のもとで，債務者が利息として
利息の制限額を超える額の金銭を支払った場合には，特段の事情のない限
り，債務者が自己の自由な意思によって制限超過部分を支払ったものとい
うことはできないと解するのが相当であり，特段の事情の存否につき審理
判断することなく，債務者が任意に制限超過部分を支払ったものというこ
とはできない」。

　なお，最〔 2 小〕決平成23・ 4 ・13民集65巻 3 号1290頁＝判時1530号 1 〔727〕
頁＝判タ1352号155頁は，文書提出命令に対する即時抗告がなされた場合
に，抗告裁判所が即時抗告申立書の写しを相手方に送付して，意見を述べ
る機会を与えないで文書提出命令を取り消した事案について，憲法違反を
主張する特別抗告に対して，最高裁が原裁判所の手続に憲法違反があるこ
とを否定しながら，なおその手続に法令違反があることを理由として原決
定を職権により破棄した判例である。この判例は，特別抗告における325

448　第11章　特別上告

条2項の規定の準用を肯定するものである。[15] もっとも，私見によれば，文書提出命令を取り消し，申立てを却下する裁判をするさい，相手方には法的審問請求権が保障されなければならず，裁判所が法的審問請求権を侵害したときは，憲法違反の手続となる。それゆえ私見によれば，本件は特別抗告を認容すべき事案であった（→〔191〕〔212〕）。本件のような職権破棄は，法的審問請求権の侵害を憲法違反と認めないことの埋合せとみられよう。

第4節　特別上告と強制執行の停止

〔728〕　確定判決に基づく強制執行の開始は，この判決に対して特別上告の提起があっても，当然には妨げられない。特別上告についての本案判決があるまでの間に強制執行が開始，続行または終了することも生じうる。その結果，執行債務者がのちに債務を否定し，または履行期の到来を否定する判決を獲得しても償うことができない損害が生ずるおそれがある。そのため特別上告についても，普通上告の場合と同じように，特別上告人の申立てにより執行停止の仮の処分ができる（403条1項1号）。執行の停止を命ずる裁判が執行機関に提出されたときは，執行機関は強制執行を停止しなければならない（民執39条1項6号）。「不服の理由として主張した事情が法律上理由があるとみえ，事実上の点につき疎明があり，かつ，執行により償うことができない損害が生ずるおそれがあることにつき疎明がある」（403条1項1号）ことが，執行停止の裁判の要件である。

---

15) 本件において，特別抗告人は原裁判所に対し最高裁判所への抗告の許可を申し立てたが，原裁判所はこれを許可しなかった。

事 項 索 引

【あ行】

相手方の援用しない当事者の自
　己に不利益な事実の陳述‥‥‥279
意見を述べる権利‥‥‥‥‥‥‥130
違式の判決‥‥‥‥‥‥‥‥‥‥ 87
意思表示の解釈‥‥‥‥‥‥208, 214
　──の瑕疵‥‥‥‥‥‥‥‥‥431
移審‥‥‥‥‥‥‥‥‥‥‥‥‥344
　──的効力‥‥‥‥‥‥‥‥‥328
一部破棄‥‥‥‥‥‥‥‥‥‥‥412
　──の要件‥‥‥‥‥‥‥‥‥412
一部判決‥‥‥‥‥‥‥‥‥‥‥ 85
一般条項‥‥‥‥‥‥‥‥‥‥‥212
一般的訴訟要件‥‥‥‥‥‥366, 377
因果関係の蓋然性‥‥‥‥‥‥‥235
受継決定のみの取消しを求める
　上告‥‥‥‥‥‥‥‥‥‥ 87, 345
受継申立ての却下・訴訟終了宣
　言判決に対する上訴‥‥‥‥‥350
訴えの併合‥‥‥‥‥‥‥‥‥‥352
訴えの変更‥‥‥‥‥‥‥‥‥‥380
訴えの利益‥‥‥‥‥‥‥‥‥‥403
訴え変更不許の決定‥‥‥‥‥‥380

【か行】

外国法適用の当否‥‥‥‥‥‥‥194
外国法の上告可能性‥‥‥‥‥‥194
改正法律または新法令適用の場
　合の失権効の拡張‥‥‥‥‥‥386
下級裁判所の手続違反の是正‥‥267
確定遮断効‥‥‥‥‥‥‥‥‥‥326
確定遅延損害金の請求‥‥‥‥‥288
可罰行為の再審事由‥‥‥160, 165, 387
　──の先行顧慮‥‥‥‥‥‥‥165

仮執行宣言‥‥‥‥‥‥‥‥‥‥326
　──付き判決の上告審におけ
　　る取消しまたは変更‥‥‥‥379
慣習‥‥‥‥‥‥‥‥‥‥‥‥‥208
　──の上告可能性‥‥‥‥‥‥208
期日の呼出しと送達‥‥‥‥‥‥123
既判力説（破棄判決の拘束力）‥‥422
既判力の失権効の拡張‥‥‥‥‥386
忌避申立て‥‥‥‥‥‥‥‥‥‥175
行政行為の解釈‥‥‥‥‥‥223, 224
共同訴訟的補助参加人‥‥‥ 68, 69, 74
　──の上告権‥‥‥‥‥‥‥‥ 99
　──の法的審問請求権‥‥‥‥ 71
共同訴訟人‥‥‥‥‥‥‥‥‥‥392
経験則‥‥‥‥‥‥‥ 198, 205, 378
　──違反‥‥‥‥‥‥‥‥206, 270
　──上合理的な疑いを残して
　　いる事実認定‥‥‥‥‥‥‥200
　──上不可能な事実認定‥‥‥200
　──の看過または誤認による
　　釈明権不行使‥‥‥‥‥‥‥203
　──の法的性質‥‥‥‥‥‥‥199
形式的不服の原則‥‥‥‥‥‥‥ 89
　──の例外‥‥‥‥‥‥‥‥‥ 93
結末判決‥‥‥‥‥‥‥‥‥‥‥ 85
原裁判所による上告受理申立て
　の却下‥‥‥‥‥‥‥‥‥‥‥322
原裁判所による付随的裁判‥‥‥306
原審の事実確定の拘束‥‥‥‥‥373
限定承認の抗弁‥‥‥‥‥‥‥‥384
限定承認の判断に限定した上告‥‥413
原判決後の法令の改廃‥‥‥‥‥192
原判決の破棄‥‥‥‥‥‥‥‥‥410
原判決の理由の引用‥‥‥‥‥‥190
憲法違反‥‥‥‥‥‥‥‥‥116, 315
　──と判決の結果との因果関

係………………………………116
憲法上の法的審問請求権………121
合意の成立・合意の解釈につい
　ての経験則違反………………275
抗告により不服申立てができる
　裁判……………………………361
公正手続請求権………………6, 149
公正手続命令違反………………149
控訴期間の遵守…………………287
控訴裁判所の確定の内容的矛盾,
　不明瞭性または不完全性………375
控訴裁判所の前提裁判の調査……359
控訴上告手続……………………2
控訴審終結後の理由具備性に関
　する新事実……………………380
控訴審手続の適法性の審査………367
控訴審手続の適法性に関する新
　事実……………………………378
控訴審の口頭弁論終結後の消滅
　時効の完成……………………383
控訴審の事後審的運営
　………………46, 140, 144, 283
控訴審判決後の受継決定等の破
　棄を求める上告………………52
控訴審判決の内容上の瑕疵
　………………225, 319, 367
控訴人の不服……………………90
控訴の適法性についての調査……367
控訴理由書………………………140
高等裁判所が第二審としてした
　終局判決………………………51
高等裁判所の第一審判決…………54
口頭弁論調書……………………181
口頭弁論に基づく裁判…………400
口頭弁論の公開原則の違反………181
口頭弁論を経ない上告棄却判決…399
考慮を求める権利………………132
国際裁判管轄における法定の専
　属管轄違反……………………176

個別契約における当事者の意思
　の解釈…………………………216
固有必要的共同訴訟……………392
　―― 人の１人についての法定
　　代理権の欠缺………………177
婚姻または縁組を維持するため
　の上訴の提起…………………93

【さ行】

最高裁判所調査官………………59
最高裁判所における上告事件の
　推移……………………………42
最高裁判所における上告受理事
　件の推移………………………42
最高裁判所の機構改革問題………15
最高裁判所の裁判による破棄率……43
最高裁判所の上告棄却決定………397
採証法則違反……………………202
再審事由………………162, 384
再度の控訴審手続………………417
裁判官の更迭のさいの弁論の更
　新………………………………172
裁判権限の欠缺…………………438
裁判上の自白…………………221, 266
裁判所構成法（明治23年）によ
　る上告制度……………………9
裁判所の権限の濫用……………149
裁判所の裁判の解釈……………223
裁判所の法的観点指摘義務………131
裁判所の法的審問義務………182, 187
裁判所の矛盾行為………………149
裁判成熟性…………410, 430, 435
裁判の脱漏……………………295
裁判例における経験則違反と採
　証法則違反……………………271
裁量権の踰越……………………210
裁量事項…………………………210
差戻し後の控訴審判決に対する

新たな上告……………………439
差戻しまたは移送……………415
差し戻すべき裁判所……………416
参加承継………………………78
参加命令………………………74
事後提出文書…………………143
事実上の推定…………………204
事実摘示の欠缺………………191
事実の法規への当てはめ………212
示談書に記載された不起訴条項
　の解釈………………………217
失権規定………………………140
執行停止の裁判………………328
実効的権利保護……………6, 153
実体瑕疵の調査………………370
実体（法）違反………………225, 235
司法制度改革論議………………16
司法制度審議会の最高裁判所機
　構改革案………………………23
事務分配の定め………………173
社会的な利益が著しく影響を受
　ける法律問題………………263
釈明義務違反…………132, 227, 279
釈明権不行使の違法による破棄
　事例…………………………279, 284
自由証明………………………386
住民訴訟………………………393
受理上告制度と最高裁の裁量権…261
受理上告制度の憲法上の問題点…253
受理・不受理の審査…………324
証拠評価の法的瑕疵…………225
上告……………………………149
　──期間の進行………………297
　──棄却判決…………………404
　──却下決定に対する不服申
　　立て………………………306
上告権…………………………96
　──の放棄，一部放棄………97, 99
　──の濫用…………………107

　──放棄の効力………………100
　──放棄の方式………………101
上告裁判所……………………50
　──による自判………………430
　──による上告却下…………396
　──の自己拘束………………439
　──の訴え却下判決…………433
　──の構成……………………57
　──への事件の送付…………321
上告受理決定…………………324
上告受理の実情………………245
上告受理申立ての手続………321
上告受理申立ての取下げ………390
上告受理申立て理由としての法
　令違反………………………192
上告受理申立て理由の提出………95
上告状が上告裁判所に提出され
　た場合の措置………………300
上告状却下命令………………304
上告状の審査…………………304
上告状の提出…………………293, 299
上告状の内容…………………301
上告審手続の適法性にとって重
　要な新たな事実……………376
上告審手続の手続原則………388
上告審における新事実の顧慮と
　失権効の拡張………………386
上告審における訴え変更の許容…380
上告審における再審事由の顧慮…228
上告審の審理………………30, 388
上告審の訴訟物……32以下, 388, 421
上告審の調査の範囲…………361
上告審の当事者………………62
上告審へのアクセス権としての
　上告の理由…………………114
上告審を拘束する確定の適格事
　項……………………………374
上告制度の沿革…………………2
上告制度の目的…………………33

上告制度の目的の理解 …………… 34
上告提起期間 …………………… 94, 294
上告提起通知書 ………………… 306
上告提起の方式 ………………… 293
上告提起の方式と期間 ………… 94
上告取下げ ……………………… 390
　――ができる者 ……………… 391
　――の効果 …………………… 390
上告人に不利益がない場合の上
　告の棄却 ……………………… 406
上告人の手続責問 …………… 369, 375
上告の相手方 …………………… 74
上告の意義 ……………………… 28
上告の移審的効力の範囲 ……… 344
上告の一部取下げ ……………… 390
上告の趣旨（上告申立て）…… 311
上告の制限的提起 ……………… 313
上告の提起 ……………………… 148
上告の提起と上告受理申立ての
　並存 …………………………… 323
上告の適法性審査 ……………… 305
上告の適法要件としての不服 …… 88
上告の手数料 …………………… 292
上告の目的 ……………………… 30
上告の理由の記載 ……………… 314
上告申立ての変更 ……………… 314
上告要件 ………………………… 84
上告理由 ………………………… 113
上告理由書 ……………………… 307
上告理由書提出期間 …………… 308
　――の伸張 …………………… 309
上告理由書の謄本の送達 ……… 397
上告理由と破棄理由の不一致 …… 113
上告理由の意味における法令 …… 192
上告理由の記載についての補正
　命令 …………………………… 320
上告理由の提出 ………………… 94
上告理由不拘束の原則 … 361, 363, 404
上告を提起した共同訴訟人の上

告取下げ ………………………… 392
上告を提起できる者 …………… 63
上訴の追完 ……………………… 138
上訴不可分の原則 ……… 47, 100, 411
情報を求める権利 ……………… 123
条約改定交渉 …………………… 7
昭和23年裁判所法 ……………… 12
除斥原因のある裁判官 ………… 174
職権探知主義 …………………… 121
職権調査事項 ………… 168, 180, 377
職権で考慮すべき手続瑕疵 …… 318
職権で調査すべき手続瑕疵に関
　する事実 ………………… 366, 377
職権破棄 ……… 192, 364, 371, 398, 446
署名押印の欠缺 ………………… 190
書面審理による上告棄却判決 …… 399
親権者指定処分に限定した上告
　………………………………… 53, 413
新事実の例外的顧慮 …………… 375
人事訴訟における参加命令 …… 73
人身保護事件 …………………… 56
新法の適用による上告棄却 …… 406
信頼保護の原則違反 …………… 152
審理不尽 ………………………… 230
数度の上告状の提出 …………… 299
請求の認諾 ……………………… 85
請求の予備的併合と上告 ……… 352
制限的上告 …………… 53, 357, 411
絶対的上告理由 …… 155, 315, 378, 407
　――に含まれない再審事由 …… 158
　――の存在の基準時 ………… 171
　――の存在理由 ……………… 156
絶対的手続瑕疵 ………………… 366
前審関与 ………………………… 174
専属管轄違反 …………………… 176
相殺禁止特約の失効 …………… 383
相殺の抗弁についての判断に
　限った制限的上告 …………… 355
送達による通知 ………………… 123

事項索引　453

送達の瑕疵 ······················ 295
訴訟記録の閲覧 ·················· 130
訴訟記録の送付 ·················· 416
訴訟係属中の係争物の譲渡 ········· 78
訴訟行為の解釈 ········ 221, 266, 287
訴訟行為要件 ······················ 95
訴訟告知 ··························· 71
訴訟終了宣言判決に対する上告
 ···························· 47, 347
訴訟上の効果をもつ私法上の合
 意 ···························· 222
訴訟上の相殺の抗弁 ··············· 149
訴訟上の和解 ···················· 222
訴訟資料制限の原則 ··············· 373
訴訟代理 ·························· 80
訴訟代理権 ······················ 417
訴訟担当 ························· 178
訴訟手続に関する法規の違反 ······ 227
訴訟手続の憲法違反 ·············· 115
訴訟手続の中断事由 ·············· 403
訴訟能力 ·························· 79
訴訟能力を欠く者に対してなさ
 れた判決の送達 ·············· 296
訴訟の続行にとって決定的な法
 律行為上のまたは官庁による
 同意 ·························· 382
訴訟費用の負担の裁判に対する
 上告 ····················· 86, 389
訴訟法律関係独立の原則 ··········· 97
訴訟要件 ························· 224
訴訟要件の欠缺 ············· 432, 438
損害額の認定 ···················· 211

【た行】

第一次控訴審の訴訟代理人の訴
 訟代理権 ···················· 417
第一回結審 ················· 46, 283
第一審裁判所への差戻し ····· 416, 437

第一審の専属管轄裁判所への移
 送 ···························· 437
第一審判決による不服 ············· 93
第三関係人 ······················ 66
大審院諸裁判所職制章程 ············ 2
代理権等の欠缺 ·················· 177
代理権の欠缺等の理由による上
 告提起権者 ·················· 179
地方裁判所の第一審終局判決に
 対する最高裁判所への上告 ····· 55
地方裁判所が第二審としてした
 終局判決 ······················ 55
中間的裁判 ······················ 86
中間判決 ························· 86
仲裁合意 ························· 266
 ──の解釈 ···················· 222
 ──の抗弁に基づく訴えの却
 下に対する上告 ·············· 345
調査義務限定説 ·················· 361
追加判決 ·················· 86, 295
追認 ···························· 178
通常共同訴訟 ······· 63, 97, 297, 392
 ──の控訴審判決に対する上
 告 ···························· 302
定款（の解釈） ·················· 219
適法な訴えの変更に係る事実 ······ 378
手続違反 ··················· 236, 265
 ──による上告 ················ 266
 ──の主張 ···················· 316
手続瑕疵 ························· 405
手続規範の違反を根拠づける事
 実の表示 ···················· 317
手続基本権 ············ 119, 267, 443
 ──侵害以外の重大な手続違
 反 ···························· 268
 ──の侵害に対する救済方法 ··· 118
手続責問 ························· 169
 ──に基づいて審査される手
 続違反 ························ 269

454 事項索引

——の審査·················369
——を理由づけるための事実···376
手続中の当事者の変動··········76
手続についての通知··········125
テヒョー・ヘルマン··············6
テヒョー草案··········6, 226
電報やファックスによる上告状
の送付··················299
ドイツの受理上告制度··········253
ドイツ民訴法（CPO）の上告······4
登記簿の記載の解釈··········223
当事者の欠席··············389
当事者の主張の解釈··········220
当事者の訴訟行為の解釈·······220
当然承継··················76
特殊効力説·················423
特別抗告··········56, 126, 444
特別上告··········52, 442
——審の審査範囲··········445
——と強制執行の停止········448
——人の申立てによる執行停
止の仮の処分··········448
——の提起··············443
——の理由··············443
独立的附帯上告··········92, 334
独立当事者参加（人）········73, 393

【な行】

二重上告··················104, 299
——受理申立て··········104
任意的訴訟担当·············178

【は行】

廃止法令··················194
敗訴当事者の1人のみの上告の
提起··················393
破棄判決の拘束力··········421

——の限界··················428
——の生じる事実上の判断······423
——の生じる法律上の判断·····423
——の消滅··················429
——の法的性質··········422, 439
——の例外··················375
判決裁判所の構成の違法··········171
判決の更正··················407
判決理由の瑕疵··················183
判断遺脱··········133, 143, 167, 270
判断の違憲··················115
判断の過誤··················226
判断の基準時··················174
判例違反··········209, 246
——の主張··················316
判例・通説の不合理··········105
反論準備書面··················140
飛越上告··········93, 374
——についての裁判··········104
——の合意··················102
——の合意の効力··········103
——の合意の要件··········102
——の手続··················103
引受承継··················79
被控訴人の不服··················91
被上告人の手続責問（反対責
問）··················369, 375
必要的共同訴訟
··········64, 75, 97, 106, 297, 392
——人の1人による上告権の
放棄··················98
非独立的附帯上告··········93, 334
評価考量を尽くすべき裁判所の
義務··················205
評価を尽くすべき義務違反········202
表示内容の確定··················214
表示内容の法的評価，とくに法
的性質決定··················215
不確定概念··················212

事項索引　*455*

不確定法概念または一般条項……431
不完全な理由づけ……………………183
不在者の財産管理人………………79
不受理決定……………………………324
　　――の理由づけの必要性………290
不上告の合意……………………………101
附帯上告……………………………92, 334
　　――受理申立て……………335, 340
　　――に関する裁判……………339
　　――の提起期間……………336
　　――の費用………………339
　　――の方式………………338
　　――の理由づけ……………339
附帯処分の1つである親権者指
　　定の部分に限定した上告の提
　　起……………………………357
普通取引約款……………………………218
不特定多数の事件において現わ
　　れうる法律問題………………263
不服………………………………88, 336
　　――の除去の追及……………109
不服申立ての奏功の見込み………264
不服申立てのできない中間的裁
　　判………………………………360
不服申立ての範囲（上告申立
　　て）……………………………303
フランス法の破棄制度………………3
不利益の除去の追及……………89
不利益変更禁止の原則
　　……334, 349, 358, 407, 408, 419, 435
プロイセン法上の判決無効の申
　　立て………………………………4
文書提出命令に対する即時抗告…128
平成民事訴訟法……………………26
弁論再開の申立て…………148, 367
弁論主義……………………………120
　　――違反……………………289
弁論の再開…………………………142
放棄し得ない訴訟要件の欠缺……169

法定裁判官を求める権利…………171
法的審問請求権…………6, 45, 46, 56,
　　119, 167, 190, 250, 295, 367, 402, 405,
　　443, 448
　　――の侵害
　　　…179, 190, 246, 269, 283, 310, 351
　　――の侵害に対する救済手段…141
　　――の内容…………………122
法律上判決に関与できない裁判
　　官の関与……………………174
法律問題と事実問題の区別………211
法令違反………………………191, 315
法令の解釈に関する重要な事項…250
補充性……………………………………166
補助参加（人）…66, 99, 107, 302, 391
　　――の上告………67, 107, 309
　　――の不服………………92

【ま行】

マンション管理組合の規約………219
自ら上訴（上告）を提起しない
　　共同訴訟人…………………98
民事上告特例法……………………14
民事訴訟法の戦後改正……………13
民訴法の改正……………………22
無効な判決……………………………85
明治初期の上告制度………………2
申立ての趣旨の解釈……………288
モデル機能………………………212, 217

【や行】

約款の解釈……………………………219
予備的相殺の抗弁と上告……354, 408
予備的反訴と上告………………353

【ら行】

履行期到来の事実 ……………… 383
理由があるが，奏功しない上告 …… 32
理由書提出強制の例外 ………… 319
留置権を肯定した原判決部分に
　限定した上告 ……………… 413
理由の欠缺 ……………………… 183
理由の食違い …………………… 188
理由不備 ………………………… 183
　——または理由の食違いの法
　　的効果 ………………… 191
理由を付すべき義務 …………… 137
了知 ……………………………… 132
類似必要的共同訴訟 …… 65, 99, 392
ルドルフ・オット ………………9
労働協約・就業規則 …………… 219

【わ行】

和解無効と無効確認の訴え …347, 348

判 例 索 引

大判明治42年 6 月 8 日民録15輯553頁‥‥‥‥‥‥‥‥‥‥‥‥‥‥‥‥208
大判大正 2 年 3 月26日民録19輯141頁‥‥‥‥‥‥‥‥‥‥‥‥‥‥‥418
大判大正 3 年10月27日民録20輯818頁‥‥‥‥‥‥‥‥‥‥‥‥‥‥‥209
大判大正 3 年11月 3 日民録20輯874頁‥‥‥‥‥‥‥‥‥‥‥‥‥‥‥335
大判大正 4 年 3 月15日民録21輯322頁‥‥‥‥‥‥‥‥‥‥‥‥‥‥‥360
大判大正 4 年10月 6 日民録21輯1593頁‥‥‥‥‥‥‥‥‥‥‥‥‥‥412
大判大正 5 年 9 月29日民録22輯1838頁‥‥‥‥‥‥‥‥‥‥‥‥‥‥174
大判大正 6 年 6 月 7 日新聞1317号33頁‥‥‥‥‥‥‥‥‥‥‥‥‥‥177
大判大正 8 年11月20日民録25輯2057頁‥‥‥‥‥‥‥‥‥‥‥‥‥‥374
大判大正 9 年 2 月 9 日民録26輯40頁‥‥‥‥‥‥‥‥‥‥‥‥‥‥‥417
大判大正 9 年 9 月20日民録26輯1341頁‥‥‥‥‥‥‥‥‥‥‥‥‥‥374
大判大正 9 年 9 月27日民録26輯1392頁‥‥‥‥‥‥‥‥‥‥‥‥‥‥418
大判大正10年 5 月18日民録27輯939頁‥‥‥‥‥‥‥‥‥‥‥‥‥‥‥214
大判大正10年12月15日民録27輯2117頁‥‥‥‥‥‥‥‥‥‥‥‥‥‥360
東京控判大正11年 4 月13日評論11巻民法340頁‥‥‥‥‥‥‥‥‥‥‥302
大判大正13年 2 月 9 日評論13巻民訴130頁‥‥‥‥‥‥‥‥‥‥‥‥‥303
大判大正14年 4 月24日民集 4 巻195頁‥‥‥‥‥‥‥‥‥‥‥‥‥‥‥348
大判大正14年12月 3 日民集 4 巻685頁‥‥‥‥‥‥‥‥‥‥‥‥‥‥‥209
大判大正15年 4 月14日民集 5 巻257頁‥‥‥‥‥‥‥‥‥‥‥‥‥‥‥296
大判大正15年 7 月26日民集19巻1395頁‥‥‥‥‥‥‥‥‥‥‥‥‥‥418
大判昭和 2 年 2 月16日民集 6 巻78頁‥‥‥‥‥‥‥‥‥‥‥‥‥‥‥‥374
東京控判昭和 2 年11月15日新聞2780号 7 頁＝評論17巻民訴210頁‥‥‥302
大判昭和 4 年12月12日民集 8 巻932頁‥‥‥‥‥‥‥‥‥‥‥‥‥‥‥310
大判昭和 5 年10月 4 日民集 9 巻943頁‥‥‥‥‥‥‥‥‥‥‥‥‥‥‥‥85
大判昭和 5 年12月18日民集 9 巻1140頁‥‥‥‥‥‥‥‥‥‥‥174, 175
大判昭和 6 年 6 月23日裁判例 5 巻民事117頁‥‥‥‥‥‥‥‥‥‥‥‥202
大判昭和 6 年11月28日新聞3347号 9 頁‥‥‥‥‥‥‥‥‥‥‥‥‥‥419
大判昭和 7 年 6 月 2 日民集11巻1099頁‥‥‥‥‥‥‥‥‥‥‥‥‥‥434
大判昭和 7 年12月24日民集11巻2376頁‥‥‥‥‥‥‥‥‥‥‥‥‥‥‥77
大判昭和 8 年 1 月31日民集12巻51頁‥‥‥‥‥‥‥‥‥‥‥‥199, 208
大判昭和 8 年 2 月17日評論22巻民訴118頁‥‥‥‥‥‥‥‥‥‥‥‥‥374
大決昭和 8 年 4 月14日民集12巻629頁‥‥‥‥‥‥‥‥‥‥‥‥‥‥‥301
大判昭和 8 年 5 月10日民集12巻1156頁‥‥‥‥‥‥‥‥‥‥‥‥‥‥169
大判昭和 8 年 5 月10日民集19巻1287頁‥‥‥‥‥‥‥‥‥‥‥‥‥‥359
大判昭和 8 年 6 月14日法学 3 巻113頁‥‥‥‥‥‥‥‥‥‥‥‥‥‥‥417
大決昭和 8 年 7 月 4 日民集12巻1745頁‥‥‥‥‥‥‥‥‥‥‥‥‥‥296
大決昭和 8 年 7 月11日民集12巻2040頁‥‥‥‥‥‥‥‥‥‥‥‥‥‥347

大判昭和 8 年 9 月16日新聞3618号 7 頁 ‥‥‥‥‥‥‥‥‥‥‥‥‥‥‥‥419
大判昭和 8 年12月 9 日評論23巻民法157頁 ‥‥‥‥‥‥‥‥‥‥‥‥‥‥310
東京控判昭和 8 年12月18日新聞3672号12頁‥‥‥‥‥‥‥‥‥‥‥‥‥‥‥294
大判昭和 9 年 3 月16日裁判例 8 巻民事56頁 ‥‥‥‥‥‥‥‥‥‥‥‥‥‥202
大決昭和 9 年 7 月31日民集13巻1460頁 ‥‥‥‥‥‥‥‥‥‥‥‥‥‥‥‥ 52
大判昭和 9 年 9 月 1 日民集13巻1768頁 ‥‥‥‥‥‥‥‥‥‥‥‥ 158, 315
大判昭和 9 年10月26日新聞3771号10頁＝民集11巻2376頁‥‥‥‥‥‥‥ 77
大判昭和 9 年11月29日新聞3787号 1 頁＝評論24巻民訴58頁 ‥‥‥‥‥419
大判昭和10年 5 月 7 日民集14巻808頁‥‥‥‥‥‥‥‥‥‥‥‥‥‥‥‥‥432
大判昭和10年 7 月 9 日民集14巻1857頁 ‥‥‥‥‥‥‥‥‥‥‥‥‥‥‥‥414
大判昭和10年 8 月 3 日裁判例 9 巻民事157頁‥‥‥‥‥‥‥‥‥‥‥‥‥177
大判昭和10年11月28日新聞3922号16頁＝評論25巻民訴28頁 ‥‥‥‥‥419
大判昭和10年12月26日民集14巻2144頁 ‥‥‥‥‥‥‥‥‥‥‥‥‥‥‥‥314
大判昭和11年 3 月11日民集15巻977頁 ‥‥‥‥‥‥‥‥‥‥‥‥‥‥‥‥‥220
大判昭和11年 7 月19日評論25巻民訴418頁 ‥‥‥‥‥‥‥‥‥‥‥‥‥‥314
大決昭和11年 7 月31日民集15巻1581頁 ‥‥‥‥‥‥‥‥‥‥‥‥‥‥‥‥301
大判昭和11年10月31日法学 6 巻 2 号230頁 ‥‥‥‥‥‥‥‥‥‥‥‥‥‥309
大判昭和11年12月18日民集15巻2266頁 ‥‥‥‥‥‥‥‥‥‥‥‥‥‥‥‥352
大判昭和12年 3 月11日評論26巻商法218頁 ‥‥‥‥‥‥‥‥‥‥‥‥‥‥314
大判昭和12年 3 月20日民集16巻320頁 ‥‥‥‥‥‥‥‥‥‥‥‥‥‥‥‥‥418
大判昭和13年 3 月19日判決全集 5 輯 8 号362頁 ‥‥‥‥‥‥‥‥ 224, 377
大判昭和13年 7 月22日民集17巻1454頁 ‥‥‥‥‥‥‥‥‥‥‥‥52, 77, 360
大判昭和13年 8 月19日民集17巻1638頁 ‥‥‥‥‥‥‥‥‥‥‥‥‥‥‥‥ 77
大判昭和13年12月26日民集17巻2585頁 ‥‥‥‥‥‥‥‥‥‥‥‥‥‥‥‥ 73
大判昭和13年12月28日民集17巻2878頁 ‥‥‥‥‥‥‥‥‥‥‥‥‥‥‥‥ 68
大判昭和13年12月28日民集17巻2585頁 ‥‥‥‥‥‥‥‥‥‥‥‥‥‥‥‥ 78
大判昭和14年 1 月21日評論28巻民訴270頁 ‥‥‥‥‥‥‥‥‥‥‥‥‥‥314
大判昭和15年 3 月 5 日民集19巻324頁‥‥‥‥‥‥‥‥‥‥‥‥‥‥‥‥‥360
大判昭和15年 6 月28日民集19巻1071頁 ‥‥‥‥‥‥‥‥‥‥‥‥‥‥‥‥389
大判昭和15年 7 月16日民集19巻1185頁 ‥‥‥‥‥‥‥‥‥‥‥‥‥‥‥‥ 80
大判昭和15年 7 月26日民集19巻1395頁 ‥‥‥‥‥‥‥‥‥‥‥‥‥‥‥‥418
大判昭和15年 9 月18日民集19巻1636頁 ‥‥‥‥‥‥‥‥‥‥‥‥‥‥‥‥177
大判昭和16年 1 月25日評論30巻民訴235頁 ‥‥‥‥‥‥‥‥‥‥‥‥‥‥ 77
大判昭和16年 5 月 3 日判決全集 8 輯18号617頁 ‥‥‥‥‥‥‥ 178, 224, 377
大判昭和16年 5 月16日民集20巻619頁 ‥‥‥‥‥‥‥‥‥‥‥‥‥‥‥‥‥124
大判昭和17年 1 月29日法学11巻979頁‥‥‥‥‥‥‥‥‥‥‥‥‥‥‥‥‥314
大判昭和18年11月30日民集22巻1210頁 ‥‥‥‥‥‥‥‥‥‥‥‥‥‥‥‥ 85
大判昭和19年 2 月25日民集23巻75頁 ‥‥‥‥‥‥‥‥‥‥‥‥‥‥‥‥‥302
最判昭和22年12月23日裁判集民 1 号41頁 ‥‥‥‥‥‥‥‥‥‥‥‥‥‥‥374
東京高判昭和23年 1 月30日高民集 1 巻 1 号16頁‥‥‥‥‥‥‥‥‥‥‥‥240

最〔3小〕判昭和23年2月27日裁判集民1号87頁･･････････････････51
最判昭和23年4月17日民集2巻4号104頁 ･････････････････142, 211
最判昭和23年12月7日民集2巻13号425頁 ･･････････････････310
最決昭和24年7月6日民集3巻8号279頁･････････････････････301
最判昭和25年1月17日民集4巻1号1頁･･････････････････････241
最判昭和25年6月2日民集4巻6号195頁 ････････････････････443
最大判昭和25年7月5日民集4巻7号264頁････････････････････377
最判昭和25年9月8日民集4巻9号359頁 ････････････････････309
最判昭和25年9月15日民集4巻9号395頁 ･････････169, 172, 359
最〔大〕決昭和25年9月18日民集4巻9号423頁･･････････････240
最判昭和25年11月17日民集4巻11号603頁 ･････････････････301
広島高判昭和26年4月23日高民集4巻4号92頁････････････････240
札幌高判昭和26年4月26日高民集4巻4号94頁････････････････294
最判昭和26年6月26日民集5巻7号396頁 ･･････････････････314
最〔3小〕判昭和26年10月16日民集5巻11号583頁････････51, 85
福岡高判昭和27年1月31日下民集3巻1号127頁 ･･････････････125
最判昭和27年2月15日民集6巻2号88頁･･････････････････････224
最判昭和27年3月18日民集6巻3号358頁 ････････････････････52
最判昭和27年4月2日民集6巻4号387頁 ･･･････････････445, 446
最判昭和27年5月2日民集6巻5号483頁 ････････････････････223
最〔2小〕判昭和27年9月26日民集6巻8号733頁････････････････51
最判昭和27年12月25日民集6巻12号1255頁･･････････････････89
最判昭和28年1月8日民集7巻1号1頁･･････････････････････241
最判昭和28年5月7日民集7巻5号489頁 ･･････････････････52, 439
最判昭和28年5月7日民集7巻5号525頁 ････････････････････374
最判昭和28年5月28日裁判集民9号267頁････････････････････318
最判昭和28年6月4日裁判集民9号313頁････････････････････310
仙台高判昭和28年9月28日下民集4巻9号1359頁･･････････････407
最判昭和28年11月11日民集7巻11号1193頁 ････････････････314
最判昭和28年12月15日裁判集民11号237頁 ･･･････････････････183
最判昭和29年1月28日民集8巻1号308頁 ･･････････････････389
最判昭和29年4月2日民集8巻4号794頁 ････････････････････183
最〔大〕判昭和29年7月19日民集8巻7号1387頁･････････････183
最判昭和29年7月27日民集8巻7号1443頁 ･････････････････389
最〔大〕判昭和29年10月13日民集8巻10号1846頁･･････････････51
最判昭和29年10月15日裁判集民16号173頁････････････････････318
最判昭和30年3月10日民集9巻3号273頁 ･･･････････････301, 318
最判昭和30年3月29日民集9巻3号395頁 ･･････････････････174
最判昭和30年7月5日民集9巻9号1012頁 ･･････････････････86
最判昭和30年9月2日民集9巻10号1197頁＝判時59号15頁･･････････52, 422

広島高岡山支判昭和30年9月6日高刑集8巻6号879頁 ························201
最判昭和30年9月9日民集9巻10号1258頁 ···················52, 442
東京高判昭和30年12月21日高民集8巻9号695頁 ·················320
東京高決昭和31年1月31日東高民時報7巻1号15頁 ···············305
東京高判昭和31年3月26日東高民時報7巻3号57頁 ················52
最判昭和31年3月30日民集10巻3号242頁 ····················223
最判昭和31年4月3日民集10巻4号297頁＝判タ58号68頁···········89
東京高判昭和31年6月5日下民集7巻6号1469頁 ·················53
最判昭和31年9月13日民集10巻9号1135頁 ···················204
最判昭和32年7月9日民集11巻7号1203頁 ····················214
最判昭和32年7月12日裁判集民27号137頁 ····················220
最判昭和32年10月4日民集11巻10号1703頁＝判タ76号31頁 ········169
最判昭和32年10月31日民集11巻10号1779頁 ·············· 184, 202
最判昭和32年11月1日民集11巻12号1832頁 ·················89, 376
最判昭和32年11月1日民集11巻12号1842頁 ···················400
最判昭和33年3月6日民集12巻3号436頁 ·····················240
最判昭和33年7月10日民集12巻11号1747頁 ···················308
最判昭和33年9月24日民集35巻6号1088頁 ·············· 142, 146
最判昭和33年10月14日民集12巻14号3091頁 ··················352
最判昭和33年11月4日民集12巻15号3247頁＝判時167号11頁 ········172
名古屋高決昭和34年1月16日高民集12巻4号131頁·············310
大阪高判昭和34年2月17日下民集10巻4号316頁 ···············295
最判昭和34年2月20日民集13巻2号209頁 ····················379
最判昭和34年3月30日民集13巻3号427頁 ····················216
東京高判昭和34年6月20日東高民時報10巻133頁···············296
最判昭和34年6月23日裁判集民36号763頁 ···················202
最判昭和34年11月19日民集13巻12号1500頁 ··················302
最判昭和34年12月22日家月12巻2号105頁＝判時211号13頁 ········195
最〔大〕判昭和35年2月10日民集14巻2号137頁 ···············119
最判昭和35年3月4日民集14巻3号335頁＝判時218号18頁 ·········433, 439
最〔大〕判昭和35年3月9日民集14巻3号355頁＝判時217号2頁 ·······433, 439
最判昭和35年9月22日民集14巻11号2282頁 ···················377
最判昭和35年12月15日判時246号34頁·················· 159, 161
最判昭和36年8月8日民集15巻7号2005頁 ··············· 201, 206
最判昭和36年10月5日民集15巻9号2271頁 ···················161
最判昭和36年11月28日民集15巻10号2593頁 ··················423
最判昭和37年1月19日民集16巻1号106頁 ····················309
最判昭和37年4月20日民集29巻3号233頁 ····················393
仙台高秋田支判昭和37年8月29日高民集15巻6号452頁 ···········53
最判昭和37年9月13日民集16巻9号1918頁 ···················310

判例索引　*461*

最判昭和37年10月 9 日判時315号20頁‥‥‥‥‥‥‥‥‥‥‥‥‥‥‥‥‥187

最決昭和37年10月12日民集16巻10号2128頁‥‥‥‥‥‥‥‥‥‥‥‥‥‥‥79

最判昭和37年11月27日判時321号17頁‥‥‥‥‥‥‥‥‥‥‥‥‥‥‥‥‥187

最〔大〕判昭和37年11月28日刑集16巻11号1593頁‥‥‥‥‥‥‥‥‥‥‥121

最判昭和38年 2 月 8 日裁判集民64号393頁‥‥‥‥‥‥‥‥‥‥‥‥‥‥‥204

最判昭和38年 2 月21日民集17巻 1 号182頁‥‥‥‥‥‥‥‥‥‥‥‥‥‥‥348

最判昭和38年 4 月12日民集17巻 3 号468頁＝判時341号28頁‥‥‥‥158, 161, 296

最判昭和38年 4 月12日裁判集民65号497頁‥‥‥‥‥‥‥‥‥‥‥‥‥‥‥220

最判昭和38年 4 月19日裁判集民65号593頁‥‥‥‥‥‥‥‥‥‥‥‥‥‥‥202

大阪高決昭和38年 5 月24日判タ146号98頁‥‥‥‥‥‥‥‥‥‥‥‥‥‥‥310

最判昭和38年 5 月31日裁判集民66号231頁‥‥‥‥‥‥‥‥‥‥‥‥‥‥‥221

最判昭和38年 7 月30日民集17巻 6 号819頁＝判タ154号58頁‥‥‥‥‥‥‥337

東京高判昭和38年11月 5 日高民集16巻 8 号637頁‥‥‥‥‥‥‥‥‥308, 310

最判昭和38年12月24日訟月10巻 2 号381頁‥‥‥‥‥‥‥‥‥‥‥‥‥‥‥192

最判昭和39年 1 月21日裁判集民12号39頁‥‥‥‥‥‥‥‥‥‥‥‥‥‥‥194

最判昭和39年 1 月23日裁判集民71号237頁‥‥‥‥‥‥‥‥‥‥‥‥‥‥‥215

最判昭和39年11月17日判時396号39頁‥‥‥‥‥‥‥‥‥‥‥‥‥‥‥‥‥314

最判昭和39年12月25日裁判集民76号779頁‥‥‥‥‥‥‥‥‥‥‥‥‥‥‥305

最判昭和40年 2 月 5 日裁判集民77号305頁‥‥‥‥‥‥‥‥‥‥‥‥‥‥‥202

最〔大〕決昭和40年 6 月30日民集19巻 4 号1089頁‥‥‥‥‥‥‥‥‥‥‥182

最〔大〕決昭和40年 6 月30日民集19巻 4 号1114頁‥‥‥‥‥‥‥‥‥‥‥182

最判昭和41年10月27日民集20巻 8 号1649頁‥‥‥‥‥‥‥‥‥‥‥‥‥‥215

最判昭和41年11月25日民集20巻 9 号1921頁‥‥‥‥‥‥‥‥‥‥‥‥‥‥377

東京高判昭和41年12月23日判時478号59頁‥‥‥‥‥‥‥‥‥‥‥‥‥‥‥391

最〔大〕決昭和41年12月27日民集20巻10号2279頁‥‥‥‥‥‥‥‥‥‥‥182

最判昭和42年 3 月28日判時479号36頁‥‥‥‥‥‥‥‥‥‥‥‥‥‥‥‥‥187

東京高判昭和42年 6 月19日高民集20巻 3 号309頁‥‥‥‥‥‥‥‥‥‥‥300

最判昭和42年 6 月30日判時493号36頁‥‥‥‥‥‥‥‥‥‥‥‥‥‥224, 377

最判昭和42年 7 月21日民集21巻 6 号1663頁‥‥‥‥‥‥‥‥‥‥‥‥52, 377

最〔大〕判昭和42年 9 月27日民集21巻 7 号1925頁‥‥‥‥‥‥‥‥‥‥‥142

最判昭和42年12月21日裁判集民89号457頁‥‥‥‥‥‥‥‥‥‥‥‥‥‥‥232

最判昭和43年 3 月15日民集22巻 3 号587頁‥‥‥‥‥‥‥‥‥‥‥‥‥‥‥217

最判昭和43年 3 月19日民集22巻 3 号648頁＝判時515号60頁‥‥‥‥52, 423, 424

最判昭和43年 4 月26日民集22巻 4 号1055頁‥‥‥‥‥‥‥‥‥‥‥‥377, 434

最判昭和43年 5 月 2 日民集22巻 5 号1110頁＝判時525号54頁‥‥‥158, 161, 310

最判昭和43年 7 月11日民集22巻 7 号1489頁‥‥‥‥‥‥‥‥‥‥‥‥‥‥216

最判昭和43年 8 月 2 日民集22巻 8 号1525頁‥‥‥‥‥‥‥‥‥‥‥‥‥‥337

最判昭和43年 8 月20日民集22巻 8 号1677頁‥‥‥‥‥‥‥‥‥‥‥‥‥‥209

最判昭和43年 8 月20日民集22巻 8 号1692頁‥‥‥‥‥‥‥‥‥‥‥‥‥‥215

最判昭和43年 9 月27日裁判集民92号435頁＝判時534号55頁‥‥‥‥‥‥‥172

最判昭和43年10月15日判時541号35頁‥‥‥‥‥‥‥‥‥‥‥‥‥‥380
最判昭和43年10月22日民集22巻10号2220頁‥‥‥‥‥‥‥‥‥‥‥327
最判昭和43年11月1日裁判集民93号11頁＝判時543号63頁＝判タ229号130
　頁‥‥‥‥‥‥‥‥‥‥‥‥‥‥‥‥‥‥‥‥‥‥‥‥‥336, 379, 388
東京高決昭和43年11月4日判タ228号124頁‥‥‥‥‥‥‥‥‥‥‥‥301
最判昭和43年11月9日判時539号43頁‥‥‥‥‥‥‥‥‥‥‥‥‥‥‥79
最判昭和43年11月15日訟月14巻12号1357頁＝判時538号47頁‥‥‥‥‥203
最〔大〕判昭和43年12月25日民集22巻13号3459頁‥‥‥‥‥‥‥‥‥220
最判昭和44年1月16日民集23巻1号18頁‥‥‥‥‥‥‥‥‥‥187, 221
最判昭和44年2月27日民集23巻2号497頁‥‥‥‥‥‥‥‥‥‥‥‥400
最判昭和44年6月24日民集23巻7号1156頁＝判時564号49頁＝判タ238号
　108頁‥‥‥‥‥‥‥‥‥‥‥‥‥‥‥‥‥‥‥‥‥‥‥‥‥‥‥412
最決昭和44年7月4日民集23巻8号1366頁‥‥‥‥‥‥‥‥‥‥‥‥417
最判昭和44年7月15日民集23巻8号1532頁＝判タ242号159頁‥‥‥73, 379
東京高判昭和44年8月7日下民集20巻7〜8号571頁‥‥‥‥‥‥‥‥302
最判昭和44年9月11日裁判集民96号497頁＝判時570号77頁‥‥‥‥‥215
最〔2小〕判昭和44年9月26日判時572号30頁‥‥‥‥‥‥‥‥‥‥‥51
最判昭和44年10月21日民集23巻10号1834頁‥‥‥‥‥‥‥‥‥‥‥196
名古屋高判昭和44年10月31日高民集22巻6号749頁‥‥‥‥‥‥‥‥‥296
最判昭和45年1月22日民集24巻1号1頁＝判時584号62頁＝判タ244号161
　頁‥‥‥‥‥‥‥‥‥‥‥‥‥‥‥‥‥‥‥‥‥‥‥‥‥‥‥52, 68
最判昭和45年5月21日裁判集民99号187頁＝判時595号55頁‥‥‥‥142, 211
最〔大〕決昭和45年6月24日民集24巻6号610頁‥‥‥‥‥‥‥‥‥182
最〔大〕判昭和45年6月24日民集24巻6号712頁‥‥‥‥‥‥‥‥‥184
最〔大〕判昭和45年7月15日民集24巻7号861頁＝判時597号64頁＝判タ
　251号160頁‥‥‥‥‥‥‥‥‥‥‥‥‥‥‥‥‥‥‥‥‥‥‥‥437
最〔大〕判昭和45年7月15日民集24巻7号804頁＝判時597号70頁＝判タ
　251号152頁‥‥‥‥‥‥‥‥‥‥‥‥‥‥‥‥‥‥‥‥‥‥‥‥437
最判昭和45年9月24日民集24巻10号1450頁＝判時608号126頁＝判タ254号
　131頁‥‥‥‥‥‥‥‥‥‥‥‥‥‥‥‥‥‥‥‥‥‥‥190, 412
最判昭和45年10月9日民集24巻11号1492頁‥‥‥‥‥‥‥‥‥‥‥159
最判昭和45年10月16日民集24巻11号512頁＝判時607号14頁＝判タ254号130
　頁‥‥‥‥‥‥‥‥‥‥‥‥‥‥‥‥‥‥‥‥‥‥‥‥‥‥‥‥438
最〔大〕判昭和45年10月21日民集24巻11号1560頁‥‥‥‥‥‥‥‥436
最判昭和45年10月30日裁判集民101号313頁‥‥‥‥‥‥‥‥‥‥‥233
最判昭和45年11月6日判時610号43頁‥‥‥‥‥‥‥‥‥‥‥‥‥‥379
最判昭和45年11月26日裁判集民101号565頁‥‥‥‥‥‥‥‥‥‥‥215
最判昭和45年12月5日民集22巻13号2876頁‥‥‥‥‥‥‥‥‥‥‥209
最判昭和45年12月15日民集24巻13号2243頁‥‥‥‥‥‥‥‥‥‥‥434
最判昭和46年6月22日判時639号77頁‥‥‥‥‥‥‥‥‥‥‥224, 377

最判昭和46年10月19日民集25巻 7 号952頁 ······················439
最判昭和46年10月26日民集25巻 7 号1019頁 ····················216
最判昭和47年 1 月20日裁判集民105号 1 頁＝判時659号56頁 ·············309
最判昭和47年 4 月21日民集26巻 3 号567頁 ·················· 188, 200
最判昭和47年 7 月20日民集26巻 6 号1210頁 ····················377
最判昭和47年 9 月 1 日民集26巻 7 号1289頁 ···········80, 178, 224, 377, 378
最判昭和48年 3 月23日民集27巻 2 号365頁 ·············· 52, 87, 345, 346
最判昭和48年 7 月19日民集27巻 7 号823頁 ····················203
最判昭和48年 7 月30日民集27巻 7 号863頁 ····················393
東京高決昭和49年 3 月29日判時753頁21頁 ·····················360
最判昭和49年 4 月26日民集28巻 3 号503頁 ····················413
最判昭和49年 7 月22日金法731号30頁 ·······················187
最判昭和50年 3 月13日民集29巻 3 号233頁 ····················393
最判昭和50年 4 月24日判時818号20頁 ·······················217
最判昭和50年 7 月 3 日判時790号59頁 ·······················309
最判昭和50年10月24日民集29巻 9 号1417頁 ················· 204, 205
最判昭和50年11月 4 日民集29巻10号1501頁 ····················434
最判昭和51年 3 月18日裁判集民117号193頁＝判時813号33頁 ··········218
最判昭和51年 9 月30日民集30巻 8 号816頁 ····················205
最判昭和51年10月 1 日裁判集民119号 9 頁＝判時835号63頁 ···········209
最判昭和51年11月25日民集30巻19号99頁 ······················379
最判昭和51年11月30日金法816号33頁 ·······················188
最判昭和53年 2 月24日民集32巻 1 号43頁 ·····················436
最判昭和53年 7 月17日金法874号24頁 ·······················202
最判昭和53年12月21日民集32巻 9 号1740頁＝判時914号49頁＝判タ377号80
　　頁 ··· 158, 159, 161
最判昭和53年12月21日民集32巻 9 号1794頁 ················· 159, 389
最判昭和54年 3 月16日民集33巻 2 号170頁 ····················353
最判昭和54年11月16日判時953号61頁＝判タ406号85頁＝裁判集民128号123
　　頁 ···336
最判昭和54年12月24日訟月26巻 3 号500頁 ················· 403, 433
東京高決昭和55年 6 月30日東京高民事報31巻 6 号137頁 ············151
最判昭和55年10月28日判時984号68頁 ····················· 138, 185
最判昭和55年12月11日判時991号76頁 ·······················185
最判昭和56年 2 月17日判時996号65頁 ·······················185
最判昭和56年 7 月 2 日民集35巻 5 号881頁 ····················196
最判昭和56年 9 月24日民集35巻 6 号1088頁 ····················211
最〔大〕判昭和56年12月16日民集35巻10号1369頁（1401頁）＝判時1025号
　　39頁＝判タ455号171頁 ································· 185, 249
最判昭和57年 3 月30日判時1038号288頁＝判タ468号88頁 ············381

464 判例索引

最決昭和57年 7 月19日民集36巻 6 号1229頁 ······················301
東京高判昭和58年 1 月28日下民集 3 巻 1 ～ 4 号21頁 ···············224
最判昭和58年 5 月27日裁判集民139号23頁＝判時1082号51頁 ········178
最判昭和59年 7 月20日民集38巻 8 号1051頁 ·······················198
最判昭和60年 4 月12日裁判集民144号461頁＝金商729号38頁 ········105
最判昭和60年 4 月26日裁判集民144号551頁 ·······················200
最判昭和60年 7 月10日判時1178号87頁 ···························188
最〔 3 小〕判昭和60年 7 月16日判時1178号87頁·················· 188, 189
最判昭和60年12月17日民集39巻 8 号1821頁＝判時1184頁59頁＝判タ589号
　87頁···409
最判昭和61年 1 月21日家月38巻 8 号48頁＝判時1184号67頁＝判タ590号45
　頁 ·······························53, 357, 413, 414
最判昭和61年 4 月11日民集40巻 3 号558頁＝判タ609号41頁 ··········380
最判昭和61年 7 月10日判時1231号83頁＝判タ623号77頁 ············409
最判昭和61年 9 月 4 日判時1215号47頁 ···························356
最判昭和63年 2 月25日民集42巻 2 号120頁＝判時1301号92頁＝判タ690号
　113頁···68
最〔 3 小〕判平成元年 3 月 7 日裁判集民156号295頁＝判時1315号63頁＝判
　タ699号183頁···67, 105
最〔 3 小〕判平成元年 9 月19日裁判集民157号581頁＝判時1328号38頁＝判
　タ710号121頁··436
最〔 2 小〕判平成 2 年 7 月20日裁判集民160号343頁 ···············119
最〔 2 小〕判平成 3 年 1 月18日裁判集民162号 1 頁＝判時1378号67頁 ·······201
最〔 3 小〕判平成 3 年 2 月 5 日裁判集民162号85頁＝判時1390号135頁········377
最〔 1 小〕判平成 3 年 3 月28日裁判集民162号267頁＝判時1381号115頁·· 108, 377
最〔 2 小〕判平成 3 年 4 月19日民集45巻 4 号367頁···············234
最〔 3 小〕判平成 3 年 6 月18日裁判集民163号107頁＝金判878号36頁 ·········337
最〔 3 小〕判平成 3 年12月17日民集45巻 9 号1435頁 ···············149
最〔 1 小〕判平成 4 年 1 月23日民集46巻 1 号 1 頁 ···············377
最〔 2 小〕判平成 4 年 3 月13日民集46巻 3 号188頁＝判時1419号108頁 ·······219
最〔大〕判平成 4 年 7 月 1 日民集46巻 5 号437頁 ···············377
最〔 1 小〕判平成 4 年 9 月10日民集46巻 6 号553頁················178
最〔 2 小〕判平成 4 年12月18日民集46巻 9 号3006頁 ···············436
最〔 3 小〕判平成 5 年 3 月30日訟月39巻11号2326頁 ···············435
福岡高判平成 6 年 3 月16日判タ860号250頁 ······················68
最判平成 6 年 4 月19日判時1504号119頁＝判タ857号107頁············108
最〔 2 小〕判平成 6 年 7 月18日民集48巻 5 号1233頁＝判時1511号138頁·······219
最〔 1 小〕判平成 7 年 3 月23日民集49巻 3 号1006頁 ···············433
最〔 3 小〕判平成 8 年 3 月26日民集50巻 4 号1008頁 ···············220
最〔 3 小〕判平成 9 年 1 月12日判時1598号78頁＝民集51巻 1 号78頁··········337

判例索引　*465*

最〔3小〕判平成9年1月28日裁判集民181号265頁 ……………………………185

最〔3小〕判平成9年2月25日民集51巻2号502頁＝判タ936号182頁 …… 185, 271

最〔2小〕判平成9年3月14日判時1600号97頁………………………………… 281, 282

最〔大〕判平成9年4月2日民集51巻4号1673頁＝判時1601号47頁＝判タ

　940号98頁 ……………………………………………………………65, 99, 393

最〔2小〕判平成9年4月25日裁判集民183号365頁＝判タ946号169頁 ………185

最〔1小〕判平成9年7月17日裁判集民183号1031頁＝判時1614号72頁＝

　判タ950号113頁 ………………………………………………………………279

最〔3小〕判平成9年11月11日裁判集民186号85頁＝判タ958号99頁…………185

最〔3小〕判平成9年11月28日裁判集民186号269頁 ……………………………185

最〔1小〕判平成11年2月25日判時1670号21頁＝判タ998号116頁 …………172

最〔3小〕決平成11年3月9日裁判集民192号99頁＝判時1673号87頁＝判

　タ1013号119頁 …………………………………………………………………306

最〔1小〕決平成11年3月9日裁判集民192号109頁＝判時1672号67頁＝判

　タ1000号256頁 …………………………………………………………………322

最〔1小〕判平成11年4月8日裁判集民193号1頁＝判時1675号93頁＝判

　タ1002号132頁 …………………………………………………………… 335, 341

最〔2小〕決平成11年4月23日裁判集民193号253頁＝判時1675号91頁＝判

　タ1002号130頁 …………………………………………………………… 335, 341

最〔3小〕判平成11年6月29日裁判集民193号411頁＝判時1684号59頁＝判

　タ1009号93頁 ……………………………………………………… 161, 167, 186

最〔3小〕判平成11年11月9日民集53巻8号1421頁＝判時1699号79頁＝判

　タ1021号128頁 …………………………………………………………………75

最〔2小〕判平成11年12月17日判時1707号62頁…………………………………178

最〔2小〕判平成12年4月7日判時1713号50頁……………………………………279

最〔2小〕判平成12年7月7日民集54巻6号1767頁＝判時1729号28頁…… 66, 99

最〔2小〕決平成12年7月14日判時1723号49頁＝判タ1041号156頁 …………310

最〔2小〕決平成12年7月14日判時1720号147頁＝判タ1040号131頁…………323

最〔2小〕判平成12年11月10日判時1738号41頁………………………… 403, 433

最〔2小〕判平成13年3月23日判時1783号25頁…………………………………172

最〔2小〕決平成13年6月14日判例地方自治217号20頁 ………………………446

最〔3小〕決平成13年8月31日 …………………………………………………446

最〔3小〕判平成13年12月18日判時1783号26頁…………………………………289

最〔2小〕判平成14年1月18日判時1814号34頁…………………………………172

最〔2小〕判平成14年3月18日判時1814号34頁…………………………………172

最〔2小〕判平成14年6月28日判時1814号38頁…………………………………367

最〔1小〕決平成14年10月30日裁判所時報1327号1頁＝判時1822号31頁

　………………………………………………………………………… 322, 446

最〔3小〕判平成14年12月17日判時1812号76頁…………………………………401

最〔2小〕判平成15年7月11日判時1834号37頁…………………………………188

最〔1小〕判平成15年 7 月17日判時1859号17頁‥‥‥‥‥‥‥‥‥‥‥‥‥‥277
最〔1小〕判平成15年10月16日民集57巻 9 号1075頁 ‥‥‥‥‥‥‥‥‥‥‥‥423
最〔2小〕判平成15年10月31日裁判集民211号325頁＝判時1841号143頁＝
　判タ1138号76頁 ‥‥‥‥‥‥‥‥‥‥‥‥‥‥‥161, 164, 167, 229, 384
最〔1小〕決平成15年11月13日民集57巻10号1531頁‥‥‥‥‥‥‥‥‥‥‥‥152
最〔1小〕判平成15年11月14日判時1859号19頁‥‥‥‥‥‥‥‥‥‥‥‥‥‥277
最〔1小〕判平成15年12月 4 日判時1848号66頁‥‥‥‥‥‥‥‥‥‥‥‥‥‥401
最〔2小〕判平成16年 1 月16日判時1895号36頁‥‥‥‥‥‥‥‥‥‥‥‥‥‥186
最〔2小〕判平成16年 2 月13日判時1895号35頁‥‥‥‥‥‥‥‥‥‥‥‥‥‥279
最〔2小〕決平成16年 2 月23日判時1901号15頁‥‥‥‥‥‥‥‥‥‥‥‥‥‥322
最〔1小〕判平成16年 6 月 3 日家月57巻 1 号123頁＝判時1869号33頁‥‥‥‥‥54
最〔3小〕決平成16年 9 月17日裁判集民215号193頁＝判時1880号70頁‥‥‥‥446
最〔2小〕判平成16年11月26日判時1895号33頁‥‥‥‥‥‥‥‥‥‥‥‥‥‥187
最〔3小〕判平成17年 4 月19日民集59巻 3 号563頁（575頁）＝判時1896号
　92頁＝判タ1180号163頁 ‥‥‥‥‥‥‥‥‥‥‥‥‥‥‥‥‥‥337, 341
最〔3小〕決平成17年 6 月28日判時1936号17頁‥‥‥‥‥‥‥‥‥‥‥‥‥‥322
最〔1小〕判平成17年 7 月14日裁判集民217号399頁＝判時1911号102頁＝
　判タ1191号235頁＝金商1233号14頁‥‥‥‥‥‥‥‥‥‥‥‥‥‥‥‥284
最〔3小〕判平成17年 9 月27日判時1911号96頁‥‥‥‥‥‥‥‥401, 403, 433
最〔1小〕決平成17年12月 8 日判時1936号18頁‥‥‥‥‥‥‥‥‥‥‥‥‥‥322
最〔1小〕判平成18年 1 月19日判時1925号96頁＝判タ1205号138頁＝金法
　1772号43頁‥‥‥‥‥‥‥‥‥‥‥‥‥‥‥‥‥‥‥‥‥‥‥‥‥‥‥188
最〔2小〕判平成18年 1 月27日裁判集民219号361頁＝判時1927号57頁＝判
　タ1205号146頁‥‥‥‥‥‥‥‥‥‥‥‥‥‥‥‥‥‥‥‥‥‥‥‥‥272
最〔2小〕判平成18年 3 月 3 日裁判集民219号657頁＝判時1928号149頁＝
　判タ1207号137頁＝労判919号 5 頁‥‥‥‥‥‥‥‥‥‥‥‥‥‥271, 273
最〔2小〕判平成18年 3 月10日判時1966号21頁‥‥‥‥‥‥‥‥‥‥‥186, 287
最〔2小〕判平成18年 3 月17日判時1937号87頁＝判タ1217号113頁＝金判
　1250号28頁‥‥‥‥‥‥‥‥‥‥‥‥‥‥‥‥‥‥‥‥‥‥226, 372, 446
最〔2小〕判平成18年 3 月24日判時1966号22頁‥‥‥‥‥‥‥‥‥‥‥‥‥‥285
最〔3小〕判平成18年 6 月 6 日判時1967号26頁‥‥‥‥‥‥‥‥‥‥‥‥‥‥183
最〔1小〕判平成18年 6 月29日判時1966号28頁‥‥‥‥‥‥‥‥‥‥‥266, 289
最〔2小〕判平成18年 9 月 4 日判時1948号81頁‥‥‥‥‥‥‥‥‥‥‥‥‥‥401
最〔3小〕判平成18年11月14日裁判集民222号167頁＝判時1956号77頁＝判
　タ1230号88頁‥‥‥‥‥‥‥‥‥‥‥‥‥‥‥‥‥‥‥‥‥‥‥131, 145
最〔1小〕判平成18年12月21日判時1961号62頁＝判タ1235号155頁‥‥‥‥‥226
最〔1小〕判平成18年12月21日民集60巻10号3964頁＝判時1961号53頁＝判
　タ1235号148頁＝金法1802号132頁‥‥‥‥‥‥‥‥‥‥‥‥‥‥‥‥372
最〔3小〕判平成19年 1 月16日判時1959号29頁‥‥‥‥‥‥‥‥‥‥‥172, 401
最〔3小〕判平成19年 2 月20日判時2009号14頁‥‥‥‥‥‥‥‥‥‥‥133, 270

最〔3小〕判平成19年3月27日民集61巻2号711頁·······················401, 403
最〔3小〕判平成19年4月3日裁判集民224号35頁＝判時1969号57頁＝判
　タ1240号176頁··272
最〔1小〕決平成19年4月23日判時2010号29頁·······························322
最〔3小〕判平成19年5月29日判時1978号7頁＝判タ1248号117頁＝裁判
　集民224号391頁··· 249, 401
最〔2小〕判平成19年6月11日判時2009号9頁·······························187
最〔3小〕判平成20年3月18日判時2007号77頁·······························196
最〔2小〕決平成20年3月26日判時2044号35頁·······························322
最〔1小〕判平成20年4月24日民集62巻5号1262頁＝判時2068号142頁＝
　判タ1317号130頁··162
最〔2小〕判平成20年9月12日判時2043号8頁·······························401
最〔2小〕判平成20年11月7日判時2031号14頁＝判タ1288号53頁············269
最〔1小〕判平成21年1月21日判時2082号10頁·······························188
最〔1小〕判平成21年2月20日判時2082号11頁·······························188
最〔1小〕判平成21年4月23日判時2082号18頁·······························278
最〔3小〕決平成21年6月30日判時2052号48頁＝判タ1303号93頁＝金判
　1327号62頁··444
最〔2小〕判平成21年7月17日判時2082号20頁·······························278
最〔3小〕決平成21年12月1日家月62巻3号47頁·······························126
最〔2小〕判平成21年12月18日判時2069号28頁＝判タ1317号124頁············286
最〔3小〕判平成22年3月16日民集64巻2号498頁＝裁判所時報1503号3
　頁＝判時2081号12頁＝判タ1325号82頁······························· 368, 401
最〔3小〕判平成22年5月25日判時2085号160頁＝判タ1327号67頁············174
最〔3小〕判平成22年6月29日判時2115号10頁·······························281
最〔2小〕判平成22年7月16日判時2094号58頁＝判タ1333号111頁············274
最〔2小〕判平成22年7月16日民集64巻5号1450頁＝判時2098号42頁＝判
　タ1337号119頁··366
最〔1小〕判平成22年7月20日判時2115号15頁·······················215, 277
最〔1小〕判平成22年7月22日判時2116号7頁·······························273
最〔2小〕決平成22年8月4日裁時1513号1頁＝判時2092号98頁＝判タ
　1332号58頁··56
最〔1小〕判平成22年10月14日判時2097号34頁＝判タ1336号46頁············215
最〔1小〕判平成22年10月14日判時2098号55頁＝判タ1337号105頁············282
最〔1小〕判平成23年2月17日家月63巻9号57頁＝判時2120号6頁＝判タ
　1352号159頁＝裁判集民236号67頁······························ 105, 106, 108
最〔1小〕判平成23年2月17日判時2161号18頁·······························275
最〔1小〕決平成23年3月17日判時2164号18頁·······························139
最〔2小〕決平成23年4月13日民集65巻3号1290頁＝判時2119号32頁＝判
　タ1352号155頁··57, 127, 447

最〔1小〕決平成23年6月9日判時2164号18頁‥‥‥‥‥‥‥‥‥‥‥‥‥‥‥‥139
最〔1小〕決平成23年9月15日判時2164号18頁‥‥‥‥‥‥‥‥‥‥‥‥‥‥‥320
最〔3小〕判平成24年1月31日裁時1548号2頁＝裁判集民239号659頁＝判
　時2118号11頁‥‥‥‥‥‥‥‥‥‥‥‥‥‥‥‥‥‥‥‥‥‥‥‥‥‥‥‥‥‥‥288
最〔1小〕判平成24年9月6日判時2188号12頁‥‥‥‥‥‥‥‥‥‥‥‥‥‥‥276
最〔2小〕判平成24年10月12日判時2188号10頁‥‥‥‥‥‥‥‥‥‥‥‥‥‥187
最〔2小〕判平成25年7月12日判時2224号6頁‥‥‥‥‥‥‥‥‥‥‥‥‥‥‥181
最〔1小〕判平成25年7月18日判時2224号11頁‥‥‥‥‥‥‥‥‥‥‥‥‥‥287
最〔大〕決平成25年9月4日民集67巻6号1320頁‥‥‥‥‥‥‥‥‥‥‥‥‥115
最〔3小〕判平成25年12月17日判時2224号8頁‥‥‥‥‥‥‥‥‥‥‥188, 191
最〔1小〕判平成26年1月16日判時2258号8頁‥‥‥‥‥‥‥‥‥‥‥‥‥‥‥165
最〔1小〕判平成26年1月16日判時2258号13頁‥‥‥‥‥‥‥‥‥‥‥‥‥‥277
最〔2小〕判平成26年2月21日判時2258号9頁‥‥‥‥‥‥‥‥‥‥‥188, 189
大阪高判平成26年3月28日判時2240号72頁‥‥‥‥‥‥‥‥‥‥‥‥‥‥‥‥146
最〔3小〕判平成26年9月30日判時2258号10頁‥‥‥‥‥‥‥‥‥‥‥‥‥‥288
最〔3小〕判平成26年11月4日判時2258号12頁‥‥‥‥‥134, 167, 186, 270
最〔3小〕判平成27年1月20日判時2306号26頁‥‥‥‥‥‥‥‥‥‥‥‥‥‥246
最〔2小〕決平成27年3月4日判時2307号25頁‥‥‥‥‥‥‥‥‥‥‥‥‥‥322
最〔2小〕判平成27年4月24日判時2306号27頁‥‥‥‥‥‥‥‥‥‥‥‥‥‥247
東京高判平成27年7月30日判時2277号84頁‥‥‥‥‥‥‥‥‥‥‥‥‥‥‥‥249
最〔1小〕判平成27年11月30日民集69巻7号2154頁＝判時2286号45頁＝判
　タ1421号101頁‥‥‥‥‥‥‥‥‥‥‥‥‥‥‥‥‥‥‥‥‥‥‥‥‥‥‥‥‥‥348
最〔1小〕判平成27年12月14日民集69巻8号2295頁＝金判1484号8頁
　‥‥‥‥‥‥‥‥‥‥‥‥‥‥‥‥‥‥‥‥‥‥‥‥‥‥162, 167, 184, 188
最〔2小〕判平成28年1月15日判時2342号12頁‥‥‥‥‥‥‥‥‥‥‥‥‥‥188
最〔2小〕判平成28年2月26日判タ1422号66頁‥‥‥‥‥‥‥‥‥‥‥‥‥‥‥69
最〔1小〕判平成28年6月2日判時2306号64頁‥‥‥‥‥‥‥‥‥‥‥‥‥‥269
最〔1小〕判平成28年9月1日判時2342号11頁‥‥‥‥‥‥‥‥‥‥‥178, 179
最〔2小〕判平成28年9月9日判時2342号10頁‥‥‥‥‥‥‥‥‥‥‥‥‥‥177
最〔1小〕判平成28年12月8日裁判集民254号35頁＝判時2325号37頁＝判
　タ1434号57頁‥‥‥‥‥‥‥‥‥‥‥‥‥‥‥‥‥‥‥‥‥‥‥‥‥‥248, 269
最〔1小〕判平成28年12月19日判時2342号13頁‥‥‥‥‥‥‥‥‥‥‥‥‥188
最〔2小〕決平成29年12月13日判時2374号25頁‥‥‥‥‥‥‥‥‥‥‥‥‥323
最〔1小〕判平成29年12月18日民集71巻10号2546頁＝判時2371号40頁＝判
　タ1448号56頁‥‥‥‥‥‥‥‥‥‥‥‥‥‥‥‥‥‥‥‥‥‥‥‥‥‥‥‥‥219
最〔1小〕判平成29年12月18日裁判所時報1690号14頁＝民集71巻10号2364
　頁‥‥‥‥‥‥‥‥‥‥‥‥‥‥‥‥‥‥‥‥‥‥‥350, 351, 401, 437

著 者 紹 介

松 本 博 之 （まつもと　ひろゆき）

1968年　大阪市立大学法学部卒業
　　　　大阪市立大学法学部教授，龍谷大学法学部教授を経て
現　在　大阪市立大学名誉教授，法学博士（大阪市立大学），名誉法学
　　　　博士（フライブルグ大学），日本民事訴訟法学会名誉会員

主　著　証明責任の分配（1987年・有斐閣）
　　　　民事自白法（1994年・弘文堂）
　　　　証明責任の分配〔新版〕（1996年・信山社）
　　　　既判力理論の再検討（2006年・信山社）
　　　　訴訟における相殺（2008年・商事法務）
　　　　民事執行保全法（2011年・弘文堂）
　　　　人事訴訟法〔第3版〕（2012年・弘文堂，初版は尾中郁夫・家
　　　　　　族法学術賞を受賞）
　　　　民事訴訟法〔第8版〕（上野泰男氏との共著，2015年・弘文堂）
　　　　民事訴訟における事案の解明（2015年・日本加除出版）
　　　　民事訴訟法の立法史と解釈学（2015年・信山社）
　　　　訴訟における裁判所手数料の算定（2017年・日本加除出版）
　　　　証明軽減論と武器対等の原則（2017年・日本加除出版）
　　　　民事控訴審ハンドブック（2018年・日本加除出版）
　　　　日本立法資料全集10〜14，43〜46，61〜66，191〜198（共編
　　　　　　著，1993〜2015年・信山社）
　　　　ペーター・アーレンス著・ドイツ民事訴訟の理論と実務（吉
　　　　　　野正三郎氏との共編訳，1991年・信山社）
　　　　ハンス・フリードヘルム・ガウル著・ドイツ既判力理論（編
　　　　　　訳，2003年・信山社）
　　　　アルブレヒト・ツォイナー著・既判力と判決理由（訳，2009
　　　　　　年・信山社）
　　　　ディーター・ライポルド著・実効的権利保護（編訳，2009
　　　　　　年・信山社）

民事上告審ハンドブック
―憲法上の手続基本権に基づく
上告審手続の構築に向けて―

2019年5月22日　初版発行
2023年1月18日　初版第2刷発行

著　者　松　本　博　之
発行者　和　田　　　裕

発行所　日本加除出版株式会社
本　社　〒171-8516
　　　　東京都豊島区南長崎3丁目16番6号

組版　㈱郁文　印刷・製本（POD）　京葉流通倉庫㈱

定価はカバー等に表示してあります。
落丁本・乱丁本は当社にてお取替えいたします。
お問合せの他、ご意見・感想等がございましたら、下記まで
お知らせください。

〒171-8516
東京都豊島区南長崎3丁目16番6号
日本加除出版株式会社　営業企画課
電話　03-3953-5642
FAX　03-3953-2061
e-mail　toiawase@kajo.co.jp
URL　　www.kajo.co.jp

Ⓒ 2019
Printed in Japan
ISBN978-4-8178-4561-0

JCOPY　〈出版者著作権管理機構　委託出版物〉
本書を無断で複写複製（電子化を含む）することは、著作権法上の例外を除
き、禁じられています。複写される場合は、そのつど事前に出版者著作権管理
機構（JCOPY）の許諾を得てください。
また本書を代行業者等の第三者に依頼してスキャンやデジタル化することは、
たとえ個人や家庭内での利用であっても一切認められておりません。

〈JCOPY〉　HP：https://www.jcopy.or.jp,　e-mail：info@jcopy.or.jp
　　　　　電話：03-5244-5088,　FAX：03-5244-5089

民事訴訟における釈明・指摘義務
法的審問請求権の保障と訴訟関係の明確化

松本博之 著

2022年9月刊 A5判 412頁 定価5,720円（本体5,200円） 978-4-8178-4825-3

- 「釈明制度は当事者の法的審問請求権を具体化する制度である」という基本的な立場に立って、従来の判例の意味を明らかにする書。
- 市民の権利保護を目指し、約180判例を集め、80近い判例解説を根拠に仕上げた一冊。

商品番号：40922
略　号：民釈

民事・家事抗告審ハンドブック
法的審問請求権に基づく家事審判の基礎理論を目指して

松本博之 著

2020年10月刊 A5判 624頁 定価8,140円（本体7,400円） 978-4-8178-4683-9

- 「当事者の法的審問請求権を十分保障しているか」という観点から現行の抗告制度について考察。家事審判に対する不服申立てだけを扱うのではなく、その前提となる家事審判手続の基本を明確にしたうえで、不服申立ての諸問題に取り組む。抗告から特別抗告までの手続き等について時系列で紹介。

商品番号：40838
略　号：民抗

民事控訴審ハンドブック
事後審的運営批判と理論・実務的諸問題の解明

松本博之 著

2018年6月刊 A5判 672頁 定価8,250円（本体7,500円） 978-4-8178-4478-1

- 「民事控訴審は、第一審判決の取消し自体を目的とするものではなく、不服のある当事の申立てにより、請求について控訴裁判所が改めて審理し、正しい裁判の実現を目指す手続である」との観点から、懸案となっている手続上の諸問題の解決策を提示。控訴の提起から控訴審判決までを時系列的に解説。

商品番号：40718
略　号：民ハン

訴訟における裁判所手数料の算定
訴額算定の理論と実務

松本博之 著

2017年4月刊 A5判上製 584頁 定価9,240円（本体8,400円） 978-4-8178-4388-3

- 算定の基礎となる訴額（訴訟対象の価額）の算定基準が最高裁判所の事務通知によって事実上決められている現状の問題性を指摘し、判決効を含む訴訟法理論を踏まえたあるべき算定基準を追求する。実務家必読の書。

商品番号：40671
略　号：裁算

日本加除出版

〒171-8516　東京都豊島区南長崎3丁目16番6号
TEL（03）3953-5642　FAX（03）3953-2061（営業部）
www.kajo.co.jp